이덕일의 한국통사

선사시대-
대한제국 편

다시 찾는 7,000년 우리 역사

이덕일의 한국통사

초판 1쇄 발행 2019년 12월 16일
초판 7쇄 발행 2022년 5월 4일

지은이 이덕일
펴낸이 김선식
경영총괄 김은영
책임편집 김상영 **책임마케터** 최혜령
마케팅본부 이주화, 정명찬, 최혜령, 이고은, 권장규, 허윤선, 김은지,
　　　　　　박태준, 배시영, 박지수, 기명리, 허지호, 최두영, 박재연
저작권팀 한승빈, 이시은
경영관리팀 허대우, 하미선, 박상민, 윤이경, 권송이, 김재경, 최완규, 손영은, 이우철, 김민아
외부스태프 표지 이인희 **본문** 장선혜 **교정교열** 봉정하

펴낸곳 다산북스 **출판등록** 2005년 12월 23일 제313-2005-00277호
주소 경기도 파주시 회동길 490
전화 02-702-1724(기획편집) 02-6217-1726(마케팅) 02-704-1724(경영관리)
팩스 02-703-2219
이메일 dasanbooks@dasanbooks.com
홈페이지 www.dasanbooks.com | teen.dasanbooks.com
블로그 blog.naver.com/dasan_books
종이 한솔피엔에스 **출력·인쇄** 민언프린텍

ISBN 979-11-306-2740-3(93900)
　　　979-11-306-2769-4(세트)

다산북스(DASANBOOKS)는 독자 여러분의 책에 관한 아이디어와 원고 투고를 기쁜 마음으로 기다리고 있습니다.
책 출간을 원하는 아이디어가 있으신 분은 다산북스 홈페이지 '투고 원고'란으로 간단한 개요와 취지, 연락처 등을
보내 주세요. 머뭇거리지 말고 문을 두드리세요.

다시 찾는
7,000년
우리 역사

이덕일의
한국통사

선사시대 ─
대한제국 편

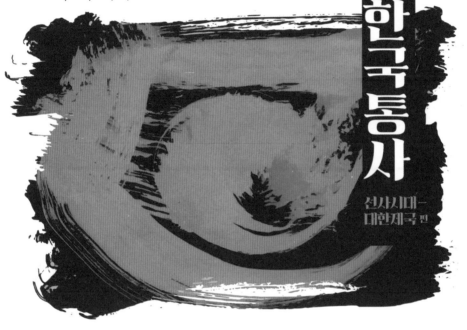

다산
초당

국사를
보는 눈

현행 국사 인식의 문제점

이 나라 학생들은 국사를 암기과목으로 여긴다. 한마디로 비극이다. 국사가 암기과목이 된 이유는 서론과 본론, 결론이 다르기 때문이다. 서론은 마치 대한민국의 자주적인 서술인 것처럼 표방했지만 본론과 결론에 가면 아직도 중화 사대주의와 친일 식민사학 관점이 수두룩하다. 앞뒤가 다르니 따지지 말고 외워야 점수를 딸 수 있다.

이 문제를 이해하려면 1945년 광복 이후 대한민국 역사학이 걸어온 길을 되짚어봐야 한다. 더불어 북한 역사학이 걸어온 길을 되짚어봐야 종합적 판단에 이를 수 있다. 1970년대부터 2000년대까지 공무원 수험생들의 필독서였던 이기백의 《한국사신론》은 한국의 역사학을 ①민족주의사학 ②유물사관 ③실증사학의 세 학파로 분류했다. 그런데 전 세계에서 실증사학을 학파로 분류하는 나라는 한국밖에 없다. 역사에서 사료적 근거를 중시하는 실증은 역사의 방법론이지 그 자체로 학파가 될 수 없기 때문이다. 이기백은 실증주의 사학에 대해서 이렇게 설명했다.

이에 대해서 실증사학은 한국사의 발전을 어떤 선입견을 가지고 이에 맞추어서 보는 것에 반대하였다. 오히려 실증적인 태도로 객관적인 사실을 정확하게 인식함으로써 한국사의 올바른 이해에 접근할 수 있다고 주장하였다.

이기백,《한국사신론(2003년 판)》

'실증, 객관, 정확, 올바른 이해' 등의 용어를 사용했지만 앞뒤 모순되는 단어의 나열에 불과하다. 이기백의 스승으로서 국사학계(?)의 태두로 불렸던 이병도는 이렇게 서술했다.

역사를 새롭게 고찰한다고 객관을 몰각한 주관이거나 어느 한 편벽된 사관에 치우치거나 또는 사실을 고립적 표본으로 고찰한다면 그것은 잘못이다. 항상 객관을 토대로 삼아 시야를 넓히어 다각적으로, 또 종적縱的(시간)·횡적橫的(공간)·심적心的·물적物的인 관련 아래 공정하게 고찰하여야 한다.

이병도,《한국사대관大觀》, 1983

이기백·이병도가 함께 강조하는 것은 '객관'이다. 그것도 '어떤 선입견'에 대한 반대나 '편벽된 사관'에 대한 자신들의 주관적 비판을 객관으로 포장한 것에 불과하다. 왜 그런가? 이병도는 같은 책에서 중국 한漢나라가 위만조선을 무너뜨리고 그 수도 자리에 세웠다는 낙랑군 조선현에 대해서 "낙랑의 수부首府(지금의 대동강 남안의 토성리 일대)는 마치 한漢의 Alexandria(알렉산드리아)라고 말할 수 있었다"라고 썼다.

이 글에서 이병도는 두 가지 사실을 적시했다. 하나는 낙랑군을 다스리던 치소가 지금의 대동강 남안이라는 것이고, 다른 하나는 그 낙랑군이 고대 알렉산드리아처럼 번성했다는 것이다. 이기백도 위의 책에서 낙랑군의 위치를 대동강으로 적시하고, 한나라의 한사군에 대해 "한의 식민정책은 심한 정치적 압박을 수반하는 것은 아니었던 듯하다… 비교적 관대한 정치적 자유를 고조선인은 누리고 있었다고 생각된다"라고 썼다.

두 학자 모두 낙랑군은 지금의 대동강(평양)에 있었고, 그 식민지는 대단히 번성했다고 썼다. 이 두 가지 사실은 '객관'일 수 있을까? 지극히 주관적인 뿐만 아니라 한나라 식민지인 낙랑군이 마치 지상낙원인 것처럼 써놓은 것은 사실을 심각하게 왜곡한 것이라고 할 수 있다. 한마디로 "한국인은 외국의 식민지배를 받아야 행복할 수 있다"는 조선총독부의 관점과 다를 바 없는 것이다.

단재 신채호는 《조선상고사》에서 낙랑군은 요동에 있었다고 달리 말했고, 역사학자를 겸했던 수많은 여러 독립운동가들도 모두 낙랑군의 위치를 요동 또는 지금의 하북성 일대라고 말했다. 신채호는 "근일 일인日人이…" 운운하면서 낙랑군이 대동강 남안에 있었다는 논리를 비판했다. 따라서 이병도·이기백의 논리는 조선총독부의 일방적 주장을 '객관'으로 포장한 것에 불과하다. 실증으로 말하자면 중국의 여러 고대 사료들은 "낙랑군은 요동에 있었다"라고 거듭 말하고 있지 지금의 대동강에 있었다고는 하지 않았다.

이기백이 한국의 역사학을 ①민족주의사학 ②유물사관 ③실증사학의 세 학파로 나눈 것부터가 "어느 한 편벽된 사관"에 치우친 분류이다. 이를 명실이 상부하게 나누려면 ①민족주의사학 ②유물사관 ③식민사학으로 분류해야 했다. 이병도·이기백은 식민사학을 '실증'이란 용어로 대체하고는 마치 그런 역사관이 '객관' '공정'한 것처럼 위장한 것에 불과하다.

광복 후 북한 역사학이 걸어온 길

이기백은 《한국사신론》 서장의 〈한국사의 새로운 이해〉에서 '식민주의 사학의 청산'을 첫머리로 내걸고 있다. 바로 이 부분이 서론과 본론·결론이 다른 따로국밥 역사학의 실체를 시사해준다. 그런데 비단 이는 이기백에 국한된 현상이 아니라 남한 강단사학 전체를 관통하는 역사서술의 전통이라고 해도 과언이 아니다.

반면 북한 역사학은 그 관점에 동의하든 동의하지 않는지를 떠나서 서술이 일관되어 있다. 그 배경에는 남북한 역사학계가 걸었던 사학사史學史가 있다.

이기백이 유물사관으로 분류한 학파는 사회경제사학이라고 불렀다. 맑스의 사적유물론을 지지하는 학자들로서 민족주의 사학자들과 함께 일제 식민통치에 맞서 싸운 학자들이었다. 북한은 분단 직후부터 역사학을 체제경쟁의 주요한 수단으로 삼았는데, 그 일환으로 1946년 7월 말경 북한은 남한에 파견원을 보내 역사학자들을 대거 초청했다. 여기에 응해 월북한 백남운·박시형·전석담·김석형 같은 이들이 북한 역사학계의 기초가 되었다. 이들은 1946년 10월 개교한 김일성대학의 교수로 취임하는 한편 이듬해 2월 북조선임시인민위원회 내에 '조선력사편찬위원회(이하 력사위원회)'를 설립하고, 학술지《력사제문제歷史諸問題》를 발간했다.《임꺽정》의 작가 홍명희의 아들이기도 한 홍기문은 1949년《력사제문제》에 북한 역사학계의 과제를 이렇게 정리했다.

일본 제국주의가 조선을 완전한 식민지로 만들기에 성공하자 그들의 소위 력사학자들은 조선력사에 대해서 이상한 관심을 보였다… 과연 어떠한 것들인가? 첫째 서기전 1세기부터 4세기까지 약 500년 동안 오늘의 평양을 중심으로 한나라 식민지인 낙랑군이 설치되었다는 것이요, 둘째 신라·백제와 함께 남조선을 분거하고 있던 가라가 본래 일본의 식민지였다는 것이요.

〈조선의 고고학에 대한 일제 어용학설의 검토 상·하〉,《력사제문제》, 1949

평양에 낙랑군이 있었다는 조선 총독부의 '낙랑군=평양설(한사군=한반도설)'은 이병도·이기백이 주장한 '낙랑군=대동강설'과 같은 내용이다. 가야(라)가 일본의 식민지였다는 주장이 '임나일본부설'로서 다른 말로 '임나=가야설'이라고도 한다. 1949년에 북한 역사학계는 이미 '낙랑군=평양설'과 '임나=가야설'을 일제 식민사학의 핵심으로 설정하고 그 극복에 나섰다.

북한학계는 이 문제를 두고 문헌사학자들과 고고학자들 사이에 많은 논쟁을 벌였다. 문헌사학자들은 처음부터 '낙랑군=요동설'을 주장했는데, 중국의 많은 고대 사서들이 낙랑군이 요동에 있었다고 말하기 때문이었다. 고고학자들은 평양 인근의 유적, 유물들을 근거로 '낙랑군=평양설'을 주장했다. 당시에는 일본인들이 고고학 유적, 유물까지 조작했으리라고는 생각하지 못할 때였다. 북한은 1958년경부터 리지린을 북경대 대학원에 보내 고사변古史辨 학파[1]의 중심인물인 고힐강顧詰剛을 지도교수로 고조선사를 연구하게 했다. 리지린은 1961년경 북경대 대학원에서 박사학위 논문이 통과된 후 같은 해 8~9월 평양에서 열린 고조선 관련 학술 토론회에 참석해 학위논문을 발표했다. 이를 계기로 북한학계는 '낙랑군=평양설(한사군=한반도설)'을 폐기하고 '낙랑군=요동설(한사군=요동설)'로 정리했다(리지린의 학위논문은 필자가 《리지린의 고조선연구》라는 제목으로 2018년 국내에서 해역 출간하였다). 1961년에 북한학계는 조선총독부 식민사관의 핵심인 '낙랑군=평양설'을 폐기하고 '낙랑군=요동설'로 정리했다.

북한학계는 식민사관의 또 하나 핵심인 임나일본부설, 즉 '임나=가야설'은 어떻게 정리했을까? 북한의 월북학자 김석형은 1963년 1월 《력사과학》에 〈삼한 삼국의 일본 열도 내 분국에 대하여〉라는 논문을 발표했다. 일본군 참모본부의 광개토대왕릉비 조작설을 제기했던 재일사학자 이진희 교수는 이듬해 김석형의 논문을 일본어로 번역시켜 《역사평론歷史評論》에 게재함으로써 일본 역사학계에 큰 충격을 던졌다. 김석형의 주장을 '분국설'이라고 하는데, 이진희는 자서전에서 "'분국설'이란 삼한시대부터 삼국시대에 걸쳐 일본 각지에 한반도에서 건너간 사람들의 식민지가 존재했다는 충격적인 학설이었다"(이진희,《해협, 한 재일 사학자의 반평생》)라고 분석했다. 분국설은 가야가 일본 열도에 진출해서 세운 분국이 임나라는 주장이다. 김석형의 분국설은 재일교포 출신으로 북한으로 건너간 조희승이 계승·발전시켰다. 즉 오카야마岡山현에 있던 과거 기비吉備국이 가야의 분국 '임나'라고 특정하는 단계가 된 것이다. 그 근처에 임나와 각축하던 신라, 백제, 고구려 등의 분국, 소국들도 존재했다는 것이다.

---

1 중국 고대사, 특히 유학자들이 쓴 고대사는 조작된 것이 많다고 주장하던 학파로서 1926년부터 1941년까지 중국학계를 주도했다.

이처럼 북한학계는 1961년경 '한사군=한반도설(낙랑군=평양설)'을 폐기시킨 후 '한사군=요동설(낙랑군=요동설)'을 정립하고, 1963년경 '임나=가야설'을 폐기시킨 후 임나는 가야가 일본 열도에 진출해서 세운 분국이라는 '분국설'을 정립했다. 물론 북한학계의 연구성과가 완벽한 것은 아니지만 1963년경까지 일제 식민사관의 주요 이론구조를 해체하고 자국의 관점으로 보는 새로운 역사관을 확립시켰다는 데 의의가 있다.

광복 후 남한 역사학이 걸어온 길

광복 직후 남한 역사학계를 재건할 때 진단학회에서 이병도에 대한 제명운동이 벌어졌을 정도로 일제 식민사학은 설 자리가 없었다. 그러나 맑스의 사적 유물론을 지지하던 사회경제사학자들은 대거 월북하고, 분단과 6·25를 거치는 과정에서 정인보·안재홍 등의 민족주의 사학자들이 납북되면서 민족주의 역사학도 제거되었다. 그 빈 공간을 조선총독부 조선사편수회 출신 이병도·신석호가 장악해 식민사관을 제외한 모든 역사관을 강단과 제도권에서 말살하고 '식민사관'이라는 이름표를 '실증사관'으로 바꾸어 달고는 남한 역사학계를 완전히 장악했다.

남한 역사학계는 검찰이 '검사동일체'의 원칙으로 한몸처럼 움직이는 것처럼 '강단사학동일체'의 원칙으로 보수도 진보도, 노장도 소장도 없이 한몸으

일제 식민사관에 대한 남북한 역사학계의 견해

	조선총독부	남한 강단사학	북한 역사학	비고
단군 실존 여부	부인	부인	인정	
한사군=한반도설 (낙랑군=평양설)	한사군=한반도설 (낙랑군=평양설)	한사군=한반도설 (낙랑군=평양설)	한사군=요동설 (낙랑군=요동설)	북한은 신채호·김두봉 등의 역사관 계승
임나=가야설	임나=가야설	임나=가야설	임나는 가야가 일본 열도에 설치한 분국(분국설)	남한은 총론으로는 임나일본부 부정. 각론으로 추종

로 식민사학 옹호에 매진해왔다. 그 결과 시간이 흘러 광복 후 3,4대 역사학자가 등장했지만 식민사학 카르텔은 더욱 심해졌다.

미국 컬럼비아대학교에서 미술사로 박사학위를 받고 일본으로 간 존 카터 코벨Jon Carter Covell(1910~1996) 교수는 일본 고대미술이 모두 한국에서 건너갔다는 사실을 알게 되었다. 그런데 남한 역사학자들이 이를 거꾸로 설명하고 있는 것에 큰 충격을 받고 이렇게 말했다.

> 무엇 때문에 한국의 학계(1981년 현재)는 그렇게 소극적인가? 지금의 나이든 학자들은 과거 일본 사람 밑에서 공부했기에 그들에 대한 무슨 의리나 의무 같은 게 있어 그러는 것인가? 아직 서른이 안 된 젊은 학도들은 누구에게도 빚진 것이 없을 테니, 이들은 박차고 일어나 진실을 밝혀서 케케묵은 주장들을 일소해버렸으면 한다. 누군가는 해야 할 일이기 때문이다.
>
> 《한국문화의 뿌리를 찾아》

코벨은 "남한의 젊은 학도들이 박차고 일어나 진실을 밝혀"달라고 했지만 상황은 코벨 박사의 바람과는 거꾸로 갔다. 2016년도에 젊은 학자들이 대거 등장해 발언에 나섰고,《조선일보》는 이들에게 '무서운 아이들'이라는 닉네임을 붙여주었다. 이들의 주장을 《한국일보》에서 압축해 보도했다.

> 조태성(한국일보 기자): (동북아역사) 지도 사업에서 논란이 됐던 낙랑군 위치 문제는 어떻게 보나.
>
> 안정준: 낙랑군이 평양에 있다는 건 우리뿐 아니라 제대로 된 학자는 모두 동의한다. 100년 전에 이미 논증이 다 끝났다. 바뀔 가능성이 거의 없다고 보면 된다.
>
> 김재원: 100년 전이라 하니까 자꾸 '친일 사학' 소리 듣는다. 하하.
>
> 기경량: 그러면 200년 전 조선 실학자들이 논증을 끝냈다라고 하자.
>
> 《한국일보》, 2017. 6. 5.

북한학계는 이미 56년 전에 '낙랑군=평양설'을 모두 폐기시키고 '낙랑군=요동설'로 정리했는데, 남한의 '무서운 아이들'은 100년 전에 이미 '낙랑군=평양설'에 대한 모든 논쟁이 끝났다고 우기고 있다. 이들이 조선총독부 학설 옹호에 나서자 《조선일보》, 《한국일보》는 물론 《한겨레신문》과 《경향신문》까지 대거 나서서 대서특필하며 옹호했다. 광복 후 70여 년이 훨씬 넘도록 식민사학이 주류로 행세할 수 있는 한국 사회의 숨겨진 친일 카르텔이 적나라하게 드러난 것이다.

무서운 아이들은 조선총독부 역사관을 계속 유지하기 위해 북한학계의 연구성과까지 뒤집어 설명하는 경지에 이르렀다. 앞의 안정준은 《역사비평》에 이렇게 썼다.

> 일제시기에 발굴한 낙랑 지역 고분의 수는 70여 기에 불과한 반면, 해방 이후 북한에서 발굴한 낙랑 고분의 수는 1990년대 중반까지 무려 3,000여 기에 달한다. 현재 우리가 아는 낙랑군 관련 유적의 대다수는 일제시기가 아닌 해방 이후에 발굴되었다 해도 과언이 아니다.
>
> 안정준, 《역사비평》, 2016

북한도 '낙랑군=평양설'을 주장한다는 것이다. 1961년에 '낙랑군=평양설'을 폐기시킨 북한학계가 다시 조선총독부 학설로 돌아선 것일까? 그럴 리는 없다. 북한학자의 실제 주장을 들어보자.

> 해방 전에 일제 어용사가들은… 우리 민족사의 첫머리인 단군조선의 력사를 날살아는 한편 평상 일내의 락명무덤을 '헌니리 락링군시대의 ∫떠'으로 에끼 날조하면서 그것을 기초자료로 하여 한나라 락랑군이 평양 일대에 있었다는 '락랑군 재평양설'을 조작해냈다… 해방 후 우리 고고학자들이 발굴 정리한 락랑무덤 자료들은 그것이 한식 유적 유물이 아니라 고조선문화의 전통을 계승한 락랑국의 유적과 유물이라는 것을 실증해준다. 락랑국은 고조선의 마지막 왕조였던

만조선이 무너진 후에 평양 일대의 고조선 유민들이 세운 나라였다.

리순진,《평양일대 락랑무덤에 대한 연구》, 평양 사회과학출판사

북한학계는 평양 일대의 고대 유적은 한나라 낙랑'군郡'이 아니라 위만조선의 후예들이 세운 낙랑'국國' 유적이라고 말한다. 최리가 국왕으로 있던 낙랑공주와 호동왕자의 비운의 사랑 이야기를 남긴 낙랑국 유적이라는 것이다. 2,700여 기의 무덤을 발굴한 결과 한나라 무덤은 단 한 개도 찾지 못했다는 것이 북한학계의 연구내용이다. 그런데 무서운 아이들은 북한학계의 연구성과를 180도 거꾸로 소개하면서 남한 국민들을 속였다. 분단이 식민사학을 번성시키는 숙주임을 말해주는 사례이다.

그럼 남한학계는 북한의 분국설에 대해서 어떤 태도일까? 남한학계는 총론에서는 '임나일본부설을 극복했다'라고 선전하면서 각론에 들어가면 조선총독부의 '임나=가야설'을 정설이라고 주장하는 '따로국밥 역사학'으로 국민들을 호도하고 있다. 남한 강단사학자들은 일본학계에 커다란 충격을 준 분국설에 대해 일본학자들보다 더 적대적으로 대응한다. 이 역시 진보, 보수도 없고, 노장, 소장도 없다. 앞의 '무서운 아이들'은 '젊은역사학자모임'이라는 명의로 책을 냈는데, 그중 한 명인 위가야는 북한의 분국설에 대해서 이렇게 썼다.

김석형의 분국설은 북한에서는 아직도 정설이며, 한국에서도 모자란 복제품 수준의 주장이 이따금씩 제기된다. 하지만 그의 연구는 이제 학설로서 생명력을 거의 상실했다. 그의 학설이 성립하는 결정적 근거였던 일본 열도 내 '조선식 산성'이 6~7세기대 유적으로 밝혀졌기 때문이다.

위가야,《욕망 너머의 한국고대사》

일본 열도 내 조선식 산성을 6~7세기대 유적으로 주장하는 것은 일본 극우파 사학자들이다. 북한학계는 훨씬 이전인 야요이(서기전 3세기~서기 3세기)

시대부터 고대 한국인들이 일본 열도에 진출했고, 그 결과 수많은 조선식 산성이 세워졌다고 주장한다.

북한학계의 분국설이 생명력을 거의 상실했다는 위가야의 주장은 물론 거짓이다. 김석형의 뒤를 이은 조희승이 분국설에 대해 쓴 주요한 저서만 들어도 《초기조일관계사(상)》(1988), 《일본에서 조선소국의 형성과 발전》(1995), 《조선단대사(가야편)》(2011), 《임나일본부 해부》(2012)(필자의 주해로 2019년 《조희승의 임나일본부 해부》로 남한에서 출간되었다) 등이 있다. 그러나 무서운 아이들은 북한의 이런 연구성과를 없는 것으로 치부하면서 '생명력을 상실했다'고 우기고 있다.

북한이 전체주의적 정치체제에 '고난의 시기' 등을 겪으면서도 버틸 수 있는 가장 큰 힘은 일제 식민사학을 극복한 역사관에 있다고 필자는 생각한다. 남한은 세계인들을 놀라게 한 경제성장에도 불구하고 아직도 총독부 역사관이 주류다. 몸은 성인이 되었는데 정신은 아직도 말 배우기 수준의 유아기다. 북한 사람들이 남한 사회를 대안으로 여기지 않는 핵심 이유다.

한국사학은 실증사학인가?

남한 강단사학이 스스로를 실증사학이라고 포장하는 것은 명실상부한 것일까? 실증사학에 대해 《한국민족문화대백과사전》은 "역사연구에 있어서 실증적인 방법을 중시하는 역사학"이라면서 "일제시대부터 일본인 학자들에 의해 주도되었다. 시라도리白鳥庫吉·이케우치池內宏·이마니시 류今西龍 등이 대표적인 학자들이다"라고 설명하고 있다. 그런데 이 사전의 다음 구절은 이들이 실제 실증사학을 추구한 것처럼 사실을 호도하고 있다.

그런데 실증사학자들이 가장 중시한 증거는 정확한 문헌자료였다. 문헌자료라고 해도 이들이 추구한 것은 정확한 사료였다. 정확한 사료를 확보하기 위해 이들은 사료비판에 철저하였다.

《한국민족문화대백과사전》

그러나 고故 최재석 고려대 명예교수는《고대한일관계사연구》에서 "일본인 연구자의 한국고대사 연구가 실증사학인가?"라고 의문을 제기하면서 일본인 연구자들의 태도를 이렇게 비판했다.

일본인 연구자들은 근거를 제시하지 않은 채《삼국사기》초기기록이 조작되었다고 주장하거나 자신들이 허구의 증거를 만들어놓고《삼국사기》가 조작되었다고 주장한 것을 비롯하여,《삼국사기》의 기사가 중국 기록에 없어도 조작, 중국 기록과 같아도 조작, 중국 기록과 차이가 나도 조작되었다고 한결같이 이구동성으로 주장하고 있다… 필자는 아직도 한국인 연구자들이 왜 일본인 연구자들을 '근대적 실증사학자'라고 높게 평하였는지 전혀 이해하지 못하고 있다.

《고대한일관계사연구》

최재석 교수는 일본인은 물론 그를 추종하는 한국인 학자들도 실증주의와는 거리가 멀다는 것이다. 실제로도 남한 실증사학은 실증과 거리가 멀다. 아마 전 세계에서 남한 실증사학처럼 실증과 거리가 먼 역사학도 없을 것이다.

이들은 자신들이 랑케Leopold von Ranke(1785~1886)의 실증주의를 추종하는 것처럼 말하지만 실제로는 랑케의 실증주의와도 전혀 다르다. 랑케는《강국론Die grossen Mächte》에서 세계가 보편적인 인류공동 사회로 발전하기 위해서는 여러 민족국가들이 서로 조화와 균형을 이루어야 한다고 주장했다. 랑케는 각 민족국가들이 상호조화와 균형을 이루면서 각국의 개별성과 독립성을 유지해나가야 한다면서 강국의 지배를 인정하지 않았다. 그는 세계사적 보편성은 각 민족국가들의 공존이며, 국가의 힘은 곧 민족정신에서 나온다고 주장했다.

이병도·이기백 등이 주장하는 '객관'은 조선총독부의 관점을 뜻하고, 이들이 주장하는 '주관'은 독립운동가들의 민족사학을 뜻한다. 이들은 조선총독부의 관점, 즉 강대국의 관점을 '객관'으로 포장하고, 이에 맞서는 민족사학을 '주관'으로 폄하해 조선총독부의 시각으로 한국사를 바라보는 것을 합리화했다. 이는 랑케의 실증사학에 정면으로 위배된다.

랑케는 독일 민족주의 사학자였다. 랑케가 살았던 시대는 유럽에서 뒤처져 있던 독일이 막 도약하던 시기였다. 독일은 프랑스보다 뒤처진 나라라고 인식되었다. 이런 상황에서 랑케는 있는 그대로의 사실을 서술하면 독일사를 서술할 수 있다는 독일 민족주의 역사학을 주창했다. 그래서 그는 어느 민족, 어느 국가든 실제로 존재했던 자민족과 자국의 역사를 서술할 수 있다고 주장했는데, 이것이 랑케 실증주의의 핵심이다.

남한 강단사학자들은 랑케의 실증사학을 일제에 맞섰던 한국 민족주의 역사학을 비판하기 위한 용도로 오용했다. 랑케의 실증주의 사학은 엄격한 문헌 고증을 통해 보편적인 역사가 아닌 개별적이고 특수한 민족의 역사를 "과거에 있었던 그대로 복원해서 서술"하는 과학적 방법론이었다.(임종권,《한국역사학의 계보》) 랑케는 각 민족, 각 국가가 동등한 가운데서 각 민족의 고유성과 특수성을 인정했는데, 남한 강단사학은 랑케의 실제 주장과는 거꾸로 일제 황국사관의 눈으로 한국사를 비하하는 것을 '객관' '공정'이란 논리로 합리화했다.

민족주의 역사학

한국 민족주의 역사학의 표상이기도 한 단재 신채호申采浩(1880~1936)는《조선상고사》에서 "역사는 사회의 유동상태와 거기서 발생한 사실을 객관적으로 있는 그대로 적는 것이지, 지은이의 목적에 따라 그 사실을 좌우하거나 덧붙이거나 달리 고칠 것이 아니다"라고 말했다. 관점이 객관적이 아니라 사실을 객관적으로 적어야 한다는 랑케 실증사학의 핵심을 서술한 것이다. 신채호는 "사실 그대로 영국 역사를 쓰면 영국사가 되고, 러시아 역사를 쓰면 러시아사가 되며, 조선 역사를 쓰면 조선사가 된다"고 말했다. 문헌고증에 충실해서 사실을 객관적으로 서술했던 신채호의 역사서술 태도가 랑케의 실증주의에 더욱 가깝다.

그런데 남한 강단사학계에서 신채호의 역사학은 사라지고 이병도·신석호의 역사학만 득세하며 한국 민족주의에 대한 과도한 비난 현상이 나타났다. 모든 민족주의는 일정한 정도의 국수주의가 내재되어 있다. 그러나 국수주의가 비판받아야 할 때는 강대국이 자국 민족주의를 보편화, 객관화하면서 다른 국가, 민족에 대한 지배이념으로 악용할 때이다. 유럽·미국의 제국주의가 그랬고 동양에서는 일본 제국주의가 그랬다. 산업화를 조금 먼저 달성한 것을 다른 나라, 민족들을 지배하는 논리로 악용했다. 이런 강대국 민족주의, 즉 강대국 국수주의가 제국주의Imperialism로서 비판받아 마땅하다.

현재 한국에서 민족주의는 내셔널리즘Nationalism의 번역어다. '민족주의=국가주의=국민주의=국수주의'도 영어로는 모두 내셔널리즘이다. 서양사는 그리스도교가 지배하던 중세 코스모폴리탄 사회가 무너지던 16세기 이후 로마교황이나 신성로마제국의 지배에서 벗어난 나라들이 생기면서 민족과 국가라는 개념이 발생했다. 이들 민족국가들은 성립 초기부터 해외 식민지 정복 전쟁에 나섰으므로 서구 민족주의는 제국주의와 같다고 비판해도 과언이 아니다. 그러나 한국 민족주의에 대한 비판은 서양의 '민족주의=국가주의=제국주의'라는 성격을 구분하지 않고 무비판적으로 적용한 경우가 대부분이다. 제국주의에 가해야 할 비판을, 제국주의에 맞서 싸웠던 민족주의에 가하는 것은 가해자가 아닌 피해자를 꾸짖는 것이자 강대국의 지배를 용인하는 것이자 극심한 학문 사대성의 결과이다.

일제가 다른 나라, 민족을 지배했던 제국주의 논리가 국수주의였다. 일본은 이를 '객관' 등의 용어로 포장해 다른 나라, 민족 지배를 합리화하는 논리로 악용했다. 베트남 민족주의가 프랑스, 일본, 미국의 제국주의에 맞서 싸웠던 것처럼 한국 민족주의도 일본 제국주의에 맞서 싸웠다. 그러나 한국의 민족주의는 마치 제국주의인 것처럼 호도되고 비판되고 있다. 일제 황국사관의 관점으로 한국 민족주의를 바라보기 때문이다. 이제 이런 반역사적 상황은 종식될 때가 되었다. 한국 민족주의는 백범 김구, 도산 안창호, 단재 신채호 등의 경우처럼 자신의 정체성의 토대 위에서 다른 민족과 상호존중하면서 공존하자는 평화의 이념이었다.

국사의 의미

국사란 외형적 구조와 내면의 정신에 대한 서술로 구성된다. 외형적 구조란 겉으로 드러난 정치체제 등이고 내면의 정신이란 그 사회를 이끌어가는 정신의 주된 흐름이다. 이 두 가지 요소가 결합될 때 국사는 과거의 역사와 지금의 역사가 서로 연결된 유기체가 되어 살아 움직이게 된다.

국사는 또한 과거에 있었던 '사실'과 그 사실에 대한 '해석'을 뜻한다고 볼 수 있다. '사실'이 실제 발생했던 사건이라면 '해석'은 그를 바라보는 관점이다. 그런데 사실과 해석은 서로 구분하기 힘든 경우가 많다. 모든 사료에는 그 사실을 기록한 사관의 주관이 들어가 있기 때문이다. 우왕 14년(1388)에 있었던 위화도회군을 고려왕실의 관점에서 기록했는지, 조선왕조의 관점에서 기록했는지에 따라서 그 내용은 크게 달라진다.

그래서 신채호는 관점을 중시해 역사를 "아我와 비아非我와의 투쟁"이라고 말한 것이다. 중국의 정치가이자 역사가였던 양계초梁啓超(1873~1929)는 "역사학은 학문의 가장 크고, 가장 절실하게 필요한 것이며, 국민의 밝은 거울이고, 애국심의 원천"이라고 말했다. 중국은 공자의 《춘추春秋》와 사마천의 《사기史記》 이래 자국 중심으로 역사를 바라보는 것이 역사 서술의 확고한 원칙이다.

그러나 우리는 중화 사대주의 관점과 친일 식민사관이 혼재된 노예의 역사관이 아직도 득세하고 있다. 중화 사대주의 사관은 명나라를 임금의 나라로 보는 극단적 사대주의로 악화되어 민족의 정체성을 부인하는 소중화小中華

사상으로 전락했다. 이런 극단적 사대주의 정당이었던 노론이 당론으로 나라를 일제에 팔아넘겼다. 그 결과 "애국심의 원천"이라는 양계초의 말과는 180도 다른 역사학이 지금껏 횡행하고 있다. 단재 신채호가 "지금까지 조선에 조선사라 부를 수 있는 조선사가 있었는가 묻는다면 그렇다고 대답하기 어렵다"《조선상고사》라고 말한 100여 년 전의 상황은 전혀 개선되지 않았다.

국사의 범주

한국사는 범주가 어디까지일까? 한국은 나라와 민족이 같다고 말하지만 사실 한민족은 동이족의 한 갈래이기 때문에 정확한 표현은 아니다. 전체 동이족 역사 중에서 어디까지를 민족사로 서술할 것인가. 동이족은 우리 한족韓族뿐만 아니라 선비(몽골)족, 만주족(말갈·여진), 거란족 등을 모두 포괄하는 넓은 개념의 용어이다. 그러나 중화 사대주의 사관이 득세하면서 같은 겨레인 선비·만주·거란족 등을 모두 오랑캐로 내몰면서 우리 한족韓族을 중국의 한족漢族과 같다고 인식했다. 몸은 동이족임에도 불구하고 정신은 한족漢族이라고 생각하는 인지부조화 현상이 발생한 것이다.

　이런 극도의 사대주의를 타파했던 역사학자들이 독립운동가들이었다. 대한제국 말기 홍암 나철羅喆(1863~1916), 무원 김교헌金敎獻(1868~1923) 같은 독립운동가들은 이 나라가 왜 일본에게 망하게 되었는지 깊게 천착했다. 그 결과 유학이 갖고 있던 극도의 사대주의 때문이라고 결론짓고 유학의 사대주의를 버렸다. 그러자 비로소 민족이 보였고, 단군이 보였다. 나철·김교헌 등이 단군을 모시는 대종교大倧敎를 창시한 것은 이런 배경에서였다. 이 당시 많은 우국지사들이 대종교에 가입한 것은 종교로서가 아니라 빼앗긴 나라를 되찾기 위한 정신적 기반이자 조직이라고 여겼기 때문이다.

　대한민국 임시정부 2대 대통령이자 역사학자였던 백암 박은식朴殷植(1859~1925)은 만주(말갈·여진)족 역사까지 우리 역사 범주에 넣는 역사관의 혁명을 보여주었다. 나아가 그는 '신라-발해'만을 남북국시대로 분류하지 않고, '고려-금'과 '조선-청'도 남북국시대로 포괄했다. 1910년 대한제국이 멸망하고, 이듬해 신해혁명으로 청이 멸망하자 "우리 역사에서 남북국이 동시에 멸망한 것은 처음"이라고 갈파했다. 박은식이 보여준 역사관의 혁명은 지금도 유효하다.

또한 민족의 개념과 범위도 고정된 것이 아니라 변하는 것이다. 중국 남방과 북방 사람들은 역사도 다르고 생김새도 다르지만 중국인들은 같은 한족漢族으로 포괄하고 있다. 중국이 이질적 요소도 모두 끌어안아 민족의 범위를 넓히는 용광로의 역사라면 우리는 같은 동이족의 겨레들도 이민족으로 내모는 솎아냄의 역사였다.

과거에는 혈통과 뿌리를 민족 분류의 가장 중요한 근거로 삼았지만 각 민족의 이동이 보다 자유로운 지금은 혈통과 뿌리 외에 여러 요소가 추가되어야 한다. 다른 민족들이 우리 사회와 역사의 일원이 되기를 희망한다면 민족의 일원으로 받아들여야 한다. '열방의 아버지'라는 뜻을 갖고 있는 아브라함은 이스라엘 민족사 형성기반이 되었고, 이 때문에 다양한 인종으로 구성된 유대인 민족사회의 존재가 가능하게 되었다. 우리도 개방된 민족관으로 새로운 국가 사회관을 형성해야 한다.

언제 국사를 편찬하는가?

국사 서술은 국가 중흥의 한 지표다. 《삼국사기》는 백제는 4세기 후반 근초고왕 때 박사 고흥高興이 《서기書記》를 썼다고 말하고 있다. 근초고왕이 재위 26년(371) 겨울 고구려 고국원왕을 전사시켜 전성기를 구가할 때였다. 신라는 진흥왕 6년(545) 대아찬 거칠부居柒夫 등이 《국사國史》를 편찬했다. 진흥왕은 한강 하류 지역을 장악하고 백제 성왕을 전사시켰으며, 또한 경남 창녕에서 함경도 황초령까지 4개의 순수비巡狩碑를 세우면서 스스로를 황제의 자칭인 짐

朕이라 부르고 태창泰昌이라는 연호를 썼던 중흥군주였다. 고구려는 국초國初에 《유기留記》100권이 있었고, 영양왕 재위 11년(600)에 태학박사 이문진李文眞이 《신집新集》 5권을 편찬했다고 전한다. 고구려 영양왕은 중원을 통일한 수隋 문제文帝의 30만 대군을 거의 전멸시키는 전과를 거두면서 천자국 고구려의 정체성을 지킨 군주다. 《서기》·《국사》·《유기》·《신집》은 지금 모두 현존하지 않지만 모두 자국의 중흥기에 자국의 관점으로 서술한 국사임은 의심의 여지가 없다.

대한민국은 광복 후 외형이 크게 성장했다. 그러나 아직도 중화 사대주의 사관과 이 나라를 점령했던 일본인들이 만든 식민사학의 관점으로 우리 역사를 바라보고 서술하는 수준에서 벗어나지 못하고 있다. 이제 성장한 외형에 걸맞은 국사를 가질 때가 되었다. 주체적 관점으로 미래를 지향하는 국사가 나올 때가 되었다. 그것이 한 손에는 총을, 한 손에는 붓을 들고 일제에 맞서 싸웠던 선열들의 정신을 계승하는 길이다.

한국사회의 미래

지금으로부터 거의 1만 년 전의 요하문명부터 반만 년 전의 단군조선은 모두 한민족이 천손天孫임을 말해주고 있다. 단군조선의 이런 천손사상은 이후 여러 민족국가들에 그대로 계승되었다. 광개토대왕릉비는 시조 추모왕을 "천제天帝(하느님)의 아들"이라고 서술하고 있다. 《삼국유사》 '왕력'조는 고구려 시조 추모왕을 "단군의 아들이다"라고 말하고 있다. 천손의 후예라는 것은 자신들의 관점으로 세상을 바라본다는 뜻이다.

고려 중기 이후 중화 사대주의 역사관이 횡행하면서 천손의 역사관은 점점 사라지고 천자의 제국은 제후국으로 전락했다. 천자국의 역사관도 제후국의 역사관으로 전락했다. 우왕과 최영의 요동정벌을 좌절시킨 위화도회군 이후 중화 사대주의 사관은 우리 민족의 정신을 크게 갉아먹었다. 여기에 일제 식민사관이 더해졌는데, 우리는 아직껏 이 두 암적 요소를 극복하지 못했다.

이제는 이 두 암적 요소를 극복한 새로운 역사관으로 한국 사회를 일변해야 한다. 광복 이후 한국 사회는 절차적 민주주의와 산업화에 성공했다. 이제 이런 성취를 바탕으로 세계인들이 부러워할 사회를 만들어야 한다. 개인의 절대적 자유와 개인 사이의 평등이 보장되는 사회, 모든 국가권력이 국민에게 복종하는 사회, 민족의 뚜렷한 정체성 속에서 개인의 독립성을 보장하는 사회를 만들어야 할 의무가 우리 앞에 있다.

정사와 야사

동양 유학사회는 뒤에 선 왕조가 앞 왕조의 역사를 편찬하는 전통이 있었는데, 이런 전통에 따라 국가에서 편찬한 역사서를 정사正史라고 한다. 중국은 사마천司馬遷의 《사기史記》부터 청나라의 《청사고淸史稿》까지 25사를 대체로 정사라고 한다. 한국은 《삼국사기》, 《고려사》, 《조선왕조실록》 등을 정사라고 한다. 그 밖에 개인이 편찬한 역사서는 야사野史이다. 정사가 더 신빙성 있는 사료로 취급받지만 정사는 자신들이 무너뜨린 전 왕조를 폄하하는 경향이 있기 때문에 야사에 비해 무조건 신빙할 수 있는 것은 아니다. 중국은 당나라 때부터 역사왜곡이 노골화되는데, 7세기 중반에 편찬된 《진서晉書》의 경우 서진(265~316)과 동진(317~418)의 역사를 서술했지만 고구려·백제·신라사를 삭제하고, 마한·진한의 역사를 수록했다. 당 태종이 고구려 정벌에 나섰다가 참패를 당한 것 때문에 우리 민족의 역사를 크게 왜곡한 것이다. 720년에 완성된 《일본서기日本書紀》는 편찬자들이 처음부터 마음먹고 거짓말을 하기로 작정하고 만든 역사서다. 시기부터 1,000여 년 이상 끌어올려 서기전 660년에 시작하는 것으로 조작했기 때문에 《일본서기》의 내용은 엄밀한 사료비판 과정 없이도 믿을 수 없다. 그러나 일제강점기 때 일본인 학자들이 《삼국사기》를 불신하고 《일본서기》를 믿어야 한다고 주장한 것이 현재까지 남한의 강단사학계에 '《삼국사기》 불신론'이란 비역사학적 논리로 통하고 있다. 대한제국 말기 매천梅泉 황현黃玹이 편찬한 《매천야록梅泉野錄》은 개인이 편찬했지만 방대한 사료를 바탕으로 수록했기 때문에 정사로 대접받고 있다.

8장
대한제국사

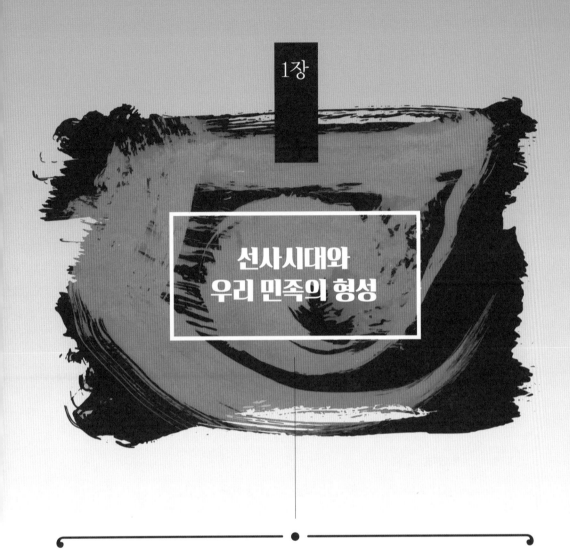

1장

선사시대와
우리 민족의 형성

문자로 남긴 기록이 없었던 시대를 선사先史시대라고 부르는데, 유적과 유물로 당시의 모습을 해석한다. 선사시대는 주로 구석기와 신석기시대를 말하는데, 일부 청동기시대도 포함된다. 선사유적은 전 세계적으로 분포되어 있는데, 한국은 구석기부터 신석기, 청동기 유적이 광범위하게 분포되어 있다.

한국의 선사시대를 설명하려면 한국사의 활동 범위부터 확정지어야 한다. 한국사의 활동 범위는 동이족 전체를 뜻하는지, 동이족의 한 갈래인 한韓민족만을 뜻하는지에 따라서 달라진다. 동이족 전체를 대상으로 할 경우에는 지금의 중국 하북성·내몽골자치주 및 요녕성·흑룡강성·길림성을 비롯해서 한반도와 일본 열도까지 포함된다. 중국 산동성에서 동이족 특유의 무덤 형태인 고인돌이 존재하는 것으로 보아서 산동반도도 한때는 동이족의 무대였음을 알 수 있다. 또한 동이족 국가인 은殷나라까지 포함시킬 경우 중국 하남성 일대도 포함된다. 이 중에서 현재 한국인의 정체성과 직접 연결될 수 있는 선사유적은 신석기부터 청동기시대의 유적인 홍산문화紅山文化와 그를 포괄하는 요하문명遼河文明으로 이들이 우리 한민족의 직접적인 조상들의 유적이다. 우리 역사 시작의 뿌리를 추론해보자.

01 선사시대의 전개

인류의 기원과 구석기인

지구상에 인류는 약 300~350만 년 전에 처음 출현했다. 최초의 인류는 남방의 원숭이란 뜻의 오스트랄로피테쿠스이다. 이들의 두뇌 용량은 현생 인류의 3분의 1 정도였는데, 직립보행을 하면서 양 손으로 간단한 도구를 만들어 사용했다.

인류는 불을 사용하면서 혁명적 발전을 이룰 수 있었다. 불을 사용함으로써 인류는 비로소 자연의 지배에서 벗어나 자연을 지배할 수 있게 되었다. 빙하기의 추위를 견디고, 열대 지역을 떠나서 거주할 수 있었다. 구석기시대에 이미 시신을 매장하는 풍습이 있었던 것은 영혼으로 영생한다는 종교적 관념을 갖고 있었음을 뜻한다.

구석기시대 후기인 약 4만 년 전부터 현생 인류의 조상인 호모 사피엔스 사피엔스가 출현해 현생 인류의 형질과 관계된 유전자가 그렇지 못한 유전자를 압도적으로 대체하게 되었다. 그러나 같은 호모 사피엔스 사피엔스라도 자연환경에 따라 인류의 형태는 조금 달라졌다. 서유럽에서는 신체의 크기가 커졌는데 이는 순록과 같은 이주성 군집동물을 사냥하려면 큰 체격조건이 필요했기 때문이다. 반면 남아프리카에서는 신장이 작아졌는데 작은 키가 덥고 건조한 기후에 적응하기 좋을 뿐만 아니라 독을 사용해 사냥하면서 신체의 크기가 그리 중요하지 않았기 때문이다. 이처럼 인류는 자연환경에 적응하면서도 두뇌를 사용해 생각하는 능력을 발전시키면서 문화를 창조해나갔다.

원시인류의 진화

오스트랄로피테쿠스→호모 하빌리스(150만 년 전: 능력 있는 사람)→호모 에렉투스(160만 년~25만 년 전: 곧선 사람)→호모 사피엔스(5만 년~4만 년 전: 지혜 있는 사람)→호모 사피엔스 사피엔스(4만 년~3만 년 전)

빙하기

북반구의 많은 부분이 얼음에 덮여 있었던 시기가 빙하기다. 빙하시대는 빙하기glacial age와 그보다는 덜 추웠던 간빙기interglacial age로 나눈다. 빙하시대는 27억 년 전에도 존재했지만 지난 수백만 년 동안 4만 년을 주기로 빙하기와 간빙기가 교대했다. 근래에는 10만 년을 주기로 빙하가 확장하고 후퇴하는 경향을 보인다. 현존 인류 및 식생에 큰 영향을 미친 빙하는 약 1만 5,000년 전의 뷔름Würm 빙기인데, 마지막 빙하기는 약 1만 년 전에 끝났다. 1만 년 전부터 인류는 대이동을 시작했는데, 우리 민족의 선조들도 마찬가지였다.

신석기 문화와 청동기 문화의 탄생

서기전 1만 년경에 빙하기가 끝나면서 인류는 신석기시대에 접어들게 되었다. 뗀석기 대신 간석기를 사용하고 식량을 찾아 이동하는 채집경제에서 식량을 생산하고 짐승을 기르는 정착생활로 바뀌었는데, 이를 신석기 혁명이라고 한다.

신석기 문화 때부터 청동기시대 때까지 전 세계에서 문명이 발생하는데, 메소포타미아의 티그리스·유프라테스 강 유역의 메소포타미아문명, 이집트의 나일 강 유역의 이집트문명, 인도의 인더스 강 유역의 인도문명, 중국의 황하 유역의 황하문명이 바로 세계 4대문명이라고 한다. 저수지나 보 등 관개시설을 설치해서 물을 공급하는 관개 농업의 발달, 청동기와 문자의 사용, 도시의 출현과 국가의 형성 등이 이들 큰 강 유역에서 공통적으로 이루어졌다. 이런 문명들이 출현하면서 인류는 선사시대에서 문자로 사실을 기록하는 역사시대로 접어들었다. 지금은 하북성 난하와 요녕성 요하를 중심으로 나타나는 홍산문명이 위에 열거한 대부분의 조건을 충족하고 있으므로 앞으로 연구의 진전에 따라 세계 5대문명으로 포함될 수도 있을 것이다.

우리나라의 선사시대 02

구석기시대

한반도에서 구석기시대의 시작은 1966년 발견된 평양시 상원군 검은모루동굴로서 북한에서는 100만 년 전의 유적으로 보고 있다. 남한에서는 1980년 충주댐 건설로 인한 수몰지역 유적 지표조사에서 나타난 충북 단양의 금굴이 70만 년 전의 유적이며, 1978년 주한 미군 그렉 보웬Greg Bowen이 발견한 경기도 연천 전곡리의 유적은 50만 년 전의 것이다. 이외에도 북한 지역에는 함북 웅기군 굴포리, 평남 덕천군 승리산 유적 등이 있고, 남한 지역에는 충남 공주 석장리, 충북 청원 만수리, 경기도 남양주 호평 유적 등이 있다. 이들 유적에서는 각종 석기와 함께 사람과 동물의 뼈 화석, 동물 뼈로 만든 여러 도구 등이 출토되어 구석기시대의 생활상을 유추할 수 있게 해준다.

—— 경기도 파주에서 발굴된 주먹도끼. 국립중앙박물관 소장.

　우리 선조들의 주 활동 무대였던 만주 및 발해연안에서도 광범위한 구석기 유적이 발견된다. 1963년 길림성 연변조선족 자치주의 안도현 석문산촌石門山村 동굴 유적을 비롯해 만주 지역에서 20여 곳의 구석기

유적이 발견되었다. 1974년에 발견된 요동반도 영구현營口縣 금우산金牛山 동굴 유적은 호모 에렉투스에 속하는 북경 주구점周口店 유적, 즉 북경원인北京猿人과 같은 계통으로 유추된다.

발해연안인 하북성 니하만泥河灣 지구의 동곡타東谷陀와 소장량小長梁 등의 전기 구석기 유적들은 약 100만 년 전의 것으로 이 지역에서 가장 이른 시기의 것이며, 황하 중류의 남전藍靛 구석기 유적은 약 80만 년 전의 것이다.

그런데 만주와 발해연안 및 한반도 구석기 유적들의 상관성이 주목된다. 연천 전곡리 유적의 출토 석기들은 요녕성 본계시本溪市 묘후산廟後山 유적의 석기들과 제작 수법이 같다. 또한 평양 상원의 검은모루동굴에서 발견되는 동물상 중에는 북경 주구점의 화석 동물상과 비슷한 것이 있다. 이는 만주와 발해연안은 물론 북경 지대 및 한반도가 아주 오래전부터 같은 문화권이었음을 나타내주는 것으로 해석할 수 있다. 북경 주구점과 요녕성, 한반도의 유적들에서 유사한 형태의 원인猿人 화석과 동물상 화석들이 발굴되는 것은 아득한 먼 옛날 이 광활한 지역에 살던 구석기인들이 같은 성격의 인류였음을 말해준다. 같은 성격의 원인들이 북경과 만주, 한반도라는 광활한 일대를 무대로 사냥과 채집으로 삶을 영위해나갔음을 알 수 있다.

신석기시대의 유적과 유물

영국의 역사가 고든 차일드Vere Gordon Childe는 구석기시대를 식량의 채집경제단계, 신석기시대를 식량의 지급자족을 위한 생산경제단계로 나누고 이를 산업혁명과 비교해 신석기혁명이라고 명명했다. 신석기인들은 우리의 직접적인 조상들인데, 그간 우리 민족의 기원에 대해서 시베리아 기원설이 가장 많이 언급되어 왔다. 1939년 일본의 요코야마 쇼자부로橫山將三郎가 우리나라 빗살무늬토기의 유입경로를 시베리아→연해주→한반도 동북→남해안→서해안 지역의 순으로 전파되었다고 발표한 학설이 학계에서 널리 받아들여진 것이다. 바이칼은 이 이동경로에서 중요한 지역이다. 이 지역에 살던 흉노족은 바이칼을 '텡기스'라고 불렀는데 이는 '천지天池'라는 뜻이다. 몽골 초원을 경유해 중국 동북부 발해 유역과 중국 서북부 등으로 남하한 갈래도 있다. 시베리아 기원설은 우리 민족 형성의 중요한 흐름을 설명해준다. 그러나 시베리아에서 이동한 사람들이 우리 민족의 중추를 이루고 있는지는 다시 생각해보아야 한다.

　시베리아 사람들이 이동하기 이전부터 혹은 비슷한 시기에 지금의 중국 하북성, 내몽골과 만주 및 한반도 등지에 살고 있던 신석기인들이 우리 선사 민족의 중추일 수도 있다. 최근 발해연안과 한반도에서 시베리아의 신석기 유물들보다 이른 시기의 유물들이 출토되고 있다. 1970년대 발해연안 서남부 황하 하류와 발해연안 동북부 요하 하류 등에서 동북아에서 가장 오래된 빗살무늬토기가 발견되었다. 발해연안의 요녕성 적봉赤峰시 홍산문화와 심양瀋陽시 신락新樂유적 등에서 발견된 신석기 토기는 한반도의 토기문화

── 빗살무늬토기. 서울 강동구에서 발견된 빗살무늬토기. 우리나라 신석기시대를 대표하는 유물이다. 국립중앙박물관 소장.

와 동일한 계통인데, 이는 발해연안과 한반도의 신석기인들이 같은 성격을 지녔음을 말해준다.

신석기시대는 농경의 발달로 인류가 정착생활을 시작했던 시기다. 이때 잉여생산물을 소유한 자가 지배계급이 되면서 계급이 발생했다. 계급의 발생은 평등한 가운데서 서로 돕던 상호부조 전통을 붕괴시키기 시작했다. 경쟁에서 승리한 집단과 개인은 지배계급으로 상승한 반면 패배한 집단과 개인은 피지배 계급으로 전락했다. 이런 계급분화는 청동기시대로 접어들면서 제도로 자리잡게 된다. 태어나자마자 계급으로 신분이 나뉘는 계급사회로 바뀐 것이다.

정착생활과 잉여생산물의 발생은 신석기인들의 생각을 촉진시켰다. 신석기인들은 모든 자연물에 정령이 있다고 믿는 애니미즘Animism 신앙을 가지게 되었다. 그중 으뜸 숭배대상인 태양은 북방 민족들의 공통 숭배대상이었다. 신석기인들이 육신은 죽어도 영혼은 죽지 않는다는 영혼불멸 사상을 갖게 되면서 종교가 탄생했다. 하늘과 인간을 연결시켜주는 중보자인 제사장은 종교뿐만 아니라 정치적 힘도 갖게 되었다. 잉여생산물이 발생하고 계급과 종교가 발생하면서 인류 역사는 과거와는 전혀 다른 방향으로 전개되기 시작했다. 즉 국가가 탄생한 것이다.

요하문명과 홍산문화 03

홍산문화와 민족 귀속성

요하문명은 중국의 하북성·내몽골·요녕성 일대에 광범위하게 존재하는 동이족 문화를 뜻하는데 세계 4대문명이라는 중국의 황하문명보다 3,000~1,000년 정도 빠르다. 황하문명에서 가장 빠른 앙소문화仰韶文化가 서기전 5000년경인데, 요하문명의 신락문화는 서기전 8000년의 유적이다. 요하문명에서 중요한 것은 홍산문화인데, 1908년 일본의 인류학자 도리이 류조鳥居龍藏가 내몽골 적봉 일대에서 많은 신석기 유물과 동이족 무덤인 돌로 쌓은 적석총積石塚을 발견하면서 알려지기 시작했다. 이때만 해도 홍산문화는 중요성을 인정받지 못했지만 일제가 1931년 9·18사변(만주사변)을 일으켜서 만주를 점령하고 이듬해 3월 청나라의 마지막 황제였던 선통제 부의溥儀를 추대해 만주국을 수립하면서 상황이 달라졌다. 요녕·길림·흑룡강·열하의 4개 성에 3,000만의 인구를 갖고 있던 만주국의 실권은 일본의 관동군 사령관에게 있었다. 만주국은 일본·조선·만주·몽골·중국 다섯 민족의 오족협화五族協和와 왕도낙토王道樂土를 표방했지만 일제의 위성국에 불과했다. 일제는 만주국을 중국 관내關內(산해관 안쪽)와 분리시키는 역사적 도구로 홍산문화를 이용했다. 1935년 일본 고

— 우하량 여신상.
홍산문화권인 우하량
牛河梁에서 발굴된 여
신상 얼굴.

— 옥으로 만든 용.
홍산문화권에서 발굴
된 옥으로 만든 용.

고학의 아버지라고도 불리는 하마다 고사쿠濱田
耕作와 미즈노 세이치水野淸一 등이 대대적인 발
굴에 나섰다. 이들은 만주족과 몽골족은 내몽골
동쪽에서 발원했기 때문에 중국과는 역사적으
로 관련이 없다고 주장했다. 일제는 이를 적봉
제1기문화라고 불렀고, 중국은 1954년 홍산문화
라고 명명했다. 이후 홍산문화라는 명칭이 사용
되고 있지만 홍산이나 적봉이나 붉은 산이란 같
은 뜻이다.

중국 양계초梁啓超의 아들인 양사영梁思永
(1904~1954)은 일본인 고고학자들에 맞서 이 지
역을 발굴했는데, 1934년 〈열하고고보고熱河考
古報告〉에서 "동북 4성(요녕·길림·흑룡강·열하)을 잊어서는 안 된다"고 서술했다.
고고학이 현재 정치와 밀접한 관련을 맺고 있음을 말해주는 실례이다.

1987년 중국의 이민李民은 홍산문화를 동이족의 한 갈래인 '조이족鳥夷族'
문화로 보았다. 중국학계에서 조이는 산동반도 및 황하 유역 하류에 살던 민
족으로서 동이족의 한 갈래라고 보고 있다. 이들이 가장 먼저 문자를 만들었
으며 후에 은殷(商)나라를 건립했다는 것이다. 그러나 같은 해 중국의 장박
천張博泉은 홍산문화를 중국 고대 오제五帝의 첫 인물이자 중화민족의 시조라
는 황제黃帝의 후손들인 황제족黃帝族의 문화라고 주장하면서 이민의 주장을
몰아냈다. 장박천은 특히 홍산문화의 주도세력은 황제의 손자인 전욱顓頊이
라고 주장했다. 중국의 소병기蘇秉琦가 1994년 장박천의 설을 지지하면서 현
재 거의 모든 중국학자들은 홍산문화를 황제족의 문화라고 주장하고 있다. 소
병기는 홍산문화의 주도세력은 황제족이고 황제의 활동 무대가 내몽골 동부,
요녕성 서부, 북경과 천진, 하남성 북부 등이라는 문헌기록과 일치한다고 주
장했다. 소병기는 홍산문화가 춘추전국 시대의 연燕문화로 이어지는 뿌리라
고 주장했지만 과거에 황제의 활동 무대를 이 지역이라고 본 중국학자들은 없

었다. 게다가 황제의 아들 소호少昊가 동이족이라는 점
에서 황제 또한 동이족일 개연성이 높다. 그러나 중국
은 홍산문화를 포함한 요하 일대의 여러 문화를 '요하
문명'으로 명명하면서 동이족 문명이 분명한 여러 유
적을 한족 문화로 편입시켰다. 2012년 흥륭구興隆溝
유적에서 5,300여 년 전의 흙으로 만든 '도소남신상陶
塑男神像'을 발견하자 "중화조신中華祖神(중국의 시조신)
을 찾았다"고 대대적으로 홍보했을 정도이다. 중국은
요하문명을 건설한 황제족이 내려오면서 중원에서 또

— 황제의 모습을 그
린 한나라 때의 벽화.

문명을 건설했다는 식으로 견강부회하기 시작했다. 그러나 여러 청동기에 새
긴 금문金文에서 황제가 동이족으로 나온다는 사실은 차치하고라도 홍산문화
와 요하문명은 동이족이 만든 것임을 출토유물들이 말해주고 있다.

　요하문명은 내몽골과 요녕성을 비롯한 주변 일대에 넓게 존재하는 여러 문
화와 연속성이 있다. 서기전 8000년~서기전 7000년경의 신락문화와 서기전
2200년~서기전 1500년의 하가점 하층문화와 연속성이 있는 문화이다. 홍산
문화는 신석기와 청동기가 함께 사용되는 동석병용銅石倂用의 소하연문화로
이어졌다가 청동기 문화인 하가점 하
층문화로 이어진다. 신석기 문화에서
청동기시대로 이어지는 동이족 고대
국가 형성의 계보를 말해준다.

　하가점 하층문화에 대해서 중국에
서는 대략 서기전 2200년~서기전
1500년 전의 청동문화라고 보고 있
다. 하가점 하층문화에서는 서기전
2000년경에 축조된 석성石城들이 등
장한다. 중국의 소병기蘇秉琦는 고대
국가발달과정을 고국古國 → 방국方

— 중국中國과 이이夷의 탄생. 중국이란 개념은 주周나라가 수도 낙양과 그
근처 황하를 중국이라 칭하면서 시작되었다. 이를 제외한 나머지를 이夷라
고 칭했는데 나중에 동이東夷·서융戎狄·남만南蠻·북적北狄이라는 개념이
생겨났다. 훗날 중국 왕조가 확대되면서 중국의 영역도 확대되고 동이·서
융·남만·북적도 밖으로 밀려났다.

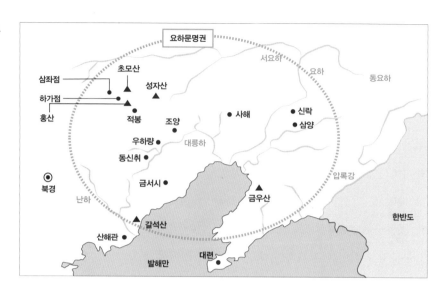

國→제국帝國으로 분류했는데, 홍산문화 시기에 '고국' 단계가 시작되었고, 하가점 하층문화 시기에 '방국'으로 발전했다고 보았다. 이 시기 이 일대에 방국으로 분류할 수 있는 정치세력은 고조선밖에 없다는 점에서 하가점 하층문화는 고조선 문화이다. 내몽골 오한기傲漢旗박물관에서 발간한《오한문물정화傲漢文物精華》는 "지금으로부터 4,000년 전후로 북방에 중원과 같은 강대국이 공존했다는 사실을 말해준다"고 기술하고 있는데, 이 강대국 역시 고조선이다. 소하연문화를 계승한 하가점 하층문화는 서기전 14세기경의 위영자魏營子문화와 연결된다. 하가점 하층문화에서는 질그릇·옥기와 청동기·납·금 등을

형성 시기	시대 구분	문화 이름	유적 위치
서기전 8000년~서기전 7000년	신석기	신락문화	요녕성 심양 북쪽
서기전 7000년~서기전 6500년	신석기	소하서문화	내몽골 적봉 부근
서기전 6200년~서기전 5200년	신석기	흥륭와문화	내몽골 적봉 오한기 부근
서기전 6000년~서기전 5000년	신석기	사해문화	내몽골 접경 사해
서기전 5200년~서기전 5000년	신석기	부하문화	적봉 오한기 부하
서기전 5000년~서기전 4400년	신석기	조보구문화	내몽골 난하 및 하북성 북부
서기전 4500년~서기전 3000년	신석기/동석병용시대	홍산문화	내몽골 적봉~요녕성 조양
서기전 3000년~서기전 2000년	동석병용시대	소하연문화	적봉시 소하연 유역
서기전 2200년~서기전 1500년	초기 청동기시대	하가점 하층문화	적봉시 맹극하孟克河 유역

포함하는 금속기가 다수 출토되어 이미 계급과 국가가 발생했음을 말해준다.

하가점 상층문화는 서기전 10세기~서기전 3세기경의 유적인데, 그 분포지역은 요녕성 서쪽 조양시 경내의 노노아호산努魯兒虎山부터 서쪽으로는 내몽골 적봉시 동북쪽의 극십극등기克什克騰旗 지역에까지 이른다. 남쪽으로는 갈석산이 위치한 하북성의 연산산맥燕山山脈에 접하고 북쪽은 내몽골 시라무렌강에 이른다. 이 지역에서는 고조선식 동검이라고도 불리는 비파형동검이 다수 출토되었고, 또한 청동기를 만드는 용범鎔范(거푸집)도 다수 출토되었다. 이 지역은 고조선 동검문화의 변방이 아니라 중심지역이다. 중국은 하가점 상층문화를 고조선과 단절시키기 위해서 고조선이 아니라 이미 역사에서 사라진 '동호東胡'나 '산융山戎'의 문화라고 주장하고 있고, 남한의 강단사학자들도 이 논리를 추종해 동호·산융 문화라고 따르고 있다.

요하문명의 내용

1979년 요녕성 객좌현 대성자진大城子鎭 동남쪽의 동산취東山嘴 언덕에서 원통형 채도 같은 제사용 도기들과 제사에 희생으로 사용했던 사슴 뼈와 돼지 뼈 등의 거대한 제사유적이 발굴되었다. 임산부 모양의 소조塑造와 책상다리를 하고 있는 여인 좌상坐像 일부도 출토되었는데 이는 제사 공양을 받던 신상神像으로 추정된다. 또한 1983년에는 요녕성 건평建平현 대릉하 상류의 우하량牛河梁에서 거대한 제사유적과 적석총 무덤군 등이 발견되었다. 우하량 유적의 구릉에서는 제사유적과 신전 및 소조 신상 등이 발굴되었는데, 이는 동이족의 신성 숭배 성향을 말해주는 것이다. 이곳에서는 단壇(제단)·묘廟(신전)·총塚(무덤)이 완비된 유적이 발견되었는데 이는 강력한 고대국가가 등장했음을 말해준다. 흥륭와문화에서 보이는 빗살무늬토기, 적석총, 비파형 동검 등은 한족들의 문명인 황하문명에서는 보이지 않는 것으로 '시베리아 남단→몽골초원→만주→한반도→일본 열도'로 이어지는 전형적인 북방계통

문화와 연결되는 동이족 문화이다. 이 지역의 유적 중에서 특이한 것은 하늘에 제사를 지내던 제천祭天 유적들인데, 그 형태가 둥근 원형과 네모난 방형으로 되어 있다. 고대인들에게 원형은 하늘의 형상이고, 방형은 지구의 형상이다. 원형과 방형 제단에서 제사를 주관하는 인간까지 더하면 우리 민족 고유의 천지인天地人 사상이 그대로 드러나는 것이다. 이는 또한 이 지역의 우리 선조들이 자신들을 하늘의 자손, 즉 천손으로 보았음을 말해준다.

홍산문화에서는 곰, 새, 돼지 등 다양한 동물 모양의 옥기가 출토되었는데, 이는 곰, 새, 돼지 토템족들의 공존을 암시한다. 특히 곰과 새는 고조선과 동이족 국가 은나라의 주요 토템이다. 옥기는 계급의 발생과 제정일치 시대를 말해주는데 이 역시 초기 고조선 사회의 모습과 같다.

홍산문화에 대해서 남한 강단사학계는 연구 자체를 외면하고 있는 상황에서 이찬구, 정경희, 복기대, 우실하 교수 등이 홍산문화가 동이족 문화임을 밝히고 있다. 요하문명의 흥륭와문화에서 발견된 옥귀걸이와 같은 것이 강원도 고성 문암리에서도 발견되었다. 이 흥륭와문화는 홍산문화와 서로 계승관계에 있는데, 홍산문화를 만든 사람들이 사용한 석관묘는 고조선과 동일한 묘제다. 반면 중국은 토광묘가 유행했다. 홍산문화는 소하연문화를 거쳐 초기 청동기 문화인 하가점 하층문화로 연결되는데 이 시기에 고조선이 출현한다.

앞으로 홍산문화에 대해서는 더욱 많은 연구가 진행되어야 하겠지만 현재의 연구나 발굴성과만 가지고도 서기전 2300여 년에 건국했다는《삼국유사》의 단군조선 건국연대와 일치한다는 사실을 알 수 있다. 고조선의 건국연대는 문헌과 고고 유적, 유물을 통해서 확인할 수 있는 역사적 사실이다. 이는 대일항전기 때 일본인 식민사학자들이 단군조선의 실재를 부정하고 서기전 3세

— 홍산문화권에서 발굴된 다양한 옥기들.

— 흥룡와 옥결.

— 사해 옥결.

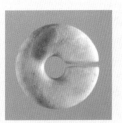
— 고성 문암리 옥결.

기경 성립한 위만조선만 인정했던 것이 오류임을 말해준다. 남한의 강단사학
계 역시 단군조선을 부인하고 있는데 북한은 우리나라 최초의 국가이자 노예
소유주 국가인 고조선이 서기전 30세기경에 시작되었다고 보고 있다.

민족의 기원

한민족은 동이족의 한 갈래이다. 중국학계는 동이를 지금의 산동반도에 존재했던 민족으로 보고
있다. 진秦나라 이전의 선진先秦시대에 황하 유역 하류의 청주靑州, 연주兗州, 서주徐州 등지에 거
주했던 민족의 총칭이 동이라는 것이다. 그러나 이는 동이의 개념을 축소시켜 바라본 것이고, 중
국의 여러 문헌과 유적들은 동이족이 산동반도는 물론 지금의 하북·산서·하남성 및 요녕·흑룡
강·길림성과 한반도까지 널리 분포되어 있었음을 말해준다.

사마천은 《사기》에서 중국 민족인 한족, 즉 하화夏華족의 시조인 황제집단과 동이족의 시조인 치
우蚩尤집단의 싸움으로 시작하고 있다. 그러나 황제의 아들 소호少昊는 동이족이다. 소호는 태호
太昊의 도를 이었기 때문에 붙은 이름인데, 태호 복희씨는 중국의 부사년傅斯年(1896~1950)이 〈이하동서설
夷夏東西說〉에서 "태호 복희가 동방의 부족이라는 것은 고대로부터 공인되어온 일이다"라고 말했
고, 1920년대~40년대 중국학계를 풍미했던 고사변파의 양관楊
寬도 〈중국상고사도론中國上古史導論〉에서 태호를 동이족이라고
말했다. 또한 《삼국사기》의 〈김유신열전〉에도 "신라 사람들이 자
칭 소호 금천金天씨의 후예이므로 성을 김金이라 한다"고 하였고,
〈김유신 비문〉에도 "헌원(황제)의 후예요 소호의 자손이라고 했
다"고 말하고 있다. 이는 모두 황제의 아들 소호가 동이족이라는
뜻이다. 황제의 아들인 소호가 동이족이라면 그 부친 황제도 동
이족일 수밖에 없다. 사마천이 황제를 하화족의 시조로 삼는 것

— 황제의 아들 소호의 초상.

— 《사기》의 저자인 사마천(서기전 145?~ 서기전 86).

— 《사기》. 중국 사마천이 상고시대의 오제에서 한나라 무제 태초년간(서기전 104~서기전 101)까지의 중국과 주변 민족의 역사를 포괄하여 저술한 통사.

은 모순일 수밖에 없다. 한족의 역사를 만드는 것이 《사기》의 주요 편찬 목적이었다. 그래서 사마천은 동이족이지만 또 다른 동이족 임금인 치우와 싸운 황제를 한족의 시조로 둔갑시켰다. 그러면서 동이족이 명백한 황제의 아들 소호는 지우고 잘 알려지지 않은 황제의 손자 전욱을 황제의 후계자로 설정해 〈오제본기五帝本紀〉를 서술했다.

중국인들이 자신들을 화華, 다른 민족을 이夷로 본 화이관華夷觀은 주周나라 때 시작되어 전국시대 때 확대되었다. 그러나 주보다 앞선 은나라가 동이족 국가라는 점에서 중국인들의 역사인식은 논리적 결함을 지닐 수밖에 없다. 중국이 동북공정을 비롯한 국가 차원의 여러 역사공정을 필사적으로 전개해서 하夏나라를 실존 왕조로 만들려는 이유도 여기에 있다.

동이문화와 삼첩층三疊層

중국은 현재 중국사회과학원에서 "동이문화는 화하華夏문명의 중요한 발원지 중 하나"라면서 동이문화를 중국문명으로 편입시키는 작업을 진행 중이다. 산동성 임기臨沂에 동이문화박물관까지 설치했다. 이런 상황에서 중국 전야田野 고고학의 아버지라는 양사영이 제시한 '삼첩층'문화가 주목된다. 하버드에서 고고학과 인류학을 전공한 양사영은 귀국 후 중앙연구원 역사어언연구소歷史語言研究所에서 '전야 고고학'을 발전시켰다. 그는 1934년 앙소문화 → 용산龍山문화 → 상(은)문

— 염제의 초상. 고대 중국의 불의 신

— 용산문화 분포 지역.

화가 서로 계승관계에 있는 '삼첩층'문화라고 명명했다. 하남성 삼문협三門峽시 민지澠池현 앙소촌의 앙소문화는 황하 중류의 신석기 문화로서 대략 서기전 5000년~서기전 3000년의 문화이다. 중국은 앙소문화를 하화족의 유적이자 문헌상의 염제炎帝 및 황제의 유적이라고 주장하고 있다. 그러나 서기전 2500년~서기전 2000년경의 문화인 하남성 용산문화를 동이문화로 분류하면서 스스로 모순을 드러내고 있다. 앙소문화 → 용산문화 → 상(은)문화는 모두 동이족 문화이다. 상(은)문화는 하남성 안양安陽현 후강后岡유적이 중심으로서 서기전 4000년~서기전 1100년의 유적이다. 즉 동이족 국가인 상은 앙소문화와 용산문화를 계승했다고 중국 고고학의 아버지가 말한 것이다.

중국은 왜 역사공정을 계속할까?

우리는 동북공정만 알지만 이는 중국이 그간 진행한 여러 역사공정 중의 하나에 불과하다.

명칭	주요 내용	주요 목적
하상주단대공정夏商周斷代工程(1996~2000)	하夏나라(서기전 2070년) 건국 은나라(서기전 1600년) 하 대체 주나라(서기전 1046년) 은 대체	전설상의 하나라를 실존왕조로 만드는 것
동북공정東北工程(2002~2007)	동북 3성(길림·요녕·흑룡강)의 역사를 중국사로 편입	고조선·고구려·발해사를 중국사로 편입하는 것
중화문명탐원공정中華文明探源工程(2004~2015)	전설이었던 삼황오제를 역사적 사실로 만드는 것	이리두유적(서기전 2200년)을 하나라 왕성이라고 주장
국사수정공정國史修訂工程(2010~2013)	《사기》부터 《청사고》까지 25사의 각주 전체를 다시 작업하는 과정	각종 사서의 각주 중에 현 중국체제 유지에 불리한 내용 도출, 대책 마련
중화문명선전공정(2016~2020)	그간의 역사공정 내용을 중국 및 전 세계에 전파하는 것	다큐, 대중서, 만화, 도록 등 다양한 형태로 번역해서 공자학원을 통해 전파

중국은 이런 역사공정을 통해 '만든 역사'를 전 세계로 전파하는 중이다. 현재 중국의 영토 중 한족의 역사 강역은 37% 정도에 불과하고 63%는 55개 소수민족의 역사 강역이다. 소수민족이 독립하면 한족들은 현재 강역의 37%에서 살아야 하기 때문에 55개 소수민족을 포괄하는 '통일적 다민족국가 이론'을 만들었다. 이 이론을 역사적으로 뒷받침하는 것이 각종 역사공정이다.

이런 역사공정은 대부분 고대사에 집중되어 있는데 중국의 고민은 연구하면 연구할수록 중국고대사는 동이족의 역사로 드러난다는 사실이다. 사마천의 《사기》 이전에 청동기에 쓰인 여러 금문을 연구한 중국의 낙빈기駱賓基(1917~1994)는 《금문신고金文新考》에서 황제를 비롯한 오제가 모두 동이족이었다고 말하고 있다. 대한민국 정부와 학계만 바로 선다면 중국이 국가 차원에서 수행하는 여러 공정들이 모두 무위로 돌아갈 것임을 말해주고 있다. 그러나 중국의 이런 역사공정을 남한 강단사학계가 추종하고, 정부에서는 이런 강단사학계에 국고를 쏟아부어 중국 동북공정과 일본 극우파의 역사침략을 돕는 것이 이 나라의 현실이다.

고대인들의 치아 수술 흔적

흥륭와문화 유적지에서는 치아 수술 흔적이 발견되었다. 일본학자들과 치과의사들이 4년간 집중 연구한 끝에 2008년 이를 인공으로 뚫은 치아 수술 흔적이라고 발표했다. 두개골 수술은 유럽에서 서기전 5000년경으로 추정되는 유물이, 중국에서도 서기전 2500년경 두개골 수술 흔적이 발견되었다. 그러나 흥륭와 유적지의 이 유물은 서기전 6000년경이므로 가장 이르다. 2012년 내몽골자치구 통료通遼시 하민문화에서는 마취에 쓰이던 대마씨(서기전 4500~서기전 4000)가 발견되었는데, 이는 이 시대의 고대 선조들이 마취수술을 했을 가능성을 말해준다.

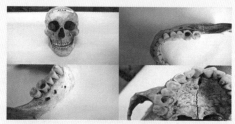
—— 흥륭와문화 유적지에서 발견된 치아 수술 흔적이 남은 두개골. 흥륭와문화의 발전상을 짐작케 하는 유물로 평가받는다. 우실하 제공.

《규원사화》와 《환단고기》에 대한 남북한학계의 시각

북한 역사학계는 1980년대 말부터 90년대 초까지 《조선전사(전 33권)》를 편찬한 데 이어 최근까지 《조선단대사(전 38권)》를 출간했다. 단대사斷代史란 각 왕조별로 끊어서 서술한 역사를 뜻하는데, 북한은 이런 방대한 역사서를 편찬하면서 한국, 중국, 일본의 문헌사료는 물론 광범위한 고고학 발굴결과들을 폭넓게 인용하고 있다. 주목할 것은 《규원사화揆園史話》·《환단고기桓檀古記》 같은 사료들을 이용하는 방식이다.

《규원사화》는 조선 숙종 2년(1675) 북애노인北崖老人이 편찬했는데, 왕검王儉부터 고열가古列加까지 47대 단군의 재위기간과 치적 등을 기록한 역사서다. 1972년 국립중앙도서관 고서심의위원이자 당대의 저명학자들이었던 이가원, 손보기, 임창순 3인이 《규원사화》의 내용과 지질을 분석심의한 결과 조선 중기에 쓰인 진본임을 인정했다. 그러나 남한 강단사학계는 반박논리도 제시하지 않고 위서라고 배척하고 있다.

《환단고기》는 《삼성기三聖紀》·《단군세기檀君世紀》·《북부여기北夫餘紀》·《태백일사太白逸史》라는 4편의 역사서를 1911년 계연수桂延壽가 하나로 묶어 《환단고기》라고 이름 붙인 것이다. 계연수가 쓴 서문에 따르면 《삼성기》는 안함로安含老가 편찬한 것과 원동중元董仲이 편찬한 것 두 종류를 묶은 것이다. 《단군세기》는 고려 말 행촌 이암李嵒이 쓴 것을 묶은 것이며, 《북부여기》는 복애거사伏崖居士 범장范樟이 편찬한 것을 묶은 것이며, 《태백일사》는 일십당주인 이맥李陌이 편찬한 것을 묶은 것이다. 계연수는 해학 이기李沂(1848~1909)의 감수를 받았다고 썼는데, 이기는 나철

(나인영) 등과 함께 을사오적 암살을 기도하다가 유배형에 처해졌던 독립운동가다. 계연수는 1911년 《환단고기》를 출간할 때 홍범도, 오동진 두 벗이 자금을 댔다고 썼는데, 홍범도는 대한독립군 총사령관으로서 봉오동 전투의 주역이며, 오동진 역시 광복군총영光復軍總營 총영장이자 정의부 사령장으로서 숱한 무장투쟁을 전개한 독립군 사령관이다. 오동진은 1927년 일제에 체포되어 무기징역을 언도받고 옥중 투쟁을 전개하다가 1944년 5월 공주형무소에서 순국한 선열이다.

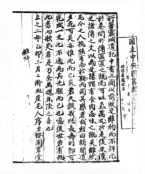

— 《규원사화》. 북한학계는 《규원사화》를 진서로 인정하고 있다. 국립중앙박물관 소장.

남한 강단사학계는 이 책의 내용에 대한 구체적 검토도 없이 용어상의 문제 같은 지엽적 문제를 들어 무조건 위서라고 배척하고, 나아가 '환빠'라는 식의 온갖 모욕적 언사를 서슴지 않고 있다. 일본인 식민사학자들의 시각으로 이 책을 바라보기 때문에 나온 공격적 현상이다.

북한학계는 《규원사화》는 진서로 인정해 《조선단대사》 등에서 그 구체적 내용을 인용하고 있으며, 《환단고기》라는 표현은 쓰지 않지만 《단군세기》, 《태백일사》 등 개별사료들을 사실로 인정해 인용하는 것으로 진서로 인정하고 있다. 《조선단대사》는 "단군관계비사들인 《규원사화》, 《단기고사》, 《단군세기》 등에 시조 단군(왕검)으로부터 마지막 단군 고렬가에 이르기까지 47명의 단군 이름과 그들의 치적이 기록되어 있는 것"(《조선단대사1》, 고조선, 부여편, 2011)이라고 말하고 있다. 북한의 국어학자들도 《환단고기》라는 표현은 쓰지 않지만 그 안에 묶여 있는 4편의 역사서를 사실로 인용하는 것으로 진서로 인정하고 있다. 북한 역사학자들의 이런 사료 이용 자세가 합리적이라고 볼 수 있다. 예를 들어 《단군세기》는 고려 후기 수문하시중守門下侍中을 지낸 이암(1297~1364)이 저술했고, 《태백일사》는 이암의 현손 이맥李陌이 편찬했다는 것인데, 1911년 계연수가 《환단고기》를 편찬할 때 함께 묶었다는 이유로 무조건 위서로 모는 것은 역사학적 방법론에 부합한다고 볼 수 없다. 《삼성기》는 안함로가 지은 것이 상권이고 원동중이 지은 것이 하권이며, 《북부여기》는 복애거사 범장이 지었다고 전해지고 있다. 이 책들은 후대에 모습을 드러냈으므로 그 내용에 대해서 구체적 연구와 토론이 이루어지는 것은 바람직하지만 한두 가지 지엽적 문제를 가지고 전체를 위서라고 배척하는 것은 합리적인 학문태도가 아니다. 강단사학에서 이 책들을 무조건 위서라고 모는 가장 중요한 이유는 일제 식민사학을 계승한 자신들의 역사인식 체계와는 다르기 때문이다. 북한 역사학계가 이 책들을 진서로 인용하는 것은 마찬가지로 1960년대 초반에 이미 일제 식민사학이 왜곡한 고대사관을 모두 극복했다는 자신감의 발로인 것이다.

2장

고조선과 열국시대

우리 민족 최초의 국가는 단군왕검이 세운 (고)조선이다. 조선 후기까지 단군이 우리 민족의 시조라는 데 대해서 아무런 이견이 없었다. 그러나 일제강점기 때 일본인 식민사학자들은 단군의 실존성을 부인하고 위만조선부터 사실로 인정했다. 또한 일본인들은 위만조선의 강역은 지금의 평안남도에 국한되어 있었고 그 수도는 지금의 평양인데, 이곳이 한사군 낙랑군이라고 주장했다. 서기전 12세기경의 인물인 은나라 왕족 기자箕子가 조선으로 망명했다는 기록은 위만조선은 물론 그보다 앞선 기자조선 이전에 단군조선이 있었음을 말해주고 있다. 또한 서기전 7세기 때의 기록인 《관자管子》[2]에도 조선에 관한 기록이 있다. 고조선은 그 산하에 중국의 제후국諸侯國과 같은 여러 거수국渠帥國, 즉 후국侯國을 거느린 황제국이였다. 부여, 고구려, 읍루, 최씨 낙랑국, 동옥저, 동예, 삼한 등은 모두 고조선의 거수국들이였다가 단군조선의 중앙권력이 약화되면서 각자 독립국가가 되었다. 이로써 열국시대가 열렸다.

---

2 《관자》는 춘추시대 제齊나라의 재상이었던 관중管仲(?~서기전 645)이 지었다는 책이다. 지금 전하는 것은 관자가 직접 지은 내용을 토대로 전국시대 사람들이 묶은 것으로 여겨진다. 제나라를 패자霸者로 만든 관중의 업적이 서술되어 있다.

01 고조선

단군조선의 건국과 강역

일연의 《삼국유사》와 이승휴李承休(1224~1300)의 《제왕운기帝王韻紀》, 서거정徐居正(1420~1488)의 《동국통감東國通鑑》은 모두 서기전 23세기에 단군이 조선을 건국했다고 서술했다. 그러나 일본인 식민사학자들은 한민족의 시조인 단군의 실존성을 부인해야 한국을 영구히 통치할 수 있다는 생각에서 단군을 부인했다. 또한 일본인 식민사학자들은 고조선을 대동강 유역에 걸쳐 있던 소국이라고 주장했고, 이들을 추종하는 남한 강단사학자들도 이 주장을 따랐다. 그러나 한중 수교 이후 만주는 물론 하북성과 내몽골 일대에서도 고조선의 표지유물인 비파형청동검 등이 다수 출토되었다는 사실이 알려지자 고조선 강역이 지금의 요녕성 요하까지 걸쳐 있었고, 그 중심지도 요동에서 대동강 유역으로 이주했다는 '이동설'을 만들었다. 그러나 '고조선 중심지 이동설'은 사료적 근거가 전혀 없는 창작에 불과하다. 요하문명 중의 하가점 하층문화는 중국에서도 서기전 22세기경의 청동기가 출토되었다고 인정하고 있으니 서기

— 《삼국유사》는 단군조선을 우리 역사의 출발점으로 설정했다. 국립중앙박물관 소장.

전 23세기에 단군조선이 건국되었다는 일연의 서술은 고고학적으로도 인정될 수 있다.

— 채용신이 그린 단군상.

단군조선은 건국시기도 중요하지만 그 내용도 중요하다. 일연은 《삼국유사》에서 《고기》를 인용해서 '단군 사화史話'를 전하고 있다. 환인桓因의 서자 환웅桓雄이 무리 3,000을 거느리고 태백산 신단수 밑에 내려와 신시神市를 세웠다. 그는 풍백風伯·우사雨師·운사雲師를 거느리고 곡식·수명·병·형벌·선악 등 인간 세상의 360여 가지 일을 주관했다. 곰과 호랑이가 사람이 되기를 원했는데 환웅은 이 중 웅녀와 혼인해서 단군왕검을 낳았다. 단군은 요堯 임금 즉위 50년인 경인庚寅년에 평양성에 도읍하고 조선이라고 부르기 시작했다는 것이다. 대부분의 건국사화들은 무력으로 지배하는 군주를 그리고 있다. 그러나 단군사화는 세상을 널리 이롭게 하는 홍익인간과 세상을 이치로써 교화하는 재세〔在世理化〕로 건국했다는 사실을 말해준다. 즉 하늘의 자손인 천손족이 무력이 아니라 널리 세상을 이롭게 하는 '홍익인간'과 이치로 세상을 다스리는 '재세이화'로 새 나라를 세운 것이 조선이란 뜻이다.

고조선은 서기전 23세기부터 서기전 1세기까지 긴 역사를 가진 제국이므로 그 강역도 단순하지 않았다. 중국과의 경계를 이루는 고조선의 서쪽 강역에 대해서 북한학계는 서기전 5세기~4세기경에는 지금의 하북성 난하까지라고 보고 있으며, 연나라 장수 진개秦開에게 일부 강역을 상실한 이후에는 지금의 요녕성 대릉하까지 축소되었다고 보고 있다. 남한 강단사학은 고조선의 강역에 대해 종전에는 일본인 식민사학자들이 주장한 대로 평안남도 일대라고 주장하다가 근래 만주는 물론 하북성·내몽골 일대에서 고조선 유물이 쏟아져 나오자 요녕성 요하까지 강역이었다고 수정하는 추세다. 남한의 민족사학자 윤내현은 위만조선의 서쪽 강역이 지금의 하북성 난하라고 보아도 북한학계의 견해와도 다르다. 역사 연구가 진전됨에 따라서 고조선이 광대한 영토를 가진 제국이었다는 사실에 대해서는 점차 공유되고 있는 상황이다.

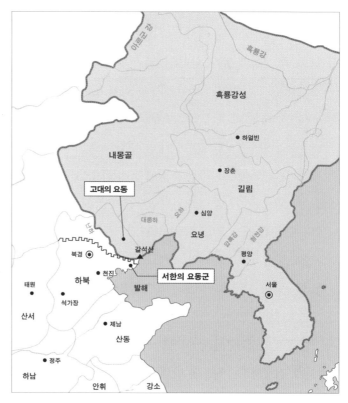

── 윤내현 교수가 본 고조선 후기의 강역도.

고조선의 거수국들

윤내현 교수는 《고조선연구》에서 단군조선은 강역이 넓었기에 산하의 여러 나라들을 거수국으로 삼아 다스렸다고 보았다. 중국의 제후국과 같은 개념인데, 북한은 거수국이란 용어 대신 후국 侯國이란 용어로 고조선이 여러 제후국들을 거느렸다고 본다. 여러 사서에 나오는 고조선의 거수국들은 다음과 같다. 부여夫餘, 고죽孤竹, 고구려高句麗, 예濊, 맥貊, 추追, 기자국箕子國, 진번眞番, 낙랑樂浪, 임둔臨屯, 현도玄菟, 숙신肅愼, 청구靑丘, 양이良夷, 양주楊洲, 발發, 유俞, 옥저沃沮, 진辰, 비류沸流, 행인荇人, 개마蓋馬, 구다句茶, 조나藻那, 주나侏那, 한韓(삼한三韓) 등이다. 북경대 대리총장과 대만대 총장을 역임한 중국의 부사년傅斯年(1896~1950)은 《이하동서설夷夏東西說》에서 "옛 숙신은 당연히 한나라 때의 조선으로, 후세의 읍루와는 관계가 없다"고 말했다. 또한 단재 신채호, 위당 정인보도 숙신을 (고)조선이라고 말했고, 북한의 리지린은 북경대 박사학위논문인 《고조선연구(1962)》에서 숙신이 고조선이라고 논증했다. (고)조선이라는 나라 이름을 중국에서는 여러 이름으로 불렀다는 뜻인데, 신채호는《사기》〈흉노열전〉의 동호東胡 역시 고조선이라고 말했다. 고조선이라는 황제국 아래에 여러 제후국이 있던 형태였다고 할 수 있다.

고조선

남한 강단사학은 일본 식민사학을 추종해서 서기전 194년에 수립되었다는 위만조선부터 역사로 인정해 단군조선의 역사를 말살했다. 북한은 고조선사를 전조선(단군조선), 후조선, 만조선의 셋으로 나눠서 인식한다. 전조선은 서기전 30세기 초에 단군에 의해서 건국된 우리 민족의 첫 국가로서 서기전 15세기 중엽까지 약 1,500년간, 후조선은 서기전 15세기 중엽부터 서기전 194년까지 약 1,300년간 존속했다고 본다. 북한은 위만조선이라고 쓰지 않고 만조선이라고 표현한다.《사기》·《한서漢書》 등에는 "조선왕 만滿"이라고만 되어 있는데, 후대의 기록인《삼국지》[3]·《후한서後漢書》[4] 등에 위만이라고 처음 나오기 때문에 신빙성이 없다고 보는 것이다. 북한은 만조선은 서기전 194년부터 서기전 108년까지 87년간 존속했다고 본다. 전조선의 강성기인 서기전 3000년기 후반의 강역은 조선반도 중남부 지역과 요동(철령 남쪽 무순, 본계, 단동 서쪽과 요동반도 남단까지), 길장(길림 장춘 일대), 러시아 연해변강 남부까지 포괄했다고 보고 있다. 북한은《규원사화》를 근거로 서기전 15세기 중엽에 왕통이 교체되면서 전조선이 종말을 고하고 후조선이 성립되었다고 보고 있다. 북한은 후조선은 고조선 사람들이 전조선왕조를 계승해서 세운 나라로서 기자조선과는 관련없다고 보고 있다. 서기전 2세기 초 변방의 후왕이었던 만의 정변에 의해 왕조가 교체되었다고 보고 있다. 북한은 만은 연나라에 살던 조선사람이라는 뜻에서 중국식 성씨 '위衛'를 쓰지 않았을 것이라고 봐서 만조선이라고 보는 것이다.

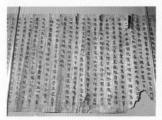

— 《삼국지》 동진예서본東晉隸書本.

— 《후한서》 남송소흥간본南宋紹興刊本.

---

3 《삼국지》는 진晉나라의 진수陳壽(233~297)가 편찬한 것으로 위·촉·오 3국의 역사를 싣고 있는데, 그중 〈위서魏書〉의 '오환, 선비, 동이열전'에 우리 고대사에 관한 많은 사료가 실려 있다.

4 《후한서》는 중국 남북조시대 송나라 범엽范曄(398~445)이 지은 후한의 역사서인데, 그중 〈동이열전〉에 부여·읍루·고구려·동옥저·예·한·왜倭에 관한 기록이 있어서 한국과 일본 고대사 연구의 중요한 사료가 되고 있다.

기자조선과 기자동래설

고려, 조선의 유학자들은 은나라에서 온 기자가 단군조선을 대체했다고 생각했다. 서기전 12세기경 기자가 조선으로 망명했다는 주장이 '기자동래설'로서 조선의 유학자들이 중화 사대주의 사관으로 신봉했다. 기자는 은나라 마지막 임금 주왕紂王의 숙부로 주왕의 폭정을 간쟁하다가 옥에 갇혔다. 은나라의 신하였던 주 무왕武王이 은나라를 멸망시키고 기자를 석방시키자 조선으로 망명했다는 것이다. 고려·조선의 유학자들은 기자가 온 곳을 지금의 평양이라고 보았다.

그러나 기자의 무덤에 대해서 《사기》〈송宋 미자微子 세가〉에는 "두예杜預(222~285)는 '양국梁國 몽현蒙縣에 기자의 무덤이 있다'고 했다"라고 썼다. 양국 몽현은 지금의 하남성 상구商丘시인데, 이곳에 아직도 기자의 무덤이 있다.

그런데 고려·조선의 사대주의 유학자들은 기자가 온 곳을 평양이라고 믿었다. 《고려사》'고려 숙종 7년(1102)'조는 예부禮部에서 "기자의 무덤을 찾아 사당을 세워서 제사를 지내게 하소서"라고 주청하자 임금이 허락했다고 기록하고 있다. 서기전 12세기 인물인 기자의 무덤을 2,300여 년 후인 서기 12세기에 평양에서 찾은 것이다. 그러니 평양에서 기자의 무덤은 찾을 길이 없었다. 100여 년 후인 충숙왕 12년(1325) "평양부에 명해서 기자의 사당을 세워서 제사 지내게 했다"고 기록하고 있다. 14세기 평양에 가짜 기자 무덤을 만들고 기자의 사당을 세워서 제사 지냈다는 것이다. 나아가 조선의 사대주의 유학자들은 평양에 기자의 궁전과 우물, 기자가 정전제井田制를 실시했다는 기자전箕子田까지 만들었다. 조선에 명·청의 사신이 오면 이렇게 만들어진 유적들을 보여주면서 "기자가 평양에 왔다"는 증거로 삼았다. 이런 경로를 거쳐 기자는 중국에서 평양에 왔던 것으로 알려지게 되었

— 중국 상구에 있는 기자의 무덤.

다. 기자동래설은 고려·조선의 유학자들이 사대주의 사관에서 만든 허구적 이데올로기에 불과하다. 중국 학계는 기자가 활동하던 지역을 지금의 하북성 노룡현盧龍縣 일대로 보고 있다. 이는 더 연구해봐야 할 내용이지만 적어도 기자가 평양에 오지 않은 것은 분명하다. 이 문제는 한사군의 위치와 관련해서 중요하다. 기자조선의 도읍

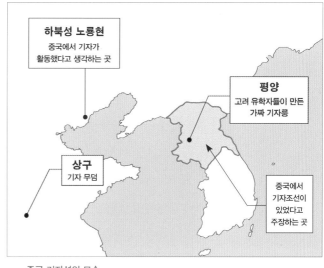

— 중국 기자설의 모순.

지가 위만조선의 도읍지가 되었고, 이곳에 낙랑군이 설치되었다고 보기 때문이다. 그래서 기자·위만조선의 도읍지 평양이 낙랑군이 되었다는 것인데, 기자조선의 도읍지는 물론 위만조선의 도읍지도 평양이 아니었다. 낙랑군도 평양에 있지 않았다.

중국의 다른 기자 유적

평양의 기자 유적이 고려 중후기 이후 유학자들이 만든 것이라면 중국에는 하남성 상구의 기자 무덤 외에도 기자에 관해 전래되는 다른 유적이 있다. 기자가 도주했다는 기산箕山에 대해 당나라 때 지리지 《괄지지括地志》는 "양성현陽城縣에 기산이 있다"고 말했다. 양성현은 산서성 동남부 진성晉城시 양성현을 뜻하는데, 그 남쪽 능천陵川현에 현재도 기자산이 있다. 북한은 평양의 기자릉이 고려 후기에 만들어진 것이라고 판단하고 1959년 기자릉을 해체했다.

— 평양에 있던 기자릉.

위만조선과 한나라의 갈등

사마천은 《사기》에서 단군·기자조선에 대해서는 따로 서술하지 않고 위만조선에 대해서만 〈조선열전〉에 서술했다. 위만은 옛 연燕나라 사람인데, 연과 진이 멸망한 후 한나라와 고조선이 요동의 패수浿水를 경계로 삼았다고 썼다. 그래서 위만조선의 위치를 밝히려면 먼저 연, 요동, 패수가 어디인지 살펴봐야 한다. 패수의 위치에 대해서는 그간 여러 설이 분분했지만 크게 나누어 지금의 중국 강역에서 찾는 견해와 한반도 내에서 찾는 견해로 나눌 수 있다. 한반도 내의 압록강, 청천강, 대동강 등으로 비정比定하는 견해는 한국사를 반도사로 축소시키려는 일본인 식민사학자들과 남한 강단사학자들의 견해로서 사료적 근거가 없을 뿐만 아니라 위만조선과 한나라가 전쟁을 하던 당시의 역사상황과 비춰봐도 전혀 맞지 않는 주장이다.

현재의 중국 경내로 보는 견해는 북경 부근의 조백하潮白河, 지금의 하북성 난하灤河, 요녕성 대릉하大陵河, 현재의 요하遼河로 보는 견해 등으로 나뉜다. 북한학계는 서기전 5세기~4세기경 고조선과 한의 국경은 지금의 하북성 난하였지만 연나라 장수 진개에게 1,000리~2,000리 강역을 빼앗기고 난 서기전 3세기~2세기경의 패수는 지금의 대릉하라고 보고 있다.

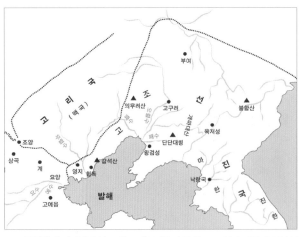

—— 북한학자 리지린이 본 조선 고대국가들의 위치. 고조선의 강역이 하북성 난하까지다. 그림에 나오는 고리국은 훗날 부여로 이어진다.

패수의 위치는 연나라와 밀접한 관련이 있는데, 연은 진에게 멸망당하기 전 지금의 북경 남쪽에 있었고, (고)조선도 연나라에서 그리 멀지 않은 곳에 있었다. 현재는 요녕성 요하를 기준으로 그 동쪽을 요동, 서쪽을 요서라고 부르지만 이는 요遼(907~1125)나라가 들어선 이후에 생긴 개념으로 명(1368~1644)나라 때에야 확정된 개념이다. 《사기》·《한서》등의 중국 고대사료를 검토해보면 고대의 요동은 지금의 천진 북부 및 하북성 난하 일대였다. 《사기》〈항우項羽본기〉는 서초패왕 항우가 연왕 한광韓廣을 요동왕遼東王으로 삼았다고 말하는데, 요동의 도읍지가 무종無終이다. 중국학자들은 무종을 현재 천진 북쪽의 계현薊縣이라고 보고 있다.

《사기》〈조선열전〉은 위만조선에 대해서 이렇게 설명하고 있다.

> 연왕 노관盧綰이 한나라에 반기를 들고 흉노로 들어가자 위만도 망명했는데, 1,000여 명의 무리를 모아서 북상투에 만이蠻夷 복장을 하고 동쪽으로 요새를 나와서 패수를 건너서 진나라의 옛 공지空地인 상하장上下鄣에 거주했다. 점차 진번·조선의 만이들과 옛 연나라·제나라의 망명자를 복속시켜 왕이 되어 왕험王險에 도읍했다.
>
> 《사기》〈조선열전〉

위만이 패수를 건너 진나라 옛 공지에 거주했다고 했으니 패수가 한반도 내의 강이라면 진나라가 한반도 내까지 들어왔다는 것으로서 설득력이 없다. 노관은 한 고조 유방과 같은 패군沛郡 풍읍豐邑 출신으로 연왕에 봉해졌다가 유방이 제거하려 하자 흉노로 들어갔다. 노관이 흉노로 들어갔는데, 그 휘하의 위만이 한반도로 왔다는 것도 이치에 맞지 않다. 또한 위만이 동쪽으로 패수를 건넜다는 기록도 패수가 한반도가 아니라 만주 서쪽의 강임을 말해준다. 한반도의 강이면 남쪽으로 건너야지 동쪽으로 건널 수는 없기 때문이다. 또한 위만은 옛 연·제나라 망명자들을 복속시켰는데, 연나라는 북경 부근에 있었고, 제나라는 산동반도에 있었으니 이 지역의 사람들이 한반도까지 망명했다는 것도 이치에 맞지 않다. 위만조선은 한반도에 있지 않았다.

나아가 《사기》는 고조선과 한나라의 전쟁 원인에 대해 위만의 손자 우거왕이 주변의 여러 나라들이 한나라 임금을 보려는 것을 막았기 때문이라고 적고 있다. 위만조선의 도읍이 평양 일대에 있었다면 압록강 북쪽의 여러 나라들이 한나라로 가는 것을 막을 방법이 없었을 것이다. 평양에서는 위만조선의 유적·유물이 일체 출토되지 않는 것도 위만조선의 도읍지가 평양이 아님을 말해준다.

패수의 흐름

《수경水經》은 중국 고대 강들의 흐름에 대해서 기록한 책이다. 《수경》의 지은이에 대해서는 정확하게 알 수 없는데, 한나라 상흠桑欽이 지었다는 설과 진晉나라 곽박郭璞이 지었다는 설이 있다. 《수경》은 원문인 경經과 그 주석으로 나뉘는데, 북위北魏의 역도원酈道元(427~527)이 주석자로 유명하다. 《수경》의 강 중에서 한국고대사와 밀접한 관련이 있는 강은 대요수大遼水, 소요수小遼水, 패수浿水 등인데 그중 패수는 고조선과 중국의 국경을 이루는 강이기 때문에 더욱 중요하다. 《수경》 원문인 경은 패수에 대해 "동쪽으로 흘러서 바다로 들어간다(東入于海)"고 말했다. 서기 1세기경의 학자 허신許愼도 패수는 "동쪽으로 바다로 들어간다"라고 말했다. 한반도의 강들은 모두 서쪽으로 흘러서 바다로 들어가므로 패수가 될 수 없다. 그런데 위만조선이 멸망한 후 500여 년 후의 인물인 역도원이 그 당시 자신의 생각에 따라 패수가 '서쪽으로 흘러서 바다로 들어간다'고 내용을 바꾸어버렸다. 일본과 남한의 강단사학자들은 반도사관에 따라 역도원의 주석이 맞다고 주장했다. 동쪽으로 흘러 바다로 들어간다는 원문이 틀렸고, 역도원의 주석이 옳다는 것이다. 그러나 위만이 패수를 동쪽으로 건넜다는 《사기》와 《한서》도 《수경》 원문이 맞다고 말하고 있다. 패수가 한반도 내 강이라면 위만은 패수를 남쪽으로 건넜어야 한다.

조한朝漢전쟁

《사기》는 위만의 손자 우거왕이 주변 여러 나라들이 한나라로 가는 길을 막아서 갈등이 생겼다고 말한다. 한 무제는 섭하涉河를 사신으로 보내 우거왕을 회유했지만 실패했다. 섭하는 패수까지 배웅 나온 조선의 비왕裨王 장長을 찔러 죽이고 패수를 건너 도주했다. 그런데 무제가 섭하를 꾸짖기는커녕 요동동부遼東東部 도위都尉로 임명하자 분노한 우거왕은 섭하를 기습해서 죽였다. 화가 난 무제는 서기전 109년 죄인들로 구성된 5만 명 이상의 군대를 조선으로 보냈다. 누선장군 양복楊僕은 제나라에서 발해를 건넜고, 좌장군 순체荀彘는 요동에서 출발해 고조선을 공격했는데, 여러 전투에서 모두 고조선이 승리했다. 무제는 전황이 불리하다고 생각해서 위산衛山을 사신으로 보내 협상하게 했다. 우거왕은 종전에 동의하고 태자에게 1만 군사와 말 5,000마리를 주어 패수를 건너 항복하게 했는데, 위산과 순체가 무기를 놓고 건너라고 요구하자 태자는 거부하고 돌아왔다. 위산이 돌아와 보고하자 무제는 위산의 목을 벴다. 한나라 두 장수 사이에서 순체는 강경론을 주장했고, 양복은 온건론을 주장해서 분열이 생기자 무제는 제남태수 공손수公孫遂를 사신으로 보내 수습하게 했다. 공손수는 좌장군 순체의 말을 듣고 양복의 군사를 순체에게 병합시켰다가 무제에게 죽임을 당했다.

조선 내부도 분열했다. 한음韓陰·왕겹王峽·노인路人은 한나라에 항복했고, 니계상尼谿相 참參은 우거왕을 죽였다. 그러나 대신 성이成已가 왕검성을 지키며 끝까지 저항하다가 우거왕의 아들 장격張略과 노인의 아들 최最에게 죽임을 당했다. 이로써 위만조선은 멸망했다.

한 무제는 참을 홰청후澅淸侯, 한음을 적저후荻苴侯, 왕겹을 평저후平州侯로 봉하는 등 위만조선에서 항복한 관리들을 제후로 봉했다. 이들이 받은 지역의 위치는 지금의 발해 부근 하북성과 산동반도 등지이다. 이 역시 위만조선의 위치가 이 지역에서 가까웠음을 말해준다.

조선의 항신降臣들은 제후가 되었지만 한나라 신하들과 장군들은 모두 비참한 최후를 맞았다. 위산과 공손수는 이미 사형당했고, 좌장군 순체는 참형 후 시신이 저잣거리에 던져졌고, 누선장군 양복도 사형선고를 받았다가 속전贖錢을 바치고 목숨을 건진 후 서인庶人으로 전락했다. 그래서 사마천은 《사기》〈조선열전〉에서 "결국 양군兩軍이 함께 욕을 당하고, 장수로서 열후列侯로 책봉된 사람이 없었

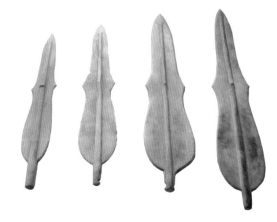

—— 고조선의 지표유물인 비파형청동검. 요녕 지역에서 발견된 비파형청동검들이다. 전쟁기념관 소장.

다"라고 썼다. 조한전쟁은 위만조선의 내분으로 무너졌지만 한나라가 승리한
전쟁은 아니라는 뜻으로 해석된다.

고조선 항신들의 운명

산동반도 해청 지역에 봉함 받은 니계상 참은 서기전 99년 사망하는데, 《한서》는 "조선에서 달아
난 포로들을 숨겨준 죄로 하옥되어 병사"했다고 쓰고 있다. 위만조선 멸망 후 포로들과 손잡고 조
선 재건을 꾀하다 옥사했던 것이다. 우거왕의 왕자 장격은 서기전 107년 하동河東에 속해 있는 기

후幾侯에 봉해졌지만 2년 후 죽임을
당했다. 《한서》는 "조선인을 시켜 모
반케 했다가 맞아죽었다(使朝鮮, 謀反,
格死)"고 쓰고 있다. 장격 역시 조선
부흥운동을 일으켰다가 전사했다는
뜻이다. 우거왕의 아들인 장격은 조
선 부흥 세력에 의해 임금으로 추대
되었을 것이기 때문에 한나라에서 조
선 부흥운동의 싹을 자르기 위해 죽
인 것으로 추측된다.

── 명나라 때의 대표적인 《한서》 판본인 《한서평림漢書評
林》. 《한서》는 중국 후한後漢 시대의 역사가 반고班固가 저술
한 책으로 전한前漢 시기를 다뤘다. ©Pegasus2016.

낙랑군과 한사군의 위치

한나라는 서기전 108년 위만조선을 무너뜨리고 그 자리에 낙랑·현도·임둔·진
번군을 세웠는데, 이것이 한사군漢四郡이다. 한국인들은 과거 초등학교 때부
터 한사군의 이름을 달달 외워야 했다. 특히 한사군의 중심인 낙랑군의 위치
에 대해서는 대동강 유역이라고 일본인 식민사학자들이 만든 내용을 해방 후
에도 암기해야 했다. 그런데 정작 서기전 109년~서기전 108년의 조한전쟁
때 살아 있었던 사마천(서기전 154?~서기전 86)은 《사기》〈조선열전〉에 "이로써
비로소 조선을 정벌하고 사군四郡을 삼았다"라고만 쓰고 사군의 이름도 쓰지

않았다. 150여 년 후의 기록인《한서》에 사군의 이름이 처음 등장한다.

중국은 현재 한사군은 북한 지역, 낙랑군은 평양에 있었다고 주장하는 것을 동북공정의 핵심으로 삼고 있다. 유사시 북한 강역에 대한 소유권을 주장하기 위한 것인데, 남한 강단사학자들도 이를 추종한다. 한사군의 위치에 대한 진실은 무엇일까?

한사군의 위치는 한사군이 실제로 있었을 때 쓰인 역사서를 기준으로 판단해야 한다. 대부분 중국 측의 사료이다. 한사군 중 핵심인 낙랑군의 위치를 알면 나머지 삼군의 위치를 유추할 수 있다. 낙랑군의 위치에 대한 그간의 전제는 위만조선의 수도에 세웠다는 것이다. 그런데《사기》〈조선열전〉주석에서 2세기 때의 학자인 응소應劭는 "〈지리지〉에 따르면 요동군 험독현險瀆縣이 조선왕 위만의 도읍이다"라고 말했다. 험독현이 '요동군' 소속이라는 사실 자체가 낙랑군은 평양에 있을 수 없음을 말해준다. 또한 서진西晉의 신찬臣瓚은 "왕험성은 낙랑군 패수의 동쪽에 있다"고 말하고, 또 "창려昌黎에 험독현이 있다"고 말했다. 즉 요동군 험독현은 옛 왕험성에 세운 것인데 그 위치는 '낙랑군 패수의 동쪽'이라는 것이다. 낙랑군 패수는 요동군보다 서쪽에 있었다는 뜻이다. 낙랑군이 지금의 평양이라면 요동군은 서쪽 서해 바다에 있어야 한다. 창려군은 현재 하북성에 있다. 낙랑군=평양설은 고대 사료를 조금만 검토해보면 전혀 사실이 아니라는 사실을 알 수 있다.

《한서》〈지리지〉에는 낙랑군 산하 25개 현縣 중에 열구현列口縣이 나온다. 후한後漢의 정사인《후한서》〈군국지〉에는 "열은 강 이름이다. 열수는 요동에 있다"라고 말하고 있다. 낙랑군 열구현은 열수라는 강의 하구에 있어서 붙은 이름인데, 열수라는 강은 요동에 있다는 것이다. 그런데 남한 강단사학은 요동에 있었다는 열수를 아무런 사료적 근거도 없이 대동강이라고 주장한다.《후한서》〈광무제본기〉주석에는 "낙랑군은 옛 (고)조선국이다. 요동에 있다"라고 말하고, 같은 책 〈배인裵駰열전〉에는 배인을 낙랑군 산하 장잠현長岑縣의 현령으로 삼았다는 기사가 나오는데, 그 주석에 "그 땅은 요동에 있다"라고 말하고 있다.

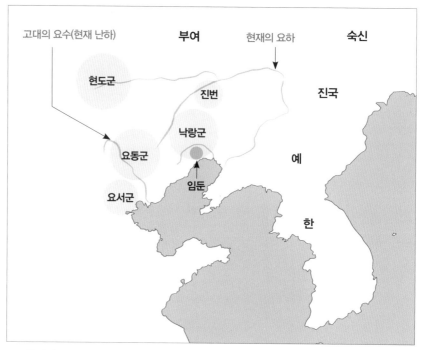

── 《한서》〈지리지〉의 한사군 및 요동·요서군(서기전 108년). 한가람역사문화연구소 국토지리연구실 제작.

── 《후한서》〈군국지〉의 요동군·요서군·요동속국·낙랑군·현도군과 《삼국지》의 대방군(서기 1세기). 한가
람역사문화연구소 국토지리연구실 제작.

중국의 고대 사료는 모두 낙랑군이 고대 요동에 있었다고 말하고 있다. 지금의 평양에 있었다고 말하는 사료는 없다.

고조선의 사회와 문화

고조선은 중국의 제후국과 같은 거수국을 거느린 황제국가였다. 그래서 황제의 계승자를 태자라고 칭했다. 또한 비왕 장의 경우에서 알 수 있는 것처럼 고조선 국왕 아래 여러 왕들과 여러 재상들이 있었다. 고조선은 우수한 청동문화를 가지고 있었는데, 고조선의 다뉴세문경은 21센티미터 지름의 크기에 1만 3,000개의 원이 새겨져 있는데, 이는 현대 과학기술로도 재연하기 어려운 것이다. 고조선인들의 청동제작 수준은 청동기를 사용하던 당대 최고 수준이었다. 고조선인들은 우수한 청동문화를 철기 문화로 발전시켜서 서기전 5세기경에 이미 철기사용이 보편화되어 있었다. 그간 국사교과서에서 연나라에서 온 위만이 철기 문화를 가져왔다고 서술한 것은 일제가 만든 '한국사 정체성론[5]'에 따라서 우리의 독자적인 철기 문화 생산능력을 부인하기 위함이다.

고조선인들의 생활상에 대해서는 자료가 많지 않지만 《맹자》에는 맥국은

— 강원도 횡성에서 발굴된 다뉴세문경. 16.2센티미터.

— 아산 남성리에서 발굴된 방패형 동기. 고조선 청동문화의 우수성을 입증한다. 국립중앙박물관 소장.

---

5 한국인들은 자발적으로 사회나 문화를 발전시킬 수 없기 때문에 외국의 식민지배를 받아야만 발전할 수 있다는 논리다. 일제의 식민지배를 합리화하기 위한 논리인데, 최근 대일항전기 때 한국 사회가 발전했다는 식민지 근대화론도 이 범주에 든다.

— 대전 과전동에서 발굴된 농경문農耕文 청동기. 밭을 가는 사람의 모습이 담겨 있다. 국립중앙박물관 소장.

세금이 5퍼센트라는 이야기가 나온다. 맥국은 곧 고조선으로서 전국시대 중국 각국보다 세금이 훨씬 저렴했다. 세금을 적게 받고도 국가가 유지되었다는 것은 고조선인들의 생활이 부유했음을 말해준다. 요동반도 남단 대련시의 고조선 무덤인 강상崗上무덤과 누상樓上무덤에서 순장殉葬 인골이 다수 출토되었다. 강상무덤과 누상무덤은 1964년 북한과 중국이 함께 실시한 고고학공동조사에서 밝혀졌는데, 서기전 8세기~서기전 7세기경의 무덤인 강상무덤 23개에서 144개의 인골과 토기 및 청동검 등이 발견되었다. 누상무덤은 서기전 7세기~서기전 5세기경의 무덤으로 강상무덤과 멀지 않은 지역에서 발견되었는데, 50여 명 분의 인골이 발견되었다.

순장무덤은 대부분 노예의 존재를 말해준다. 그러나 고구려 동천왕이 순장을 금했음에도 불구하고 따라 죽은 자가 많았다는 기록처럼 순장이 전사집단 공동의 사생관의 표현일 수도 있다.

고대 중국인의 지리 개념

고대 중국인들의 지리 개념을 알려면 다섯 산악인 오악五嶽과 네 강인 사독四瀆에 대해서 알아야 한다. 오악 중 중악中嶽은 하남성 숭산嵩山, 동악東嶽은 산동성 태산, 서악은 섬서성 화산 華山, 남악은 호남성 형산衡山, 북악은 산서성 항산恒山이다. 오악 개념에는 백두산은 물론 하북성 갈석산도 들어가지 않는다. 중국인들이 자신들의 영토로 여기지 않기 때문이다.

유가儒家 13경의 하나인 《이아爾雅》에도 관련 구절이 있다. 《이아》는 중국에서 가장 오래된 자서字書(사전)로서 《시경》·《서경》 등 고전의 문자를 추려 그 뜻을 설명한 것인데, 그 〈석수釋水〉편에 "강江, 하河, 회淮, 제濟가 사독四瀆이다"라는 구절이 있다. 현재 중국에서는 강은 장강長江(양자강), 하는 황하黃河, 회는 회하淮河, 제는 제하濟河를 뜻한다. 그런데 고대에는 산동성 기수沂水를 '강'이라고 불렀다. 《이아》의 강이 현재처럼 장강이 아니라 산동성 기수라는 뜻이다. 당나라 때에야 장강이 남독이 되었다는 사실은 고대 중국이 양자강까지 내려오지 못했음을 시사한다. 기수를 별도로 치면 나머지는 모두 하남성에서 발원했거나 하남성을 거쳐 바다로 들어가는 강이다. 오악사독은 고대 중국인들의 지리개념을 말해준다. 갈석산도 고대 중국인들의 영토 개념에 들어가지 않았으니 한반도는 더 말할 것도 없다.

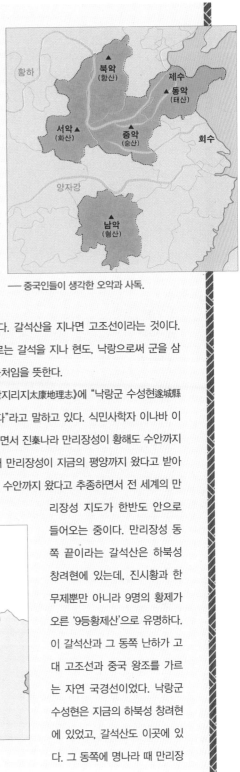
— 중국인들이 생각한 오악과 사독.

갈석산과 난하

낙랑군의 위치를 아는 데 중요한 산이 갈석산碣石山이다. 한사군 설치 14년 전까지 생존했던 한 고조 유방의 손자인 회남왕淮南王 유안劉安(서기전 179~서기전 122)은 《회남자淮南子》〈시측훈時則訓〉에서 "동방의 끝, 갈석산에서 (고)조선을 지나…"라고 말했다. 갈석산을 지나면 고조선이라는 것이다. 《한서》〈가연지賈捐之열전〉은 "(한나라 강역이) 동쪽으로는 갈석을 지나 현도, 낙랑으로써 군을 삼았다"라고 말하고 있다. 현도·낙랑군이 모두 갈석산 근처임을 뜻한다.

서진西晉에서 삼국통일을 기념해 만든 지리지인 《태강지리지太康地理志》에 "낙랑군 수성현遂城縣에는 갈석산이 있는데, (만리)장성이 시작되는 기점이다"라고 말하고 있다. 식민사학자 이나바 이와기치稻葉岩吉는 낙랑군 수성현이 황해도 수안군이라면서 진秦나라 만리장성이 황해도 수안까지 왔다고 우겼다. 이를 중국의 왕국량王國良이 1930년대 만리장성이 지금의 평양까지 왔다고 받아들이고 남한 강단사학계의 태두라는 이병도가 황해도 수안까지 왔다고 추종하면서 전 세계의 만리장성 지도가 한반도 안으로 들어오는 중이다. 만리장성 동쪽 끝이라는 갈석산은 하북성 창려현에 있는데, 진시황과 한 무제뿐만 아니라 9명의 황제가 오른 '9등황제산'으로 유명하다. 이 갈석산과 그 동쪽 난하가 고대 고조선과 중국 왕조를 가르는 자연 국경선이었다. 낙랑군 수성현은 지금의 하북성 창려현에 있었고, 갈석산도 이곳에 있다. 그 동쪽에 명나라 때 만리장

— 갈석산의 위치.

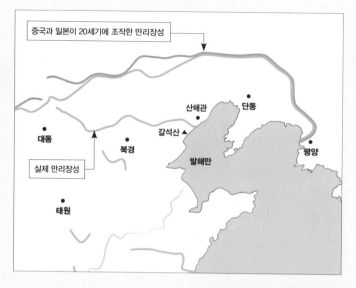

중국에서 주장하는 만리장성의 위치. 초록색은 전국시대의 각국 장성, 주황색은 진나라 때의 만리장성이다.

성의 동쪽 끝인 산해관이 있다. 창려현 북쪽에 노룡현이 있는데 중국 고대 사료들은 노룡현에 기자조선의 수도가 있었고, 여기에 낙랑군 조선현이 들어섰다고 말한다. 명·청시대의 영평부永平府 자리다.

낙랑군은 313년에 멸망했나?

강단사학자들은 낙랑군이 서기 313년 고구려에 망했다고 말한다. 일제강점기 일본인 학자들이 《삼국사기》 '고구려 미천왕 14년(313)'조의 "고구려가 낙랑군을 침략하여 남녀 2,000명을 포로로 잡았다"는 기사를 낙랑군 멸망으로 해석한 것을 추종하는 것이다. 이것이 사실이라면 313년 이후에는 더 이상 사료에 낙랑군이 등장하면 안 된다. 그러나 《위서魏書》〈세조태무제世祖太武帝본기〉는 그보다 100년도 더 지난 "연화延和 원년(432) 9월 을묘에 거가車駕가 서쪽으로 귀환하면서 영구營丘·성주成周·요동遼東·낙랑樂浪·대방帶方·현도玄免의 6군 사람 3만 가家를 유주幽州(북경)로 이주시키고 창고를 열어 진휼하게 했다"고 기록하고 있다. 2014년 3월 북경시 대흥大興구 황춘진黃村鎮 삼합장촌三合莊村의 고대 고분군에서, "원상 2년(539) 4월 17일 사망한 낙랑군 조선현 사람 한현도 명기(元象 2年4月17日 樂浪郡朝鮮縣人韓顯度銘記)"라는 글씨가 새겨진 벽돌이 발견되었다. 낙랑군은 고대 요동에 세워졌다가 고구려의 공격으로 약화되면서 북위 때 더 서쪽인 북경 부근으로 옮겼던 것이다.

낙랑군 위치에 대한 세 학설

낙랑군의 위치에 대해서는 세 학설이 있다. 하나는 남한 강단사학으로서 지금의 평양이라는 것인데, 일본인 식민사학자들의 주장을 지금껏 추종하는 학설이다. 북한 사학계는 1962년 리지린의 북경대 박사학위 논문인 〈고조선연구〉 발간을 계기로 낙랑군=평양설은 자취를 감췄다. 북한은 《조선전사 2》에서 "락랑군의 위치를 오늘의 료동반도 천산산맥 줄기 서쪽 료하 하류 류역"으로 보고 있다. 대체로 현 요동반도 안이다. 남한 민족사학계는 낙랑군 조선현의 위치를 현재의 하북성 노룡현으로 보고 있다. 명·청 때 영평부 자리였던 이곳에 옛 한나라 낙랑군 조선현이 있었다는 중국 사료가 여럿 있기 때문이다.

고조선 중심지에 대한 세 학설

고조선의 중심지에 대해서도 세 학설이 있다. 남한 강단사학은 일본인들의 주장대로 대동강 유역으로 보고 있다. 1992년 한중 수교 이후 만주에서 비파형동검 같은 고조선 유물이 쏟아지자 고조선이 아니라 산융山戎·동호東胡 유물이라는 중국의 동북공정 논리를 추종하고 있다. 그나마 과거에는 고조선이 평안남도에 있던 작은 소국이라고 주장하다가 현재는 요녕성 요하까지 확대시켰다. 그러나 고조선 중심지는 현재의 요동에서 대동강 유역으로 이동했다는 고조선 중심지 이동설을 내놓았다. 위만조선은 대동강 유역에서 멸망했고, 따라서 낙랑군은 평양이라는 것이다. 그런데 남한 강단사학자 다수가 추종하는 이동설의 약점은 관련 사료가 전혀 없다는 점이다. 북한은 고조선의 중심지인 '왕검성을 현재의 요하(과거의 열수) 류역에 있었다'고 보고 있다. 서기전 5세기~서기전 4세기 때까지는 고조선의 서쪽 강역이 하북성 난하였으나 연나라 장수 진개에게 일부 강역을 상실한 서기전 3세기~서기전 2세기 이후에는 요녕성 대릉하였다고 보고 있다. 남한 민족사학계는 위만조선이 멸망할 때까지 하북성 난하까지 고조선의 강역이었다고 보고 있다.

신의 손, 세키노 다다시

— 세키노 다다시.

한국 역사학계가 높게 평가하는 인물은 도쿄공대 교수였던 세키노 다다시關野貞(1868~1935)다. 세키노는 도쿄제국대학 조가 造家학과(건축학과) 졸업 후 고대 야마토왜의 수도였던 나라의 고건축을 조사하다가 고고학까지 겸하게 된 인물이다. 그는 1910년 조선총독부의 위탁을 받아 한반도 및 중국 각지를 다니며 유적, 유물을 조사했는데, 특히 한반도 북부에서 가는 곳마다 한나라 및 낙랑군 유적, 유물을 발견한 '신의 손'이었다. 그는 보고서에서 효문묘 동종을 비롯한 주요 유물들을 모두 '우연히' 발견했다고 써서 의문의 단서를 남겼다. 그런데 그 '우연'이 필연이었음이 최근 공개된 그의 일기에서 알 수 있다. 북경의 일본대사관 직원과 북경의 골동품 거리인 유리창가에서 "조선총독부 박물관을 위하여" 한나라 낙랑군 유물을 대거 구입해 보냈다는 내용이다.

"오전에 다케무라竹村 씨와 유리창에 가서 골동품을 삼. 유리창의 골동품점에는 비교적 한

대漢代의 발굴물이 많고, 낙랑 출토류품은 대체로 모두 갖추어져 있기에, 내가 적극적으로 그것들을 수집함."

〈세키노 다다시 일기〉, 대정大正(1918) 7년 3월 22일

일본인들은 낙랑군이 고대 요동이 아니라 평양에 있었다고 주장했다. 그런데 정작 그 낙랑 유물들은 평양이 아니라 고대 요동에서 가까운 북경 골동품 상가에서 마구 구입해 조선총독부로 보냈다는 것이다. 세키노 다다시는 그나마 도쿄대 교수로서 최소한의 자존심은 갖고 있었던 셈이다. 남한 강단사학계가 믿었던 마지막 보루마저 무너진 것이다.

낙랑군 호구부

한사군 한반도설과 낙랑군 평양설의 약점은 이를 입증하는 관련 사료가 없다는 점이다. 《후한서》〈최인崔駰열전〉 주석에 "장잠현은 낙랑군에 속해 있는데, 그 땅은 요동에 있다"라는 기록처럼 낙랑군이 요동에 있었다는 중국 사료는 많아도 낙랑군이 지금의 평양에 있었다는 사료는 없다. 그간 일본인 식민사학자들과 한국인 추종학자들은 낙랑군이 지금의 평양에 있었다는 사료가 많은 것처럼 말해오다가 인터넷상에 공개되는 수많은 사료 정보에 의해서 거짓이라는 사실이 명백해졌다. 이런 상황에서 북한의 손영종이 2006년 《력사과학》에 낙랑목간을 발표하자 남한학계는 이때까지 북한의 연구결과를 뒤집어 소개하거나 무조건 비판하던 과거의 태도를 일변해 낙랑군이 평양에 있었다는 증거라고 환호했다. 이 목간은 '낙랑군 현별縣別 호구부戶口簿'라는 목간인데, 정작 북한의 손영종은 초원初元 4년(서기전 45)에 작성했다는 이 호구부 목간에 대해 낙랑군이 요동반도에 있었다는 증거라고 해석했다. 문제는 목간을 보지 못한 남한 학자들이 일제히 평양일대에서 출토되었다는 사실만 갖고 낙랑군 평양설을 입증하는 자료라고 단정했다. 이 목간은 낙랑군 산하 현들의 인구수를 적은 것이다. 이에 대해 중국에서는 그간 군 아래 현들에 대해서 기록할 때 주로 속현屬縣이라고 기록했지 목간처럼 현별縣別이라고 기록한 사례가 없다는 반박 연구도 있었다. 현별이라는 용어는 메이지시대 일본에서 사용하던 일본식 행정용어라는 것이다. 낙랑목간은 일본인 식민사학자들이 써먹으려고 파묻어 놓았다가 그전에 전쟁에 패해 쫓겨 간 것으로 해석할 수 있다. 낙랑목간을 통해 한국사에 유리한 사료가 나오면 침묵하거나 부인하고, 불리한 사료가 나오면 일제히 환호하는 남한 강단사학의 행태를 다시 확인하는 계기가 되었다.

— 낙랑군 호구부 목간.

열국사의 시간과 강역

위만조선이 붕괴한 서기전 2세기 무렵부터 열국시대가 시작된다. 고조선의 거수국이었던 여러 나라들이 독립국가가 된 것이다. 고조선 옛 강역에서 수많은 나라들이 명멸했다. 서기 494년 부여가 멸망하면서 신라, 고구려, 백제, 가야의 4국시대가 전개되다가 562년 가야가 멸망하고 삼국시대가 전개되었다. 서기 660년 백제가 멸망하고, 668년 고구려가 멸망할 때까지 삼국시대는 100년 남짓에 불과했다. 그간 '고대사=삼국시대'라는 틀에 갇혀 있었지만 이제 열국시대→오국시대→사국시대→삼국시대→남북국시대라는 새로운 인식 틀로 이 시대를 바라봐야 할 때다.

　김부식은 신라·고구려·백제의 틀 속에서 《삼국사기》를 편찬했기 때문에 열국들에 대한 체계적 사료를 남기지 않았다. 특히 부여사와 가야사를 체계적으로 전하지 않는 것이 한국 고대사의 주체적 인식에 장애가 되었다. 그래서 중국 사료 중의 동이東夷열전들을 토대로 열국시대를 구성할 수밖에 없다. 열국시대를 전하는 중국 사료는 《삼국지》와 《후한서》가 있다. 《삼국지》는 3세기 무렵 서진西晉학자 진수陳壽(233~297)가 쓴 위·촉·오 삼국의 역사서로서 중국 25사에 들어가는 정사이다. 우리가 '삼국지'라고 부르는 것은《삼국지연의三國志演義》로서 원나라가 명나라로 바뀌는 원명교체기에 나관중이《삼국지》를 보고 쓴 소설이다.《삼국지》는 진晉나라가 위나라를 계승했기 때문에 조조의 위나라를 정통으로 본 반면《삼국지연의》는 유비의 촉나라를 정통으로 썼다. 진수는《삼국지》에〈오환선비동이열전烏丸鮮卑東夷列傳〉을 수록했고, 범엽范曄이 쓴《후한서》는〈동이열전〉에 우리 민족의 여러 국가들에 대해서 수록했다.

진수가 동이와 오환·선비를 함께 묶은 것은 이들이 모두 같은 동족이라는 생각의 표현이었다. 진수는 "오환과 선비는 옛날에 동호東胡라고 불렸다"면서 동호와 동이를 구분했지만 모두 같은 겨레였다. 동호계통 선비족의 후예인 모용慕容씨와 동이족 고구려가 서로 말이 통했다는 사실이 이를 말해준다.《삼국지》는 동이족에 속한 나라로 부여, 고구려, 동옥저, 읍루, 예, 한, 왜倭라고 7개의 나라를 분류해놓았다. 여기에서 말하는 왜는 지금 일본 열도에 있던 왜가 아니다. 오환, 선비와 이들 7개 나라의 강역을 가지고 열국을 설명해보자.

《삼국지》〈동이전〉으로 열국의 강역을 계산해보자.《삼국지》는 부여의 영역이 사방 2,000리, 고구려도 사방 2,000리, 동옥저는 사방 1,000리라고 말하고 있다. 부여·고구려·동옥저의 강역만 사방 5,000리다. 읍루는 부여 동북쪽 1,000여 리에 있다고 말하고 강역의 크기를 말하지 않았다. 부여 동북쪽 1,000여 리부터 그 끝을 알 수 없는 북방까지 모두 읍루의 강역이었다. 예濊도 정확한 크기는 말하지 않고 조선의 동북이 다 그 땅이라고 설명했다. 한(삼한)에 대해서 남한 강단사학은 사방 1,000리도 되지 않는 한반도 남부라고 비정하지만《삼국지》는 사방 4,000리라고 설명하고 있다. 부여·고구려·동옥저·읍루·예·한의 강역만 합쳐도 북쪽 끝을 알 수 없다는 읍루의 북쪽 강역을 제외해도 1만 리가 훨씬 넘는다. 왜에 대해서는 대방帶方 동남쪽 큰 바다 가운데 있다고 했는데, 남한 강단사학계는 대방을 지금의 황해도라고 비정하지만《삼국지》공손도公孫度 일가의 열전은 대방이 낙랑처럼 고대 요동에 있었다고 말하고 있다. 이때의 왜는 지금의 일본 열도가 아니다.《삼국지》의 기록을 가지고 열국의 강역을 계산하면 최소 1만 리에 북쪽의 끝을 알 수 없는 읍루 강역과 아래로 큰 바다 가운데 왜까지 포괄하는 광대한 영역이다.

중국과 한국의 역사 서술

중국은 공자의 《춘추》 이래 지금까지 지켜오는 역사 서술 전통이 있다. 첫째, 중국을 위해 치욕스러운 역사를 감춘다는 '위한치휘爲漢恥諱'. 둘째, 중국을 높이고 이민족을 배척한다는 '존화양이尊華攘夷'. 셋째, 안의 일(중국사)은 자세하게 쓰고 바깥 일(이민족사)은 간략하게 쓴다는 '상내략외詳內略外'가 그것이다. 이

— 《춘추》. 서기전 5세기 초에 공자가 엮은 것으로 알려진 중국의 역사서. 국립중앙박물관 소장.

원칙에 따라 중국은 수많은 우리 선조들의 역사를 지우거나 왜곡했다. 한국의 역사전통은 고구려의 《유기》·《신집》, 백제의 《서기》, 신라의 《국사》가 모두 전하지 않으므로 그 내용을 알 수 없다. 김부식은 지금은 전하지 않는 《구삼국사舊三國史》를 토대로 《삼국사》를 편찬했는데, 없는 사실을 쓰지는 않았지만 백제와 고구려의 경우 많은 부분을 생략했다. 또한 연개소문에 대한 기술에서 알 수 있는 것처럼 침략자인 당나라의 시각으로 서술했다. 고려·조선의 유학자들은 자신들을 중국인으로 착각하는 존화주의尊華主義에 입각해 역사서를 서술하는 경우가 많았다. 그러나 이 유학자들이 단군의 정체성까지 부인하는 경우는 없었다. 가장 심각한 것은 현재의 남한 강단사학의 역사서술 태도이다. 이들은 일본인과 중국인의 시각으로 한국사를 서술하면서 이를 보편성이라는 말로 호도하고 있다. 일본인과 중국인의 시각으로 한국사를 서술하면 노예의 역사가 되는데 실제로 한국사 교과서 상당수에 노예의 시각이 다수 남아 있다. 대표적인 것이 '국조단군 부인설', '낙랑군=평양설'과 '임나=가야설'이다.

부여夫餘

남한 강단학계는 부여에 대해 "서기전 2세기경부터 494년까지 북만주 지역에 존속했던 예맥족의 국가"라고 보고 있다. 북한은 부여를 고대부여와 후부여로 나누면서 고대부여는 서기전 15세기 중엽부터 서기전 219년까지, 후부여는 서기전 2세기 초부터 494년까지 존재했던 나라로 보고 있다. 남한 강단사학은 후부여만을 부여사로 보는 셈이다.

부여는 서기전 2세기경부터 고조선의 거수국渠帥國으로 있다가 고조선이 멸망한 후에는 고구려와 각축을 벌이며 서기 494년까지 존속했던 나라였다. 《삼국지》는 부여의 위치에 대해서, "부여는 장성의 북쪽에 있는데, 현도玄菟에서 1,000리 떨어져 있고, 남쪽으로는 고구려와 접하고 있으며, 동쪽으로는 읍루挹婁, 서쪽으로는 선비鮮卑와 접하고 있으며, 북쪽에는 약수弱水가 있고, 사방 2,000리에 호戶는 8만이다"라고 말하고 있다. 그런데 지금은 전하지 않는 《숙신국기肅慎國記》에는 "숙신은 그 땅이 부여국의 동북에 있다"는 기록이 있다. 부여의 중심 위치에 대해서 지금의 흑룡강성 농안農安과 장춘長春 등지로 보는 히노 가이사부로日野開三郎(1908~1989)의 주장(〈부여국고夫餘國考〉), 농안 동북방이라고 하는 이케우치 히로시池內宏(1878~1952)의 주장이 있다.

그러나 열국사의 강역과 위치는 일본인 학자들이나 그 한국인 제자들의 비정보다 원 사료를 가지고 찾는 것이 좋다. 《삼국지》의 "장성의 북쪽"이란 점과 "산릉과 넓은 들이 많아서 동이 지역에서는 가장 넓다"는 기록이 그것이다. 이 장성은 진秦 장성을 뜻하는데, 진 장성의 서쪽은 지금의 감숙甘肅성 정서定西시 임조臨洮현이고 동쪽은 요동 갈석산이라고 중국 사료들은 말하고 있다. 갈석산은 가장 동쪽의 것이 하북성 창려현 갈석산이다. 따라서 부여의 위치 또한 그 북쪽에서 찾아야 할 것이다.

《삼국지》는 "그 사람들은 거칠고 크며 성질은 굳세고 날래며 남을 노략질하지 않는다"라고 표현하고 있는데, 이는 부여가 고구려보다 후한에 협조적이었기 때문이다. 부여는 서쪽으로는 선비, 남쪽으로는 부여에서 갈라져 나온 고구려의 압박을 받고 있었다. 부여왕 대소帶素는 고구려 2대 유리왕 28년(서기 9)에 부여를 섬길 것을 요구했으나 거절당했다. 고구려 유리왕 32년(서기 13)에는 고구려 왕자 무휼無恤이 부여의 침략을 물리쳤고, 대무신왕 5년(서기 22)에는 고구려 대무신왕이 부여왕 대소를 죽였으나 부여를 멸망시키는 데는 실패했다.

고구려가 크게 성장하자 부여는 후한과 손잡고 고구려에 맞섰다. 고구려 태조대왕이 재위 69년(121) 마한과 예맥 군사 1만을 거느리고 후한의 현도성을 포위하자 부여왕이 아들 위구태尉仇台에게 군사 2만을 주어 후한을 돕게 해서 고구려가 패했고, 고구려 태조왕 84년(136) 부여왕이 후한을 직접 방문한 적도 있었다.

서기 220년 후한이 무너지고 위·촉·오 세 나라가 패권을 다투는 삼국시대 (220~228)가 전개되면서 부여를 둘러싼 정세가 크게 흔들렸다. 고대 요동 지역에서는 공손도 집안이 일어나면서 요동 지역을 조조의 위나라에서 떼어 독립왕조로 만들려고 시도했다. 공손도는 부여를 우군으로 만들기 위해 자신의 종녀宗女를 부여왕에게 시집보냈다.

고구려 동천왕은 재위 16년(242) 후한의 요동 서안평을 공격했는데, 남한 강단사학계는 요동을 압록강 대안 단동丹東이라고 주장하지만 중국의 《요사遼史》[6]는 지금의 내몽골 파림좌기巴林左旗라고 말하고 있다.

이곳은 요나라 수도인 상경 임황부 자리로서 지금도 거대한 고구려 토성 흔적이 남아 있다. 고구려가 서안평을 공격하자 위나라는 지금의 북경 지역

— 내몽골자치구 파림좌기와 단동의 위치.

— 《요사》.

---

6   《요사》는 원 지정至正 3년(1343)부터 이듬해까지 편찬한 요나라 정사다. 원나라 우승상 탈탈脫脫이 도총재, 탈목아탑식鐵木兒塔識, 하유일賀惟一 등이 총재관總裁官, 염혜산해아廉惠山海牙 등이 수사관修史官을 맡아 편찬했는데, 몽골족들이 편찬했기 때문에 중화사관에서 벗어난 기술이 많은 것이 장점이다. 《요사》의 위치비정은 일본 식민사학자들의 주장과 다른 부분이 많기 때문에 일본인들은 이 책의 가치를 폄하하고 있다.

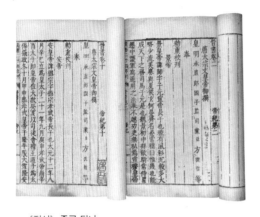

——《진서》. 중국 당나라 때 방현령房玄齡, 이연수李延壽 등이 태종의 명에 따라 펴낸 진晉나라의 정사.

을 다스리는 유주幽州자사 관구검毌丘儉을 보냈는데, 이때 현도태수 왕기王頎를 부여에 파견하자 부여는 대가大加를 보내 교외에서 맞이하고 군량을 제공했다.

고구려 서천왕 11년(280) 위에서 나온 사마씨 집안의 진晉이 오나라를 무너뜨리고 중원을 통일했다. 이 와중에 북방의 선비족들이 흥기해 여러 나라를 세우면서 부여는 위기에 빠진다.《진서晉書》에 따르면 서진 태강 6년(285. 고구려 서천왕 16) 선비족 모용외慕容廆가 부여를 습격해서 부여왕 의려依慮는 자살하고 그 자제들은 옥저로 도주했다. 이때 서진의 무제는 동이교위東夷校尉 선우영鮮于嬰이 부여를 구원하지 않아서 기회를 놓쳤다는 보고를 듣고, 선우영을 파면하고 하감何龕으로 대신할 정도로 부여의 몰락을 애석하게 여겼다. 선비족의 흥기는 진에게 남의 일이 아니었기 때문이다. 모용외는 전연前燕을 건립한 모용황慕容皝의 부친인데, 이후 서진은 전연에게 쫓겨나 동진으로 축소되고, 중원 북방은 여러 이민족들이 흥기하고 멸망하는 5호16국시대에 접어든다. 선비족과 고구려 양쪽에 쫓기던 부여는 중원 왕조가 고대 요동에 대한 지배력을 완전히 상실하면서 고구려 문자왕 3년(494) 왕과 왕비, 왕자가 나라를 들어 고구려에 항복했다. 이로써 약 700여 년에 이르는 왕조의 운명이 다하고 말았다.

《삼국지》에 따르면 부여는 은정월殷正月에 국중대회로 제천행사 영고迎鼓를 열었다고 나와 있다. 은정월이란 은나라에서 정월로 삼았던 12월을 뜻하는데, 이는 부여가 동이족 은나라의 정통성을 이은 의식을 갖고 있음을 의미한다. 영고는 고구려의 동맹東盟, 동예東濊의 무천舞天과 같은 제천행사로서 하늘의 자손이라는 천손사상의 발현이자 천하의 중심 사상을 갖고 있었음을 뜻하는 것이다.

부여의 건국사화

《삼국유사》 '북부여'조에서는 북부여의 건국사화에 대해서 이렇게 서술하고 있다.

《고기古記》에 이르기를 "《전한서前漢書》 선제宣帝 신작神爵 3년(서기전 59) 임술壬戌 4월 8일에 천제天帝께서 다섯 마리 용이 끄는 수레를 타고 흘승골성訖升骨城에 내려와 도읍을 정하고 나라 이름을 북부여라고 하고 스스로 이름을 해모수解慕漱라고 했다. 아들을 낳아 이름을 부루扶婁라고 하고 해解를 씨氏로 삼았다. 그 후 상제의 명령에 따라 동부여로 도읍을 옮겼고, 동명제東明帝가 북부여를 계승해 일어나서 졸본주卒本州에 도읍을 세우고 졸본부여라 했는데, 이가 바로 고구려의 시조이다"라고 했다. 북부여는 천제 해모수가 세운 나라라는 것이다. 북부여가 동부여로 천도한 후 동명이 북부여를 계승해서 졸본에 졸본부여를 세웠는데, 이가 고구려의 시조라는 것이다. 즉, 고구려는 북부여를 계승했다는 역사의식의 산물이다. 고구려인들이 직접 세운 광개토대왕릉비에 시조 추모왕(동명)을 천제의 아들이라고 서술한 것이 부여의 정통성을 계승했다는 의미임을 시사한다.

부여

남한 강단학계는 부여에 대해 "서기전 2세기경부터 494년까지 북만주 지역에 존속했던 예맥족의 국가"라고 보고 있다. 북한은 부여를 고대부여와 후부여로 나누면서 고대부여는 서기전 15세기 중엽부터 서기전 219년까지, 후부여는 서기전 2세기 초부터 494년까지 존재했던 나라로 보고 있다. 남한 강단사학은 후부여만을 부여사로 보는 셈이다. 북한은 고대부여에 대해 전조선의 후국이었다가 서기전 15세기 중엽에 분립해서 서기전 12세기 이전에 통일 국가로 성립되었던 나라로 보고 있다. 후부여는 서기전 2세기 초에 고대부여를 계승해서 세워진 봉건국가로 본다. 그러나 이에 대한 관련 사료가 더 보강되어야 설득력을 가질 수 있을 것이다.

고구려

고구려의 건국연대

고구려의 건국연대에 대해서 《삼국사기》 〈동명성왕본기〉는 서기전 37년이라고 설명하고 있다. 그래서 고구려가 멸망하는 서기 668년까지 통상 700년이라는 것이다. 그러나 고구려의 건국연대에 대해서는 많은 의문이 제기되어왔다. 일본인 식민사학자들은 《삼국사기》 초기기록 불신론'을 직접 만들고는 이에 따라 고구려는 동명성왕이 아니라 2세기 태조왕 때 건국했다고 주장했다. 그러나 중국의 여러 사료들은 거꾸로 고구려가 서기전 37년 이전부터 존재했다고 말하고 있다. 중국의 《신당서新唐書》에는 시어사侍御史 가언충賈言忠이 당 고종에게 "《고려비기高麗秘記》에 '(고구려는) 900년에 미치지 못하고 마땅히 80 대장에게 멸망한다'라고 되어 있는데, 고씨가 한나라 때부터 나라를 가져 지금이 900년이고, 이적李勣이 80세입니다"라고 말했다는 기록이 나온다. 이는 당나라 사람들이 고구려가 서기전 3세기부터 존재했다고 인식했다는 뜻이다. 《일주서逸周書》〈왕회해王會解〉편에는 서기전 12세기경 주나라 성주成周(현 낙양)에서 열린 성주대회에 고이高夷가 참석했다는 기록이 있다. 4세기 때 인물인 진晉나라 공조孔晁는 그 주석에서 "고이는 동북쪽의 이민족인데, 고구려다(高夷東北夷高句麗)"라고 말했다. 《상서尚書》〈주관周官〉편에는 "무왕이 (은나라를) 정벌하자 동이, 숙신이 와서 하례했다"는 구절이 있는데, 그 주석에서 공안국孔安國은 "해동의 여러 이족들은 구려駒麗, 부여, 한駻, 맥貊 같은 족속인

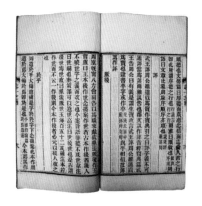

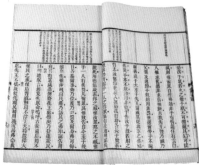

데, 무왕이 상商을 꺾고 길을 통하게 했다"고 설명하고 있다. 공안국은 서기전 2세기~서기전 1세기경의 인물로 추정하는데, 여기의 구려도 고구려를 뜻한다. 《상서》 주석은 한駻과 한韓은 발음은 같고 글자 형태는 다른 동음자라고 설명하고 있으니 한駻은 한韓이다. 서기전 12세기경인 주나라 때 고구려의 전신이 존속했다는 중국 사료들이다. 고구려가 서기전 12세기경부터 존속했는지는 더 연구해야 할 과제이지만 서기전 37년 이전에 고구려가 존속했던 것은 분명하다. 북한학계는 고구려가 서기전 15세기경부터 존재하다가 서기

전 277년에 건국했다고 본다.

김부식은 《구삼국사》 등의 옛 사서에 고구려가 서기전 37년 건국되었다고 서술한 것을 그대로 따랐을 가능성이 높다. 이규보(1168~1241)의 〈동명왕편〉 등의 내용으로 유추해볼 때 《구삼국사》는 추모왕으로 대표되는 세력을 고구려의 정통으로 심아 〈고구려본기〉를 서술했다고 볼 수 있다. 그러나 서기전 37년 이전에도 고구려는 존재하고 있었다.

고구려의 건국연대

북한은 고구려의 건국연대를 《삼국사기》 기록보다 끌어올리고 있다. 고구려가 서기전 277년에 고주몽에 의해 건국되어 서기 668년에 멸망했다고 보고 있는 것으로, 서기전 37년이라는 《삼국사기》의 건국연대보다 240년 정도 앞서 보고 있다. 북한은 고구려를 둘로 나누어 본다. 하나는 고구려 전사前史로서 고조선의 후국 구려국을 설정했다. 구려는 서기전 15세기 중엽 고조선이 전·후조선 왕조가 교체될 때 고조선에서 분리되어 독자적인 왕국이 되었다. 서기전 10세기 중엽부터 노예소유자적 제도 대신 봉건제도가 점차 확대되기 시작해서 서기전 3세기 초에 새로운 봉건세력의 대표이자 해모수와 유화의 아들인 주몽이 서기전 277년에 건국했다는 것이다. 《삼국사기》의 편찬자가 고구려 건국연대를 늦췄다는 것인데, 몇 가지 근거가 있다. 하나는 《삼국사기》 〈고구려본기〉 마지막의 "논하여 말하다"에서 "고구려는 진秦·한漢 이후 중국의 동북 모퉁이에 끼어 있었다"고 말한 부분이다. 춘추전국 시기의 진秦은 서기전 905~서기전 221년이고 통일제국 진秦은 서기전 221년~서기전 207년이다. 한 제국은 서한(전한)은 서기전 202년~서기 9년까지인데, 《삼국사기》의 위 구절은 고구려가 서기전 3세기에 존재하고 있었다고 볼 수 있는 근거가 된다는 것이다. 다른 하나는 광개토대왕릉비는 광개토대왕을 추모왕의 17세손으로 쓰고 있는데, 《삼국사기》는 12세손으로 축소해서 쓰고 있다는 점이다. 이런 사실들을 토대로 고구려의 건국연대가 축소되었다고 보고 있다.

《삼국사기》 초기기록 불신론

일본과 남한 강단사학계는 '《삼국사기》 초기기록 불신론'이란 역사이론을 갖고 있다. 《삼국사기》 초기기록은 김부식이 창작한 가짜라는 주장으로 이마니시 류今西龍, 쓰다 소키치津田左右吉 같은 일본인 식민사학자들이 처음 주장했다. '《삼국사기》 초기기록 불신론'을 만들어낸 이유는 《삼국사기》에 따르면 '임나일본부설'이 성립될 수 없기 때문이다. 일본인들은 《일본서기》를 토대로 369년부터 562년까지 야마토왜가 가야를 점령하고 임나일본부를 세웠다는 '임나=가야설'을 주장했다.

그러나 《삼국사기》 〈신라본기〉·〈백제본기〉에
는 임나에 관한 사실이 전혀 나오지 않을 뿐만
아니라 신라·백제는 물론 가야도 강국으로 묘
사되고 있어서 왜가 바다 건너 식민지를 운영
했다는 '임나=가야설'을 주장할 수 없었다. 그
래서 임나일본부를 살리기 위해 '《삼국사기》
초기기록 불신론'을 만들었다.

남한 강단사학계는 그간 국사교과서에 고구
려는 6대 태조왕(재위 53~146), 백제는 8대 고

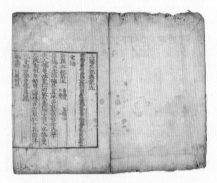
— 《삼국사기》.

이왕(재위 234~286), 신라는 17대 내물왕(재위 356~402) 때 건국되었다고 서술해왔다. 이는 이병도
학설을 추종하는 것으로 일본인들의 주장보다 약 50년~100년 정도를 더 끌어올린 것이었다.

그런데 2005년부터 활동을 시작한 한일역사공동연구위원회의 한국 측 보고서는 신라는 19대 눌
지왕(재위 417~458), 백제는 13대 근초고왕(재위 346~375), 고구려는 13대 서천왕(재위 270~292) 때
건국되었다고 서술했다. 이병도의 학설도 부정하고 일제강점기 때 일본인들의 주장을 다시 추종
하는 경향으로 역행한 것이다. 이들은 또한 고구려는 4세기 후반의 17대 소수림왕(재위 371~384)
때 고대국가 체제를 완성했다고도 주장했다. 그 전까지는 국가도 아니었다는 것이다. 720년에 편
찬된 《일본서기》는 연대부터 맞지 않기 때문에 정한론征韓論이 등장하는 메이지 이전에는 《삼국
사기》·《삼국유사》·《동국통감》 등 한국 사료들과 대조해 해당 구절의 진위 여부를 판정했다. 그러
나 조선총독부의 이마니시 류가 《삼국사기》를 가짜로 몰면서 《일본서기》를 사실로 믿어야 한다
고 주장했고 이를 총독부에서 적극 지원했는데, 남한 강단사학자들은 아직도 《삼국사기》 불신론
을 추종하고 있다. 《삼국사기》를 불신하고 《일본서기》를 신봉하려면 그 근거를 제시해야 하는데,
이들은 무조건 믿지 못하겠다고 주장할 뿐 아무런 근거를 제시하지 않고 있다. 국내에서는 고故
최재석 고려대 명예교수가 거의 유일하게 이를 비판하는 수많은 논문과 저서를 발표했는데, 《삼
국사기 불신론 비판》 등이 있다.

고구려 시조와 건국 위치

고구려 시조 주몽은 추모라고도 하는데, 부여에서 나왔다. 고구려 건국사화는
다음과 같다. 천제의 아들 해모수가 태백산 남쪽 우발수優渤水에서 물의 신 하
백河伯의 딸 유화柳花를 만나 정을 통하고 떠나갔다. 부여왕 해부루가 죽고 금
와가 부여왕이 되었을 때 유화를 만나 궁 안에 데려와 방 안에 가두었는데, 햇

빛이 따라다니면서 비추었다. 유화는 햇빛에 감응해 임신해서 큰 알을 낳았는데, 금와가 개와 돼지에게 주었으나 먹지 않았고, 길에 버렸으나 소나 말이 피했다. 들판에 버렸더니 새가 날개로 덮어주었다. 왕이 깨뜨릴 수 없어서 유화에게 돌려주었다. 유화가 알을 싸서 따뜻한 곳에 두었더니 남자아이가 알을 깨고 나왔다. 일곱 살에 활과 화살을 만들어 쏘았는데, 백발백중이어서 부여 말로 활 잘 쏘는 자란 뜻의 주몽朱蒙이라고 지었다.

금와왕의 맏아들 대소가 해치려고 하자 유화는 주몽에게 다른 곳에 가서 뜻을 이루라고 권했다. 주몽은 오이烏伊·마리摩離·협보陜父 세 사람과 길을 떠나 엄사수淹㴲水에 이르러 다리가 없었는데, "나는 천제의 아들이며, 하백의 외손"이라고 말하자 물고기와 자라가 떠올라 다리를 만들어 건넜고, 이 다리는 곧 흩어져 부여 군사들은 건널 수 없었다. 주몽은 다시 재사再思·무골武骨·묵거默居를 만나 졸본천에 이르러 도읍하려 했으나 궁실을 지을 겨를이 없어 비류수가에 오두막을 짓고 나라를 세웠는데, 이때가 서기전 27년이었다.

현재 추모왕이 세운 고구려의 첫 도읍지에 대해 《위서魏書》는 흘승골성紇升骨城이라고 썼는데, 이곳을 흔히 요녕성 환인桓仁현 오녀산성五女山城으로 비정하고 있다. 혼강渾江 유역 해발 800미터 오녀산 정상에 남북 1,540미터, 동서 350~550미터, 약 60만 제곱미터의 큰 산성이 있는데, 이곳에서 철기와 도기, 화살촉, 갑편甲片 등이 다수 출토되었다. 그러나 이는 고구려의 많은 유적들이 그렇듯이 정확한 연구나 유적발굴을 통해 비정한 것이 아니다. 2대 유리왕은 재위 22년(서기 3) 국내성으로 천도하고 위나암성尉那巖城을 쌓았는데, 이 국내성을 길림성 집안集安이라고 비정하는 것도 마찬가지다. 이들 지역에서는 서기전 1세기~서기 1세기 무렵의 유물들이 출토되지 않는다.

이 지역들이 고구려의 초기 도읍지라면 고구려가 개국 초부터 중국의 한과 싸웠다는 여러 사료들을 이

— 평양에 있는 동명성왕상. ⓒyeowatzup.

해하기가 어렵게 된다. 《삼국사기》'고구려 모본왕 2년(서기 49)'조는 "모본왕이 장수를 보내 북평北平·어양漁陽·상곡上谷·태원太原을 습격했다"고 말하고 있다. 이 기사는 중국의 《후한서》를 보면 광무제 건무建武 2년(49)에도 "요동 바깥의 맥인貊人이 우북평右北平·어양·상곡·태원을 침범했다"고 나온다. 모본왕이 공격한 북평은 현재 하북성 보정시 산하의 만성현滿城縣, 어양은 북경시 산하 밀운현密雲縣, 상곡은 하북성 회래현懷來縣 남쪽, 태원은 산서성 태원太原시로 비정한다. 고구려의 초기 도읍지가 오녀산성이나 길림성 집안이라면 고구려가 이 지역들까지 공격하기에는 너무 멀고, 실익도 찾기 힘들다. 더구나 고구려는 이 지역을 습격한 후 곧바로 퇴각한 것이 아니라 《삼국사기》를 보면 고구려 태조대왕 3년(서기 55)조에 "요서遼西에 10개 성을 쌓아 한나라 군사들에 대비했다"는 기록이 나와 있는 것으로 보아 성까지 쌓아 지켰다. 일본과 남한의 강단사학자들은 이 기록에 대해 "어떤 착오에 의한 것으로 보인다"면서 부인하고 있다. 그러나 《삼국사기》와 《후한서》에 모두 나오는 이 기사를 '착오'로 돌릴 수는 없다.

《삼국지》는 고구려에 대해서, "고구려는 요동 동쪽 1,000리에 있는데, 남쪽으로는 조선, 예맥과 접하고 있고, 동쪽으로는 옥저, 북쪽으로는 부여와 접하고 있다. 환도丸都 아래에 도읍했는데, 사방 2,000리고 호는 3만이다"라고 설명하고 있다. 이 기사의 요동은 현재 요녕성 요하의 동쪽을 뜻하는 현재의 요동이 아니다. 고대의 요동은 지금의 하북성 난하 유역과 천진 일대다.

당나라 두우杜佑(735~812)가 편찬한 《통전通典》은 "진晉나라 때 평주平州를 설치한 지역에 후위後魏(북위) 때 고구려가 도읍을 삼았다"고 설명하고 있다. 진나라 평주에 고구려 도읍이 있었다는 뜻이다. 두우의 《통전》은 "평주는 지금 노룡盧龍현에서 다스린다. 은나라 때 고죽국孤竹國이었고, 춘추 때 산융山戎, 비자肥子 두 나라의 땅이었다. 지금 노룡현에 고죽성이 있는데 백이伯夷·숙제叔齊의 나라였다"라고 설명하고 있다. 진나라 평주는 지금의 하북성 노룡현으로서 《한서》〈지리지〉 등에는 낙랑군 조선현이 있던 곳이라고 말해진다. 《수서隋書》〈배구裴矩열전〉에는 배구가 수(581~618) 양제煬帝에게, "고구려 땅은 본래 고죽국 땅이었습니다. 주나라 때 기자를 이곳에 봉했으며, 한나라가 삼군(한사군)으로 나누었으며, 진씨(진나라)도 통합했는데, 지금은 신하가 아닙니다"라고 말했다고 나온다. 지금의 하북성 노룡현에 한나라 삼군이 있었다는 것이다. 이곳이 고구려 수도라는 것이다.

— 《통전》.

이규보의 〈동명왕편〉에는 《구삼국사》를 인용한 부분이 있는데, 여기에서 동명왕은 비류국 송양松讓에게 "과인은 천제의 손자이고 서국의 왕이다"라고 말하고 있다. 비류국의 위치는 분명하지 않지만 추모왕은 자신을 서국의 왕이라고 자칭했다.

배구가 한나라 군현이 노룡현에 있었다고 한 말에 대해서 《한서》 〈오행지五行志〉는 "두 장군(양복과 순체)이 조선을 정벌하고 삼군을 열었다"라고 설명하고 있다. 이 구절에 대해 당나라의 역사학자 안사고顔師古(581~645)는 "《한서》 〈무제본기〉에는 그 땅을 낙랑·임둔·현도·진번군으로 삼았다고 했으니 이것이 4군이다. 여기에서 3군이라고 했으니 아마도 베끼는 자의 착오일 것이다"라고 주석했다. 한사군이든 한삼군이든 현재의 평양이 아니라 하북성 노룡현 지역, 즉 옛 요동 지역에 있었다는 뜻이다. 그래서 송나라 낙사樂史(930~1007)가 편찬한 《태평환우기太平寰宇記》의 '노룡현'조에 "조선성이 있는데 기자가 봉함을 받은 곳으로 지금은 폐성이다"라고 말한 것이다. 고구려의 초기 도읍지는 지금의 요녕성 환인이나 길림성 집안보다 훨씬 서쪽에서 찾아야 한다. 평양이란 말은 지금의 북한 평양 지역을 가리키는 고유명사가 아니라 고구려 도읍을 가리키는 보통명사였다. 하북성 노룡현도 고구려 도읍이 있던 자리 중의 하나다. 그래서 지금의 북경과 산서성 태원까지 공격하고 그 요서 지역에 10개 성을 쌓아 한나라의 공격에 대비했던 것이다.

초기 고구려의 성장

고구려 추모왕은 건국 이듬해(서기전 36년) 비류국 송양이 항복하자 그 땅을 다물도多勿都로 삼고 송양을 임금으로 봉했다. 다물은 '옛 땅을 회복했다'는 뜻의 고구려 말로서 고구려의 국시國是다. 그런데 건국 이듬해에 '영역을 확장했다'가 아니라 '옛 땅을 회복했다'고 말한 것은 단군조선의 강역을 되찾는 것이 고구려의 국시임을 뜻한다. 《삼국유사》 '왕력'조에는 시조 동명왕에 대해 "성은 고高씨이고 이름은 주몽이다. 추모鄒牟라고도 한다. 단군의 아들이다"라고 말하고 있다. 《구삼국사》를 보고 쓴 이규보의 〈동명왕편〉에는 송양이 "나는 선인의 후손으로서 여러 대에 걸쳐서 왕이 되었다"라고 말하는 대목이 나온다. 《삼국사기》 '동천왕 21년(247)'조는 고구려가 환도성에서 평양성으로 천도한 것을 설명하면서 "평양은 원래 선인왕검仙人王儉의 옛 터전이다"라고 설명하고 있다. 선인왕검이란 단군왕검을 뜻하는 것이고, 비류국의 송양이 선인의 후손이라고 말한 것도 단군의 후손을 자처했다는 뜻이다. 추모왕이나 송양왕이나 모두 단군의 후손이라는 것은 옛 단군조선의 강역에 일어난 여러 나라들이 모두 단군조선의 후예를 자처했다는 뜻이다. 옛 고조선 거수국, 또는 후국侯國들이었기 때문에 이런 계승의식이 생겨난 것이다. 여기서 말하는 평양은 지금의 북한 평양이 아니다.

추모왕은 즉위 직후부터 단군조선의 옛 강토 회복에 나서 비류국을 정벌하고 이어서 재위 6년(서기전 32)에는 행인국荇人國을 정복하여 성읍으로 삼고, 재위 10년(서기전 28)에는 북옥저北沃沮를 정복하고 성읍으로 삼았다.

제3대 대무신왕은 재위 4년(21) 부여를 정복하기 위해 직접 출정했다가 실패했지만 재위 9년(26) 10월에는 개마국蓋馬國을 정벌하고 군현으로 삼았다. 개마국을 지금의 개마고원이라고 해석하지만 후대의 지명을 과거로 소급한 오류에 불과하다. 인구도 많지 않던 고대에 함경산맥과 낭림산

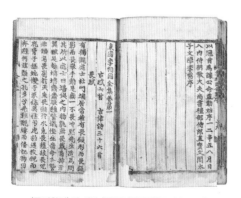
— 〈동명왕편〉이 실린 《동국이상국집東國李相國集》.

맥 등으로 둘러싸인 고원지대에서 나라를 경영한다는 자체가 상식에 맞지 않다. 같은 해 12월에는 구다국句茶國의 왕이 개마국이 멸망한 것을 듣고 두려워서 항복한다. 개마고원에 나라가 둘씩이나 있었다는 뜻이니 납득할 수 없다. 대무신왕은 재위 15년(서기 32) 최리가 다스리던 낙랑국을 멸망시켰는데, 이때의 낙랑국은 한나라 낙랑군과는 다른 국가다. 한나라 낙랑군은 낙랑태수가 다스리는데, 《삼국사기》는 "낙랑왕" 최리崔理라고 표현해서 군이 아니라 국임을 나타냈다. 북한학계에서는 낙랑군은 요동반도에 있었고, 낙랑국은 고조선의 후예들이 평양에 세운 나라라고 보고 있다. 대무신왕은 재위 20년(37) 낙랑을 멸망시키는데, 이때의 낙랑은 낙랑군인데, 이때 완전히 멸망하지는 않은 것으로 보인다. 서기 44년(대무신왕 27년) 후한 광무제는 바다를 건너 군사를 보내

── 윤내현 교수가 본
최씨낙랑국을 포함한
열국들의 위치.

낙랑을 정벌해서 그 땅을 군현으로 삼고, 살수 이남을 한에 속하게 했다. 이때의 바다란 곧 지금의 발해를 뜻한다. 태조대왕은 재위 4년(서기전 56)에는 동옥저를 정벌해서 국경을 동쪽은 창해滄海에서 남쪽은 살수까지 이르게 했는데, 이는 살수를 두고 한과 공방을 계속했음을 뜻한다. 남한 강단사학계는 살수를 청천강이라고 주장하지만 북한에서는 요녕성 안산鞍山시에 소속된 수암岫岩현에서 발원하는 대양하大洋河의 지류인 소자하哨子河(초자하)라고 비정하고 있다. 후한 광무제가 점령한 지역이 지금의 청천강 이남이 아니라는 뜻이다.

제4대 민중왕 4년(47) 고구려에 속해 있던 잠지락부蠶支落部의 대가大家 대승戴升 등이 1만여 가家를 거느리고 낙랑으로 가서 한에 투항하는 사건이 발생했다. 2년 후인 모본왕 2년(49) 고구려는 한나라 북평·어양·상곡·태원을 습격했고, 그 6년 후인 태조대왕 3년(55)에는 요서에 10개 성을 쌓아 이 지역을 계속 차지했다. 태조대왕 94년(146)에 "한나라 요동군 서안평을 공격해서 대방령을 죽이고, 낙랑태수 처자를 사로잡았다"는 기록이 있다. 남한 강단사학계는 서안평이 압록강 대안의 단동이고, 대방은 황해도 봉산이라고 주장하지만 이를 뒷받침하는 아무런 사료적 근거가 없다. 이병도는 대방령과 낙랑태수 처자가 지금의 단동인 서안평 지역을 통과할 때 발생한 사건이라고 주장했다. 반도사관에 갇혀 위치비정을 하다 보니 나온 희극이다. 중국 요나라 정사인《요사遼史》는 요나라의 수도인 상경임황부에 대해 "본래 한나라 요동군 서안평 자리이다"라고 설명하는데, 지금의 내몽골자치주 파림좌기巴林左旗 지역이다. 고구려는 단군조선의 강역을 되찾는 다물이란 국시를 가지고 한나라를 서남쪽으로 몰아내는 한편 주변의 여러 나라들을 정벌해 영토를 확장했다.

옥저

남한 강단사학계는 옥저가 지금의 함경남도 해안지대에서 두만강 유역 일대에 있었다면서, 동옥저는 함흥 중심, 북옥저는 두만강 유역에 있었다고 보고 있다. 이렇게 보는 근거는 간단하다. 《삼국지》〈위서魏書〉'동이전'에 "동옥저는 고구려 개마대산의 동쪽에 있"다고 썼는데, 고구려 개마대산이 지금의 개마고원이라는 전제에서 그 동쪽 함흥을 동옥저라고 본 것이다. 그러나 이런 위치비정은 《삼국지》에 의해 부정된다.

> "동옥저는 고구려 개마대산의 동쪽에 있는데 큰 바닷가에 접해 산다. 그 지형은 동북쪽이 좁고 서남쪽은 긴데, 사방 1,000리다. 북쪽으로 읍루, 부여와 접하고 있고, 남쪽으로는 예맥과 접하고 있는데, 호는 5,000이다."

동옥저 북쪽이 부여와 접하고 있는데 함흥 북쪽이 부여가 될 수는 없다. 고구려 개마대산이 개마고원이 아니라는 사실은 《삼국지》의 배송지裴松之(372~451) 주석에서도 알 수 있다. 배송지는 "개마는 현의 이름인데, 현도군에 속해 있다. 그 산은 지금 평양성 서쪽에 있는데 평양은 곧 왕험성이다"라고 주석하고 있다. 남한 강단사학계는 배송지 시대의 평양을 지금의 평양으로 보고 있다. 그러면 개마대산은 평양 서쪽 바다 속에 있어야 한다. 명나라의 정사인 《명사明史》〈지리지〉는 "해주위海州衛는 본래 옥저 땅인데, 지금은 봉천奉天(심양) 해성海城현이다. 또 봉천에는 개평蓋平현이 있는데, 고구려 개모성蓋牟城이 또한 그 땅에 있었다"라고 설명하고 있다. 옥저가 함흥 지역이 아니라 지금의 심양 부근에 있었다는 것이다. 옥저는 지금의 함흥 지역에 있지 않았다.

수나라의 정사인 《수서》에는 양제가 고구려 평양성을 공격하면서 각 군의 진공로를 명령하는 기사가 나온다. 전국을 북경 서남쪽 탁군涿郡현(하북성 탁주시)에 집결시킨 후 좌 12군, 우 12군의 24군으로 나누어 진격로를 하달했다. 양제는 좌군의 제9군은 부여도, 제10군은 조선도, 제11군은 옥저도, 제12군은 낙랑도를 거쳐 평양으로 진공하라고 명령했다. 옥저가 함흥 지역이면 북경 서남부에서 출발한 좌 제11군은 함흥까지 멀리 돌아가야 한다. 또한 낙랑이 지금의 평양이면 좌 제12군은 낙랑(평양)을 거쳐서 평양으로 도착하라는 명령이니 앞뒤가 맞지 않는다.

고구려 동천왕은 244년 위나라 관구검의 침략 때 옥저까지 도주했다는 기록이 있으니 옥저가 이때까지 존재했음을 알 수 있다. 뿐만 아니라 285년 선비족 모용씨의 침략을 당한 부여 왕실이 옥저로 피난했다는 기록에서도 옥저가 최소한 3세기 후반까지는 존재했음을 알 수 있다. 《삼국지》는 옥저의 음식이나 거처, 의복, 예절이 모두 고구려와 유사한데, 오곡이 잘 자라며 사람들은 질박하고 정직하고 용감하며 소나 말이 적다고 전한다. 창을 잘 다루는데, 보병전에 능하다고도 한다. 민며느리 제도가 있어서 여자가 10세가 되면 서로 혼인을 약속하고, 신랑 집에서 여자를 기르다가 장성하면 다시 돌려보내는데, 남편은 여성의 집에 돈을 준 후에야 다시 신랑 집으로 데려온다고 했다.

개마대산은 개마고원인가?

남한 강단사학계는 《삼국지》의 개마대산을 개마고원이라고 비정하고 있다. 객관적인 위치 고증 끝에 나온 것이 아니라 개마대산이 개마고원과 한자가 같다는 점에 착안해 비정한 것이다. 지금의 개마고원이 언제부터 개마라는 이름을 썼는지에 대한 고증은 물론 생략되었다. 청나라 한림원翰林院 출신의 경방창景方昶(1866~?)이 편찬한 《동북여지석략東北輿地釋略》은 개마대산을 지금의 장백산으로 비정하고 있다. 개마대산이 백두산인지는 더 연구해보아야 할 주제지만 지금의 함흥이라는 주장보다는 더 합리적이다. 이 책은 또 고구려의 초기 두 도읍이 모두 지금의 봉천(장춘) 경내에 있었다고 보고 있다.

읍루

《삼국지》는 읍루에 대해서 "읍루는 부여 동북쪽 1,000여 리에 있는데, 큰 바닷가에 있고, 남쪽은 북옥저와 접해 있다. 그 북쪽은 끝이 어딘지 알 수 없다"라고 말하고 있다. 남한 강단사학계는 읍루의 위치를 연해주 지방에서 흑룡강 하류, 또는 송화강 유역에 걸쳐 있었다고 보고 있다. 중국의 《범서范書》에는 "읍루는 옛 숙신국이다"라고 말하고 있고, 《원사元史》 지리지는 "심양로는 본래 읍루의 옛 땅이다. 또 개원로는 옛 숙신의 땅이다"라고 말하고 있다. 《통전》에는 "그 나라는 불함산不咸山(백두산) 북쪽에 있다"고 말하고 있다. 《일통지一統志》[7]는 읍루의 위치에 대해서 보다 자세하게 설명하고 있다.

> "장백산은 길림 조라성鳥喇城 동남쪽에 있는데 옛 이름이 불함산이다. 지금 봉천부 철령현鐵嶺縣·승덕현承德縣 및 영고탑寧古塔·흑룡강이 모두 읍루국 땅이다. 읍루 고성은 지금 철령 남쪽 60리에 있다."

기사에 따르면 읍루는 지금의 심양 북쪽 철령부터 백두산 북쪽까지 걸쳐 있었다. 《삼국지》는 읍루 사람들의 생김새는 부여 사람들과 비슷하지만 언어는 부여나 고구려와 같지 않다고 말하고 있다. 또한 "사람들은 용감하고 힘이 센데, 대군장大君長(임금)은 없고, 읍락마다 각각 대인大人이 있다"라고 설명하고 있다.

예濊

예국에 대해서 남한 강단사학계는 대략 지금의 강원도 강릉 지방을 중심으로 한반도 동북부 일대에 있던 나라라고 설명하고 있다. 이는 청나라의 정렴丁謙(1843~1919) 등이 비정한 것을 그대로 따르는 것이다. 《삼국지》는 예에 대해서 "예는 남쪽으로 진한, 북쪽으로 고구려, 옥저와 접하고 있는데, 동쪽은 큰 바다에 닿는다. 지금 조선의 동쪽이 다 그 땅인데, 호는 2만이다"라고 말하고 있다. 여기에서 '조선의 동쪽'이라는 말이 그 위치비정에 중요하다. 《삼국지》는 기자가 조선에 와서 8조의 법을 만들어 가르치니 백성들이 문을 닫지 않고 살았다는 것과 연나라 사람 위만이 조선의 왕이 되었다는 이야기를 덧붙

---

7 《일통지》는 중국의 역대 지리지를 원 세조가 찰마사정札剌丁·우응용虞應龍 등에게 편찬하게 한 것이다. 그 후 《대원일통지》·《대명일통지》·《청일통지》 등으로 왕조마다 계속 편찬했다.

였으니, 조선의 동쪽이란 기자·위만조선의 동쪽을 뜻한다. 청나라 정렴이 14세기 이후에 만든 평양의 기자조선 유적들을 사실로 근거해 예를 강원도 강릉부로 비정한 것이 지금껏 통용되는 것이다. 그러나 기자·위만조선이 한반도에 있지 않았으므로 이를 근거로 강원도로 비정할 수는 없다.

삼한三韓

삼한은 마한, 진한, 변한을 뜻한다. 남한 강단사학계는 마한은 백제의 전신으로 경기·충청·전라도 지역에 있었으며, 진한은 신라의 전신으로 경상도 지역에 있었는데, 진한에서 신라가 나왔고, 변한에서 가야가 나왔다고 주장한다. 진한은 경상도 동북부 지역이고 변한은 경상남도 김해 일대라는 것이다. 삼한의 강역은 대략 1,000리가량이라는 것이다. 그런데 《삼국지》〈동이열전〉 '한韓'조는 "한은 대방의 남쪽에 있는데, 동쪽과 서쪽은 바다로 막혀 있고, 남쪽은 왜와 접해 있는데, 사방 4,000리다. 세 종류가 있는데, 하나는 마한馬韓, 둘은 진한辰韓, 셋은 변한弁韓이다"라고 말하고 있다. 《삼국지》는 삼한의 강역이 사방 4,000리라는 것이다. 그런데 남한 강단사학계는 《삼국사기》 초기기록 불신론'에 따라 《삼국사기》를 부정하면서 대신 《삼국지》 '한'조를 따른다. 그런데 정작 사방 4,000리라는 기록은 무시하고 사방 1,000리밖에 안 되는 지역으로 비정하고 있다. 또한 대방을 황해도라면서 삼한이 황해도 남쪽에 있었다고 주장한다. 같은 사료, 같은 구절인데도 자기들 마음대로 이것은 취하고 저것은 버리는 것이다.

단재 신채호는 《조선상고사》 등에서 전후 삼한설을 주장했다. 전삼한(북삼한)은 신·불·말조선으로서 신조선은 지금의 흑룡강성·길림·연해주에 걸쳐 있었고 불조선은 지금의 요동반도를 차지하고 있었으며 말조선은 압록강 이남을 차지하고 있었다는 것이다. 그중 말조선이 마한의 전신인데 마한이 자국 강역에 진한, 변한을 떼어주었다는 것이다. 그래서 후삼한(남삼한)이 되었다는

것이다. 삼한의 위치와 관련해서 중요
한 사료는 《만주원류고滿洲源流考》다.
《만주원류고》는 청 건륭제가 아계阿桂
(1717~1797)를 비롯한 5명의 대학사
들에게 만주족의 연원에 대해 편찬하
게 한 역사서인데, 어떤 대목은 건륭제
가 직접 집필했다. 《만주원류고》는 제

— 단재 신채호.

— 《조선일보》에 연재된 〈조선상고사〉.

2권 삼한에서 "삼한 건국의 본말을 고찰하면 여러 사서들이 서로 어긋나는 것
이 많은데, 그 방위를 기준하면 대개 지금의 봉천 동북에서 길림 일대이다. 그
땅은 조선과 우리나라 시조께서 터 잡은 곳과 서로 가깝다"라고 말하고 있다.
청나라 황실에서 편찬한 《만주원류고》는 삼한이 만주에 있었다고 서술했다.

　《삼국지》·《후한서》 등은 삼한이 여러 소국들로 구성되어 있었다고 말하는
데, 그 숫자는 서로 일치하지 않고 있다. 《삼국지》는 마한이 57국으로 구성되
어 있었다면서 큰 나라는 1만여 가家, 작은 나라는 수천 가家로서 모두 10여
만 호인데, 진왕辰王이 월지국月支國을 다스리고 있다고 설명하고 있다. 《삼국
지》는 진한과 변진은 각각 12개 소국으로 구성되어 있었다고 설명하고 있다.
그런데 《후한서》는 마한은 54개 소국, 진한과 변진은 각각 12개 소국으로 모
두 78개 소국으로 구성되어 있었다고 말해서 《삼국지》와 조금
다르다.

　그런데 《후한서》에는 삼한의 위치를 추정할 수 있는 기사가
있다. 즉, "진한의 노인들이 스스로 말하기를 자신들은 진秦나라
의 망명인들인데 고역을 피해서 한국으로 오자 마한이 그 동쪽
지역을 나누어주었다"는 기사이다. 진나라의 동쪽 국경은 지금
의 하북성 갈석산 지역이다. 진한이 경상도라면 하북성에서 고
역을 피해 수천 리 만주 강역을 지나서 경상도까지 왔다는 것
이니 이치에 맞지 않는다. 《삼국지》와 《후한서》의 내용이 각각
다르지만 사방 강역이 4,000리라고 하는 부분은 같다. 즉 사방

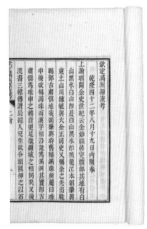

— 《만주원류고》.

4,000리 되는 지역에서 삼한을 찾아야지 사방 1,000리밖에 되지 않는 한반도 남부에서 찾는 것은 사료비판의 기초를 무시한 것이다.

《후한서》는 마한이 가장 강대해서 그 종족들과 함께 진왕辰王으로 삼는데, 목지국目支國에 도읍해서 삼한 전체의 왕으로 군림한다고 설명하고 있다. 삼한 중에서 마한왕이 삼한 전체의 국왕으로 군림한다는 설명이다. 해마다 5월에 농사일을 마치면 귀신에게 제사를 지내는데 주야로 술자리를 베풀고 떼 지어 노래 부르며 춤추는데, 10월에 농사를 마치고도 마찬가지 행사를 한다고 했다. 여러 국읍國邑에는 한 사람이 천신에 대한 제사를 주재하는데, 그를 천군이라고 부른다. 삼한 사람들 역시 하늘의 자손이라는 천손 개념을 갖고 있었다. 또한 《삼국지》에는 마한에는 각각 별읍別邑으로서 소도가 있는데, 다른 지역에서 도망 온 사람은 모두 돌려보내지 않는다고 설명하고 있다. 일종의 종교적 신성 지역으로서 정치권력이 미치지 못하는 지역을 뜻하는 것이다. 소도는 격렬한 정치적 충돌을 완화하는 완충지대 역할을 했다.

신채호의 전후 삼한론

단재 신채호는 《조선상고사》에서 전후 삼한론을 제기했다. 현재 남한 강단사학계는 삼한은 한반도 중남부 지방에 있었던 마한·진한·변한이라고 설명하고 있다. 신채호는 이를 전후로 나누어 전삼한은 지금의 만주와 한반도에 걸쳐 있었고, 나중 후삼한이 임진강 이남에 있게 되었다고 보았다. 신채호는 단군조선이 삼조선으로 분리될 때 신조선, 불조선, 말조선으로 나뉘었다고 보았다. 신조선은 동·북부여로서 지금의 흑룡강, 길림성, 연해주 등지에 있었고, 동남부여는 함흥 등지에 있었다고 보았다. 동북부여는 고구려 대무신왕 때 고구려에 통합되고, 동남부여는 문자왕에게 통합되었다는 것이다. 불조선은 요동반도에 있었는데, 기자의 후예 기준箕準이 왕으로 있다가 위만에게 나라를 빼앗긴 후 남쪽으로 천도해 마한을 정벌했고, 요동의 위만조선은 한 무제에게 멸망했다는 것이다. 말조선은 압록강 이남에 있었는데, 기준에게 잠시 나라를 빼앗겼지만 마한의 옛 세력이 준왕을 토멸하고 마한(말한)을 수복했다는 것이다. 옛 도읍 평양에는 최씨낙랑국이 수립되어 임진강 이남의 마한과 대립했는데, 신·불조선의 유민이 늘자 마한은 낙동강 오른편 위 아래에 진한과 변한을 세워주어 남삼한南三韓이 성립되었다고 보고 있다. 북한은 단재 신채호의 학설을 따라서 (위)만조선의 강역에 세운 한사군을 요동반도에 있었다고 보고 있다. 남한 강단사학계는 신채호의 학설을 언급조차 하지 않으면서 삼한을 한반도 중남부 이전으로 비정하고 있다. 그러나 《삼국지》·《후한서》는 모두 삼한의 강역에 대해 "사방 4,000리"라고 쓰고 있어서 사방 1,000리밖에 되지 않는 한반도 중남부가 될 수 없음을 말해주고 있다. 지금의 만주와 한반도를 모두 차지하지 않으면 '사방 4,000리'가 될 수 없다. 그럼에도 불구하고 남한 강단사학은 이런 1차 사료는 무시하면서 일본인 학자들의 학설을 정설로 추종하고 있다.

최씨낙랑국

대동강 유역에 있던 최씨낙랑국은 고대 요동 지역에 있던 한사군 낙랑군과 다른 정치체이다. 단재 신채호는 《조선상고사》에서 "두 낙랑을 구별하기 위해서 낙랑국은 '남낙랑'이라 쓰며, 한나라 요동 낙랑군은 '북낙랑'이라고 쓴다"라면서 낙랑국은 25개 소국을 거느렸다고 보았다. 윤내현 교수는 《한국열국사연구》에서 남낙랑을 최리가 왕으로 있던 나라라는 뜻에서 최씨낙랑국으로 명명했다. 고구려 대무신왕 15년(32) 옥저를 유람하던 왕자 호동을 낙랑왕 최리가 보고 "그대가 어찌 북국신왕北國神王의 아들이 아니냐?"라면서 자신의 딸을 아내로 삼게 했다. 고구려를 '북국'이라고 부른 점에서 고구려 남쪽에 있던 나라라고 해석하는 것이다. 낙랑국에는 적이 침략하면 스스로 우는 북과 뿔(고각)이 있었는데, 호동이 낙랑공주에게 부수게 하고는 대무신왕에게 알려서 공격하게 했다. 대무신왕 20년(37) 고구려 군사가 성 밑에 도달한 후에야 북과 뿔이 망가진 사실을 알게 된 낙랑왕 최리는 공주를 죽이고 항복했다. 북한의 리순진은 《평양일대 락랑무덤에 대한 연구》에서 "락랑국은 고조선의 마지막 왕조였던 만(위만)조선이 무너진 후에 평양 일대의 고조선 유민들이 세운 나라였다"라고 썼다. 북한 역시 낙랑국과 낙랑군을 구별하고 있으며, 평양 일대의 낙랑 유적들은 한사군 낙랑군 유적·유물이 아니라 고조선 후예들의 국가인 낙랑국 유적·유물이거나 일제 식민사학자들의 조작이라는 것이다. 북한에서는 해방 후 평양 일대에서 3,000여 기의 고대 무덤을 발굴한 결과 단 한 개의 낙랑 무덤을 찾지 못했다면서 새로 발굴한 유적·유물들은 대부분 최씨낙랑국 무덤이라고 발표했다. 그러나 남한 강단사학계는 북한에서 발표한 낙랑'국'을 낙랑'군'으로 변조해 북한도 평양을 낙랑군 지역으로 인정한 것처럼 조작해서 발표해왔다. 남한 강단사학이 분단에 기생해서 수명을 연장하고 있는 한 사례이다.

신라

신라는 서기전 57년 건국되어 서기 935년까지 56대 992년간 존속했던 천년 왕국이다.《삼국사기》에 따르면 신라는 서기전 57년 혁거세가 13세의 나이로 왕위에 올랐는데, 당시 왕명은 거서간居西干이었고, 나라 이름을 서나벌徐那伐이었다. 고조선 유민들이 산곡 사이에 육촌을 이루고 살았는데, 양산 기슭의 나정蘿井 옆 수풀 사이에서 말이 무릎을 꿇고 울고 있어서 고허촌장 소벌공蘇伐公이 가보니 말은 보이지 않고, 큰 알이 있었는데 갈라보니 갓난아이가 나왔다는 것이다.

《삼국사기》〈신라본기〉에는 혁거세 8년(서기전 50) "왜인이 변경을 침범하려다가 시조에게 신령스런 덕이 있다는 사실을 듣고 물러갔다"는 기사와 혁거세 30년(서기전 28) 낙랑 사람들이 침공하다가 신라 변경 사람들이 문빗장을 걸지 않고 노적가리가 들에 덮여 있는 것을 보고 "이런 나라를 습격하는 것은 부끄럽다"면서 그냥 돌아갔다는 기사가 있다. 왜인과 낙랑이 침략하려다 그냥 돌아갔다는 실체 없는 기사들이다. 이런 기사들은 김부식이 신라의 건국을 삼국 중 가장 이른 것으로 만들기 위해서 배치한 기사라고 볼 수도 있다.

북한은 《조선전사 4(중세편, 1979)》에서는 "신라봉건국가는 2세기 초중엽에 형성되었으나 《삼국사기》와 《삼국유사》 등에서는 서기전 57년에 선 것으로 전하고 있으므로 신라사 초기의 일부 년대들을 검토하여야 할 것이다"라면서 "신라의 성립년대는 150~200년 가량 내려오게 된다"고 말했다. 그러나 새로 출간한 《조선단대사 9((신라사, 2011)》에서는 "서기 1세기 초중엽에 봉건적 국

가체제를 기본적으로 갖춘 나라로 성
립되었다"면서 서기 1세기에 건국한
것으로 끌어올렸다. 남한 강단사학계
는 신라가 4세기 후반 내물왕 때나 5
세기 전반 눌지왕 때 건국했다고 주
장하고 있다. 일본인 식민사학자 쓰
다 소키치津田左右吉·이마니시 류 등
이 조작한《삼국사기》초기기록 불신
론을 따르는 것이다.

— 경주 나정의 지금 모습.

　앞서 왜인과 낙랑 기사 같은 경우는 실체가 없는 기사지만 혁거세 19년(서
기전 39) "변한이 나라를 들어 항복했다"는 기사나 유리이사금 13년(서기 36)의
"낙랑이 북쪽 변경에 쳐들어와 타산성朶山城을 공격해 함락시켰다"는 기사처
럼 실제 있었던 사실을 반영한 기사도 있다.《삼국사기》에 따르면 신라는 최
소한 서기 1세기 초반경에는 국가가 존재하고 있었다. 신라는 제4대 탈해이사
금(재위 57~80) 때부터 주변국을 점령하며 세력 확장에 나섰다. 이때 우시산국
于尸山國과 거칠산국居漆山國을 점령했고, 제5대 파사이사금(재위 80~112) 때
는 음즙벌국音汁伐國·실직곡국悉直谷國·압독국押督國·비지국比只國·다벌국多
伐國·초팔국草八國의 여섯 나라를 점령했다. 제9대 벌
휴이사금(재위 184~195) 때는 소문국召文國을 점령했
고, 10대 내해이사금(재위 196~230) 때는 보라국保羅
國·사물국史勿國·고자국古自國·골포국骨浦國·칠포국漆
浦國·고사포국古史浦國의 여섯 나라를 점령했다. 내해
이사금 때까지 모두 열다섯 나라를 점령한 것이다.《삼
국사기》의 이런 영토 확장 기사를 부인하려면 구체적
근거를 제시해야 하지만 일본인 식민사학자들과 남한
강단사학자들은 신라는 4~5세기 때에야 건국되었다
고 사료적 근거 없이 주장하고 있다.

— 일본의 식민사학자
쓰다 소키치.

쓰다 소키치는 신라가 제19대 눌지왕(재위 417~458) 때 건국되었다고 주장했는데 이병도는 제17대 내물왕(재위 356~402) 때 건국했다고 조금 끌어올렸다. 그런데 2001년경부터 국고로 운영되었던 한일역사공동연구위원회의 남한 측 학자들은 신라가 다시 눌지왕 무렵 건국되었다면서 쓰다 소키치 설로 돌아갔다. 일본인 식민사학자들과 남한 강단사학자들은 《삼국사기》는 부인하는 대신 《삼국지》〈위서〉 '동이열전' 한조의 내용이 3세기 때 한반도 남부의 상황을 기록한 것이라고 대체시켰다. 그러나 《삼국사기》는 "어느 왕 몇 년에 어떤 일이 있었다"고 구체적으로 기록한 반면 《삼국지》는 "한은 대방이 남쪽에 있고, 동쪽과 서쪽은 바다로 한계로 삼고 있고, 남쪽은 왜와 접해 있는데, 사방 4,000리다…"라고 삼한에 대한 상황을 대략적으로 적고 있을 뿐이어서 《삼국사기》를 대체할 수 없다. 또한 삼한이 사방 4,000리라고 썼다는 점에서 《삼국지》의 삼한은 한반도 남부의 상황을 기록한 것도 아니다. 신라는 17대 내물왕이나 19대 눌지왕 때 건국된 것이 아니라 초대 혁거세거서간이 서기전 57년 건국했다가 4대 탈해이사금 때부터 본격적인 영토 확장에 나서 10대 내해이사금(재위 196~230) 때에는 가야 지역을 제외한 경상남북도 거의 전 지역을 통합한 강국으로 발돋움했다.

난생사화卵生史話

시조의 탄생을 사람이 아니라 알에서 태어났다고 하는 난생사화는 동북아시아 북방민족 중에 널리 퍼져 있다. 신라의 '박혁거세'와 '석탈해', 고구려의 '동명왕', 가야의 '김수로왕', '김알지' 등이 모두 이런 난생사화의 주인공이다. 그런데 난생사화는 동이족 공통의 개국사화이기도 하다. 《사기》〈은본기〉에는 동이족 은나라도 난생사화를 갖고 있음을 말해준다. 은나라 시조 설契의 어머니 간적簡狄이 제곡帝嚳의 둘째 부인이 되어 세 사람이 목욕을 하러 갔는데, 현조玄鳥(검은 새)가 알을 떨어뜨려서 간적이 이를 삼키고 잉태해 설을 낳았다는 것이다. 또한 베트남의 문랑국文郎國도 난생사화다. 난생사화는 천손사화와 함께 자신들의 시조가 하늘에서 내려왔다는 인식의 산물이다. 삼족오처럼 새를 하늘과 지상을 연결하는 신물로 보는 의식의 산물이기도 하다.

신라는 대륙에도 있었는가?

중국의 《북사北史》·《북제서北齊書》·《수서》·《구당서舊唐書》 등에는 신라의 진평왕이나 진흥왕을 '낙랑군공 樂浪郡公 신라왕'으로 봉했다는 기사가 나온다. 그중 《북사》〈신라열전〉에는 "그 땅은 고(구)려의 동남쪽에 있는데, 한나라 때 낙랑 땅에 거주했다"고 기록하고 있다. 《수서》〈신라열전〉에는 "신라는 고구려 동남쪽에 있었는데, 한나라 때 낙랑 땅으로서 사라斯羅라고도 했다"라고 나온다. 일본인 식민사학자들이나 남한 강단사학자들도 낙랑이 경상도에 있었다고 말하지는 않으니 중국의 정사들이 말하는 신라의 위치는 지금의 경상도가 아니다. 《삼국사기》의 혁거세거서간 30년(서기전 28) "낙랑 사람들이 침공했다가 물러났다"는 기록이나 유리이사금 13년(서기 36)에 "낙랑이 북쪽 타산성을 함락시켰다"는 기록 등은 《북사》·《수서》 기록들이 신빙성이 있음을 보여준다. 이런 《삼국사기》 기사들에 대해 남한 강단사학자들은 낙랑은 평안도, 신라는 경상도에 있었다는 전제로 '믿지 못하겠다'고 회의하지만 반복해서 이런 기사가 나오는 것은 단순히 믿지 못하겠다고 해서 해결될 것이 아니다. 《북사》에는 이런 기록도 나온다.

> "그 나라(신라)의 왕은 본래 백제 사람이었는데, 바다로 도주해 신라로 들어가 마침내 그 나라의 왕이 되었다. 처음에는 백제에 붙어살았는데(附庸:부용) 백제가 고구려를 정벌할 때 전쟁에 동원되는 것을 견디지 못한 사람들이 서로 이끌고 귀화해서 신라는 마침내 강해졌다."

이런 기사들은 신라나 백제가 대륙에도 있었던 것으로 보아야 해결의 실마리가 풀릴 것이다. 대륙에서 시작해 일부는 그대로 대륙에 남고 일부는 이동했던 것으로 보아야 이해가 간다. 천문학자들이 《삼국사기》의 천문 관측기록들을 연구하니 몽골(고구려), 북경(백제), 양자강 유역(신라)에서 관측한 것이라는 결과가 나왔다는 점도 이를 뒷받침하는 사례의 하나일 것이다. 대륙 신라의 존재를 염두에 두고 《삼국사기》 기사를 읽을 때가 되었다.

백제

백제의 시조

백제는 서기전 18년에 건국되어 서기 660년까지 존속했지만 실질적인 멸망은 서기 663년의 백강 전투였다. 백제 멸망 후 그 유민들은 담로, 또는 후국侯國이었던 일본 열도로 건너가 조선식(백제식) 산성을 쌓았다. 이후 일본은 백제의 계승이었다고 해도 과언이 아니다. 그러나 수수께끼의 왕국이라고 해도 과언이 아닐 정도로 많은 사실이 베일 속에 감혀 있다. 먼저 시조가 누구인지부터 불분명하다.

《삼국사기》는 백제의 시조를 비류와 온조, 두 사람으로 기록하고 있다. 온조의 아버지 추모(주몽)가 북부여에서 난을 피해 졸본부여에 이르자 졸본부여왕은 둘째딸을 아내로 삼게 해 비류와 온조를 낳았다. 졸본부여의 왕이 죽자 주몽이 왕위를 이었다. 즉, 주몽이 졸본부여의 왕이라는 것이다. 그 후 주몽이 북부여에 있을 때 낳은 아들이 와서 태자가 되자 두 형제는 10명의 신하 및 백성들과 함께 남쪽으로 내려와 한산漢山의 부아악負兒嶽에 올라 살 만한 곳을 찾았다. 신하들은 한수漢水 남쪽 땅을 도읍지로 권했지만 비류는 바닷가 미추홀彌鄒忽로 가서 살았다. 온조는 한수 남쪽 위례성에 도읍을 정하고 십제十濟라고 했는데 이때가 서기전 18년이다. 비류는 미추홀이 습하고 물이 짜서 편안히 살 수 없었는데, 위례성이 안정된 것을 보고 후회하다가 죽었다. 이후 그 신하와 백성들이 모두 위례성에 귀부했다. 후에 따라올 때 백성들이 즐겁게 따랐다고 해서 국호를 백제로 고쳤고, 고구려와 더불어 부여에서 나왔다고 성씨를 부여라고 하였다.

《삼국사기》는 시조 비류왕에 대한 다른 기록도 전해주고 있다. 비류왕의 아버지 우태優台는 북부여왕 해부루의 서손이고 어머니는 졸본 사람 연타발延陀勃의 딸 소서노召西奴였다. 소서노는 우태에게 시집가서 비류와 온조를 낳았는데 우태가 죽은 후 홀로 지냈다. 그 후 부여에서 내려온 주몽이 소서노의 도움을 받아 고구려를 세우고 소서노를 왕비로 삼았다. 그런데 주몽이 부여에 있을 때 예씨禮氏에게서 낳은 아들 유류儒留(유리왕)를 태자로 삼았다. 주몽이 죽고 유류가 왕이 되자 비류는 새 나라를 세우기 위해서 소서노를 모시고 온조 및 무리와 함께 패수와 대수帶水를 건너 미추홀에 와서 살았다. 앞의 기사는 온조가 시조지만 이 기사는 비류가 시조이다.

김부식은 《삼국사기》에서 온조백제, 비류백제 기사 뒤에 《북사》와 《수서》를 인용해서 동명의 후손 중에 구태仇台가 대방고지帶方故地에 처음 나라를 세웠는데, 한의 요동태수 공손도(?~204)가 딸을 혼인시켜 동이 강국이 되었다는 기사도 덧붙였다. 김부식은 중국의 이 기사들을 덧붙이면서 "어느 것이 옳은지 알 수 없다"고 말했다.

일본에서 797년 편찬된《속일본기續日本記》는, "무릇 백제 태조 도모都慕대왕은 해신(태양신)이 영을 내려 부여를 차지하고 나라를 열었는데, 천제가 록錄(비결을 담은 책상자)을 내려서 한을 모두 거느리고 왕을 칭했다"라며 시조가 도모라고 말하고 있다. 백제의 시조 기사가 일본에까지 전해지는 것인데, 그 명칭들이 모두 다르다. 김부식은《삼국사기》〈백제본기〉에서 하남 위례성에서 출발해 웅진을 거쳐 사비성에서 멸망한 백제의 역사를 주로 서술했다. 그러나 백제의 역사는 이 틀로 설명하기에는 무리가 많기 때문에 생긴 현상들이다. 김부식이《삼국사기》〈백제본기〉에서 포괄하지 못한 백제사가 있다는 반증이다.

백제의 초기 도읍지

《삼국사기》와 중국, 일본 사료의 시조 기사들은 백제의 초기 도읍지가 대륙인지 한반도인지조차 불분명하게 서술되어 있다.《삼국사기》〈백제본기〉에도 한반도 내에서 벌어진 일이라고 보기에는 힘든 기사들이 다수 실려 있다. 온조왕 본기부터 말갈, 낙랑, 마한과의 전쟁 기사가 다수 등장하기 때문이다. 온조왕은 재위 2년(서기전 17) 군신들에게 "말갈이 우리 북쪽 국경과 이어지는데… 병기를 수선하고 곡식을 저축해서 막을 대책을 세워야 한다"고 말했고, 재위 3년(서기전 16)에 말갈이 북쪽 국경을 침범하자 정예군을 이끌고 크게 격파했다. 재위 8년(서기전 11)에는 낙랑태수가 사신을 보내 백제가 성책城柵(성과 요새)을 쌓은 것을 비판하자 온조왕이 "험한 곳에 성책을 세워 나라를 지키는 것은 고금의 상도"라고 반박해서 우호관계가 끊어졌다. 백제가 말갈뿐만 아니라 낙랑과도 국경을 맞대고 있는 것이다. 온조왕은 재위 13년(서기전 6)에 마한에 사신을 보내 위례성으로 도읍을 옮긴 사실을 알렸는데,

— 《속일본기》.

《삼국사기》는 이때 백제 강역에 대해 "북쪽은 패하, 남쪽은 웅천까지, 서쪽은 큰 바다에 닿고, 동쪽은 주양走壤에 다다랐다"라고 설명하고 있다. 북쪽의 패하에 대해 흔히 황해도 예성강으로 비정하는데 《고려사》〈지리지〉 '황주목黃州牧'조에 "평주平州에 저천猪淺이 있는데, 일명 패강(浿江)이라고 한다"는 기록을 근거로 삼는다. 그러나 1,000여 년 후의 일을 기록한 《고려사》를 근거로 서기전 1세기의 기록인 패하의 위치를 비정하는 것은 문제가 있다. 문제는 비류가 남하할 때 건넜다는 패수가 패하인가 여부다. 패수는 원래 고조선과 중국 진秦·한漢 사이의 국경이었다. 이 패수에 대해 하북성 난하설(윤내현), 요녕성 대릉하설(북한 리지린), 압록강설(정약용), 청천강설(이병도), 대동강설(이나바 이와키치稻葉岩吉) 등 다양한 견해가 있다. 이병도는 패수는 청천강이고 이 기사에서 패하는 황해도 예성강이라고 주장한다. 그러나 백제 강역이 황해도까지 이르렀다고 보지는 않는다. 비류와 온조가 함께 건넌 패수는 임진강이라는 것이다. 앞뒤 안 맞는 모순투성이의 위치비정이 남한 강단사학의 특징이라고 해도 과언이 아니다. 비류가 건넜다는 대수도 마찬가지다. 패수를 임진강으로 비정했으니 대수는 그 아래 한강이라는 것이다. 물론 근거는 없다.

동명의 후손 구태가 도읍했다는 대방고지는 요동에 있는 곳이다. 요동태수 공손도와 관련이 있기 때문이다. 말갈, 낙랑, 대방 등은 모두 대륙백제와 관련이 있는 지명들이다. 백제가 충청·전라도 지역에만 있었다면 말갈과 싸울 이유가 없고, 낙랑과 갈등을 겪을 이유도 없다. 그러나 남한 강단사학계는 백제·신라와 싸운 말갈을 강원도 지역의 영동 말갈 또는 영서 말갈, 북한강 말갈이라는 식으로 반도 내로 꿰맞추고 있다. 그러나 한국과 중국, 일본 사료들은 백제가 대륙과 한반도, 일본 열도를 잇는 제국이었음을 말해준다.

마한에 대해서 남한 강단사학계는 서기전 1세기 이전부터 서기 3세기경까지 한강 유역부터 충청도·전라도에 있었던 정치집단으로 본다. 마한의 맹주 진왕이 마한을 다스렸다는 목지국에 대해 충남의 직산, 예산, 천안설, 전북 익산설, 전남 나주설 등 각종 학설이 난무하는데, 대체로 목천설을 따른다. '온조왕 24년(서기 6)'조는 백제가 웅천책을 세우자 마한 왕이 사신을 보내 "왕이 처음 강을 건너와서 발들일 곳이 없었을 때 내가 동북쪽 100리의 땅을 주어 편안하게 해주었다"라고 꾸짖었다. 만약 목지국이 직산에 있었다면 백제는 그 동북쪽 충북이나 강원도에서 건국했어야 한다.

《삼국유사》'마한'조에 따르면 "최치원은 마한은 고구려요 진한은 신라이다"라고 말했다. 그러나 신라인 최치원이 말한 '마한=고구려설'은 무시되고 있는 실정이다. 이 설을 인정하면 서기전 1세기경부터 서기 3세기 때까지 한반도 남부에 신라·백제·가야는 없었고 마한을 비롯한 삼한 78국이 우글대고 있었다는 논리가 무너지기 때문이다.

온조왕은 재위 36년(서기 18) 탕정성湯井城을 쌓고 대두성大豆城 주민을 이주시켰다. 탕정성은 온천과 관련이 있는 지역으로《삼국사기》〈지리지〉에 따르면 현재 아산시 지역이다. 삽교천과 아산만에서 아산시로 흐르는 곡교천 주변에는 20여 개가 넘는 고대산성들이 늘어서 있다. 그다지 크지 않은 강 양편으로 20여 개가 넘는 산성들을 쌓았다는 것은 이 지역이 적의 침략으로부터 반드시 지켜야 할 중요한 의미가 있는 지역임을 뜻한다.

《삼국사기》〈백제본기〉에는 대륙백제에서 일어난 사실과 반도백제에서 일어난 사실이 뒤섞여 있다. 동성왕이 재위 10년(488) 위나라의 침략을 물리친 기사는 대륙백제에 대한 기사이다. 이 무렵 선비족의 위나라는 산서성과 하북성 일대에 있었으므로 충청·전라도까지 와서 백제와 싸울 수는 없었다.《삼국사기》〈최치원열전〉은 최치원이 당나라 태사시중에게 올린 글에 고구려와 백제의 전성기에 군사가 백만 강군으로서 "남으로는 오, 월을 침공했고 북으로는 유幽, 연, 제, 노 지역을 흔들었다"고 말하고 있다. 오, 월은 양자강 부근이고, 유, 연, 제, 노는 하북성과 산동성 지역이기 때문에 이 역시 대륙백제 기사다. 《삼국사기》〈백제본기〉는 반도에서 벌어진 사건과 대륙에서 벌어진 사건을 구분하지 않고, 뒤섞어서 서술했기 때문에 그 실체를 파악하기가 어렵게 되어 있다. 백제의 실체를 파악하기 위해서는 국내 기록뿐 아니라 중국과 백제의 담로(후국)였던 일본의 기록들도 함께 검토해 새롭게 해석해야 할 것이다.

비류백제의 수도 미추홀

비류백제의 수도 미추홀은 이병도가 인천 남구(현 미추홀구)의 문학산성으로 보면서 통설이 되었다. 《고려사》〈지리지〉 양광도 '인주'조에 "인주仁州(인천)는 본래 고구려의 매소홀현買召忽縣 미추홀彌趨忽이라고도 한다. 신라 경덕왕 때 이름을 소성邵城으로 고치고… 인종仁宗(재위 1109~1146) 때 황비 순덕왕후順德王后 이씨의 내향이라 하여, 지금 이름(인주)으로 고쳤다"고 나온다. 그러나 213미터의 낮은 문학산은 주위에 다른 관방시설이 전혀 없다는 점

— 응신천황의 초상.

에서 전쟁이 빈번했던 고대국가의 수도로서는 적당하지 않다. 그래서 김성호 박사는 《비류백제와 일본의 국가기원》(1986)에서 인천설에 반대하고 충남 아산의 밀두리로 보는 견해를 제시했다. 지금의 인천이 인주가 된 것은 서기 12세기인 반면 지금의 아산이 인주가 된 것은 고려 초라는 《고려사》〈지리지〉를 주목했다. 이 인주가 미추홀인 것을 혼동했다는 것이다. 김성호는 서기전 1세기부터 4세기 말까지 신라·고구려·백제와 함께 비류백제라는 제4왕국이 있었다고 보았다. 아산시 인주면 밀두리가 비류백제의 수도 미추홀이라는 것이다. 비류백제는 서기 396년 광개토대왕의 공격을 받아 일본 열도로 건너가 야마토왜의 15대 왕이자 실존했던 첫 일왕인 응신應神(오진)이 되었다는 것이다. 야마토왜는 비류백제계가 세운 것이라는 주장으로서 발표 당시 큰 충격을 주었으나 남한 강단사학계의 외면으로 지금은 사장되었다. 김성호 박사의 주장은 여러 면에서 검증이 필요하다. 그러나 수수께끼의 왕국 백제의 실체를 파악하기 위해서는 모든 가설을 검토하는 열린 사고가 필요하다.

요동태수 공손도 일가와 대방군의 위치

《삼국지》〈위서〉 '공손도열전'에 따르면 공손도는 요동 양평 사람으로 어릴 때 이름이 공손표豹였는데, 부친 공손연延이 현도군으로 이주했다. 현도태수 공손역棫은 공손표가 죽은 아들과 나이도

같고 이름도 같았기 때문에 아들처럼 여겨서 요동태수가 되도록 밀어주었다. 공손도가 요동을 장악하자 위의 태조 조조는 공손도를 무위장군武威將軍 영녕향후永寧鄉侯로 봉해주었다. 공손도는 인수印綬(관인에 다는 끈)를 받은 후 "내가 요동왕이지 어찌 영녕향후이겠는가?"라면서 조조가 준 인수를 무기고에 감췄다. 위나라에서 독립해서 요동왕이 되는 것이 공손도의 숙원사업이었다.

공손도 사후 작위는 아들 공손강康에게 전해졌다가 다시 동생 공손공恭에게 전해졌는데, 《삼국지》〈위서〉'한韓'조는 "공손강이 (낙랑군) 둔유현의 남쪽 황무지를 나누어 대방군으로 삼았다"고 말하고 있다. 요동태수 산하에 있던 둔유현과 대방군은 당연히 고대 요동에 있었는데 고대 요동의 위치는 지금의 하북성 일대로 비정된다. 공손강의 아들 공손연淵이 태화太和 2년(228) 공손공의 작위를 빼앗아 요동태수가 되자 조조의 손자 위 명제明帝는 대사마와 낙랑공으로 봉해주었다. 그런데 공손연이 남방의 오나라와 손잡고 요동을 위나라에서 독립시키려 하자 위나라는 경초景初 원년(237) 지금의 북경 지역을 다스리는 유주자사 관구검을 보내 공격했으나 패배했다. 자신감을 얻은 공손연은 연나라를 세워 위나라에서 독립했다. 이듬해(238) 위나라는 태위太尉 사마의司馬懿를 보내 다시 공격했는데, 위나라가 포위하자 공손연의 군사들은 서로 잡아먹을 정도로 극도의 빈궁에 시달렸다. 공손연은 겨우 포위망을 뚫고 달아났지만 끝내 체포되어 아들 공손수脩와 함께 목이 베였다. 기세를 올리던 공손씨 일가가 위나라에게 무너진 것은 고구려의 협공 때문이었다. 《삼국지》〈고구려열전〉은 "태위 사마선왕(사마의)이 군사를 이끌고 공손연을 토벌하자 궁宮(동천왕)이 주부主簿 대가大加에게 수천 인을 거느리고 도왔다"라고 설명하고 있다. 서쪽에서는 위군이, 동쪽에서 고구려군이 공격하자 공손연의 군사는 속수무책으로 무너졌다. 《삼국지》〈공손도일가열전〉은 이때의 상황을 이렇게 묘사한다.

"유성이 떨어진 곳에서 공손연 부자의 목을 베었다. 성이 무너지고 상국相國(재상) 이하 1,000여 명의 목을 베었다. 공손연의 머리는 낙양으로 보내고, 요동·대방·낙랑·현도를 모두 평정했다… (후한의) 중평中平 6년(189) 공손도가 요동에 거처하다가 공손연까지 3대에 이르러 무릇 50년에 멸망했다."

이 기사는 낙랑·대방군의 위치에 대해서 명확하게 말해주고 있다. 남한 강단사학은 낙랑군 둔유현이 황해도 황주이고 그 남쪽 황해도가 대방군이라고 주장한다. 그러나 위와 공손씨의 연과 고구려가 뒤엉킨 이 싸움의 현장은 지금의 하북성 일대인 고대 요동이었다. 낙랑군이 대동강 유역이고 대방군이 황해도에 있었다면 요동 양평에서 공손연의 목을 베었는데, 왜 대동강 유역의 낙랑과 황해도 지역의 대방이 평정되겠는가? 식민사학은 사료를 조금만 자세히 살펴보면 아무런 근거가 없다는 사실을 쉽게 알 수 있다.

백제의 건국연대

북한은 백제 시조 온조가 고구려 시조 고주몽의 아들이라는 전제에서 백제 소국의 건국은 서기전 3세기 중엽이라고 보고 있다. 고구려의 건국을 서기전 277년으로 보는 데 따른 것이다. 그래서 백제 소국의 건국연대인 서기전 3세기와 서기전 18년이라는 《삼국사기》의 백제 건국연대 사이에는 몇몇 누락된 임금들이 있다고 보고 있다. 일본 《신찬성씨록新撰姓氏錄》에 나온 백제 국왕 후손들의 대수代數는 《삼국사기》의 기록들보다 많다. 예를 들어 혜왕은 온조왕의 18세손이지만 《신찬성씨록》으로 계산하면 11명의 왕이 더 있어야 한다. 그러나 이는 백제 소국의 건국연대이고 백제는 초기에 마한의 영향력 아래 있다가 서기전 1세기 말에는 마한의 영향력에서 벗어나 독립적인 봉건 왕조가 되었다고 보고 있다. 즉, 서기전 1세기 말경에 실질적으로 건국했다는 것이다.

— 《신찬성씨록》. 헤이안시대 초기인 815년에 차아천황의 명으로 편찬된 일본 고대 씨족의 일람서다.

백제라는 국호의 의미

백제는 처음 국호가 십제였는데, 《삼국사기》〈백제본기〉는 후에 내려올 때 "백 가지 성씨가 즐겁게 따랐다(百姓樂從:백성락종)"는 이유로 백제라고 고쳤다고 전한다. 그러나 《수서》 권81 〈백제전 열전〉에는 "처음에 백 집안이 바다를 건너서(百家濟海:백가제해)" 백제라고 이름 지었다고 달리 말하고 있다. 논리로 따지면 백 집안이 바다를 건너서 백제라고 했다는 《수서》의 기록이 더 그럴듯해 보이지만 정확한 것은 알 수 없다. 백제의 국호 중에는 남부여와 응준鷹準(매)도 있다. 고려 충렬왕 13년(1287) 이승휴가 지은 《제왕운기》에는 "후의 왕들은 혹 남부여라고 부르기도 하고, 혹 응준이라고 칭하기도 했다"라고 말하고 있다. 응준, 즉 매를 국호로 삼은 것은 백제 역시 기마민족의 일종임을 시사하는 것이다. 백제는 일본어로 구다라クダラ라고 하는데, 현재 일본 나라현 가스라키北葛城군에 구다라라는 지명을 비롯해서 일본 열도 여러 곳에 백제와 관련된 지명들이 있다. 야마토왜는 처음 가야계가 시작해서 나라로 천도한 후에는 백제계가 주도했다.

3장

열국시대에서
사국·삼국시대로

고조선이 멸망하고 여러 열국들이 각축하는 열국시대가 전개되었다. 열국시대는 수백 년간의 이합집산 끝에 부여 · 고구려 · 백제 · 신라 · 가야의 다섯 나라가 각축하는 오국시대로 재편되었다. 그 후 고구려 문자왕이 재위 3년(494) 부여를 멸망시킴으로써 고구려 · 백제 · 신라 · 가야가 각축하는 사국시대가 전개되었다. 이후 가야가 멸망하는 562년 이후부터 신라 · 고구려 · 백제가 각축하는 삼국시대가 전개된다. 이때부터 668년까지 약 100년 정도가 삼국시대이다.

01 가야

가야 건국

《삼국사기》〈김유신열전〉과《삼국유사》〈가락국기駕洛國記〉는 가야가 서기 42 년에 건국되었다고 말한다. 금관가야는 서기 532년, 대가야는 서기 562년 각 각 신라에게 멸망했으니 약 500여 년 존속한 왕조다. 그러나 남한 강단사학은 가야가 서기 3세기 말경에 건국되었다고 주장한다. 물론 일본 식민사학자들 의 주장을 따르는 것이다. 북한의 가야사 학자인 조희승은 "가야국이란 1세기 중엽부터 6세기 중엽까지 락동강 하류 류역에 존재했던 봉건국가"(조희승,《임 나일본부 해부》)라고 말하고 있다.

가야사에 대한 체계적인 사료는《삼국유사》〈가락국기〉와 '5가야'조다. 일연 은 고려 문종 때인 서기 1075년~1085년경에 금관金官(현 김해)지주사知州事 의 문인이 지은 〈가락국기〉를 줄여서 실었고, '5가야'는《가락기찬駕洛記贊》을 보고 썼다고 설명했는데, 두 원 사료는 지금 전해지지 않는다.

〈가락국기〉는 개벽 이후 금관 땅에 나라 이름과 군신의 칭호가 없었고, 다 만 아도간我刀干 등 아홉 간干이 100호 7만 5,000명의 백성들을 통솔하면서 살고 있었다고 말한다. 서기 42년 북쪽 구지봉龜旨峯에서, "황천이 내게 이곳에 가서 나라를 세우고 임금이 되라고 했다"는 소리가 들렸다. 또한 "거북아, 거북아, 머리를 내어라, 내밀지 않으면 구워 먹으리"라는 노래를 부르며 춤을 추면 대왕을 맞이할 것이라고 말했고, 아홉 간들이 기뻐하면서 노래하고 춤추니 하늘에서 자줏빛 줄이 드리워져 땅에 닿았고, 줄 끝에 붉은 보자기에 쌓인 금합자金合子가 있었다고 했다. 열어보니 해처럼 둥근 황금 알 6개가 여섯 아이로 변했는데 그달 보름에 왕위에 오른 한 아이가 수로왕이고, 나라 이름이 대가락大駕洛, 또는 가야국이었다. 나머지 다섯 아이도 다섯 가야의 임금이 되었다.

— 수로왕릉. 김해 가락로에 위치해 있다. ©Kwj2772.

— 허황후릉. 〈가락국기〉에 의하면 허황후릉은 189년에 조성되었다. 그 위치는 "구지龜旨의 동북쪽 언덕"이라고 한 것으로 보아 현재의 구지봉龜旨峯 동북쪽 길 건너 언덕에 위치하는 허황후릉 그대로이다. ©Rémi Cormier.

서기 48년(건무 24)에 바다 서남쪽에서 붉은색 돛을 단 배가 붉은 기를 달고 북쪽으로 왔다. 배에 탄 소녀는 수로왕에게 "아유타국阿踰陀國의 공주 허황옥許黃玉이며 나이는 열여섯 살"이라면서 부왕과 모후의 꿈에 황천이 수로왕의 배필이 되라고 명해서 왔다면서 수로왕과 혼인했다.

그런데 《한국민족문화대백과사전》은 '가야'의 건국 시기에 대해 이렇게 설명하고 있다.

가야는 변한의 12소국, 소국연맹체, 초기 고대국가 등의 단계를 거쳤다. 서기 전 1세기 낙동강 유역에 세형細形동검 관련 청동기 및 초기 철기 문화가 유입되면서 가야의 문화 기반이 성립되었다. 서기 2세기경에는 이 지역에 소국들이 나타나기 시작하여 3세기에는 12개의 변한 소국들이 성립되었으며, 그중에 김해의 구야국狗邪國(金官加耶)이 문화 중심으로서 가장 발전된 면모를 보였다.

《한국민족문화대백과사전》 '가야'

서기 2세기경에 이 지역에 소국들이 나타났으며 3세기에 12개의 소국이 성립되었다는 것이니 가야의 건국은 그 후라는 것이다.《삼국사기》〈김유신열전〉에도 가야의 건국 시기에 대한 서술이 있다.

김유신은 왕경王京(서라벌) 사람이다. 그 12세 조상 김수로는 어디 사람인지 알 수 없는데, 후한 건무建武 18년(서기 42) 임인에… 나라를 열고 국호를 가야라고 했는데, 뒤에 금관국으로 고쳤다.

《삼국사기》〈김유신열전〉

《삼국유사》와《삼국사기》는 모두 가야가 서기 42년에 건국되었다는데, 남한 강단사학은 아무런 근거 없이 이를 부인하고 3세기 이후 건국했다고 주장하고 있다.《삼국사기》 '탈해이사금 21년(서기 77)'조는 "(신라의) 아찬 길문吉門이 황산진黃山津 입구에서 가야 군사와 싸워 1,000여 명의 목을 베었다"라고 기록하고 있다. 또한 서기 1세기 무렵부터 신라 토기와 다른 가야 토기가 출토(안춘배,《가야 토기와 그 영역의 연구》, 1994년 동아대학교 박사학위 논문)되고 있으니 문헌사료는 물론 고고학 유물들도 서기 1세기에 가야가 있었다는데, 남한 강단사학은 3세기에 이르러서야 12개의 소국이 성립되기 시작했다고 주장한다.

남한 강단사학이 가야를 줄곧 연맹이라고 표현하는 이유도 가야가 통일왕국이 되지 못한 미약한 국가라고 낮추기 위한 것이다. 그러나 다른 한편으로는 가야가 전라도까지 진출한 강국이라고 주장한다. 이는 야마토왜가 4세기 후반 가야를 점령하고 세웠다는 '임나'의 강역을 뜻하는데, 겉으로는 '가야'라고 표현해 혼동시키는 것이다.

《후한서》'진한'조에는 "그 나라에서는 철이 생산되는데, 예·왜·마한이 모두 와서 철을 사 갔다. 무릇 여러 무역에 철을 화폐로 사용했다"고 말하고 있다. 실제 가야 지역에서는 수많은 철제 무기를 비롯한 투구, 마구, 갑옷류 등과 농기구 등이 광범위하게 출토되고 있고, 이런 철기 문화를 바탕으로 가야는 건국 직후부터 신라와 각축을 벌였다. 수로왕은 파사이사금 17년(96)에 신라의 남쪽 변경을 습격해서 성주城主 장세長世를 죽였다가 신라가 5,000명의 군사로 반격해서 패배했다. 102년에는 음즙벌국과 실직곡국이 영토 문제로 다투다가 파사이사금에게 판결을 요청하자 파사이사금은 수로왕에게 이 해결을 의뢰했고, 수로왕은 음즙벌국에게 속하게 판결했다. 파사이사금이 이를 치하해 향연을 베풀 때 신라의 다른 5부는 모두 제2관등 이찬伊湌이 접대했으나 한기부漢祇部는 그보다 낮은 자가 접대하자 수로왕이 한기부의 우두머리 보제保齊를 죽이고 돌아갔다.

지마이사금 4년(115)에 가야와 신라는 격전을 벌였고, 이듬해에는 지마이사금이 장수를 파견하고 자신도 직접 정병精兵 1만으로 뒤따랐다. 가야가 성문을 굳게 닫고 지키는데 비가 오랫동안 내리자 철병했다. 신라의 지마이사금이 장수에게 군사를 주어 보내고 자신도 1만 군사를 동원한 것은 가야의 군사력이 그만큼 강했기 때문이었다. 2세기 초반에 신라의 1만 명이 넘는 군사와 싸웠던 가야를 남한 강단사학은 3세기 이후에 12소국이 성립되었다고 깎아내리고 있는 것이다.

이후 가야와 신라는 서로 화친했는데, 금관가야의 거등왕居登王 때인 서기 209년(신라 내해이사금 14년)에 포상팔국浦上八國이 가야를 침략하려고 하자 가야 왕자는 신라에 도움을 요청했다. 내해이사금은 태자 우로于老와 이벌찬 이음利音에게 6부의 군사를 거느리고 가서 여덟 나라의 장군을 죽이고 포로로 잡혔던 6,000명을 빼앗아 돌려주었다. 그 3년 후인 신라 내해이사금 17년(212) 가야는 왕자를 신라에 볼모로 보냈는데, 이후 소지마립간 3년(481) 때까지 269년 동안 《삼국사기》〈신라본기〉에서 가야에

— 가야의 기마인물형토기.

관한 기사는 사라진다. 소지마립간 3년의 기사는 고구려와 말갈이 신라 북쪽 변경을 공격하자 신라·백제·가야 구원군이 함께 막았다는 기사다. 신라와 가야 사이의 기사는 주로 전쟁 기사인데 이 기간 동안 서로 우호관계를 유지했기 때문에 기사가 실리지 않았을 것이다.

가야와 왜

한국사의 통설을 정리한 《한국민족문화대백과사전》이 가야 건국에 대해서 앞뒤가 맞지 않는 서술을 하는 이유는 '야마토왜' 때문이다. 야마토왜가 가야를 점령하고 임나일본부를 세웠다는 '임나일본부설'이 해방 후에도 조금 변형된 형태로 아직까지도 통용되고 있기 때문이다. 일본 열도의 야마토왜가 서기 369년 가야를 점령해 임나일본부를 세우고, 562년까지 지배했다는 것이 임나일본부설의 요체다. 남한의 강단사학계는 총론에서 '일본부'라는 말을 사용하지 않는 것으로 임나일본부설을 극복했다고 주장하면서 가야에 왜가 외교기관을 설치했다는 외교기관설, 교역기관을 설치했다는 교역기관설 등의 성격 논쟁으로 변질시키고는 가야가 임나라는 '임나=가야설'을 주장하고 있다. 왜인들이 어떤 형태로든 가야에 거주하고 있었다는 것이다. 노태돈은 "4세기 말 이래로 왜의 세력 또는 왜인들이 가야 지역에서 활동하였고, 때로는 단기적인 군사활동을 한 경우도 있었다"(《한국고대사》)라고 서술했다. 단기, 장기를 떠나 외국에서의 군사활동은 식민지가 아닌 한 불가능하다. 이는 가야가 왜의 식민지라는 말에 다름 아니다.

이런 인식은 남한의 강단사학자들 사이에서는 특이한 것이 아니다. 《민족문화대백과사전》은 "4세기 중·후반에 백제의 근초고왕은 대방군의 옛 땅을 둘러싼 고구려와의 경쟁을 위해 가야 및 왜의 후원을 얻고자 하였다"라고 서술했다. '4세기 후반'이라고 시기를 특정한 이유는 369년에 야마토왜가 가야를 점령했다는 《일본서기》를 사실로 전제하고 쓴 것이다. 또한 대방고지帶方

故地가 황해도 지역에 있었다고 전제하고 쓴 것인데, 요동태수 공손도가 세운 대방군은 황해도가 아니라 지금의 하북성 지역인 옛 요동 지역에 있었다. 무엇보다도 백제가 고구려와 경쟁을 위해 가야 및 왜의 후원을 얻으려고 했다는 내용은《삼국사기》와《삼국유사》는 물론 중국의 어떤 사서에도 나오지 않는 허구로서 4세기 중·후반의 상황과 전혀 배치된다.

백제 근초고왕이 고구려와 경쟁하기 위해 가야 및 왜의 후원을 얻고자 했다는 사료적 근거는 전혀 없다. 연대부터 맞지 않는《일본서기》기사를 자의로 끌어들여 자국사를 깎아내린 것이다. 그런데 남한 강단사학자들이 서기 369년의 사건이라고 주장하는 왜의 가야 점령 기사는《일본서기》기년으로 서기 249년에 해당하는 신공神功 49년조이다. 이를 임의로 2주갑周甲 120년 끌어올려 369년의 사건이라고 해석하는 것이다.《일본서기》신공 49년(서기 249)조는 야마토왜가 아라타와케荒田別(황전별)·가가와케鹿我別(녹아별)·모쿠라곤시木羅斤資(목라근자) 등을 보내 신라를 공격하고, "비자발比自㶱·남가라南加羅·탁국㖨國·안라安羅·다라多羅·탁순卓淳·가라加羅의 7국을 평정했다"고 서술하고 있다. 이것이 가야 땅에 세운 임나 7국이란 것인데, 평정한 곳은 신라인데 임나 7국을 세운 곳은 가야라는 이상한 내용이다. 이후 야마토왜는 군사를 서쪽으로 돌려서 "고해진古爰津에 이르러 남쪽 오랑캐(南蠻:남만)인 침미다례忱彌多禮를 도륙해서 백제에게 주었다"는 것이다. 그러자 백제왕 초고肖古와 왕자 귀수貴須가 야마토왜에 "춘추로 조공을 바치겠습니다"라면서 영원한 충성을 맹세했다는 주장이다.《일본서기》가 서기 249년조의 일이라고 써놓은 것을 자의로 120년 끌어올려 369년조의 일이라고 해석하고 백제의 근초고왕과 태자 근구수가 영원한 충성을 맹세한 것이 사실이라고 주장하는 것이다.

02 임나일본부설 비판, 가야는 임나인가?

《일본서기》 추종하는 강단사학

《일본서기》는 663년의 백강白江 전투로 백제가 멸망한 지 57년 후인 서기 720년에 편찬되었다. 당시 야마토왜의 지배세력이던 백제계가 편찬한 것인데, 몇 가지 편찬원칙이 있었다. 첫째, 빨라야 3세기 말경에 가야계가 일본 열도로 건너가서 시작하는 야마토왜의 기년을 서기전 660년으로 해서 약 1,000년 정도의 역사를 창작했다. 그래서 한 임금의 사적을 둘, 또는 세 명으로 나누어 배치했다. 둘째, 상국上國 백제를 제후국으로, 제후국 야마토왜를 상국으로 바꾸어 서술했다. 셋째, 야마토왜가 고구려·백제·신라·가라(임나) 등을 정복했으며, 고구려·백제·신라·가라 등은 모두 야마토왜에 공납을 바치는 속국으로 조작했다. 넷째, 고구려·백제·신라·가라가 일본 열도에 진출해 세운 분국들과 본국의 사적을 뒤섞어놓아서 진실을 파악하기 어렵게 만들었다. 이런 《일본서기》의 편찬원칙들을 인지하고 해당 사건들을 읽어야 실

— 《일본서기》. 전 30권이다.

제 내용이 무엇인지 파악할 수 있다.

임나일본부는《일본서기》에만 나오는 내용이다. 그 핵심은 두 가지인데, 첫째는 서기 369년에 야마토왜가 임나일본부를 설치해 562년까지 통치했다는 것이다. 둘째는 그 위치로서 한반도 남부의 가야가 곧 임나라는 '임나=가야설'이다. 일본은 이를 '1억 인의 국민적 상식'이라고 하면서 각급 학교에서 가르쳐왔다. 이와 배치되는《삼국사기》는 가짜로 몰면서《일본서기》를 사실이라고 주장했다. 그러나《일본서기》도 한반도 남부의 가야에 임나를 설치했다고 명확하게 서술하고 있는 것은 아니었다. 남한학계에서 이 분야에 가장 많은 연구를 한 최재석 교수는 '가야=임나설'은《일본서기》에서도 그 근거를 찾을 수 없다고 비판했다.

> 필자는 아무리 읽어도《일본서기》에서 가야와 임나가 동일한 나라라는 기사를 찾지 못하였으며, 또한 가야는 물론이려니와 이른바 임나가 '일본부'의 지배를 받았다는 기사도 보지 못하고 있다. 그렇다면 가야와 임나가 동일국이라는 주장은 일인日人학자들의 역사왜곡에서 비롯됨을 알게 된다. 이러한 왜곡 주장은《삼국사기》가 조작·전설이라는 주장과 함께 한국 사학계에도 영향을 주어 한국학계의 통설 내지 정설로 받아들여지고 있다. 이병도·김정학·이기동·김현구처럼 가야와 임나가 동일하다고 공공연하게 주장하고 있는 사람이 있는가 하면, 그러한 공언은 하지 않더라도 양자兩者가 동일함을 전제로 하고 논리를 전개시키는 사람도 있다.
>
> 최재석, 〈임나왜곡사 비판〉,《통일신라·발해와 일본의 관계》, 1993

일본은 물론 남한 강단사학자들의 '가야=임나설'은 근거가 없다는 것이다. 실제로《일본서기》에도 임나가 가야라고 서술한 기사는 없다.

'임나=가야설'을 처음 조직적으로 퍼뜨린 세력은 메이지시대 일본군 참모본부였다. 참모본부는 조선 강제 개항 6년 후인 1882년《임나고고任那稿考》및《임나명고任那名稿》를 간행해 '임나=가야설'을 퍼뜨렸고, 이듬해에는 참모

—— 일본군 참모본부
소속 간첩 사코 가케
노부.

—— 일제강점기의 광개토대왕릉비.

—— 도쿄국립박물관에 소장 중인 광개토대왕릉비 탁본.

본부 소속 간첩인 사코 가케노부酒勾景信 중위가 만주 집안현의 광개토대왕릉
비 탁본을 가져왔다. 비문은 2면 하단과 3면 상단이 심하게 손상되었는데, 신
기하게도 '임나가라任那加羅', '안라安羅'처럼 일본에 유리한 용어는 모두 남아
있기 때문에 조작설이 신빙성을 가질 수밖에 없다.

　임나 강역은 일본인들에 의해 계속 확대되어갔다. 나카 미치요那珂通世
(1851~1908)와 쓰다 소키치(1873~1961)는 모두 《삼국사기》 초기기록 불신론'
을 주장하면서 '임나=가라'는 지금의 김해 일대로 한정했다. 그런데 총독부의
이마니시 류(1875~1932)는 김해는 남가라라면서 임나일본부를 다스리는 치
소治所는 경북 고령에 있었다고 하며 임나를 경북까지 확대시켰다. 조선총독
부와 경성제대에서 근무했던 스에마츠 야스카즈末松保和(1904~1992)는 일제
패전 후에 쓴《임나흥망사》(1949)에서 임나가 경상남북도는 물론 충청도 일부
와 전라남도의 거의 대부분을 차지했다고 확대시켰다. 학자들에 따라서 임나

강역이 고무줄처럼 늘어난다는 사실은 임나가 한반도 내에 있었다는 사실을 밝힐 아무런 사료가 없다는 고백에 다름 아니다. 상식적으로도 임나가 경상남북도 및 충청·전라도까지 차지했다면 백제는 갈 곳이 없어진다.

패전 후 일본 역사학계에서 역사학이 제국주의 침략전쟁의 도구로 쓰인 점을 반성하던 분위기가 있었던 것과 정반대로 일제 패전 후 왕족·귀족 자제들을 교육시키던 학습원대학의 교수로 근무하던 스에마츠는 거꾸로 임나 강역을 확대시켰다. '대일본제국은 다시 한국을 점령할 것이니 제국의 신민들은 좌절하지 말라'는 메시지를 던진 것이다.

2015년 4월 일본 문부성의 검정을 통과한 8종의 일본사 교과서 중 4종의 교과서에 임나일본부가 다시 실렸다. 일본의 사회 분위기가 극우적으로 흘러가면 임나일본부는 다시 살아나게 되어 있고, 다시 정한론의 논리로 악용될 수 있다. 그래서 이 문제는 순수한 고대사 논쟁이 아니라 첨예한 현대사가 되는 것이다.

임나일본부설에서는 위치문제가 중요한데, 그 견해는 둘로 갈린다. 한반도 남부의 가야라는 견해와 일본 열도라고 보는 견해. 남한 강단사학은 '가야＝임나설'을 신봉한다. 반면 북한학계와 남한의 민족사학자들은 임나는 가야가 일본 열도에 세운 소국, 분국이었다는 분국설을 지지한다.

임나＝가야설을 지지하는 한일 학자들은 《일본서기》에 나오는 모든 지명을 한반도 내에서 찾는다. 한 예로 스에마츠는 탁순卓淳을 대구라고 주장하는데, 대구의 옛 이름 달구벌의 '달'과 탁순의 '탁'이 발음이 비슷하다는 논리다. 그는 또 침미다례를 전라도 강진으로 비정했다. 침미다례의 일본어 발음이 'ㅏㅁ夕レ(도무타레)'인데 강진의 옛 지명이 도무군道武郡이기 때문이라는 것이다. 이 논리를 따르려면 4세기부터 전라도 사람들은 일본어를 사용했어야 한다. 그래서 분국설을 주장한 북한의 김석형은 이렇게 비판했다.

이와 같은 일본학자들의 비정은 억지를 면치 못한다. 당시의 야마또 군대가 경상, 전라 두 도를 무인지경으로 돌아쳤다고 전제하고 그 일대 고지명에 비슷한 글자가 여러 글자 중에서 하나라도 있으면 주어 맞춘 것에 불과하다.

김석형,《초기조일관계사 하》

그러나 남한 학자들의 통설을 서술한《민족문화대백과사전》은 이렇게 서술했다.

가야는 백제와 교역하는 대가로 일부 왜와 함께 동원되어 고구려의 동조세력인 신라를 공격하기도 하였다. 이러한 남방의 안정에 힘입어, 백제는 황해도 지역을 차지하고 고구려 고국원왕을 전사시키기까지 하였다.

《한국민족문화대백과사전》 '가야'

백제 근초고왕이 371년 고구려 고국원왕을 전사시킨 것은 야마토왜가 도와주었기 때문이라는 것이다. 왜가 신라를 공격했기 때문에 백제의 북방진출이 가능했다는 내용은《삼국사기》에 단 한 글자도 나오지 않는다.《삼국사기》〈신라본기〉에는 신라 내해이사금 17년(212)부터 5세기 후반인 소지마립간 3년(481)까지 가야가 나오지도 않는다. 야마토왜가 한국고대사를 주도한 것처럼 호도하기 위해 사료를 왜곡, 조작한 것이다. 근초고왕이 고국원왕을 전사시킨《삼국사기》'백제 근초고왕 26년(371)'조를 보면 가야 및 왜에 관한 이야기가 전혀 없다.

근초고왕이 태자와 함께 정예군 3만 명을 거느리고 고구려를 침략해서 평양성을 공격했다. 고구려왕 사유斯由(고국원왕)가 힘을 다해 항전하다가 흐르는 화살에 맞아 사망하자 왕은 군사를 이끌고 퇴각했다.

《삼국사기》 '백제 근초고왕 26년'

근초고왕이 고구려 고국원왕을 전사시킨 이 사실은 《삼국사기》〈고구려본기〉 '고국원왕'조에도 실려 있을 뿐만 아니라 중국의 《위서》·《북사》에도 실려 있는 역사적 사실이다. 왜국의 도움 따위는 있지도 않았다. 그러나 《민족문화대백과사전》은 백제의 단독 전쟁이 아니라 '가야=임나=왜'가 도왔기에 가능했다고 왜곡하고 있다. 같은 사전은 "백제의 교역로 개척에 따라, 가야연맹은 다시 김해의 가야국을 중심으로 일원적으로 통합되어, 백제-왜 사이의 중계 기지로서 안정적인 교역 체계를 형성하게 되었다"라고도 썼다. 이 또한 아무런 사료적 근거가 없는 자의적 서술에 불과하다. '백제가 교역로를 개척'했다는 서술은 백제가 왜와 교역로를 개척했다는 것으로서 《일본서기》가 근초고왕이 야마토왜에 충성을 맹세하고 조공품을 바쳤다고 왜곡한 것을 조금 변형시켜 쓴 것에 불과하다. 백제가 교역로를 개척한 결과 가야가 백제-왜 사이의 중계 기지가 되었다는 논리는 모순이다. 해양제국 백제는 한강·금강·영산강 등을 통해 얼마든지 왜에 갈 수 있으므로 굳이 경상도의 가야를 거칠 필요가 없다. 모두 야마토왜를 한국고대사를 좌지우지한 강력한 국가로 만들기 위한 억지에 불과하다. 남한의 강단사학자들이 《삼국사기》·《삼국유사》를 부인하고 《일본서기》를 추종하는 행태는 다음의 구절로도 명백하다.

> 그중에서 가장 앞선 것은 고령의 반파국件跛國이었으니, 이들은 철 생산이 풍부한 가야산의 야로冶爐철광을 소유·개발함으로써 다른 지역보다 빠른 발전을 이룰 수 있었다. 5세기 중엽에 이르러 반파국은 호남 동부 지역을 포섭하여 백제와 왜를 연결하는 교역 중심국으로 성장하였다. 그리하여 고령 세력은 옛 가야 지역을 상당히 복구하며 '대가야국'으로 이름을 고치고 여러 소국을 포괄하는 연맹체, 즉 후기 가야연맹체를 형성시켰다.
>
> 《한국민족문화대백과사전》'가야'

먼저 《삼국사기》·《삼국유사》에는 반파국이라는 이름 자체가 나오지 않는다. 고령의 반파국이 야로철광을 소유, 개발했다는 내용도 모두 허구다. 《삼국

— 고령이 임나 대가야국의 성지였음을 기념하는 일제강점기 때 사진.

사기》〈지리지〉'고령군'조에 야로현冶爐縣이 나오는 것을 끌어들여 우긴 것뿐이다. 반파국이 고령에 있었다는 사료적 근거도 없고, 반파국이 '대가야국'으로 이름을 고쳤다는 사료도 없다.《일본서기》에만 나오는 '반파'를 고령에 있었다고 우긴 후 이 반파국이 '대가야'이며 후기 가야연맹을 이끌었다고 우기는 것에 불과하다. '가야=임나'가 경상도는 물론 충청·전라도까지 지배했다는 스에마츠설을 추종하는 것이다.

북한학계는 가야의 최대 강역을 동쪽으로는 양산, 북쪽으로는 상주의 가라(부곡면), 남쪽으로는 김해와 거제도, 서쪽으로는 소백산 일대의 섬진강으로 본다.(조희승,《임나일본부 해부》) 가야는 경상도 일부에 걸쳐 있었고, 나머지는 신라 강역이었다. 충청·전라도는 백제 강역이었다. '가야=임나'가 충청, 전라도까지 지배했다면 백제는 어디에 있었는가? 모두 야마토왜가 한반도 남부를 지배했다는 일본인들의 논거를 추종하기 위해 만든 궤변이다.《일본서기》가 백제 근초고왕이 야마토왜에서 온 사신에게 머리를 땅에 대고 절했다는 369년에《삼국사기》는 근초고왕이 고구려의 2만 군사를 맞아 5,000 군사의 머리를 베었고, 한수 남쪽에서 황제를 뜻하는 황색 깃발을 사용하며 대대적으로 군사를 사열했다고 쓰고 있다.《일본서기》에서 주장하는 야마토왜에 영원한 충성을 맹세했다는 이야기 따위는《일본서기》가 만들어낸 상상에 불과하다. 그러나 이런 논리가 남한 강단사학을 지배하고 있다.

주갑제周甲制라는 요술 방망이

《일본서기》를 해석하려면 주갑제가 필요하다. 60년마다 순환하는 주갑周甲(환갑)을 이용해 특정 기사를 2주갑 120년, 3주갑 180년씩 끌어올려 해석하는 방법이다. 《일본서기》는 연대부터 맞지 않기 때문에 이런 이론이 나왔다. 《일본서기》 '신공 55년(255)'조에 "백제 초고왕肖古王이 세상을 떠났다"는 구절이 있다. 《삼국사기》의 서기 255년은 백제 고이왕 22년으로서 초고왕 때가 아니다. 이를 2주갑 끌어올리면 서기 375년이 되는데, 《삼국사기》 '근초고왕 30년(375)'조에, "겨울 11월에 임금이 세상을 떠났다"는 기록이 있다. 그래서 《일본서기》 '255년'조는 120년을 끌어올려 375년의 일로 해석하는 것이다. 문제는 《일본서기》의 모든 연대를 주갑제로 꿰맞출 수 없다는 점이다. 메이지 이전에는 《일본서기》의 특정 연대를 《삼국사기》를 기준으로 정위正僞를 판정했다. 그러나 조선총독부의 이마니시 류가 '《삼국사기》가 아니라 《일본서기》를 사실로 믿어야 한다'고 주장한 것을 일본인 식민사학자들이 받아들이고, 남한 강단사학자들이 추종하면서 《일본서기》의 허황된 내용들이 남한 강단사학을 지배하고 있다. 그 대표적인 것이 '임나=가야'라는 허황된 논리다.

남한 강단사학은 가야=임나라면서 야마토왜가 한반도 남부에 진출했다고 주장한다. 과거처럼 임나일본부라는 통치기관을 세웠다고는 주장하지 못하지만 외교기관설, 교역기관설 등 온갖 묘안을 짜내 고대 야마토왜가 한반도 남부에 진출했다고 설정한다. 이것이 사실이면 전 세계 외교사, 무역사를 다시 써야 한다. 4세기에 국가 차원에서 대사관을 설치하고 상무관을 설치했다는 것이니 말이다.

게다가 왜는 6세기 중반까지 제철기술 자체가 없었다. 《양서梁書》 '부상국扶桑國(일본)'조가 "(왜는) 철은 생산하지 못하고 동만 있다"라고 말하고 있는 것이 이를 말해준다. 그런데 제철기술도 없는 야마토왜가 군사강국이라는 희한한 논리가 남한 강단사학계를 지배하고 있다. 남한의 김현구는 '백제에서 야마토왜에 덩어리 쇠인 철정鐵鋌을 지속적으로 보내겠다고 보증하기 위해 왕자 전지腆支를 인질로 보냈다'고까지 주장한다. 이들의 뇌리에는 '야마토왜=군사강국'이란 등식이 확고하게 자리 잡고 있는 것이다. 《삼국사기》는 거짓으로 몰면서 《일본서기》를 받아들여 '가야=임나'라고 주장하는 것이 이른바 정설의 지위를 차지하고 있다.

북한학계의 분국설

《일본서기》는 신라·고구려·백제·가야가 모두 야마토왜의 식민지였다고 서술하고 있다.

가을 9월 고구려인, 백제인, 임나인, 신라인이 같이 내조했다. 무내숙녜武內宿禰(다케우치 노스쿠네)에게 명하여 여러 한인들을 거느리고 연못을 만들게 했다. 그래서 그 못을 한인지韓人池(한인의 연못)라고 한다.

《일본서기》,〈응신기〉 7년

고구려·백제·임나·신라 사신이 동시에 야마토왜에 조공을 바쳤다는 응신應神(오진) 7년은 서기 276년인데, 120년을 끌어올리면 396년이 된다. 고구려 광개토대왕 영락永樂 6년이고, 백제 아신왕 5년이고, 신라 내물왕 42년이다. 〈광개토대왕비문〉은 이해에 광개토대왕이 백제 정벌에 나서 58성 700촌을 획득하고 백제 임금의 아우와 대신 10명을 데리고 개선했다고 말하고 있는데, 《일본서기》는 야마토왜에 조공을 바쳤다고 주장하고 있다.

그런데 아무리 왜곡이 심하다고 해도 역사서 전체를 거짓이라고 보는 것은 문제가 있다. 그래서 북한학계에서는 분국설分國說이 나왔다. 《일본서기》에 나오는 고구려, 백제, 신라, 가야에 대한 기사는 《삼국사기》에 나오는 이런 본국이 일본 열도에 진출해서 세운 분국, 즉 식민지에 관한 이야기라는 학설이다. 북한의 김석형이 1963년 〈삼한 삼국의 일본 열도 내의 분국설에 대해서〉(《력사과학》)에서 최초로 주장한 분국설은 일본 학자들에게 큰 충격을 주었다. 일본 열도 내에는 지금도 고구려, 백제, 신라, 가야계 유적·유물과 지명이 전국 각지에 퍼져 있다. 특히 규슈와 나라 부근에는 가야와 백제의 유적, 유물이 많다. 유물이 많은 정도가 아니라 가야와 백제의 분국이 그곳에 있었다고 말해도 타당할 정도다. 그래서 분국설이 나왔다.

임나일본부설의 모순은 많다. 일본인 학자들은 서기 369년 가라 7국을 점령하고 임나를 설치했다고 주장하지만 《일본서기》에 '일본부日本府'라는 명칭이 처음 나오는 것은 웅략雄略(유라쿠) 8년(464년. 신라 자비왕 7년, 고구려 장수왕 52년)의 기록이다. 신라에서 일왕 웅략 즉위 후 8년 동안 조공을 바치지 않았기 때문에 정벌당할 것이 두려워서 고구려에 군사지원을 요청했다는 것이다. 그러니 보호 요청을 수락한 고구려가 보낸 군사가 100명이라는 것이 《일본서기》의 내용이다. 《삼국사기》는 한 해 전인 자비마립간 6년(463) "군사를 크게 사열했다"고 설명하고 있는데, 군사를 '크게 사열(大閱)'했을 경우 최소한 몇 만 명은 되었으니 '크게'라는 형용사를 사용했을 것이다. 그런데 100명의 군사로 보호할 수 있는 나라가 《삼국사기》의 신라가 아닌 것은 분명하다. 게다가 일본이라는 국호는 701년에 처음 사용했고, 그 전까지 국명은 왜倭였다.

— 나라현 니이자와 센즈카고분군에서 출토된 철갑옷과 쇠칼.

— 오카야마현 와케군에서 출토된 고대 토기.

《일본서기》〈계체繼體〉 '6년(512) 12월'조는 임나의 4현이 "백제와 가깝게 연달아 있어서 아침저녁으로 통행하기 쉽고 닭과 개의 주인도 구별하기 어렵다"라고 말하고 있다. 임나가 가야라면 경상도에 있는 가야인과 충청·전라도에 있는 백제인이 닭과 개 주인을 헷갈릴 수는 없다. 그래서 이런 나라들은 백제·가야 같은 본국이 일본 열도에 설치한 분국이라는 분국설이 나온 것이다. 그럼 일본 열도 내 임나의 위치는 어디일까? 《일본서기》에서 임나의 위치에 대해 가장 많은 정보를 제공하는 기사는 〈숭신崇神〉 '65년(서기전 33)'조이다.

임나는 축자국筑紫國에서 2,000여 리 떨어져 있고 북쪽은 바다로 막혀 있으며 계림鷄林의 서남쪽에 있다.

숭신 65년은 서기전 33년으로서 가야가 건국된 서기 42년보다 90년 전에 존재하고 있었다는 것이니 임나는 가야가 아니다. 또한 가야의 북쪽은 바다가 아니다. 북한학계는 김석형의 뒤를 이어 조희승이 이 분야 연구를 크게 진전시켰다. 그의 《일본에서 조선소국의 형성과 발전》(1995)은 남한 강단사학계와 비교한다는 것이 어불성설일 정도로 방대하고 치밀한 내용인데 그 보급판이 《임나일본부 해부》(2012)이다. 이 책들에서 조희승은 오카야마岡山(강산)현

— 오카야마 이과대학에서 복원한 오카야마의 옛 지도.

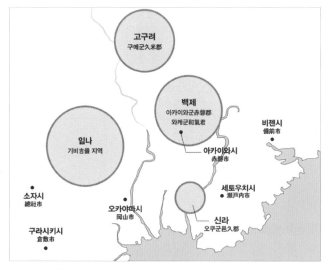

— 일본 오카야마에 세워진 조선 소국들의 위치도.

기비吉備(길비) 지역을 임나라고 보고 있다. 오카야마현과 히로시마현 동부를 과거에는 기비라고 불렀는데, 오카야마현에만 전방후원분前方後圓墳 등 약 1만 2,000기에 이르는 고대 고분이 축조되어 있다. 그중 전방후원분인 쓰쿠리야마 고분造山古墳은 길이가 약 360미터에 달하는 일본 내 4위 고분이다. 또한 해발 397미터의 귀성산鬼城山에 쌓은 기노조鬼の城는 5세기 무렵 가야인들이 쌓은 산성이다. 오카야마 이과대학에서 복원한 옛 지도를 보면 과거에는 오카야마 깊숙한 곳까지 바닷물이 들어왔으니 〈숭신〉 '65년'조 기사에 부합한다. 또 그 주변에 임나와 각축했던 신라, 백제, 고구려 분국이 모두 있다.

남한 내의 민족사학자들 중 다수(문정창·최재석·이병선·황순종)는 대마도라고 보고 있고, 일부는 규슈(김문배·김인배)라고 보고 있는데, 앞으로 북한학계의 연구 성과가 소개되면 오카야마설이 널리 퍼질 가능성이 있다. 윤내현은 최근 오카야마가 임나라는 견해를 밝혔다. 임나는 한반도 남부에 있지 않았다. 서기 4세기 말에서 6세기 말까지 한반도 남부에 임나가 존재했다면 《삼국사기》 〈백제본기〉·〈신라본기〉에 나오지 않을 리가 없다.

— 쓰쿠리야마 고분.

— 기노조.

분국설을 비판하는 남한 강단사학

북한의 고고학 연구결과에 따르면 규슈 지역에서는 4~5세기의 가야계 유물들이 대거 출토되고 6세기 이후 수도였던 나라에는 백제계 유물들이 대거 출토된다. 규슈 남부 미야자키현의 사이토바루 고분군은 3세기 말경 가야계가 이곳으로 진출한 것이 왜의 시작이었음을 말해준다. 6세기 무렵에는 권력의 중심이 나라로 이동했고, 백제계가 주축이 된다. 《일본서기》〈서명舒明(재위 629~641)기〉는 왜의 궁전을 백제궁百濟宮으로 불렀고, 왜왕의 시신을 안치한 곳을 백제 대빈大殯, 백제궁 근처의 강을 백제천百濟川, 사찰은 백제사라고 불렀다고 전한다. 《양서梁書》〈백제열전〉은 백제는 "다스리는 곳을 고마固麻라고 하고 읍을 담로檐魯라고 하는데 중국의 군현과 같다. 그 나라에는 22개의 담로가 있는데, 모두 임금의 자제, 종족들이 나누어 다스린다"라고 기록하고 있다. 임나는 물론 야마토 왜도 가야나 백제의 분국

— 1912년 사이토바루 고분군 발굴단의 모습.

— 가야의 철갑옷.

— 사이토바루 고분군에서 출
토된 철갑옷.

— 가야 철제 투구.

— 후쿠오카 유쿠하시에서 출
토된 철제 투구.

내지《양서》등에 나오는 담로, 즉 후국이었음을 알 수 있다.

그런데도 남한 강단사학은 '임나=가야설'을 정설이라면서 북한학계의 분국
설을 온갖 논리로 비판한다. '백제에서 야마토왜에 공주와 왕자들을 보내 천
황을 섬기게 했다'고 주장하는 김현구는 이렇게 말했다.

김석형의 '삼한 삼국의 일본열도 내 분국론'은 관련자료를 일방적으로 한국
측에 유리하게 자의적으로 해석하고 있다고 볼 수 있다. 이런 면에서는《일본서
기》를 일본 측에 유리하게 자의적으로 해석하여 야마또 정권의 한반도 남부경영
론을 만들어낸 스에마쯔와 다를 바가 없다고 생각한다.

김현구,《임나일본부설은 허구인가》

김현구는 김석형과 스에마쓰를 동시에 비판하는 것 같지만 같은 책에서 "'임나일본부설'에 대해 고전적인 정의를 내린 사람은 일제시대 경성제국대학에서 교편을 잡았던 스에마쯔 야스까즈였다"면서 "특별한 경우가 아니면 지명 비정은 스에마쯔 설을 따랐다"라고 말했다. 총론으로는 비판하는 척하지만 각론에서는 식민사학을 추종하는 행태의 반복이다.

— 이영식 교수의 《임나일본부》.

이영식은 "분국론은 《일본서기》의 임나일본부에 관련되는 임나를 한반도가 아닌 일본 열도로 비정한 것이 치명적 약점이 된다… 임나는 한반도의 가야 지역을 가리키는 것이 분명하며, 일본 열도의 어디를 가리키는 것이 아님을 알게 될 것이다"(이영식,《우리 시대의 한국고대사 2》)라고 말하고 있다. 일본 열도에는 고대 한국계통의 유적·유물과 지명이 가득하다. 그럼에도 불구하고 남한 강단사학자들은 야마토왜의 흔적을 찾기 힘든 한반도 내에서 임나를 찾는다.

김태식은 "(김석형은)《일본서기》를 비롯한 문헌사료들을 이용할 때 거의 모든 사료를 무리하게 일본 열도에서의 사실로 억측함으로써 오히려 한반도 내 가야사를 포기한 결과를 초래하였다"(《한국 전근대사의 주요쟁점》, 역사비평편집위원회, 2008)라고 비판했다. 일본 열도 내 분국들을 연구하는 것이 어떻게 "한반도 내 가야사를 포기"하는 결과가 된다는 것인지 이해할 수 없다. 분국설은 가야의 일본 열도 진출사로서 가야사의 내용을 더 풍부하게 하는 것이다. 김현구·이영식·김태식 등은 분국설을 인정하면 메이지시대 이래 100여 년 이상 일제의 한국사 침략 논리로 악용되어 온 '임나=가야사'를 유지할 수 없기에 분국설을 비판하는 것뿐이다. 분국설을 비판하는 남한 학자들은 이구동성으로 《삼국사기》를 깎아내리고 연대부터 맞지 않는 《일본서기》를 옹호한다. 동북아역사재단에서 국고로 번역 출간한 《일본서기(3권)》는 임나 관련 위치를 모두 한반도에 비정했다. 이 번역본의 서문에서 연민수 등은 《일본서기》의 진정한 가치는 《일본서기》가 고대인들에 의해서 편찬된 고대의 사서라는 점에 있다. 《삼국사기》는 고려시대, 즉 중세인의 시각에서 본 고대의 역사라고 할 수 있다"라고 말했다. 연도조차 맞지 않는《일본서기》는 고대인이 편찬한 진정한 고대사이고, 중세인이 편찬한《삼국사기》는 가치가 떨어진다는 것이다. 그러나 그들이 옹호하는《일본서기》는 역사서의 기본인 연대부터 맞지 않는 반면, 1971년 공주에서 출토된 백제 무령왕의 지석이 무령왕의 사망 시기를《삼국사기》와 같은 523년 5월이라고 같게 쓰고 있다는 사실은 외면한다. 이영식은《일본서기》를 이렇게 옹호한다.

> 현대적 국가의식을 배제할 수 있는 방법은 오히려《일본서기》로 다시 돌아가는 일이다. 객관적인 사료비판을 통해 관련 기술을 다시 보는 일이 무엇보다 중요하다. 그러나 우선은《일본서기》의 기록을 있는 그대로 보는 태도도 필요하다.
>
> 강만길 외 지음,《우리역사를 의심한다》

역사학자가 사료비판을 생략하자는 주장을 할 수 있을까?《일본서기》의 시각으로 한일고대사를 보면 고구려·백제·신라·가야는 야마토왜의 식민지가 된다. 북한학자 김석형은 이렇게 말한다.

>《일본서기》는 기원전 7세기부터라고 하는 '천황'들의 사실을 기록하고 있다. 그러나 북규슈로부터 기내 야마또로의 천황가 세력(대체로 백제-가라 계통이 우수한 세력)의 동천東遷이 6세기 초에 있었던 일일진대《일본서기》의 모든 기사 내용은 6세기 이후의 일일 것이다… 4~5세기 북규슈에 있었을 시기에 이 왜 세력이 백제와의 관계에서 가졌던 일들이 왜곡 윤색되어 기내 야마또에서 있었던 일처럼 만들어서《일본서기》에 실렸다고 본다.
>
> 김석형,《초기 조일관계사 하》

북한학계는 서기 4~5세기에 가야계가 북규슈에 진출했다가 6세기 이후 기내 야마토로 천도한 이후에는 백제계가 실권을 장악했다고 보고 있다.《일본서기》는 4~5세기에 왜와 백제 사이에 있었던 일도 6세기 이후의 일처럼 시기를 조작해 서술했다는 것이다. 북한이 경제적 어려움에도 불구하고 남한에 대해 정신적 우위를 주장하는 원인이 역사관에 있다. 북한은 1961년에 '한사군=한반도설'을 해체시키고, 1963년에 '임나=가야설'을 해체시켰는데, 남한 강단사학계는 아직도 이 두 학설을 도그마로 섬기고 있으니 남한을 아래로 보는 것이다.

가야 멸망

일본과 남한 강단사학자들의 주장처럼 서기 369년부터 야마토왜가 가야를 점령하고 임나를 설치했다면 가야왕통은 369년에 단절되든지 다른 왕으로 교체되었어야 한다. 그러나 《삼국유사》 〈가락국기〉는 가야의 이시품왕이 346년부터 왕위에 있다가 407년에 아들 좌지왕에게 왕위를 물려주었다고 말하고 있다. 좌지왕은 407년부터 421년까지 왕위에 있다가 아들 취희왕에게 물려주었다. 《삼국사기》와 《삼국유사》에 따르면 369년에 가라 7국을 멸망시키고 임나를 설치한 일 따위는 없었다. 그러니 일본과 남한 강단사학자들은 《삼국사기》와 《삼국유사》 불신론을 주장하는 것이다.

금관가야는 369년에 왕통의 변화 없이 김수로왕의 후예들이 계속 왕위에 있다가 신라 법흥왕 19년(532)에 구해仇亥왕이 노종奴宗·무덕武德·무력武力 세 아들을 데리고 항복했는데, 막내 무력이 김유신의 할아버지이다. 그런데 진흥왕 15년(554) 백제 성왕과 가량加良이 관산성을 공격했다가 백제 성왕이 전사하는데, 가량은 곧 가야다. 진흥왕 23년(562) 다시 가야 부흥운동이 일어나자 신라의 이사부異斯夫와 부장 사다함斯多含이 진압했다. 남한 강단사학은 이를 고령에 있던 대가야가 멸망한 것이라고 해석한다. 가야는 끝까지 왕국으로 발전하지 못한 연맹체였다는 것인데 《삼국사기》는 "가야가 반란을 일으켰다(加耶叛)"라고만 썼지 '고령 대가야'라고 쓰지는 않았다. 이사부나 사다함에 관련된 사료에도 562년에 가야와 싸웠다고 썼지 고령 대가야와 싸웠다고 쓰지는 않았다.《일본서기》〈흠명〉 '23년(562)' 조는 "신라가 임나 관가官家를 공격해서 멸망시켰다"고 나오는데, 이 기사를 '가야=임나' 멸망 기사로 보고 대가야라고 해석한 것이다. 562년의 사건이 고령의 대가야 세력을 멸망시킨 것이라고 해석하려면 더 구체적인 사료가 제시되어야 한다. 562년의 가야 부흥운동은 진압되었고, 이후《삼국사기》에는 더 이상 가야에 관한 기사가 등장하지 않는다.

《삼국사기》·《삼국유사》의 가야가《일본서기》의 임나라면 562년 이후에는 《일본서기》에도 임나가 등장하면 안 된다. 그러나《일본서기》는 거의 100여 년 뒤인 645년에도 임나가 존속하는 것으로 나온다. 따라서《삼국사기》·《삼국유사》의 가야는《일본서기》의 임나가 아니다. 규슈 지역과 오카야마 지역, 나라 등지에서 가야계 유적·유물이 다수 출토되는 것처럼 가야는 한반도 남부와 일본 열도 상당 부분을 장악했던 제국이었다. 이런 제국이 거꾸로 야마토 왜의 지배를 받았다는 '임나=가야설'은 문헌사료적, 고고학적으로 근거가 없다. 562년 가야가 신라에 멸망함으로써 사국시대는 비로소 삼국시대로 진입하게 되었다.

고구려와 선비족의 각축

후한이 약화되면서 중원은 위·촉·오 세 나라가 각축하는 삼국시대(220~280)에 접어들었다. 이에 따라 고대 요동의 정세도 달라졌다. 위나라로부터 독립해 요동을 독립왕국으로 만들려는 공손씨 일가와 요동을 자국의 영향권 내에 두려는 조조의 위魏나라(220~266)와 단군 고토 회복을 꿈꾸는 고구려 사이의 요동쟁탈전이 치열했다. 중원이 분열된 틈을 타서 북방 선비족鮮卑族[8]의 모용씨와 탁발拓跋씨 등이 새롭게 흥기했다.

공손씨의 요동 장악을 용납할 수 없었던 고구려 동천왕은 재위 12년(238) 위나라와 손잡고 공손씨를 협공해 무너뜨렸다. 4년 후인 재위 16년(242) 동천왕은 요동 서안평을 공격했다. 태조왕이 서기 146년 서안평을 공격한 지 거의 100여 년 만이었다. 《요사》 지리지에 따르면 요동 서안평은 지금의 내몽골 파림좌기이고, 지금도 거대한 고구려 토성터가 남아 있다. 위 제왕齊王은 2년 후(244) 북경 지역을 다스리는 유주자사 관구검을 보내 고구려를 공격했다. 동천

---

8 선비족은 동호東胡의 후예로서 단씨段氏·모용씨·탁발씨·걸복乞伏씨·독발禿發씨·우문宇文씨 등의 부족으로 구성되었는데, 거란과 몽골의 선조이다.

— 고구려인의 기상을 보여주는 무용총 수렵도.

왕은 위군 6,000여 명의 머리를 베거나 포로로 잡는 대승을 거뒀지만 곧 전세는 역전되어 수도 환도성이 함락되고 남옥저로 퇴각해야 했다. 고구려는 밀우密友와 뉴유紐由의 분전으로 관구검의 위군을 겨우 쫓아냈고, 관구검은 요동의 낙랑으로 물러갔다. 동천왕은 재위 21년(247) 전란을 겪은 환도성을 다시 도읍으로 삼을 수 없다면서 평양성을 쌓고 백성과 종묘·사직을 옮겼는데,《삼국사기》는 "평양은 본래 선인 왕검仙人王儉의 터"라고 설명하고 있다. 평양은 고구려의 수도를 뜻하는 보통명사로서 이때의 평양은 지금의 평양이 아니라 만주의 평양이며, 선인 왕검은 단군왕검이란 뜻이다. 동천왕은 재위 22년(248) 세상을 떠났는데, 근신近臣들 중에 따라 죽으려는 자가 많아서 새로 즉위한 중천왕이 순장을 금지시켰음에도 장례일에 왕의 무덤에 와서 자살한 자가 매우 많았다. 고구려 지배층이 생사를 함께 하는 전사戰士집단임을 말해준다.

이후에도 위나라와 전쟁은 계속되었다. 중천왕 12년(259)에 위나라 장수 위지해尉遲楷가 군사를 이끌고 침략했으나 중천왕은 정예기병 5,000으로 양맥梁貊 골짜기에서 크게 이기고, 8,000여 급을 목 베었다.

고구려가 위나라와 옛 요동 지역을 두고 싸우는 동안 위나라의 정세가 급변했다. 촉의 제갈량이 여러 차례 북벌해 위를 공격했는데 위의 권신 사마의司馬懿는 적극적으로 막지 않으면서 자신의 세력을 키웠다. 사마의의 아

— 고구려 각저총 벽화에 등장하는 씨름도.

들 사마사와 사마소 형제는 위의 국정을 장악했고, 사마소의 아들 사마염司馬炎이 부친의 뒤를 이어 진왕晉王과 상국相國의 자리를 이었다가 265년 자립해 진晉나라를 세우고 이듬해 위나라를 멸망시켰다. 위나라를 차지한 진 무제武帝 사마염은 279년 남방의 오나라를 멸망시켜 드디어 중원을 통일했다. 삼국시대의 최후 승자는 위나라에서 나온 사마씨의 진나라가 된 것이다. 사마염은 중원통일을 기념하여 연호를 크게 평안하다는 뜻의 태강太康(280~289)으로 바꾸고 《태강지리지太康地理志》를 편찬했다. 그런데 이 《태강지리지》에 "낙랑군 수성현에는 갈석산이 있고, 만리장성이 시작된다"는 구절이 나온다. 남한 강단사학은 낙랑군이 313년까지 평양에 있었다고 주장하는데, 그 전에 편찬한 《태강지리지》는 낙랑군이 진나라 수성현에 있었다고 나온다. 이 수성현은 지금의 하북성 창려昌黎현 지역이고, 갈석산이 지금도 있다.

진나라의 통일천하는 그리 오래가지 못했다. 곧 서진(265~316)과 동진(317~420)으로 나뉜다. 동진은 북방 기마민족들에게 중원 북부를 빼앗기고 남쪽으로 쫓겨 내려온 이후를 뜻한다. 북방에는 다섯 민족의 열여섯 나라들이 흥기하는 5호五胡16국시대가 열린다. 흉노·갈羯·선비·강羌·저氐족의 다섯 민족이 5호이고, 이들이 전후로 성한成漢·전조前趙·후조後趙·전량前涼·전연前燕·후연后燕·전진前秦·후진后秦·서진西秦·후량後涼·남량南涼·서량西涼·북량北涼·남연南燕·북연北燕·하夏의 열여섯 나라를 세워 각축했는데, 고구려와 고대 요동을 두고 치열하게 경쟁한 세력은 선비족이었다. 몽골족의 전신인 선비족은 전연·후연·서연·서진·남량·남연과 후에 북중국을 통일하는 북위 등을 세운 동호東胡계열의 기마민족인데, 선비족 동부에는 단씨·모용씨·우문씨宇文氏 등이 있고, 북부에는 탁발씨 등이 있었다. 탁발씨가 북위를 세웠고, 서쪽 청해성 등지로 집단 이주한 모용씨는 토곡혼을 세웠다. 우문씨는 고구려와 대체로 사이가 좋았고 모용씨는 고구려와 여러 차례 충돌했지만 모용씨와 고구려는 서로 언어가 통했다는 중국 《방언方言》의 기록처럼 같은 민족이었다. 그러나 고구려는 고대 요동을 둘러싸고 위나라 및 공손씨와 충돌한 것처럼 모용씨와 충돌할 수밖에 없었다.

고구려 14대 봉상왕(292~300) 2년(293) 모용외慕容廆가 고구려를 침략한 것을 필두로 선비족과 고구려는 여러 차례 충돌했다. 봉상왕 5년(296)에는 모용외가 고구려 고국원故國原에 이르러 서천왕의 무덤을 파다가 갑자기 죽는 자가 생기고 무덤 안에서 음악 소리가 들리자 신이 있는 것으로 여기고 물러간 적도 있었다.

15대 미천왕(재위 300~331)은 서진 및 선비족과 고대 요동을 둘러싼 전역에서 큰 전과를 거둔 중흥군주였다. 미천왕은 재위 3년(302) 3만의 군사를 거느리고 현도군을 공격해서 8,000명을 포로로 잡아 평양으로 옮겼고, 재위 12년(311)에는 장수를 보내 요동 서안평을 공격해 차지했다. 이에 대해 《양서》와 《북사北史》의 〈고구려열전〉에 "고구려왕 을불리乙弗利(미천왕)가 자주 요동 서안평을 공격했는데, 모용외가 통제하지 못했다"라고 쓰여 있어 이때 요동을 차지했던 세력이 모용씨였음을 알 수 있다. 요동 서안평을 차지해 기세를 올린 미천왕은 2년 후(313)에는 또 요동의 낙랑군을 공격해 2,000여 명을 포로로 잡아왔고, 이듬해에는 남쪽 대방군을 공격했다. 남한 강단사학계는 이때 평양에 있던 낙랑군이 멸망했다고 주장한다. 그러나 미천왕이 공격한 지역은 시종일관 고대 요동이었고 낙랑·대방군은 처음부터 고대 요동에 있었지 한반도 내에 있은 적이 없다. 미천왕 20년(319) 모용외와 싸우던 진晉나라 평주平州자사 최비崔毖가 고구려로 도망쳐 왔는데, 평주는 공손도가 요동·창려·현도·대방·낙랑군을 소속시켰던 곳으로 당연히 요동에 있었다. 《삼국사기》 〈미천왕본기〉가 "미천왕이 자주 군사를 보내 요동을 공격했다"고 말하는 것처럼 고구려는 고대 요동 지역을 차지하기 위해 위·진과 공손씨, 모용씨 등과 격전을 치렀던 것이다.

요동 정세의 혼미와 백제와 공세

고구려는 지형상 중원왕조나 북방민족과 부딪칠 수밖에 없었고, 잦은 전쟁은 국력을 약화시켰다. 그 사이 미천왕의 아들인 16대 고국원왕(재위 331~371)이 즉위했다. 고국원왕은 눈물의 국왕이라고 말해도 과언이 아닐 정도로 시련을 많이 겪었다. 진晉나라가 '팔왕八王의 난'이라 불리는 내분과 북방 기마민족들의 공세에 쫓겨 남쪽으로 천도하자 선비족 모용씨가 세력을 확장했는데, 모용외의 셋째아들 모용황이 전연을 세워 고대 요동을 차지하려 했다. 이는 다물을 국시로 갖고 있는 고구려와 충돌할 수밖에 없는 운명이었다. 그런데 부여의 정통성 계승을 주장하는 백제도 여기 가세해 고국원왕은 전연과 백제라는 두 나라를 상대해야 했다.

고국원왕은 재위 4년(334) 평양성을 증축해 백제에 대비하고 이듬해에는 나라 북쪽에 신성新城을 쌓아 전연에 대비했다. 고국원왕은 재위 6년(336) 동진에 사신을 보내 후원을 얻으려 했지만 남쪽으로 쫓겨 간 동진은 요동까지 국력이 닿지 않았다. 재위 9년(339)에는 모용황이 신성을 공격했다가 고국원왕이 화해를 요청하자 퇴각했다. 고국원왕은 이듬해 세자를 전연에 보내 연왕 모용황을 만나게 했지만 양측 모두 요동 소유에 대한 뜻을 꺾지 않는 한 전쟁은 불가피했다. 이때의 요동은 지금의 하북성 난하 유역이다. 모용황은 고국원왕 12년(342) 군사 4만 명을 거느리고 남도南道로 나오고, 장사長史 왕우王寓에게도 1만 5,000명을 주어 북도北道로 가 고구려를 공격하게 했다. 고국원왕은 동생 무武에게 5만의 강군을 주어 북도를 막게 하고, 자신은 약한 군사를 거느리고 남도를 막았다. 그러나 고구려군은 크게 패해 환도로 퇴각했고 고국원왕은 혼자 말을 타고 단웅곡斷熊谷으로 들어가야 했다. 전연의 장군 모여니慕輿埿는 고국원왕의 어머니 주씨周氏와 왕비를 사로잡아 돌아갔다. 연왕 모용황은 미천왕의 무덤을 파서 그 시신을 탈취하고, 국고의 여러 보물을 약탈하고 궁실과 환도성을 불태운 후 남녀 5만 명을 사로잡아 돌아갔다. 고구려 건국 이래 최대의 위기라고 해도 과언이 아니었다.

다급해진 고국원왕은 이듬해 동생을 전연에 보내 신하를 자처하면서 진귀한 물건 1,000여 점을 바쳤다. 미천왕의 시신과 어머니를 돌려보내줄 것을 요청했다. 연왕은 미천왕의 시신은 돌려보냈지만 어머니 주씨는 계속 인질로 붙잡아두었다. 시신을 돌려받은 고국원왕은 도읍을 평양 동쪽 황성〔東黃城:동황성〕으로 옮기고 동진에 다시 사신을 보냈다. 고구려가 동진과 다시 관계를 맺자 모용황은 고국원왕 15년(345) 모용각慕容恪을 고구려로 보내 남소南蘇성을 빼앗아 수비병을 두고 돌아갔다.

이 무렵 갈족羯族이 세운 후조後趙의 개국군주 석륵石勒의 조카 석호石虎가 모용씨를 공격했다. 그런데 전연의 동이호군東夷護軍 송황宋晃 등이 석호에 가담했다가 고구려로 망명했다. 고국원왕은 재위 19년(349) 전연과 충돌을 피하기 위해서 송황을 전연으로 돌려보냈다. 연왕 모용준慕容雋은 송황을 사면하고, 고국원왕 25년 모용준은 어머니 주씨를 고구려로 돌려보냈다.

이로써 한숨 돌린 고국원왕은 재위 39년(369) 2만의 군사를 이끌고 백제를 공격했는데, 이것이 또 다른 비극의 단초였다. 백제 근초고왕은 태자 근구수를 보내 치양雉壤에서 고구려군을 습격해 5,000명을 전사시켰다. 이 무렵 저족氐族이 세운 전진前秦(350~394)이 새롭게 부상해서 승상 왕맹王猛이 전연을 크게 격파하면서 전연이 약화되었다. 연의 태부太傅이자 모용외의 아들인 모용평評이 고구려로 도망오자 고국원왕은 그를 압송해 전진으로 보냈다. 고구려는 전진과는 우호관계를 맺었는데, 전진은 전연과 달리 요동보다는 중원 진출을 꾀했기 때문이었다. 전진은 370년을 전후로 전연, 전량前凉, 대국代國을 멸망시키고 중원 북방을 대체로 통일했다.

이로써 북방 정세는 한숨 돌렸으나 남방 백제가 공격했다. 고국원왕 41년(371) 백제 근초고왕이 3만의 군사를 거느리고 평양성을 공격하자 고국원왕은 이를 막다가 전사하고 말았다. 북방 기마민족과 남방의 백제를 동시에 상대하면서 발전을 도모해야 했던 고구려의 상황은 그만큼 열악했다. 상무정신이 아니면 존속조차 힘든 상황이었다. 그러나 이런 상황에서도 고구려는 단군조선의 강토를 되찾는 다물정신을 잃지 않았다.

낙랑군 교치설 비판

— 일본의 식민사학자 이마니시 류.

'낙랑군＝평양설'이 아무런 사료적 근거가 없다는 사실이 드러나자 남한 강단사학계는 '낙랑군 교치僑置설'을 제기했다. 교치설이란 한 행정기관이 다른 곳으로 이동했다는 것인데, 평양에 있던 낙랑군이 서기 313년 요동으로 이사했다는 주장이다. 교치설은 마치 새로운 학설 같지만 100여 년 전 조선총독부에서 편찬한 《조선반도사》에서 이마니시 류가 처음 주장한 것을 다시 끌어들인 것이다.

> 건흥建興 원년(313) (요동 사람 장통이) 그 땅(낙랑·대방)을 버리고 그 백성 1,000여 가家를 이끌고 모용씨에게 귀속하여 요동으로 이주하였다. 이후 지리적 호칭으로서 낙랑·대방이라는 이름은 조선반도에 남았고, 요동에는 두 군의 교치僑治가 있어 정치적 호칭은 남았으나 조선반도에서 한나라 군현이라는 그림자는 이로써 완전히 사라졌다. 실로 사군四郡을 설치한 지 422년이 흐른 후였다.
>
> 조선반도사편찬위원회, 《조선반도사》

요동 사람 장통張統이 평양에 있던 낙랑·대방 사람 1,000여 가를 거느리고 요동의 모용씨에게 가자 모용씨가 요동에 낙랑·대방군을 설치해주었다는 주장이다. 그 근거는 송나라 사마광司馬光(1019~1086)이 편찬한 《자치통감資治通鑑》의 짤막한 구절이다.

> 요동 사람 장통이 낙랑, 대방 2군을 근거로 고구려 을불리(미천왕)와 서로 공격했는데, 해를 계속해도 해결하지 못했다. 낙랑 사람 왕준王遵이 장통을 설득해서 그 백성 1,000여 가家를 거느리고 모용외에게 귀부하자 모용외가 낙랑군을 설치하고, 장통을 낙랑태수로 삼았다.
>
> 《자치통감》 권 88

고구려 미천왕에게 패한 장통이 1,000여 가를 데리고 모용외에게 투항하자 모용외가 요동에 낙랑군을 설치해주었는데 이것이 낙랑·대방군이 평양에서 요동으로 이동했다는 교치설의 핵심이다. 그러나 먼저 '요동 사람' 장통이 평안·황해도의 낙랑·대방 백성을 거느리고 요동의 모용외에게 갔다는 자체가 신빙성이 없다. '백성 1,000여 가'라면 대략 6,000여 명 정도인데, 여성과 노인, 어린아이를 제외하면 전투력 있는 남성은 1,000여 명을 크게 상회하지 않을 것이다. 고구려에 패한 1,000여 명의 패잔병들이 몇 배 더 많은 민간인을 데리고 고구려 강역 수천 리를 뚫고 고대 요동까지 갔다는 자체가 어불성설이다. 낙랑·대방은 시종 고대 요동에 있었고, 그 일부 세력이 고구려의 공세에 쫓겨 더 서쪽으로 도주한 사건에 불과하다. 낙랑·대방군은 한반도 내에 있었던 적이 없다.

고구려의 흥기

고국원왕의 뒤를 이은 17대 소수림왕(재위 371~384)은 재위 2년(372) 대학大學을 세워 자제들을 교육하고, 이듬해에는 율령을 반포해 국가체제를 정비했다. 소수림왕은 숙적 백제와의 전쟁에서 우위를 점하기 위해 서북쪽 기마민족들과 우호관계를 가질 필요가 있었다. 그래서 재위 2년(372) 전진의 임금 부견符堅(재위 351~394)이 사신과 함께 승려 순도順道와 불상, 경문 등을 보내자 사신을 보내 사례했다. 재위 4년(374)에는 승려 아도阿道가 오자 재위 5년(375) 초문사肖門寺를 창건해 전진에서 온 순도를 두고, 이불란사伊弗蘭寺를 창건해 아도를 주석시켰다. 전진과 우호관계를 수립한 소수림왕은 재위 5년 백제 수곡성水谷城을 공격했고, 재위 6년(376)에는 백제 북쪽 지역을 공격했다. 백제 근구수왕이 이듬해 3만 군사를 거느리고 평양성을 공격하자 소수림왕도 이에 맞서 백제를 공격했다.

이런 와중에 소수림왕이 세상을 떠나고 그 아우 고국양왕(재위 384~391)이 즉위했다. 그는 재위 2년(385) 6월 군사 4만을 데리고 요동을 습격했다. 선비족 모용황이 건립한 전연은 370년 전진에게 멸망당했지만 모용황의 다섯째 아들 모용수慕容垂가 384년 중산中山(현재 하북성 정주定州)에 도읍하고 후연을 건국해서 요동을 넘봤기 때문이었다. 《삼국사기》는 이때 후연왕 모용수가 대방왕帶方王 모용좌慕容左를 시켜서 용성龍城을 지키게 했다고 설명하고 있다. 용성에 대해서 중국학계는 지금의 요녕성 서쪽 조양朝陽시라고 설명하고 있다. 조양은 현 요하 부근인 심양에서 약 400킬로미터, 1,000리가량 서쪽에 있는 고도로서 홍산문화의 우하량牛河梁 등 주요 유적지가 산재한 곳이자 전연·후연·북연 등의 도읍지여서 삼연고도三燕古都라고도 불린다. 고구려와 후연의 격전지가 용성이었다는 이 사실 하나만 놓고 보더라도 고구려가 지금의 요하를 건너지 못했다는 남한 강단사학계의 주장은 설득력이 없다. 이때 고국양왕은 모용좌가 보낸 사마司馬 학경郝景의 후연군을 격퇴하고 요동과 현도를 함락시키고, 남녀 1만 명을 포로로 잡아 돌아왔다.

요동과 현도는 후연으로서도 사활이 걸린 영토였다. 그래서 후연의 요서왕遼西王 모용농慕容農이 군사를 거느리고 다시 공격해 요동·현도를 빼앗았다. 고국양왕은 재위 3년(386) 정월 왕자 담덕談德(광개토대왕)을 태자로 책봉했다. 백제와의 공방전도 계속되었다. 고국양왕이 재위 3년(386) 8월 남쪽으로 백제를 공격하자 백제 진사왕은 재위 5년(389) 고구려 남쪽 지역을 공격했고, 이듬해에도 달솔達率 진가모眞嘉謨를 보내 도압성都押城을 공격했다. 고국양왕은 백제를 고립시키기 위해 재위 9년(391) 사신을 신라에 보내 우호관계를 맺었고 신라의 내물이사금은 조카 실성實聖을 보내서 인질로 삼았다. 서쪽으로 후연을 축출하고 남쪽으로 백제를 공격하던 고국양왕은 재위 8년(391) 사망하고, 그 아들 광개토대왕이 즉위했다.

광개토대왕과 비류백제

《삼국사기》는 광개토대왕이 즉위하자마자 백제를 공격해서 10개의 성을 빼앗는 것으로 시작한다. 그런데 《삼국사기》와 〈광개토대왕비문〉은 그 내용이 조금 다르다.

다음 표를 보면 《삼국사기》는 주로 백제와 후연과의 싸움을 중요하게 기록했지만 〈광개토대왕비문〉은 후연과의 싸움은 생략되어 있고, 비려碑麗(패려稗麗?)와 숙(식)신, 왜 및 동부여 정벌을 중요하게 기록했다. 이는 《삼국사기》 편찬원칙의 일단을 보여준다. 아들 장수왕의 시각에서 후연과 싸움은 그리 중요하지 않았던 반면 비려, 백잔(제), 왜, 동부여 정벌 등은 중요하게 생각되었다. 비려와 왜, 동부여에 관한 사실 등이 《삼국사기》에는 모두 누락되어 있다.

광개토대왕의 정벌지 중에 중요한 것은 비려다. 비려는 거란의 한 종족으로 추정하는데, 비문의 내용은 아래와 같다.

〈광개토대왕비문〉과 《삼국사기》 비교표

연대	〈광개토대왕 비문〉	《삼국사기 》	비고
즉위 해(재위 1년)	391년	392년	391년이 맞음
영락 1년(391)		7월 백제의 10개 성을 빼앗다. 9월 거란을 정벌하다. 10월 백제 관미성을 빼앗다.	
2년(392)		백제 침략 물리치고 평 양에 사찰 창건	
3년(393)		7월 기병으로 백제 침략 물리침 8월 남쪽에 7성을 쌓음	
4년(394)		8월 백제와 패수에서 싸워 이김	
5년(395)	비려 정벌, 염수鹽水에 이르러 600~700영 격파		
6년(396)	왜와 백잔(제) 정벌		
8년(398)	식신息愼 정벌		
9년(399)	평양 순수巡狩, 신라 사신 만남	후연이 신성과 남소성 빼앗음	
10년(400)	5만 군사로 신라 구 원하고 왜 정벌		
11년(401)		후연의 숙군성 공격	
13년(403)		후연 공격	
14년(404)	대방 침략한 왜 정벌	후연이 요동성 공격에 실패	
15년(405)		후연의 목저성 공격 격퇴	
17년(407)	5만 군으로 ?(글자가 마모 되어 알 수 없음) 정벌, 귀환길에 사구성 등 격파		
18년(408)		왕자 거련을 태자로 삼다. 나라 동쪽에 6성을 쌓다. 남쪽 지방을 순회하다.	
20년(410)	동부여 토벌해서 투항시킴	광개토대왕 사망하다.	

영락永樂 5년(395) 을미에 비려가 부단히 침입했으므로 왕은 친히 군사를 거느리고 가서 토벌했다. 부산富山과 부산負山을 지나 염수鹽水가에 이르러 그 3개 부락의 600~700영營을 부수고 획득한 소·말·양 떼들이 셀 수 없을 만큼 많았다. 이에 왕은 행차를 돌려 가평도를 지나 동으로 □성, 역성力城, 북풍北豊, 오비유로 와서 영토를 시찰하고 사냥을 한 다음에 돌아왔다.

북한학계는 비려를 거란의 8부 중에서 필혈부라고 보고 있다. 또한 비려족의 거주지역을 지금의 심양 동남부 일대라고 보고 있지만 이 지역에는 염수가

— 길림성 집안현에 있는 광개토대왕릉비.   — 광개토대왕릉비 부분.

없다. 염수는 소금이 나는 호수나 강을 뜻하는데, 내몽골 적봉赤峯 북쪽에는 여러 염호鹽湖가 있고, 시라무렌강은 염하鹽河라는 이름을 갖고 있으니 비려는 이 지역에 있었을 것이다. 광개토대왕은 즉위한 해에 내몽골까지 진격해서 비려를 정벌하고 돌아왔다.

영락 8년(398)에 광개토대왕은 숙신을 정벌했고, 이후 숙신은 고구려에 조공을 바쳤다. 숙신은 말갈을 뜻하는 것으로 추정하는데, 고구려는 과거 고조선처럼 이웃 여러 나라의 조공을 받는 천자의 제국으로 다시 발돋움하게 된 것이다.

광개토대왕은 영락 20년(410) 동부여를 정벌했는데, 비문은 "동부여는 옛날 추모왕의 속민이었는데, 중간에 배반해서 왕이 친히 군대를 거느리고 가서 토벌했다"고 서술하고 있다. 이때 고구려가 격파한 동부여의 성이 64개이고 촌이 1,400여 개인데, 동부여는 이로써 큰 타격을 입고 국세가 크게 약해졌다가 문자왕 3년(494)에 고구려에 통합되고 말았다.

일본 군부는 의도적으로 비문의 2면 아랫부분과 3면 윗부분의 많은 글자를 지우면서 왜나 임나가라 등 일제에 유리한 글자만 남겨두었기 때문에 비문을 가지고 왜의 실체를 파악하는 것은 쉽지 않다. 살아남은 글자들을 토대로 해석하는 것은 제한적일 수밖에 없다. 고구려는 광개토대왕의 할아버지인 고국원왕을 전사하게 한 백제百濟를 '해치다'는 뜻의 '잔殘'자를 써서 백잔百殘으로 표현했다. 대왕은 영락 6년(396) 직접 군사를 이끌고 백제를 공격해서 50여 개 성을 차지하고 수도를 압박했다. 그런데 비문에는 비류백제의 수도인 미추성彌鄒城이 있어 주목된다. 그래서 김성호 박사가《비류백제와 일본의 국가기원》에서 이때까지 비류백제가 존재하고 있었다면서 광개토대왕과 격전을 벌인 것이 비류백제라고 해석한 것이다. 광개토대왕이 아리수阿利水를 건너서 공세를 취하자 백제 임금이 곤핍함을 느끼고 남녀 1,000여 명과 세포細布 1,000필을 바치면서 지금부터 노객奴客이 되겠다고 맹세하자 은혜로써 용서했다고 비문은 기록하고 있다. 광개토대왕은 58성 700촌을 획득하고 백제 임금의 동생과 대신 10명을 거느리고 수도로 개선했다고 기록하고 있다.《삼국사기》는 이 전쟁 기사가 누락되어 있다. 대신《삼국사기》〈백제 아신왕본기〉는 그 1년 전인 재위 4년(395) 고구려를 공격했다가 광개토대왕에게 크게 패해 8,000여 명의 군사가 전사했다고 쓰고 있고, 같은 해 11월 아신왕이 직접 군사를 이끌고 한수를 건넜다가 큰 눈이 내려 동사자가 많이 나

—— 장수왕릉으로 추정되는 무덤 중 하나인 장군총. ©Prcshaw.

와서 회군했다고 전하고 있다. 이때까지 비류백제가 존재하고 있었다면《삼국사기》는 온조백제만 기록하고 비류백제와 치른 전투는 누락시킨 것이라고 볼 수도 있다.

영락 10년(400) 비문은 광개토대왕이 5만 군사를 보내 신라를 구원했다는 내용이다. 그 전에 신라왕이 사신을 파견해 왜인이 그 나라에 가득 찼다면서 구해달라고 요청하자 군사를 보냈다는 것인데, 이후 글자는 마모가 심해 무슨 내용인지 알 수 없다. 북한에서는 비문에 나와 있는 '임나가라'를 금관가야라고 해석해서 고구려 군사들이 지금의 김해 지역인 금관가야까지 진출했던 것으로 해석하고 있다. 또한 일본이 이를 근거로 임나일본부(미마나任那 미야케官家)를 설치했다는 임나일본부설을 비판하면서 거꾸로 고구려·백제·신라·가야 사람들이 일본 열도에 진출해 소국, 분국들을 설치한 것이라는 분국설을 주장하고 있다. 또한 북한은 비문에 나오는 왜가 나라의 야마토왜에서 보낸 군사가 아니라 규슈에 있던 가야 분국을 뜻하는 왜라고 해석하고 있다. 야마토왜는 그때까지 통일제국을 이루지 못하고 있었기 때문에 외국에 군사를 파견할 수 없다는 것이다.《삼국사기》와 광개토대왕릉비를 검토하면 광개토대왕 때 고구려의 국세는 크게 확장되어 지금의 요하를 건너 내몽골 지역까지 진출했으며 할아버지 고국원왕이 전사한 열세를 딛고 백제와 경쟁에서 승기를 잡았다고 볼 수 있다.

덕흥리 고구려 벽화무덤

1976년 12월 평안남도 대안시에서 고구려 벽화무덤이 발견되었다. 이 벽화무덤은 600여 자의 명문銘文이 있어서 구체적인 정보를 제공하고 있다. 남한의 《민족문화대백과사전》은 이 벽화무덤에 대해 "주인공은 하북성 일대인 유주에서 자사刺史를 지낸 뒤 고구려로 들어와서 408년 이 무덤에 안장된 것을 알 수 있다"라고 설명하고 있다. 유주가 고구려의 강역인지 아닌지 모호하게 썼다. 반면 북한 학계는 고구려가 장악하고 있던 유주 지역 자사의 묘라고 알기 쉽게 설명하고 있다.(《조선전사》3) 이 두 칸 무덤의 주인공은 고구려의 유주자사 진鎭인데, 고구려 신도信都현에서 태어나 건위장군, 국소대형, 좌장군, 용양장군, 요동태수, 사지절 동이교

— 덕흥리 벽화무덤 벽화 중 선인 그림.

위 유주자사 등의 관직을 역임하다가 77세에 사망했다. 명문은 그 시기를 "영락 18년(408)"이라고 고구려의 연호로 설명하고 있다. 그런데 진의 출생지 신도에 대해 북한학계는 《고려사》에 나오는 신도군으로서 지금의 평북 박천 근처라고 보고 있다. 남한학계는 중국 하북성에 있던 안평군安平郡 신도현으로 비정한다. 《한서》〈지리지〉에는 왕망王莽이 기주冀州 소속으로 만들었다는 신도국이 나온다. 기주는 현재 하북성 형수衡水시 부근으로서 유주와 가까워 양측 주장이 다 일리가 있어서 단정할 수는 없다. 무덤 벽화에는 유주자사 진을 향해 인사를 하는 유주 산하 13개 군 태수와 그를 안내하는 아전 2명, 모두 15명의 인물이 그려져 있는데, "이 13개 군은 유주에 속한다. 현은 75개를 통할하며 주 소재시는 광계廣薊이다. 지금 소재지는 연국인데 낙랑에서 2,300리 떨어져 있다. 도위는 1명인데 13개 군을 다 통할한다"라는 글씨가 쓰여 있다. 태수들은 연군·범양·어양·상곡·광령·북평·창려태수를 비롯해 요동·낙랑·현도태수 등인데, 글자가 지워져 알 수 없는 태수는 대방태수로 추정한다. 이 지역은 모두 지금의 북경 부근에서 하북성 일대를 뜻하므로 낙랑·현도·대방 등이 모두 이 지역에 있었음을 다시 확인할 수 있다. 고구려가 이때 이 지역을 차지했음을 말해주는데, 현재도 북경시 북부 순의구에는 고려진高麗鎭과 고려영高麗營이 있어서 고구려가 이 지역을 차지했던 사실을 말해주고 있다.

장수왕이 천도한 평양은?

광개토대왕의 아들 장수왕은 재위 15년(427) 도읍을 평양으로 옮겼다. 이 평양에 대해 북한에서는 평양 동북쪽 6~7킬로미터 지점의 대성산성大城山城 일대로 보고, 남한도 지금의 평양으로 보고 있다. 남한에서는 그 전의 도읍지였던 통구通溝 지역에 비해 평양 지역이 농업생산력이 풍부한데다 통구 지역의 귀족세력을 견제하기 위해서 천도했다고도 해석한다. 그런데 최근 남한 민족사학계 일각에서 장수왕이 천도한 평양이 지금의 평양이 아니라 요녕성 요양遼陽이라는 해석이 새롭게 제기되고 있다. 《원사元史》〈지리지〉 '동녕로東寧路'조에 이런 기록이 있다.

> 동녕로는 본래 고구려 평양성인데, 또한 장안성長安城이라고 불렀다. 한나라가 조선을 멸망시키고 낙랑·현도군을 설치했는데, 이곳이 낙랑 땅이다. 진晉나라 의희義熙(405~419) 이후 그 왕 고련高璉(장수왕)이 평양성에 처음 살기 시작했다. 당나라가 고구려를 정벌하고 평양을 뿌리 뽑자 그 나라는 동쪽으로 옮겨서 압록수鴨綠水 동남쪽 1,000여 리에 있었는데, 이는 옛 평양이 아니다. 왕건 때 이르러 평양을 서경西京으로 삼았다.
>
> 《원사》〈지리지〉 '동녕로'

장수왕이 평양성에 처음 거주했는데, 당나라에게 망한 후 압록수 동남쪽 1,000여 리로 이주한 곳이 지금의 평양이라는 뜻이다. 《요사》〈지리지〉 '동경도東京道 해주海州'조에도 비슷한 구절이 있다. 요나라 해주는 지금 중국학계에서 요녕성 해성海城시로 비정하고 있다. 그 산하의 암연현巖淵縣에 대한 설명에 "동쪽은 신라와 경계를 삼고 있다. 옛 평양성이 현의 서남쪽에 있고, 동북쪽으로는 해주까지 120리다"라고 말하고 있다. 암연현은 요녕성 개주蓋州를 뜻하는데, 이 구절은 옛 평양이 지금의 요녕성 개주시 부근이라는 것뿐만 아니라 신라가 백제·고구려를 멸망시키고 차지한 강역이 지금의 해성시 동쪽까지라는 것이다. 지금의 평양 남쪽까지만 차지한 것이 아니라는 것이다.《요사》'동경도 동경요양부東京遼陽府'조는 지금의 요녕성 요양에 대해서 이렇게 설명하고 있다.

> 원위元魏(북위) 태무제太武帝(재위 408~452)가 사신을 보내 (고구려 왕이) 거주하는 평양성에 이르렀는데, 요나라 동경이 본래 이곳이다. 당 고종이 고구려를 평정하고 이곳에 안동도호부를 설치했는데, 후에 발해 대씨大氏(대조영)의 소유가 되었다.
>
> 《요사》'동경도 동경요양부'

이 기록도 지금의 요양이 장수왕이 천도한 평양일 가능성을 말해주고 있다. 《요사》는 북위에서 고구려에 사신을 보낸 사실을 기록하고 있는데, 김부식은 장수왕이 재위 13년(425)을 필두로 23년·24년·25년·27년 등 거의 매해 북위에 사신을 보냈다고 기록하고 있다. 그 사이사이 남송에도 사신을 보내서 장수왕이 북방의 북위와 남방의 남송과 두루 외교관계를 맺었음을 말해주고 있다. 김부식은 삼국 국왕을 모두 제후로 낮춰 서술해 중국에 조공을 바친 것처럼 서술하고 있지만 고구려와 두 나라는 서로 대등한 관계였다.

그 증거는 북연北燕[9]의 소성제昭成帝(재위 431~436) 풍홍馮弘과의 관계로도 알 수 있다. 장수왕 때 북위와 북연은 북방의 패권을 둘러싸고 격렬하게 싸웠는데, 불리해진 소성제 풍홍이 장수왕 23년(435) 도움을 청해왔다. 이듬해 북위가 북연의 백랑성白狼城을 함락시키자 장수왕은 장수 갈로葛盧와 맹광孟光에게 수만 군사를 주어 화룡和龍에서 소성제 풍홍을 맞이하게 했다. 장수왕 24년(436) 북연 임금 풍홍은 용성龍城의 궁궐을 불태웠는데, 그 불이 열흘이 되도록 꺼지지 않았다고 한다. 갈로와 맹광은 기병을 거느리고 북연왕 일행의 뒤를 따르면서 북위의 공격에 대비했는데, 그 행렬의 앞뒤가 80여 리나 되었

---

9 북연은 고구려 출신 고운高雲(?~409)이 세운 나라인데, 고운은 왕위에 오른 후 천왕天王이라고 칭했다. 그의 조부는 고구려 출신 고화高和인데 고양高陽의 후예였다.

다고 전한다. 북위 태무제가 장수왕 24년(436) 산기상시散騎常侍 봉발封撥을 사신으로 보내 북연 소성제를 보내라고 요구했지만 장수왕은 거절했다. 장수왕은 풍홍을 평곽平郭(지금의 개주), 북풍北豐(지금의 심양) 등지에 거주하게 했는데, 풍홍이 자국에서처럼 행세하자 시중 드는 사람들을 폐하고 태자 왕인王人을 인질로 삼았다. 그러자 풍홍은 남송에 사신을 보내 맞이해달라고 청했는데, 남송의 태조 문황제 유의륭劉義隆(재위 407~453)이 왕백구王白駒를 사신으로 보내 풍홍을 데려가려 했다.《삼국사기》와 남송(유송劉宋)의 정사인《송서宋書》등에 따르면 장수왕은 재위 26년(438) 장수 손수孫漱·고구高仇 등을 보내 고구려를 벗어나려 한 풍홍을 습격해 죽였다. 그러자 남송의 왕백구 등이 7,000여 명으로 고구려를 습격해 고구를 죽이고 손수를 사로잡았다. 장수왕은 남송의 왕백구 등을 체포해 남송으로 압송했는데, 남송은 고구려를 의식해 왕백구 등을 감옥에 넣었다가 얼마 후 석방시켰다. 남송은 자국으로 오려던 풍홍을 죽인 고구려를 꾸짖기는커녕 자국 사신을 감옥에 넣어야 할 정도로 고구려를 의식하지 않을 수 없었다.

북위 태무제가 보낸 사신이 방문한 평양은 어디일까? 장수왕 23년(435) 북위 태무제는 원외산기시랑員外散騎侍郎 이오李敖를 보내 장수왕을 요동군개국공遼東郡開國公 고구려왕을 봉했다. 이듬해에도 북위는 사신을 보내 북연을 정벌하겠다는 사실을 알렸다. 장수왕 54년(466) 북위 문명태후가 고구려 왕녀를 후궁으로 들이라고 요구하자 고구려는 거부했다. 북위에서 가산기상시假散騎常侍 정준程駿을 보내 책망했지만 끝내 보내지 않았다. 이는 모두 고구려 수도가 요양에 있었을 때의 기사다. 고구려가 지금의 평양에 있었다면 북위와 북연의 전쟁에 어떤 영향을 끼칠 수도 없었고, 굳이 고구려에 사신을 보내 이를 알릴 필요도 없었다. 장수왕이 천도한 평양성은 지금의 평양이 아닐 가능성이 있다.

04 백제의 시련과 흥기

고구려의 남하와 개로왕의 전사

고구려 장수왕은 북위와 남송을 견제하는 것으로 서방의 안정을 꾀한 다음 숙적 백제 정벌에 나섰다. 그간 백제는 근초고·근구수왕이라는 두 걸출한 국왕이 등장해 고구려에 대한 열세를 뒤집고 승기를 잡았다. 특히 근초고왕은 재위 26년(371) 태자 근구수와 정예군 3만을 거느리고 평양성을 공격해서 고국원왕을 전사시켰는데, 이 평양성에 대해서 북한에서는 고구려 3경京 중 남경南京이 있었던 황해도 신원의 남평양이라고 보지만(손영종, 《고구려사》, 1990), 단재 신채호는 지금의 평양이라고 보았다(《조선상고사》). 현재 대동강 하류 지역의 황주 토성리에서 다량의 백제계 토기가 출토되는 것은 신채호의 견해가 사실에 더 가까울 수 있음을 말해준다. 그 뒤를 이은 근구수왕은 태자 시절 고국원왕이 직접 이끈 고구려군을 반걸양半乞壤에서 맞서 싸워 크게 이기고 수곡성水谷城 서북까지 추격했다. 장군 막고해莫古解가 "만족할 줄 알면 치욕을 당하지 않는다"는 도가道家의 말을 인용하면서 말리자 추격을 중단하고는 돌을 쌓아 표식을 만들고 그 위에서 좌우를 돌아보며, "오늘 이후 누가 다시 이곳까지 이를 수 있겠는가?"라는 감회를 토로했다. 그곳에는 말발굽같이 생긴 바위가 있는데 지금까지도 사람들이 태자의 말이 남긴 흔적이라고 부른다고 《삼국사기》는 말하고 있다.

근구수왕은 재위 3년(377) 3만 군사를 거느리고 고구려 평양성을 공격했는데, 단재 신채호는 《조선상고사》에서 근구수왕이 이 한 번의 고구려 공격전 외에는 주로 바다를 건너 선비 모용씨의 연나라와 부견符堅의 전진을 정벌해서 지금의 요서·산동·강소·절강 등에 광대한 강역을 차지했다고 설명하고 있다. 이런 내용이 《삼국사기》에는 누락되어 있지만 《양서》·《송서》에 "백제가 요서 진평군晉平郡을 공략해 차지했다"는 기록과 《자치통감》에 "부여는 처음 녹산鹿山에 거주했다가 백제에게 파괴되어 서쪽 연나라 근처로 이주했다"는 기록 등이 이를 말해준다는 것이다. 신채호는 또 《일본서기》에 나오는 "성덕태자의 사적이 거의 근구수의 것을 훔쳐다가 만든 것"이라면서 "일본인이 근구수의 공업功業을 흠모해서 이를 본떠다가 저 성덕태자 전傳 한가운데 넣은 것이 명백하다"라고 주장했다. 현재 일본에서도 성덕태자가 가공인물이라는 주장이 나오고 있다. 신채호는 《삼국사기》에 백제의 대륙경략과 일본 경영에 관한 내용들이 빠진 경위에 대해서 이렇게 설명한다.

— 비조사飛鳥寺에 있는 성덕태자상.
©Chris 73.

신라가 백제를 증오하므로 이를 뺐을 것이요, 또는 후세에 사대주의가 성행하여 무릇 조선이 지나支那(중국)를 친 사실은 겨우 지나사支那史에 이미 보이는 것만을 초록抄錄하고 그 나머지는 다 빼어버린 까닭이니라.

신채호, 《조선상고사》

근구수왕은 재위 10년(384)에 사망하고, 맏아들 침류왕이 즉위했지만 재위 2년 만에 세상을 떠났다. 《삼국사기》는 침류왕 1년(384)

호승胡僧 마라난타摩羅難陀가 진晉에서 오자 궁중에 맞아 공경했다면서 불교가 이때부터 시작했다고 전한다. 이때 처음 불교가 전해졌다기보다는 나라에서 불교를 공인했다는 뜻일 것이다. 침류왕은 재위 2년(385) 2월 한산漢山에 절을 창건하고 10명의 승려에게 도첩을 주었으나 그해 11월 세상을 떠나고, 침류왕의 태자가 어리기 때문에 근구수왕의 둘째아들이자 침류왕의 아우인 16대 진사왕(재위 385~392)이 즉위했다. 진사왕은 재위 3년(387) 관미령關彌嶺에서 말갈과 싸우는데, 이 말갈에 대해 남한 강단사학계는 북한강 유역의 말갈이라고 설명하고 있다. 이때는 고구려 고국양왕 4년인데, 고구려와 백제 사이 북한강을 말갈이 차지하고 있었다는 주장이 억지라는 사실은 설명할 필요도 없다. 진사왕 7년(391)에는 말갈이 백제의 북쪽 변경인 적현성赤峴城을 함락시키는데, 이때는 고구려 광개토대왕 1년이다. 남한 강단사학계는 말갈의 백제 적현성 공격을 '고구려가 영서 지역으로 통하는 교통로를 확보하고 백제의 북방 전선을 교란하기 위해서 말갈을 동원해서 공격했다'고 주장한다. 심지어 "이때 고구려의 영향력을 받은 집단은 북한강 유역의 말갈이고, 남한강 유역의 말갈은 계속 백제의 지배를 받았다(문안식,《백제의 흥망과 전쟁》)"고까지 설명하고 있다.《삼국사기》는 물론 〈광개토대왕비문〉에도 나오지 않는 내용일 뿐 아니라 중국 사료에서도 근거를 찾을 수 없는 주장으로 모두 반도사관에서 나온 억측이다. 진사왕 때 싸운 말갈은 대륙백제를 전제해야 해석할 수 있는 내용이다.

진사왕의 뒤를 이어 백제는 17대 아신왕(재위 392~405), 18대 전지왕(재위 405~420), 19대 구이신왕(재위 420~427), 20대 비유왕(재위 427~455) 등이 잇따라 즉위한다.《삼국사기》는 아신왕이 고구려와 싸우면서 왜국과 우호관계를 다진 시기로 설명하고 있다. 이 무렵은 한반도에서 일본 규슈 지역으로 진출한 세력들 중 백제계의 왜 지배가 강화되는 시기이다.《삼국사기》〈구이신왕본기〉는 재위 1년(420)의 "구이신왕은 전지왕의 맏아들이다. 전지왕이 사망하자 왕위에 올랐다"는 기사와 재위 8년(427) "겨울 12월에 구이신왕이 사망했다"는 기사 두 개밖에는 없다. 이는《삼국유사》'왕력王歷'조에서 구이신왕에 대해 "경신庚申(420)년에 즉위해 7년간 다스렸다"고 말한 것과도 1년의 차이가 난다.

고구려가 공세를 강화하자 백제는 신라를 우군으로 끌어들일 필요가 있었다. 비유왕은 재위 7년(433) 7월 신라에 사신을 보내 화친을 요청했고, 이듬해 2월에도 신라에 사신을 보내 좋은 말 두 필을 보내고 가을 9월 다시 흰 매를 보냈다. 신라의 눌지마립간은 재위 8년(424) 고구려에 사신을 보냈다. 신라는 백제의 우호 요청에 그리 적극적이지는 않았지만 구애 요청을 거부하지도 않았다. 눌지마립간은 재위 18년(434) 10월 황금과 고운 빛이 나는 구슬(명주明珠)을 백제에 보냈다. 눌지마립간 34년(450) 고구려의 변방 장수가 실직悉直의 들에서 사냥하다가 신라의 하슬라何瑟羅 성주 삼직三直에게 습격당해 죽는 사건이 발생했다. 분개한 장수왕이 군사를 일으켜 신라의 서쪽 변경을 공격했는데, 눌지마립간이 겸허한 말로 사과하자 물러났다. 눌지마립간 38년(454) 고구려가 신라의 북쪽 변경을 공격해서 고구려에 대한 신라의 의구심이 커져가는 가운데 눌지마립간 39년(455) 10월 고구려가 백제를 침략하자 신라는 군사를 보내 도와주었다. 백제와 신라가 군사동맹을 맺게 된 것이다. 이때는 백제 개로왕 재위 1년(455)인데, 《삼국사기》 〈신라본기〉에만 기록되어 있을 뿐 〈백제본기〉에는 이런 사실이 기록되어 있지 않다.

개로왕은 재위 15년(469) 가을 8월 장수를 보내 고구려 남쪽 변경을 공격하는 등 오랜만에 고구려에 대한 공세를 취하고는 고구려의 역습을 우려해 10월에는 쌍현성雙峴城을 수축하고 청목령青木嶺에 큰 목책을 설치해서 북한산성의 군사들로 나누어 지키게 했다. 재위 18년(472)에는 북위에 사신을 보내 고구려를 막을 군사를 요청했지만 위나라에서 듣지 않자 관계를 끊었다.

그런데 장수왕은 군사를 보내기 전에 승려 도림道琳을 먼저 첩자로 보냈다. 바둑을 좋아한 개로왕은 도림이 국수國手임을 알고 늦게 만난 것을 한탄할 정도였다. 개로왕의 신임을 얻은 도림은 백제는 천혜의 요새에 자리잡고 있어서 다른 나라들이 엿보지 못하는데도 선왕의 유해는 들판에 가매장되어 있고, 성곽은 수축되지 않았고, 궁실도 수리되지 않았다면서 대대적인 토목사업을 일으킬 것을 권유했다. 개로왕은 이 말을 듣고 백성들을 대대적으로 동원해 큰 돌로 관을 만들어 비유왕의 유골을 장사 지내고, 궁실을 새로 짓고, 성을 새로 쌓고, 사성蛇城 동쪽부터 숭산崇山까지 강을 따라 긴 둑을 쌓았다. 이 때문에 백성들은 곤궁해지고 나라 창고가 비자 도림은 고구려로 도주해 장수왕에게 이 사실을 보고했다.

개로왕 20년(474) 가을 9월 장수왕은 드디어 3만 군사를 일으켜 백제의 왕도 한성을 포위했는데, 개로왕은 성문을 닫고 농성할 뿐 나와서 싸우지도 못했다. 순사殉死를 각오한 개로왕은 아들 문주를 불러 "나는 당연히 나라를 위해서 죽지만 너는 난리를 피했다가 나라의 왕통을 이으라"고 명령했다. 문주는 목협만치木劦滿致와 조미걸취祖彌桀取를 데리고 남쪽으로 도주했다. 한성 북성이 고구려 공격 7일 만에 함락당하고 남성이 공격을 받자 개로왕은 기병 수십 기만 거느리고 탈출했다. 그러나 고구려 대로對盧 제우齊于와 장수 재증걸루再曾桀婁, 고이만년古尒萬年 등에게 체포되었다. 재증걸루와 고이만년 등은 개로왕을 향해 절을 한 다음 얼굴에 침을 뱉고 죄목을 따진 후 아차성阿且城 아래로 묶어 보내 죽이게 했다. 이 둘은 원래 백제인이었으나 죄를 짓고 고구려로 도망친 인물들이었다. 개로왕이 전사함으로써 백제는 개국 이래 최대의 위기에 빠지게 되었다.

구이신왕과 일본의 소아씨

《삼국사기》의 '백제구이신왕'조는 왕위에 오른 기사와 사망한 기사 두 개밖에는 없다. 그런데 《일본서기》〈응신〉 '25년'조에 한자도 같은 구이신왕久爾辛王이 기록되어 있다.

백제 직지왕直支王이 세상을 떠나고 그 아들 구이신久爾辛이 왕으로 섰다. 왕이 어려서 목만치木滿致가 국정을 장악했는데, 왕의 어머니와 간음하면서 무례한 일을 많이 행했다. 천황이 듣고 불렀다.(《백제기》에서 말하기를 "목만치라는 자는 목라근자木羅斤資가 신라를 정벌할 때 그 나라 부인을 취해서 낳았는데, 그 부친이 공이 있어서 임나의 일을 도맡아 했고, 우리나라(백제)에도 왔다가 귀국貴國(야마토)에도 오갔다… 그러나 천조天朝(야마토)에서 그 포악한 소식을 들고 불렀다.")

《일본서기》'응신 25년'

《일본서기》〈응신〉25년은 서기 294년으로서 《삼국사기》에서 구이신왕이 즉위했다는 420년과는 126년의 차이가 나는데, 2주갑 120년을 끌어올려도 6년의 차이가 난다. 《삼국사기》는 전지왕腆支王에 대해 "직지直支라고도 한다"라고 말하고 있어서 《일본서기》에서 말하는 직지왕은 전지왕이라고 볼 수도 있다. 《일본서기》 편찬자가 백제에서 있었던 일을 126년 끌어올려 《일본서기》에 수록한 것으로 추측된다. 《삼국사기》는 전지왕의 왕비가 "팔수부인八須夫人으로서 구이신을 낳았다"고 말하고 있으니 《일본서기》 기사를 사실로 본다면 목만치와 상간한 백제 왕비는 팔수부인이라고 볼 수 있다. 그러나 《일본서기》는 연대부터 일부러 조작한 책이기 때문에 단정할 수는 없다. 칠지도에서 알 수 있는 것처럼 백제의 담로(후국)였던 야마토왜를 백제의 상국으로 뒤집어 서술한 책이기 때문에 더욱 그렇다. 일본에서는 목만치에 대해서 5세기 후반 경부터 일 왕가를 좌지우지했던 백제계 호족 소아蘇我씨의 선조라고 해석하고 있다. 목만치가 소아만지蘇我滿智라는 것이다. 백제 개로왕이 장수왕에게 죽임을 당하면서 아들 문주에게 대통을 전했고 문주왕은 목협만치木劦滿致와 조미걸취祖彌桀取를 데리고 남쪽으로 떠났는데, 이 목협만치가 《일본서기》의 목만치라는 해석이다.

그러나 《수서》〈백제전〉이 목협을 하나의 성씨, 즉 복성으로 보지 않고 백제의 8대 대성大姓 중의 목씨와 협씨劦氏로 각각 나누어 보는 것처럼 이 또한 정확하지 않다. 《일본서기》는 해석의 기준이 없어서 "100명이 연구하면 100개의 학설이 나온다"는 말이 있을 정도이기 때문에 다른 사료로 뒷받침되지 않는 한 정확한 내용은 알 수 없다.

해양백제와 후국 왜

일본 메이지 7년(1874) 덴리天理시 이소노카미신궁石上神宮의 대궁사大宮司로 있던 간 마사토모菅政友는 신궁에 보관되어 있던 칼의 녹을 닦아내다가 금으로 상감된 명문 중에 칠지도七支刀라는 글을 발견했다. 《일본서기》〈신공神功〉'52년'조에 "백제에서 칠지도 하나와 칠자경七子鏡 하나를 바쳤다"고 기록되어 있다. 신공 52년은 서기 252년인데 120년을 더해 372년으로 계산하기도 하지만 정확하지 않다. 앞면에는, "태■ 4년 ■월 16일 병오일 정오에 무쇠를 백번 두드려 칠지도를 만들었다. 백병을 피할 수 있으니 마땅히 후왕에게

공급할 것이다〔泰■四年■月十六日 丙午正陽 造百錬■七支刀■辟百兵 宜供供侯王■■
■■作〕"라고 쓰여 있고, 뒷면에는 "선세 이래 이런 칼이 없었는데 태어나서부
터 성스러웠던 백제 ■이 왜왕 지늠를 위해 만들었으니 세세로 후세에 전하라
〔先世以未有此刀百済■世■奇生聖故為倭王旨造傳示後世 先世以未有此刀百済■世■奇生
聖故為倭王旨造傳示後世〕"라고 되어 있다. 고대 일본으로 건너간 한인들을 부르
던 귀화인이라는 용어를 도래인渡來人이라는 중립적 용어로 바꾼 교토대학의
우에다 마사아키上田正昭(1927~2016) 교수는 1975년 "칠지도는 백제왕이 후
왕인 왜왕에게 하사한 칼이다. 이 칼에 새겨진 명문은 윗사람이 아랫사람에게
내린 하행문下行文 형식의 글이다"《고대사의 초점古代史の焦點》)라고 말했다. 황
제국인 백제 임금이 제후국인 왜왕에게 하사한 칼이라는 뜻이다.

　일본의 일부 학자들은 '泰■'를 동진東晉의 연호였던 '태화泰和 4년(369)'으
로 읽어야 한다고 주장한다. 이 연호를 사용했던 동진의 사마혁司馬奕은 태화
6년(371) 쫓겨나 폐제廢帝라고 불리는 인물인데, 백제에서 이런 연호를 사용
했을 까닭이 없다. 게다가 중국에서 태화라는 연호는 위(227~233), 후조後趙
(328~330), 성한成漢(344~346), 북위(477~499)에서도 사용했는데, 이 중 동진
이라고 특정하는 것도 억지에 불과하다. 게다가 동진 연호는 泰和(태화)가 아
니라 太和(태화)였다. 굳이 太자 대신 새기기 어려운 泰자를 쓸 이유가 없다. 북

—— 칠지도가 보관되
어 있는 이소노카미
신궁. 야마토大和 지
역의 오래된 신사로
써 야마토 조정에서
군사와 형벌을 담당
한 호족인 모노노베
物部씨의 조상을 모
시고 있는 신사이다.
ⓒ Zeter114514.

한 김석형의 주장대로 백제의 독자적 연호 '태화'라고 읽어야 할 것이다. 고구려 광개토대왕이 영락이란 연호를 사용했으니 고구려와 정통성을 다투었던 백제도 독자적 연호를 사용했을 것이다. 칠지도에서 "마땅히 후왕에게 공급"이라고 한 것처럼 후왕을 거느린 백제가 사용한 연호일 것이다. 《일본서기》는 제후인 일왕을 황제(천황)로, 황제인 백제 임금을 제후로 바꾸어 서술했지만 이를 거꾸로 해석하면 명실이 상부할 것이다.

— 칠지도 전면.

《일본서기》〈웅략〉 '21년'조에 이런 기사가 있다.

천황은 백제가 고구려에 파괴당했다는 말을 듣고 구마나리久麻那利를 문주왕汶洲王에게 내려주어 그 나라를 다시 일어나게 했다. 그때 사람들이 "백제국은 그 족속이 이미 망해서 창하倉下에 모여서 걱정했지만 실제로는 천황의 힘을 입어 나라를 다시 만들었다"라고 말했다.

《일본서기》〈웅략〉 '21년'

《일본서기》웅략 21년은 서기 477년인데, 웅략 때부터는 주갑제를 적용하지 않아도 연도가 맞는 것으로 해석한다. 한자는 다르지만 이 문주왕이《삼국사기》의 문주왕文周王인데, 그 부친 개로왕이 475년에 고구려에게 살해되고, 남쪽 웅진으로 천도했다. 웅진은 일어로 '구마누라' '구마누루'라고도 읽으니 구마나리久麻那利는 웅진이란 뜻이다. 웅략이 웅진을 백제에 주었다는 것은 허구지만 웅진으로 천도한 백제 문주왕이 야마토왜로부터 상국을 살리기 위한 각종 물자를 상납받았을 수는 있다.《일본서기》〈웅략〉 '23년(479)'조를 보자.

— 칠지도 부분.

백제 문근왕文斤王이 세상을 떠났다. 천황은 곤지왕昆支王의 다섯 아들 중 둘째 말다왕末多王이 어려서 총명하므로 칙유하여 안으로 불러서 친히 머리를 쓰다듬으며 은근하게 경계하는 칙유를 내려서 그 나라의 왕이 되게 했다. 병기를 내려주고 축자국筑紫國의 군사 500명으로 호위해서 나라(백제)로 보냈는데, 이가 동성왕東城王이다. 이해에 백제에서 조세와 부역을 바치는 것이 상례보다 더했다.

《일본서기》〈웅략〉 '23년'

《일본서기》의 문근왕은 백제의 삼근왕三斤王으로 해석하는데, 실제로 재위 3년 만인 479년에 사망했다. 또한 그 뒤를 문주왕의 아우 곤지의 아들인 동성왕이 이은 것도 《삼국사기》와 맞다. 다만 《삼국사기》에는 호위병 500명 운운하는 기록은 없는데 만약 사실이라면 동성왕이 왜에서 호위병 500명을 선발해 데려온 것이다. 그런데 《일본서기》〈무열武烈〉 '4년(502)'조는 "이해에 백제 말다왕이 무도하여 백성들에게 포악해서 나라 사람들이 제거하고 도왕嶋王을 세웠으니 이가 무령왕이다"라고 말하고 있다. 《삼국사기》는 동성왕이 재위 23년(501) 11월에 사냥을 나갔다가 백가苩加에게 살해당했다고 전하고 있다.

《삼국사기》는 무령왕의 이름이 사마斯摩이며 동성왕의 둘째아들이라고 말하고 있지만 《일본서기》는 지금은 전하지 않는 《백제신찬百濟新撰》을 인용해서 말다왕(동성왕)의 배다른 형이라고 말하고 있다. 삼근왕이 열다섯 어린 나이로 죽어서 문주왕의 아우 곤지의 아들 동성왕이 즉위한 것은 자연스럽지만 23년이나 재위한 동성왕의 아들이 아닌 배다른 형이 즉위했다는 것은 부자연스럽다. 《일본서기》는 제후였던 왜를 황제로, 황제였던 백제를 제후로 바꾸어 서술했지만 신라와의 관계는 시종 적대적인데 백제와의 관계는 시종 우호적이다.

《일본서기》가 백제 사정과 그 왕통에 대단히 관심이 많은 것은 상국이기 때문이다. 백제가 《일본서기》의 표현대로 왜의 제후국이라면 제후국의 왕통 변화에 대해서 그렇게 자세하게 서술하지 않았을 것이며, 백제에서 온 인물들에 대해서도 자세하게 서술하지 않았을 것이다. 《일본서기》 〈무열〉 '3년(501)' 조는 "백제의 의다랑意多郎이 죽어서 고전高田 언덕 위에 장사지냈다"고 설명하고 있다. 의다랑이 누구인지는 알 수 없지만 백제 임금도 아닌 백제 출신 인물의 사망 기사를 《일본서기》에 남겼다는 자체가 야마토왜에게 백제가 어떤 존재인지를 시사해준다고 할 수 있다.

최재석 교수는 백제에서 왕족들과 장군들, 기술관료들을 파견해서 야마토왜를 경영했다고 보았다. 《일본서기》 〈계체繼體〉 '7년(513)' 조는 "백제가… 오경박사五經博士 단양이段楊爾를 파견했다"고 적고 있다. 오경박사를 보내 야마토왜의 왕족, 귀족들에게 오경을 가르치게 한 것이다. 《일본서기》 〈계체〉 '10년(516)' 조에는 "따로 오경박사 한고안무漢高安茂를 바쳐 단양이를 대신하게 해 달라고 청하니 청대로 대신하게 했다"라고 말하고 있다. 제후국인 백제 왕실에서 상국의 왕족 및 귀족들을 가르치기 위해 오경박사 단양이를 보냈다가 3년 후 한고안무로 대체해서 가르치게 해달라고 요청했다는 것이니 앞뒤가 맞지 않는다. 상국인 백제 왕실에서 야마토왜 지배층들에게 오경을 가르치기 위해서 단양이를 보냈다가 3년 후 한고안무로 교체했다는 사실을 말해준다. 단양이를 보낼 때 백제는 장군 조미문귀姐彌文貴와 주리즉이洲利卽爾를 함

께 보내 왜의 군사를 지휘했다.《일본서기》〈흠명欽明〉'14년(553)'조는 백제에서 보낸 전문가들에 대해 이렇게 기록하고 있다.

흠명천황이 (백제에게)… "의박사醫博士·역박사易博士(역학박사)·력박사曆博士(력법박사) 등은 순서에 의해 교체하라. 지금 앞의 색인色人(기술자 및 학자)들은 교대할 때가 되었으니 돌아가는 사신 편에 딸려서 교대하게 하라. 또 복서卜書(점술서)·력본曆本(책력)과 각종의 약물을 송부하라"라고 조칙을 내렸다.

《일본서기》〈흠명〉'14년'

왜에는 의박사·역박사·력박사 같은 전문적 기술관료가 없기 때문에 상국 백제에서 박사들을 보내주었는데, 각자 근무 연한이 있었다는 뜻이다. 야마토 왜에는 복서·력본 같은 전문 서적이 없었고, 각종의 약물들도 없었다. 왜는 상국 백제의 지원에 의해서 전문인력과 전문서적, 물품들을 입수할 수 있었다. 야마토왜는 백제가 지배하는 담로(후국)였다. 야마토왜가 백제의 제후국이라는 사실은《일본서기》에서도 알 수 있다.《일본서기》〈서명舒明〉'11년(639)'조에는 큰 궁전은 백제궁, 그 근처를 흐르는 강은 백제천이라고 불렸고, 왜왕의 빈소를 백제대빈百濟大殯이라고 불렀다고 말하고 있다. 또한 1971년 발견된 무령왕릉지석은 황제의 죽음을 뜻하는 붕崩으로 썼다. 또한 그 관을 짠 목재는 한반도에서는 나지 않는 일본산 적송이다. 황제의 죽음에 제후국에서 관재官材를 공납한 것이다. 야마토왜는 백제의 제후국이었다. 메이지시대 일본인들은 이를 거꾸로 뒤집어 왜를 백제의 상국으로 만드는 역사왜곡을 단행했는데, 남한 강단사학은 아직도 이런 역사왜곡의 틀에서 벗어나지 못하고 있다.

왜 5왕은 누구인가?

《일본서기》에는 수수께끼가 많다. 이른바
왜5왕도 그중 하나이다. 중국의 《송서宋書》
에는 남조 송(420~479)에 조공했다는 왜의
다섯 임금 찬讚·진珍·제濟·흥興·무武가 나
온다. 413년부터 502년까지 사신을 보낸 연
대도 확실하기 때문에 이 왕들이 《일본서
기》에 나온다면 그 신빙성을 입증하는 증
거가 될 수 있다. 그러나 왜 5왕의 이름은
《일본서기》에 나오지 않는다. 그래서 《송
서》에 나오는 왜5왕이 《일본서기》의 누구

—— 《송서》 명나라 때의 판본. 487년 남제南齊 무제의
칙명에 따라 심약沈約이 488년에 편찬을 완성했다.

인가를 둘러싸고 수많은 주장이 백출하고 있다. 그런데 720년에 편찬된 《일본서기》와 712년에 편
찬된 《고사기》가 말하는 왜왕들의 생몰연대가 서로 다르다. 《일본서기》는 17대 이중履中이 405년
에 사망했다는데, 《고사기》는 432년에 사망했다고 달리 말하고 있고, 18대 반정反正도 《일본서기》
는 410년에 사망했다는데, 《고사기》는 437년이라고 달리 말하고 있다. 그러니 《일본서기》의 연대

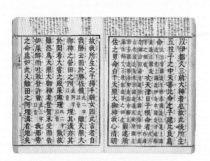

—— 《고사기》. 일본에서 가장 오래된 문헌으로 알
려져 있으며 천무 천황이 편찬을 기획하여 712년
정월에 완성했다.

를 가지고 《송서》에 조응할 경우 《고사기》와 맞
지 않게 되며 역으로 《고사기》를 기준으로 하면
《일본서기》에 맞지 않는다.

《송서》의 왜5왕에 조응할 수 있는 《일본서기》
의 왜왕은 '응신應神·인덕仁德·이중履中·반정
反正·윤공允恭·웅략雄略·계체繼體'의 7명쯤 된
다. 그중 왜 5왕을 '찬讚=이중履中', '진珍=반
정反正', '제濟=윤공允恭', '흥興=안강安康', '무
武=웅략雄略'으로 비정한 학자들이 많다. 그러
나 이 역시 객관적인 기준이 없기 때문에 추측

에 의한 상대적 주장에 불과하다. '제, 흥, 무'에 대해서는 비교적 많은 학자들이 동의하지만 '찬,
진'은 그렇지 않아서 찬을 응신이나 인덕으로 보기도 하고, 진을 반정이나 인덕으로 보기도 한다.
그럼 《일본서기》 편찬자들은 중국 사서를 보지 못했을까? 그렇지는 않다. 《일본서기》에는 중국
사서를 그대로 베낀 구절이 있기 때문이다. 《일본서기》〈웅략〉 '9년'조에는 대장군 기소궁숙녜紀
小弓宿禰의 군공을 칭송하는 구절이 있다.

대장군 기소궁숙녜는 용처럼 날래고 범과 같은 눈으로 두루 사방을 보았다. 반란을 일으키는

무리들을 갑자기 공격해 토벌하고 사해를 평정했다(龍驤虎視, 旁眺八維, 掩討逆節, 折衝四海).

《일본서기》 '웅략 9년'

이는 진수가 편찬한 《삼국지》〈위서〉 '조조본기'에서 후한 헌제 건안建安 18년(213) 조조에게 위공魏公으로 봉한 책문을 그대로 베낀 것이다.

그대는 용처럼 날래고 범과 같은 눈으로 두루 사방을 보았다. 반란을 일으키는 무리들을 갑자기 공격해 토벌하고 사해를 평정했다(龍驤虎視, 旁眺八維, 掩討逆節, 折衝四海).

《삼국지》〈위서〉 '건안 18년'

이는 《일본서기》 편찬자들이 중국 사료를 참조했음을 말해준다. 그러나 중국의 《송서》에 나오는 '찬·진·제·흥·무'가 《일본서기》의 누구인지는 써놓지 않았다. 그래서 《일본서기》 연구는 편찬자들이 일부러 왜곡하거나 감춘 것들을 찾는 작업인지도 모른다. 상국 백제와 제후국 야마토왜의 자리를 뒤바꾸는 과정에서 무엇을 왜곡하고, 무엇을 감추고, 무엇을 드러냈는지를 찾는 작업이 《일본서기》의 참다운 연구과정이라고 할 수 있다.

대륙백제의 요서 지역 장악

475년 전사한 개로왕의 아들 문주왕(재위 475~477)은 그해 겨울 10월 웅진으로 도읍을 옮겼다. 이때부터 성왕 18년(538) 사비로 천도할 때까지 63년간 웅진 시대가 전개되었다. 그러나 혼란은 계속되었다. 문주는 재위 2년(476) 8월 해구解仇를 병관좌평으로 임명하고 이듬해 궁실을 수리했다. 문주왕은 재위 3년(477) 4월 아우 곤지를 내신좌평으로 삼고, 맏아들 삼근을 태자로 책봉했다. 그러나 곤지는 석 달 후 사망했는데, 《삼국사기》는 그 다음달 "병관좌평 해구가 마음대로 행세하면서 법을 문란케 해서 임금을 없는 것으로 여기는 마음이 있었는데 왕이 통제하지 못했다"라고 설명하고 있다. 재위 3년 9월 문주왕은 사냥하러 갔다가 밖에서 숙박했는데, 《삼국사기》는 해구가 도적을 시켜 살해했다고 말하고 있다.

문주왕의 뒤를 이어 맏아들 삼근왕(재위 477~479)이 열세 살 어린 나이로 즉위했다. 삼근왕은 군국의 정사 일체를 좌평 해구에게 맡겼는데, 곧 둘 사이에 갈등이 발생했고, 해구는 삼근왕 2년(478) 은솔 연신燕信과 함께 대두성을 거점으로 반란을 일으켰다. 왕은 좌평 진남眞南에게 군사 2,000명을 주어 토벌하게 했으나 이기지 못하자 다시 덕솔 진로眞老에게 정예군사 500명을 주어 해구를 죽였다. 연신이 고구려로 도망가자 그의 처자들을 웅진 시장에서 목을 벴다. 그러나 삼근왕은 재위 3년(479) 11월 세상을 떠났다. 《삼국사기》는 "왕이 세상을 떠났다"라고만 써서 열다섯 살의 어린 임금이 왜 죽었는지 서술하지 않았다. 《삼국사기》는 《일본서기》처럼 사실을 왜곡하지는 않았지만 백제사의 경우 많은 부분을 생략해 이해하기 어렵게 만들었다.

삼근왕의 뒤를 이어 24대 동성왕(재위 479~501)이 즉위했는데, 그가 개로왕 전사 이후 백제의 중흥군주라고 볼 수 있다. 《삼국사기》는 "동성왕의 이름은 모대牟大인데(혹은 마모摩牟라고도 한다), 문주왕의 아우 곤지의 아들이다"라고 설명하고 있다. 동성왕은 재위 15년(493) 신라에 사신을 보내 혼인을 요청했고, 신라 소지마립간은 이찬 비지比智의 딸을 시집보냈다. 이듬해(494)에는 신라가 살수벌판에서 고구려와 싸워 이기지 못하고 견아성犬牙城으로 퇴각해 고구려군에게 포위되자 동성왕이 3,000명의 군사를 보내 포위를 풀게 했다. 그 이듬해(495)에는 고구려가 치양성雉壤城을 포위하자 동성왕이 신라에 도움을 청했는데 소지마립간이 장군 덕지德智를 보내 구원하자 고구려가 물러가는 등 백제, 신라 두 나라는 혼인동맹과 군사동맹으로 맺어졌다.

그런데 《삼국사기》 〈동성왕본기〉 '10년(488)' 조에는, "위나라에서 군사를 보내 침공했는데, 우리에게 패했다"라는 기사가 있다. 백제와 싸운 위는 선비족 탁발씨가 세운 북위이다. 도무제道武帝 탁발규拓跋珪가 386년 성락盛樂에서 건국해서 398년 지금의 산서성 대동大同시 평성平城으로 천도했다. 태무제太武帝는 439년 화북華北을 통일하고 남방의 제濟(남제)와 대치하던 중 494년 효문제孝文帝가 낙양으로 천도했다. 효문제는 선비족의 정체성을 버리고 한족의 문화를 대폭 수용하는 '한화정책漢化政策'을 시행하는데, 자신의 탁발씨부터

—— 중국 산서성 대동 운강석굴에 있는 도무제상. ⓒFelix Andrews.

원씨元氏로 바꾸고, 선비족 8대 귀족들도 모두 한식漢式 성씨로 바꾸게 했다. 궁성에서도 선비어 사용을 금하고 한어漢語만 사용하게 했다. 소수의 선비족이 다수의 한족을 다스리기 위한 고육책이었지만 결국 선비족은 한족과 뒤섞여 나중 수·당을 세우는 주체는 되지만 역사에서 자취를 잃게 된다. 위(북위)는 중원을 차지한 후 양자강 북쪽 회수를 경계로 남쪽의 남제南齊와 경쟁하던 강국이었는데, 지금의 하북성·섬서성·산동성·하남성 등지가 위의 강역이었다.

그런데《삼국사기》의 위 기사는 백제 동성왕이 재위 10년(488) 선비족의 위와 싸웠다는 기사이다. 이 사실은《자치통감》에도 "영명 6년(488) 위병魏兵이 백제를 침략했으나 백제에게 패했다"라고 나온다. 이병도는 이에 대해 "해로로 군사를 보내 내공하다가 패한 것이라고 해석된다"라고 썼다. 위나라 군사들이 바다를 건너와 충청도에서 싸웠다는 것이다. 그러나 반도사관의 이런 해석은 백제가 위나라 기병 수십만과 싸웠다는《남제서南齊書》에 의해 곧 부정된다. 기마민족인 위나라가 기병 수십만을 배에 싣고 충청도까지 와서 싸울 수는 없기 때문에 백제가 위나라 기병 수십만과 싸운 장소는 대륙임이 분명하다. 중국 사서에 대륙백제가 있던 곳이 요서라고 나오기 때문에 대륙백제설을 다른 말로 '백제의 요서경략설'이라고도 한다. 중국 남북조시대의 남조 송(유송劉宋 420~478)에 대한 정사인《송서》〈백제전〉에 나온다.

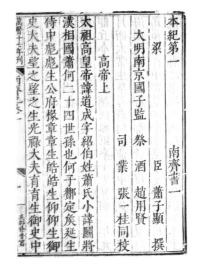

> 백제는 본래 고구려와 함께 요동의 동쪽 1,000리에 있었
> 다. 그 후 고구려가 요동을 점거하자 백제는 요서를 공략해
> 점령하였다. 백제가 다스리는 곳을 진평군 진평현이라 한다.
> 《송서》〈백제전〉

— 《남제서》. 중국 양梁나라 때 소자현蕭子顯이 남제의 역사를 적은 책이다.

송나라는 479년에 남제에게 멸망하는데, 남제의 무제가 487년 심약沈約에게 편찬하게 한 사서가《송서》로서 중국 25사 중의 하나로 꼽히는 정사이다. 게다가《송서》는 남제 때 처음 편찬한 것이 아니라 462년 송나라 효무제의 칙명으로 서원徐爰 등이 이미 편찬했던 것을 보충해 완성한 역사서이다. 당나라 두우가 편찬한《통전》〈백제전〉에는 "백제가 요서·진평 두 군에 거처했다"면서 요서군과 진평군이 오늘의 유성柳城, 북평(북경) 사이라고 위치까지 표시해 놓았다.

《양서》〈백제전〉에도, "백제는 원래 고구려와 함께 요동 동쪽에 있었는데, 진晉나라 때 고구려는 이미 요동을 공략하여 소유하였고, 백제는 요서·진평 두 군의 땅을 점거하고 백제군百濟郡을 설치하였다"라고 말하고 있다. 백제의 요서경략설은《삼국사기》〈최치원열전〉에도 일부 내용이 실려 있다. 최치원은 당나라의 태사시중에게 쓴 편지에서 이렇게 기록하고 있다.

> 동해 밖에 삼국이 있었으니, 그 이름은 마한·변한·진한인데, 마한은 고구려
> 요, 변한은 백제, 진한은 신라입니다. 고(구)려와 백제는 전성기에 강병이 100만
> 명이어서 남으로는 오·월을 침공하고, 북으로는 유幽·연燕·제濟·노魯 등 지역을
> 흔들어서 중국의 큰 두통거리가 되었으며, 수나라 황제가 세력을 잃은 것은 저

요동 정벌로 말미암은 것입니다.

《삼국사기》〈최치원열전〉

고구려와 백제가 중국의 오·월 지역과 유·연·제·노 지역을 흔들었다는 내용이다. 오·월은 지금의 양자강 부근이고, 유·연은 북경 부근이며, 제·노는 산동성 일대이다. 고구려와 백제가 지금의 북경 및 산동성과 남부 지역을 흔들었다는 것이다.

백제가 요서를 장악했던 시기에 대해 중국의 《양서》는 백제가 "요서와 진평 두 군의 땅을 점거하고 백제군百濟郡을 설치"했다가 "고구려에게 격파되어 쇠약해진 지 여러 해 되더니 남한南韓으로 도읍을 옮겼다"라고 쓰고 있다. 대륙에 있던 백제가 남한으로 도읍을 옮긴 것처럼 쓰고 있다. 이 기사의 남한을 요동반도의 남쪽으로 볼 것인지, 한반도 남쪽으로 볼 것인지에 따라서 해석이 달라질 것이지만 대륙에도 백제가 있었던 것은 분명하다.

백제 임금은 수하에 여러 왕을 두었던 황제였다. 《남제서》〈백제전〉에는 동성왕이 위나라 군사를 물리치는 데 공을 세운 백제 장수들에게 관직을 수여하고 이를 남제에 통보한 국서가 나온다. 백제 동성왕이 남제의 세조世祖 소색蕭賾에게 수하 장수들에게 여러 관직을 내려주었다고 통보하는 국서이다. 그중 한 구절은 "삭녕장군寧朔將軍 면중왕面中王 저근姐瑾은 대대로 시무를 잘 도왔고, 무공도 뛰어났으므로 지금 가행관군장군·도장군假行冠軍將軍·都將軍 도한왕都漢王으로 삼았다"는 것이다. 면중왕에서 도한왕으로 승진시켰다는 것으로 백제 황제 수하에 서열에 따른 여러 왕이 있었다는 뜻이다. 이외에도 팔중후八中侯 여고餘古를 아착왕阿錯王, 건위장군建威將軍 여력餘歷을 매로왕邁盧王, 광무장군廣武將軍 여고餘固를 불사후弗斯侯로 승진시켰다고 《남제서》는 말하고 있다.

《송서》는 백제 개로왕 여경餘慶이 송나라에 "행관군장군行冠軍將軍 우현왕右賢王 여기餘紀를 관군장군冠軍將軍으로 삼고, 행정로장군行征虜將軍 좌현왕左賢王 여곤餘昆과 행정로장군行征虜將軍 여훈餘暈을 모두 정로장군征虜將軍으로 삼아달라"고 요청했다는 기사가 나온다. 요청했다는 것은 중화사관의 윤색이고 사실은 통보한 것이다. 흉노는 황제인 대칸(大汗)이 중앙을 다스리고, 우현왕과 좌현왕이 좌우 강역을 다스렸는데, 대륙과 반도와 해양에 걸친 대제국 백제도 넓은 강역을 효과적으로 다스리기 위해서 백제 임금 아래 우현왕과 좌현왕을 두었음을 알 수 있다. 이 사실은 중국에도 알려져 있어서 《양서》〈백제열전〉에

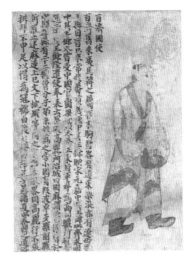

— 양나라의 원제元帝 소역蕭繹이 그린 양직공도梁職貢圖에 등장하는 백제 사신.

백제에 22개 담로가 있었는데, "모두 임금의 자제, 종족들이 나누어 다스린다"고 기록되어 있는 것이다. 위의 기사에서 왕이나 후로 봉함받은 인물들이 모두 백제의 왕성인 여餘씨인 것은 이 때문이다. 또한 《구당서舊唐書》〈백제전〉에는 "백제왕이 거주하는 곳은 동서東西 두 성이다"라고 해서 백제왕이 거주하는 왕성王城이 둘이었음을 말하고 있다. 동왕성은 한반도, 서왕성은 대륙에 있었을 것이다. 백제는 요서와 일본은 물론 각지에 담로(후국)를 갖고 있던 황제국이었다.

05 신라의 흥기

마립간에서 왕으로

신라는 13대 미추왕(재위 262~284) 때부터 김씨가 왕위를 잇게 되었다.《삼국사기》에 따르면 신라는 22대 지증왕 4년(503)까지 나라 이름도 통일되어 있지 않아서 사라斯羅, 사로斯盧, 신라新羅 등으로 불렸다. 지증왕 4년에 국명을 신라로 확정하고, 임금의 칭호도 마립간에서 국왕으로 정했다.

지증왕은 재위 5년(504) 파리성波里城·미실성彌實城·진덕성珍德城·골화성骨火城 등 12개 성을 쌓고, 이듬해에는 나라 안의 주州·군郡·현縣을 정했다. 재위 13년(512)에는 내물왕의 4세손인 이사부異斯夫를 보내 우산국于山國(울릉도)을 정벌했는데, 이때부터 울릉도와 독도가 한국사의 일부가 되었다.

— 우리 땅 독도의 모습. ©cms1530.

지증왕 이후 뛰어난 군주들이 계속 나오면서 신라는 비약적으로 발전한다. 지증왕에 이어 23대 법흥왕(재위 514~540)은 재위 4년(517) 병부兵部를 설치해 군사권에 대한 제도적 통제를 강화하고, 재위 7년(520)에는 율령을 반포하고, 모든 관리들의 공복을 빛깔에 따라 제정해서 체제를 정비했다. 법흥왕 9년(522)에 가야 국왕이 혼인을 청하자 신라는 이찬伊湌 비조부比助夫의 누이를 시집보냈다. 이때 금관가야 국왕은 구형왕利嚴인데, 그의 왕비는 분질수이질分叱水爾叱의 딸 계화桂花로서 신라 출신이 아니었다. 《여지도서輿地圖書》 '경상도 고령군 건치연혁'조에는 대가야

— 《여지도서》, 1757년(영조 33)~1765년에 각 읍에서 편찬한 읍지邑誌를 모아 만든 전국 읍지.

의 이뇌왕異腦王이 신라에 구혼해서 신라의 이찬夷粲 비지배比枝輩의 딸과 혼인했다고 전하고 있어서 법흥왕 때 신라와 혼인한 가야는 대가야일 가능성을 말해준다. 법흥왕은 재위 19년(532) 금관가야를 멸망시키고, 가야의 구형왕과 세 아들인 노종奴宗·무덕武德·무력武力을 진골로 편입시켰다. 무력은 이후 가야 부흥운동 진압에 나서는데, 그 손자가 김유신이다.

법흥왕은 재위 15년(528) 이차돈의 순교를 계기로 불교를 공인했다. 《삼국사기》는 눌지왕(재위 417~458) 때 묵호자墨胡子가 고구려에서 신라의 일선군一善郡에 와서 불교를 전파했는데, 묵호자는 '검은 오랑캐'란 뜻이니 인도에서 고구려를 거쳐서 온 승려일 것이다. 신라는 전통 종교가 강했기 때문에 일선군 사람 모례毛禮가 굴을 파서 몰래 불법을 전하게 했다. 눌지왕의 딸이 병에 걸렸을 때 양나라에서 향을 보내주었는데, 사용법을 아는 사람이 없어 널리 물어보니 묵호자가 '소원을 빌면서 사르면 영험이 있는 향'이라고 알려주었다. 묵호자가 향을 사르면서 쾌유를 빌자 병이 곧 나았는데, 묵호자는 갈 곳이 있다면서 신라를 떠났다. 비처왕(소지왕, 재위 479~500) 때 아도阿道 화상이 시중드는 사람 세 명과 모례의 집에 왔는데, 모습이 묵호자와 비슷했다는 것으로 봐서 역시 인도 출신 승려였을 것이다. 아도는 몇 년 후 병이 없이 죽었으나 나머지 세 명이 불법을 강론하면서 신자들이 늘어났다.

법흥왕은 불교가 국왕 중심으로 사상계를 통일하는 데 효과가 있다고 생각

— 선덕여왕 때 세워진 경주 분황사 모전탑.

해서 불교를 공인하려 했지만 전통 종교를 믿는 신하들의 반대가 심했다. 드디어 왕의 근신 이차돈이 자신의 목을 베어 여러 신하들의 반대를 진정시키라고 권했고, 이차돈은 죽음에 임해서 "나는 불법을 위하여 형을 당하는데, 부처님께서 신령스러움이 있다면 내 죽음에 반드시 이상한 일이 있을 것이다"라고 말했다. 그의 목을 베자 우윳빛처럼 흰 피가 솟구쳐 다시는 사람들이 불교를 헐뜯지 않았다. 김부식은 김대문金大問의 《계림잡전鷄林雜傳》을 근거로 이 기사를 썼는데, 법흥왕은 근신 이차돈의 순교 대가로 불교를 공인할 수 있었고, 비로소 국왕이 부처의 현신現身으로 받아들여져 국가의 사상을 통일하고 중심에 설 수 있었다.

법흥왕은 재위 23년(536) 처음으로 건원建元이란 연호를 정했는데, 연호의 사용은 자국을 세상의 중심으로 본다는 뜻이다. 법흥왕은 건원 5년(540) 세상을 떠났고, 24대 진흥왕(재위 540~576)이 즉위했다.

진흥왕은 법흥왕의 동생인 갈문왕葛文王 입종立宗의 아들이고, 어머니 김씨는 법흥왕의 딸이다. 즉위 당시 어렸으므로 왕태후가 섭정했다. 진흥왕은 재위 5년(544) 흥륜사興輪寺를 창건해 왕실의 권위를 높이고, 이듬해에는 이찬 이사부의 청으로 대아찬 거칠부에게 명해 국사國史를 편찬케 했다. 국사 편찬은 국력이 신장된 나라의 정신세계를 다잡겠다는 뜻이다. 재위 12년(551)에는 연호를 개국開國으로 바꾸었다. 진흥왕은 재위 초 백제와 군사동맹을 충실하게 이행했다. 재위 9년(548) 고구려가 백제의 독산성獨山城을 공격하자 백제 성왕이 구원을 청했는데, 진흥왕은 장군 주령朱玲에게 군센 병졸 3,000명을 거느리고 가서 돕게 했다. 이때 죽이거나 사로잡은 고구려 군사들이 아주 많았다.

그러나 진흥왕 때 백제와의 동맹은 재위 11년(550) 균열이 가기 시작했다. 백제 성왕 28년(550) 고구려가 백제의 금현성金峴城을 공격해서 격전 끝에 함락시켰다. 진흥왕은 두 나라 군사가 피곤한 틈을 타서 이찬 이사부에게 공격을 명했다. 이사부는 진흥왕 11년(550) 3월 금현성과 다른 한 성을 빼앗아 증축하고 군사 1,000명을 두어 지키게 했다. 금현성을 백제에게 돌려주지 않는 것은 군사동맹을 어기는 일이었다. 진흥왕은 14년(553) 월성月城 동쪽에 새 궁궐을 짓게 했는데, 황룡이 나타나자 궁궐을 지으려던 계획을 바꾸어서 절을 짓고 황룡사라고 이름 지었다. 이후 진평왕 6년(584) 금당金堂을 짓고, 선덕왕 14년(645) 구층목탑을 쌓으면서 신라 최대의 호국 사찰이 되었다. 재위 14년 (553) 7월 진흥왕은 백제의 동북쪽 변방을 빼앗아 신주新州를 설치하고 금관가야 마지막 구형왕의 아들인 무력을 군주로 삼았다. 신라가 백제 땅을 빼앗아 신주를 설치한 것 역시 동맹관계를 깨는 행위였다. 그런데 《삼국사기》 '성왕 31년(553)'조 10월에 "왕녀王女가 신라로 시집갔다"고 말하고 있고, '진흥왕 14년 10월'조도 진흥왕이 "백제의 왕녀를 맞아서 소비로 삼았다"라고 말하고 있다. 기사는 신라·백제사의 수수께끼인데, 백제 성왕은 그 이듬해인 재위 32년 (554) 7월 직접 보병과 기병 50명을 거느리고 신라를 공격하러 가다가 구천狗川에서 신라의 복병을 만나 격전 중에 전사했다. 이때 오십五十명은 오천五千의 오기일 것인데, 그 이유는 《삼국사기》 '진흥왕 15년(554)'조가 말해주고 있다.

— 경상남도 창녕에 있는 진흥왕척경비. ⓒrna699.

백제왕 명농明襛(성왕)이 가량加良(가야)과 함께 관산성을 공격했다. (신라의) 군주軍主 각간角干 우덕于德과 이찬 참지耽知 등이 맞서 싸웠지만 불리했다. 신주 군주 김무력이 주州의 군사를 이끌고 나가 교전했는데, 삼년산군三年山郡의 비장裨將인 고간高干 도도都刀가 급히 백제왕을 습격해 죽였다. 이에 모든 군사들이 승기를 타서 크게 이겼는데, (백제의) 좌평佐平 4명과 사졸 2만 9,600인의 목을 베었고, 말도 돌아간 것이 없었다.

《삼국사기》'진흥왕 15년'

관산성 전투에서 전사한 백제군이 2만 9,600명인데, 성왕이 보병과 기병 50명만 거느리고 참전하지는 않았을 것이다. 또한 일본 궁내성본宮內省本《삼국사기》는 5,000명이라고 적고 있다. 성왕의 전사는 백제와 신라의 모든 동맹을 붕괴시켰다. 백제는 475년 개로왕이 고구려에 의해 전사한 데 이어 80여 년 만인 554년 성왕이 다시 전사함으로써 다시 큰 위기에 봉착한 반면 신라는 백제 강역에 신주를 설치하고 성왕까지 전사시킴으로써 국력을 크게 신장시켰다.

신라 김씨 시조는 성한왕?

《삼국사기》는 신라 김씨의 시조를 김알지라고 말하고 있다. 《삼국사기》는 김알지의 아들이 세한勢漢, 세한의 아들이 아도阿道, 아도의 아들이 수류首留, 수류의 아들이 욱보郁甫, 욱보의 아들이 구도仇道, 구도의 아들이 김씨 최초의 임금인 미추味鄒왕이라고 설명하고 있다. 《삼국유사》도 한자 표기만 조금 다를 뿐 같은 왕통을 전하고 있다.

그러나 신라인들과 그 후예들이 직접 만든 금석문의 내용은 다르다. 662년 세운 문무왕릉비에는 "그의 15대 조상 성한왕星漢王은 그 바탕이 하늘에서 내리고 그 영靈이 선악仙岳에서 나와 □□를 개창하여…"라고 문무왕의 시조를 성한왕이라고 말하고 있다. 〈진철대사탑비문眞澈大師塔碑文〉(937)에는 "대사의 법명은 이엄이고, 속성은 김씨인데, 그 선조는 계림인이다. 그 나라 역사를 살펴보면 실로 성한成漢의 후손이었다"라고 말하고 있고, 〈진공대사탑비문眞空大師塔碑文〉(939)에는 "□운은 속성이 김씨로서 계림인이다. 그 선조는 성한星韓으로부터 내려와 나물那勿에서 크게 일어났다"라고 말하고 있다. 또한 〈흥덕왕릉비문〉에서도 "태조 성한星漢"이라면서 흥덕왕을 '성한왕의

— 문무왕릉비 부분. 국립경주박물관 소장.

24세손'이라고 말했다. 김인문묘비金仁問墓碑의 '태조한왕太祖漢王'이라는 기록도 성한왕을 가리키는 것으로 여겨진다. 신라인들이나 그 후손들이 직접 쓴 기록들은 거의 모두 김씨의 시조를 성한왕이라고 전하고 있다.

민족사학자 문정창은 《가야사》(1978)에서 김씨의

시조가 흉노에서 왔다고 분석했다. 문무왕릉비에서는 자신을 "투후제천의 자손(秺侯祭天之胤:투후제천지윤)"이라고 언급하고 있는데, 투후란 흉노 휴도왕休屠王의 태자로서 휴도왕 전사 후 한나라 조정에 끌려가 말을 키우다가 무제의 암살을 막은 공으로 투후로 봉해진 김일제金日磾를 뜻한다. 《한서》〈김일제열전〉에

— 신라의 시조가 성한왕임을 암시하는 흥덕왕릉비편. 국립경주박물관 소장.

는 휴도왕이 하늘에 제사 지내던 제천금인祭天金人을 갖고 있었다고 말하는데, 바로 이 금인이 문무왕릉비가 말한 '투

— 후한 시기의 부조 탁본. 오른쪽이 휴도왕, 왼쪽이 김일제이다.

후제천의 자손'과 같은 뜻이다. 또한 투후 김일제 어머니의 성씨가 알씨閼氏이고, 김알지의 이름 알지閼智, 혁거세의 부인 알영閼英 등 '알閼'자가 공통으로 관련되는 것도 주목하지 않을 수 없다. 이런 문헌사료들과 흉노족의 무덤 형태인 적석목곽분이 경주 일대에서 광범위하게 출토되는 고고학 사료들은 신라 김씨 왕족의 기원이 흉노라는 주장에 근거를 제공한다.

삼국의 격돌

진흥왕은 재위 12년(551) 연호를 개국으로 정했다가 재위 29년(568) '크게 창성'한다는 태창太昌으로 바꾸었다. 그러고는 지금의 함경도 지역인 황초령과 마운령에 순수비를 세워 신라 강역을 크게 확장시켰다. 33년(572) 연호를 '세상을 널리 구제하다'라는 뜻의 홍제鴻濟로 바꾸었고, 재위 37년(576) 세상을 떠났다. 이후 둘째 아들 금륜金輪이 즉위했으며, 그가 25대 진지왕(재위 576~579)이다. 진흥왕은 재위 27년(566) 맏아들인 동륜銅輪을 태자로 삼았지만 그가 33년(572) 먼저 세상을 떠나면서 둘째아들이 즉위한 것이다.

진지왕 2년(577) 겨울 10월 백제가 서쪽 변경에 침입하자 이찬 세종世宗이 일선군 북쪽에서 백제를 물리치고 3,700여 명의 목을 베었다. 그런데 그 이듬

해 알야산성閼也山城을 백제에게 주었다는 수수께끼의 기사가 《삼국사기》에 전한다. 진지왕은 재위 4년(579) 7월 17일 세상을 떠났는데, 시호를 진지眞智라고 하고 영경사永敬寺 북쪽에서 장사지냈다.

그 뒤를 이어 진흥왕의 맏아들인 동륜의 아들 진평왕(재위 579~632)이 즉위했다. 진평왕은 재위 6년(584) 연호를 건복建福으로 바꾸었다. 진지왕에서 진평왕으로 바뀌는 동안 백제는 성왕 전사의 후유증에서 벗어나지 못하고 있었다. 성왕의 뒤를 이어 즉위한 아들 위덕왕(재위 554~598)은 재위 8년(561) 신라의 변경을 공격했으나 패전하고 1,000여 명의 전사자를 냈다. 재위 24년(577)에도 신라를 공격했다가 패했다. 관산성에서 성왕과 3만여 명의 전사자를 낸 여파가 계속된 패전으로 이어졌다. 백제는 위덕왕이 재위 45년(598) 사망하자 성왕의 아들 혜왕(재위 598~599)이 뒤를 이었지만 불과 2년 만에 세상을 떠나고 아들 법왕(재위 599~600)이 뒤를 이었는데, 그 역시 2년 만에 세상을 떠났다. 《삼국유사》는 혜왕을 위덕왕의 아들이라고 달리 쓰고 있고, 중국의 《수서》는 법왕을 위덕왕의 아들이라고 말하는 등 잦은 왕위 교체에 대한 설명이 전혀 없다. 법왕의 뒤를 아들 무왕(재위 600~641)이 이었는데, 백제 왕실의 잦은 왕위 교체는 내부 권력 다툼의 결과일 가능성도 있다. 개로왕이 죽고 백제 왕실이 극도로 혼란스러웠던 것처럼 성왕이 죽고 백제 왕실은 다시 크게 흔들렸다가 무왕이 즉위하면서 안정을 되찾아갔다.

무왕은 재위 3년(602) 신라의 아막산성阿莫山城을 공격했다. 신라 진평왕이 정예기병 수천 명을 보내 항전하자 퇴각했다가 신라가 백제 변경을 침략하자 좌평 해수解讎에게 보병과 기병 4만 명을 주어 신라를 공격하게 했다. 이 전투에서 신라는 귀산貴山과 추항箒項이 전사하면서 분전한 덕분에 겨우 승리를 거두었다. 백제는 보병과 기병 4만 명을 동원할 수 있을 정도로 국세가 회복되었다. 그러나 백제는 신라는 물론 고구려도 상대해야 했기 때문에 상황이 유리하지 않았다. 고구려 영양왕은 재위 18년(607, 무왕 8년) 백제의 송산성松山城을 공격하다가 실패하자 다시 석두성石頭城을 공격해서 남녀 3,000명을 잡아 돌아갔다. 무왕은 고구려의 공격에 맞서는 한편 재위 17년(616) 달솔 백기

苩奇에게 8,000명의 군사를 주어 신라의 모산성母山城(아막성)을 공격하게 했다. 무왕은 진평왕 때 신라를 무려 11번 공격했을 만큼 적극 공세를 취했다. 나아가 무왕은 재위 12년(611) 수 양제가 고구려를 침공하려 하자 국지모國智牟를 수나라에 보내 행군 일정을 물었다. 수 양제는 크게 기뻐하면서 상서기부랑尚書起部郎 석률席律을 보내 무왕과 상의하게 했다. 양제는 수나라가 고구려를 공격할 때 백제가 배후에서 고구려를 공격하면 큰 효과를 볼 수 있으리라고 생각한 것이었다. 이듬해 수나라가 고구려를 공격했는데, 《삼국사기》는 무왕이 "말로만 수나라를 돕는다고 크게 말했을 뿐 실제로는 이래도 그만 저래도 그만이라는 태도였다"고 말하고 있다. 무왕은 같은 부여에서

— 수나라의 2대 황제 양제.

나온 고구려가 수나라와 전쟁하는 데 가담할 생각은 없었다.

진지왕의 사망 원인

대일항전기 일본 궁내성 도서관에 근무했던 박창화는 신라인 김대문이 편찬했다는 필사본 《화랑세기花郎世紀》를 공개했다. 《삼국사기》는 재위 4년(579) 7월 17일 진지왕이 세상을 떠났다고 나오지만, 《화랑세기》는 진지왕이 폐위 후 3년간 유궁幽宮에 유폐되었다고 달리 전한다. 《화랑세기》는 진지왕이 방탕했기 때문에 사도태후思道太后가 오빠인 노리부공弩里夫公에게 폐위시키게 하고 노리부공에게 직무를 대신하게 했다고 전한다. 또한 미실美室을 황후로 삼지 않았기 때문에 미실이 폐위시켰다고도 전하고 있다. 《삼국유사》'도화녀桃花女 비형랑鼻荊郎'조에 역시 진지왕이 "나라를 다스린 지 4년 만에 주색에 빠져 음란하고 정사가 어지러워서 나라 사람들이 폐위시켰다"고 나온다. 《삼국유사》는 진지왕이 사량부沙梁部의 민가 여인 도화랑桃花娘과 관계하려다가 남편이 있다며 거절하자 그만두었는데, 진지왕이 폐위되고 죽은 후 다시 나타나 관계한 후 비형鼻荊이란 아들을 낳았다고 전하고 있다. 《삼국유사》는 진지왕이 죽은 후 다시 나타나 관계한 것으로 기록하고 있지만 아들까지 낳았다는 것으로 보아서 폐위 후 유폐되었다는 《화랑세기》 기사가 신빙성이 있다.

신라 임금에게 내린 낙랑군공樂浪郡公

《삼국사기》는 진평왕 16년(594) 수나라 문제가 조서를 내려 진평왕을 상개부·낙랑군공·신라왕上開府·樂浪郡公·新羅王으로 삼았다고 말해주고 있다. 삼국통일 이전의 신라왕에게 '낙랑군공'을 제수한 것은 신라 역시 시작은 대륙이었음을 감안하지 않으면 해석하기 어렵다. 낙랑군공이라는 호칭은 북제의 무성제武成帝가 진평왕의 부친 진흥왕에게 565년 내렸던 칭호이기도 하다. 당 고조 이연李淵도 진평왕 재위 46년(624) 진평왕을 낙랑군공 신라왕으로 책봉했고, 이 직책은 선덕왕 4년(635)에도 그대로 이어졌다. 후기 신라의 성덕왕도 재위 12년(713) 당 현종으로부터 낙랑군공의 직책을 받았다. 그런데 낙랑군공은 신라만이 아니었다. 양나라 고조는 508년 고구려 문자명왕에게도 낙랑군공이란 직책을 내린 적이 있다.

낙랑군공과 별도로 낙랑왕樂浪王도 있는데, 이는 선비족 모용씨에게 내린 칭호이다. 또한 낙랑樂浪 왕씨王氏가 있는데, 이는 낙랑군 출신의 대성大姓이다. 서위西魏와 북주北周의 대신이었던 왕필王弼이 있는데, 왕필의 9세조 왕파王波는 전연의 태재太宰였다. 북위 명덕황후明德皇后의 오빠 왕맹王盟도 낙랑 왕씨인데, '낙랑'자가 들어가는 직책은 모두 만주 서쪽에 기반을 둔 유력자에게 내리는 칭호였음을 알 수 있다. 그래서 신라왕이 낙랑군공을 제수받은 것은 신라가 대륙에서 출발했으며, 대륙에 상당 기간 동안 기반을 갖고 있었음을 말해주는 유산으로 이해할 수 있을 것이다.

무왕은 진평왕의 사위인가?

《삼국유사》 '무왕'조는 백제 30대 무왕의 어머니가 백제 서울 남쪽 못가의 용과 관계해 낳은 아들을 서동이라고 말한다. 서동은 신라 서울로 와서 진평왕의 셋째공주 선화가 바람을 피운다고 하는 "선화공주님은(善化公主主隱)…"으로 시작하는 '서동요'를 부르게 했다. 선화공주가 밤에 몰래 서동과 사귄다는 노래이기 때문에 공주는 궁에서 쫓겨났는데, 모후는 순금 한 말을 노자로 주었다. 서동을 만나 함께 살게 된 공주에게 서동은 "마를 캐던 곳에 황금이 흙같이 쌓여 있다"고 말했고, 용화산 사자사師子寺 지명법사知命法師의 힘으로 하룻밤 사이에 신라 궁중에 보냈다. 이후 진평왕이 서동에게 늘 안부를 묻는 편지를 보내는 등 서동이 인심을 얻어서 왕위에 올랐다. 어느 날 무왕과 공주가 용화산 밑의 큰 못가에 이르자 미륵삼존이 나타났는데, 선화공주가 무왕에게 "큰 절을 지어달라"고 요청하자 무왕이 미륵사를 지어주었다. 익산 미륵사가 이때 지은 사찰이라는 것이다.

그러나 2009년 익산 미륵사지석탑을 해체할 때 나온 '금제사리봉영기'의 내용은 다르다. 봉영기에는 "백제 왕후는 좌평佐平 사택적덕沙乇積德의 딸인데, 삼가 깨끗한 재물을 내셔서 가람을 조성해 세우고, 기해년 정월 29일 사리를 받들어 맞이했다"고 기록하고 있다. 즉, 미륵사를 세운 왕후는 진평왕의 딸 선화공주가 아니라 백제 사택씨의 딸이라는 것이다. 진평왕의 큰 딸 덕만德曼은 27대 선덕여왕이고, 둘째 천명天明은 태종무열왕의 어머니다. 셋째 딸에 대한 기록은 《삼국사기》

에 나오지 않는다. 또한 신라 진평
왕과 백제 무왕은 사생결단하면서
싸우는 숙적이었지 사이좋은 장인
사위 사이가 아니었다. 《삼국사기》
는 이때 두 나라가 13번이나 격돌
했다고 말해주고 있는데, 무려 11번
을 백제가 먼저 공격하면서 시작된
전쟁이었다. 봉영기 발견 전에 필자
등이 《우리 역사의 수수께끼》에서
이미 쓴 것처럼 미륵사지를 쌓은
인물은 진평왕의 딸이 아니라 백제
8대 성姓의 하나이자 익산 지역 호
족의 딸이었다. 봉영기로 그 호족이
사택씨로 밝혀진 것이다.

—— 익산 미륵사지석탑.ⓒJjw.

고수대전高隋大戰

중국 통일과 고구려 영양왕

고구려 25대 평원왕(재위 559~590)은 양원왕 13년(557년)에 태자에 책립되었다가 2년 후 부왕이 사망하자 뒤를 이었다. 평원왕 즉위 당시 고구려는 신라 진흥왕의 북진정책으로 함경도 유역까지 일시 빼앗기는 등 국력이 위축된 상태였다. 게다가 동북아 국제정세는 급변하고 있었다. 평원왕 23년(581) 건국한 수나라는 중원의 오랜 분열 상태를 끝내면서 통일제국을 향해 나아가고 있었다. 수나라는 고구려와 언어가 통했다는 선비족이 주도해 세운 나라였다. 수나라는 평원왕 31년(589) 남방의 진陳나라를 멸망시키고 중원을 통일했다. 《수서》〈고구려열전〉은 "개황開皇(581~600) 초에는 입조入朝하는 (고구려) 사신이 자주 있었으나 진陳을 평정한 뒤로는 탕湯(평원왕)이 크게 두려워하여 군사를 훈련시키고 곡식을 저축하여 방어할 계획을 세웠다"라고 기록하고 있다. 《삼국사기》'고구려 평원왕 32년(590)'조는 "진나라가 망했다는 말을 듣고 크게 두려워하여 군비를 다스리고 군량을 쌓아 지킬 계책을 세웠다"고 전하고 있다. 수나라가 중원을 통일하자 고구려는 전쟁 준비에 나섰다는 뜻이다. 광개토태왕릉비에서 시조 추모왕을 '천제지자天帝之子(하느님의 아들)' 라고 표현한 고구려는 천자의 제국이었으므로 중원의 새로운 천자와 충돌이 불가피했다.

평원왕이 재위 32년(590) 세상을 떠나고 26대 영양왕(590~618)이 뒤를 이었다. 영양왕은 즉위 초 수나라에 자주 사신을 보냈는데, 여기에는 정보수집의 목적도 있었다. 수 문제는 영양왕 8년(597)에 국서를 보내 항의했다.

> (영양)왕은… 말갈(훗날의 여진족)을 못 견디게 괴롭히고, 거란을 금고禁錮시켰다… 여러 해 전에는 몰래 재물을 뿌려 소인을 움직여 사사로이 노수弩手(다연발 화살을 만드는 사람)를 빼어갔다… 왕은 짐의 사자使者를 빈 객관客館에 앉혀놓고 삼엄한 경계를 펴며, 눈과 귀를 막아 끝내 듣고 보지도 못하게 했다… 또 종종 기마병을 보내 짐의 변경 사람을 살해하고….
>
> 《수서》〈동이열전〉 '고구려'

'말갈을 괴롭히고 거란을 금고시켰다'는 말은 말갈·거란이 고구려의 제후국임을 말해주는 것이다. 단재 신채호는 《조선상고사》에서 "중국과 조선은 고대 동아시아의 양대 세력으로서 충돌이 없는 때는 피차 내부에 분열이 있어서 내부 통일에 바쁠 때일 것"이라고 말했다. 수 문제는 국서에서 "한 명의 장수만 보내도 영양왕을 문책할 수 있다"고까지 호언했다. 그러자 영양왕은 수나라를 선제공격했다.

— 요나라 때의 거란인 《출렵도出獵圖》.

왕이 말갈 군사 1만여 명을 거느리고 요서 지방을 공격하니, 영주營州 총관總管 위충韋沖이 이를 격퇴하였다. 수 문제가 듣고 크게 노해 한왕漢王 양량諒(문제의 넷째

아들)과 왕세적王世績을 원수로 삼아 수륙군水陸軍 30만을 거느리고 가서 치게
하였다.

《삼국사기》 '고구려 영양왕 9년(598년)'

영양왕이 친위군이 아닌 말갈 군사를 이끌고 통일제국 수나라를 선제공격
한 것은 이유가 있었다. 《구당서》는 고구려 귀족들이 대대로 자리를 놓고 서
로 싸울 때 "왕은 다만 궁문宮門을 닫고 스스로 지킬 뿐 이들을 제어하지 못한
다"라고 적고 있다. 영양왕은 거대 제국 수나라를 선제공격해서 나라 전체를
국왕 중심의 전시체제로 재편하려 한 것이다.

수나라와 격돌하다

수 문제는 후한이 위·촉·오 삼국으로 나뉜 220년을 기준 삼으면 360여 년만
에, 위나라를 계승한 진晉이 삼국을 통일한 280년을 기준 삼으면 270여 년만
에 중원을 통일했다. 문제는 고구려의 선제공격에 분노해 넷째아들 한왕 양량
과 왕세적에게 육군과 수군 30만 군사를 주어 고구
려를 공격하게 했다. 이것이 영양왕 9년(598) 벌어
진 제1차 고수高隋대전이었다.

수군은 임유관臨楡關을 지나자마자 공세를 시작
했다. 지금의 연산산맥 동쪽부터 중국학계의 위치
비정은 엉망이 된다. 하북성이 옛 요동인데 이를 지
금의 요녕성으로 비정하기 때문이다. 임유관에 대
해 현재 중국에서는 원래 요녕성 요양시에 있다가
나중에 하북성 진황도秦皇島시 무녕撫寧현으로 옮겼
다고 주장한다. 임유관의 위치는 지금 정확하지 않
지만 수나라와 전쟁할 때는 하북성 무녕현에 있었
을 것이다. 지금의 진황도시 무녕현에서 조금 서쪽
이 낙랑군 조선현이 있던 노룡이고, 그 남쪽이 갈석

— 수나라 문제.

산이 있는 창려昌黎현으로서 고대부터 중국과 고조선의 국경지역이었으므로 여기부터 전투가 벌어졌다고 보는 것이 맞다. 고구려 국경선이 이 부근까지였던 것이다.

— 수·당 전쟁 시기 국제정세도. 한가람역사문화연구소 국토지리연구실 제작.

그런데 《수서》〈고조본기高祖本紀〉는 "2월 한왕 양량을 행군원수로 삼아 수군과 육군 30만을 주어 고려를 정벌하게 했다… 9월, 한왕 양량의 군사가 역병을 만나 돌아왔는데, 죽은 자가 10명 중에 8~9명이나 되었다"라고만 기록하고 있을 뿐 전쟁의 경과에 대한 기록이 없다. 《삼국사기》는 철군의 이유를 기후 때문이라고 말했다. 육군은 장마를 만나 군량의 수송이 끊어지고 전염병이 돌았으며, 고구려 수도 평양성으로 향하던 수군도 폭풍을 만나 병선兵船을 많이 잃어버려서 철수했다는 것이다. 《수서》는 영양왕이 사신을 보내 사죄하는 표문을 올렸다고도 서술했다.

원元(영양왕)도 두려워하여 사신을 보내어 사죄하고 표문을 올렸는데 '요동 분토糞土(썩은 흙)의 신臣 원元 운운'하여서 고조는 이에 군사를 거두어들이고 과거와 같이 대우하였다.

《수서》〈고려열전〉

그러나 '장마, 폭풍, 영양왕의 사죄' 따위는 수나라의 참패를 감추기 위한 분식들이다. 음력 9월이면 장마, 폭풍 등은 다 지난 때였다. 단재 신채호는 지금은 전하지 않는 《대동운해大東韻海》와 《서곽잡록西郭雜錄》 등을 인용해 1차 전쟁 때 큰 공을 세운 고구려 장수가 강이식姜以式이라면서 고구려가 임유관 전역에서 큰 승리를 거두었는데 수나라가 패배를 감추기 위해 역사를 왜곡했다고 서술했다. 신채호의 분석이 설득력이 있다.

고수대전의 승리는 고구려가 힘으로 천자의 제국임을 입증한 것이었다. 영양왕은 승전 2년 후인 재위 11년(600) 태학박사 이문진李文眞에게 역사서인 《신집新集》 5권을 편찬하게 했다. 《신집》은 지금 전해지지 않지만 고구려가 천하의 중심이라는 자부심이 담겼을 것이다.

수 문제의 대패는 수나라 정세에도 소용돌이를 몰고 왔다. 수나라 태자 양광梁廣은 부친 문제를 재위 24년(604년) 살해하고 왕위에 올랐으니 그가 양제(재위 604~618)다. 이에 반발한 동생 양량이 양제 타도를 내걸고 거병했으나 양제의 측근 양소楊素에게 진압당했다. 양제는 낙양에 새 궁궐을 짓고 강북과 강남을 잇는 대운하를 만들고, 만리장성을 수축하면서 권력을 다졌다. 그는 고구려를 무너뜨려야 수나라가 진정한 천자의 제국이 될 수 있다고 생각했다.

고구려는 수나라뿐만 아니라 같은 동이족인 백제와 신라도 상대하는 3개의 전선을 유지해야 했다. 《수서》〈백제열전〉은 고구려와 수나라의 1차 전쟁 때 "백제의 창昌(위덕왕)이 장사長史 왕변나王辯那를 보내 고구려 정벌군의 길잡이가 되겠다고 자청했다"고 전하고 있다. 이때는 수군이 철수한 뒤였으므로 실제 종군은 이뤄지지 않았다. 수 문제는 "고원高元(영양왕)의 군신君臣이 두려워하여 죄를 스스로 인정하고 복종하므로, 짐은 벌써 죄를 용서해주었기 때문에 토벌할 수가 없다"면서 백제의 호의를 거절하는 척했지만 허세에 불과했다. 영양왕은 수나라의 길잡이를 자청한 백제를 공격하는 한편 재위 14년(서기 603)에는 장군 고승高勝을 보내 신라의 북한산성을 공격했다. 그러나 신라 진평왕이 직접 나서서 거세게 저항하는 바람에 함락시키지 못했다. 영양왕은 재위 18년(서기 607) 5월 백제의 송산성을 쳤다가 다시 석두성을 쳐 남녀 3,000여 명을 사로잡아온 데 이어, 이듬해 2월에는 신라의 북쪽 영토를 공격해 8,000여 명을 포로로 잡아왔으며, 4월에는 신라의 우명산성牛鳴山城을 빼앗았다.

607년 수 양제가 지금의 몽골 지역인 돌궐족 황제 계민가한啓民可汗의 장막에 거둥했는데, 때마침 고구려 영양왕의 사신을 만났다. 양제는 고구려 사신에게 이듬해 영양왕이 직접 입조할 것을 요구했지만 영양왕은 입조는커녕 수나라 사신이 백제나 신라 등으로 가는 길까지 막았다. 백제나 신라도 모두 고구려 천하관에 소속된 나라들이라는 뜻이자 이 나라들에 대한 수나라의 영향력을 인정하지 않겠다는 뜻이었다.

— 옛 돌궐인들의 모습이 새겨진 벽화. 6~8세기.

영양왕 22년(611) 수 양제는 드디어 대규모 군사를 일으켜 직접 고구려 침략에 나섰다. 그 숫자가 113만 3,800명으로서 통칭 200만 대군이라고 일컫는 역사상 유례없는 대군이었다. 군량과 기타 군수품을 운반하는 보급부대의 숫자를 더하면 무려 300~400만의 대부대가 고구려 침략에 나선 것이었다. 수 양제는 전군을 탁군涿郡으로 모은 후 친위군을 빼고 좌우 12군으로 편성해 출진시켰다. 중국 학계는 탁군을 북경 남쪽 방산房山구 남쪽 약 50킬로미터 떨어진 탁주涿州로 본다. 《수서》〈배구열전〉에는 배구裵矩가 양제에게 "고구려의 땅은 본래 고죽국입니다"라고 말하는데, 중국학계는 고죽을 지금의 하북성 노룡현으로 본다. 이곳이 수와 고구려의 국경이라는 뜻이다. 북경에서 노룡까지는 직선거리로 210킬로미터 정도이다. 탁군에서 노룡까지는 직선거리로 260킬로미터이니 옛날의 곡선거리로는 훨씬 더 길었을 것이다. 지금 남한 강단사학계의 주장대로 고구려가 요녕성 요하를 건너지 못했다면 북경에서 요하까지는 직선거리로 720킬로미터가 넘으니 탁군부터는 800킬로미터쯤 된다. 탁군에서 고구려 국경까지 2,000리가 넘는다는 뜻이니 수나라가 탁군에서 군사를 출발시켰을 리가 없다. 배구의 말대로 고구려와 수의 국경선은 지금의 노룡현 일대에서 형성되었을 것이다. 수나라 좌우 12군, 즉 24군의 각군 출발 간격은 40리 정도로서 선두부대에서 후미부대까지가 40일 거리였고, 그 대열은 960리였다. 탁군에서 국경인 노룡까지는 옛 곡선거리로 1,000리 가까이 될 것이니 이치에 맞다. 《삼국사기》의 표현대로 "근고近古 이래 보지 못하던 장대한 출진이었다."

그런데 수 양제가 좌우 12군에게 내린 진격 명령서는 한사군의 위치를 말해준다. 탁군에서 출발해 고구려 평양으로 집결하라는 명령인데, 좌 2군의 진격로는 장잠도長岑道, 제7군의 진격로는 요동도遼東道, 8군은 현도도玄菟道, 10군은 조선도朝鮮道, 11군은 옥저도沃沮道, 12군은 낙랑도樂浪道다. 우 1군은 점선도黏蟬道(점제도?), 4군은 임둔도臨屯道, 9군은 갈석도碣石道, 11군은 대방도帶方道, 12군은 양평도襄平道다.

그런데 북경 남쪽 탁군에서 출발한 수군의 진격로는 한사군이 한반도 내에 있을 수 없음을 말해준다. 남한 강단사학의 위치 비정에 따르면 장잠은 황해도 장연長淵, 옥저는 함경남도, 조선은 평양, 낙랑도 평양, 임둔은 강원도, 대방은 황해도, 점선은 평안남도 용강군이다. 그러면 북경 서남쪽 탁군에서 출발한 수군은 황해도나 강원도를 먼저 거친 후 북쪽 평양성으로 가야 한다는 이야기다. 이때의 평양을 지금의 평양으로 보든, 민족사학계 일부의 견해대로 요녕성 요양으로 보든, 북한학계처럼 요녕성 봉황성으로 보든 이 명령은 공수부대가 아니면 완수할 수 없는 명령이다. 수나라 육군이 어떻게 황해도나 강원도로 먼저 왔다가 북상해서 평양이나 요양으로 간다는 말인가? 그래서 일찍이 성호 이익李瀷, 석주 이상룡李相龍, 단재 신채호 등이 모두 이 진격로를 근거로 한사군은 고대 요동에 있었다고 본 것이다.

고구려와 수나라가 부딪친 요하도 지금의 요하가 아니라 고대 요하였던 지금의 난하였을 것이다. 《수경주水經注》[10]에서 말하는 대요수는 지금의 북경 근처 조백하 및 영정하를 뜻한다는 시각과 지금의 난하를 뜻한다는 시각이 있다.

양제는 공부상서에게 요하를 건널 다리를 만들게 했지만 짧게 만들어 뭍에 닿지 않는 바람에 수나라 선봉군의 장수 맥철장麥鐵杖과 전사웅錢士雄 등이 전사하고 말았다. 강 서안西岸으로 군사를 옮겨 다시 다리를 제작한 수나라는 요하를 건너는 데 성공했고, 그 여세를 몰아 고구려 서북방의 요충지인 요동성을 포위했다.

10　《수경주》는 고대 중국의 강을 설명한 《수경》에 대해서 북위의 역도원酈道元(466 혹 472~527)이 주석을 단 책이다. 《수경》은 후한의 상흠桑欽이 편찬했다고 하는데, 원래는 전국시대戰國時代(서기전 403~서기전 221)경부터 만든 것을 집대성한 것으로 해석한다.

수군 총사령관 좌익위대장군左翊衛大將軍 내호아來護兒는 7개 군을 이끌고 뱃길로 패수 하구로 들어와 평양성에서 60여 리 떨어진 곳에서 고구려군을 만나 격파했다. 내호아는 내친김에 평양성을 점령하려다가 나성羅城(평양성의 외성)의 빈 절에 군사를 숨겨두고 거짓 퇴각하는 고구려군의 유인전술에 걸려 생환자가 수천 명에 불과할 정도의 대패를 당했다.

수 양제는 자신이 요동성을 포위하는 동안 좌익위대장군 우문술宇文述, 우중문于仲文 등에게 9개군 30만 5,000명을 주어 평양성을 직접 공격하게 하였다. 우중문이 이끄는 부대는 정예부대였으나 문제는 보급이었다. 양제는 군사 개인이 100일분의 양식과 무기를 지니고 평양으로 가게 했는데, 중도에 식량을 버리는 군사들이 많았다.

식량보급에 문제가 있음을 간파한 고구려의 을지문덕은 수나라 군사를 고구려 경내 깊숙이 끌어들여 하루 동안에 일곱 번 거짓 패하면서 수나라 군사를 더욱 피로하게 했다. 수나라 군사가 살수 건너 평양성 북쪽 30리 되는 곳에 진영을 풀자 을지문덕은 우중문에게 '그만 만족하고 돌아가라(知足願云止)'는 도교道敎의 경구를 인용한 시를 적어 보냈다. 계략에 빠진 것을 알아차린 우중문이 철수하기 위해 살수를 건너자 을지문덕은 수공水攻으로 수나라 군사를 궤멸시켰다. 30만에 달했던 수나라 군사 중 불과 2,700명만이 살아서 요동성으로 돌아갈 수 있었다. 이 전역이 제2차 고수대전의 승패를 결정지었다. 살수에 대해 남한 강단사학계는 지금의 청천강이라고 보고 있으나 북한학계는 요동반도에서 바다로 흐르는 대양하大洋河의 지류인 소자하哨子

— 소자하의 위치.

河(초자하)로 보고 있다.

수 문제에 이어 역사상 최대 병력을 동원한 양제의 수군도 대패했다. 이를 뼈아프게 여긴 그는 이듬해인 영양왕 24년(613) 4월에 다시 군사를 일으켰다. 이 3차 고수대전에서 양제는 다시 요동성을 포위했으나 6월에 회군할 수밖에 없었다. 이 틈에 예부상서 양현감楊玄感이 반란을 일으켜 10만 대군으로 세가 커졌기 때문이다.

수나라 내부에 고구려 정벌을 비판하는 소리가 드높았다. 고구려에 대한 공포감이 확산되면서 정벌에 대한 반발로 이어졌다. 양제는 양현감의 반란을 겨우 진압한 후 이듬해(614) 군사를 일으켜 고구려를 다시 침략했으나 별다른 성과를 거두지 못했다. 문제와 양제가 거듭 패전하자 수나라 각지에서 봉기가 일어났다. 양제는 재위 14년(618) 3월 호위대장이었던 우문화급宇文化及에게 살해되고 말았다. 370여 년에 걸친 중원의 분열시대를 통일한 수나라는 고구려 침략의 여파로 30여 년 만에 멸망하고 말았다. 천하의 패권을 둘러싼 고수대전은 고구려의 승리로 끝났다. 고구려는 북방 여러 국가 위에 군림하는 천하관을 계속 유지할 수 있었다. 천제의 아들이자 천손 민족이라는 천하관을 수호한 것이다.

고당대전高唐大戰

영류왕의 저자세 외교와 연개소문의 정변

수나라의 멸망은 중국 정세에 급변을 불러왔다. 태원유수太原留守 출신 이연이 남하해 당나라를 건국한 것이다. 이연의 부친 이병李昞은 북주北周에서 당국공唐國公을 역임했는데, 부인 독고獨孤씨는 선비족이었다. 이병의 부친 이호李虎는 선비족이 세운 서위西魏의 팔대주국八代柱國의 한 명이었으므로 역시 선비족일 것이다. 이연과 독고씨 사이의 둘째아들 이세민李世民(태종)은 626년(당 고조 9년) 현무문玄武門의 변으로 형인 태자 건성建成과 동생 원길元吉을 살해하고 부왕에게 왕위를 빼앗았다. 태종 이세민의 부인 장손長孫씨도 선비족 탁발씨다. 태종 이세민은 내부 반란을 진압한 후 재위 7년(633)에는 돌궐까지 정복해 주변의 여러 민족들을 복속시켰다. 당 태종의 치세는 '정관의 치〔貞觀之治〕'라고 불리는 안정된 시기였다.

— 당 태종 이세민.

고구려는 수나라와 네 차례 전쟁을 모두 이겼지만 큰 피해를 입었다. 그래서 영양왕의 이복동생인 제27대 영류왕(재위 618~642)은 당나라와 화친정책을 추진했다.《삼국사기》'영류왕'조는 재위 2년, 4년, 5년, 6년, 7년에 거듭 당에 사신을 보냈고, 재위 8년에는 불교와 도교의 교법教法을 구했다고 전한다. 9년에는 신라와 백제가 당나라에 사신을 보내 고구려가 당나라로 가는 길을 막는다고 항의하자 당에 사과하는 글월을 보내기도 했다. 영류왕은 재위 11년(628) 당 태종이 돌궐 임금 힐리가한頡利可汗을 사로잡은 것을 치하하면서 고구려의 봉역도封域圖(강역도)를 바치고, 재위 14년(631)에는 당 태종의 요청으로 대수對隋 전승기념탑인 경관京觀까지 헐어버렸다. 재위 23년(640)에는 태자 환권桓權을 당나라에 보냈는데, 이는 연개소문 중심의 대당강경파들의 반발을 샀다.

영류왕이 태자를 보내자 당 태종은 직방낭중職方郞中 진대덕陳大德을 답례 사신으로 보냈는데,《삼국사기》는 진대덕이 "역로歷路의 성읍마다 그 관수자官守者(지방장관)에게 예물을 주면서 고구려의 산천과 지형을 염탐했다"고 전하고 있다. 영류왕이 아무리 화친정책을 펼쳐도 당 태종은 고구려 침략의 야욕을 버리지 않았다는 뜻이다. 진대덕이 돌아간 이듬해인 재위 25년(642) 정월에 영류왕이 또다시 사신을 당나라에 보내고, 대당강경파 연개소문을 장성 축조 감독으로 보내자 연개소문은 정변을 일으켜 정권을 장악했다. 연개소문은 영류왕의 아우 태양왕의 아들 보장왕(재위 642~668)을 왕으로 세웠는데,《삼국사기》는 연개소문에 대해 시종 부정적으로 묘사하고 있다. 이는 사대주의 유학자의 관점으로 폄하한 것에 불과하다. 연개소문의 정변은 단순한 쿠데타가 아니라 대당 굴욕 외교로 고구려 중심의 천하관을 포기한 영류왕과 그 세력에 대한 대당강경파의 혁명이었다.

당 태종은 보장왕 2년(643) "연개소문은 그 임금을 죽이고 국정을 제 마음대로 하니 진실로 참을 수 없다"면서 고구려 침략의지를 드러냈다. 이에 대해 어린 시절 친구였던 측근 장손무기長孫無忌는 '연개소문이 나태해졌을 때 치더라도 늦지 않다'면서 말려 일단 중지했다. 그러나 당 태종은 보장왕 3년(644, 당 태종 18년), "(연)개소문은 임금을 시해하고 대신들을 도륙해 한 나라의 백성들이 모두 목을 늘이고 구원해줄 것을 기다리고 있다"면서 군사를 일으켰다. 중원 중심의 세계관과 고구려 중심 세계관이 다시 충돌하는 것이었다.

보장왕 3년(644) 당 태종은 사신 현장玄奬을 고구려로 보내 "만일 또다시 신라를 친다면 내년에는 군사를 발하여 너희 나라를 칠 것이다"라고 위협했다. 연개소문은 현장에게 "지난번 수나라가 쳐들어왔을 때 신라는 그 틈을 타서 우리 땅 500리를 빼앗아 그 성읍을 모두 차지했으니 그 땅을 돌려주지 않으면 싸움은 아마 그칠 수 없을 것이다"라면서 신라를 계속 공격하겠다고 선언했다.

당 태종이 고구려를 침공하려 하자 수나라의 고구려 침략 때 종군했던 전 의주자사 정천숙鄭天璹이 "요동은 길이 멀어 양곡을 수송하기가 어렵고 동이東夷는 수성을 잘하여 갑자기 항복시킬 수 없습니다"라고 반대했으나 태종은 "지금은 수隋에 비할 바가 아니니 공은 나의 뜻을 좇기만 하라"고 침공을 강행했다. 당 태종은 정주定州로 북상해 시신侍臣들에게 이렇게 말했다.

> 요동은 본래 중국의 땅인데 수가 네 번 군사를 일으켰으나 취하지 못하였다. 내가 지금 동정東征함은 중국을 위하여 자제子弟의 원수를 갚고 고구려를 위하여 군부의 치욕(영류왕 시해)을 씻으려 할 뿐이다. 또 사방이 크게 평정되었는데 오직 고구려만 평정되지 않았으니 내가 아직 늙기 전에 이를 취하려 한다.
>
> 《삼국사기》 '보장왕 4년'

'군부의 치욕' 운운은 형을 죽이고 아버지의 자리를 빼앗은 태종이 말할 수 있는 명분이 아니었다. 중요한 것은 '사방이 크게 평정되었는데 고구려만 평정되지 않은 것'이 침공의 진정한 이유이다.

안시성 승전과 당 태종의 후회

당 태종이 재위 18년(645, 보장왕 4년) 3월 요하를 건넘으로써 고당대전은 개시되었다. 당 태종은 수 양제가 군사 숫자만 믿었다가 패배한 전력을 잘 알고 있었다. 그래서 태종은 고구려로 하여금 당군의 진로를 파악할 수 없게 만들었다.

> 이세적李世勣군이 유성柳城을 떠나 크게 형세를 벌이고 회원진懷遠鎭에 나오는 것처럼 하여 군사를 숨겨 북으로 용도甬道(양쪽에 담을 쌓은 길)로 가서 우리가 예상치 못한 때에 나타나려 했다. 4월에 이세적군이 통정通定에서 요수를 건너 현도성에 이르니 우리 성읍이 크게 놀라 모두 문을 닫고 스스로 지켰다.
>
> 《삼국사기》'보장왕 4년'

당 태종은 개모성蓋牟城을 포위 함락시켜 서전을 승리로 장식했다. 당군은 1만 명과 양식 10만 석을 탈취하고, 개모성을 당나라 행정구역인 개주蓋州로 편입시켰다. 조공을 기본으로 하는 형식적인 왕조체제마저도 인정하지 않고 자신들의 행정구역으로 편입시킨 것이다.

당 태종은 개모성 함락의 여세를 몰아 고구려 서북방 요충지인 요동성을 포위 공격했다. 이때 연개소문은 신성과 국내성에서 4만의 군사를 차출해 구원군으로 보냈지만 패배해서 그해 5월 하순 요동성은 함락되고 1만의 군사와 남녀 백성 4만여 명, 50만 석의 군량을 빼앗겼다. 요동성 동북쪽의 백암성 성주 손대음孫代音은 스스로 항복하고, 비사성도 당나라 수군에게 정복당하자 고구려군의 사기가 크게 저하되었다.

당 태종은 그 여세를 몰아 그해 6월 20일 안시성을 공격했다. 연개소문은 남부욕살 고혜진高惠眞과 북부욕살 고연수高延壽에게 15만 대군을 주어 안시성을 구원하게 했다. 대로對盧 고정의高正義가 '지연전술을 쓰면서 당군의 보급로를 끊어 식량이 떨어지게 하자'는 지연전술을 제안했으나, 고연수는 정면승부를 벌였다가 참패했다. 고연수·고혜진은 3만여 명의 군사를 잃고 3만 6,000여 명의 군사와 함께 항복했다.

그러나 연개소문과 안시성은 굴하지 않았다. 당 태종은 연인원 50만 명을 동원해 60여 일간 안시성보다 높은 토산을 쌓았으나 고구려군은 토산 일부가 무너진 틈을 타 빼앗아버렸다. 당군은 토산을 되찾기 위해 3일간 총공세를 펼쳤으나 실패했다. 당 태종은 안시성 함락전을 포기하고 9월 18일 철군을 결정했다. 6월부터 9월까지 무려 3개월간의 공성전이 실패한 것이다. 《삼국사기》는 "당주唐主(태종)는 요동 지방이 일찍 추워 풀이 마르고 물이 얼어 병마가 오래 머물기 어렵고, 또 양식이 다하려 하므로 군사를 거두게 하였다"고 중국 기록을 인용해 적고 있다. 그러나 김부식은 당나라 하동군공河東郡公 유공권柳公權(778~865)의 말을 인용해 당군의 진정한 철군 이유도 적고 있다.

유공권의 소설에, "주필산駐蹕山 전투에서 고구려와 말갈을 합친 군대가 40리에 뻗치었는데, 태종이 이를 바라보고 두려워하는 빛이 있었다"라고 적혀 있다. 또 육군六軍(황제가 거느리는 군대)은 고구려에 패배해 거의 떨치지 못하였고, 염탐하는 자가 고하기를 "이세적이 거느리는 흑기黑旗가 포위되었다고 하자 당주가 크게 두려워하였다"고 했다. 비록 스스로 빠져나왔으나 저처럼 위험했는데 《신·구당서》와 사마광의 《자치통감》에는 이를 언급하지 않았으니, 이는 자기 나라를 위하여 수치를 감춘 것이 아닌가 한다.

《삼국사기》 '보장왕 8년'

중국은 패전하면 늘 기후나 전염병 때문이라는 식으로 패인을 왜곡하기 일쑤다. 오대五代 후진後晉 때 편찬한 《구당서》와 송나라에서 편찬한 《신당서》·《자치통감》에는 태종의 패전 기록이 남아 있지 않다. 안시성주의 이름은 《삼국사기》에는 전하지 않지만 조선 중후기 유신儒臣 송준길宋浚吉의 《동춘당선생별집同春堂先生別集》에 현종이 안시성주의 이름을 묻자 '양만춘梁萬春'이라고 대답하는 기록이 나온다. 현종이 그 근거를 묻자 "돌아가신 부원군 윤근수尹根壽가 중국에서 들은 것을 기록한 것을 봤습니다"라고 대답했다. 또한 박지원朴趾源은 《열하일기》에서 "당 태종이 화살에 맞아 눈이 멀었다… 세상에 전하기를 안시성주는 양만춘이라고 한다"고 기록하고 있다. 윤근수는 선조 5년(1572) 명나라에 다녀온 적이 있고 박지원도 정조 4년(1780) 청나라에 다녀온 적이 있는데 이때 중국에서 들은 내용을 적은 것이다. 1,000여 년이 흐른 후에도 안시성 패전에 대한 구전이 광범위하게 퍼져 있었음을 의미한다. 신채호는 《조선상고사》에서 이때 연개소문이 북경 북쪽의 상곡 지방을 공격했다고 기록했다.

당 태종은 철군 길을 요하 하구로 잡았다. 이곳은 "진흙과 물이 있어 마차가 통하지 못하는" 곳이어서 "풀을 베어 길을 메우고 물이 깊은 곳은 수레로 다리를 삼아야" 건널 수 있는 곳이었다. 당 태종 자신도 "스스로 말의 칼집에다가 장작을 매어 일을 도와야 할" 정도였고, "풍설風雪이 사나와 사졸士卒이 젖고 죽는 자가 많았다"는 험로였다. 굳이 이런 길을 선택한 것은 다른 길은 모두 고구려 군사가 지키고 있기 때문이었다. 태종은 악전고투 끝에 645년 11월 겨우 장안長安(서안)으로 돌아갔는데, 경사京師(장안)에서 이정李靖에게 "내가 천하의 군사로서 작은 오랑캐(고구려)에게 괴로움을 당한 것은 무슨 까닭이냐?"라고 물을 정도로 큰 충격을 받았다.

태종은 2년 후인 647년 이세적 등을 시켜 다시 고구려를 공격했으나 실패했고, 이듬해에도 설만철薛萬徹을 시켜 박작성泊灼城을 공격했지만 이 역시 패배했다. 《신당서》는 이때 설만철이 압록을 건넜다고 말하고 있는데, 이때의 압록에 대해 북한학계는 요동반도 태자하太子河라고 비정하고 있다. 재위 23년(649) 5월

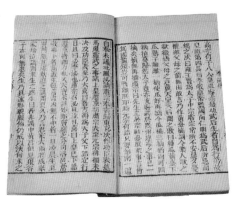

—《신당서》. 북송 인종이 구양수歐陽脩 등에 명하여 1044년 ~1060년에 걸쳐 완성한 당나라의 역사를 서술한 책이다.

당 태종은 고구려를 정복하지 못한 한을 남긴 채 세상을 떠나면서 유조遺詔로써 고구려 정벌을 중지시켰다. 그는 평시에도 "만일 위징魏徵이 살아 있었다면 나에게 이 원정을 하지 못하게 했을 것이다"라고 후회했다.

고수대전과 고당대전의 승리는 고구려가 자국의 힘으로 독자적인 천하관을 지켜냈음을 의미한다. 서방의 패자 수·당에 맞선 북방의 패자 고구려는 자력으로 두 통일대국과의 전쟁을 모두 승리로 이끌었다. 당 태종은 고연수와 고혜진이 3만 6,000여 명의 군사와 항복했을 때 고구려 군사들은 살려주는 대신 말갈 군사 3,300명은 따로 골라내 산 채로 묻어 죽였다. 당나라가 아닌 고구려 천하관에 복속하는 이민족들에 대한 강력한 경고의 의미가 포함된 것이었다.

그러나 승전의 대가 또한 너무 컸다. 태종이 죽은 후에도 당과 고구려의 국지전은 계속되었는데, 당 고종은 재위 3년(보장왕 17년. 658년) 6월 정명진程名振, 설인귀薛仁貴 등에게 고구려를 침략하게 했으며, 이듬해 11월에도 설인귀를 보내 고구려를 공격하게 했다. 고구려는 이런 모든 공격들을 막아냈지만 계속된 전쟁은 고구려의 국력을 소진시켰다. 그리고 이것은 고구려 약화의 중요한 원인이었다.

경관 京觀

경관이란 적군의 시체를 쌓고 그 위에 봉토를 입혀 만든 시체 산으로서 고대의 전승기념탑이었다. 경京은 높은 언덕이란 뜻이고, 관觀은 궁문 앞 양측에 세운 망루를 뜻한다. 《진서晉書》〈고조본기〉는 "남자 15세 이상 7,000여 명을 모두 죽이고 경관으로 만들었다"고 기록하고 있고, 《북사北史》〈동순董純열전〉에도 "1만여 명의 목을 베고 경관을 쌓았다"고 기록하고 있다. 고구려는 수나라 전사자들의 시신을 쌓아서 경관을 만들었는데, 《구당서》 '정관 5년(631)'에 "사신을 보내 고구려에서 세운 경관을 허물고 수나라 사람들의 해골을 수습해 제사 지내고 장례를 치러주었다"고 기록하고 있다. 이는 대수對隋 전쟁에서 전사한 고구려군의 유족들이 크게 반발할 만한 일이었고, 연개소문이 정변을 일으킨 이유 중 하나가 되었을 것이다.

전쟁의 발단과 백제의 멸망

무왕의 맏아들이었던 백제의 마지막 의자왕에 대해《삼국사기》는 "빼어나게 용맹하며 결단성이 있었다"라고 설명하고 있다. 의자왕은 재위 2년(642년) 7월 직접 군사를 이끌고 신라 서쪽의 미후성彌猴城 등 40여 성을 공격해 함락시켰다. 그 다음달에는 당항성을 치는 것처럼 위장한 후 장군 윤충允忠을 보내 대야성을 함락시켰다. 대야성大耶城 성주 김품석金品錫과 그 부인 고타소古陀炤는 성을 빼앗기자 자살했는데, 고타소는 김춘추(태종 무열왕)의 딸이었다.《삼국사기》는 고타소의 사망 소식을 들은 김춘추가 "기둥에 의지해 서서 종일토록 눈을 깜짝이지 않고, 사람이나 물건이 그 앞을 지나가도 알지 못할 정도였다"고 충격의 정도를 말해주고 있다. 김춘추는 "슬프다. 대장부가 되어 어찌 백제를 멸하지 못하랴"라고 말한 후 백제 멸망에 매진했다. 이것이 두 나라가 전면전에 돌입하게 되는 시발이었다.

554년 백제 성왕의 전사 이래 양국은 적대관계였지만 서로 멸망까지 꿈꾸지는 않았다. 대야성 사건이 발생한 642년은 연개소문이 고구려의 정권을 장악함으로써 삼국 모두에 큰 변화가 일었다. 김춘추는 장수왕의 평양 천도

— 태종무열왕 김춘추.

(427) 후 신라 사절로는 200여 년 만에 백제를 칠 구원군을 요청하러 고구려를 방문했다. 그러나 연개소문은 김춘추에게 되레 진흥왕 때 신라가 차지했던 마목현麻木峴(조령)과 죽령竹嶺의 반환을 요구하면서 투옥했다. 김춘추는 토끼와 거북이의 우화를 이용해 겨우 빠져나왔지만 고구려 방문은 아무 소득이 없었다.

김춘추는 좌절하지 않고 선덕여왕 16년(647)에는 왜국을 방문했다. 야마토왜는 645년 중대형中大兄(나카노에) 왕자가 왕실을 좌지우지하던 백제계 호족 소아입록蘇我入鹿(소가노 이루카)을 참살하는 태극전太極殿의 변을 일으켰다. 이것이 이른바 대화개신大化改新인데, 김춘추는 백제계 소아가蘇我家를 제거한 중대형 왕자가 반백제계라고 판단해서 왜국으로 건너 간 것이었다.

《일본서기》 '효덕孝德천왕'조는 "김춘추를 인질로 삼았다. 춘추는 용모가 아름답고 쾌활하게 담소하였다"라고 적고 있는데, '쾌활하게 담소하였다'는 기술은 인질이 아니라는 사실을 말해준다. 김춘추는 백제를 공격할 왜국의 군사를 파병해줄 것을 요청하려 했지만 중대형 역시 백제계라는 사실만 확인하고 되돌아왔다.

김춘추는 진덕여왕 2년(648년) 당나라로 가면서 아들 문왕까지 대동했다. 3년 전의 고구려 정벌 실패로 상심해 있던 당 태종은 아들까지 대동하고 찾아온 김춘추의 연합제의를 수락해 신당新唐동맹을 맺었다. 《삼국사기》 '문무왕'조는 당 태종이 김춘추에게 "내가 양국을 평정하면 평양 이남과 백제 토지는 다 신라에게 주어 길이 평안하게 하려 한다"고 말했다고 전한다. 이것이 두 나라의 영토분할 협정이었다. 귀국길에 고구려 순라선을 만나 종자 온군해溫君解가 김춘추로 변장해 싸우는 틈을 타서 작은 배로 갈아타고 겨우 귀국했을 정도로 위험한 사신 길이었다. 이 신당동맹은 동아시아 전역을 전쟁으로 몰고 갔다.

이때 백제는 내부갈등을 겪고 있었다. 의자왕의 왕권강화책이 내부 반발로 이어진 것이다. 왕권강화는 곧 지배귀족들의 약화를 뜻하는 것이었으므로 귀족들이 반발하고 나섰다.《수서》〈백제열전〉에는 "(백제에는) 여덟 씨족의 대성이 있으니, 사씨沙氏, 연씨燕氏, 협씨劦氏, 해씨解氏, 진씨眞氏, 목씨木氏, 국씨國氏, 백씨苩氏이다"라고 말하는데, 이들이 백제의 8대 지배성씨였다. 이들 호족들은 각 지역을 세력기반으로 갖고 있었는데, 한성시대 지배호족들은 진씨, 해씨 등과 같은 왕비족들이었고, 웅진시대에 이들 외에 백씨, 연씨, 사씨, 목씨(목협씨) 등이 새롭게 대두했다. 성왕 16년(538) 천도한 사비시대에는 사씨, 즉 사택씨가 강력했다.

의자왕 15년(655년) 백제 16관등 중 1품인 좌평 임자任子가 김유신과 내통했다. 좌평은 정원이 5~6명이었는데 의자왕은 재위 17년(657년) 자신의 서자 41명을 좌평으로 제수하고 각각 식읍食邑을 주었다. 의자왕의 이런 왕권강화책에 호족들은 반발했는데, 성충처럼 극간極諫으로 저항하다 투옥되기도 하고, 좌평 흥수興首처럼 고마미지현古馬彌知縣으로 귀양 가기도 했다.

이런 상황에서 660년 신당연합군이 백제를 공격했는데, 의자왕은 상황을 오판하고 있었다. 13만 대군을 이끌고 바다를 건넌 소정방蘇定方이 덕물도德物島에서 김유신과 태자 김법민金法敏과 회동했을 때도 이들의 공격 목표를 고구려라고 낙관하다가 신당연합군이 백제영토에 상륙하자 당황했다.

좌평 의직義直이 먼 뱃길에 피곤한 당군을 공격하자고 주장하자 달솔 상영常永 등은 사기충천한 당군을 피하고 신라군을 공격하자고 주장했다. 결론을 내리지 못한 의자왕은 귀양 가 있던 좌평 흥수의 견해를 물었다. 흥수는 전략 요충지 백강白江과 탄현炭峴을 지키라고 충언했지만 다른 신하들의 반대로 채택되지 않았다. 그 사이 당군이 이미 백강으로 들어오고, 신라군은 탄현을 넘자 신하들은 모두 도망갔다. 왕성을 지키는 계백의 결사대가 겨우 5,000명이었다는 사실은 의자왕 체제가 신당연합군 공격 이전에 이미 내부에서 붕괴했음을 뜻하는 것이다. 백제는 변변한 저항 한번 하지 못하고 수도 사비성을 빼앗기고 말았다.

백제인들은 후국인 야마토왜에 가 있던 부여풍扶餘豊을 백제부흥군의 임금으로 추대해 신당연합군에 저항하는 한편 백제의 담로였던 야마토왜를 재기의 근거지로 삼았다. 규슈의 태재부太宰府에 전시戰時수도를 설치해 군사를 기르고, 전선戰船을 건조했다. 드디어 663년 400여 척의 전선에 2만 7,000여 명이 백강 하구에서 신당연합군과 맞붙었다. 백제부흥군과 왜에서 차출한 지원군이 한편이 되고, 신당연합군이 한편이 된 백강 전투에서 백제·왜군이 패전함으로써 백제는 700년의 역사를 뒤로하고 사라지고 말았다.

일본 열도의 조선식 산성

일본 열도에는 조선식 산성들이 존재하는데, 곧 백제식 산성을 의미한다. 규슈, 세토내瀬戸内(세토우치) 지방, 고대 수도 나라가 있던 근기近畿(긴키) 지방에 주로 분포한다. 조선식 산성은 백제인들이 쌓은 백제 산성과 신룡석神籠石(고고이시)식 산성을 포함하는 용어이다. 《일본서기》 등의 문헌에는 12개 성이 확인되는데, 문헌에 보이지 않는 산성까지 포함해 수십 처의 산성이 존재한다. 《일본서기》에는 백강 패전 후인 665년부터 670년경까지 백제 장군 등이 현지인들을 동원해 쌓은 것으로 기록하고 있지만 북한 학계는 그 이전에도 가야계와 백제계가 조선식 산성을 쌓았다고 보고 있다. 가야의 분국 임나가 있던 오카야마현의 기노조鬼の城는 5세기 무렵에 만들어진 것

— 대마도의 금전성 남부.

— 후쿠오카현의 대야성.

이다.(조희승, 《임나일본부 해부》) 대마도의 금전성金田城(가네다조), 후쿠오카현의 대야성大野城(오노조)·기이성基肄城(기이조), 나라현의 고안성高安城(다카야쓰조) 등이 조선식 산성들이다. 《일본서기》

에는 663년 백강 전투에서 패전하고 주유성이 함락되자 야마토왜의 국인國人들이 "백제라는 이름은 오늘로써 끊어졌다. 조상들의 무덤이 있는 그곳을 언제 다시 가볼 수 있겠는가"라면서 한탄했다고 전한다. 조선식 산성은 산꼭대기에 자연석을 다듬어 성벽을 쌓거나 흙을 판축해 쌓았는데 내몽골에 산재한 4,000여 년 전의 고조선 산성과 구조가 같다. 특히 산성 안에 반드시 우물이나 물이 흐르는 계곡이 있어서 장기 항전이 가능했다. 백강 전투에서 패한 백제인들은 신당연합군이 야마토왜까지 공격할 것으로 예상하고 대마도와 일기도壹岐島(이키시마)에 조선식 산성을 축조해 결사대를 배치하고, 이 두 섬이 함락당하면 규슈의 후쿠오카 등에서 다시 결전을 하고, 이 성들도 함락당하면 수도인 나라 부근에서 결전하려 했다. 패전한 백제인들이 일본 열도 각지에 성을 쌓았다는 것은 야마토왜가 백제의 제후국(담로)이 아니면 불가능한 일이다. 신당연합군이 야마토왜까지 공격하지 않았기 때문에 나라의 고안성 등이 701년에 폐성된 것을 비롯해 점차 사용하지 않게 되었다. 일본 열도 곳곳에 남아 있는 조선식 산성과 신롱석식 산성은 본국을 빼앗긴 백제인들의 한과 집념이 고스란히 남아 있는 유적들이다.

대제국 고구려의 종언

백제를 멸망시킨 신당연합군은 고구려를 겨냥했다. 664년 7월 문무왕이 동생 김인문과 장군 김품일金品日, 군관軍官 김문영金文穎 등에게 옛 백제 자리에 설치한 웅진도독부熊津都督府 군사들과 일선一善·한산漢山 두 성의 군사를 이끌고 고구려 돌사성突沙城을 공격해 함락하게 했다. 그러나 이를 제외하면 연개소문이 급서하는 보장왕 25년(666)까지 신당연합군은 고구려를 공격하지 못했다. 연개소문의 장남 연남생淵男生이 대막리지가 되어 연개소문의 뒤를 이었다. 그런데 그가 지방 순시에 나선 틈을 타서 두 아우 남건男建·남산男産이 난을 일으키면서 위기가 발생했다. 남건은 남생의 아들 헌충獻忠을 죽이고 스스로 막리지가 되어 군사를 일으켰다. 남생은 옛 수도 국내성에 은거해 거란·말갈족과 교결하는 한편 아들 헌성獻誠을 당나라에 보내 도움을 요청했다. 거란·말갈은 고구려의 제후국들이었지만 적국인 당나라에 도움을 요청한 것은 매국행위였다. 당 고종은 저절로 굴러들어온 복에 크게 기뻐하며 연헌성을 곧

바로 우무위右武衛장군에 제수하고 군사지원을 약속했다. 당 고종은 남생에게 특진요동도독 겸 평양도 행군대총관 지절안무대사 현도군공特進遼東都督兼平壤道行軍大摠管持節安撫大使玄免郡公이라는 긴 관직을 제수했고, 남생은 남소성南蘇城과 창암성倉巖城 등을 당나라에 바쳐 이에 부응했다.

고구려 지배층의 분열을 확인한 당 고종은 그해(666) 12월 73세의 노장군 이적李勣을 요동도행군대총관 겸 안무대사로 삼아 고구려 정벌을 명했다. 대막리지 출신이 적국의 향도嚮導(길잡이)로 나서자 고구려는 당황했다. 연개소문의 친족인 연정토淵淨土가 자신을 따르는 종관從官 24인과 12개 성, 763호, 3,543명의 백성들과 함께 신라에 투항했다. 이 중 8개 성은 성과 주민이 모두 온전한 상태로 항복한 것이었다. 당 고종은 문무왕에게 조서를 보냈고, 문무왕은 재위 7년(667) 7월 신당연합군을 결성해 고구려 공격에 나섰다.

그해 9월 문무왕과 김유신은 신라군을 이끌고 북상해 한성정漢城停에 도착했다. 당나라는 육군과 수군으로 나누어 육군은 요동의 고구려 성들을 격파하며 남하하고 수군은 뱃길로 평양성으로 직진했다. 당나라 고구려원정군 사령관 이적은 요하를 건너 전략 요충지 신성新城을 함락시켰다. 역대 전쟁 중에서 한 번도 점령되지 않은 불패의 신성이었지만 성안의 사부구師夫仇 등이 결사항전을 주장하는 성주를 결박한 후 성문을 여는 바람에 함락당했다. 신성 함락은 고구려군의 사기를 크게 떨어뜨렸고 삽시간에 16개 성이 연달아 함락되었다.

남건이 5만 군사로 신성 탈환을 시도했으나 실패하고 재차 금산을 대결 장소로 삼아 당군과 맞붙어 싸웠으나 협공을 당해 패전하고 말았다. 고구려는 요동의 주요 성들을 대거 빼앗긴 상태에서 운명의 해인 668년을 맞았다.

668년 2월 다시 공세를 개시한 당군이 천리장성의 북쪽 경계인 부여성을 함락시켰고 주변 40여 성이 모두 항복했다. 남건은 군사 5만 명을 보내 부여성을 탈환하려 했으나 대패하고 3만 군사까지 잃었다. 배후를 잃어버리고 고립된 평양성이 나당연합군의 전면적인 공세를 오래 버티기는 어려웠다. 이적이 이끄는 당나라 군사와 김인문이 이끄는 신라군에게 포위된 평양성은 한 달

남짓 만에 남산이 수령 89인을 거느리고 성문을 열어 항복했다. 막리지 남건은 항복을 거부하고 굳게 맞서다 신당연합군이 성안으로 밀고 들어오자 자살을 기도했으나 미수에 그치고 체포되고 말았다.

보장왕과 남건·남산 등이 모두 체포되면서 대제국 고구려는 멸망하고 말았다. 북방의 패자로 우뚝 서서 자국 중심의 천하관을 떨치던 고구려는 내부 분열 끝에 멸망하고 말았다. 당나라는 보장왕과 그 아들 복남福男, 덕남德男과 남건, 남산을 비롯한 지배층과 20여만 명에 달하는 고구려 백성들을 당나라로 끌고 갔다. 《삼국사기》는 고구려 멸망 때의 행정구역과 인구수를 "5부部, 176성城, 69만여 호"라고 적고 있는데, 3.5가구 중의 한 명씩을 끌고 간 것이니 저항능력이 있는 사람들을 모두 끌고 가는 셈이었다. 고구려 부흥운동을 철저히 차단하겠다는 의도였다. 고구려 지배층들은 장안에 들어서기 전에 당 태종의 무덤에 절을 해야 했다.

고구려 멸망을 초래한 남생은 포로가 아니라 이적, 계필하력契苾何力 같은 당나라 장수와 신라 장수들과 함께 개선군 대열에 서서 행진하고 있었지만 그것을 개선이라고 보는 사람은 남생 자신밖에 없었다. 고구려가 멸망한 것은 우리 역사에서 자신을 천손의 후예로 여기는 주체적 역사관이 무너진 것을 뜻했다. 이후 우리 역사는 사대주의가 크게 득세하게 되고 이는 지금까지도 한국인들의 정신적 주체성을 크게 훼손시키고 있다.

당나라 안동도호부는 지금의 평양이었나?

장수왕이 천도한 평양이 중요한 이유는 안동도호부安東都護府의 위치와도 관련되기 때문이다. 그간 당나라가 668년 고구려를 멸망시키고 설치한 안동도호부의 위치를 지금의 북한 평양이라고 인식해왔다. 이는 정확한 고증의 결과가 아니라 '장수왕이 천도한 평양성=지금의 평양=당나라 안동도호부'라는 선입견에서 나온 것이다.

《구당서》〈지리지〉'안동도호부'조는 총장總章 원년(668) "평양성을 뿌리 뽑고 그 땅을 안동도호부로 삼았다"라고 설명하고 있다. 그런데 상원上元 3년(676) "안동도호부를 요동으로 옮겼다"고 말하고, 곧이어 의봉儀鳳 2년(677) "안동도호부를 신성新城으로 옮겨 통치했다"라고 말하고 있다. 이

때의 요동은 지금의 요동보다 훨씬 서쪽의 고대 요동인데, 안동도호부가 이리저리 옮겨다닌 것은 고구려 부흥운동 때문이었다. 당 성력聖曆 원년(698)에는 안동도호부를 안동도독부로 개칭했다가 신룡神龍 원년(705)에 다시 안동도호부로 복원했고, 개원開元 2년(714)에 평주平州로 이전 설치했다. 《구당서》〈천문지天文志〉는 당나라 때의 평주를 옛 고죽국이라고 말하고 있으니 지금의 하북성 노룡현이다. 안동도호부가 지금의 하북성 노룡현으로 옮겼다는 것이다. 지금의 평양에 처음 설치했던 기구를 하북성 노룡현으로 이전했다고 보기는 어렵다. 안동도호부는 천보天寶 2년(743) 요서 고군성故郡城으로 다시 이전해 설치했다가 지덕至德(756~758) 이후 폐지되었다. 《구당서》'안동도호부'조는 안동도호부를 "처음 설치할 때 기미주羈縻州 14곳을 설치해 다스렸다"라고 말하고 있다. 기미란 말고삐란 뜻인데, 당나라에서 직접 다스린 것이 아니라 고구려·말갈 유민들의 자치 지역이었다는 뜻이다. 《구당서》〈이적李勣열전〉은 이적이 "압록수에서 200리를 달려 평양성에 다다랐다"라고 말한다. 북한학계는 압록수를 태자하로 보고, 평양성을 요녕성 봉황성으로 본다. 압록강에서 평양까지는 220킬로미터 정도 된다. 지금 리수로 따져도 550리 정도가 된다. 여러 중국 사료를 검토하면 안동도호부를 지금의 평양에 설치했다고 보기에는 무리가 따른다.

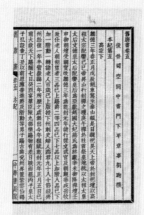

— 《구당서》. 940년에 편찬을 시작하여 945년에 완성하였다. 장소 원張昭遠, 가위賈緯, 조희趙熙 등이 편찬했다.

신라 지배층의 노블레스 오블리주

신라가 당나라를 끌어들여 백제·고구려를 멸망시킨 것은 한민족의 역사 강역을 크게 축소시켰다. 그래서 신라의 삼국통일에 대한 부정적 견해가 많다. 그러나 약소국이었던 신라가 백제, 고구려라는 두 강대국을 꺾고 승리한 원동력을 찾아서 계승하는 것이 역사를 공부하는 목적일 것이다. 사실 당나라는 신라에 그리 우호적이지 않았다. 선덕여왕이 인평仁平(선덕의 연호) 10년(서기 643) 당에 사신을 보내 고구려·백제 연합군이 공격하려고 한다면서 지원군 파견을 요청하자 당 태종은 "그대 나라는 부인을 임금으로 삼아 이웃 나라의 업신여김을 받으니 이는 임금을 잃고 적을 받아들이는 격이라 해마다 편안한 때가 없다"면서 자신의 친척 한 명을 보내 신라의 임금으로 삼겠다고 말했다. 고구려와 백제가 공격하는 마당이라서 선덕여왕은 굴욕을 참고 이듬해 정월 다시 당에 사신을 보내 방물方物을 전해야 했다.

이런 상황에서 647년 선덕의 뒤를 이어 진덕이 즉위하자 상대등上大等인 이찬 비담毗曇과 염종廉宗 등 서라벌 진골세력은 "여왕은 정사를 잘하지 못한다"면서 반란을 일으켰다. 이를 진압한 인물이 가야계 김유신이었다. 가야계 김유신이 서라벌 진골 출신 비담 등의 반란을 진압한 것은 신라 지배층의 구조에 큰 변화를 가져왔다. 김유신과 결합한 김춘추도 쫓겨난 진지왕의 손자로서 결함이 있었다. 김춘추와 김유신이 신라의 신주류로 부상한 것은 신라 지배층의 구조변화일 뿐만 아니라 중국과 일본까지 포함한 동아시아 전체 정세의 격변을 예고하는 것이었다. 김춘추와 김유신은 그간 신라 사회에서 소외되었던 세력들을 포용하는 것으로 내부의 단결을 도모하는 한편 이렇게 통합시킨 역량을 백제, 고구려 멸망에 쏟았다. 백제와 고구려가 심한 내부분열에 시달리는 동안 신라는 신주류 세력이 내부분열에 종지부를 찍고 새로운 도약의 전기를 향해 매진했다.

이후 신라는 위기에 봉착할 때마다 지배층이 먼저 몸을 던져 난국을 타개하는 것이 국가전략의 하나가 되었다. 비담의 난을 진압한 그해 10월 백제군이 습격해 무산성茂山城 등 3성을 포위하자 김유신이 보기步騎 1만을 이끌고 나갔다가 패전했다. 이 전세는 비령자丕寧子와 아들 거진擧眞, 종 합절合節이 목숨을 던져 뒤집었다. 김춘추의 사위 김흠운金歆運은 태종무열왕 2년(655) 고구려·백제 동맹군이 변방 33성을 빼앗자 백제의 양산陽山 조천성助川城을 공격하다가 백제군의 내습을 받아 전선이 무너졌다. 김흠운이 돌진해 자결하려 하자 대사大舍 전지詮知가 "공은 신라의 귀족이며 대왕의 사랑하는 사위이니, 만약 적군의 손에 죽는다면 백제의 자랑거리

— 1926년 발간된 〈조선명현초상화사진첩〉에 실린 김유신의 초상.

가 되고 신라의 수치가 된다"며 말렸으나 김흠운은 듣지 않고 돌진해 죽었다. 이를 본 태감太監 예파穢破와 소감小監 적득狄得도 싸우다가 죽는 길을 택했다. 보기당주步騎幢主 보용나寶用那는 김흠운의 전사 소식을 듣고 "김흠운은 권문세가의 귀족인데도 오히려 죽음을 두려워하지 않았다. 나는 살아서 나라에 보탬이 될 것이 없는데 죽은들 무슨 손실이 있겠는가?"라며 싸우다 전사했다.

계백의 결사대와 황산벌에서 네 번 싸워 모두 패한 신라 장수는 김유신의 동생 김흠순金欽純이었다. 흠순은 아들 반굴盤屈에게 "신하는 충성만 한 것이 없고, 아들은 효도만 한 것이 없는데, 지금이 충과 효를 모두 완성할 수 있는 때"라고 말했고 반굴은 서슴없이 백제 진영으로 달려들어 목숨을 바쳤다. 이를 본 좌장군 품일品日도 아들 관창官昌에게 희생을 요구했고, 이 두 아들의 희생이 전세를 뒤집었다.

신당전쟁 때도 마찬가지였다. 신라는 당나라가 신라 강역까지 삼키려 하자

— 《동국신속삼강행실도東國新續三綱行實圖》 중 관창돌진官昌突進.

신당전쟁을 일으켰다. 문무왕 12년(672) 김유신의 아들 원술元述은 당나라 대군과 백수성白水城에서 패하자 돌진해 죽으려 했는데 부하 담릉淡凌이 말리는 바람에 살아남았다. 김유신은 문무왕에게 "원술은 왕명을 욕되게 하고 가훈을 저버렸으니 목을 베어야 한다"고 주청했다. 원술은 문무왕의 배려로 살아남았으나 부모에게 버림받았다. 김유신이 죽었을 때 어머니를 뵙기를 청하자 "네가 선군先君(흥무대왕 김유신)에게 아들 노릇을 못했으니 내가 어떻게 너의 어미가 될 수 있겠느냐"며 거절했다. 결국 원술은 문무왕 15년(675) 신당전쟁의 승부수였던 매초성買肖城 전투에서 승전해 버림받은 한을 씻을 수 있었다. 그

러나 그는 부친에게 인정받지 못했다는 이유로 끝내 벼슬하지 않고 숨어 살았다. 신라 지배층은 나라의 위기 때 먼저 몸을 던지는 노블레스 오블리주를 실천했고, 이런 희생정신이 백성들의 지지를 끌어내어 삼국통일의 원동력이 되었다.

통일신라의 강역은?

신당전쟁으로 신라가 당군을 패퇴시켰을 때 신라의 북쪽 영토는 호로하瓠瀘河에서 철관성鐵關城까지라고 말한다. 남한 강단사학계는 이병도의 주석을 따라서 호로하는 지금의 임진강이고 철관성은 함경남도 덕원이라고 비정한다. 즉 신라의 강역은 임진강에서 함경남도 덕원까지였다는 것이다. 그 후 성덕왕 34년(735) 발해의 성장을 우려한 당나라가 신라의 평양성 이남 영유권을 공인함으로써 지금의 평양까지 확대되었다는 해석이다. 그러나 남한 강단사학의 대부분의 위치비정이 그렇듯이 호로하가 임진강이고, 철관성이 함경도 덕원이라는 사료적 근거는 전혀 없다. 산이나 강으로 국경이 나뉘던 시대에 임진강에서 함경도 덕원까지 사선斜線으로 국경선이 형성되었다는 발상은 지형을 무시한 자의적 비정에 불과하다. 근래 장수왕이 천도한 평양을 요녕성 심양瀋陽 남쪽의 요양遼陽으로 보는 견해가 이런 이유로 주목된다. 고려·조선과 명의 국경선이었던 철령이 지금의 심양 남쪽 진상둔진陳相屯鎭이었던 것처럼 심양~요양 일대는 중요한 철산지이기 때문에 이 지역이 철관성이었을 가능성이 있다.

한국어와 일본어의 계통

현재 한국어와 일본어의 분기는 1,500여 년 정도로 보면 대략 맞을 것이다. 그런데 지금의 한국어보다 일본어가 한국 고대어의 원형을 많이 간직하고 있는 것으로 보인다. 북한의 이두吏頭 연구결과를 보면 고대 한어는 대부분 받침이 없었다.(류렬, 《세 나라 시기의 리두연구》) 현재 일본어 대부분은 받침이 없다. 1,500여 년을 전후해 가야계와 백제계가 일본 열도에 진출해 야마토왜의 기초를 쌓은 것을 생각하면 타당성 있는 추론이라고 하지 않을 수 없다.

현재 일본어에서 한 한자음을 둘이나 셋으로 읽는 것은 고대 가야·백제·신라·고구려어의 영향이다. 일례로 곡谷(골짜기)을 일본에서는 다니たに, 사코さこ, 야쓰やつ의 3개로 읽는다. 《일본서기》·《고사기》·《만엽집萬葉集》·《원씨물어源氏物語》 같은 일본 고대 서적

— 《만엽집》. 일본에서 가장 오래된 가집歌集. 이두와 같이 한자를 이용하여 만든 만요가나(萬葉假名)로 쓰였다.

을 읽고 해석할 때 한국 고대어, 즉 이두를 알아야 제대로 해석할 수 있다는 점도 이를 말해준다. 일본 고대어 연구는 곧 한국 고대어 연구와 같다.

백제 유민 흑치상지와 고구려 유민 이정기

백제와 고구려 유민 중에는 당나라에서 큰 족적을 남긴 인물들이 적지 않다. 백제 유민 흑치상지黑齒常之와 고구려 유민 이정기李正己가 그런 인물들이다. 묘지명에 따르면 흑치상지는 백제 무왕 31년(630)경에 백제의 왕성인 부여씨로 태어났는데, 흑치黑齒 지역에 봉해져서 성씨가 흑치로 되었다. 흑치의 위치에 대해 중국 남방 광서廣西, 또는 필리핀으로 보는 시각들이 있는데, 아직 자세한 것은 알 수 없다. 흑

— 화가 도사 미쓰오키土佐光起가 그린 《원씨물어》의 한 장면. 여류작가 무라사키 시키부紫式部 (978~1016)가 지은 것으로 황자이면서 용모와 재능을 겸비한 주인공 히카루 겐지光源氏와 그 일족들의 생애를 서술한 대작이다.

치상지는 의자왕이 항복한 후 백제부흥군을 이끌어 신당연합군에게 빼앗겼던 백제성 200여 곳을 되찾는 전과를 올렸지만 당장唐將 유인궤劉仁軌에게 항복하고 당나라로 갔다. 당나라에서 그는 돌궐과의 전투에서 큰 공을 세워 대장군까지 올랐지만 혹리酷吏로 유명한 주흥周興 등의 무고로 조회절趙懷節 반란 사건에 연루되어 죽고 말았다. 사후 맏아들 흑치준黑齒俊 등의 노력으로 신원되어 벼슬을 되찾았다.

이정기는 흑치상지보다 100여 년 뒤인 서기 732년 당나라 평로절도사平盧節度使의 치소治所인 영주營州에서 고구려인의 후예로 태어났다. 그는 평로군의 절충장군이 되었다가 고종사촌 후희일後希逸이 절도사가 되는 데 큰 공을 세웠으며, 후에 안록산·사사명의 난 평정을 명분으로 산동반도 등주登州로 건너가 이 일대를 다스리는 절도사에 올랐다. 이정기의 본명은 회옥懷玉이었는데, 당나라에서 회유하기 위해 정기正己라는 새 이름을 준 것이다. 이정기는 산동반도를 중심으로 15개 주를 장악하고 10만 이상의 대군을 거느리며 당나라 조정을 위협했다. 그는 산동반도에 제齊나라를 세워서 당나라로 가는 조운 길을 끊으며 당나라와 정면대결 직전까지 갔으나 49세의 나이로 급서했다. 그의 뒤를 아들 이납李納과 그의 손자 이사고李師古가 이었으나 모두 병으로 요절했고, 이사고의 이복동생 이사도李師道가 뒤를 이었으나 당나라와 대결하던 와중에 사망함으로써 당나라를 무너뜨리려던 고구려 후예들의 큰 꿈은 좌절되고 말았다.

4장

남북조시대

신라는 백제와 고구려를 멸망시키고 삼국을 통일했지만 그 유민들의 마음을 얻는 화학적 통합을 하지 못했다. 옛 고구려 땅에는 698년 고구려 유민들과 말갈계 유민들이 대진국大振國을 세웠다. 《구당서》는 대조영이 스스로 진국왕振國王을 자칭했다고 기록한 반면, 《신당서》는 스스로 진국왕震國王을 자칭했다고 한자를 振(진)과 震(진)으로 달리 기록하고 있다. 모두 '떨치다'는 뜻이다. 당나라에서 부른 명칭이 발해渤海였다. 대진국의 등장으로 신라가 백제·고구려를 멸망시킨 지 30여 년 만에 후기 신라와 대진이 각축하는 남북국시대가 전개되었다.

01 북조北朝 대진국大振國(발해)

대진의 건국

신당연합군이 668년 고구려를 멸망시켰지만 고구려의 영토를 차지한 것은 아니었다. 고구려 옛 땅에 세웠다는 당나라 안동도호부의 위치는 지금의 평양이 아니었다. 안동도호부는 요동에서 신성으로 옮겨 다니다가 714년 현재의 하북성 노룡현에 있던 평주로 옮겼다. 《구당서》 '안동도호부'조는 고구려 강역에 14개의 기미주羈縻州를 설치해 다스렸다고 말하고 있다. 기미주란 당나라의 직접 지배가 아니라 해당 지역에서 자치적으로 다스렸다는 뜻으로 고구려 옛 영토를 당나라가 직접 지배하지 못했음을 의미한다. 안동도호부가 하북성까지 이주한 것은 옛 고구려 지역의 통치권을 상실했음을 말해준다. 고구려의 붕괴는 이 지역에 힘의 공백상태를 가져왔고, 고구려 유민들과 고구려의 제후국들이었던 말갈(여진족)과 거란이 이 지역을 차지하기 위해 움직였다.

먼저 움직인 세력은 거란이었다. 당나라는 영주營州에 영주도독부를 설치해 거란족들을 다스렸는데, 영주도독 조홰趙翽가 가혹하게 통치했다. 이에 반발해 거란인 이진충李盡忠과 손만영孫萬榮 등이 부족들을 규합해 영주를 점령하고 조홰를 죽였다. 당 고종의 부인 측천무후가 금륜성신황제金輪聖神皇帝라고 자칭한 지 3년째인 696년의 일이었다. 이진충은 거란국을 세우고 황제란 뜻의 무상가한無上可汗에 올라 손만영을 대장으로 삼았다. 거란군이 이르는 곳마다 호응이 높아 열흘 만에 수만 명을 모았다. 측천무후는 조인사曹仁師 등 28명의 장수를 보냈으나 패배했고, 거란군은 오히려 단주檀州(현 하북성 밀운현密雲縣)까지 점령했다. 9월 이진충이 사망하자 손만영이

— 측천무후. 당 고종의 황후였지만 690년 국호를 주周로 고치고 스스로 황제가 되어 15년 동안 중국을 통치했다.

병사를 이끌고 계속 싸워 기주冀州(현 하북성 기현)를 공격하고 유주(현 북경)까지 장악했다. 이에 놀란 측천무후가 이듬해 왕의종王懿宗에게 20만 대군을 주어 보냈는데, 대부대의 공세에 놀란 거란 장수 이해고李楷固 등이 투항하고 말았다. 기세를 올린 당군은 돌궐족, 해족奚族 등과 연합해 거란국을 무너뜨렸다.

이진충의 봉기로 영주 일대가 혼란에 빠지자 대조영大祚榮과 말갈인 걸사비우乞四比羽 등은 고구려 유민들을 이끌고 동쪽으로 이동했다. 당나라 정사인《구당서》는 대조영에 대해 고려高麗(고구려)의 별종이라고 설명하고 있다. 《구당서》는 백제를 '부여의 별종'이라고 말하고, 선비족 토곡혼을 선비족 모용씨의 별종이라고 말하는 것처럼 별종은 그 후예를 뜻하는 말이다. 대조영이 걸사비우와 큰 세력을 이루자 당나라는 대조영의 아버지로 전해지는 걸걸중상乞乞仲象을 진국공震國公, 걸사비우를 허국공許國公에 봉해 회유하려 했지만 거부당했다. 당군은 항복한 거란군 출신 장군 이해고에게 수십만 군사를 주어 걸사비우가 이끄는 군사를 격파했으나 대조영은 '천문령天門嶺 대첩'에서 당군을 크게 격파했다.《구당서》〈발해말갈열전〉은 "대조영이 고구려·말갈 병사를 합해서 이해고에게 저항했다"라고 설명하고 있다.(《구당서》는 〈발해말갈열전〉이라고 쓰고,《신당서》는 〈발해열전〉이라고 달리 쓰고 있다) 이해고는 당군의 대부분을 잃고 수천 기병만 이끌고 도주했다.

— 복원한 대조영 초상. 서울대학교박물관 소장.

《구당서》〈발해말갈열전〉은 대조영이 무리를 이끌고 계루桂婁 고지故地로 이전해 동모산東牟山에 성을 쌓고 거주했다고 전하고 있는데, 계루 고지란 고구려 계루부의 옛 터전이다. 계루부는 고구려 5부 중에 왕족을 배출하기 때문에 '내부內部·황부黃部'라고도 불렀다. 《구당서》는 이때 발해의 영토가 사방 2,000리에, 호수는 10여 만, 군사는 수만 명을 넘었다고 전하고 있다. 반면 《신당서》는 발해의 영토가 사방 5,000리라고 달리 쓰고 있다. 진국이 698년 계루부 고지에서 건국한 것이나 연호를 천통天統이라고 한 것은 '천제天帝(하느님)의 아들'의 나라였던 고구려를 계승했다는 뜻이었다. 발해는 실제로 일본에 사신을 보낼 때 자신들을 '고구려'라고 자칭했다.

고구려 멸망 후 30년 만에 진국이 건국된 것은 고구려의 재건이었다. 고구려의 재건은 당나라에게 악몽이었지만 당은 별다른 수를 쓰지 못했다. 때마침 고비사막 남쪽에서 그 세력을 만회하고 남하한 돌궐이 거란과 해족까지 아우르면서 정주定州(현 하북성 정현)와 조주趙州(현 하북성 조현)를 공격해 현재의 하북성 지역까지 위험해졌기 때문이다. 이는 당나라와 진국 사이의 길을 끊은 결과가 되어 당으로서는 대진을 정벌할 엄두를 못 내고 있었다. 그래서 대진은 고구려 전 영토의 거의 전부를 차지하게 되었다.

무력 정벌을 포기한 당은 중종 복위년(705) 시어사侍御史 장행급張幸岌을 보내 회유하는 방법을 택했다. 진국을 현실로 인정하면서 조공의 틀 속에 묶어두려는 것이었다. 대조영도 개국 초에 굳이 당나라와 정면 대결할 필요는 없다는 판단에서 둘째아들 대문예大門藝를 당나라에 보내 화답했다. 당 예종은 재위 2년(713) 낭장 최흔崔忻을 사신으로 보내 대조영을 발해군왕渤海郡王으로 봉한 이후 진국을 발해라고 불렀다. 당은 돌궐·해족 등과 진국이 결합하는 것을 막기 위해 이이제이以夷制夷 정책을 사용한 것이었다. 진국은 다른 민족과의 분쟁에는 개입하지 않고, 고구려 유민과 말갈족의 통합정책에 더욱 힘을 썼다.

대당 전쟁과 진국의 발전

발해와 당의 평화는 오래갈 수 있는 정세가 아니었다. 돌궐칸국이 동돌궐과 서돌궐로 분열되면서 동돌궐의 임금이 된 묵철가한黙綴可汗은 698년 10만 기병을 거느리고 당나라 단주·조주·정주 등을 공격했다. 동돌궐칸국은 동서 1만여 리에 40만 군사를 가진 강국으로 발전했다. 그러나 내분이 일어나 묵철가한이 피살되고 필가가한苾伽可汗이 뒤를 이었다. 당이 돌궐의 내분을 이용해 회유하자 필가가한은 718년 당에 화친을 요구했다. 진국 고왕高王 대조영은 당과 돌궐에 모두 사신을 보내 양측을 활용하고자 했다. 이듬해 고왕 대조영이 세상을 떠나고 그 아들인 계루군왕桂婁郡王 대무예大武藝가 즉위해 인안仁安을 연호로 삼았는데, 그가 무왕武王(719~737)이었다.

그런데 당나라가 진국 인안 8년(726) 진국의 영향력 아래 있던 흑수말갈黑水鞨을 꾀어서 그 지역에 흑수부黑水府를 설치하고 장사長史를 두어 다스리려 했다. 무왕은 강력하게 반발하면서 신하들에게 일렀다.

> 흑수가 우리 국경을 거쳐서 처음으로 당과 통하였다. 지난날 돌궐에게 토둔吐屯(Tudun, 돌궐의 관직명)의 직을 청할 때도 모두 우리에게 먼저 알리고 함께 갔었다. 이제 뜻밖에 바로 당에게 벼슬을 청했으니 이는 반드시 당과 공모해 앞뒤로 우리를 치려는 것이다.
>
> 《구당서》〈발해말갈열전〉

배후에 친당세력을 둘 수 없다고 판단한 무왕은 아우 대문예에게 군사를 주어 흑수말갈을 치라고 명했다. 그러나 대문예는 한때 당나라에 파견되어 수도 장안에서 시위侍衛한 적이 있었다. 대문예는 당을 적으로 삼는 것이라면서 반대했다.

당은 인구가 많고 군사가 강해서 우리보다 만 배나 된다. 하루아침에 우리가 당과 원한을 맺는다면 이는 스스로 멸망을 자초하는 길이다. 옛날 고구려는 전성 시절에 강병 30만으로 당나라와 맞서 싸우다가 당의 군사가 한번 덮치자 땅을 쓴 듯이 다 멸망하였다. 오늘날 발해의 인구가 고구려보다 몇 배나 작은데, 당을 저버리려고 하니 결단코 옳지 못하다.

《구당서》〈발해말갈열전〉

무왕은 대문예를 전선에서 소환하고 대일하大壹夏를 대신 보냈다. 대문예가 당나라로 망명하자 무왕은 당나라에 그를 죽이라고 요청했는데 당 현종은 거꾸로 그에게 좌요위장군佐驍衛將軍직을 주어 우대했다. 격분한 무왕은 당나라를 직접 공격하기로 결심했다. 인안 14년(732) 진국의 장군 장문휴張文休는 해군을 이끌고 산동반도의 등주登州를 공격해 당의 자사刺史 위준韋俊을 전사시키는 대승을 거두었다. 당 현종은 좌령左領장군 갈복순葛福順을 보내는 한편

—당 현종.

대문예를 유주로 보내 군사를 모아 공격하게 했다. 또한 당나라에 머물던 신라 왕족 김사란金思蘭을 귀국시켜 733년(성덕왕 32) 진국의 남쪽 국경을 공격하게 했다. 《삼국사기》〈김유신열전〉은 이때 당 현종이 김유신의 손자 김윤중金允中을 직접 장수로 지목해서 공격을 명했다고 적고 있다. 김윤중과 그 아우 윤문允文 등 네 장수가 당나라 군사와 함께 진국을 공격했다. 그러나 새로운 신당연합군은 큰 추위와 눈을 만나 동사자가 반 이상 되는 피해를 입었다. 당나라는 흑수말갈을 이용해 진국을 협공하려다가 오히

려 산동반도 등주를 빼앗기고 말았다.

갈복순과 대문예가 이끄는 당군은 진국의 서쪽을 공격했으나 이 역시 별다른 성과를 거두지 못했다. 오히려 무왕이 군사를 이끌고 산해관 부근의 마도산馬都山으로 진격하자 당 현종은 다급해졌다.

그런데 대문예가 지금의 북경 부근인 유주로 가서 군사를 모집한 것이나 무왕이 산해관 부근 마도산까지 진격한 것은 진국의 강역이 지금의 요하를 건너지 못했다는 강단사학의 기존 인식이 그릇된 것임을 말해준다.

무왕이 마도성을 함락시키자 당나라는 평로선봉平盧先鋒 오승자烏承玼를 보냈는데, 그는 큰 돌로 400리나 되는 참호를 쌓아 길을 막았다. 북쪽의 흑수말갈과 실위室韋도 5,000여 명의 군사를 보내자 무왕은 자칫 남북에서 공격당할까 우려해 전진을 중단했다. 이로써 전쟁은 종결되었지만 진국의 일방적 승리였다.

무왕은 당나라의 동도東都(낙양)로 자객을 보내 천진교天津橋 남쪽에서 대문예를 습격했다. 비록 대문예를 죽이는 데는 실패했지만 당나라도 더 이상 군사를 보내지는 않았다. 이 전쟁의 여파로 당 현종은 성덕왕 34년(735년)에 신라가 평양 이남을 차지하는 것에 동의했다.

무왕의 뒤를 이은 문왕文王(재위 737~794)은 연호 대흥大興을 사용했는데, 내치에 힘을 기울이면서 평화를 추구하는 대외관계를 추구했다. 당나라는 물론 일본까지 사신을 보냈는데, 일본에 보낸 사신 편에 자신을 고려 국왕이라고 자칭했다. 문왕은 대흥 18년(755년) 수도를 동모산에서 동북쪽으로 300리 정도 떨어진 상경용천부上京龍泉府로 천도했다.

진국의 국력이 신장된 데 위기를 느낀 신라의 경덕왕은 재위 21년(762) 북방에 오곡五谷·휴암鵂巖성 등 6성을 축조하고 태수를 두어 대비했다. 백제의 후예인 일본은 문왕 22년(758)에 사신을 보내 '신라 정토 계획'을 실현하자면서 신라 협공을 제의하기도 했다. 그러자 신라도 고립될 것을 우려해 문왕 54년(791) 사신을 파견해 관계 정상화를 제의하기도 했다.

진국은 건국 후 제2대 무왕과 3대 문왕을 거치면서 발전의 기틀을 잡았으

나 793년 57년 동안 왕위에 있던 문왕이 사망하면서 내분이 발생했다. 이 내
분은 818년 제10대 선왕宣王이 즉위할 때까지 25년 동안 계속되었다.

문왕의 아들 대굉림大宏臨이 일찍 죽는 바람에 족제族弟 대원의大元義가 그
뒤를 이었다가 재위 1년 만에 살해되었는데, 그가 폐왕廢王(재위 793~794)이
다. 그 뒤를 대굉림의 아들 대화여大華璵가 이어 5대 성왕이 되었는데, 그 역시
즉위한 해(794) 죽고 말았다. 6대 강왕康王(재위 794~809), 7대 정왕定王(재위
809~812), 8대 희왕僖王(812~817), 9대 간왕簡王(817~818) 등은 재위 기간도
짧았고 별다른 족적을 남기지 못했다. 간왕에 이어 왕위에 오른 10대 선왕(재
위 818~830) 때 발해는 다시 중흥의 기회를 맞게 된다.

고왕 대조영의 아우인 대야발大野勃의 4세손으로 알려진 선왕은《신당서》
〈발해열전〉에 "해북海北의 여러 부족을 쳐서 크게 영토를 넓혔다"고 기록될 정
도로 영토를 크게 확장시킨 임금이었다. 진국에 적대적이던 흑수말갈이 선왕
재위 무렵부터 당나라에 조공을 중지한 것은 다시 진국에게 신속臣屬되었음
을 뜻한다.《요사》'동경도東京道'조는 "발해왕 대인수大仁秀(선왕)가 남쪽으로
신라를 평정하고 북쪽으로 여러 부部를 공략해서 군과 읍을 설치했다"고 적고
있다. 선왕은 무왕과 같은 정복군주였다. 신라 헌덕왕 18년(826) 7월에 "한산
이북의 인민 1만 명을 징발해 패강장성 300리를 쌓았다"는《삼국사기》의 기

록은 진국의 영토 확장에 대한 신라의 대응인 것이다.

선왕의 이런 대외정복 활동으로 진국의 영토는 크게 확장되었다. 선왕은 확장된 지역까지 관리하기 위해 이전의 3경 외에 서경압록부西京鴨綠府와 남경남해부南京南海府를 더해 5경 15부 62주로 행정조직을 정비했다.

선왕의 중흥 노력에 힘입어 그 뒤를 이은 11대 대이진大彝震(재위 831~857,

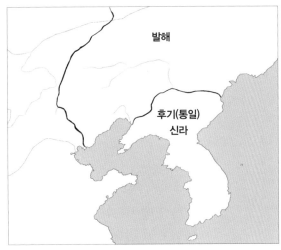

—— 발해와 후기 신라 강역. 한가람역사문화연구소 국토지리연구실 제작.

시호가 전하지 않음), 12대 대건황大虔晃(재위 858~871), 13대 대현석大玄錫(재위 871~893)에 이르기까지 국력을 크게 떨쳐 당나라로부터 '해동성국'이란 칭호를 듣기에 이르렀다.

그러나 진국의 발전된 모습을 보여주는 사료들은 거의 남아 있지 않아서 대이진부터는 왕의 시호조차 전하지 않고 있다. 당나라도 내부 혼란에 휩싸여 기록을 제대로 남기지 못하면서 진국의 본모습을 찾는 것은 더욱 어려운 일이 되었다. 심지어 진국의 마지막 15대 대인선大諲譔은 13대 대현석大玄錫(재위 871~893)을 계승한 14대 왕으로 알려져 왔었는데,《발해국지장편渤海國志長編》을 쓴 김육불金毓黻이 1933년《당회요唐會要》에서 건녕乾寧 2년(895) 10월 발해왕 대위해大瑋瑎(재위 894~906)에게 국서를 전한 기사를 찾아냄으로써 대위해가 대현석을 계승한 제14대 왕이 되고, 대인선은 대위해를 계승한 15대 왕으로 정리될 수 있었다.

진국의 쇠퇴와 멸망

진국은 15대 대인선(재위 907~926) 때 위기를 맞게 되었다. 대인선이 재위하던 10세기 초엽 동아시아 전체가 거대한 격변에 휩싸였다. 남국 신라의 중앙 통제력이 약화되면서 각지의 지방 세력이 일어나 후삼국시대가 전개되었다. 서남쪽 당나라는 지방절도사들이 번진藩鎭 세력으로 변해서 난을 일으켰는데 하남河南 지역의 선무절도사宣武節度使 주전충朱全忠(852~912)이 907년 당 애제哀帝를 폐위시키고 후량後梁(907~923)을 세워 당은 멸망하고 말았다. 그러나 후량도 얼마 가지 못해서 923년 산서山西 지구의 하동河東절도사 이극용 李克用(856~908)의 아들 이존욱李存勗에게 멸망당하고 말았다. 이존욱은 후량을 멸망시킨 후 위주魏州에서 후당後唐(923~936)을 세웠다. 중원은 극도로 혼란스러웠는데, 당이 멸망하고 송이 서서 북한北漢을 멸망시키고 통일할 때까지를 오대십국五代十國(907~979)시대라고 한다.

이 무렵 진국이 국력을 온전히 보존하고 있었으면 이런 혼란한 국제정세는 결정적인 호기가 될 수 있었다. 그러나 이런 호기를 적극 이용한 세력은 열하熱河 북쪽의 거란이었다. 거란족은 10세기 초 야율아보기耶律阿保機(872~926)가 가한可汗의 지위를 계승하면서 흩어진 부족들을 통합해 916년 황제 지위에 올랐다. 그는 921년 남하해 중원의 여러 성을 공략하고는 자신감을 얻었다. 그는 먼저 발해 문제를 매듭짓고 중원으로 쳐들어가려고 결심했다. 그는 925년 12월 "발해는 대대로 원수지간인데도 아직 설욕을 못했으니 어찌 편안히 있을 수 있겠는가?"라며 태자와 대원수 요골堯骨 등을 거느리고 직접 정벌에 나섰다.

거란이 발흥하자 대인선은 개국 이래의 적국이었던 신라와도 교결交結하는 등 주변 여러 나라들과 동맹을 맺어 거란과 맞서려 했으나 신라는 925년 진국과의 관계를 파기하고 거란과 관계를 맺었다. 《요사》에 따르면 신라는 925년 거란에서 진국을 공격하자 군사를 파견해 거란군을 지원했다. 후삼국 중 하나인 태봉泰封도 915년과 918년 3월 거란에 사신을 파견했으며, 918년 6월 왕위에 오른 왕건도 이런 외교정책을 지속하였다.

거란 태조 야율아보기는 925년 윤 12월 2일 진국 공략에 나서 요충지인 부여부夫餘府를 포위 사흘 만에 함락시켰다. 진국은 노상老相에게 주력군 3만 군사를 주어 맞서게 했지만 패하고 말았다. 거란이 수도인 상경용천부(홀한성忽汗城)를 포위하자 국왕 대인선이 더 이상의 저항을 포기하고 항복함으로써 진국은 건국 229년 만에 멸망하고 말았다. 대인선은 그해 7월 회군하는 거란군에게 왕후와 함께 끌려가 거란이 정해준 상경임황부上京臨潢府(현 내몽골 파림좌기) 서쪽에서 살았다.

— 요나라 태조 야율아보기의 복원도.

그러나 대진 부흥운동은 꾸준했다. 발해가 926년 멸망한 지 103년 후인 1029년, 발해 태조 대조영의 7세손이자 요나라 동경東京장군이었던 대연림大延琳이 요나라의 내분을 이용해 흥료국興遼國을 세웠다. 대연림은 천흥天興 황제라고 자칭하고 연호를 천경天慶으로 삼았다. 이해는 고려 현종 20년이었는데, 대연림은 요나라와 싸우는 한편 고려와 동맹을 맺기 위해 대부승大府丞 고길덕高吉德을 보내 구원을 요청했지만 고려는 거절했다. 고립된 흥료국은 이듬해 요나라에 정벌되어 발해 재건의 꿈은 수포로 돌아갔다. 대진국 왕손 대연림이 세운 나라 이름이 요나라를 부흥하자는 뜻의 흥료국이었던 것은 그가 대진과 요나라의 통합을 꿈꿨던 것으로 여겨진다.

진국은 고구려의 후신이라는 정체성을 가지고 고구려의 옛 강역을 상당 부분 회복하고 독자적인 연호를 사용하는 등 천자의 제국으로 우뚝 서려고 노력했다. 그러나 그간 신라 중심 사고에 젖어 조선 후기 유득공柳得恭이 남북국시대라는 인식으로 《발해고渤海考》를 쓰기 전까지 우리 역사에 포함시키지 못했다. 이제 발해사, 즉 진국사를 우리 대륙사의 정통성을 계승한 역사로 새롭게 인식해야 한다.

요나라 왕실은 고구려의 후예인가?

1986년 내몽골 통료通遼시 내만기奈曼旗 청룡산에서 요나라 진국공주陳國公主(1000~1018) 야율씨의 부부 합장묘와 〈묘지墓誌〉가 발견되었다. 〈묘지〉에 따르면 공주의 성씨는 요나라 황성皇姓인 야율耶律씨로서 경종景宗의 손녀이다. 그 아버지는 경종과 황후 소작蕭綽의 둘째아들이자, 요 성종聖宗의 동생인 진진국왕秦晉国王 야율융경耶律隆慶(973~1016)이다. 진국공주는 부마도위 소소구蕭紹矩에게 시집갔으나 그만 열여덟 살의 어린 나이에 세상을 떠나고 말았다. 그런데 그 묘지명에 "본래 그 성씨의 시작은 일찍이 고씨高氏의 후예로서 6대 후손이다"라고 말하고 있다. 이는 요나라를 세운 야율씨가 고씨라는 뜻으로서 고구려 고씨의 후예일 가능성을 말해주고 있다. 요나라 도읍 상경용천부 자리인 현 내몽골 파림좌기

— 요나라 진국공주 부부의 합장묘.

에는 지금도 거대한 고구려 토성이 존재하고 있다. 또한 《요사》는 이 자리가 옛날 한나라 요동군 서안평 자리라고 말하고 있는데, 서안평은 고구려 태조왕을 비롯해서 여러 임금들이 공격했던 옛 고조선 땅이었다. 어린 나이에 세상을 떠난 공주의 묘지는 요나라와 우리 역사의 상관성에 대한 많은 숙제를 던져주고 있다.

진국은 독자적 문자를 갖고 있었나?

진국이 독자적 문자를 갖고 있었는지는 중국학자들 사이에서도 긍정론과 부정론으로 갈린다. 독자적 문자가 있었다는 긍정론에는 당나라 시선詩仙 이태백이 등장한다. 명나라 때 설화집인 《고금기관古今奇觀》(《금고기관 今古奇觀》이라고도 함)과 《왕진총담王塵叢談》에는 이런 이야기가 실려 있다.

> "당나라 천보天寶(742~756) 연간에 발해의 국서가 당나라에 왔는데, 당나라 조정에서는 그 문자를 해득할 사람이 없었다. 당 현종이 크게 염려하고 있는데 비서감秘書監 하지장賀知章이 이태백을 천거해서 금만전金鑾殿에 들어와서 발해의 국서를 풀어 읽고 그 답서의 초안을 잡는데, 환관 고력사高力士가 신발을 벗고, 양귀비가 먹을 갈았다."

당 현종 때 진국에서 국서를 보내왔는데, 아무도 해득하지 못했다는 것은 진국의 독자적 문자로 썼기 때문이다. 이태백이 이를 해득하고 답서까지 썼다는 것이다. 실제로 《사고전서四庫全書》 중

의 《이태백집분류보주李太白集分類補註》의 〈별집서문〉에도 이태백이 "화번서和蕃書를 기초하는데 생각이 현하懸河와 같았다"고 쓰고 있다. 화번서가 곧 진국에 보내는 국서라는 것이다. 단재 신채호는 "아마 발해의 국서國書가 이두 혹은 구결口訣의 발해자渤海字로 되었으므로 당인이 이를 해독하지 못함"이라면서 이태백의 답서가 발해자이기 때문에 《이태백집李太白集》에 게재되지 못한 것이라고 보았다. 대일항쟁기 때 국어학자 김윤경, 권덕규 등은 모두 훈민정음 이전 고조선 때부터 우리 문자가 있었다고 보았다. 일본 중세의 역사서 《일본기략日本紀略》에도 발해인들이 자신들의 문자를 갖고 있었다고 쓰여 있다.

02 후기 신라의 번영과 진골의 분열

인구 100만의 서라벌

백제와 고구려를 멸망시킨 후기 신라는 번영을 구가했다. 그 단적인 예는 수도 서라벌의 놀라운 발전이었다.《삼국유사》'진한辰韓'조에는 "신라 전성시대에 서울 안의 호수戶數(가구 수)는 17만 8,936호이다"라는 기록이 나오는데, 한 호수당 5~6명씩만 따져도 100만에 가까운 인구였다. 학계에서는 이 기록의 호戶는 구口를 잘못 쓴 것이라면서 18만 명 정도라고 보고 있다. 그러나《삼국유사》'염불사念佛師'조도 염불사에서 아미타불 외는 소리가 "성(서라벌) 안까지 들려서 360방坊 17만 호에서 그 소리를 듣지 않은 사람이 없었다"라고 쓰고 있다.《삼국사기》〈고구려본기〉'보장왕'조에 "(고구려는) 5부 176성에 69만여 호이다"라고 쓰인 것처럼 고대 인구에 대한 기록은 구口가 아니라 호戶인데 이는 호가 세금을 부과하는 수취단위이기 때문이다. 역사서에 거듭 기재된 것을 후대인의 선입견으로 부정할 이유는 없다.

삼국통일 후 서라벌은 전성기를 구가하고 있었는데,《삼국유사》'처용랑과 망해사'조에는 "제49대 헌강대왕(재위 875~886) 때에는 서울부터 바다에 이르기까지 집과 담이 연하고 초가는 없었다"면서 서라벌에서 동해 바닷가까지 인가가 즐비하게 늘어섰다고 말하고 있다.《삼국유사》는 서라벌 귀족들의 호화로운 향락생활에 대해서도 서술하고 있다.

봄에는 동야택東野宅, 여름에는 곡량택谷良宅, 가을에는 구지택仇知宅, 겨울에는 가이택加伊宅에서 놀았다. 제49대 헌강대왕 때에는 성안에 초가집은 하나도 없고, 집의 처마와 담이 이웃집과 서로 연해 있었다. 또 노랫소리와 피리 소리가 길거리에 가득 차서 밤낮으로 끊이지 않았다.

《삼국유사》〈우사절유택又四節遊宅〉

이런 부유한 생활을 가능하게 만든 것은 두 가지 요소였다. 하나는 삼국통일로 그 영역과 인민이 늘어났던 것이고 다른 하나는 활발한 국제무역이었다. 비단길의 동쪽 끝은 신라 수도 서라벌이어서 아랍 상인들이 경주까지 드나들었다. 아랍 상인들은 '향약香藥의 길'이라고 불렸던 남해항로南海航路를 따라 중국 남부의 광주廣州, 양주楊洲까지 왔다가 다시 신라까지 왕래했다. 경주 천마총에서 출토된 보물 620호 유리잔과 황남대총 북분北墳에서 출토된 보물 624호 유리제대부배琉璃製臺附杯 등 로마 유리들은 로마에서 경주까지 교역 길이 이어졌음을 말해준다. 신라 상인들도 국제무역을 전개했는데, 838년부터 847년까지 약 9년간 중국의 해안과 내륙을 여행한 일본 구법승 엔닌圓仁의 《입당구법순례행기入唐求法巡禮行記》에 등장하는 인물의 반 이상이 신라인들인 것이 구체적인 증거이다. 신라인들은 당나라의 해안지역인 등주·양주·초주楚州 등지에 집단거류지인 신라방新羅坊과 행정관청인 신라소新羅所를 설치했고, 등주에는 사신·유학생의 숙소인 신라관新羅館을 설치·운영했다. 재당 승려들도 많아서 산동성 문등현文登縣 적산촌赤山村의 신

— 황남대총 북분에서 발견된 유리잔. 국립중앙박물관 소장.

라 사찰 법화원法花院에는 남녀 승려 250명이 주석했을 정도였다. 신라방은 9세기 중엽 장보고가 해상무역을 장악하면서 더욱 번창하였다. 9세기 후반 헌강왕 때 서라벌 사람들의 부유한 향락생활은 이런 활발한 국제무역의 결과물이었다.

그러나 신라는 삼국통일 이후 백제·고구려 유민들을 화학적으로 통합하지 못했다. 1933년 일본 동대사의 정창원에서 발견된 통일신라 민정문서인 〈신라장적新羅帳籍〉은 신라 지배층들이 백성들을 얼마나 가혹하게 통치했는지를 잘 보여준다. 〈신라장적〉에는 지금의 청주 지역인 서소원경西小原京의 사해점촌沙害漸村 등 4개 촌락에 대해 촌락의 크기, 남녀 인구수의 현재와 증감, 우마와 전답 등의 면적과 뽕나무·호두나무·잣나무의 수까지 자세히 적고 있다. 물론 세금을 걷기 위해서였다. 신라 지배층의 향락생활은 일반 백성들에 대한 엄격한 통제와 가혹한 수취로 가능했던 것이다.

진골의 분열과 6두품

《삼국사기》〈신라본기〉 '성덕왕 34년(735)'조는 "김의충金義忠을 당나라에 보내 신년을 축하했다… 의충이 돌아올 때 황제는 조칙으로 패강浿江 이남의 땅을 주었다"고 말한다. 이 패강을 과거에는 대동강으로 해석했지만 현재 요녕성에 있는 강이라는 학설이 등장하고 있다. 당나라가 패강 이남의 신라 영유권을 인정한 것은 732년 발해 무왕이 장군 장문휴를 보내 산동반도의 등주를 공격했기 때문이다. 당나라 등주자사 위준이 전사하자 당은 신라에 군사 지원을 요청했고, 신라는 발해를 공격했다. 이후 당은 패강 이남의 신라영유권을 인정해 발해와 신라를 대립시키는 이이제이 정책을 사용했다.

신라는 고구려의 후예인 진국이 등장한 이후에도 고구려·백제 유민들의 화학적 통합을 위한 노력을 기울이지 않았다. 또한 진국을 멸망시킬 생각도 하지 못한 채 내부 권력투쟁이 심해졌다.

태종무열왕(재위 654~661)과 그 후예들은 성골이 아닌 진골로 왕위에 올랐지만 삼국통일의 주역이기 때문에 성골 임금보다 강력한 왕권을 휘둘렀다. 그러나 태종무열왕의 마지막 직계인 36대 혜공왕(재위 765~780) 때부터 극심한 내부 투쟁에 휩싸였다. 8세의 어린 혜공왕을 대신해 모후 만월부인 김씨가 섭정했는데, 반란이 잇달았다. 768년 일길찬一吉飡 대공大恭의 모반을 필두로 770년 대아찬大阿飡 김융金融의 난이 일어났고, 775년에는 이찬伊飡 김은거金隱居의 난 등 지배층의 난이 빈발했다. 780년에는 이찬 김지정金志貞이 일으킨 난을 상대등 김양상金良相이 진압했지만 혜공왕은 끝내 왕비와 함께 피살되고 말았다.

그 뒤를 이은 김양상이 선덕왕(780~785)인데 내물왕의 10세손이었다. 그 뒤를 둘러싸고 무열왕 직계인 김주원金周元과 내물왕의 12세손인 김경신金敬信이 다투다가 김경신이 왕위에 올라 원성왕(재위 785~798)이 되었다.

《동국여지승람東國輿地勝覽》'강릉대도호부 인물'조에 따르면 김주원이 명주(강릉)로 내려가 명주군왕溟州郡王에 봉해지는 선에서 양자 사이에 타협이 이루어졌다. 이는 강릉 지방에 대한 지배권이 김주원에게 있음을 원성왕이 인정한 것으로서 왕권의 약화를 보여주는 선례였다. 이후 진골귀족들은 낙향해

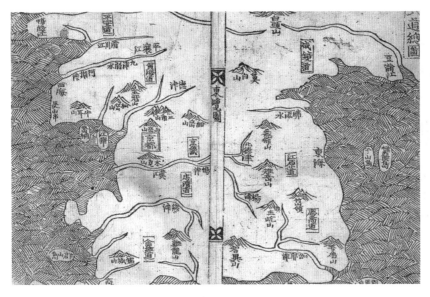

— 《동국여지승람》. 조선 성종 때의 지리서다. 그림은 《신증동국여지승람》 중 팔도총도.

지방을 장악한 호족이 되어 중앙을 위협했다.

원성왕 이후에는 그의 후손들이 왕위를 이었지만 왕권의 약화는 뚜렷해졌다. 보통 성골왕위 시대를 상대上代, 진골왕위 시대인 태종무열왕부터를 중대中代, 원성왕 이후를 하대下代라고 부른다. 일연은《삼국유사》'왕력'편에서 태종무열왕 이전을 중고中古, 이하를 하고下古라고 분류하면서 중고는 성골, 하고는 진골이라고 설명했다. 그런데 하고를 다시 중대와 하대로 나누는 이유는 원성왕의 즉위로 태종무열왕계는 왕위계승에서 멀어졌기 때문이다. 신라 역사상 가장 강력한 전제권을 누렸던 태종무열왕계도 진골귀족 내부의 분열로 막을 내리고 있었다.

왕위계승을 둘러싼 진골 귀족들의 정쟁은 사회를 혼란으로 몰고 갔다. 김주원의 아들인 김헌창金憲昌은 헌덕왕 14년(822) 군사를 일으켜 국호를 장안長安, 연호를 경운慶雲이라고 했다. 김헌창의 난은 그의 종족과 당여黨與(관련자) 239명이 죽임을 당하는 것으로 끝났지만《삼국사기》는 "(관련된) 그 백성들은 풀어주었다"라고 전하고 있다. 백성들까지 왕위계승전에 뛰어드는 상황이었다. 김헌창이 웅진도독이었던 점이나 그의 거병에 무진주, 완산주 등 옛 백제 지역들이 대거 가담한 것은 후백제가 일어날 조짐이었다. 3년 후인 헌덕왕 17년(825)에 무열왕계 김주원의 아들 김범문金梵文이 북한산주北漢山州를 공격

— 신라선신을 모시고 있는 일본 오쓰시 원정사의 신라선신당. 신라선신은 장보고를 모티브로 한 것으로 추측되고 있다.

하다가 사형당한 것처럼 왕위계승에서 소외된 태종무열왕계의 반발은 계속되었다. 여기에 지방세력들이 가담하거나 호족화되고, 장보고로 대표되는 해상세력들까지 권력투쟁에 가세했다.

무엇보다 백제·고구려 두 나라를 멸망시킨 후기 신라 지배층들은 신라 사회를 이끌어갈 지향점을 상실했다. 당나라에 사대했지만 정작

당나라에서는 수 양제 대업大業 원년(605)부터 시작된 과거제를 계승해 실력으로 인재를 뽑는다는 사실은 외면했다. 특히 지식과 능력을 겸비한 6두품 세력들을 소외시켜 큰 반발을 낳았다.

대표적인 인물이 최치원이었다. 그는 당나라에 유학해 18세 때 외국인을 위한 과거인 빈공과賓貢科에 급제했다. 당나라 선주宣州 표수현위漂水縣尉로 벼슬을 시작한 그는 879년(신라 헌강왕 4년) 황소黃巢의 난이 일어나자 제도행영병마도통諸道行營兵馬都統 고변高騈의 종사관이 되어 〈토황소격문 討黃巢檄文〉을 써서 문명을 날렸다. 황소의 난 때 세운 공으로 879년 도통순관 都統巡官에 올랐고, 882년에는 당나라 희종으로부터 자금어대紫金魚袋를 하사받았다. 헌강왕 11년(885년) 17년간의 당나라 생활을 청산하고 귀국한 그는 당나라에서 익힌 지식과 능력을 신라 사회를 위해 사용하고 싶었으나 6두품인 그에게 진골의 벽은 높았다. 《삼국사기》'최치원'조에 "최치원은 중국 유학에서 배운 것이 많다고 생각해서 본국에 돌아와 자신의 뜻을 실현하려고 하였으나 말세에 그를 의심하고 꺼리는 자가 많아서 그의 뜻이 허용되지 못했다"라고 기록되어 있는 것처럼 배타적 특권의식에 젖은 진골들은 그를 거부했다. 그는 해인사에서 "생을 마쳤다"라는 기록만 있는 것처럼 불우한 만년을 보냈다. 최치원 같은 국제적 인물이 소외되는 마당에 국내인들은 말할 것도 없었다. 6두품을 비롯한 비진골세력들은 반신라 성향을 띠어갔다. 이런 와중에 왕위계승 전쟁이 빈발하자 왕권뿐만 아니라 진골들의 사회 장악력이 약화되었고, 이는 지방호족의 대두와 농민봉기로 이어졌다. 신라 사회는 해체기로 접어들었다.

농민봉기와 호족의 대두

신라 사회 내부가 썩어가고 있었지만 국왕을 비롯한 지배층은 그런 조짐을 전혀 인지하지 못하고 있었다. 《삼국사기》의 다음 기록을 보자.

— 헌강왕이 놀았다는 포석정. 신라 귀족들은 이곳에서 흐르는 물에 잔을 띄우고 화려한 연회를 벌였다.

왕이 좌우의 신하들과 함께 월상루月上樓에 올라 사방을 바라보니 서울의 민가가 줄지어 늘어섰고, 가악 소리가 끊임없이 일어났다. 왕이 시중 민공敏恭을 돌아보며, "내가 듣기에 지금 민간에서는 집을 기와로써 덮고 짚으로 잇지 않으며 밥을 숯으로 짓고 나무로 하지 않는다는 말이 사실인가"라고 물었다. 민공이 "역시 일찍이 그렇게 들었습니다"라고 답하고, 연이어 "임금께서 즉위한 이래로 음양이 조화롭고 풍우風雨가 순조로워 매년 풍년이 들어 백성들은 먹을 것이 넉넉하고 또 변경이 안정되었으니 시정이 환락합니다. 이것은 성덕의 소치입니다"라고 하였다.

《삼국사기》 '헌강왕 6년(880)'

헌강왕은 진성여왕의 큰오빠인데, 역사상 드문 태평성대처럼 묘사된 이때는 진성여왕 재위 3년(889)에 대규모 농민봉기로 신라 사회의 해체가 시작되기 9년 전이었다. 헌강왕 때의 태평성대는 서라벌 귀족들에게 국한된 풍경에 지나지 않았다. 《신당서》의 다음 기록도 마찬가지다.

재상의 집에는 녹祿이 끊어지지 않으며, 노비가 3,000명이나 되고, 갑병甲兵(무장한 병사나 여기에서는 사병의 뜻)과 소·말·돼지도 이에 맞먹는다. 가축은 바다 가운데 산에 방목을 하였다가 필요할 때에 활을 쏘아서 잡는다. 곡식을 남에게 빌려주어서 늘리는데, 기간 안에 다 갚지 않으면 노비로 삼아 일을 시킨다.

《신당서》 〈신라열전〉

귀족들은 태평성대였지만 곡식을 빌렸다가 갚지 못해 노비로 전락하는 백성들의 생활은 전혀 달랐다. 지방에서는 기근이 일상이었다. 《삼국사기》를 통해 신라 하대의 몇몇 풍경들을 살펴보자.

- 헌덕왕 7년(815) 서쪽 변방의 주군에 흉년이 크게 일어났다. 도적이 벌떼처럼 일어나니 군사를 내어서 이들을 토벌하여 평정시켰다.
- 헌덕왕 13년(821) 백성들은 굶주림을 이기지 못하여 자손들을 팔아서 생활하였다.
- 흥덕왕 7년(832) 흉년이 들어서 도적이 두루 일어났다. 겨울 10월 왕이 사신에게 명하여 이들을 안무하게 하였다.
- 흥덕왕 8년(833) 봄에 국내에 큰 기근이 들었다. 10월에 복숭아와 배의 꽃이 다시 피었고 백성들이 나쁜 병으로 많이 죽었다.
- 경문왕 7년(867) 큰물이 나고 곡식이 부실하였다. 10월 왕이 사람을 각 도에 보내 위로하였다.
- 문성왕 15년(853) 큰 수재가 있었고, 서남방 주군에 황재蝗災가 있었다.

위의 기록들은 서라벌의 태평성대가 사상누각임을 말해준다. 이 위에 진골 귀족들의 극심한 권력다툼이 일상화되면서 지방호족과 해상세력들은 물론 일반백성들까지 왕위쟁탈전에 뛰어들었다. 해상세력의 대표인 장보고는 당나라 무령군소장武寧軍小將을 거친 후 흥덕왕 3년(829) 귀국해 완도에 청해진을 건설하고 청해대사淸海大使가 되었다. 도적들이 신라 사람들을 잡아서 노비로 팔지 못하게 하겠다는 명분에 흥덕왕이 1만 명을 내주자 이를 기반으로 해상권을 장악했다.

흥덕왕이 재위 11년(836) 만에 사망하자 왕위계승 전쟁이 벌어졌는데, 왕제王弟 김제륭金悌隆을 지지하는 김명金明 세력과 조카 김균정金均貞을 지지하는 김양金陽 세력 등으로 나뉘면서 진골 전체의 다툼으로 변했다. 김제륭이 권좌에 올라 희강왕(재위 836~838)이 되었으나 균정은 이 와중에 피살되었고 그의 아들 김우징祐徵과 김양 등은 청해진으로 도망가 장보고의 보호를 받으며 복수를 계획했다. 희강왕이 장보고를 제어하지 못하는 상황에서 2년 후인 838년에는 상대등 김명이 정변을 일으켜 희강왕을 죽이고 자신이 직접 왕위에 올랐으니 그가 바로 민애왕(재위 838~839)이다. 그러자 우징은 장보고에게 민애왕 토벌을 요청했고, 장보고는 청해진 군사 5,000여 명으로 하여금 민애왕을 죽이게 했다. 이로써 실권을 장악한 장보고는 우징을 왕위에 세웠는데 그가 신무왕(재위 839 4~7월)이다. 신무왕은 장보고를 감의군사感義軍使로 삼아 2,000호의 실봉實封을 내려 도움에 보답했다. 그러나 신무왕은 불과 반년도 채 못 되어 병으로 죽고 태자 경응慶膺이 즉위했으니, 그가 문성왕(재위 839~857)이다.

이 왕위쟁탈전은 신라 왕실이 무열왕계와 원성왕계로 대립된 데 이어 원성왕계 내부의 분열이 더해진 것을 뜻한다. 또한 이 사건은 진골귀족들의 배타적 왕위계승권이 장보고라는 지방 해상세력의 군사력에 의해 좌우될 수 있음을 보여준다. 신적인 권위를 부여받던 신라 왕위가 지방세력의 향배에 따라 정해지는 대상으로 전락한 것이다.

이런 상황에서 진성여왕 재위 3년(889) 상주 지방에서 원종元宗과 애노哀奴의 봉기가 일어나면서 신라 사회는 급격한 쇠락의 길로 접어들었다. 진성여왕이 진압하라고 보낸 내마奈麻 영기令奇가 성을 장악한 반군이 두려워 가까이 가지 못할 정도였다. 이 봉기는 "여러 주군에서 납세를 하지 않아 창고가 비고 국가재정이 결핍되어 국왕이 사신을 파견해 납세를 독촉한 것" 때문에 일어났다고 쓰여 있는데, 이는 후기 신라의 국가체제가 붕괴되었음을 말해준다. 신라 사회 붕괴의 원인을 진성여왕의 황음에서 찾지만 이는 후대 사가들이 신라멸망의 원인을 '여인'에게서 찾기 위해 만든 희생양에 불과하다. 진성여왕의 뒤를 이은 효공왕(재위 897~911)이 당에 보낸 국서에서, "지금 군읍은 모두 도적의 소굴이 되었고, 산천은 모두 전장이 되었으니 하늘의 재앙이 어찌 우리 해동에만 흘러드는 것입니까!"라고 한탄한 것은 신라 사회의 붕괴가 여왕의 황음 문제를 넘어서는 체제 자체의 문제임을 말해준다.

후삼국과 고려의 건국 03

후삼국시대

후기 신라의 문제점들은 진성여왕 때 임계점에 이르렀다. 진성여왕은 즉위 직후 죄수들을 대대적으로 사면하고 여러 주군의 조세 납부를 1년간 면제했다. 그러나 진성여왕이 재위 3년(889) 여러 주군의 공부貢賦 납부를 독촉하자 사방에서 도적들이 봉기했는데, 도적들이란 다름 아닌 농민들이었다. 이때 사벌주에서 반란을 일으킨 원종과 애노를 진압하러 출진한 내마 영기가 적의 성루를 바라보고 두려워서 진격하지 못할 정도였다. 드디어 진성여왕 5년(891) 10월 양길梁吉이 부장 궁예弓裔에게 100여 기를 거느리고 명주溟州(강릉) 소속의 10여 군현을 공격하고, 이듬해 견훤이 완산주(전주)를 장악해 후백제라고 자칭함으로써 후삼국시대의 전단戰端을 열었다. 신라가 백제·고구려를 멸망시킨 지 약 220여 년만의 일이었다. 《삼국사기》 '진성여왕'조는 "무주武州(광주) 동남쪽의 군현이 모두 이에 항속降屬했다"고 적어 옛 백제 지역 대부분이 가담했음을 말해준다.

견훤의 부친 아자개阿慈介에 대해서 농민이라는 기록과 진흥왕의 혈통이라는 기록이 섞여 있어서 정확하지 않지만 《삼국사기》는 견훤의 후백제 건국 상황을 이렇게 적고 있다.

견훤이 은근히 반심을 품고 무리를 모아 서울 서남쪽 주현들을 치니 가는 곳
마다 호응하여 그 무리가 달포 사이에 5,000여 명이나 되었다. 견훤이 인심을
얻은 것을 기뻐하여 좌우에게 이르기를 "…내가 지금 도읍을 완산完山에 정했으
니 어찌 감히 의자왕의 숙분宿憤을 씻지 않으랴" 하고 드디어 후백제왕이라 자
칭하며 관부官府를 설치하여 직책을 나누어주니, 당의 광화光華 3년(900)이요 신
라 효공왕孝恭王 4년이었다.

《삼국사기》'견훤'

효공왕 4년(900) 견훤이 후백제를 건국했는데, 전북 남원 실상사의 3대조
편운화상 부도에 정개正開 10년(910)이라는 기록이 있어 정개를 연호로 사용
했음을 알 수 있다. 연호를 사용했다는 것은 황제국을 지향한다는 뜻이었다.

후삼국시대의 다른 주역인 궁예의 성은 김씨인데,《삼국사기》'궁예'조는 궁
예의 아비는 제47대 헌안왕이나 48대 경문왕의 아들이라고 기록하고 있다.
궁예는 세달사世達寺에 들어가 선종善宗이란 법명을 지닌 승려가 되었다가 신
라가 혼란에 빠지자 진성여왕 5년(891) 기훤箕萱에게 귀의했으나, 기훤이 대
수롭지 않게 여기자 이듬해 북원北原의 양길에게 갔다. 궁예는 "사졸과 더불어
고락을 같이하여, 주고 빼앗는 데 있어서도 사사로움을 버리고 공평하게 하
니" 사람들이 그를 추종해 장군으로 추대했다. 그는 양길과의 싸움에서 승리
한 후 효공왕 5년(901) 왕을 자칭했는데, 사람들에게 "옛날에 신라가 당에 청
병하여 고구려를 멸망시켰기 때문에 평양 옛 서울이 황폐해져서 풀만 무성하
니 내가 반드시 그 원수를 갚으리라"라고 말했다. 이는 옛 고구려 사람들이 신
라가 당나라를 끌어들여 멸망시킨 것에 대한 원한을 그때까지 갖고 있었음을
말해준다. 이는 또한 궁예가 고구려 부흥을 꿈꾸고 있음을 보여주는 것으로서
그가 실제 헌안왕이나 경문왕의 아들인지에 대해서 의문을 갖게 한다.

궁예는 남쪽의 흥주興州(영주) 부석사에 가서 벽에 그려진 신라왕의 상을 보

고 검을 빼어 쳤는데,《삼국사기》에서 "그 칼자국이 아직도 남아 있다"고 기록할 정도로 신라에 적의를 갖고 있었다. 궁예는 904년에는 국호를 마진摩震, 연호를 무태武泰라 하고, 국도를 철원鐵原으로 정했다. 이 철원에 대해서 남한 강단사학은 지금의 강원도 철원군이라고 비정하고 있다. 그러나 《세종실록》〈지리지〉 '평안도'조에서 "궁예가 철원에 웅거해서 스스로 후 고려왕이라고 일컬었다"라고 말해서 평안도에 소속된 지역으로 설명하고 있다. 강원도에서 고구려 후예를 자칭한다는 것 자체가 어색하기 짝이 없다.

이때 궁예에게 송악군松嶽郡의 호족 왕건王建 부자가 투항하자 철원군 태수를 제수하고는 "송악군은 한수漢水 북쪽의 이름난 군으로 산수가 기이하고 수려하다"면서 도읍을 옮겼다. 궁예는 서라벌을 멸도滅都라고 불렀고 심지어 신라에서 오는 사람들까지 죽여버렸다. 911년 궁예는 국호를 태봉泰封, 연호를 수덕만세水德萬歲로 고쳤다.

궁예와 견훤은 신라에 강한 적대감을 갖고 있었으며, 각지 호족들의 세력권을 인정하기보다 강력한 왕권으로 호족들을 흡수하려 했다. 궁예는 미륵불을 자칭하면서 금관을 쓰고 가사를 입었으며, 큰 아들을 청광보살靑光菩薩, 막내 아들을 신광보살神光菩薩로 삼았다. 《삼국사기》는 "(궁예는) 외출할 때에는 항상 흰 말을 탔는데 말갈기와 꼬리를 고운 비단으로 장식하였으며 소년 소녀로 하여금 깃발, 일산과 향기로운 꽃을 들고 앞에서 인도하게 하고, 비구 승려 200여 명을 시켜 범패를 부르며 뒤를 따르게 하였다"라고 기록하고 있다. 궁예는 미륵불의 현신現身을 자처해 강력한 왕권을 구축하려 했다. "모든 관료, 장수, 아전들 및 아래의 백성들까지 죄 없이 죽임을 당하는 경우가 자주 있었다"는 《삼국사기》의 기록은 왕건 측의 관점에서 기술한 것인데, 궁예가 호족들의 자치권을 인정하지 않고 강력한 왕권을 구축하려 했던 사정을 말해준다. 궁예의 강력한 왕권강화책은 호족들의 큰 반발을 샀다.

고려 건국과 후삼국 통일

918년 6월 궁예 휘하의 장군 홍유洪儒, 배현경裴玄慶, 신숭겸申崇謙, 복지겸卜知謙 등은 궁예에게 반발해 왕건에게 거병을 촉구했다. 호족들의 자치권을 인정하지 않는 궁예의 대호족 강경정책이 호족 내부의 반란으로 이어진 것이다. 왕건의 부인 유柳씨가 갑옷을 갖다 주자 왕건이 수락했으며, 이때 여러 장수들이 왕건을 옹위하고 문을 나섰다는 기록은 왕건의 정변이 여러 호족들의 추대에 의한 것임을 말해준다. 대부분의 호족들이 가세해 "앞뒤에서 분주하게 달려와 따르는 자가 헤아릴 수 없이 많았고, 또 먼저 궁성의 문에 이르러 북을 치고 떠들며 기다리는 사람이 또한 1만여 명에 달했다"는 호족연합의 정변을 막을 무력이 궁예에게는 없었다. 결국 궁예는 거병 28년 만인 918년 왕건을 대표로 하는 호족들의 반란에 쫓겨 평복으로 갈아입고 산속으로 도망갔다가 부양斧壤 백성들에게 살해당하는 것으로 끝나고 말았다.

왕건은 918년 15일 포정전布政殿에서 즉위하여 국호를 고려高麗, 연호를

— 왕건의 초상.

— 북한에 있는 왕건의 나체 좌상.

'하늘이 천명을 내렸다'는 뜻의 천수天授라 하였다. 그러나 아직 견훤과의 승부가 남아 있었다. 초반에 군사력이 앞섰던 견훤이 우세했다. 925년 조물성曹物城 회전에서 불리함을 느낀 왕건이 화친을 청하면서 사촌동생 왕신王信을 인질로 보낸 것은 양 세력간 전력의 우열을 잘 보여준다. 견훤도 이에 호응해 사위 진호眞虎를 인질로 보냈는데, 2년 후 진호가 고려에서 죽자 견훤은 고려에 대한 화친정책을 철회했다. 신라는 이미 독립적인 군사작전을 전개할 수 없는 종속변수로 전락했다. 그러나 신라 왕실의 지지를 얻는 것은 명분상 유리했다. 왕건은 신라에 대해 유화정책을 폈으나 견훤은 적대정책으로 일관했다. 외교정책에 대한 양자의 이런 차이가 군사력의 차이를 좁히는 결과를 낳았다.

왕건의 자리에서 서술된《삼국사기》는 927년 서라벌을 점령한 견훤이 경애왕(재위 924~927)을 죽이고 왕비를 능욕한 후 왕제王弟 김부金傅에게 경애왕의 뒤를 잇게 했다고 전하고 있다. 그가 신라의 마지막 56대 경순왕(재위 927~935)이다. 견훤의 입장을 전하는 사료가 없기 때문에 견훤과 왕건의 회전會戰은 시종 왕건에게 유리하게 기술되어 있다. 신라의 구원요청을 받은 왕건은 5,000명의 정예기병을 이끌고 개선하는 견훤을 맞아 대구의 공산公山(팔공산) 아래에서 맞아 싸웠다가 장수 김락金樂과 신숭겸이 전사하는 대패를 당했다. 왕건은 패배하고 두 장수를 잃었지만 천년왕국 신라 왕실의 민심을 얻게 된 것은 성과였다. 또한 각지를 장악한 호족들도 견훤의 강경책에 두려움을 갖고 왕건을 따랐다.

왕건은 신라우호정책과 호족연합정책을 동시에 펼쳐 신라 왕실과 호족들의 마음을 동시에 잡았다. 반면 대호족강경책으로 일관한 견훤은 극심한 내분을 겪었다. 견훤은 여러 부인에게서 낳은 10여 명의 아들 중 넷째아들 금강金剛이 "키가 크고 지략이 많다"는 이유로 왕위를 전해주려 했지만 그 형 신검神劍·양검良劍·용검龍劍 등이 반발하고 나섰다. 견훤은 935년 3월 신검 등에 의해 금산사에 유폐되었다가 6월에 탈출해 왕건에게 항복했다. 왕건은 견훤이 10년 연장이라면서 그를 상부尙父로 높여 백관 중의 으뜸으로 삼고, 남쪽 궁궐에 유숙하게 하고 양주를 식읍으로 주었다. 견훤은 왕건이 936년 일리천一利川에서 후백제와 싸울 때 오히려 왕건을 지원했다. 이렇게 궁예의 부하로 출발했던 왕건은 후삼국 통일의 주역이 되어갔다.

그러나 왕건의 통일은 각지 호족들의 연합전선에 의한 것이라는 점에서 많은 과제를 안게 되었다. 각지의 호족들을 어떻게 신생 고려 왕실 내로 흡수하는가 하는 점이 큰 과제였다. 또한 고구려를 계승했다는 국가 명칭에 걸맞은 천손의식을 되살리고, 광활했던 옛 고구려 강역을 어떻게 현실의 강역으로 만들 것인가도 중요한 과제였다. 이렇게 고려는 여러 과제를 안은 채 후삼국의 혼란을 잠재우며 등장했다.

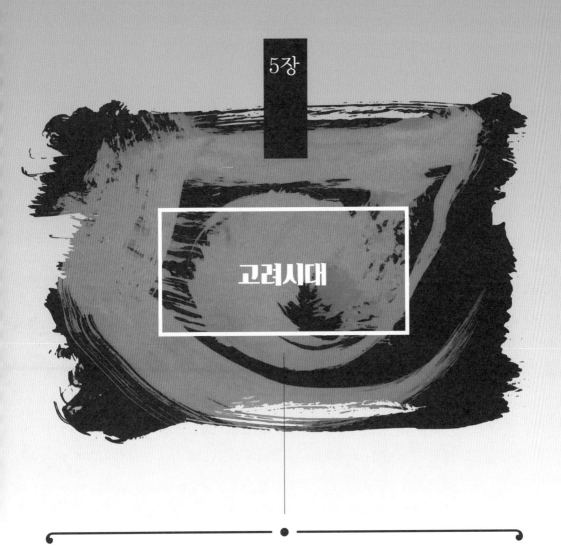

5장

고려시대

그간 국사교과서는 고려 강역을 압록강에서 함경남도까지 사선으로 그려왔고, 지금도 마찬가지다. 이는 일본인 식민사학자 이케우치 히로시池內宏가 반도사관으로 왜곡한 것을 지금껏 따르고 있는 것이다. 그러나 《고려사》는 고려 동북방 강역이 두만강 북쪽 700리 지점의 공험진이라고 말하고 있고, 중국의 《명사明史》는 고려의 서북방 강역이 지금의 심양 남쪽 진상 둔진 봉집현奉集縣이라고 말하고 있다. 고려는 지금의 요녕성 심양 일대에서 흑룡강성 영안 일대까지를 북방 강역으로 삼았던 대륙지향 국가였다. 또한 내부 체제도 농민들에게 농토를 나누어주고 그 대가로 군복무를 시켰던 부병제도를 실시했던 국가로서 백성들의 생활이 안정되어 있었다. 그 후 무신정권과 원나라 간섭기를 거치면서 소수 권세가들이 백성들의 농토를 빼앗기 시작하면서 사회안정이 흔들려 위기를 맞게 되었다.

황제국 고려의 이상과 현실

호족연합정책의 성과와 한계

918년 6월 15일(음력. 양력 7월 25일) 왕건은 국호를 '고려', 연호를 '천수'라고 정했다. 태조 왕건은 즉위 다음 날 "짐이 여러 신하들의 추대에 의해 천자의 지위에 올라(朕資群公推戴之心登九五統臨之極)…"라는 조서를 내렸다. 제후의 지칭인 '과인'이나 '교서'가 아니라 황제의 자칭인 '짐'이나 '조서'를 사용한 것은 그가 황제국을 지향했음을 말해준다.

그러나 즉위 당시 후백제와 쟁패 중이었으며 고려 내부 호족들에 대한 통제도 미약했다. 즉위 5일 후 마군장군馬軍將軍 환선길桓宣吉이 논공행상에 불만을 품고, 태조가 국사를 의논하는 자리에 50여 명의 무장한 무리들과 뛰어들었다. 왕건이 "짐이 비록 너희들의 힘으로 이 자리에 올랐으나 이는 하늘의 뜻이 아니겠느냐. 천명이 이미 정해졌는데 네가 감히 이럴 수 있느냐"라고 꾸짖자 환선길은 복병이 있는 것으로 알고 도망치다 죽임을 당했다. 그 직후 이흔암伊昕巖이 다시 난을 일으키자 기시棄市(시체를 저자에 돌림)했는데, 이런 사례들은 왕권의 미약함을 보여주는 것이다.

왕건은 대호족강경책으로 일관하다 무너진 궁예·견훤을 거울삼아 대호족

── 《고려사》. 1449년 (세종 31)에 김종서金 宗瑞, 정인지鄭麟趾 등이 편찬하기 시작 해 1451년(문종 1)에 완성되었다. 총 139 권 75책이다.

유화정책을 실시했는데, 각지의 호족들에게 후한 폐백을 주면서 자신을 낮추는 '중폐비사重幣卑辭' 정책이었다. 《고려사》에서 견훤을 제외하고 귀부歸附하는 자가 많았다고 적고 있는 것처럼 각지의 호족들은 '중폐비사' 조치에 마음을 열었다.

왕건은 또한 각지의 유력한 호족들과 혼인관계를 맺는 혼인정책도 실시했다. 왕건은 제위에 오르기 전 정주貞州 출신 유천궁柳天弓의 딸 신혜神惠왕후 유씨와 나주 출신 장화莊和왕후 오씨와 혼인했다. 왕건은 6명의 왕비를 포함해 모두 29명의 부인을 두었는데 오씨를 제외하면 대부분 각지 유력 호족들의 딸이었다. 신정왕후 황보皇甫씨는 왕건의 세력 기반이었던 패강의 호족 황보제공皇甫悌恭의 딸이고, 신명순성왕후 유劉씨는 충주 호족 내사령內史令 유긍달劉兢達의 딸이고, 광주원부인·소광주원부인 왕씨는 광주 호족 대광大匡 왕규王規의 딸이며, 정목부인 왕씨는 명주의 호족 왕경王景의 딸이었다. 왕건은 신라의 마지막 경순왕의 백부인 김억렴金億廉의 딸을 맞아들여 신성왕후 김씨로 삼았으며, 후백제 견훤의 사위였던 박영규朴英規의 딸을 맞아 동산원부인으로 삼았다. 그리고 자신의 두 딸을 경순왕에게 주어 이중의 중첩된 혼인관계를 맺기도 했다.

왕건은 또 정적이었던 명주 호족 김순식金順式이 아들 수원守元을 보내 귀부하자 왕성王姓과 전택田宅을 내리는 등 사성賜姓정책을 통해 유력호족들과 가족관계를 맺었다. 이런 호족융합정책에 힘입어 왕건은 견훤의 후백제와 일전을 겨룰 수 있는 우군을 갖게 되었고, 마침내 삼한을 통합할 수 있었다.

그렇다고 왕건이 무조건적인 호족회유정책만을 실시한 것은 아니었다. 왕건은 호족들을 출신 지역의 사심관事審官으로 삼아 그 지배권을 인정한 반면 그 자제들을 서울로 불러 볼모로 삼는 기인其人 제도로 반란을 억제했다. 또한 신라 붕괴의 중요한 원인이었던 골품제를 폐지하고 6두품 지식인들을 대거 등용해 새로운 사회 건설에 나섰다. 또한 고구려를 계승하기 위한 북진정책을 강조했다. 고구려 계승을 국시로 삼은 왕건으로서는 당연한 정책이었지만 호족연합정권의 성격상 쉽지 않은 일이었다. 호족연합정책은 양날의 검이어서 후삼국 통일에는 큰 위력을 발휘했지만 통일에 성공한 순간부터 왕건의 발목을 잡았다. 각지의 호족들은 집안의 부흥에 더 큰 관심이 있었지 고구려 옛 영토 수복에 전력을 기울일 생각이 없었기 때문이다.

왕건의 고구려 제국 재건의지

태조 왕건은 즉위한 해 9월 "평양고도平壤古都가 황폐한 지 오래되었어도 그 터전은 여전히 남아 있다"라면서 고구려 재건에 강한 의지를 보였다. 《자치통감》271권에는 왕건이 즉위해 "개주開州로 동경東京을 삼고 평양으로 서경西京을 삼았다"는 기록이 있다. 수당隋唐은 동쪽의 낙양을 동경, 서쪽인 장안을 서경으로 삼아 양경제兩京制를 운영했다. 그런데 지금의 개경이 동경이라면 지금의 평양은 방위상 북경이어야지 서경이 될 수가 없다. 서西자는 석주 이상룡 선생이 만주로 망명하면서 망명일기의 제목을 《서사록西徙錄》(서쪽으로 이사하는 기록)이라고 한 것처럼 주로 중국을 뜻할 때 쓰던 용어였다. 그래서 서경이 지금의 요녕성 요양이라는 주장들은 검토할 가치가 있다.

왕건은 즉위 후 평양을 대도호부로 삼고 사촌 아우 왕식렴王式廉을 보내 재건하게 했다. 또한 자신의 세력기반이던 황주·해주 등의 민가를 옮겨 살게 했다. 재위 15년(932) 5월 태조는 "요즈음 서경을 온전히 증축해 민가를 옮기고 충실히 한 것은 그 지역이 지닌 힘에 기대어 삼한을 평정하기 위함이다. 장차 거기에 도읍하고자 한다"라면서 서경 천도 의사를 강력히 피력하기도 했다.

당시 후백제와 쟁패 중인 상황에서도 서경 재건에 큰 힘을 쏟은 것은 고구려 옛 강역을 수복하려는 야망을 갖고 있었기 때문이다. 태조는 재위 26년 임종을 앞두고 내린 훈요십조에서 해마다 2·5·8·11월에 임금들이 직접 서경에 행차해 100일 이상을 머물 것을 유언한 것은 자신의 못 이룬 고구려 제국 재건의 꿈을 후왕後王들이 이뤄줄 것을 바랐기 때문이다.

왕건은 재위 9년(926) 진국(발해)이 거란(요)에게 멸망하자 발해 유민들을 적극 받아들였다. 태조 17년 7월에는 진국 태자 대광현大光顯이 수만 명의 백성들을 거느리고 귀순했다. 왕건은 그에게 '왕계王繼'라는 이름을 하사해 종적宗籍(왕실 족보)에 올리고, 원보元甫라는 관품을 주고 백주白州를 지키며 조상의 제사를 받들게 하였다. 재위 25년(942) 거란에서 낙타 50필을 선물했으나 "거란이 일찍이 발해와 화친하였으면서도 맹서를 배반하고 이를 멸망시켰으니 심히 무도한 짓이다"라며 사신 일행 30여 명을 섬으로 귀양 보내고 낙타는 만부교萬夫橋 아래 붙들어 매어두어 모두 굶겨 죽게 만들었다. 진국을 멸망시킨 반감의 표출이었다.

이상과 현실의 충돌

천자의 제국 고구려를 재건하려던 왕건의 이상은 그가 처한 현실과 충돌할 수밖에 없었다. 태조는 건국과 동시에 천수라는 연호를 사용했지만 후량後梁, 후당後唐, 후진後晉 등 중원국가들의 연호를 차례로 사용하는 것으로 현실도 중시했다. '중폐비사重幣卑辭' 및 혼인정책으로 정국을 안정시켰지만 전국 각지 20여 명의 장인들은 외손자들이 왕건의 뒤를 잇기를 바랐고, 이는 왕권을 둘러싼 권력투쟁을 예고했다.

왕건은 자녀들 사이의 근친혼으로 왕실의 배타적 신성성을 유지하는 동시에 권력다툼을 방지하고자 했다. 동부이복同父異腹(아버지는 같고 어머니가 다른 것) 남매인 제3비 신명왕후 유씨 및 제6비 정덕왕후 유씨 소생 남매들을 서로 혼인시켰다. 왕건의 아들이자 사위이며, 딸이자 며느리였다. 광종의 제1비는 태조의 제4비인 신정왕후 황보씨의 딸이었고, 제2비는 광종의 이복형 혜종의 제1비인 의화왕후 임씨의 딸이었다. 광종에게 왕건은 부친이자 장인이었으며, 혜종은 형이자 장인이었다. 이는 또한 신라 왕실이 배타적 특권 유지를 위해서 선호했던 족내혼族內婚의 유풍遺風이었다. 족내혼은 왕실 내부 결속의 수단이 될 수 있었지만 역으로 왕건이 사망하는 순간 왕위계승 전쟁의 씨앗일 될 수 있었다.

왕건은 재위 26년(943) 5월 만 66세의 나이로 세상을 떠나기 한 달 전 훈요訓要10조로 후대왕들을 경계했다. 훈요십조에는 사찰을 함부로 짓지 말고, 매년 서경에 100일 이상을 머무를 것이며, 후사는 적자嫡子(만아들)에게 물려주되 만아들이 불초하면 그다음 아들에게 주고, 그마저 불초하면 여러 사람들이 추대하는 왕자에게 대통을 잇게 하라는 등의 내용이었다.

혜종의 즉위와 호족들의 반발

고려 2대 임금 혜종은 왕건의 만아들로서 태조의 제2비 장화왕후 오씨 소생이다. 태조는 오씨의 가문이 한미했지만, 마음은 오씨 소생의 만아들에게 있다는 뜻에서 자황포柘黃袍를 상자에 담아 오씨에게 전했다. 오씨는 이를 근거로 박술희朴述熙를 끌어들여 태조 4년(921) 아들을 태자로 책봉하는 데 성공했고, 태조 사후 왕위에 올랐다.

그러나 유력 호족의 후예가 아닌 혜종은 권력기반이 약했다. 혜종이 즉위하자 태조의 제3비이자 충주 지역의 호족 유긍달의 딸인 신명순성왕후 유씨가 자신 소생의 왕요王堯(정종)나 왕소王昭(광종)를 후사로 삼으려 했다. 혜종의 장인 왕규王規가 혜종 2년(945) 왕요·왕소가 왕위를 노리고 있다고 밀계密啓했으나, 혜종은 왕요·왕소를 문책하지도 않고 왕규의 밀계에도 대답하지 않았다. 나아가 혜종은 자신의 딸을 왕소와 혼인시켰다. 2명의 딸을 태조에게, 1명의 딸을 혜종에게 출가시킨 왕규는 혜종이 우유부단하다는 생각에 자신과 태조의 손자인 광주원군廣州院君을 임금으로 만들기로 결심했다.

혜종의 후사를 둘러싸고 왕실과 외척 사이에서 분쟁이 계속되는 상황에서 혜종이 병석에 누웠고, 후사를 결정하지 못한 채 세상을 떠났다. 그러자 왕위 계승 정쟁이 발생했는데, 개경파의 핵심 박술희·왕규와 서경파의 왕식렴이 다툰 것이다. 정종의 관점에서 서술한《고려사》는 박술희를 죽인 왕규가 반역을 꾀하다 정종에게 죽었다고 서술했는데, 그 핵심은 혜종을 지탱하던 두 기둥인 박술희와 왕규가 혜종의 죽음과 더불어 살해되었다는 것이다. 이는 혜종의 죽음에 커다란 의혹이 있음을 시사한다.

재위 2년(945) 4개월 만에 사망한 혜종의 뒤를 이어 정종이 즉위하는데《고려사》는 군신들의 추대에 의한 것으로 기록하고 있다. 정종이 즉위 후 서경 천도를 계획한 것은 태조의 유훈을 실현한다는 명분 아래 서경파의 도움으로 집권했음을 말해준다. 또한 거란에 포로로 잡혔던 최광윤崔光胤이 거란의 내침 계획을 보고하자 예비군 성격의 광군光軍 30만을 조직하고 광군사光軍司를 두어 통솔하게 했다. 정종은 서경 천도와 광군사 설치로 왕권강화를 추진하던 와중인 재위 3년(948) 병석에 누웠다. 그 와중에 가장 큰 우군이었던 왕식렴이 재위 4년(949) 정월 세상을 떠나자 상심한 정종은 두 달 뒤 동복동생 왕소에게 재위를 물려주고 제석원帝釋院으로 옮겨갔다. 정종은 끝내 서경 천도를 단행하지 못하고 재위 4년(949) 9월 27세의 나이로 세상을 떠났다.

광종의 왕권강화 정책

정종의 뒤를 이어 만 스물넷의 동복동생 왕소가 제4대 광종(재위 949~975)이 되었다. 정종에게 문성왕후 박씨 사이에 낳은 경춘원군慶春院君이 있었음에도 동생에게 왕위를 넘긴 것은 어린 아들이 호족들을 통제하지 못할 것이라는 우려 때문일 것이다. 광종은 정종을 후원했던 서경세력의 지원에다 외가 측의 도움도 받을 수 있어 정종보다 유리한 환경이었다. 즉위 당시 만 스물넷의 장년이었던 광종은 두 명의 부인을 두었다. 첫째 대목왕후 황보씨는 태조와 황주 지역의 유력 호족이었던 신정왕후 황보씨 사이에서 태어난 딸이었다. 둘째 경화궁 부인 임씨는 이복형 혜종의 딸이었다. 부친은 왕씨지만 모친의 성씨를 따라 임씨가 되었다. 광종은 태조 왕건의 넷째아들이란 정통성에, 혜종·정종의 유산을 골고루 받을 수 있었다. 광종은 즉위 초 당 태종의 치세를 기록한 《정관정요貞觀政要》를 숙독했다. 고구려 침략전쟁만 제외하면 '정관貞觀의 치治'는 중국 역사상 가장 안정되고 평화로웠던 시대였다.

광종은 즉위 직후 원보元甫 식회式會 등을 파견해 지방 주현이 해마다 중앙에 바치는 세공歲貢 액수를 정하게 했다. 호족들이 자의적으로 백성들을 수탈하는 것을 막기 위한 조치였다. 그런데 광종의 정치행위는 재위 7년(956)을 기점으로 크게 변화하는데, 그 배후에는 후주後周 출신 쌍기雙冀가 있었다. 광종은 재위 원년(950) 광덕光德이란 연호를 사용하다가 이듬해 중국의 오대五代 후주의 연호 광순廣順도 사용했다. 고려의 독자성을 지키면서 중국과의 마찰을 피하기 위한 것이었다. 후주의 세종은 광종 7년(956) 장작감將作監 설문우薛文遇를 사신으로 보냈는데, 수행원 중에 전절도순관대리평사前節度巡官大理評事 쌍기가 있었다. 광종은 병에 걸려 귀국이 늦어진 쌍기를 만나 그에게 여러 개혁정책 방안이 있음을 알게 되었다. 광종은 후주 세종의 양해를 얻어 쌍기를 고려의 한림학사翰林學士로 삼았다.

쌍기가 광종에게 제시한 개혁정치의 요체는 전제군주제의 강화였다. 신분보다는 능력을 중시하고, 호족이 아니라 국왕의 지배를 받는 일반 양인들을 확대하라는 것이 주요 내용이었다. 광종의 개혁도 여기에 초점이 맞춰졌는데, 재위 7년(955)의 노비안검법奴婢按檢法은 원래 노비가 아니었으나 전쟁이나 빚 때문에 노비가 된 양인들을 과거 신분으로 환원시킨 것이다. 노비안검법은 국가에 세금을 내는 양인들을 확대하고 공신과 호족들의 물적기반을 약화시켰다. 광종의 부인 대목왕후 황보씨가 시행 중단을 요청할 정도로 호족의 반발은 거셌지만 광종은 굴하지 않고 재위 9년(957)에는 과거제를 실시했다. 한림학사 쌍기를 지공거知貢擧로 삼아 실시한 과거제는 신분보다 능력을 중시하는 제도였다. 과거제 시행 이후 관료제 사회 혹은 문벌귀족 사회라는 명칭이 나올 정도로 과거제는 고려 지배층의 성격을 변화시키는 전기가 되었다. 재위 11년(959)에는 백관의 공복公服을 제정해 국왕과 신하 사이의 분별을 확실히 하는 한편 신하들 사이에도 계급과 질서를 부여했다. 같은 해 광종은 개경을 '황제의 수도'라는 뜻의 황도皇都, 서경을 서도西都로 고치고, 준풍峻豊이란 연호를 사용했다. 그러나 960년(광종 11년) 후주 세종의 부장部長 출신 조광윤趙匡胤이 근위병들의 추대로 송나라를 세우자 962년에 사신을 보내고 이듬해부터는 송의 연호 건덕乾德도 사용했다. 내부적으로는 황제를 지향해 호족들의 도전 의지를 꺾고 밖으로는 평화를 도모한 것이었다.

광종의 왕권강화책은 호족세력에 대한 숙청을 수반했다. 광종은 평농서사 評農書史 권신權信이 대상大相 준홍俊弘과 좌승佐丞 왕동王同 등을 역모로 고변하자 준홍 등을 내쫓았다. 이는 호족들에게 큰 충격을 주었는데,《고려사》는 이렇게 설명하고 있다.

이때부터 참소하고 망령된 자들이 득세해서 충량한 사람들을 무함해서 노비가 주인을 고소하고, 자식이 부모를 참소했다. 감옥이 늘 넘쳐서 따로 임시 감옥을 설치했다. 죄 없이 죽는 자가 서로 이어지고 시기하는 풍조가 날로 심해갔다. 왕족들도 보존하지 못한 사람이 많은데, 심지어 (광종의) 외아들 왕주王伷까지 의심해서 가까이 오지 못하게 했다. 사람마다 두려워해서 감히 서로 이야기하지 못했다.

《고려사》'광종 11년'

이는 광종의 개혁정책에 비판적인 호족들의 시각에서 기술된 내용이다. 광종 개혁정책의 가장 큰 비판자였던 최승로崔承老는 성종에게 올린 상소문에서 "경종(5대 임금)이 즉위할 때 옛 신하로서 살아남은 자는 40여 인뿐이었다"고 할 정도로 호족들은 큰 타격을 입었다.

광종은 개혁정책을 수행할 인재들이 부족하자 "멀리 중국 남방과 북방의 용렬한 사람들[南北庸人]까지도 특별한 예로써 대접했다"는《고려사》의 기록처럼 해외에서 영입했다. 광종은 외국에서 영입한 인재들에게 신하들의 집을 배정해주고 혼인까지 시켜줄 정도로 파격적으로 대접했다.

그런데 광종의 이런 개혁정책은 쌍기의 조언에만 의지한 것이 아니라 균여均如의 성상융회性相融會 사상에도 바탕을 둔 것이다. 성상융회 사상은 교종教宗 중에서 성종性宗에 속하는 화엄종과 상종相宗에 속하는 법상종法相宗이 서로 융합된 사상체계였다. 모든 것이 하나로 귀일된다는 화엄종은 국왕의 전제 왕권을 뒷받침해주는 이론이었다. 반면 법상종은 현상계의 차이점을 인정했다. 개인이나 개체의 현재 상태를 인정하면서 각자에게 맞는 설법이나 수행을 통해서도 성불할 수 있다는 것으로 지방의 중소호족들에게 맞는 사상이었다. 균여의 성상융회 사상은 화엄종의 견지에서 법상종을 융회하는 것이었다. 그래서 전제왕권을 용인하면서 대호족들을 억압하고 지방의 중소호족들을 중용하는 이론으로 활용할 수 있었다. 광종은 균여의 성상융회 사상을 받아들여 재위 14년(963) 귀법사歸法寺를 창건하고 빈민구제재단인 제위보濟危寶를 설치해 균여에게 맡겼다.

흔히 광종의 숭불을 개혁정치 수행과정에서 사람들을 많이 죽인 죄업을 씻기 위한 것이라고 설명하지만 광종에게 불교는 개인적인 신앙을 넘어 사회개혁적인 의미를 가진 사상이었다. 광종은 왕권강화가 나라와 백성들을 동시에 발전시킬 수 있는 첩경이라는 생각에서 개혁을 추진했던 것이다. 광종은 재위 26년(975) 51세의 나이로 정침正寢에서 사망하고 경종(재위 975~981)이 즉위했다. 광종의 개혁정책으로 고려는 정상궤도에 오를 수 있었지만 이에 대한 호족들의 반발을 극복할 과제가 경종에게 주어졌다.

과도기 경종과 유교정치를 지향한 성종

만 스무 살의 나이로 광종의 뒤를 이은 경종은 광종과 대목왕후 황보씨 사이의 맏아들이었다. 경종은 즉위 직후 광종의 개혁정치를 뒤집었다. 광종 때 귀양 간 사람들을 돌아오게 하고, 옥에 갇힌 사람들을 풀어주었고, 관직을 빼앗긴 사람들을 복직시키고, 임시 감옥을 헐고 참서를 불살랐다. 경종은 나아가 선왕 때 참소를 당해 죽은 자의 자손에게 복수까지 허락했는데, 《고려사》에서 "서로 마음대로 사람을 죽이기 시작해 또 억울한 일이 생겼다"고 기록할 정도로 많은 보복을 낳았다. 심지어 집정執政을 맡은 왕선王詵이 원수를 갚는다며 태조의 아들인 천안부원군天安府院君을 죽이는 일까지 발생했으니 여타의 사건은 말할 것도 없었다. 경종이 광종의 개혁정책들을 원점으로 되돌리려 한 배경은 광종의 노비안검법 시행 중단을 요청했던 외가 대목왕후 황보씨의 영향이라고 추측할 수 있다.

　그러나 경종은 과거제는 계속 실시해서 부왕의 유지를 이었고, 재위 1년
(976) 11월에는 시정전시과始定田柴科를 실시했다. 고려 태조는 23년(940) 역
분전役分田을 실시해 공신들의 관품官品과 인품人品을 고려해 토지를 나누어
주었다. 이는 일종의 공신전인데, 이뿐만 아니라 군역을 진 모든 백성들에게
도 토지를 나누어주었다.《고려사》〈식화지食貨志〉 '전제田制(토지제도)' 서문이
이를 말해준다.

　　고려의 토지제도는 당나라 제도를 모방했는데, 개간한 토지를 묶어서 비옥함
　과 척박함을 나누어서 문무백관으로부터 부병府兵·한인閑人에 이르기까지 과科
　에 따라 (토지를) 받지 않은 자가 없었다… 오직 부병만은 스무 살이 되면 처음
　주었다가 예순 살에 돌려받았는데, 자손이나 친척이 있으면 전정田丁(토지를 받고
　병역을 수행하는 남성)을 전하게 했다. 자식이 없으면 감문위監門衛에 적을 두게 했
　다가 70세 후에는 구분전을 지급하고 나머지 토지는 회수했다. 후손이 없이 죽
　은 자와 전사한 자의 아내 또한 모두 구분전口分田을 지급했다.

　　　　　　　　　　　　　　　　　　　　　　　　　　　　《고려사》〈식화지〉

　당나라 토지제도인 균전제均田制는 선비족 국가인 북위에서 실시한 것을
수·당에서 그대로 계승한 제도로서 일정 연령 이상의 남녀에게 토지를 나누
어준 제도이다. 북위 효문제 태화太和 9년(485) 제정한 균전제는 15세 이상의
남성에게 40무畝, 여성에게 20무를 노전露田으로 주었는데, 이는 당사자가 죽
으면 국가에 반납하는 구분전으로서 노비도 받을 수 있었다. 이 외에 국가에
돌려주지 않는 상전桑田 20무도 받았는데, 이것이 영업전永業田이다. 이 제도
가 수·당에도 그대로 계승되었지만 여성과 노비는 점차 제외되고 남성만 토
지를 받았다.

　고려도 이 제도를 이어 20~60세까지의 모든 농민들에게 토지를 주고 그
대가로 병역의무를 지게 했다. 60세 이후에는 아들이나 조카가 이 땅을 인계

해서 병역의무를 수행했고, 아들이 없으면 감문위에 소속시켜 그 부인에게 주었다. 70세 이후에는 자식 없는 군인의 아내에게 주는 구분전을 지급했다. 전사자의 아내에게도 구분전을 지급해 생계를 유지하게 했다.

고려는 모든 농민들이 지급받은 토지의 대가로 병역을 수행하고, 병역의무가 끝난 후에도 그 토지가 아들이나 부인에게 그대로 계승되는 복지국가였다. 고려가 숱한 외침에서 이길 수 있었던 이유가 토지와 군역이 일체화된 토지제도에 있었다. 경종이 실시한 시정전시과는 태조 때 실시했던 역분전을 보다 세분화한 것이다.

경종은 재위 7년(981) 병사하고 성종이 뒤를 이으면서 본격적인 중국식 정치제도, 즉 유교정치체제가 도입되기 시작했다. 성종은 태조의 일곱째아들인 대종戴宗 욱旭의 둘째아들로서 할머니는 신정왕태후神靜王太后 황보씨다. 성종의 어머니는 태조의 딸인 선의왕후宣義王后 유씨로서 대종과는 이복남매 사이였다.

성종은 어머니 선의왕후가 일찍 죽는 바람에 할머니 신정왕태후 황보씨의 품에서 자라나서 광종의 딸 문덕왕후文德王后 유씨와 혼인했다. 문덕왕후 유씨는 초혼이 아니었다. 앞서 태조와 헌목대부인獻穆大夫人 평주씨 사이에서 난 홍덕원군弘德院君 왕규王圭와 혼인했었다. 성종이 왕위에 오를 수 있었던 배경은 태조의 손자에다 황주의 유력호족인 황보씨가 외가이며, 광종의 딸 문덕왕후의 혈통 때문이었을 것이다.

즉위 당시 성종은 만 스물한 살이었는데, 그의 치세는 한마디로 고려의 전통적인 정치체제를 중국식 사대주의 유교정치체제로 바꾸는 데 있었다. 이는 태조의 유훈과 배치되는 것이었다. 성종은 즉위하자마자 태조가 훈요십조에서 유훈으로 남겼던 팔관회의 잡기들을 폐지했다. 재위 1년(982) 당나라 제도를 모방해 삼성육부제를 실시하고, 이듬해 지방에 12목을 설치해 지방관을 파견했다. 또한 역대 왕들의 신주를 모시는 중국식 태묘太廟, 토지신과 곡식신에게 제사를 지내는 사직社稷, 공자를 제사하는 문묘文廟 등을 설치해 중국식 유교정치체제를 추종했다.

— 공자. 문선왕文宣王이라 불렸기에 제사하는 곳을 문묘라 했다.

그런데 중국식 유교정치체제를 추종하면 고려는 제후국으로 전락할 수밖에 없었다. 성종은 실제로 개국 이래 사용해오던 황제의 용어 조서를 제후의 용어 교서라고 낮춰 스스로 제후국으로 격하시켰다. 이 때문에 고려의 상무정신은 크게 약화되었고, 성종 12년(993) 거란족이 침입했을 때 땅을 떼어주자는 할지론割地論이 횡행했다. 주전론을 주장했던 이지백李知白은 "경솔히 국토를 떼어주기보다는 연등회, 팔관회, 선랑仙郎 등의 행사를 다시 거행하고 타국(중국)의 색다른 풍습을 본받지 말아 국가를 보전하자"며 할지론에 반발했다.

성종의 유학정치는 최승로·최지몽崔知夢·최량崔亮·이양李陽·김심언金審言 같은 유학자들이 이념을 제공했는데, 그 대표격인 최승로(927~989)는 경주 출신의 6두품 집안 출신이었다. 그는 12세 때 태조가 불러 《논어》를 물었을 때 막힘이 없었을 정도로 어린 시절부터 유학에 심취했다. 성종이 재위 1년 3월 "중앙의 5품 이상 관리들은 각각 글을 올려 현행정치의 득실을 논하라"고 구언하자, 유학정치의 전면적 실시를 요구하는 시무 28조를 올렸다. 《고려사》 〈최승로전〉에 22조가 전하는데, 중국식 유교정치체제 수립 주장으로 요약할 수 있다. 그는 "불교는 수신의 도이고, 유교는 치국의 도"라는 말로 유불공존을 주장하는 것처럼 포장했지만, 팔관회와 연등회의 축소와 음사와 번잡스러운 제사의 중지를 요청한 것은 '불교는 수신의 도'라는 말과 배치되는 것이었다. 더구나 고려의 불교는 단순한 수신의 도가 아니었다.

최승로가 광종의 치세를 강력하게 비판한 가장 큰 이유는 광종이 노비안검법으로 노비들을 해방시켰기 때문이었다. 그는 성종 원년(982) 상서를 올려

"우리나라에서 양천良賤의 법은 오래되었다"면서 광종이 실시한 노비안검법을 격렬하게 비난하고 "천한 자가 귀한 사람을 능멸하지 못하게 하시고, 노비와 주인을 구분하는 데 공정하게 처분하십시오"라고 말했다. 6두품으로서 진골귀족들의 전횡에는 비판적 자세를 가졌지만 노비해방에도 부정적 견해를 가졌던 자기모순이었다. 고려를 제후국으로 격하시킨 반면 노비 주인의 자리에서 노비제를 옹호한 최승로의 주장은 황제국 고구려를 지향했던 왕건의 개국이념에 반하는 것이었다. 그러나 바로 이런 이유 때문에 최승로는 고려는 물론 조선의 사대주의 유학자들에게 높은 평가를 받았다. 고려 중후기 이후 극도의 중화 사대주의 사상이 나타나고, 조선에서 더욱 고착화되는 데는 스스로 제후국으로 떨어뜨린 최승로가 큰 역할을 했다고 볼 수 있다.

서희와 강동 6주

— 현재 요하 동쪽 요동반도 내에 있었던 실제 강동 6주의 위치. 한가람역사문화연구소 국토지리연구실 제작.

— 7차 과정 국사교과서에 소개된 고려의 영토. 압록강 이남 지역만을 고려의 영역으로 설명하고 있다.

현재 남한의 국사교과서들은 고려의 건국 초 영토를 청천강과 그 지류인 박천강博川江(대령강)까지라고 설명하고 있다. 성종 12년(993) 서희徐熙가 요나라 소손녕蕭遜寧과 담판으로 강동 6주를 차지하면서 동쪽 함경도는 여전히 여진의 강역이었지만, 서쪽은 압록강까지 고려의 영역을 확장시켰다고 본다. 강동 6주의 흥화진은 의주, 용주는 용천, 통주는 선천, 철주는 철산, 귀주는 구성, 곽주는 곽산이고, 그 북쪽 경계에 천리장성을 쌓았다는 것이다.

그런데 고려의 국경이 청천강과 박천강이었다면 거란과 갈등을 빚을 아무런 이유가 없다. 지금 내몽골 파림좌기가 요나라 수도 상경임황부였으므로 청천강 남쪽의 고려는 이해충돌이 될 수 없었다. 또한 거란이 침입하자 고려는 북계에 진을 치고 거란을 방어하러 나갔다. 고려는 서북방을 북계, 동북방을 동계로 삼아 지켰는데, 이 지역들은 모두 압록강~두만강 북쪽에 있었다. 그래서 근래에 강동 6주를 지금의 요동반도에 있었던 것으로 보거나 그보다 더 서북쪽에 있던 것으로 보는 견해들이 나오는 것이다. 서희는 성종에게 "거란의 동경부터 우리의 안북부安北府까지 수백 리의 땅은 모두 생여진生女眞에 의해 점유되었는데, 광종께서 그곳을 취하여 가주嘉州·송성松城 등의 성을 쌓았다"고 말했다. 서희는 거란이 침입한 것은 이 두 성을 취하겠다는 것이라고 말했는데, 가주·송성 등은 모두 압록강 북쪽의 성이다. 소손녕이 "너희는 신라에서 일어났다"고 말하자 서희가 고려는 고구려를 계승했다면서, "만일 국경을 가지고 논한다면 귀국의 동경도 모두 우리의 국토 내에 있는 것이니 침범이라 말할 수 있겠는가?"라고 반박했다. 요와 고려의 충돌은 압록강 북쪽 영토를 둘러싼 것이지 압록강 남쪽 영토 문제가 아니었다. 고려의 국경이 청천강~박천강이었다면 거란과 분쟁할 아무런 이유가 없었을 것이다.

서경세력의 도전과 좌절

성종은 왕자가 없었기 때문에 경종의 맏아들인 개령군 왕송王誦이 왕위에 올랐다. 그가 제7대 목종(재위 997~1009)이다. 목종 즉위 후 섭정을 하게 된 모후 천추태후千秋太后(헌애왕후 황보씨)는 오빠 성종의 사대주의 정책들에 불만을 갖고 있었다. 그래서 성종의 중국식 유교정치체제를 폐기하고 고려의 전통정책들로 되돌아가고자 했다. 무엇보다 천추태후는 북진을 강조했던 왕건의 유훈을 실천하기 위해 목종에게 네 번이나 서경에 행차하게 했는데 그때마다 산악과 주진州鎭의 핵심지역에 제사를 지내 전통신에게 가호를 빌었다. 이런 정책 변화에 불만을 품은 유교정치세력들이 목종과 천추태후 축출을 시도했다. 천추태후는 목종 6년(1003) 동생 헌정왕후가 숙부 왕욱王郁과 사통해 낳은 왕순왕詢을 대량원군大良院君으로 삼았다. 그런데 정적들이 대량원군을 추대하려 하자 목종 9년(1006) 남경의 삼각산 신혈사神穴寺에 보내 승려로 만들었다. 천추태후는 김치양金致陽과의 사이에서 낳은 아들을 목종의 후사로 만들어 고려 전통 부활 정책을 계속하려 했지만 목종 12년(1009) 정월 서경의 도순검사 강조康兆가 주도하는 정변이 발생했다. 목종은 폐위 후 충주로 가다가 살해당하고 대량원군이 임금으로 추대되었으니 그가 곧 제8대 현종(재위 1009~1031)이다.

강조는 현종 즉위년(1009) 국왕 보좌기구인 은대銀臺와 중추원을 폐지하고 중대성中臺省을 설치하고 중대사中臺使에 올라 정권을 장악했다. 그러나 현종 1년(1010) 요의 성종이 목종을 시해한 책임을 묻겠다며 침략하자 행영도통사 行營都統使로서 나가 싸우다가 포로가 되어 죽었다. 전투 장소에 대해《요사》는 동주銅州,《고려사》는 통주通州라고 기록하고 있다.

이때를 비롯해서 요나라는 모두 세 차례에 걸쳐 침략했으나, 양규楊規와 강감찬姜邯贊 등이 귀주대첩 등에서 승리해서 패퇴시켰다.

목종을 쫓아내고 왕위에 오른 현종은 성종이 만든 중국식 유교정치체제를 그대로 유지시켰고, 9대 덕종(재위 1031~1034), 10대 정종(재위 1034~1046), 11대 문종(재위 1046~1083), 12대 순종(재위 1083), 13대 선종(재위 1083~1094), 14대 헌종(재위 1094~1095), 15대 숙종(재위 1095~1105)까지 여러 임금들이 중국식 유교정치체제의 기본 골격을 유지했다.

숙종의 뒤를 이은 16대 예종(재위 1105~1122)이 다시 태조의 유훈을 계승하려 했다. 아골타阿骨打(훗날의 금 태조. 1068~1123)가 흩어졌던 여진의 각 부족들을 통합하면서 급속히 성장하고 있었으므로 더 이상 손을 놓고 있을 수도 없었다.

예종의 부왕 숙종은 여진족의 흥기를 우려해 임간林幹과 윤관尹瓘을 차례로 보내 정벌하게 했으나 실패했다. 기병騎兵 위주인 여진군을 보병 위주의 고려군이 당할 수 없었기 때문이었다. 그래서 윤관은 국왕에게 건의해 별무반을 편성했다. 별무반은 기병인 신기군神騎軍과 보병인 신보군神步軍, 승병僧兵

— 금나라의 태조 아골타.

인 항마군降魔軍에다 도탕跳盪(기습부대)·경궁梗弓(화살부대)·정노精弩(쇠뇌부대)·발화發火 등의 특수군을 포함한 정예부대였다.

예종은 재위 2년(1107) 윤 10월 윤관을 상원수上元帥, 오연총吳延寵을 부원수副元帥로 삼아 17만 대군을 주어 여진 정벌을 명령했다. 예종은 다음달에는 몸소 서경까지 가서 군사들을 격려하고 북진에 대한 굳은 의지를 과시했다. 윤관은 여진족들을 북방으로 몰아내며 영토를 확장했는데,《고려사》 '예종 3년(1108) 2월'조는 "윤관이 여진을 평정하고 여섯 성을 쌓은 것과 관련하여 글을 올려 축하하고 공험진公嶮鎭에 비를 세워 경계로 삼았다"고 기록하고 있다.《고려사》〈지리지〉에도 "(윤관이) 이 지역에 9개의 성을 설치하고 공험진에 있는 선춘령先春嶺에 비를 세워 이곳을 경계로 삼았다"라고 기록하고 있다. 공험진 선춘령에 '고려의 땅(高麗之境)'이라는 비석을 세웠다는 것이다. 이 공험진에 대해 강단사학은 함흥평야

— 근대에 그려진 윤관 장군 초상.

또는 길주 이남이라고 주장하는데, 이는 일본인 이케우치 히로시 등이 주장하는 반도사관을 지금껏 추종하는 것에 불과하다. 공험진의 위치에 대해《고려사》〈지리지〉는 "선춘령 동남쪽, 백두산 동북쪽, 혹은 소하강蘇下江변에 있다고 한다"라고 말하고 있다. 백두산 동북쪽에 있다는 기술은 공험진이 지금의 함경남도에 있을 수 없음을 말해준다.《세종실록》〈지리지〉는 수빈강愁濱江에 대해서 "두만강 북쪽에 있는데, 그 근원은 백두산 아래에서 나오는데, 북쪽으로 흘러서 소하강이 되어 공험진·선춘령을 지난다"라고 설명하고 있다. 또한《세종실록》〈지리지〉에 따르면 공험진은 두만강 북쪽으로 688리 지점인데, 이 때문에 통상 두만강 북쪽 700리 지점이라고 말해왔다. 그러나 우리는 아직도 식민사관에 빠져 두만강 북쪽 700리 지점에 있던 고

려 강역 공험진을 남쪽으로 1,000리도 더 넘게 끌어내려 역사지식을 왜곡시키고 있다.

윤관은 두만강 북쪽 700리까지 진출해 '고려지경'이란 비석을 세웠지만 여진족들이 반발하자 사대주의 유학자들은 9성을 돌려주자고 주장했다. 그러나 예종은 재위 4년(1109) 5월 여진족이 선덕진宣德鎭을 침략하자 군사를 보내 막게 하는 한편 문하시중 윤관을 종묘사직과 역대 임금들의 9릉에 보내 전쟁의 승리를 비는 제사를 지내게 했다.

고려의 이런 강력한 대응에 따라 무력에 의한 성의 탈환이 불가능해지자, 여진족들은 성을 돌려주면 공물을 바치고 다시는 고려 변경을 침략하지 않겠다는 읍소책으로 전환했다. 예종 4년 5월 조정에서 재상, 대간, 6부 관리들이 모두 모여 이 문제를 논의했을 때 평장사 최홍사崔弘嗣 등 28명이 돌려주는 데 찬성했고, 예부낭중 박승중朴昇中과 호부낭중 한상韓相만이 옳지 않다고 반대했을 정도로 문치에 젖은 고려 조정은 북방강토 수호의지가 부족했다.

— 《북관유적도첩北關遺蹟圖帖》의 척경입비도拓境立碑圖. 윤관이 공험진에 '고려지경'이라는 비석을 세우는 모습을 그렸다.

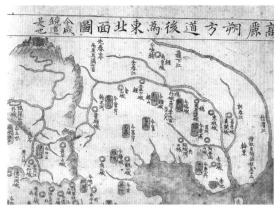

— 조선 후기 동여지도에 나타난 공험진. 맨 오른쪽에 수빈강, 맨 위에 공험진, 선춘산령이라는 지명과 함께 '남지두만칠백南至豆滿七百'이라는 글자들이 보인다. 남쪽 두만강으로부터 700리 떨어져 있다는 뜻이다.

예종은 북진정책이 옳다는 생각은 갖고 있었으나 대다수 신하들이 반대하는 정책을 더 이상 강행할 수는 없다고 판단해 9성 환부를 결정했다. 다만 여진족에게 대대손손 공물을 바치고 국경

— 여진족.

을 침입하지 않겠다는 약속을 받아낸 후 재위 4년 7월 철수를 시작했다. 그러나 이때의 철수란 여진족들이 이 땅에 살 수 있도록 허락한다는 뜻이었지 고려 강역임을 포기한다는 뜻은 아니었다.

북벌을 좌절시킨 고려 지배층들은 예종과 윤관이 밖으로 돌렸던 시선과 기운을 안으로 돌려 내부권력 장악에 몰두했다. 이들은 중앙관직을 독점하고 통혼을 통해 배타적인 특권을 형성했는데, 경원 이씨(인주 이씨), 경주 김씨, 파평 윤씨, 철원 최씨, 해주 최씨, 남평 문씨, 강릉 김씨, 평산 박씨 등이 대표적인 문벌가문이었다.

이들은 왕실과 통혼해 가문의 이익을 극대화하려 했는데, 그런 대표적인 가문이 이자연李子淵-이호李顥-이자겸李資謙으로 이어지는 인주 이씨 가문이었다. 이자연이 문종의 장인이고, 그 아들 이호는 순종의 장인이며, 이자겸은 예종과 인종의 장인인 데서 알 수 있는 것처럼 문종부터 인종까지 80여 년 동안 5명의 왕에게 무려 9명의 왕비를 들인 인주 이씨는 당대 최고의 외척가문으로 군림했다.

예종은 문벌가문들이 장악한 사학을 약화시키기 위해 관학을 육성하고 국학에 전문강좌인 7재齋를 설치했으며, 양현고養賢庫를 세워 가난한 학생들도 공부할 수 있도록 배려했다. 그는 또 신진세력을 등용해 문벌귀족을 견제하려 했다. 예종은 강력한 추진력과 뛰어난 정치력을 갖고 있던 군주였다.

예종이 승하한 후 이자겸은 후사 선정을 주도해서 권력을 잡았다.《고려사》〈이자겸열전〉은 "왕(예종)이 훙거하매 태자가 어려 (예종의) 여러 동생들이 왕위를 노리자 자겸이 태자를 받들어 즉위케 하니 이가 인종이다"라고 기록하고 있다. 이자겸은 자신에게 도전하던 예종의 동생 대방공帶方公 왕보와 신진세력 한안인韓安仁 등을 축출하거나 죽이고 권력을 더욱 키웠다. 또한《고려사》〈이자겸열전〉에서 "이자겸이 다른 성씨가 비妃가 되어 권총權寵이 나누어질까 두려워 셋째딸을 왕비로 맞이해줄 것을 억지로 청하자 왕은 부득이 이에 따랐으며 또 넷째딸을 왕에게 바쳤다"라고 기록한 대로 외조부의 지위로 만족하지 못하고 두 딸을 시집보내 외할아버지이자 장인이라는 중첩된 인척관계를 형성했다. 이자겸은 또한 자신의 아들 이지원李之元은 군권을 잡은 문하시랑 평장사 척준경拓俊京의 딸과 혼인시켜 사돈관계를 맺었다. 인종은 이자겸에게 "앞으로는 조서에 이름을 칭하지 않고 경이라고도 칭하지 않을 것이다"라면서 관복을 입지 않고 조례에 참여하도록 하고, 이자겸을 위해 숭덕부崇德府를 설치하기도 했다. 이자겸이 국왕과 동격임을 나타내는 것이었다.

그런데 이자겸의 이런 독주는 다른 문벌귀족들의 불만을 샀고, 인종도 내심 제거할 생각을 하게 되었다. 인종은 자신을 시종하던 내시지후內侍祗候 김찬金粲 등에게 이런 뜻을 알렸고, 동지추밀원사同知樞密院事 지록연知祿延이 가세했다. 이들은 인종 4년(1126) 상장군 최탁崔卓과 오탁吳卓 등과 결탁했다. 이들은 군사를 이끌고 궁중에 들어가 척준경의 아우 병부상서 척준신拓俊臣과 이자겸 세력인 내시 척순拓純, 김정분金鼎芬 등을 죽여 궁성 밖으로 던졌다.

이 소식을 들은 이자겸과 척준경은 수하 군사를 동원해 반격에 나섰고, 이자겸의 아들인 현화사 승려 의장義莊이 승려 300여 명과 가세했다. 왕의 호위군사와 이자겸·척준경 군사 사이에 격전이 벌어졌는데 국왕 호위군사들이 열세에 놓이자 인종은 걸어서 산호정山呼亭까지 도망갔다. 결국 오탁 등이 되레 살해당함으로써 이자겸 제거 계획은 실패하고 인종은 이자겸에게 선위禪位 의사까지 밝혀야 했다. 이자겸은 역적으로 몰릴 것이 두려워 왕위를 받지는 못했으나 인종은 명칭만 임금일 뿐 사저에 연금당해 행동을 통제받는 상황이었고, 권력은 이자겸과 척준경의 손아귀에 있게 되었다.

강조가 요나라 성종과 싸운 동주는 평안도인가?

《요사》는 요 성종이 고려 현종 1년(1010) 11월 대군을 끌고 압록강을 건너자 강조가 동주銅州에서 항거했으나 패배했다고 전하고 있다. 《고려사》는 싸운 장소가 통주通州라고 말하고 있다. 이 동주(통주)에 대해 이병도가 오늘의 평북 선천 서북이라고 비정한 것을 남한 강단사학계는 그대로 따르고 있다. 그러나 동주에 대해 중국에서는 발해국 산하였으며 지금의 흑룡강성 영안시 남쪽의 합이파령哈爾巴嶺 부근이라고 말하고 있다. 요나라에서 발해를 멸망시킨 후 동주를 폐지하고 그 백성들을 요녕성 개원開原으로 옮기고 함주咸州를 설치했다는 것이다. 그리고 일부 백성들을 요녕성

해성海城으로 옮기고 동주를 설치했다. 《요사》〈지리지〉'동경도 동주'조는 동주가 석목현析木縣 하나를 관할하고 있는데, 그 위치에 대해서 중국학계는 지금의 요녕성 해성시에서 동남쪽으로 25킬로미터 떨어진 석목진析木鎭이라고 말하고 있다. 흑룡강성 영안 부근에 있다가 요녕성 해성 부근으로 옮겼다는 뜻이다. 평북 선천은 남서쪽 교외의 대목산(357미터)에 이르기까지 낮은 능선으로 이어지고, 서부의 용천평야와 동부의 정주평야로 나누어지는 평야지대이다. 반면 영안시 합이파령은 양쪽으로 높은 산이 우뚝 솟아 있어서 이곳만 막으면 대군이 진출할 수가 없는 요새이다. 강조가 성종이 직접 이끄는 대군에 맞서 평야지대에서 싸웠다고 볼 수는 없다. 반도사관으로 축소시킨 고려사의 대부분의 위치비정은 원점에서 재검토해야 한다.

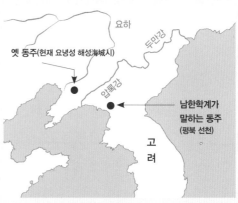

— 중국 사료가 말하는 동주(통주)의 위치. 한가람역사문화연구소 국토지리연구실 제작.

— 중국 영안시 합이파령.

국풍파의 도전, 묘청의 봉기

이 무렵 여진족 아골타는 예종 10년(1115)에 흩어졌던 부족들을 통합해 대금大金을 세우고 황제에 올랐다. 연호를 수국收國으로 삼고 상경회령부上京會寧府(하얼빈시 아성구)를 수도로 정했다. 드디어 인종 3년(1125) 요나라를 멸망시키고 고려에 군신관계를 맺자고 요구했다. 문치에 빠진 고려가 내부 권력다툼에 몰두하는 사이 고려를 부모의 나라로 섬기던 여진족들이 임금의 나라가 되겠다고 요구할 정도로 성장한 것이다.

인종 4년(1126) 3월 조정회의 때 많은 군신들이 반대했으나 이자겸·척준경이 사대를 주장하면서 사금事金정책이 채택되었다. 고려는 정응문鄭應文 등을 금에 보내 상표上表를 올리고 칭신稱臣했다. 이를 주도한 이자겸·척준경 정권에 조야의 불만이 팽배했다. 인종은 전날의 실패를 교훈삼아 이자겸과 척준경을 분리시켜 제거하기로 마음먹었다. 마침 두 권신의 하인들 사이에 다툼이 발생하자 인종은 척준경에게 이자겸을 제거하라는 조서를 내렸다. 이를 눈치챈 이자겸이 인종을 독살하려 했지만 넷째딸인 왕비의 방해로 실패했고, 척준경은 군사를 동원해 이자겸을 제거하고 왕비인 두 딸도 폐출시켰다. 척준경이 중서문하 평장사가 되었으나 이듬해인 인종 5년(1127) 3월 정지상鄭知常이 "이자겸을 제거한 것은 일시의 공이지만 궁궐을 침범하고 불 지른 것은 만세

—— 금나라 때 여진족의 모습을 그린 탁헐도卓歇圖 부분.

萬世의 죄"라고 탄핵해 유배형에 처해졌다.

인종은 이자겸의 난 때 대부분의 문벌귀족들이 방관했던 것에 대해 불만을 품었고, 새롭게 부상한 묘청妙淸·정지상 중심의 서경세력에 주목했다. 묘청은 고려가 어려움에 처한 것은 개경의 지덕地德이 쇠했기 때문이라며 지덕이 왕성한 서경으로 천도해야 한다고 주장했고, 일관日官(천문관) 백수한白壽翰과 정지상 등이 지지했다. 묘청은 인종에게 "서경의 임원역林原驛을 보니 음양가가 말하는 대화세大華勢(명당 중의 명당)"라면서 여기에 궁궐을 세우면 "천하를 합병하고, 금나라가 폐백을 가지고 스스로 항복할 것이고, 36국이 다 신첩臣妾이 될 것"이라며 결단을 재촉했다. 개경에서 왕권 추락을 경험한 인종은 천도를 결심하고 재위 6년(1128) 11월부터 임원역에 대화궁大華宮

— 중국 하북성 임제사 징령탑. 금나라 세종의 명에 의해 금나라 양식으로 중건되었다.

을 짓기 시작했고, 재위 9년(1131)에는 대화궁 안에 8성당聖堂을 설치했다. 8성당이란 백두산 등 고려의 주요 산악을 지키는 선인들의 화상을 그려 모신 전각이었다.

인종 10년(1132) 서경의 부로父老 검교태사치사檢校太師致仕 이제정李濟挺 등 50인이 인종에게 표를 올려 존호尊號(황제의 호)와 건원建元을 청하였다. 금나라에 대한 사대를 끊고 고려를 황제국으로 선포하자는 주장이었다. 정지상은 "천년에 한 번 만나기 어려운 때"라면서 "위로는 천심에 응하고 아래로는 사람들의 바람에 따라 금나라를 누르소서"라고 주청했다.

개경세력들은 서경 천도를 반대했다. 이지저李之氐는 "금나라는 강적이니 가벼이 하지 못할 것"이라고 반대했으며, 임원애任元敳는 "묘청 등이 민중을 현혹시키고 있다"면서 목을 벨 것을 주청했다. 반면 우정언右正言 황주첨黃周瞻은 다시 칭제건원稱帝建元을 주청했는데 인종은 묘청 처벌이나 칭제건원 주장을 모두 물리친 상태에서 서경 천도 준비만 진행했다.

재위 12년(1134) 2월 서경 행차 때 대화궁 근처 30여 군데에 갑자기 벼락이 떨어지고 폭풍우가 일어 인명이 상하는 사건이 발생했다. 김부식 등의 개경세력이 이를 빌미로 서경 천도 불가론을 주청하자 인종이 흔들렸고, 그해 8월 서경 행차 계획을 취소했다. 묘청 등은 비상수단으로 목적을 달성할 것을 결심하고 인종 13년(1135) 정월 분사시랑分司侍郎 조광趙匡, 병부상서 유감柳旵, 사재소경司宰少卿 조창언趙昌言·안중영安仲榮 등과 함께 서경에서 군사를 일으켰다. 이들은 국호를 대위大爲, 연호를 천개天開라 하고, 군대의 명칭을 천견충의군天遣忠義軍이라 했는데, 새 임금을 추대하지 않은 것은 인종을 황제로 추대하기 위한 것이었다.

김부식은 서경에 남아 있던 정지상·백수한·김안金安 등의 목을 베고 사후보고했다. 인종이 김부식을 평서원수로 임명해 진압하게 하자 형세의 불리함을 느낀 조광 등이 묘청의 목을 베어 보냈으나 받아들여지지 않았다. 드디어봉기 1년이 넘은 인종 14년(1136) 2월 서경이 함락되면서 묘청의 봉기는 실패하고 말았다.

이자겸의 난과 묘청의 봉기는 문벌귀족체제의 한계를 명백히 표출한 것이었다. 묘청의 봉기는 금나라에 대한 사대를 통해 내부권력을 지키려던 개경의문벌귀족 세력과 칭제건원을 통해 고려를 황제국으로 격상시키려는 서경세력

— 김부식의 초상.

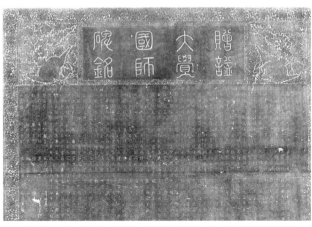

— 김부식이 지은 〈대각국사비문〉. 천태종의 중흥 시조인 대각국사 의천義天의 비문이다. 국립중앙박물관 제공.

— 신채호의 《조선사
연구초》.

의 대결이었다. 단재 신채호는 《조선사연구초》에서 이를 "조선
역사상 1,000년 내 제1대 사건"이라면서 고려 전통의 낭郞·불佛
양가 대 유가儒家의 싸움이며, 국풍파 대 한학파의 싸움이며, 독
립당 대 사대당의 싸움이라고 규정지었다. 묘청의 봉기를 고려
전통의 자주적 낭불사상 대 사대주의 유가의 싸움으로 본 것은
탁월한 해석이다. 비단 이 사건뿐만 아니라 그 후에도 독립당 대
사대당의 싸움에서 사대당이 승리한 경우가 많은데, 이는 사대
주의 사상의 극심한 폐해의 뿌리를 이 싸움으로 본 것이기 때문
이다.

묘청 패배 후 고려는 사대적 유학정치체제가 더욱 강화되었다. 그 아래에서
건국정신인 고구려 구강 회복에 나서야 할 무신들은 문신들의 경호부대로 위
상과 역할이 추락했고, 약 35년 후인 의종 24년(1170)에 무신봉기가 발생하게
되었다.

금나라 시조는 고려 사람인가?

금나라의 정사인 《금사金史》〈본기〉는 "금나라 시조 함보函普는 고려 사람이다. 처음 고려에 왔을
때 이미 나이가 60여 세였다. 그 형인 아고내阿古迺는 부처를 좋아하여 고려에 머물러 있으면서
따라오려고 하지 않았다"며 금나라 시조가 고려 출신이라고 말하고 있다. 《대금국지大金國志》의
〈금국초흥본말金國初興本末〉(금나라가 처음 흥한 본말)은 시조에 대해 "본래 신라인으로 성씨는 완안
完顔씨이다. 완안은 중국어로 왕과 같은 말이다"라고 적고 있다. 여진족이 고려를 부모의 나라로

— 《금사》. 원나라 혜종 때 탈탈脫脫 등이 편찬했다.

— 《대금국지》. 남송 때 우문우소宇文懋昭가 썼다.

섬겼던 것은 금나라 시조가 신라에서 온 사람이었기 때문이다. 여진족은 고려를 섬겼지만 고려의 사대주의 유학자들이 중국에는 칭신稱臣하면서 자신들을 하대하자 반감을 품었고, 고려를 무시하기 시작했다. 예종 12년 금 태조는 아지阿只를 사신으로 보내면서 "형인 대여진 금국 황제가 아우인 고려국왕에게 서신을 보낸다"로 시작하는 국서를 보냈고, 끝내는 군신관계를 요구했고, 이를 관철시켰다. 고구려 제국을 재건하려던 왕건의 유훈을 저버린 고려 문신들은 하대하던 여진족의 금나라를 부모의 나라, 임금의 나라로 섬기는 사대를 하면서도 부끄러운 줄 몰랐다. 내부권력만 차지하면 된다는 행태인데, 이런 사대주의는 지금껏 한국 사회에서 사라지지 않고 있다.

철령과 공험진

윤관이 개척한 공험진과 선춘령의 위치에 대해서 17세기 초 한백겸韓百謙은 함경도라고 보았다. 《동국지리지東國地理志》에서 마운령 진흥왕순수비를 윤관의 정계비로 잘못 보고 한 말이다. 조선 후기 사대주의 유학자들은 만주를 오랑캐의 땅으로 여기면서 고려·조선 강역이 아니라고 생각했다. 그러나 《세종실록지리지》는 윤관이 '고려지경'이란 비석을 세운 공험진, 선춘령을 두만강 북쪽 688리라고 쓰고 있고, 조선에서는 통상 700리라고 말했다. 조선 태종은 재위 4년(1404) 5월 예문관 제학 김첨金瞻을 명나라 수도에 보내 "1356년 이래 공험진 이남은 본국(고려)에 환속시키고 관리를 정하여 관할해서 다스렸다"면서 조선과 명나라의 국경이 공험진이라고 말했다. 《태종실록》 '5년(1405) 5월 16일'조는 태종이 김첨을 통해서 "공험진 이북은 요동으로 환속하고 공험진 이남에서 철령까지는 그대로 본국(조선)에 붙여달라"는 태종의 요청을 명 태조가 받아들였다고 전하고 있다. 이는 고려 말 우왕이 명 태조 주원장에게 확인받았던 철령~공험진까지였던 고려의 국경선이 그대로 조선의 국경선이 되었음을 의미한다. 이때의 철령은 지금의 요녕성 심양 남쪽

—— 《고려사》, 《명사明史》에서 말하는 고려, 조선의 국경선.

진상둔진이고, 공험진은 흑룡강성 영안 부근이다. 조선 후기 지도에도 공험진, 선춘령은 두만강 북쪽 700리라고 명기하고 있다. 조선총독부의 이케우치 히로시가 한국사의 강역을 축소시키기 위해 공험진을 함경남도 안변에 그린 것을 지금껏 남한 강단사학계가 추종하면서 각종 국사교과서에도 고려 국경이 함경남도까지였던 것으로 왜곡하고 있다. 윤관이나 우왕, 태종이 지하에서 통곡할 노릇이다.

무신정권 03

의종의 실정과 무신들의 봉기

대금 사대는 고려 군인들의 역할을 태조의 유훈인 고구려 구강 회복에서 문신 귀족들의 호위로 전락시켰다. 이런 상황에 대한 무신들의 불만이 팽배한 가운데서 즉위한 의종(1127~1173)은 문신을 극도로 우대했다. 그는 시와 풍류를 좋아하고, 음양 비축秘祝의 설을 신봉해 자주 승려 수백 명을 모아 재를 지냈다. 국고는 텅 비고 가뭄과 역병으로 굶어죽은 시신들이 즐비한 상황에서 의종은 자주 궐 밖으로 행차했다가 돌아가는 시간을 넘겨 무신들은 굶주리는 때가 많았다. 《고려사》〈유자량庾資諒열전〉에는 유가 자제들과 계契를 하던 유자량이 무인 오광척吳光陟과 문장필文章弼을 가입시키자고 제안했는데 계원이 반대했다. 유자량은 "만약 가입을 거절한다면 뒤에 반드시 후회하는 일이 있을 것이다"라고 말해 동의를 받았다. 얼마 후 무신의 난이 발생하자 무인들 덕분에 계원들이 모두 무사할 수 있었다는 이야기다. 무신 사이에서 봉기의 기운이 꿈틀대고 있었음을 시사한다.

의종 24년(1170) 8월 임금이 보현원普賢院에 행차하면서 무신들에게 오병 수박희五兵手搏戲(격투기의 일종)를 시켰다. 《고려사절요高麗史節要》는 "왕이 무

5장 **고려시대** _____ 253

— 고구려 무덤 무용총에 나타난 수박희의 모습.

신들이 원망하고 있음을 알고 후하게 (물품을) 하사해서 위로하고자 했던 것"이라고 전하고 있다. 그런데 무반 3품인 대장군 이소응李紹膺이 이기지 못하자 문반 5품인 기거주起居注 한뢰韓賴가 뒤쫓아 뺨을 때려 계단 아래로 떨어졌다. 《고려사》〈정중부鄭仲夫열전〉은 이때 "의종과 여러 신하들이 손뼉을 치면서 웃었다"고 전하고 있다. 이 사건 직전 의종이 화평재和平齋에 행차했을 때 이의방李義方과 이고李高가 정중부를 찾아가 봉기할 것을 제의한 적이 있었다.

분노한 정중부가 "이소응이 비록 무부이지만 관직이 3품인데, 어찌 욕보임이 이리 심한가"라며 한뢰를 꾸짖었다. 의종이 정중부의 손을 잡고 화해시켰고, 이고가 칼을 뽑으며 정중부에게 눈짓을 했지만 정중부가 저지했다. 그러나 의종이 보현원에 들어가자 이의방과 이고는 왕의 명령이라고 속여서 순검군사들을 모았다. 이고 등이 임종식·이복기 등의 문신들을 때려죽인 것을 시작으로 문신들을 살육하면서 무신의 난이 시작되었다. 김부식의 아들 좌승선左承宣 김돈중金敦中은 취한 척 말에서 떨어져 도주했고, 한뢰는 의종의 옷에 매달려 살려달라고 빌다가 이고에게 칼에 찔려 죽었다.

《고려사》는 무신의 난을 정중부의 난이라고 기록하고 있지만 그는 시종 온건론을 견지했고, 정8품 산원 이의방, 이고 같은 하위 무신들이 강경론을 주창했다. 정중부를 비롯해 양숙梁淑·진준陳俊·이소응·홍중방洪仲方 등의 고위 무신들은 온건한 태도였지만 이의방과 이고를 비롯해 조원정曹元正·이영진李英搢·석린石隣·이의민李義旼 등의 하급 무사들이 강경론을 주도했다. 옥장이〔玉工〕의 아들이었던 조원정이나 고기를 팔아 생계를 유지했던 이영진, 창고 곁에서 쌀을 주워서 먹고살았다는 석린 등의 하위 무사들은 "문관을 쓴 자는 비록 서리라도 씨를 남기지 말라"는 말로 상징되는 살육을 주도했다.

봉기가 발생한 의종 24년(1170)의 간지를 따서 경인난庚寅亂이라고도 불리는 무신의 난은 의종을 폐출하고 그에게 집을 빼앗겨 원한을 갖고 있는 동생

익양후翼陽侯를 옹립했으니 그가 17대
명종(재위 1131~1202)이다. 그 전에 김
돈중·양순정·음중인·박보균·임종식·
이복기 등 수많은 문신들은 이미 죽임
을 당한 후였다. 이후 무신정권은 정
중부·이의방·이고의 세 무신이 주도
했는데, 온건파 정중부와 강경파 이의

방·이고의 연합정권이었다. 초기 실권
— 무신난에 의해 폐위된 의종이 거제도로 내려와 지내던 둔덕기성의 모습.

은 이의방과 이고가 장악했는데 둘 사이에 갈등이 생겼고 이의방은 명종 원년
(1171) 장군 채원蔡元과 손잡고 이고를 제거했다. 정중부가 두문불출하며 중립
을 지키는 가운데 이의방은 채원도 제거하고 실권을 장악했다.

정권을 빼앗긴 문신들은 명종 3년(1173) 8월 동북면병마사東北面兵馬使 김
보당金甫當, 동북면지병마사知兵馬事 한언국韓彦國 등을 끌어들여 의종의 복위
와 이의방과 정중부의 제거를 위한 군사를 일으켰다. 김보당의 난은 3개월 만
에 진압되고 의종은 경주로 내려간 이의민에 의해 살해당했다. 그러나 사로잡
힌 김보당이 "무릇 문신으로 공모하지 않은 자가 없다"고 자백할 정도로 대다
수 문신들이 관련되었고, 숱한 문신들이 도륙당했다. 이때가 계사년인데, 경인
년에 일어난 무신의 난과 합쳐 '경계庚癸의 난'이라고 통칭한다.

이듬해에는 서경유수西京留守였던 조위총趙位寵이 정중부·이의방 등이 의
종을 장사 지내지 않은 것을 성토하면서 다시 봉기했다. 조위총이 무신정권이
북계의 여러 성을 토멸하려 한다고 주장하자 절령岊嶺 이북의 40여 성이 삽시
간에 호응했다. 고려군은 무신정권의 개경군과 이에 저항하는 서경군으로 양
분되었다. 무신정권은 윤인첨尹鱗瞻을 원수로 삼아 토벌에 나섰으나 절령역에
서 대패하고 도리어 개경까지 위협받았다. 그런데 조위총의 군중에 내분이 일어
나 세력이 약화되었고, 수세에 몰린 조위총은 절령 이북의 40여 성을 금나라에
바치겠다며 원군을 요청했으나 거부당했다. 조위총은 명종 6년(1176) 7월 체포
되어 사형당했다. 조위총의 난은 무신정권 내부도 분열시켰다. 명종 4년(1174)

12월 이의방이 조위총의 군 진압을 위해 출전했을 때 정중부의 아들 정균鄭筠이 종군 승려들과 공모해 이의방을 살해했다. 비로소 온건파 정중부가 정권을 장악하게 되었다.

그러나 정중부의 단독집권에 하급 무신들과 일반 군사들은 크게 반발했고, 명종 9년(1179) 26세의 청년장군 경대승慶大升이 견룡군牽龍軍의 장교와 사병들, 그리고 30여 인의 사사死士(결사대)를 데리고 정중부를 습격해 제거했다.

경대승은 무신집권자 중 유일하게《고려사》〈반역열전〉이 아닌 일반열전에 실린 인물이다.《고려사》'명종 13년 7월'조는 "경대승은 항상 무인들의 불법적인 행동에 대해서 분개하여 복고復古의 뜻이 있었으므로 문관들이 기대어 중하게 여겼다"고 기록하고 있는 것처럼 문신들의 관점에 서 있었던 모순된 인물이었다. 조사朝士들이 정중부 제거를 하례하자 경대승은 "임금을 시해한 자가 살아 있는데 어찌 하례하는가"라고 말했다. 김보당의 난 때 의종을 살해한 이의민의 제거를 표명한 것이다. 경대승은 집권 후 무신정권의 반문신이라는 기본 성격과 달리 친문신 노선을 추구함으로써 극도로 불안해했다. 경대승은 도방都房을 조직해 신변의 보호를 꾀했지만 명종 13년(1183) 30세의 젊은 나이에 병사했다. 정중부가 칼을 잡고 큰 소리로 꾸짖는 꿈을 꾸고 난 후 죽었다는 소문이 파다하게 퍼졌다.

경대승의 뒤를 이은 인물은 의종을 살해했다고 경대승이 제거를 공언했던 이의민이었다. 경주 출신인 이의민의 아버지는 소금을 팔았고, 어머니는 옥령사玉靈寺의 노비였다. 천인이었던 이의민이 최고 집권자가 되었다는 사실은 무신집권기가 얼마나 역동적인 시기였는지를 역설적으로 보여준다. 이의민은 안찰사 김자양金子陽이 경군京軍으로 뽑아주어 경주에서 개경으로 올라왔는데, 첫날 밤 성문에서 궁궐까지 늘어져 있는 긴 사다리를 타고 올라가는 꿈을 꾸었다. 이의민은 문신들이 집단 반발한 김보당의 난 때 고향 경주에 내려가 의종을 죽여 연못 속에 던짐으로써 김보당 세력의 기를 꺾었고, 이의민은 이 공로로 대장군까지 올랐다. 그는 경대승이 자신의 제거를 공언하자 맞서 싸우는 대신 명종 11년(1181) 병을 칭탁하고 고향 경주로 낙향해 시세를 관망했다.

경대승 사후 서울로 올라온 그는 무신봉기에 적극 참여한 무신들을 중심으로 정권을 재편하고, 무신우대 정책으로 무신들의 마음을 샀다. 문신귀족의 자제나 유사儒士들이 임명되던 내시원內侍院에 무신들을 임명했고, "글을 알지 못했다"는 최세보崔世輔를 학식 있는 문신들이 보임되던 동수국사同修國史에 임명했다. 천민 출신 이의민이 천인들을 위한 정치를 펴지는 않았지만 문신들이 요직을 차지하던 기존 관례를 무너뜨렸고, 이는 농민·천민들의 각성에 큰 역할을 했다.

이의민의 집권 시기 운문(청도)의 김사미金沙彌가 봉기하고, 초전(울산)의 효심孝心이 봉기하는 등 농민과 천민의 반란이 거듭 일어난 것은 하늘이 정해준 법칙이라고 여겼던 신분제가 무력에 의해 무너지는 것을 본 농민·천민들이 각성한 때문이었다.

명종 14년(1184)부터 26년(1196)까지 계속되었던 이의민 정권은 최충헌崔忠獻에 의해 무너졌다. 이의민의 아들 이지영李至榮이 최충헌의 동생 최충수崔忠粹의 집비둘기를 빼앗은 사소한 사건이 계기가 되어 최충헌이 충수 및 외조카 박진재朴晉材 등과 명종 26년(1196) 4월 이의민·이지영 부자를 기습해 제거한 것이다. 최충헌이 직접 이의민의 목을 베어 저자에 효수하는 것으로 새로운 집권자의 탄생을 알렸는데, 이것이 60여 년간 계속되는 최씨 무신정권의 시작이었다.

무신정권의 지배기구와 사병들

정중부는 새로운 지배기구를 만들지 않고 기존의 중방重房을 통치기구로 활용했다. 《고려사》〈백관지百官志〉'서반西班'조에 "중방을 두어 2군(응양군·용호군)·6위의 상·대장군을 모두 모이게 하였다"는 기록처럼 중방은 2군·6위의 상장군·대장군의 합좌기관이었다. 같은 기록에 "의종 이후로 무신이 일을 하면서 중방의 권한이 더욱 커졌다"고 말하는 것으로 보아 중방을 최고 권력기구화하여 통치했다.

경대승은 기존의 중방 이외에 도방을 설치했다. 무신들의 공적公敵이 되었기 때문에 암살을 막기 위한 경호기관이 필요했다. 도방은 명종 13년(1195) 경대승이 죽은 후 폐지되었으나 최충헌이 신종 3년(1200) 신변보호를 위해 다시 부활시켰다. 최충헌은 도방 외에 교정도감教定都監을 따로 설치하고 교정별감教定別監이 되었다.

최충헌 집권 후 그를 암살하려는 시도가 잇따라 발생했다. 신종 원년(1198) 만적萬積의 봉기가 미수에 그쳤고, 희종 즉위년(1204)에는 장군 이광실李光實 등 30여 명이 최충헌 제거를 모의하다가 발각되었고, 희종 5년에는 청교역리 靑郊驛吏 3인이 최충헌 부자 살해를 위해 승도들을 규합하다가 발각되었다. 최충헌은 영은관迎恩館에 교정도감을 설치해 이들을 진압한 후 폐지하지 않고 무신정권의 최고기관으로 삼았다. 이후 교정별감은 무신정권의 상징처럼 되어 최충헌 사후 최우-최항-최의로 이어지다가 최씨 정권 몰락 후에도 김준-임연-임유무가 물려받았다. 교정별감에 오르는 인물이 곧 무신정권의 집권자였다.

최충헌의 뒤를 이은 최우崔瑀(뒤에 이怡로 개명)는 자신의 사저에 인사행정기구인 정방政房을 설치했다. 정방 설치 이후 임금은 결재만 할 뿐 모든 인사권은 정방에 있었다. 최우는 고종 14년(1227)에는 서방書房도 설치했다. 《고려사》〈최이전〉은 "최우의 문객 가운데 당대의 명유名儒가 많아 이들을 세 번으로 나누어 교대로 서방에 숙위하게 하였다"고 기록하고 있다. 최씨정권이 안정되면서 문인들을 등용할 필요가 있었고, 다른 한편으로 문인들의 반발도 무마해야 할 필요가 있어서 만든 기관이었다.

무신정권은 이런 기구들로 지배권을 행사했지만 근본 동력은 사병들이었다. 무신들이 갖고 있는 사병들의 강약으로 권력의 향배가 바뀌었다. 이 사병들은 군부에 소속된 경우도 있었지만 악소惡少, 사사, 용사, 장사, 가노, 가동家僮, 문객처럼 개인에 속한 경우도 많았다. 망이亡伊·망소이亡所伊의 난 때 조정에서 장사 3,000명을 모집해 토벌에 나섰다는 기록처럼 때로는 공적 군사기능을 하기도 했지만, 대부분은 무신들의 사병 집단이었다. 무려 3,000여 명에 달했다는 최충헌의 문객이 곧 사병이었고, 이들은 정식 군대 위에 존재했다.

최씨 무신정권과 몰락

최충헌의 아버지 최원호崔元浩와 외조부 유정선柳挺先은 모두 상장군을 지낸 전형적인 무반가문 출신이었다. 그러나 최충헌은 무신봉기에 가담하지 않았다. 음서로 '도필리刀筆吏'를 제수받은 그는 명종 17년(1187) 안찰사로 파견되었다가 파직되는 등 무신집권기에도 순탄치 못했다. 이런 경력들이 그를 과거의 무신집권자들과는 다르게 만들었다. 집권 직후 10조목에 달하는 봉사封事 10조를 명종에게 올려 이의민 정권의 실정을 지적하고 폐정개혁을 역설한 것에 최충헌의 이런 면모가 잘 드러난다.

그러나 최충헌은 다른 무신집권자와는 달리 임금까지도 마음대로 폐위시켰다. 최충헌은 정중부 등이 세운 명종까지 폐위시켰다.《고려사》는 1197년 9월 14일 최충헌 형제가 초제醮祭(별에 지내는 제사)를 지내면서 재위 27년째인 명종의 폐립을 하늘에 고하자 천둥과 번개가 치면서 우박이 쏟아져내리고 회오리바람이 불어서 흥국사 남쪽 길가의 나무가 뿌리째 뽑혔다고 전하고 있다. 그러나 최충헌 형제는 명종을 협박해 향성문 向成門을 혼자 말을 타고 나오게 한 후 창락궁昌樂宮에 유폐시켰다. 그리고 동복동생 왕민王旼을 옹립했는데, 그가 바로 20대 임금 신종(재위 1197~1204)이다. 무신정권의 집권자가 이의방-정중부-경대승-이의민-최충헌으로 바뀌는 동안 국왕까지 갈아치운 것은 최충헌 형제가 처음이었다. 그는 명실상부하게 국왕의 위에 있음을 보여주었다.

그러나 최충헌은 동생 충수가 태자비를 내쫓고 자신의 딸로 바꾸려 하자 "세상의 비난을 면할 수 없다"면서 반대했다. 최충

— 대다라니경大陀羅尼經. 최충헌이 아들 최우와 최향을 위해 만든 휴대용 불경과 경갑經匣이다. 국립중앙박물관 소장.

수가 끝내 고집을 꺾지 않자 최충헌은 박진재와 손잡고 사병 1,000여 명을 동원하는 시가전 끝에 동생 최충수를 제거했다. 최충헌은 절대권력을 꾀했지만 사회 전체의 공적이 되는 것은 피하는 처신으로 권력을 세습할 수 있었다.

명종 26년(1196) 집권한 최충헌은 고종 6년(1219)까지 23년간 집권하다가 사망했고, 그 뒤를 아들 최우(이)가 이었다. 무신정권 최초의 세습권력이었다. 고종 36년(1249) 최이가 사망하자 그의 서자 최항崔沆이 뒤를 이었고, 같은 왕 44년(1257) 최항이 병사하자 다시 서자 최의崔竩가 뒤를 이었다. 최씨 무신정권은 고종 45년(1258) 3월 최의가 유경柳璥, 김준金俊 등에게 제거될 때까지 4대 60여 년간 계속되었다.

최충헌에 의해서 왕이 된 신종에 대해《고려사》사관은 "나무인형〔木偶人〕과 같았다"라고 평할 정도였다. 신종은 재위 7년(1204) 병 때문에 아들에게 양위했으니 그가 희종(재위 1181~1237)이다.

희종은 부왕과 달리 '나무인형'에 머물지 않으려 했다. 희종 원년 장군 이광실 등 30여 명이 최충헌 암살을 기도했고, 희종 5년(1209)에는 청교역리 3명이 최충헌 부자를 암살하려다 귀법사 승려의 고발로 실패한 것도 희종의 의중과 연관이 없다고 볼 수 없었다. 희종은 재위 7년(1211) 자신이 직접 최충헌 제거에 나섰다. 내시낭중 왕준명王濬明, 참정 우승경于承慶, 장군 왕익王翊 등에게 최충헌 제거를 명령했다. 최충헌이 궁중에 들어왔을 때 잠복하고 있던 10여 명의 승려와 무사들이 습격했고, 최충헌의 수하 몇 명이 칼에 맞아 쓰러졌다. 희종은 살려달라는 최충헌의 호소에 내실 문을 닫는 것으로 거부했다. 그러나 승려와 무사들이 지주사 다락에 몸을 숨긴 최충헌을 발견하지 못함으로써 최충헌 제거계획은 실패하고 말았다.

사건 직후 최충헌은 희종을 폐위시키고 명종의 맏아들인 60세의 강종(재위 1211~1213)을 즉위시켰다. 그는 2년 남짓 후에 맏아들 고종(재위 1213~1259)에게 왕위를 물려주었는데,《고려사》사관은 "강종이 임금으로 있을 때 일체의 정사는 강신强臣의 통제를 받았다"라고 부기하고 있다.

고종 6년(1219) 최충헌이 몸져눕자 둘째아들 최향崔珦이 맏아들 최우를 제거하고 권력을 장악하려다가 실패하였고, 최우가 교정별감에 올라 최충헌의 뒤를 이었다. 최우는 최충헌이 불법으로 빼앗은 전답과 노비들을 원주인에게 돌려주고, 최충헌이 갖고 있던 많은 금은 진완珍玩(보물)들을 국왕에게 바쳤으며, 부패한 관리를 내쫓고 한사寒士를 많이 등용해 인심을 얻으려 애썼다. 그가 서방을 두어 유학자들을 숙위시킨 것도 인심 획득의 일환이었다.

— 최충헌묘지명. 일제강점기 초에 발굴되어 1918년에 처음 공개되었다.

그런데 최우는 몽골의 침략을 맞이해서 고종 19년(1232) 강화도로 천도했다. 본토는 몽골군에 여러 차례 유린되었지만 최우는 고종 36년(1249) 사망할 때까지 강화도에서 권력을 계속 유지했다. 최우는 천첩 소생의 서자 만전萬全과 만종萬宗만 있어서 사위 김약선金若先에게 정권을 계승시키려 했으며, 이후 마음을 바꾸어 송광사에 출가시켰던 만전에게 뒤를 잇게 했으니 그가 바로 최항이다. 그러나 최항의 권력 이양은 순탄하지 못했다. 상장군 주숙周肅이 야별초夜別抄와 내외도방內外都房을 이끌고 고종의 왕정복고를 추진했기 때문이다. 그러나 최씨가의 가노 출신인 이공주李公柱, 최양백崔良伯, 김준 등 70여 명의 장수가 최항을 지지하면서 겨우 교정별감이 될 수 있었다.

— 몽고습래회사蒙古襲來繪詞. 일본 가마쿠라 시대(1185~1333) 후기의 그림으로 몽골의 일본 원정 당시 몽골군과 일본 무사들 간의 전투를 그렸다.

그런데 최항도 적자는 없었고 승려 시절 장군 송서宋情의 여종에게서 낳은 최의崔竩만 있었다. 아무리 무신집권기라지만 천계에서 천계로 권력이 승계되는 것은 무리였다. 최항은 최의에게 권력을 넘기기 위해 측근들에게 부탁할 수밖에 없었고, 고종 44년(1257) 삼별초에서 최의를 옹립하는 무력시위 끝에 겨우 뒤를 이을 수 있었다.

최의는 집권 후 창고의 곡식을 풀어 기아에 빠진 백성들을 진휼하고 각 부와 영의 군사들에게 군량미를 제공하는 등 선정의 모습을 보였으나 밖으로 몽골의 침략을 당한 최씨 무신정권은 점점 약해져갔다. 최씨가의 가노였던 김준이 최의에게 도전했다. 김준은 최항의 장인이었던 추밀원사 최온崔昷과 상장군 박성재朴成梓를 끌어들여 집권 11개월에 불과한 최의를 끌어내림으로써 고종 45년(1258) 3월, 최씨 무신정권은 4대 60여 년 만에 막을 내렸다.

교정별감 김준은 10여 년 후인 원종 9년(1268) 왕정복고를 노리는 원종과 결탁한 임연林衍에 의해서 제거되었다. 임연은 평소 아버지라 불렀던 김준을 제거했지만 곧 원종과 사이가 벌어졌다. 임연은 원종을 폐위시키고 왕제 안경공安慶公을 즉위시켰지만 원종을 지지하는 원나라의 압력으로 다시 복위시킬 수밖에 없었다.

원종 11년(1270) 3월 임연이 병사하고 아들 임유무林惟茂가 뒤를 이었다. 원종은 원나라에 항복하고 개경으로 환도하자는 출륙 환도를 주장했고, 이것이 곧 권력 상실임을 아는 임유무는 거부했다. 결국 임유무는 원종이 보낸 어사중승御史中丞 홍규洪奎와 직문하성直門下省 송송례宋松禮 등에 의해 집권 두 달 만에 제거되었다. 임유무의 제거는 또 다른 무신집권으로 이어지지 않고 원나라의 지지를 받는 왕정이 복고됨으로써 무신정권은 집권 100년 만에 막을 내리게 되었다.

지금껏 무신정권에 대한 평가는 대체로 부정적이지만 이는 대부분 무신정권에서 소외된 문신들의 시각이었다. 그러나 무신들도 도방·서방 같은 권력기구를 만들어 통치했으며, 왕실·문신귀족과 결탁했던 교종 계열 사원의 반란에 대응하기 위해 선종 계열 조계종을 육성시킨 것은 무신들도 문신들 못지않은 집권능력을 갖고 있음을 보여준 것이다. 무신정권의 가장 큰 문제는 새로운 사회에 대한 지향점을 제시하는 데 실패했다는 점이다. 이의민, 김준 같은 천민 출신 집권자들은 자신들의 신분상승에 만족했을 뿐 신분제 해체라는 제도적 개선으로 나아가지 못했다. 그래서 민중들은 스스로 자신들의 문제를 해결하기 위해서 일어섰다. 무신정권의 등장과 함께 민중봉기의 시대가 도래한 것이다.

교종의 저항과 팔만대장경

무신정권 이전 불교계는 왕실 및 귀족세력과 밀착된 화엄종·법상종 등 교종 계통이 주도했다. 의종은 재위 14년(1160) 보현사에 행차할 때 승려 공양은 물론 30근짜리 은병 10개에 다섯 가지 향과 약을 시주했고, 구정毬庭에서 승려 3만 명에게 3일 동안 음식을 공양했다. 왕실·문신귀족들과 밀착되어 있던 교종에게 무신정권의 등장은 비호세력의 몰락을 의미했다. 명종 4년(1174) 정월 귀법사歸法寺 승려 100여 명이 무신정권 타도를 목표로 봉기했다가 이의방에게 진압된 다음 날 중광사, 홍호사, 귀법사, 홍화사 등의 승려 2,000여 명이 또 봉기한 것은 무신정권에 대한 교종의 반감을 말해주는 것이었다. 고종 4년(1217) 거란군이 개경 가까이 접근하자 최충헌은 개경 주변의 사찰 승려들을 승군으로 보냈는데, 흥왕사·홍원사·경복사·왕륜사·안양사·수리사 등의 승려들은 패잔병으로 가장하고 거꾸로 최충헌을 공격했다. 승군과 최충헌의 가병 사이에 격전이 벌어졌는데,《고려사》'최충헌'조는 이렇게 기록하고 있다.

> 이튿날 최충헌은 성문을 닫고 도망간 승려들을 수색해서 모두 죽였다. 때마침 큰 비가 내려서 피가 개울물처럼 흘렀다. 또 남계천南溪川가에서 승려 300여 명을 죽여서 전후 거의 800여 명의 승려들을 죽였으므로 시체가 산처럼 쌓여서 몇 달 동안 사람들이 지나다니지 못했다.
>
> 《고려사》〈반역열전〉'최충헌'

최충헌은 불교계 전체를 적으로 돌리
기보다는 선종을 육성해 교종을 대체시
키려 했다. 무신정권과 선종은 불교계의
개편이란 점에서 이해관계가 맞았다. 선
종인 조계종이 무신집권기에 번창한 데
는 이런 배경이 있었다. 조계종의 성장에
는 보조국사 지눌知訥이 큰 역할을 했는
데, 그는 세속화된 불교계를 바로잡기 위
한 신앙결사 운동인 정혜결사 운동을 전
개했다. 지눌은 돈오점수頓悟漸修와 정혜
쌍수定慧雙修라는 종지宗旨로 불교개혁
에 나섰는데, 돈오는 자신의 불성에 대

한 깨달음이고, 점수는 꾸준한 종교적 실천을 뜻한다. 정定은 참선이고, 혜慧
는 지혜인데 지눌은 이런 종지를 통해 선종을 중심으로 교종을 통합하는 선교
禪敎의 조화 내지는 일치를 추구했다. 지눌은 불교계 개혁의 힘을 얻기 위해 최
충헌의 무신정권과 협력관계를 유지했다. 최충헌은 종실인 정화택주靜和宅主
왕씨가 낳은 둘째아들을 조계종에 출가시켜서 조계종에 힘을 실어주었다. 조
계종은 보조국사 지눌과 그 뒤를 이은 혜심慧諶 등 불교개혁에 강력한 의지를
지닌 선사들의 노력과 최씨 정권의 후원이 맞물리면서 교종을 누르고 고려의
지배적인 종단으로 발전했다. 선종이 불교의 주류가 되면서 무신정권에 반발
하는 승려들의 조직적 저항도 줄어들었다.

고종 23년(1236)부터 38년(1251)까지 16년에 걸쳐 판각된 팔만대장경에 대
해 그간 이규보가 〈대장각판군신기고문大藏刻板君臣祈告文〉에 몽골의 침략을
불력으로 물리치고자 하는 염원에서 판각했다고 쓴 것 때문에 그렇게 해석해
왔다. 그러나 민영규 교수가 〈고려대장경 신탐新探〉에서 "무신정권이 불교계
를 포용하기 위해 대규모 불사를 조직한 것"(민영규,《사천강단》)으로 본 것이 일
리가 있다. 현종 때 만든 초조대장경初雕大藏經이 고종 19년(1232) 몽골군의

침략 때 불타버리자 다시 각판한 것이 팔만대장경인데, 여기에 큰 힘을 보탠 것이 집권자였던 최우였다. 최우는 무신정권에 대한 불교계의 반발을 누그러뜨리고 불교계를 포용하기 위해 대장경을 판각한 것이다.

민중들의 봉기

무신정권기는 민중봉기의 시기였다. 무신정권은 민중들에게 현존의 세상질서가 뒤바뀔 수 있다는 사실을 보여주었다. 천민 출신 이의민은 국왕을 죽이고도 처벌은커녕 집권자가 되었다. 민중들도 더 이상 기존 질서에 순응하지 않고, 자신들의 문제를 해결하기 위해 스스로 일어섰다.

물론 민중들을 봉기하게 한 사회모순은 무신정권 이전부터 존재했다. 예종이 즉위년(1105) 12월 지방관 중에 백성들을 구휼하는 자는 열에 한둘뿐이라면서 이 때문에 "유망流亡(고향을 떠나 떠도는 것)이 연달아 열 집 가운데 아홉 집이 비게 되었다"라고 한탄한 것이 이를 말해준다. 무신정권 이전인 인종 6년(1128) 거제도 연해의 명진현溟珍縣 등지에서 봉기가 일어나자 조정은 합주陝州 삼기현三岐縣 등에 천민 마을을 설치하고 이들을 강제로 이주시켰다. 의종 16년(1162)에는 이천, 안협, 동주, 평강, 영풍, 의주, 곡주 등지에서 농민봉기가 일어나 병부낭중 김장金莊이 진압했고, 심지어 같은 해 6월에는 개경에서 30여 명의 도적들이 영평문永平門을 지키던 군졸을 공격하고 달아난 사건까지 발생했다.

새로 집권한 무신들은 이런 체제문제, 신분문제 해결보다는 자신들의 신분이 상승한 데 만족했다. "의종의 사저私邸 셋을 정중부·이의방·이고가 다 나누어 가졌다"는 기록이나 정중부가 "판대부사判大府事를 역임한 염신약廉信若의 토지를 빼앗았다"는 기록이나 이의민이 "백성들이 사는 집들을 빼앗아 큰 집을 짓고 남의 토지를 빼앗아 마음대로 탐학하니 중외가 함께 진노하고 두려워했다"는 기록 등이 이를 말해준다.

무신들이 지배하던 무신집권기에 고려 군사력의 기본인 정전제丁田制가 무너진 것은 아이러니다. 무신정권기를 설명한《고려사》〈식화지〉 '명종 18년 (1188) 3월'조는 "각처의 부강한 양반이 빈약한 백성들이 빌린 것을 갚지 못하면 예부터 내려오던 정전을 빼앗으므로 백성들이 생업을 잃고 더욱 가난해졌다"고 기록하고 있다. 병역을 대가로 나누어준 정전을 빼앗긴다는 것은 토지를 매개로 삼았던 고려 군사체제의 근간이 무너진다는 뜻이었다. 그러나 무신집권자들은 이런 체제문제 해결에 대해 의지도, 능력도 없었고, 민중들은 스스로 일어섰다.

명종 4년(1174) 서북면병마사 조위총의 난을 진압한 관군들이 "부녀자를 약탈하고 재산을 강탈하자" 분개한 서북민들이 봉기했다. 이 봉기는 4년간 계속된 끝에 명종 8년(1178) 10월 진압되었지만 전국적인 농민·천민봉기의 효시가 되었다.

명종 6년(1176) 정월 공주 명학소에서 망이·망소이의 봉기가 일어났다. 조정에서는 공주를 비롯해 나라 남쪽에서 일어난 여러 민중봉기를 남적南賊이라고 부를 정도로 사방으로 확대되었다. 망이·망소이의 봉기는 금은동·자기 등 공물을 만들어 바치던 천민 마을인 소所에서 발생했다는 특징이 있었다. 고려는 현종 이후에는 요나라에, 인종 이후에는 금나라에 막대한 공물을 바쳐야 했으므로 소의 백성들은 끝없는 수탈에 시달려야 했다. 망이·망소이는 스스로를 산행병마사山行兵馬使라고 일컫고 공주를 함락시켰다. 벼슬은 조정에서 주는 것이 아니라 힘이 있으면 스스로 가질 수 있다는 뜻이었다.

명종은 신중원神衆院에 가서 분향한 후 지후祗候 채원부蔡元富와 낭장郎將 박강수朴剛壽 등을 보내 달랬지만 망이·망소이는 이를 거부했다. 조정은 대장군 정황재丁黃載, 장군 장박인張博仁 등에게 3,000여 명의 군사를 주어 지원했지만 오히려 패배하고 말았다. 당황한 조정은 명종 6년 6월 망이의 고향인 천민 고을인 명학소를 양민 고을인 충순현忠順縣으로 승격하고, 내원승內園丞 양수탁梁守鐸을 현령으로 삼아 무마하려 했다.

심지어 지배층 일부가 망이·망소이에게 동조하는 현상까지 나타났다. 11월 양온령동정良醞令同正 노약순盧若純 등이 평장사平章事 이공승李公升 등을 사칭하며 망이에게 편지를 보내 제휴를 요청했다. 그러나 망이는 편지를 가져온 사자를 붙잡아 정부 측의 안무별감安撫別監 노약충盧若冲에게 보냈다.

조정의 충순현 승격과 망이의 유화조치로 봉기는 잠시 소강상태에 접어들었다. 그러나 두 달 후인 명종 7년(1177) 2월 망이·망소이는 다시 봉기했다. 망이·망소이는 "우리 향리를 현으로 승격시키고 수령을 두어 안무케 하더니, 다시 되돌려 군사를 보내 토벌해 우리의 어머니와 아내를 잡아 가두니 그 뜻하는 바가 어디 있느냐?"라고 꾸짖은 것처럼 조정의 이중행보가 재봉기의 원인이었다. 이들은 "차라리 창칼 아래 죽을지언정 끝까지 항복한 포로는 되지 않을 것이며, 반드시 서울에 이르고 말겠다"라는 결사항전의 결의로 진격해 청주를 제외한 충청도 전역을 모두 장악했다. 조정은 병력을 증강하고 충순현을 다시 소로 강등시켰다. 명종 7년 7월 망이·망소이가 병마사 정세유鄭世猷 등에게 체포됨으로써 1년 반 동안 이어졌던 망이·망소이의 난은 끝나고 말았다.

천민 반란에 충청도 전역의 농민까지 가담한 것은 천민뿐만 아니라 농민들도 지배체제에 많은 불만을 갖고 있었음을 뜻한다. 그래서 조정은 각지에 찰방사를 보내 지방관의 탐학 여부를 조사하기도 했지만 찰방사가 압송해 온 장리 35명을 즉석에서 풀어주었다는 기록처럼 무신정권은 농민·천민문제 해결의지가 미약했다.

명학소의 난이 진압된 후 사태는 잠시 진정되는 듯했지만 명종 12년(1182) 2월 관성(서산)과 부성(옥천) 백성들이 현령을 잡아 가두는 사건이 발생했다. 다음달에는 전주에서 대규모 민중봉기가 발생했다. 전주 사록司祿 진대유陳大有가 자신의 청렴고결을 자랑하면서 사소한 일에도 가혹한 형벌을 내리며 역사를 독촉하자 민중들이 진대유를 산중의 절로 쫓아내고 가혹한 관리들의 집을 불태웠다.

민중들은 무신집권을 통해 신분제가 하늘의 법칙이 아니라 인간의 제도에 의한 족쇄임을 깨달았다. 이제 농민들은 청렴한 진대유가 조정의 명에 따라 엄격하게 집행하는 행정에 대해서도 항거하기에 이르렀다.

조정에서는 안찰사 박유보朴惟甫를 보내서 진대유를 개경으로 압송하고 농민들을 설득했으나 농민들은 말을 듣지 않았다. "안찰사가 보낸 군사가 성을 공격한 지 40여 일이나 되었으나 항복을 받지 못했다"는 기록처럼 농민군은 완강하게 저항했다. 이 봉기는 성에 들어간 합문지후閣門祗候 배공숙裵公淑이 일품군一品軍 대정隊正을 회유해 승려들과 함께 죽동 등 주모자 10여 인을 죽인 다음에야 겨우 평정될 수 있었다.

명종 14년(1184) 이의민이 정권을 잡은 후에도 봉기는 끊이지 않았다. 명종 20년(1190)에는 동경(경주)에서 부사 주유저周惟氐가 농민봉기군을 습격하다가 오히려 반격을 당해 많은 군사가 살상당했다. 최고집권자 이의민의 고향 동경에서도 봉기가 발생했다.

명종 23년(1193) 7월 경상도 운문의 김사미와 초전의 효심이 망이·망소이의 봉기를 잇는 대규모 봉기를 일으켰다. 조정은 대장군 김존걸金存傑, 이지순李至純 등을 보냈으나 김존걸은 패전 후 자결하고 말았다. 같은 해 8월 장군 이공정李公靖이 다시 농민군과 싸웠으나 정부군은 또 패배하고 말았다. 조정은 다시 대장군 최인崔仁을 남로착적南路捉賊병마사로 삼아서 세 진로로 농민군을 공격했다. 최인은 강릉으로 나갔고, 우도병마사 사량주史良柱는 운문으로, 남로병마사 고용지高湧之는 밀양으로 나갔다. 이는 경상도뿐만 아니라 강원도까지 민중들이 장악한 것을 뜻했다. 이 봉기는 명종 24년 2월 김사미가 행영行營에 투항하면서 세력이 약화되기 시작해 4월에는 밀성密城 저전촌에서 농민군 7,000여 명이 전사하면서 실패로 끝나고 말았다.

최씨 정권 아래에서도 봉기는 끊이지 않았다. 더구나 최씨 정권의 심장부, 곧 최충헌의 집안 내부에서 봉기가 발생했다. 신종 원년(1198) 최충헌의 사노인 만적 등 6인은 북산에서 나무하다가 공사公私 노비들을 불러 말했다.

나라에서 경인(정중부의 난)·계사(김보당의 난) 이후로 높은 벼슬이 천민과 노비에게서 많이 나왔다. 공경장상公卿將相이 어찌 씨가 따로 있으랴, 때가 오면 누구나 할 수 있는 것이다. 우리들만 왜 근육과 뼈를 괴롭게 하며 채찍 밑에 곤욕당해야 하겠는가.

만적은 관노들은 궁 안에서, 사노들은 자기 집에서 주인들을 죽이고 노비문서를 불살라버리자면서 자신이 최충헌을 죽이겠다고 공언했다. 그러나 거사날 모이기로 한 수천 명 중에 모인 자는 수백 명밖에 되지 않았다. 만적은 일단 거사를 연기하고 보제사普濟寺에 다시 모이기로 약속하면서 비밀엄수를 강조했으나, 율학박사 한충유韓忠愈의 가노 순정順定이 주인에게 고하는 바람에 발각되었다. 최충헌은 "만적 등 100여 명을 잡아 강에 던지고, 한충유에게는 합문지후를 제수하고 순정에게는 80냥을 하사하고 양민으로 삼았다."

그러나 살아남은 노비들은 다시 기회를 엿보았다. 신종 6년(1203) 4월 개경 노비들이 개경 동쪽 교외에서 대를 나누어 전투연습을 하다가 발각되어 다수는 도주하고 체포된 50명은 강에 던져졌다.

이런 와중에 신라 부흥운동까지 일어났다. 신종 5년(1202) 11월에는 경주인들이 낭장동정郎將同正 배원우를 비밀리에 귀양 가 있는 석성주石成柱에게 보내 "고려의 왕업은 거의 다 쇠진했으니 신라가 반드시 부흥할 것"이라면서 석성주를 왕으로 삼겠다고 제의했다. 석성주가 거짓으로 기뻐하면서 배원우를 집에 머물게 한 후 군수 유정惟貞에게 알렸다. 결국 배원우는 사형당하고 거사는 미연에 방지되었지만 경주의 소요는 계속되었다. 신종 5년 12월 경주도령 이비利備 부자 등이 봉기했는데, 정부에서 진압군을 보내자 경주인들은 운문·울진·초전 등지에서 일어났다. 정부에서 보낸 대장군 김척후金陟候는 진압은 커녕 수비에 급급하다는 이유로 파직당하고 정언진丁彦眞으로 교체될 정도로 경주인들의 항쟁은 끈질겼다. 그러나 정부군의 눈을 피해 밤중에 기도하러 가던 이비 부자가 정언진의 사주를 받은 무당의 꾐에 빠져 사로잡히면서 전열이 급속하게 붕괴되었다. 남은 봉기군들이 계속 저항했으나 신종 7년(1204) 5월 안찰사 박인석朴仁碩에게 진압되고 말았다.

천민·농민의 봉기가 잇따르는 상황은 무신정권에게 일대 내정쇄신을 요구하는 것이었다. 그러나 무신정권은 현상유지에 만족한 채 문제가 발생하면 회유와 진압을 번갈아가면서 임기응변으로 일관했고, 봉기는 끊이지 않았다. 민중들도 무신집권 후 신분제가 하늘이 정해준 법칙이 아니라는 사실을 깨닫고 봉기했지만 새로운 사회 건설에 대한 지향점을 제시하지 못했다. 여기에 각 지역의 봉기군을 아우르는 통합적 지도체 구성에 실패함으로써 끝내 정부군에 궤멸되고 말았다.

대원항쟁과 원나라의 간섭 04

무신정권, 강화도로 천도하다

최충헌과 희종의 갈등이 증폭되어가던 희종 7년(1211) 5월 금나라에서 완안
유부完顏惟孚를 보내 희종의 생신을 하례했다. 희종은 장군 김양기金良器를 보
내 사례했는데, 통주에서 몽골병과 마주쳤던 김양기가 죽은 것이 고려와 몽골
의 첫 접촉이었다. 송나라가 양자강 남쪽으로 밀려가면서 북방 기마민족 사이
에 각축전이 벌어졌다. 고종 5년(1218) 말 거란이 고려의 서경 동북 강동성江
東城에 들어옴으로써 고려도 이 세력다툼에 끌려들
어갔다. 금나라 장수였던 포선만노蒲鮮萬奴는 만주에
동진(대진, 1215~1233)을 세웠는데, 몽골이 동진 군사
와 함께 거란토벌을 명분으로 고려 영내로 들어온 것
이다. 《원사》는 몽골연합군이 10만이었는데, 고려가
40만의 군사를 보내 돕자 거란의 야율함사耶律喊舍가
자결했다고 전하고 있다.

그런데 전투가 끝난 후 몽골 장수 합진哈眞과 찰나
札剌는 이것이 고려를 도와준 것이라며 고려 원수부

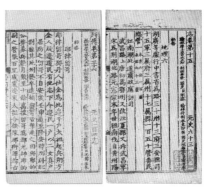

— 《원사》. 명나라 초 송염宋濂 등이 편찬한 원나라
의 역사서다.

의 조충趙冲·김취려金就礪와 형제맹약 체결을 강요했다. 고려는 이에 맞서기보다 고종 6년(1219) 매년 동진을 경유해 물자를 제공하기로 약정하고 사태를 수습했다. 이후 몽골이 고려에 막대한 물자를 요구하자 고려 조야의 불만도 높아갔다.

급기야 고종 12년(1225) 공물을 받아가던 몽골 사신 저고여蓍古與가 피살되는 사건이 발생했다. 몽골이 진상을 파악한다고 사신을 보냈지만 이들도 고려인들에게 쫓겨났다. 이때는 몽골도 금나라와 쟁패 중이었기 때문에 사건은 더 이상 확대되지 않았다.

6년 후인 고종 18년(1231) 8월 몽골군 원수 살례탑撒禮塔이 고려의 함신진咸新鎭을 포위하고 철주鐵州를 도륙했다. 이후 고종 46년(1259) 강화조약이 체결될 때까지 몽골은 전후 여섯 차례, 30여 년 동안 침략을 계속했고 치열한 공방전이 계속되었다. 몽골의 1차 침략은 귀주성에서 서북면병마사 박서朴犀가 이끄는 고려군의 강력한 저항을 받았다.

> 몽골군이 사로잡은 위주부사渭州副使 박문창朴文昌을 성으로 들여보내 항복을 권유하자 박서는 그를 목 베었다. 몽골이 정예기병 300명을 뽑아 북문을 공격했으나 박서가 이를 격퇴했다. 몽골이 누거(망루가 있는 수레)와 큰 상床을 만들어 소가죽으로 덮어씌우고 그 안에 군사를 감추어 성 밑으로 다가와서 땅굴을 뚫자 박서는 성에 구멍을 내어 쇳물을 부어 누거를 불태웠다… 몽골이 또 대포차 15대로 성 남쪽을 습격하자 박서는 성 위에 대를 쌓고 포차로 돌을 날려 물리쳤다… 몽골은 성을 포위한 지 30일 동안 100가지 계책으로 공격했으나 박서가 기회를 타서 대응해서 지키니 몽골이 이기지 못하고 물러났다.
>
> 《고려사》권103 〈박서열전〉

몽골군은 "하늘이 돕는 바요, 사람의 힘이 아니다"라고 탄식하면서 물러갔다. 고종 18년(1231) 9월 고려 북방 마산의 초적 우두머리 두 명이 최우를 찾아와 정병 5,000을 거느리고 몽골군을 격퇴하겠다고 제의하자 최우는 크게 기뻐했다. 이들은 동선역洞仙驛 전투에 참전해 큰 공을 세웠고, 광주 관악산과 안남의 백악, 경기의 초적도 관군과 함께 대몽항전에 참여했다. 지배층의 수탈에 봉기했던 민중들도 외적의 침략 앞에는 한몸으로 싸웠다.

1차 침략 때 몽골군은 "지나는 곳마다 잔멸하지 않음이 없었다"는 잔혹한 약탈을 자행했는데, 이에 대한 분노가 비등했다. 초적들까지 몽골에 맞서 싸우는 상황은 최씨 정권의 신분제에 대한 새로운 정책을 요구하는 것이었다. 신분제의 해체 내지는 완화로 민중들을 대몽항쟁에 나서게 해야 했다. 그러나 최우 정권의 최우선 순위는 정권유지였다. 최씨 정권은 자신들의 권력만 유지시켜준다면 몽골의 지배를 받을 의사가 있었다. 그래서 몽골과 강화에 나서면서 항복권유를 거부하고 끝까지 저항하는 자주부사慈州副使 최춘명崔椿命의 처형을 결의할 정도로 강화에 주력했다. 그러나 몽골이 최우의 지배권을 인정하지 않고 다루가치達魯花赤를 설치해 직접 지배하려 하자 태도가 돌변했다. 최우는 수도를 강화도로 옮기려 했다. 기마민족인 몽골족이 수전에 약한 점을 이용하고 개경에 근접한데다, 조운이 편리해 전국의 조세를 원활하게 받아들일 수 있기 때문이었다. 최우 정권은 몽골의 1차 침략 이듬해부터 강화 천도를 의논했지만 조정 여론은 개경에서 결사 항전하자는 것이었다. 그러자 최우는 고종 19년(1232) 6월 자신의 집으로 재추宰樞 대신들을 불러 모았다. 《고려사》의 "그때 평화가 오래 계속되어 서울(개경)의 호수가 10만에 이르고 단청한 좋은 집들이 즐비하였으므로 정이 들어 사람들이 옮기기를 싫어하였다. 그러나 최우를 두려워하여 감히 한 마디도 하는 자가 없었다"라는 기록대로 최우는 힘으로 천도를 밀어붙이려 했다. 이때 유승단兪升旦은 몽골에 대한 적극적인 사대로 난관을 극복하자고 주장했지만 몽골이 최씨 정권의 지배권을 인정할 생각이 없었기 때문에 이 또한 최씨 정권이 선택할 수 있는 길은 아니었다.

야별초 지유 김세충金世沖이 문을 박차고 들어가 최우에게 "개경은… 군사와 양식이 풍족하니, 힘을 합해 지키면 사직을 지킬 수 있는 곳"이라면서 개성 사수론을 주창했다. 그러자 최우에게 딸을 후실로 바친 대집성大集成이 "김세충이 아녀자의 말을 본떠 감히 큰 의논을 막으려 했다"면서 "목을 베어 나라

— 강화 고려궁지. 고려가 몽골에 항전하던 39년간 궁궐이 있던 곳이다.

안팎에 보이자"고 주청하고 응양군鷹揚軍의 상호군 김현보金鉉寶도 찬성해 김세충의 목을 벴다. 김세충이 죽자 더 이상 강화 천도를 공개적으로 반대하는 신하들이 없었다.

고종 19년 7월 고종과 개경 대신들은 개경을 출발해 강화도로 향했는데 "장맛비가 열흘이나 계속되어 진흙길에 발목까지 빠져 사람과 말이 쓰러져 죽었다"는 기록처럼 고난의 천도 길이었다. 그러나 그나마 강화도로 들어갈 수 있는 백성들은 형편이 좋은 편이었다. "과부나 홀아비, 고아나 혼자 사는 사람으로 갈 곳을 잃고 통곡하는 자가 이루 헤아릴 수 없었다"는 기록을 보듯 조정으로부터 버림받은 백성들의 고통은 이루 말할 수가 없었다.

강화도는 이후 원종 11년(1270) 무인정권이 붕괴될 때까지 40여 년 동안 전시 수도 역할을 수행했다. 문제는 내륙에 남은 백성들이었다. 최우 정권은 강화도로 천도하면서 여러 도에 사자를 보내 백성들도 성이나 산성, 또는 섬으로 들어가라는 '해도산성입보海島山城入保'를 지시했다. 그러나 백성들은 산성이나 섬으로 들어가서는 먹고살 방도가 없었다. 해도산성입보를 명령한 지 20여 년이 지난 고종 43년(1256) 8월 "여러 도에 사자를 보내 사람을 모아 섬으로 들어가게 하고 따르지 않는 자는 집과 전곡을 불태우게 하였다… 이 때문에 굶어죽은 자가 열에 여덟아홉이었다"는 《고려사

— 《고려사절요》. 1452년 김종서 외 17인이 고려시대 전반을 정리한 역사서. '절요節要'라는 명칭이 붙기는 했으나 《고려사》를 줄인 책이 아니라 서로 보완 관계에 있는 사서이다.

절요》의 기록은 백성들이 이때까지도 해도산성입보를 거부했음을 말해준다. 백성들은 해도산성입보를 거부하고 몽골에 투항하기도 했다. 고종 45년(1258) 조정에서 최예崔乂 등을 파견해 평안도 박주 주민들에게 위도葦島로 입보하라고 명령하자 주민들이 최예 등을 죽이고 몽골에 투항했다.

계속되는 몽골의 침략

몽골은 1227년 서하를 멸망시키고, 1234년에는 금나라를 멸망시켜 기염을 토했다. 몽골은 그 사이인 고려 고종 19년(1232) 8월 두 번째로 고려를 다시 침략했다. 그러나 그해 12월 몽골의 원수 살례탑이 처인성(용인군 남사면)에서 승려 김윤후金允侯와 처인 부곡민들에 의해 죽임을 당했다. 이 때문에 몽골군의 부장 철가鐵哥는 군사를 철수시켰지만 현종 때 제작한 대구 부인사 대장경판이 이때 불탔다. 몽골군의 다른 부대는 대구까지 남하했던 것이다.

금과 동진을 멸망시킨 몽골은 고종 22년(1235) 고려를 3차 침략했다. 3차 침략은 고종 26(1239)년까지 장장 5년 동안 계속되었다. 안북부安北府를 비롯한 북계의 여러 성에 대한 공격으로 시작되어 서해도와 경상도 안동까지 초토화시켰는데, 특히 고종 25년(1238) 8월에는 신라 고도 경주까지 남하해 선덕여왕 때 세운 황룡사9층탑을 불태웠다.

이에 놀란 최우 정권은 같은 해 12월 사신을 몽골에 파견해 철군을 요청했고, 이후 고종 32년까지 두 나라는 사신을 교환하면서 종전을 위한 협상을 벌였다. 몽골의 요구조건은 국왕의 친조親朝였는데 고려는 이를 거부하는 대신 현종의 8대손인 신안공新安公을 파견하거나, 신안공의 종형 영녕공永寧公을 왕자라 하여 보내는 것으로 대신했다.

몽골은 고종 34년(1247) 7월 원수 아모간阿母侃을 보내 4차 침략을 자행했다. 몽골군은 강화도 연안 염주鹽州까지 내려와 강도江都 정부를 압박했으나 이듬해 원 황제 정종(재위 1246~1248) 귀유貴由가 사망하고 고려에서 사신을 파견하자 철수하고 다시 소강상태에 접어들었다.

고종 36년(1249) 최우가 죽고 그 뒤를 이은 최항도 계속 출륙을 거부하고 대몽항전에 나섰다. 1251년 즉위한 헌종 몽가蒙哥(몽케)는 고려에 사신을 보내 고종의 친조와 개경 환도를 촉구했다. 고려에서 거부하자 고종 40년(1253) 7월 원수 야굴也窟이 5차 침략을 단행했다. 이때 몽골군은 서해안과 동해안의 두 경로를 따라 남하하면서 중로의 여러 성을 도륙했다. 이때 몽골군은 충주

성에서 처인성 전투로 유명한 방호별감 김윤후 金允侯가 지휘하는 충주성민들에 의해 70여 일 동안 저지되었다. 그러자 몽골군 안에서 내분이 발생해 야굴이 본국의 소환령을 받아 기병 1,000 명을 데리고 철군한 데 이어, 12월 중순에는 몽 골 주력군이 충주성을 포기하고 물러갔다. 이로 써 몽골의 5차 침략도 실패로 끝나고 말았다.

고종 41년(1254) 7월 차라대車羅大가 6차로 다 시 침략했다. 차라대의 몽골군은 앞선 패배를 설 욕하기 위해 충주성을 공격했으나 다시 패하고 말았다. 차라대는 충주성을 포기하고 우회해 경 상도로 내려갔다. 이때 몽골군은 전라도 압해도

— 신하들에 둘러싸인 원 헌종 몽케. 칭기즈칸의 손자이자 쿠빌라이칸의 형이다.

를 공략하면서 수군 70척을 동원했다. 비록 고려 군의 대포가 두려워 공격하지는 못했지만 강화도도 더 이상 안전지대는 아니 었다. 일시 철수했던 차라대는 고종 45년(1258) 6월 다시 침략해서 개경에 주 둔하면서 각지로 군사를 보내 약탈하는 한편 태자의 출륙을 철군조건으로 제 시했다.

계속되는 전쟁에 지친 강도 정부에서도 몽골과 화의를 주장하는 세력이 등 장했다. 고종 44년(1257) 7월 최자崔滋 등이 왕자를 파견해 몽골과 강화를 맺 자고 주장했다. 이런 주장이 나올 수 있었던 것은 무신정권 내부가 변화했기 때문이다. 고종 44년 윤4월 최항이 사망하고 최의가 뒤를 이었으나 이듬해 3 월 김준·유경 등에 의해 살해되었다. 최충헌부터 60년간 계속되던 최씨 정권 이 붕괴된 것이다. 최씨 정권의 붕괴는 고려 내부에도 커다란 충격을 주어 집 단적·지역적 투항이 발생했다.

그중에서도 고종 45년(1258) 12월 조휘趙暉·탁청卓靑 등이 두만강 북쪽인 화주和州 이북을 들어 몽골에 투항하자 몽골에서는 이곳에 쌍성총관부를 설 치해 조휘를 총관摠管으로 삼고, 탁청을 천호千戶로 삼았다. 이로써 두만강 북

쪽 동계東界의 화북 15주가 몽골에 넘어갔다. 몽골군이 두만강 남쪽까지 일시 침략한 적은 있어도 두만강 이북이 원나라로 넘어가 원나라 행정관청이 설치된 것은 처음이었다. 두만강 이북의 이 영토는 공민왕이 재위 5년(1356) 구강舊疆 수복전쟁으로 되찾을 때까지 만 98년, 통상 100년 동안 원나라 영토가 되었다. 이성계 일가가 발흥한 곳도 이 지역이었다.

다급해진 고려 조정은 고종 45년 12월 장군 박희실朴希實 등을 몽골에 파견했고, 몽골의 약탈행위가 줄어들자 이듬해 3월 주현의 수령들에게 해도 입보한 백성들을 데리고 출륙해서 농사를 지으라고 명령했다. 40여 년간 계속된 고려와 몽골의 긴 전쟁이 끝날 조짐이었다. 화의를 결심한 고종은 재위 46년(1259) 4월 태자 왕전王倎을 원나라로 보냈다.

강도 정부의 출륙과 삼별초의 항전

태자가 원나라로 떠난 직후 고종은 재위 46년(1259) 6월 세상을 떠났다. 다음 달 원 제국의 헌종도 남송정벌 중 사천성의 합주성合州城 진중에서 사망했다. 당초 헌종을 만나기 위해 중국으로 들어갔던 고려 태자(원종)는 개봉 근처에서 황위계승 예정자였던 원 세조인 쿠빌라이忽必烈를 만났다. 고종에게 왕위를 물려받은 원종은 원나라에 머무르면서 태손太孫에게 고려의 정무를 보게 했다. 원종은 이듬해(1260) 3월 속리대束里大[쉬리다이]와 배편으로 귀국해 즉위식을 올렸다.

원종은 이후 대몽항전정책을 포기하고 원나라와 화친을 추구했다. 즉위 1년(1260) 4월 영안공永安公 왕희王僖를 파견해 원 세조의 즉위를 축하했으며, 원의 연호 중통中統을 사용했다. 이듬해 4월에는 태자 왕심王諶을 원나라에 파견한 데 이어 재위 5년(1264)에는 무신집정자 김준의 반대를 무릅쓰고 직접 원나라에 가서 친조했다.

원종의 친원성향을 확인한 원 세조는 김준 부자에게 소환령을 내렸다. 이를

무신정권의 종말로 여긴 김준은 원의 사신을 죽이고 더 깊은 해중海中으로 천도할 것을 주장했지만 원종이 거부했다. 김준은 원종 폐위를 시도했지만 세계제국 원이 배후에 있는 원종을 마음대로 폐위할 수 없었다. 이런 와중인 원종 9년(1268) 12월 김준은 평소 자신을 아버지라고 부르던 임연에 의해 제거되었는데, 이 정변에는 몽골어에 능해 원종의 신임을 받았던 낭장 강윤소康允紹가 깊숙이 개입되어 있었다. 원종이 임연과 연합해 김준을 제거했던 것이다. 그러나 곧 원종과 임연 사이에 갈등이 발생했다. 임연은 원종 10년(1269) 6월 김경金鏡 등이 원종과 결탁해 자신을 죽이려 했다면서 그들을 죽이고, 재추 대신들에게 원종의 폐위를 요구했다. 임연은 삼별초와 도방을 동원해 원종을 상왕으로 추대하는 형식으로 내쫓고 원종의 아우 안경공安慶公 왕창王淐을 옹립했다.

원에 갔다가 돌아오는 길에 이 소식을 들은 태자 왕거王昛(충렬왕)는 되돌아가 원에게 군사개입을 호소했다. 원나라는 원종의 복위와 원종과 임연의 입조를 요구하는 조서를 보내는 한편 군사개입을 준비했다. 임연은 결국 5개월 만에 원종을 복위시킬 수밖에 없었다.

원종은 원의 후원만이 왕위를 유지할 수 있다는 생각에 재위 10년 12월 다시 원으로 들어갔다. 원종은 원 세조에게 고려 세자와 원나라 황녀의 국혼과 군사지원을 요청했다. 원 세조가 원종에게 군사를 주어 귀국하게 하자 임연은 근심과 번민 끝에 등창으로 돌연 사망하고 그 아들 임유무가 권력을 계승했다. 재위 11년(1270) 5월 몽골군과 귀국하던 원종은 개경으로 출륙환도를 명령했다. 환도는 곧 실각이라고 여긴 임유무는 대몽항전을 결의했지만 원종은 이에 맞서 어사중승 홍규, 직문하 송송례 등에게 삼별초를 회유해 임유무 등을 살해하게 했다.

삼별초는 임유무 살해에 가담했지만 출륙과 개경 환도로 이어지자 크게 동요했다. 개경에 도착한 원종은 삼별초의 동요를 무릅쓰고 재위 11년 5월 장군 김지저金之氐를 강도에 보내 삼별초를 혁파하고 명부를 거두어갔다. 장군 배중손裵仲孫, 야별초 지유 노영희盧永禧 등이 출륙거부와 대몽항전의사를 밝히자 삼별초가 대거 가담함으로써 삼별초의 항전이 시작되었다. 과거의 항전이 정부와 손잡고 싸운 것이라면 이번 항전은 원과 결탁한 정부와 싸우는 것이었다.

삼별초는 당초 도적을 막기 위해 야별초를 설치한 데서 시작되었다가 야별초가 좌별초와 우별초로 나뉘고, 또 몽골에서 도주한 고려인으로 신의군神義軍을 편성해 삼별초가 되었다. 삼별초는 최씨 정권의 사병이었지만 도성 수비, 반란 진압, 도둑 체포, 형옥刑獄 등의 임무를 수행했으며, 국가재정으로 양성되고 국고에서 녹봉을 받았다는 점에서 사실상 정규군이었다. 삼별초를 비롯한 고려 군사들은 원종과 태자를 원나라의 앞잡이로 보았다. 삼별초는 강화도가 수성에 어렵다는 판단에서 남쪽으로 이주했는데, "뱃머리와 꼬리가 서로 접해 무려 1,000여 척이나 되었다"는 기록은 삼별초의 대몽항전이 광범한 지지를 받았음을 뜻한다.

삼별초는 현종의 8대손인 승화후承化侯 왕온王溫을 임금으로 옹립하고 대장군 유존혁柳存奕과 상서좌승 이신손李信孫을 좌우승선으로 임명했다. 삼별초는 1270년(원종 11년) 8월 진도 용장성龍藏城을 거점으로 삼아 대몽항쟁에 나서는 한편 일본에 사신을 보내 연합전선 구축을 제의했다. 일본에 보내는 국서에서 승화후 왕온은 황제를 자칭했는데, 이는 자신들이 황제국 고려의 계승자이자 개경의 원종은 원나라의 제후에 불과하다는 의미가 있었다. 삼별초 정부는 "본 조정이 삼한을 통합했다"면서 몽골을 '위취韋毳(짐승 가죽)'라고 낮춰 부르며 "우리는 강화도에 천도하여 약 40년을 지냈고 또 진도로 천도했다"

— 삼별초의 거점이었던 진도 용장산성. ⓒ진도문화원.

라고 자신들이 강도 정부를 이은 정통정부라고 천명했다.

진도의 삼별초 정부가 체제를 갖춰가자 밀성군의 방보方甫 등이 부사 이이李頤 등을 죽이고 가담하는 등 호응이 잇따랐다. 삼별초는 진도를 중심으로 인근의 완도 및 남해도 등 여러 섬을 전략적 거점으로 연결해 남해안 일대를 아우르는 해상왕국을 건설했다. 삼별초가 진도에 터를 잡은 것은 이곳이 조운로의 길목으로서 전라·경상도의 조세 운송을 차지할 수 있기 때문이었다.

원종이 보낸 전라도 추토사 김방경金方慶과 원나라 원수 아해阿海는 진도 부근에서 삼별초와 맞붙었다가 대패했다. 몽골 원수 아해는 파직당하고 흔도忻都로 교체되었다. 원 세조는 두원외杜員外를 시켜 조서를 보내고 원종도 진도 정부를 회유했으나 삼별초는 거절했다. 원 세조와 원종은 1271년(원종 12년) 4월 병력 6,000과 진도 부근의 병선 260척 외에 140척을 추가 증원해 대규모 진압군을 보냈다. 삼별초는 끈질기게 저항했으나 고려·원 연합군에게 패배하고 왕온과 배중손은 전사했다. 일부는 김통정金通精의 지휘로 제주도로 건너가 항전을 계속했다. 《고려사》에 "적(삼별초)이 이미 제주에 들어가서 내성과 외성을 쌓고는 그 성이 험준하고 견고한 것을 믿고 날로 더욱 창궐하여 수시로 나와 노략질하니 해안 지방이 숙연해졌다"(원종 13년 6월)는 기록처럼 기세를 올렸다.

1273년(원종 14년) 4월 김방경과 흔도가 이끄는 1만여 명의 연합군이 제주도에 상륙했고, 이들과 맞붙었다가 패배한 김통정은 70여 명의 휘하 부장들과 산속으로 퇴각해 자결했다. 40여 년에 걸친 지난한 대몽항전이 막을 내린 것이다. 이제 고려는 원나라에 대한 예속을 피할 길이 없었다. 그나마 고려는 중국, 유럽 등 다른 나라들과 달리 왕실 자체는 유지하게 되었다. 고려 왕실의 투항 덕분에 삼별초를 무너뜨릴 수 있었던 데 대한 보상이었다. 체제 자체는 유지하게 되었지만 왕위계승권의 상당 부분이 원나라 조정에 넘어가는 등 고려의 자주성은 크게 훼손되었다. 또한 원나라 간섭기에 형성된 부원배附元輩들은 고려 역사에 큰 암운을 드리우게 되었다.

삼별초는 오키나와까지 갔을까?

원종 14년 4월 제주도가 함락되고 김통정이 자결하면서 삼별초의 항쟁은 끝났다. 그러나 삼별초의 일부 세력이 유구琉球(현 오키나와) 왕국까지 건너갔다는 주장이 있었다. 오키나와의 우라소에성浦添城과 슈리성首里城 등에서 출토된 고려기와가 그 근거였다. 기와 중에는 "계유년에 고려기와 장인이 만들었다(癸酉年高麗瓦匠造)"는 명문이 새겨진 기와도 있었다. 계유년은 제주도가 함락되던 원종 14년(1273)과 조선 개국 이듬해인 태조 2년(1393)인데, 원종 14년으로 보아야 한다는 것이다. 《고려사》 창왕 원년(1389) 유구국의 중산왕中山王 찰도察都가 신하로 자칭하는 표문과 유황, 후추(胡椒:호초) 등을 올린 것이 고려와 유구의 최초 교류기록이다. 이때 창왕은 김윤후 등을 유구에 보내면서 안장, 은주발과 수저, 은잔과 흑마포黑麻布, 호피 등과 화살, 그림 등을 예물로 전했다. 이때 기와를 예물로 주었을 가능성은 없으므로 기와는 현지 제작품이라고 보아야 할 것이다. 필자가 우라소에성을 답사했을 때 일부 성벽이 자연석을 다듬어 쌓는 우리 전통 축성 방식과 흡사해 놀란 적이 있다. 이런 성에서 나온 고려기와는 고려 장인이 직접 만들었을 가능성이 크다. 삼별초가 오키나와까지 진출했다고 볼 수 있을 것이다.

— 고려로부터 유래된 것으로 추측되는 우라소에성의 기와.

다시 일어난 고구려 부흥운동

거란이 침략하자 고종은 재위 4년(1217) 서경 군사를 징발해 보냈는데, 기두旗頭(깃발 드는 군사) 최광수崔光秀가 반고려 봉기를 일으켰다. 일개 군졸의 주창에 군사들이 대거 가담해 서경성을 점령했는데, "서경병마사 최유공崔愈恭이 창황하여 어쩔 줄을 모르고, 판관 김성金成은 술에 취해 드러누워 일어나지도 못했다"(《고려사절요》)고 전하고 있다. 같은 기록은 "최유공이 사졸을 등쳐먹기를 좋아하여 결국 그들로 하여금 원망하고 반하게 하였다"고 책임을 최유공에게 돌리고 있으나 일개 군졸의 선창에 서경성까지 점령당한 것은 백성들의 불만이 개인 차원의 비리 때문이 아니라 체제의 문제임을 말해준다.

서경을 점령한 최광수는 스스로를 '고구려흥부병마사 금오위 섭상장군高句麗興復兵馬使金吾衛攝上將軍'이라고 일컬었다. 그는 고구려의 옛 강역인 북계의 여러 성에 격문을 돌리고 여러 신사에 기도를 올렸다. 이 봉기는 최광수 등 주도자 8명이 정부의 간자 정준유鄭俊儒에게 암살당하는 바람에 끝나고 말았지만 고구려의 부흥을 주창하며 개국한 고려에서 고구려의 부활을 외치자 수많은 서경민이 호응했다는 사실은 일반 백성들의 심중에 고려는 이미 무너졌음을 말해준다. 무신정권이면서도 정작 고구려의 상무정신은 팽개치고 사대를 일삼는 자기모순적 행태에 고려 백성들이 크게 반발했던 것이다.

고려의 위기와 개혁의 시대 05

토지제도의 붕괴와 국왕들의 개혁

고려는 비록 왕조가 망하지는 않았지만 출륙환도 이후 나라의 생명이라 할 수 있는 자주성은 크게 훼손되었다. 원종의 아들인 25대 충렬왕(재위 1274~1308)부터 30대 충정왕(재위 1348~1351)까지 시호에 '충忠'자를 쓴 것은 원나라에 충성을 바친다는 뜻이니 그 정도를 알 수 있다. 그 전에는 비록 중원 왕조에 사대를 하더라도 형식적이었고 내부적으로는 황제국에 준하는 체제를 유지했다. 그러나 원나라의 요구로 황제의 자칭인 짐을 제후의 자칭인 '고孤'로 낮추고, 태자도 세자로 낮췄고, 신하들도 폐하 대신 전하로 불러야 했다. 게다가 왕위 결정 자체를 고려 왕실 내부 법칙이 아니라 원나라 조정에서 결정했다. 충선왕, 충혜왕 등이 즉위와 퇴위, 복위를 거듭한 이유가 이 때문이다.

관제 또한 중서문하성과 상서성이 황제국의 관제라는 이유로 첨의부僉議府로 개편되었으며, 중추원도 밀직사로 바뀌었고, 도병마사는 도평의사사로 개편되었다. 도병마사는 군사관계만을 다루는 관청이었으나, 도평의사사로 개편되면서 군사문제는 물론 조세와 화폐, 형옥 등 국사 전반을 관장하는 관청으로 그 기능이 확대되었다. 당초 도병마사는 중서문하성의 대신을 뜻하는 재신 5명과 중추원의 대신을 뜻하는 추신 7명이 참여하는 이른바 '재오추칠宰五樞七'의 원칙에 따라 12명을 넘지 못했다. 그러나 도평의사사로 개편된 이후에는 그 수가 대폭 늘어 공민왕과 우왕 대를 거치면서 50~80여 명이 참여하는 거대기구가 되었다. 도평의사사를 '도당都堂'이라고도 불렀는데 도당에서 결정하면 임금도 거부하기가 쉽지 않았다.

게다가 원나라 간섭기에는 재추宰樞의 상당수가 원나라에 부역하는 부원배들이어서 국왕도 통제할 수 없었다. 무신집권이 부원배 집권으로 이어진 셈이었다. 원나라에 매를 잡아 바치는 응방鷹坊 출신들이나 몽골어 역관 출신들이 재추로 득세한 상황이 이를 단적으로 말해준다. 조국을 억압하는 다른 나라의 편에 서서 개인과 가문의 출세를 도모하는 매국노들이 득세하는 상황이었다. 이들이 득세하면서 고려의 정상적인 법치는 무너졌다. 이들은 농민들의 토지를 강제로 빼앗고, 양민들을 자기 집안의 노비로 만들었다.《고려사》〈식화지食貨志〉에는 이런 상황이 잘 드러나 있다.

요즘 들어 간악한 도당들이 남의 토지를 겸병兼幷(빼앗아 가짐)함이 매우 심하다. 그 규모가 한 주州보다 크기도 하고, 군 전체를 포함해 산천으로 경계를 삼는다. 남의 땅을 조상으로부터 물려받은 땅이라고 우기면서 주인을 내쫓고 땅을 빼앗아 한 땅의 주인이 대여섯 명이 넘기도 하며, 전호들은 세금으로 소출의 팔구 할을 내야 한다.

《고려사》〈식화 1〉'전제田制'

'간악한 도당'이란 권력을 이용해서 남의 토지를 빼앗는 구가세족舊家世族을 뜻하는데, 여기에는 왕실 일가도 포함되었다. 충목왕 때 현종의 11대손인 왕숙王璹은 누이가 원 황제의 후궁이 되자 서해도의 토지 5,000결을 탈취했다. 중등전 한 결이 약 2,900평이니 그 크기를 짐작할 수 있다. 충렬왕 3년 첨의부僉議府에서, "공주의 수하들이 양민들의 토지를 빼앗아 산천으로 표시를 하고는 사패賜牌(토지 하사 문서)를 받아 조세를 내지 않고 있으니 사패를 돌려

3등전 1결의 환산 평수

	평방주척수平方周尺數	무畝	평坪
상등전	152,568	25.4	1,886
중등전	239,413	39.9	2,897
하등전	345,714	57.6	4,184

출전. 이재룡, 《조선전기 경제구조연구》, 숭실대학교 출판부.

받게 하소서"라고 요청했다가 거부된 일도 있었다. 왕실 소유의 농장을 특별히 장莊이나 처處라고 불렀는데, 이들은 각각 독립된 행정구역을 이루기도 하고, 그 수효가 360여 개에 달하기도 했다. 또한 사원도 토지확장에 나섰는데, 절 소유의 농장을 왕실처럼 장, 처로 부르기도 했다. 그런데 "당시 권귀와 환관들이 모두 사전을 받아 많은 것은 2,000~3,000결에 이르렀는데, 각기 좋은 땅을 차지하고도 모두 부역은 한 푼도 내지 않았다"는 《고려사》의 기록처럼 세금도 내지 않았다. 소수에 의한 토지 독점은 자영농의 몰락을 불렀다. 자영농의 몰락은 국가존립까지 위협했다. 병농일치 국방체계의 붕괴도 의미했기 때문이다. 그래서 왕실이 대농장 소유자였음에도 불구하고 국왕들이 개혁에 나서지 않을 수 없었다.

고려 말의 개혁은 크게 두 가지를 의미했다. 하나는 구가세족들이 불법적으로 탈취한 백성들의 토지를 돌려주는 것이고, 다른 하나는 이들에 의해 노비로 전락한 양민들을 원래대로 되돌리는 것이었다.

원나라 간섭기에 이런 개혁을 시도한 첫 번째 개혁군주는 26대 충선왕이었다. 그가 처음 개혁정치에 나선 것은 세자 때였다. 충렬왕 21년(1295) 8월 원나라에서 귀국한 세자 왕장王璋(충선왕)이 충렬왕을 대리청정하면서 개혁을 추진하자 구가세족들의 전횡에 신음하던 백성들이 몰려들었다.

세자가 왕을 뵈러갈 때 백성들이 길을 막으며 말을 둘러싸고는 원한을 호소하였으므로 말이 앞으로 나아가지 못하였으나 세자가 모두 받아주었으니 이는 대개 권세가들이 남의 민전을 탈취해도 유사有司(관계기관)가 능히 청단聽斷치

못한 까닭이었다.

《고려사》 '충렬왕 21년 11월'

그러나 백성들의 환호 속에 시작된 개혁은 구가세족들의 집요한 저항을 받았고 4개월 만에 충선왕은 원나라로 쫓겨 가야 했다. 그는 이듬해 11월 연경에서 원나라 진왕晋王의 딸 계국공주와 혼인했다. 충렬왕 23년(1297) 5월 원세조의 딸인 왕비 제국대장공주가 사망했는데, 어머니의 죽음이 충렬왕이 총애하던 무비無比 등의 저주 때문이라고 단정 짓고 무비와 그 세력들을 숙청했다. 이 사건을 계기로 충렬왕은 재위 24년(1298) 정월 일수왕逸壽王으로 책봉받는 형식으로 물러나고 충선왕이 즉위했다.

충선왕은 27조에 달하는 즉위조서에서 탈법을 일삼는 구가세족을 '세가世家' 또는 '호활豪猾의 무리'라고 비판하며, 이들을 개혁대상으로 지목했다. 충선왕은 한림원翰林院과 승지방承旨房을 사림원詞林院으로 통합하고 개혁의 중추기관으로 삼았다. 그러나 충선왕의 두 번째 개혁정치도 8개월 만에 좌절되고 말았다. 권세가들이 반발한데다가 왕비인 계국공주가 또 다른 왕비인 조비趙妃(조인규趙仁規의 딸)가 자신을 저주했다고 무고하면서 원 세력을 끌어들여 충선왕은 강제로 퇴위당했다.

충선왕이 원나라로 쫓겨 가고 충렬왕이 복위하면서 고려는 충선왕 이전의 상황으로 되돌아갔다. 이후 충렬왕과 충선왕 부자는 격렬한 권력다툼을 벌였

— 원나라 무종.

다. 충렬왕은 재위 31년(1305) 직접 전왕의 폐위를 건의하러 원나라로 갔다. 그러나 충선왕은 후사 없이 사망한 원나라 성종의 뒤를 자신과 가까운 무종이 잇게 하는 데 성공했다. 충선왕은 1308년(충렬왕 34년) 5월 고려국왕보다 서열이 높았던 심양왕瀋陽王에 봉해진 데 이어 그해 7월 충렬왕이 죽자 다시 복위했다.

복위한 충선왕은 기강 확립, 인재 등용, 귀족의 횡포 엄단, 농업의 장려 등의 혁신적인 내용이 담긴 복위교서를 발표해 다시 개혁정치에 나서는 듯했다. 그러나 충선왕은 복위 두 달 만인 11월 제

안대군齊安大君 왕숙王淑에게 왕권을 대행시키고 원나라로 돌아갔다. 원 조정의 일이 더 중요하다고 생각했기 때문이다.

이후 충선왕은 연경燕京에서 전지傳旨로 개혁을 지시했다. 그러나 만 리 밖 연경에서 전지로 지시하는 개혁정책들은 실패할 수밖에 없었고, 오히려 매년 포 10만 필, 쌀 4,000곡斛 등의 많은 물자가 충선왕의 연경생활을 위해 조달됨으로써 폐해만 극심해졌다.

충선왕은 고려 신하들의 귀국요청은 물론 돌아가 국왕업무를 수행하라는 원나라의 귀국명령도 거부하다가 복위 5년만인 1313년 아들 강릉대군江陵大君(충숙왕)에게 전위했다. 충선왕은 연경에 만권당萬卷堂을 지어놓고 원나라의 조맹부趙孟頫, 요수염姚燧閻 같은 학자들과 고려의 안향安珦, 이제현李齊賢 같은 학자들의 교류를 주선했다. 이런 만남을 통해 안향과 이제현 등이 성리학에 대한 이해를 심화시켜서 성리학이 사대부들의 정치이념이 될 수 있었다. 충선왕은 이후 고려 출신 환관의 무고로 토번吐蕃(현 청해성)까지 유배 갔으나 1323년 태정제의 즉위로 풀려났고, 2년 후인 1325년 51세의 파란만장한 생애를 마쳤다.

충선왕의 뒤를 이은 충숙왕은 권세가가 점령한 전민田民을 색출해 원주인에게 돌려주는 개혁정책을 펼쳤다. 그러나 심양왕이었던 충선왕의 조카 왕고王暠가 무고하는 바람에 원나라로 소환되어 5년이나 지냈다. 정치에 싫증을 느낀 충숙왕은 재위 17년(1330) 세자에게 양위하고 원나라로 돌아갔다. 왕위를 물려받은 충혜왕은 고려 후기 군주들 가운데 드물게 개혁정치에 관심이 없었던 군주였다. 충혜왕은 정사도 돌보지 않다가 황음무도하다는 이유로 2년 만인 1332년 폐위되고 충숙왕이 다시 복위했다. 1339년 충숙왕이 사망하자 충혜왕이 다시 복위했으나 계속 황음을 일삼아 물의를 일으켰고, 원나라는 1343

— 안향. 우리나라에 성리학을 최초로 도입했다. 국립중앙박물관 소장.

— 이제현. 1314년(충숙왕 1) 충선왕의 부름을 받아 원나라의 수도 연경으로 가서 만권당에서 머물렀다.

년 그를 압송해 귀양 보냈다. 이후 1344년 지금의 호남성湖南省 악양현岳陽縣에서 사망하였다. 이렇게 왕실에서 주도하는 개혁은 실패로 귀결 지어져갔다.

공민왕과 신돈의 개혁

충혜왕의 뒤를 이어 장자 왕흔王昕이 즉위했으니, 그가 바로 충목왕이다. 충목왕의 나이가 여덟 살로 어렸기 때문에 충혜왕의 왕비였던 원나라 관서왕關西王의 딸 덕녕공주德寧公主가 섭정한 것으로 추측된다. 충목왕은 비록 어렸지만 개혁의 필요성을 인지하고 있었다. 충혜왕이 지은 신궁에 숭문관崇文館을 세우고 개혁파인 왕후王煦를 중용했다. 왕후의 본명은 권재權載였으나 충선왕이 아들로 삼아 왕씨 성을 하사한 인물이었다. 왕후는 충목왕 재위 2년(1346) 12월 원나라에 들어가 원 순제에게 폐정개혁에 대한 지시를 받고 귀국해 정치도감整治都監을 설치했다. 정치도감은 권세가들이 불법으로 빼앗은 토지를 원주인에게 돌려주고, 억울하게 노비로 전락한 백성들을 양민으로 환원시켜 주었다. 정치도감은 순제의 황후였던 기황후의 친동생인 기주奇輈와 기황후의 일족 기삼만奇三萬을 순군옥巡軍獄에 가두어 이들의 탈법에 시달리던 백성들의 환호를 받았다. 그러나 정치도감의 개혁 역시 2개월 만에 중단할 수밖에 없었다. 이때의 개혁은 원 순제의 직접 지시로 시작되었기 때문에 큰 기대를 모았으나 추진과정에서 근본적인 모순이 드러났다. 개혁대상자들이 주로 부원배들이었기 때문이다. 기삼만이 옥중에서 사망하자 부원배들은 정치도감을 원나라의 정동행성 이문소征東行省理問所에 고발했다. 원나라에서 고려에 설치한 정동행성 이문소는 고려왕실보다 막강한 기구였다. 이문소에서 정치도감의 정치관 서호徐浩 등을 잡아 가두고 정치도감을 해체시키면서 충목왕의 개혁정치도 실패로 돌아갔다. 고려 사회의 개혁이 부원세력의 축출이라는 사실을 인식하게 해준 것이다.

충목왕이 재위 4년 만에 병사한 후 그의 서제庶弟 충정왕이 12세의 나이로 뒤를 이었으나, 안으로는 모후 희비禧妃 윤씨의 친족 윤시우尹時遇 등이 전횡하고 밖으로는 왜구가 창궐하면서 큰 혼란을 겪었다. 결국 충정왕은 재위 3년 만에 폐위되고 숙부 강릉부원대군江陵府院大君이 뒤를 이었으니 그가 바로 공민왕이다.

— 경기도 장단군 화장사에 있었던 공민왕의 어진.

공민왕은 일찍이 왕후·이제현 등 개혁세력의 지지를 받으며 충정왕과 왕위경쟁에 나섰다가 실패했다. 새로 즉위한 공민왕은 이제현 등을 등용하고 전민변정도감田民辨正都監을 설치했다. 권세가들이 빼앗은 토지와 백성들을 원주인에게 돌려주는 기관이었다. 그러나 부원배 조일신趙日新이 이에 맞서 반란을 일으키는 등 권세가들의 저항은 강력했다. 개혁세력이 아직 미약했기 때문에 공민왕 초기의 개혁은 그리 큰 성과를 거둘 수 없었다. 공민왕은 폐정을 개혁하려면 부원세력을 제거해야 한다는 사실을 잘 알고 있었지만 원나라는 왕실 위에 있는 존재였다.

이 무렵 원나라 세력이 점차 약화되었다. 한인들이 사방에서 봉기해 원나라 타도를 주창했다. 공민왕은 반원정책 추진을 결심하고, 재위 5년(1356) 5월 기황후의 오빠 기철奇轍과 권겸權謙·노책盧頙 등 부원배들을 전격 주살하고, 이들의 세력 근거지였던 정동행성 이문소까지 혁파했다. 공민왕은 원의 연호 사용도 정지하고 관제도 문종 때의 것으로 돌아갔다. 황제국 체제를 지향한 것이다.

공민왕은 부원세력들을 척결하는 동시에 인당印瑭과 유인우柳仁雨에게 군사를 주어 압록강에서 두만강 이북의 고려 구강舊疆(옛 영토)을 수복하게 했다. 조휘와 탁청이 원나라에 갖다 바쳐 쌍성총관부를 설치했던 압록강에서 두만강 이북의 고려 강역이 다시 고려 영토로 편입되었다. 고려 북계의 북방은 지금의 압록강 북쪽 600에서 700리 지점의 요녕성 심양 남쪽까지였고, 동계의 북방은 두만강 북쪽 700리 지점의 공험진 선춘령이었다.

그러나 한인 반란군이 공민왕에게 항상 유리하게 작용했던 것은 아니었다. 공민왕 8년(1359)과 10년(1361) 그 한 부류인 홍건군紅巾軍이 내침했는데 두 번째 침입 때는 개경을 빼앗기고 공민왕이 복주福州까지 피신해야 했다. 겨우 개경을 수복한 공민왕은 재위 12년 2월 홍왕사興王寺에서 부원세력과 연결된 김용金鏞 등이 공민왕을 암살하려는 '홍왕사의 변'을 겪었다. 게다가 친정 몰락에 원한을 품은 기황후는 이 사건 몇 달 후 공민왕을 폐위시키고 충숙왕의 아우 덕흥군德興君을 왕으로 삼는 한편 최유崔濡에게 1만 대군을 주어 공민왕을 내쫓도록 했다.

공민왕은 최영崔瑩과 이성계李成桂 등에게 군사를 주어 최유를 물리치고, 재위 14년(1365)부터 다시 개혁의 깃발을 들었다. 이번의 개혁시도가 전과 달랐던 것은 개혁승려 신돈을 개혁주체로 삼았다는 점이다.

조선이 편찬한《고려사》는 32·33대 임금인 우왕·창왕을 신우辛禑·신창辛昌이라고 표현했다. 공민왕이 아니라 신돈의 자식이라는 '우창비왕설禑昌非王說(우·창은 왕씨가 아니다)'이었는데, 조선 개창을 정당화하기 위한 폄훼였다. 신돈의 모친은 계성현 옥천사의 여종이었으므로 부원배들과 이해가 중첩되지 않을 뿐더러 그들의 횡포를 몸으로 겪으며 자랐다. 신돈은 공민왕에게 "참언이나 이간이 있더라도 믿어주어야 한다"는 조건을 내걸었고, 공민왕은 "스승은 나를 구원하고 나는 스승을 구원해 어떤 일이 있어도 남의 말에 의혹을 품지 않겠다"고 답했다. 신돈은 공민왕 15년(1366) 전민변정도감을 다시 설치해 토지와 노비문제 해결에 나섰다. 서울은 15일, 지방은 40일 이내에 백성들로부터 빼앗은 토지와 노비를 돌려주라고 포고한 후 이 기한을 넘기면 엄중히 처벌하겠다고 공포했다. 신돈에게 시종 비판적인《고려사》〈신돈열전〉도 이 부분에 대해서는 "권세가들이 강점했던 전민을 그 주인에게 반환하니 일국이 모두 기뻐했다"고 긍정적으로 기술했을 정도로 큰 성과를 거두었고, 백성들은 신돈을 성인이라고 추앙했다.

신돈은 과거 이제현에게 "유학자는 나라에 가득 찬 도적과 같아서 나라에 해가 크다"고 비난한 적이 있었으나, 공민왕 16년(1367) 5월 국학인 성균관을 중건하면서 "공자는 천하 만세의 스승"이라고 추앙했다. 유학적 소양의 사대부들을 개혁의 우군으로 삼기 위한 것이었다. 이 시기를 전후해 이색李穡을 정점으로 정몽주·이존오·김구용·이숭인·정도전·권근 등의 사류士類들이 조정에 등장한 것은 신돈의 포용책 덕분이었다. 신돈과 신진사류의 결합은 성공적이었으나 불교 자체를 개혁대상으로 판단하던 사류들과의 연대는 한계가 있을 수밖에 없었다.

신돈이 서경 천도론까지 제기하자 권세가들은 신돈을 끌어내리기 위해 전력을 기울였다. 신돈이 백성들에게 성인으로 추앙받자 공민왕도 마음이 흔들렸다. 공민왕은 개혁추진 5년여 만인 재위 19년(1370)에 친정을 단행하면서 신돈을 실각시켰고, 태후와 권세가들이 신돈을 공격하자 신돈에게 반역의 혐의를 씌워 수원으로 유배 보냈다가 재위 20년 7월 처형시키고 말았다. 이로써 공민왕과 신돈의 개혁도 실패하고 말았다.

공민왕과 신돈의 개혁 실패는 또 하나의 실패에 그치는 것이 아니었다. 이는 고려왕실이 주체가 된 지배층 내부의 개혁이 실패로 끝났음을 뜻하는 것이었다.

고려 말에도 유행했던 족내혼

충선왕은 즉위교서(1308)에서 왕실과 혼인할 수 있는 '재상지종宰相之宗' 15개 가문을 발표했는데, 이들이 구가세족들이었다. 충선왕이 이를 발표한 이유 중의 하나는 왕실 내부의 족내혼을 막기 위한 것이었다. 충선왕은 "지금부터 만약 종친으로서 동성同姓과 혼인하는 자는 (원 세조의) 성지聖旨를 어긴 것으로 논죄할 것이니, 마땅히 (종친은) 누세累世 재상을 지낸 집안의 딸을 아내로 맞고, 재상 집안의 아들은 종실의 딸에게 장가들 것이다"라고 말했다. 동성혼을 금지시키고 왕실과 혼인할 수 있는 집안을 정리한 것이다. 이 집안들은 고려 전기 이래의 문벌 귀족들인 경주 김씨, 정안 임씨, 경원 이씨, 안산 김씨, 철원 최씨, 해주 최씨, 공암 허씨, 청주 이씨, 파평 윤씨 등이고, 무신정권 이래의 무신 가문은 언양 김씨, 평강 채씨 등이며, 무신정권 때의 '능문능리能文能吏'로서 성장한 당성 홍씨, 황려 민씨, 횡천 조씨 등의 신관인층도 여기 속한다. 평양 조씨 등은 원나라 지배 이후 권세가로 성장한 가문으로서 재상지종에 소속되었다. 족내혼을 금지시킨 것은 역으로 이때까지도 신라왕실처럼 족내혼이 성행했다는 뜻이다.

우왕의 요동정벌과 신흥사대부의 부상

— 공민왕과 원나라 노국공주 내외 초상.

공민왕은 재위 23년(1374) 9월 마흔다섯의 나이로 세상을 떠났다. 《고려사》〈홍륜열전〉은 자제위子弟衛 홍륜洪倫 등이 시해했다고 서술하고 있다. 환관 최만생崔萬生이 공민왕의 셋째부인 익비益妃 한씨가 자제위 남성의 아이를 가졌다고 보고하자 공민왕이 크게 기뻐하면서 최만생과 홍륜 등을 죽여 입을 막으려 하자, 홍륜 등이 살해했다는 것이다. 조선에서 편찬한 《고려사》는 조선 개창의 정당성을 주장하기 위해 공민왕의 죽음과 그 후사에 대해서 극도로 폄하하고 있다.

공민왕은 공식적으로 태자를 세운 적은 없었지만, 사실상 모니노라고도 불렸던 반야般若 소생의 왕우王禑를 후사로 인정했다. 공민왕은 재위 20년(1371) 7월 모니노를 태후전에 들어와 살게 하고, 2년 후인 재위 22년(1373) 7월 우禑라는 이름을 하사하고 강녕부원대군江寧府院大君으로 봉해 자신의 후사임을 인정했다. 백관들은 하례하면서 왕우를 공민왕의 후사로 여겼다. 뿐만 아니라 정당문학政堂文學 백문보白文寶, 대사성大司成 정추鄭樞 등을 사부로 삼아 체계적인 왕도교육을 시켰다. 《고려사》〈우왕총서〉는 심지어 우왕이 신돈의 자식도 아니고 신돈의 친구 승려 능우能禑의 모친 집의 이웃집 대졸隊卒의 아이라고까지 서술했다. 그러나 같은 기록은 공민왕이 근신들에게, "내가 일찍이 신돈의 집에 갔다가 그 집 여종을 총애해 아들을 낳았으니 잘 보호하고 기르라"고 말했다고 모순되게 기록하고 있다. 우왕의 실제 어머니는 반야였지만 공민왕은 후비인 순정왕후順靜王后 한씨를 어머니로 삼아 한씨의 아버지 한준韓俊과 조부 한평韓平, 증조부 한통韓通 3대를 면양부원대군沔陽府院大君으로 추증하고 외조부 한량韓良도 면성부원대군沔城府院大君으로 삼았다. 그러나 태자 책봉을 하지 않은 상태에서 공민왕이 살해되자 조정 대신들의 의견은 둘로 갈렸다.

시중 이인임李仁任 등은 왕우를 즉위시키려 했지만 판삼사사判三司事 이수산李壽山 등이 영녕군永寧君 왕유王瑜를 추대하려 했다. 그러나 밀직密直 왕안덕王安德 등이, "선왕께서 대군을 후사로 삼으셨는데, 그를 버려두고 어디에서 구한다는 말입니까"라고 따지면서 1374년 9월 25일, 만 아홉 살의 왕우가 왕위에 올랐다. 어린 우왕을 대신해 공민왕의 어머니였던 명덕태후 홍씨가 섭정했다.

이 무렵 중원에서는 원나라가 약화되면서 농민봉기군들이 각지에서 할거했다. 원나라는 북방으로 쫓겨 가 북원으로 불렸고, 빈농 출신 주원장朱元章이 세운 명이 크게 부상했다. 이 와중에 북원은 심왕瀋王(심양왕) 왕호王暠의 손자인 톡토부카脫脫不花를 고려의 왕으로 세우려 했다. 이에 우왕은 각 도의 군사를 징발해 대비했다. 또 왜구가 창궐해 내륙까지 약탈했다. 왜구는 우왕 때 모두 278회나 침략했다는 기록이 있을 정도로 기승을 부렸고, 심지어 강화도와 개경까지 위협했다. 우왕은 정몽주鄭夢周 등을 일본에 사신으로 보내 해적 단속을 요청하는 한편 판사 최무선崔茂宣의 건의로 화통도감을 설치해 무기를 개량했다. 우왕 6년(1380)에는 나세羅世·심덕부沈德符·최무선 등이 화포를 이용해 진포鎭浦에서 왜선을 크게 격파하고 이성계가 황산荒山에서 왜구를 크게 무찌르면서 왜구의 침략이 주춤했다.

우왕 때 큰 현안은 요동문제였다. 우왕 3년(1377년) 북원이 사신을 보내 우왕의 즉위를 인정하고, 고려도 사신을 보내 답례하면서 양국의 갈등은 가라앉았다. 북원은 명나라를 무너뜨리기 위해 고려를 자국 편으로 끌어들이려 했다. 북원은 명나라 정료위定遼衛를 공격하자고 요구했지만 고려는 문천식文天式을 보내 거절했다.

우왕은 재위 1년(1375) 최원崔源 등을 명나라에 사신으로 보내 공민왕의 죽음과 자신의 즉위를 알렸으나 주원장은 이들을 감옥에 가두었다. 공민왕 23년(1374) 명나라에서 채빈蔡斌 등을 사신으로 보내 말 2,000필을 요구했으나 제주도에서 말을 관리하던 몽골인들이 거부해서 200필의 말만 데리고 귀국길에 올랐다. 그런데 명나라 사신들을 호송하던 밀직부사密直副使 김의金義 등이 채빈을 죽이자 명나라에서 최원 등을 억류시켰다. 고려가 다시 손천용孫天用

— 명나라 태조 주원장.

등을 보내자 주원장은 다시 억류했다. 이들은 우왕 4년(1378)에 야 겨우 귀국할 수 있었는데, 명나라는 해마다 금 100근, 은 1만 냥, 양마良馬 100필, 세포細布 1만 필 등을 요구했다. 고려는 북원 과 명의 요구에 대해 일부는 수용하고 일부는 거부하면서 대처 해나갔다. 그러던 우왕 14년(1388) 명나라에서 고려 북계였던 지 금의 심양 남쪽 철령성에 철령위鐵嶺衞 설치를 통보하면서 충돌 이 불가피했다.

철령위는 함경남도 안변이었나?

우왕 14년(1388) 명나라에서 요동백호遼東百戶 왕득명王得明을 고려에 보내 철령위 설치를 통보했다. 철령위 위치에 대해 현재 남한 강단사학계는 함경남 도 안변의 철령이라고 주장하고 있다. 조선총독부의 이케우치 히로시가 반도 사관에 따라 함경남도 안변의 철령이라고 왜곡한 것을 아직껏 추종하고 있 다. 그러나 《고려사》나 《조선왕조실록》은 물론 명나라의 정사인 《명사明史》 〈지리지〉 '요동도지휘사사遼東都指揮使司'도 철령위를 함경도라고 말하지는 않는다.

> 철령위: 홍무洪武 21년(1388. 우왕 14)에 철령성을 설치했다가 26년(1393) 옛 은주嚚州(현 요녕성 철령시)로 옮겼다. 철령은… 서쪽에 요하가 있고, 남쪽에 범하 汎河가 있는데 모두 요하로 들어간다… 동남쪽에 봉집현奉集縣(현 심양 남쪽 진상 둔진陳相屯鎭 봉집보奉集堡)이 있는데, 옛 철령성 자리이고, 고려와 경계를 접하고 있다.
>
> 《명사》〈지리지〉 '요동도지휘사사'

《명사》는 철령위 서쪽에 요하가 있다고 말한다. 명나라 때 요하는 지금의 요녕성 요하이고, 요하의 지류인 범하는 요하로 합류한다. 서쪽에 요하가 흐르는 철령위는 현재의 함경남도 안변일 수는 없다. 이 땅은 원래 고려 강역이었는데, 고종 45년(1258) 12월 조휘·탁청 등의 민족반역자들이 화주和州 이북을 들어 원나라에 항복하자 원나라에서 이곳에 쌍성총관부를 설치했다. 공민왕이 만 98년 만인 재위 5년(1356) 구강 수복전쟁으로 되찾으면서 다시 고려 강역이 된 곳인데, 명나라가 철령위 설치를 통보하자 고려 조야가 들끓었던 것이다. 명 태조 주원장의

— 철령위의 위치

논리는 "철령 이북은 원래 원나라 조정에 속했던 것이니 아울러 요동에 귀속시키겠다"《고려사》 '우왕 14년 2월'조)는 것이었다. 철령이 안변이면 요동에 소속시킬 수 없다. 격분한 우왕과 최영은 한편으로는 요동정벌군을 조직하고, 밀직제학密直提學 박의중朴宜中을 명나라에 사신으로 보내 항의하는 국서를 전달했다.

조종祖宗으로부터 전해져서 강역으로 정한 구역이 있으니 철령에 잇닿는 북쪽 땅을 살펴보면 문주文州·고주高州·화주和州·정주定州·함주咸州 등 여러 주를 거쳐 공험진까지 원래부터 본국 땅이었습니다.

《고려사》권137, 〈열전〉 권 제50, '신우禑王 14년 2월'

서북쪽은 지금의 압록강 북쪽 600리의 철령까지, 동북쪽은 두만강 북쪽 700리의 공험진까지가 고려 강역이라는 국서였다. 이 국서에서 우왕은 고려 예종 2년(1107) 윤관이 함주에서 공험진까지 성을 쌓았는데, 조휘 같은 반란자들이 원나라에 이 땅을 들어 항복한 것을 공민왕이 다시 수복했다고 강조했다.

지정至正 16년(1356, 공민왕 5)에 이르러 원 조정에 거듭 전달해서 위에서 말한 총관과 천호 등의 직을 혁파하고, 화주 이북을 다시 본국에 속하게 하고, 지금까지 주현의 관원을 제수하여 인민을 관할하게 했습니다.

압록강 및 두만강 이북 지역은 원나라에서 잠시 차지했던 때를 빼면 국초부터 지금까지 고려 강역이라는 설명이었다. 명 태조 주원장은 명나라가 원나라를 계승했다는 논리를 폈지만 공민왕이 원나라 때 이미 되찾아 고려 강역으로 환원시켰다는 사실을 외면한 억지였다. 우왕은 철령위 설치를 통보하러 온 명나라 요동백호 왕득명王得明의 면담을 거부했고, 판삼사사判三司事 이색이 대신 만나 철령위 설치의 부당성을 역설했다. 철령이 고려 강역이란 사실이 너무나 명백하자, 논리가 부족해진 명 사신 왕득명은 "천자의 처분에 달려 있는 것이지 내가 마음대로 처리할 수 있는 일이 아니오"라며 변명하기 바빴다.

문하시중 최영에게 주원장은 자신이 한때 중원에 가서 토벌했던 홍건적 출신에 불과했다. 최영은 홍건적 출신이 '천자' 운운하면서 고려 강역을 빼앗으려는 행태에 분개했다.

주원장은 왕득명이 개경에 도착하기도 전에 요동도사에게 철령위가 명나라 땅이라는 방을 붙이라고 명령했고, 요동도사는 승차承差 이사경李思敬 등을 보내 압록강에 방을 붙였다. "철령의 이북·이동·이서는 본래 원나라 개원로에 속한 땅"이라는 방이었다. 명나라에서 고려의 양계兩界(고려의 북계와 동계) 여러 곳에도 같은 방문牓文(벽에 써 붙이는 글)을 붙이자 최영은 우왕에게, "철령위가 명나라 땅이라는 방문을 가지고 양계에 들어온 명나라 요동 군사들을 모두 죽여야 합니다"라고 주청했고, 우왕은 즉시 허락했다. 왕명을 받은 고려군은 명나라의 요동기군遼東旗軍 21명의 목을 베었고, 이사경李思敬 등 5명도 옥에 가두었다. 최영이 명나라 군사 21명의 목을 베자 힘을 얻은 고려 군신들이 "철령은 우리의 영토이니 명나라에 내줄 수 없습니다" 하며 한목소리로 외쳤다.

문제는 조정 내의 친명 사대주의자들이었다. 이들도 겉으로는 철령을 내줄 수 없다고 말했지만 속으로는 명나라가 끝내 철령을 차지하려 한다면 내줄 수밖에 없다고 여겼다. 이런 기류를 잘 알고 영토 양보론에 못을 박았다. "전쟁을 치르는 일이 있더라도 우리 영토를 내줄 수는 없습니다." 최영의 전쟁불사론에 영토양보론을 펴던 대신들은 한 발 물러섰고, 우왕은 팔도의 군사를 징집해 북벌을 준비했다. 문제는 부원배들이 득세하면서 토지제도가 붕괴되고 정전제도 함께 무너졌다는 점이다. 토지를 받고 병역의무를 수행하는 것이 고려의 군사제도인데, 부원배들에게 토지를 빼앗긴 농민들은 병역을 기피했다. 우왕은 이를 해결하기 위해 재위 14년(1388) 1월 신돈이 설치했던 것과 같은 전민변정도감을 설치했다. 우왕은 최영과 이성계에게 시켜 백성들의 땅을 빼앗고 양민들을 노비로 전락시킨 영삼사사領三司事 임견미林堅味, 찬성사贊成事 도길부都吉敷 등을 제거했다. 임견미 일당을 제거하자 나라 사람들이 크게 기뻐하며 길에서 노래하고 춤추었다.

친명 사대주의자들은 명나라 사신으로 간 박의중이 돌아오지도 않았는데, 군사부터 일으키는 것은 불가하다고 반대했다. 우왕은 요동정벌의 적임자로 이성계를 꼽았다. 원나라 땅에서 나고 자랐기에 명나라에 대한 두려움이 없을 것으로 생각했기 때문이다. 우왕은 4월 1일 봉주鳳州에 머물면서 최영과 이성계를 불러 말했다.

"요양遼陽을 치려고 하니 경 등은 힘을 다하여야 한다."

뜻밖에도 이성계가 요동정벌을 반대하며, 네 가지 이유를 들었다. 이른바 '4불가론四不可論'이었다.

첫째, 작은 나라로서 큰 나라를 치는 것은 안 됩니다. 둘째, 농번기에 군사를 동원해서는 안 됩니다. 셋째, 온 나라 군사를 모아 북벌에 나서면 남쪽에 왜구가 준동할 것이니 안 됩니다. 넷째, 곧 여름철이 닥치면 아교가 녹아 활이 눅고 비가 자주 내려 병사들이 질병을 앓을 것이니 안 됩니다.

작은 나라가 큰 나라를 쳐서는 안 된다는 첫 번째 논리는 사대주의의 극치였다. 농번기에 군사를 동원해서는 안 된다는 논리 등은 겉으로는 타당한 듯

— 조선 태조 이성계.

했지만 요동정벌은 거대한 농토를 확보할 수 있었으므로 이 또한 반대를 위한 반대에 불과했다. 이성계가 반대하자 우왕은 흔들렸고, 최영은 한밤중에 우왕을 찾아 "요동정벌을 반대하는 다른 말들은 듣지 마십시오"라고 설득했다. 우왕은 이성계에게 "이미 군사를 일으켰으니 중지할 수 없다"라고 통보했다.

이성계는 식량이 풍부해지는 가을까지 기다리자고 다시 제안했지만 우왕은 이성계를 꾸짖었다.

"경은 이자송李子松을 보지 못했는가?"

"이자송은 이미 죽었지만 아름다운 이름이 후세에 전하는데 경 등은 비록 살았어도 이미 실책을 하게 되었으니 무슨 소용입니까?"

이자송은 최영의 집으로 찾아가 요동정벌에 반대하다가 죽은 인물이었다. 이자송이 아름다운 이름을 후세에 남겼다는 것은 어불성설이었다. 이성계가 요동정벌에 반대한 이유는 요동정벌이 성공하면 고려 왕실을 무너뜨릴 수 없기 때문이었다. 그러면 정도전鄭道傳과 계획한 새 왕조 개창의 꿈이 사라질 것이기에 반대한 것이었다.

위화도회군과 사대주의 득세

우왕 14년(1388) 4월 18일, 요동정벌군이 출정했다. 요동정벌군은 문하시중 최영이 팔도도통사로서 총괄하고, 이성계가 우군도통사, 조민수趙敏修가 좌군도통사로서 좌우군을 지휘하는 체제였다. 10만 대군이라고 군호軍號했지만 실제는 좌우군 3만 8,000여 명에 보급병 1만 1,000여 명을 더해 모두 5만 명 정도였다. 그러나 말이 2만 2,000여 필로서 절반 이상이 기병이었다. 벌판에서는 기마병이 절대적으로 우세하기 때문에 우왕과 최영으로서는 최고의 전력을 동원한 것이었다.

출정 전에 우왕과 최영은 명나라 흔적 지우기에 나섰다. 고려에서 시행하고 있던 명나라식 제도들의 철폐 작업이었다. 한 해 전인 우왕 13년(1387) 6월 명나라 관복을 입게 했는데, 이를 벗고 호복을 입었다. 또한 호악胡樂과 호적胡笛을 연주했다. 이때의 호복·호악·호적을 원나라 것으로 해석하기도 하지만 고려 전통의 복장·음악·악기일 가능성이 크다. 우왕은 4월 21일에는 명나라 주원장의 연호 홍무洪武를 정지시켰다. 독자적인 연호를 제정했겠지만 《고려사》는 기록하지 않고 있다.

그러나 이성계는 물론 조민수도 요동정벌에 적극적이지 않았으니 진군이 빠를 수 없었다. 최영이 직접 가서 빠른 행군을 독려하려 했지만 우왕이 반대했다고 전하고 있다. 대신 우왕은 신하와 환관들을 자주 보내 진군을 독려했다. 4월 18일 평양을 출발한 요동정벌군은 5월 7일 위화도에 도착해 더 이상 진군하지 않았다. 5월 13일, 이성계와 조민수가 상언을 올려 "작은 나라로서 큰 나라를 섬기는 것은 나라를 보존하는 길"이라는 사대주의 논리로 회군령을 내려달라고 요청했다. 회군용 명분 쌓기였다. 우왕은 환관 김완金完을 다시 보내서 진격을 독촉했다.

우왕은 배후를 북원에 사신으로 보내 명나라를 협공하자고 제안했다. 원나라 기병이 가세하면 명군을 꺾는 것은 어렵지 않으리라는 전략이었다. 명나라 군사의 사기는 높지 않다. 《고려사절요》는 이성泥城에서 온 사람이 이렇게 말했다고 전하고 있다.

"근래에 내가 요동에 갔었는데 요동 군사가 모두 오랑캐(원나라)를 치러 가고 성중에는 다만 지휘 한 사람이 있을 뿐이니, 만일 대군이 이르면 싸우지 않고 항복을 받을 것입니다"라고 말했다고 전하고 있다.

고려 장군들 중에서 이성계·조민수의 사대주의 처신에 불만을 가진 무장들도 적지 않았다. 요동정벌군이 위화도에 머물던 5월 11일 이성원수 홍인계

洪仁桂와 강계江界원수 이억李嶷은 먼저 요동으로 들어갔다. 두 원수가 이끄는 고려군은 요동의 명나라 군사들을 죽이고 무사히 귀환했다. 명나라 군사들의 사기가 높지 않다는 사실이 다시 확인되었다. 기뻐한 우왕은 두 원수에게 금정아金頂兒(갓 꼭대기에 다는 금장식)와 무늬비단을 내려주었다.

이성계는 자신이 동북면으로 퇴각한다는 소문을 퍼뜨렸고, 이에 당황한 조민수가 찾아와 "공이 가면 우리들은 어디로 가라는 말입니까?"라고 호소했다. 이성계는 우왕의 폐위를 제안했고, 조민수는 받아들였다. 이성계는 나아가 우왕의 자식을 후사로 세워서도 안 된다고 주장했다. 이성계와 조민수는 여러 장수들을 불러서 선언했다.

만약 상국(명나라)의 국경을 범하여 황제로부터 죄를 얻으면 종사宗社는 물론 백성들에게 화가 닥칠 것이다.

고려 장수들이 고려국왕의 왕명을 거역하는 논리가 명나라가 상국이라는 극도의 사대주의 논리였다. 좌·우군 도통사가 모두 회군을 주장하자 휘하 장수들이 반대하기 힘들었다. 드디어 평양을 떠난 지 한 달 나흘만인 우왕 14년(1388) 5월 22일, 요동정벌군은 왕명을 어기고 기수를 남쪽으로 돌렸다. 위화도회군이었다.

조전사漕轉使 최유경崔有慶이 군중에서 달아나 우왕에게 급보했고, 회군군이 안주까지 남하했다는 소식을 들은 우왕은 밤중에 자주·이성까지 말을 달렸다.

정벌에 나섰던 여러 장수들이 멋대로 군사를 돌렸다. 너희 크고 작은 군사와 백성들이 마음을 다해 막는다면 반드시 큰 상을 줄 것이다.

그러나 고려의 대부분 군사는 이성계·조민수가 갖고 있었다. 이성계는 개경 인근에서 환관 김완을 우왕에게 보내 공민왕이 지성으로 상국上國(명나라)을 섬겼는데, 최영이 범하려 했다면서 최영 제거를 요청했다. 공민왕이 제후

로서 황제인 명 태조를 섬겼으니 우왕도 명 태조를 섬겨야 한다는 사대주의
논리였다. 우왕은 진평중陳平仲을 보내 "강토는 조종에게 받은 것인데 어찌 쉽
게 남에게 줄 수 있는가"라면서 반박했다. 사대주의자 이성계·조민수와 자주
주의자 우왕·최영의 충돌이었다. 고려 왕실의 자리에서는 이성계·조민수가
역적이었다. 그러나 현실적인 힘은 이성계·조민수가 갖고 있었고, 이들은 명
나라가 상국이라는 극도의 사대주의 논리로 자신들의 반역을 정당화했다.

최영은 남은 군사를 모두 이끌고 도성 문 밖에 진을 쳤고, 이성계는 숭인문
崇仁門 밖 산대암山臺巖에 진을 쳤다. 초기 전투는 최영이 승리했지만 이성계
의 군사가 고려 장수 안소安沼가 버티는 남산을 점령하자 사기가 현저하게 떨
어졌다. 최영은 우왕과 영비를 모시고 궐내의 팔각전으로 퇴각했다가 포위당
하자 우왕에게 마지막 신례를 마친 후 투항했다. 최영의 체포는 우왕의 모든
방패막이 사라졌음을 의미했고, 우왕은 쫓겨났다. 그 후사에 대해 이성계와
조민수는 당초 우왕의 아들은 세우지 않겠다고 합의했지만 조민수는 이색과
상의해 우왕의 아들 창왕을 세웠다.

자주주의자 묘청의 봉기(1135)가 사대주의자 김부식의 진압으로 무산된 지
250여 년 만에 다시 자주주의자 우왕·최영이 극도의 사대주의자 이성계·조민
수에 의해 다시 꺾인 것이다.

그러나 위화도회군으로 압록강에서 두만강 북쪽의 고려 강역이 명나라에
넘어간 것은 아니었다. 앞서《명사》는 "홍무 21년(1388. 우왕 14)에 철령성을 설
치했다가 26년(1393) 옛 은주(嚚州: 현 요녕성 철령시)로 옮겼다"고 말하고 있다.
주원장은 우왕 14년(1388) 심양 남쪽 진상둔진에 철령위 설치를 통보했다가
고려가 강력하게 반발하자 조선 태조 2년(1393) 심양 북쪽의 은주, 곧 지금의
철령시 은주구로 옮긴 것이다. 고려는 계속해서 압록강 북쪽 600여 리의 철령
과 두만강 북쪽 700여 리의 공험진을 강역으로 유지했다. 고려를 이어받은 조
선의 북방 강역 역시 철령에서 공험진이었다. 철령은 계속 고려·조선의 강역
이 되었지만 우왕과 최영의 자주적 세계관이 사대주의자들의 회군으로 인해
무너졌다.

06 고려의 멸망과 새 왕조 개창

이성계의 군사력과 정도전의 사상의 결합

이성계의 고조부 이안사李安社(목조로 추존)는 기생을 둘러싼 지방 관리들과의 갈등 끝에 전주를 떠났다가 삼척을 거쳐 지금의 두만강 북쪽인 옛 경흥까지 가서 원나라의 지방관이 되었다. 《용비어천가龍飛御天歌》 제3장에 "우리 시조 경흥에 살으샤/왕업을 여시니"라는 노래가 이를 말해주고 있다. 이성계의 증조부 이행리李行里, 부친 이자춘李子椿은 대대로 두만강 북쪽에서 원나라의

지방관을 지냈다. 이자춘은 원나라 쌍성총관부의 천호였으나 공민왕이 재위 5년(1356) 구강 회복전쟁을 일으켜 쌍성총관부를 공격하자 고려에 내응했다. 이성계는 공민왕 12년(1362) 원나라 장수 나하추納哈出가 수만 군사를 이끌고 침입했을 때, 동북면병마사에 임명되어 이들을 격퇴시키면서 두각을 나타냈다. 이후 공민왕 13년(1364) 최유가 덕흥군을 추대하면서 원나라 1만 군사를 이끌고 쳐들어왔을 때, 최영과 함께 격퇴했다. 우

왕 6년(1380)에는 하삼도下三道(영남·호남·충청)에 침범한
왜구를 토벌하면서 전국적인 무명武名을 떨쳤다.

이성계는 이 과정에서 고려의 허약함을 목도했지만 새
나라 건설에 대한 이념이 없었다. 우왕 9년(1383) 함경도
함주까지 찾아온 정도전에게는 개국의 이념이 있었다.
그것이 바로 토지개혁이었다.

정도전이 처음부터 혁명적인 토지개혁 사상을 갖고 있
던 것은 아니었다. 우왕 1년(1375) 권신 이인임 등의 친
원정책에 반발해 친명정책을 주장하다가 귀양에 처해졌
던 정도전은 유배지인 나주 회진현으로 유배 갔다가 농
민·천민들과 어울리면서 혁명사상을 체득했다. 우왕 3년
(1377) 귀양에서 풀려났지만 이리저리 떠돌던 정도전은

— 복원한 정도전의 초상.

이성계의 군막을 찾아가 "이런 군사를 가지고 무슨 일이든 못하겠습니까!"라
고 말했다. 정도전이 이성계에게 제시한 것은 토지개혁을 명분 삼아 새 나라
를 개창하자는 것이었다. 이성계와 정도전의 결합은 이성계의 군사력과 정도
전의 개혁사상의 결합이었다. 비로소 역성혁명과 유학자들이 이념을 실천할
무력을 갖게 된 것이었다. 그 결과 고려는 이전과는 전혀 다른 정세에 맞닥뜨
리게 되었다. 내부에서 왕조를 무너뜨리려는 세력이 등장한 것이다.

조선의 건국이념, 성리학

성리학은 북송의 정이程頤·정호程顥 형제를 거쳐 남송의 주희朱熹(1130~1200)
가 집대성한 중세유학이다. 성리학은 이론적으로는 우주의 질서와 인간의 질
서를 이기론을 통해 하나의 통일적 원리로 파악하는 철학적 유학이지만 정치
적으로는 한족이 천하의 중심이라는 중화사상의 중세적 변형 이념이었다.

유학은 공자, 맹자 시절의 원시유학, 한당漢唐 시대의 고대유학, 송나라 때

의 중세유학으로 나뉘는데, 성리학이 바로 중세유학이다. 성리학은 두 가지 요소의 영향을 받아 탄생했다. 하나는 불교 선종의 영향이었고, 다른 하나는 북송과 남송의 정치 현실이었다. 공자와 맹자 때의 원시유학이 전쟁이 일상화된 춘추전국시대의 혼란 극복을 위한 정치 이론이었다면, 중세유학인 성리학은 이민족 지배를 부정하는 한족들의 정치 이념이었다. 북송은 거란족 요나라와 '전연澶淵의 맹약'을 맺어 국체를 보존했다. 송과 요는 형제관계를 맺되 송나라는 매년 요나라에 명주 20만 필과 은 10만 냥을 바치는 굴욕적인 조약이었다. 송나라는 여진족의 금나라를 끌어들여 요를 치는 이이제이 전략으로 요나라를 멸망시켰다. 그런데 이 과정에서 금나라는 송나라의 허약한 군사력을 간파했다. 금나라가 남하해 수도 개봉開封을 함락시키자 송나라는 양자강 이남으로 도주했다. 금나라는 휘종徽宗과 흠종欽宗 두 황제와 숱한 왕족들을 끌고 갔는데, 이것이 '정강靖康의 변'이었다. 이로써 북송은 멸망하고 양자강 이남에 남송이 들어섰다. 남송은 금나라를 임금의 나라로 모시는 사대를 하고 매년 금나라에 막대한 공물을 바쳐야 했다. 이런 비참한 상황에서 나온 중세 한족의 중세철학이 성리학이었다.

성리학이 정통론, 명분론에 그토록 집착했던 이유도 여기에 있었다. 비록 중원을 빼앗기고 남쪽으로 쫓겨 와 금나라에 사대하지만 정통은 자신들이라고 주장하는 정신승리의 논리가 성리학의 정통론, 명분론이었다. 주희(주자)는 중원을 차지한 금나라가 아니라 남쪽으로 쫓겨 간 남송에게 정통과 명분이 있다고 주장한 것이다.

— 성리학의 태두 주희.

남송이 금나라가 지배하는 현실을 거부하고 싶었다면 고려 말 사대부들은 구가세족이 지배하는 현실을 거부하고 싶었다. 또한 부패한 불교에 대한 반발도 있었다. 2,800여 간間에 달했다는 '흥왕사'는 순수한 신앙공간이 아니라, 그 자체가 왕실·귀족과 결합한 권력이었다. 이런 사찰이 개경에만 70여 개가 있었다. 구가세족들의 거대한 농장도 마찬가지였다. 고려 유학자들에게 구가세족은 남송에게 현실을 지배하고 있는 금나라와 같은 존재로 극복대상이었다.

고려 말 유학자들이 성리학을 받아들인 데는 사회·경제적인 이유가 컸다. 남송이 위치한 양자강 유역은 풍부한 수량과 많은 강우량을 가진 지역이어서 수전水田 농업이 가능했고, 이는 지주地主와 전호佃戶(소작인)를 두 축으로 하는 중세적 생산관계를 수립시켰다. 남송의 지주는 당·오대·북송의 대토지 소유자들인 형세호形勢戶와는 다른 중소지주였다. 남송의 지배적 생산관계는 중소지주인 사대부들과 전호인 농민들이었는데, 이는 중소 규모의 지주였던 고려 말의 사대부들과 비슷했다. 그래서 고려 사대부들이 성리학을 이념으로 받아들이게 된 것이다.

성리학은 대외적으로는 한족의 자리에서, 대내적으로는 중소지주인 사대부의 자리에서 세상을 해석한 이념체계였다. 민족적으로는 한족이 세상을 지배해야 하고, 나라 안에서는 사대부가 농민들은 지배해야 한다는 지배층의 이념이었다. 대토지 소유자들을 타도대상으로 본 것은 진보적인 사상체계였지만 농민들을 지배대상으로 본 것은 보수적인 사상일 수밖에 없는 양면성이 있었다. 사대부들이 개혁을 주창했던 이유는 구가세족들의 대농장이 자신들의 토지까지 침탈했기 때문이었다. 이들은 자신들의 토지를 지키기 위해서라도 개혁에 나서지 않을 수가 없었다. 그러나 이들은 고려왕조의 존속을 둘러싸고 둘로 갈라졌다. 온건개혁파와 역성혁명파였다.

과전법과 조선 개창

온건개혁파는 고려 왕조는 존속시킨 채 개혁하자는 이색·정몽주 중심의 세력이었고, 역성혁명파는 고려 왕조를 무너뜨리고 새 왕조를 개창해야 한다는 정도전·조준趙浚 중심의 세력이었다. 둘 모두 불교에 대해서는 비판적이었다. 온건개혁파의 영수인 목은 이색은 공민왕에게, "불교의 오교양종五教兩宗이 모

— 온건개혁파의 영수 이색의 초상.

— 정몽주 초상.

리배의 소굴이 되고 강가건 산속이건 절이 없는 곳이 없습니다"라고 비판했다. 역성혁명파의 정도전은 한 발 더 나아가《불씨잡변佛氏雜辨》에서 불교의 핵심교리인 윤회설을 부정했다. 정도전은《불씨잡변》서문에서 "이 책을 보면 유학과 불교의 다른 점을 분명히 알 수 있으니 지금 호응을 얻지 못하더라도 오히려 후세에 전해진다면 내가 죽어서도 안심할 수 있다"라고 서술했다. 사대부들은 고려의 지배사상인 불교사상을 성리학으로 대체하기 위해서 불교를 부정했다.

그런데 이들은 토지문제 해결을 둘러싸고 둘로 갈라졌다. 온건개혁파의 영수 이색은 "백성이 하늘처럼 여기는 것은 오로지 밭에 있을 뿐"이라면서 "1년 내내 농사 지어봤자 부모처자를 먹여 살릴 만큼도 안 되는데 전주田主들에게 막대한 소작료까지 바쳐야 한다"고 한탄했다. 이색은 한 밭의 주인이 "혹은 서너 집이요 혹은 일고여덟 집"이라고 비판했다. 그러나 이런 토지문제에 대한 그의 해결책은 한 땅에는 한 명의 전주만 있어야 한다는 것으로서 전주와 전호의 관계는 긍정했다. 반면 역성혁명파는 모든 토지를 몰수해서 농민들에게 나누어주는 혁명적 토지개혁을 주장했다. 정도전은《조선경국전朝鮮徑國典》에서 이렇게 말했다.

부유한 자는 더욱 부유해지고 가난한 자는 더욱 가난해졌다. 심지어는 스스로 살아갈 방도가 없어서 땅을 버리고 이리저리 떠돌아다니다가 종국에는 도적으로 변하기도 했다. 오호라, 그 폐단을 어찌 말로 다 할 수 있겠는가… 전하께서는 그들이 사는 곳에 나가 친히 그 광경을 보시고 개연히 혁전革田(토지개혁)을 자신의 임무로 삼으셨다.

《조선경국전》〈부전賦典〉

정도전은 구가세족들이 차지하고 있는 막대한 대농장을 국가가 몰수해서 백성들에게 나누어주어야 한다는 것이었다. 이성계는 정도전을 만난 5년 후인 우왕 14년(1388) 위화도회군으로 조정의 실권을 장악했다. 그러나 온건개혁파 이색이 조민수를 끌어들여 우왕의 아들 창왕을 즉위시켜 고려왕실을 보존하려 했다. 그러나 회군 두 달 후인 창왕 즉위년(1388) 7월 역성혁명파 조준이 토지개혁 상소문을 올리면서 고려는 토지개혁 정국으로 휘말려 들어갔다.

무릇 어진 정사는 경계에서 비롯되는 것입니다. 전제田制(토지제도)가 바로잡혀야 나라의 물자가 족해지고 민생이 후해지는 것이니 이것이 지금 가장 급하게 처리해야 할 일입니다… 위로는 시중(고려의 최고위직)으로부터 아래로는 서인에 이르기까지 관에 있는 자는 물론, 군역에 종사하는 모든 자와 백성 및 공사천인 公私賤人으로 적에 올라 국역을 맡고 있는 모든 자들에게 토지를 나누어주어야 합니다.

《고려사》〈조준열전〉

조준은 위로는 시중부터 아래로는 천인들까지 토지를 나누어주어야 한다고 주장했다. 그 토지는 기존의 토지를 몰수하는 방법밖에 없었다. 회군 2년째인 공양왕 2년(1390) 9월 역성혁명파는 "기존의 모든 공사전적公私田籍(토지문서)을 서울(개경) 한복판에 쌓은 후 불을 질렀다. 그 불이 여러 날 동안 탔다"(《고려사》〈식화지〉)는 기록처럼 모든 토지문서를 불태웠다. 그 토대 위에서 새로운 토지제도인 과전법科田法을 공포했다. 당초 정도전과 조준이 구상했던 토지개혁은 모든 토지를 몰수해서 백성들에게 나누어주는 혁명적 토지개혁이었다.

전하께서는 즉위하시기 전에 친히 그 폐단을 보시고는 개탄하여 사전을 혁파하는 것을 자신의 임무로 생각하셨으니, 이는 대개 국내의 토지를 몰수

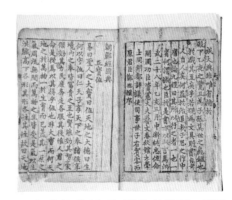

— 《조선경국전》. 정도전 개인이 저술했지만 조선왕조의 건국이념을 정리, 제시한 것이다. 성종 때 《경국대전 經國大典》이 편찬되는 모체가 되었다.

하여 국가에 귀속시키고 식구를 헤아려 토지를 나누어주어서 옛날의 올바른 전제를 회복하려고 한 것이었다.

《조선경국전》〈부전〉

옛날의 올바른 전제란 모든 백성들이 같은 면적의 토지를 받았던 정전제였다. 정도전은 "대개 임금은 나라에 의존하고 나라는 백성에 의존하는 것이니, 백성이란 나라의 근본이며 임금의 하늘인 것"이라고 말했다. 정도전은 백성의 숫자를 헤아려 토지를 주는 '계민수전計民授田'의 토지법을 실시하려 했으나 과전법은 그 단계까지 가지 못했다.

당시 구가세족들이 자기들에게 불리하다 하여 입을 모아 비방하고 원망하면서 온갖 방해를 하여 이 백성들로 하여금 지극한 정치의 혜택을 입지 못하게 했으니 어찌 한스러운 일이 아니겠는가?

《조선경국전》〈부전〉

모든 백성들에게 토지를 나누어주는 지극한 정치는 실패했다. 그래서 직역自職役者와 향리, 역리驛吏 등을 포함하는 서리와 군인, 학생들에게만 토지를 지급하는 것으로 후퇴했다. 그럼에도 불구하고 정도전이 "고려조의 문란했던 전제에 비하면 어찌 몇 만 배나 낫지 않겠는가"라고 자평한 대로 고려시대에 비하면 크게 향상된 제도임은 분명했다.

공양왕 3년(1391) 4월 제정된 과전법은 조선 건국을 위한 사전 정비작업이었다. 과전법은 논은 1결당 조미糙米(왕겨만 벗긴 매조미) 30두, 밭은 1결당 잡곡 30두를 징수했다. 이듬해(1392) 7월 이성계는 배극렴裵克廉 등 군신들의 추대를 받는 형식으로 고려의 왕위에 올랐다. 나라 이름은 그대로 고려라고 했지만 이는 형식적인 수사였고, 새로운 나라인 조선의 개창이었다.

조선은 고려와는 다른 성격의 국가였다. 조선은 성리학을 지배이념으로 삼고 사대부들을 지배계급으로 삼아 건국된 국가로서, 그 이념과 지배계급이 모두 달랐다. 피지배계급은 고려와 같은 농민들이었지만 이들은 토지개혁의 혜택을 보았으므로 새 왕조 개창에 저항하지 않았다. 충선왕이 세자로서 첫 개혁에 나섰던 충렬왕 21년(1295)부터 약 1세기에 걸친 토지문제를 해결하지 못한 것이 고려의 멸망으로 귀결 지어졌다.

고려에 망명한 중국의 왕족 가족들

명 태조 주원장은 공민왕 21년(1372) 자신과 경쟁하던 대한大漢 황제 진우량陳友諒과 대하大夏 황제 옥진玉珍의 친족들을 고려에서 살게 할 수 없겠느냐고 물었다. 공민왕이 수락하자 진우량의 아들 진리陳理와 대하 황제의 아들 명승明昇 등 남녀 27명을 고려로 보냈다. 공민왕은 진리와 명승에게 저포苧布 9필을 하사했다. 이듬해(1373)에는 명승이 총랑摠郎 윤희종尹熙宗의 딸과 혼인하자 쌀 40석과 포 1,000필의 후한 예물을 내려주었다. 진리는 진왕陳王이라고 불렸는데, 조선 태종 때 생활이 어려워졌다는 말이 들렸다. 태종은 의정부에 구휼할 방법을 의논하게 했고, 의정부에서 전지田地를 주자고 청해서 땅을 주었다. 명승은 조선 태종 때 화촉군華蜀君에 봉해진 것으로 전해진다. 인조 10년(1632) 1월 평양에 살던 명승의 후예 명보충明輔忠 등이 상언했다. 자신들은 명 태조 주원장의 조서에 의해 군역을 면제받는데 평양에서 자신 일가들에게 군역을 부과했으니 이를 취소해달라는 것이었다. 친명 사대주의를 명분으로 정권을 잡은 인조는 이들의 논리를 타당하고 여기고 군역을 면제시켜주었다. 진리는 태종 8년(1408) 세상을 떠났는데, 외아들 진명선陳明善이 있었다. 그런데 이듬해 진명선이 주색에 빠져서 개성을 다스리던 유후사留後司에 갇히자 그 모친이 용서를 비는 상언을 올렸는데, 자신을 '다른 나라 땅의 과부(異土寡婦)'라고 지칭한 것으로 봐서 중국에서 혼인하고 온 사이로 생각된다. 태종은 진명선을 용서하고 나아가 진씨의 생활이 어렵다는 말을 듣고 집 지을 땅을 주고 곡식과 노비도 주었다. 이후에도 태종과 세종은 여러 차례 진씨 집안에 은혜를 베풀었다. 망명객을 우대하던 풍토가 남아 있었던 것이다. 또한 고려왕실에 시집온 원나라 공주들의 호위무사 중 여럿이 고려에 눌러앉은 것처럼 우리 민족도 여러 요소가 뒤섞여 오늘에 이르렀다.

조공과 회사

우리는 고려와 조선이 명나라에 일방적인 사대를 하고 조공품을 바친 것처럼 생각하고 있다. 그러나 그 실상은 전혀 다르다. 조공이란 제후국이 황제국에게 일방적으로 바치는 진상품이 아니었다. 제후국이 조공을 제공하면 황제국은 회사回賜로 답해야 했다. 조공은 일방적으로 물품을 바치는 관계가 아니라 서로 물품을 주고받는 상호적인 관계였다. 조공이란 또 일종의 국제무역행위였다. 명 태조 주원장은 공민왕 22년(1373) 고려에 국서를 보내 3년에 한 번 조빙朝聘하라는 3년 1공을 요구했다. 이에 대해 고려에서 1년에 세 번 조빙하겠다며 1년 3공을 요구했다. 명나라는 고려의 사신들을 일종의 간자間者로 보아 3년에 한 번만 오면 충분하다고 생각했지만 고려는 조공 무역의 이득이 많았기 때문에 1년에 세 번 가겠다고 요청했던 것이다.

이는 조선도 마찬가지였다. 명나라에서 조선의 말을 요구해서 제공할 경우 모두 대가를 받았다. 형식은 제후국이 황제국에게 바치는 것이었지만 그 대가를 받았으므로 내용은 국가 간의 공무역이었다. 조공무역의 이익이 크기에 조선은 1년 3공을 요구해 관철시켰다. 형식적으로는 명나라를 정점으로 하는 조공체제였지만 내용적으로는 국가 간 무역의 이익을 차지했던 실리외교였다.

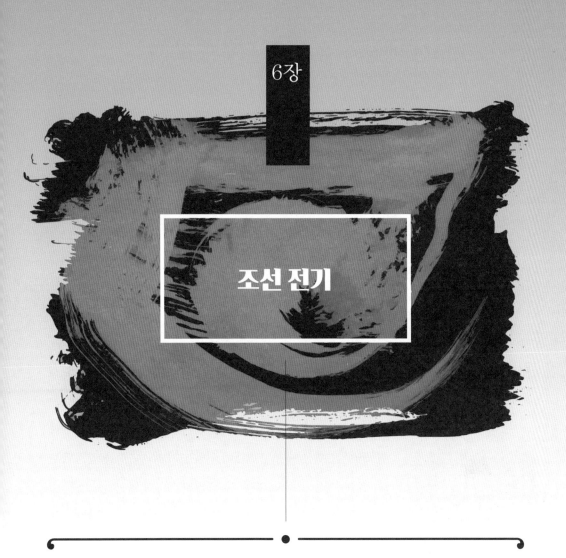

6장

조선 전기

태조와 정도전은 토지개혁을 명분으로 새 나라를 개창했다. 태종은 서로 신분이 다른 남녀가 혼인한 양천교혼良賤交婚으로 태어난 자식들의 신분을 아버지를 따르게 하는 종부법으로 개정해 노비문제를 근본적으로 해결했다. 태종의 개혁으로 조선은 토지문제와 신분문제를 해결한 모범국가가 되었다. 세종은 훈민정음 창제 등의 업적을 남겼지만 종부법을 종모법으로 환원해 신분제 문제를 악화시켰다. 문종의 의문사 후에 수양대군이 정변을 일으켜 태종이 피의 숙청으로 정리한 공신들을 부활시켰다. 이후 조선은 공신집단의 전횡을 막는 것이 주요한 국가적 과제가 되었는데, 사림이 그 역할을 자임했다. 사림은 네 차례에 걸친 사화 끝에 정권을 장악했지만 곧 내부가 분열했고, 당쟁의 시대가 도래했다. 얼마 오래 지나지 않아 일본의 침략에 속수무책으로 당하면서 사림은 나라를 끌고 나갈 역량을 상실했음을 드러냈다.

01 조선 개창과 유교정치 체제 구축

공신들의 시대

이성계는 혁명적 토지개혁으로 조선을 개창했지만 지배층의 반발이 컸다. 태조가 즉위교서에서 "나라 이름은 그 전대로 고려라 하며 의장儀章과 법제는 한결같이 고려의 고사를 따른다"고 선언한 것도 이 때문이었다. 즉위교서에는 조선 개창을 반대해 귀양을 가거나 곤장을 맞은 우현보禹玄寶, 이색, 설장수偰長壽 등 56명의 실명이 명시되었다. 56명 중 구가세족보다는 이색·이숭인李崇仁·우현보 등 유학자들이 더 많은 것은 조선 개창을 둘러싼 노선 갈등이 심각했음을 말해준다. 유학자의 숫자로 보면 역성혁명파보다 온건개혁파가 훨씬 많았다. 이미 사망한 포은 정몽주와 목은 이색, 야은 길재吉再 등 '삼은'도 모두 고려 왕실의 존속을 바랐던 온건개혁파였다. 원천석元天錫·김진양金震陽 등은 새 왕조 참여를 거부했는데, 이들이 개경 근교의 두문동에서 나오지 않아서 두문불출이란 성어가 생겨났을 정도였다. 많은 사대부들은 혁명적 토지개혁과 새 왕조 개창에 부정적이었는데, 농민들이 과전법을 단행한 새 왕조 개창세력

— 이숭인의 초상. 조선 개국 후 정도전이 보낸 심복 황거정黃居正에 의해 유배지에서 장살杖殺되었다.

을 지지하면서 개국할 수 있었다.

이성계는 즉위 다음 달인 1392년 8월 개국공신을 책봉했는데, 1등 16명 등 모두 43명이었으나 나중 55명으로 늘어났다. 개국 일등공신에는 충선왕 즉위교서에서 왕실과도 혼인할 수 있는 '재상지종宰相之宗' 출신의 조준, 조박趙璞(이방원李芳遠의 동서) 같은 구가세족들도 있었고, 남재南在·남은南誾 형제처럼 "어린 시절 몹시 가난하여 노비나 말과 같았다"는 빈한한 가문 출신도 있었다. 삼등공신 이직李稷의 고조부와 안경공安景恭의 증조부는 향리 출신이었고, 본명이 두란첩목아豆蘭帖木兒였던 이지란李之蘭(이성계의 의형제)은 여진족 출신이었다. 공신들은 도평의사사에 포진해 정국을 주도했는데 이성계는 도평의사사의 결의를 재가하거나 거부하는 식으로 정사를 보았으니 건국 초의 정국은 공신들이 주도했다.

—— 길재의 초상. 그의 문하에서는 김숙자金叔滋 등 많은 학자가 배출되어 김종직金宗直·조광조趙光祖로 그 학통이 이어졌다.

공신들은 등급에 따라 수백 결의 공신전과 수십, 수백 명에 달하는 노비를 지급받았다. 일등공신인 배극렴과 조준은 사실상 개인 소유인 식읍食邑 1,000호와 식실봉食實封 300호와 토지 220결에 노비 30구, 일종의 집사인 구사丘史 7인과 파령把領 10인을 지급받았다. 이등공신은 100결의 토지와 10구의 노비를, 삼등공

—— 이지란의 초상. 초명은 쿠룬투란티무르古論豆蘭帖木兒.

신은 70결의 토지와 7구의 노비를 지급받았다. 벼슬 직급에 따라 받는 과전은 당사자가 죽으면 국가에 반납해야 했으나 공신전과 노비 등은 세습이 가능했다. 과전은 세금을 걷는 권리인 수조권收租權만 있었지만 공신전은 소유권이 인정되는 사유지로서 공신들의 물적 토대였다.

그런데 개국공신들은 곧 분열되고 말았다. 왕세자 책봉 문제 때문이었다. 즉위 당시 58세였던 이성계는 공양왕 3년(1391) 사망한 첫 부인 신의왕후 한씨 소생의 네 아들과 생존한 신덕왕후 강씨 소생의 두 아들이 있었다. 즉위 다음 달 세자 건저建儲(세자를 세움)를 논의할 때 배극렴은 "시국이 평안할 때는 적자를 세우고, 세상이 어지러울 때는 공功이 있는 사람을 세워야 한다"고 주

개국공신(태조 1년, 1392) 녹훈

구분	명단	비고
1등	김사형·김인찬·남은·남재·배극렴·오몽을·이지란·이제·이화·장사길·정도전·정탁·정총·정희계·조박·조인옥·조준·이방간(회안군)·이방원(정안군) 등 20명	이방간·이방원은 정종이 추가(1398년)
2등	박포·유창·윤호·이민도·장담·정용수·조기·조견·조반·조온·조영규·홍길민·황희석 등 13명	조견·황희석은 나중에 추가 또는 승격
3등	고여·김균·김로·민여익·손흥종·심효생·안경공·유원정·오사충·이근·이백유·이부·이서·이직·임언충·장사정·장지화·조영무·한상경·한충·함부림·화거정 등 22명	

장했다. 적자는 생존자 중 장자인 방과芳果를 의미하고 공이 있는 사람은 방원을 뜻하는 것이었다. 이 말을 엿들은 신덕왕후 강씨가 통곡하면서 강씨 소생의 아들이 세자가 되었다. 《태조실록》은 "임금이 강씨를 존중하여 방번芳蕃에게 뜻이 있었다"라고 적고 있지만 공신들의 의사를 감안해 막내 방석芳碩으로 타협했다.

그 직후 공신들은 개경의 왕륜동王輪洞에 모여 "자손에게 이르기까지 대대로 이 맹약을 지킬 것이니, 혹시 변함이 있으면 신이 반드시 죄를 줄 것"이라는 회맹문會盟文을 읽었지만 이는 회맹으로 해결될 문제가 아니었다.

태조 이성계는 정도전을 우두머리로 삼아 재상 중심의 정국을 운영하려 했다. 태조와 정도전은 왕자와 공신들이 갖고 있던 사병을 혁파해 국가에 돌림으로써 왕권을 강화하려 했는데, 이 조치에 공신들과 무신들이 반발했다. 왕자와 공신들은 수하 사병들의 진법 훈련을 반대하는 것으로 맞섰으나 태조가 회안군 방간芳幹, 익안군 방의芳毅, 정안군 방원, 흥안군 이제李濟 등의 왕실 종친과 유만수柳蔓殊 같은 원종공신들의 대리인들에게 태笞를 치자 수그러질 수밖에 없었다.

그런데 태조 5년(1396) 명 태조 주원장은 정도전이 사신으로 왔다갈 때 요동의 여진족 우두머리들을 만난 것을 요동정벌 기도로 간주하고 정도전의 압송을 요구하는 '표전문表箋文' 사건을 일으켰다. 태조와 정도전은 이에 맞서 요동정벌을 추진했다. 정도전은 태조에게 "외이外夷(바깥 이민족)가 중원에서 임금이 된 것을 차례로 들어서" 중원의 황제가 될 수 있다고 설득했다. 정도전이 원래부터 사대주의자는 아니었던 것이다. 정도전은 사병을 혁파해 국가로 돌리고 대규모 병력 작전 배치 훈련 계획인 오진도五陳圖를 만들어 진법 훈련을 시켰다. 요동정벌 계획에 남은·심효생沈孝生 등은 지지했으나 조준이 반대하면서 역성혁명파가 분열되었다. 조준은 '우리나라는 옛날부터 사대의 예를 지켜왔고 또 새로 개국한 나라로서 경솔하게 명분도 없이 군대를 일으키면 안 된다'는 사대주의 논리로 반대했다. 정도전에게 사대가 정권장악의 수단이었다면 조준에게는 목적이었던 셈이다.

1·2차 왕자의 난

정도전이 요동정벌을 추진하는 힘은 이성계의 전폭적인 지지와 신임이었다. 그런 태조가 병석에 누우면서 문제가 발생했다. 부왕의 와병을 왕자들은 정도전 제거의 호기로 여겼는데, 다섯째 이방원이 적극적으로 움직였다. 태조 7년(1398) 8월 26일, 방원의 부인 민씨가 그 아우 민무질閔無疾과 모의한 후 종 김소근金小斤을 궁으로 보내 방원을 부른 것이 왕자의 난의 시작이었다. 정안군 방원은 부인 민씨와 처남 민무질과 숙의하고 궁으로 돌아왔다. 민씨는 두 동생 민무구閔無咎·무질과 함께 무기와 말과 노비들을 준비해 거사를 도왔다.

정안군(방원)이 자신의 집 앞 어귀의 군영 앞길에 이르러 말을 멈추고 이숙번李叔蕃을 부르니, 이숙번이 장사 두 사람을 거느리고 갑옷 차림으로 나왔으며, 익안군(태조 3남 방의芳毅)·상당군(이백경李伯卿)·회안군(태조 4남 방간芳幹) 부자도 또한 말을 타고 있었다. 또 이거이李居易·조영무趙英茂·신극례辛克禮… 등이 있었으니, 이들은 모두 정안군에게 진심으로 붙좇는 사람인데, 이때에 이르러 민무구·무질과 더불어 모두 모였어도 기병은 겨우 10명뿐이고 보졸步卒은 겨우 9명뿐이었다. 이에 부인(민씨)이 준비해 둔 철창을 내어 그 절반을 군사에게 나누어

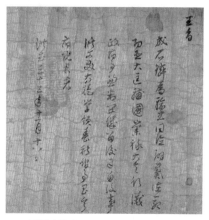
— 이방원의 친필.

주었다. 여러 왕자의 종자들과 각 사람의 노복이 10여 명
인데 모두 막대기를 쥐었으나 김소근만은 칼을 쥐었다.

《태조실록》7년 8월 26일

숫자는 적었지만 전격적인 습격전이 주효했다. 또
한 직접 동원한 집안사람 숫자는 적었지만 궁궐 안에
서 내응한 장수들이 많았다. 습격을 예상하지 못한 정
도전은 남은의 첩 소동小洞의 집에서 남은·심효생 등
과 술을 마시다가 포위당해 살해되고 말았다. 세자 방
석과 방번, 신덕왕후 강씨의 딸 경순공주와 남편 이제李濟도 죽임을 당했다.
이것이 '제1차 왕자의 난'(1398)인데 이해가 무인년이어서 '무인난'이라고도
하고, 이방원의 입장에서는 '태종 정사定社'라고 부른다.

그 직후 '사직을 바로 세웠다'는 뜻의 '정사공신定社功臣'을 책봉했는데, 29
명의 공신 중 13명이 개국공신이었다. 조준·이화李和·김사형金士衡·조박 등의
개국공신들은 정사 일등공신에 다시 책봉되었으나 개국 일등공신 중 정도전·
남은·이제 등은 목숨을 잃었다.

한씨 소생의 여러 형제들이 동조했지만 실권은 5남 방원이 쥐었다 그는 가
장 위인 방과(정종)를 세자로 추대했고, 실권을 잃은 이성계는 두 달 후인 그
해 9월 방과에게 왕위를 물려주고 상왕으로 물러났다. 명목상의 임금은 정종
이었지만 실권은 방원에게 있었던 2대 정종 시대였다.

4남 방간이 방원의 독주에 불만을 품으면서 다시 갈등이 생겨났다. 정종은
정안왕후 김씨에게서 낳은 적자는 없는 반면 7명의 후궁에게서 열다섯 명의
아들을 두었다. 방간은 정종의 뒤를 자신이 이으려 했는데, 이는 방원도 마찬
가지였다. 방원이 정종에게 양보한 이유도 그에게 적자가 없었기 때문이었다.

제1차 왕자의 난이 정도전으로 대표되는 재상 중심의 신권주의와 방원으로
대표되는 왕권주의의 충돌이었다면, 제2차 왕자의 난은 임금 자리를 놓고 벌
인 형제 사이의 골육상쟁이었다.

정종 2년(1400) 정월 개성 한복판에서 벌어진 제2차 왕자의 난 때 29명의 정사공신 중 방간을 따른 인물은 박포朴苞와 장사길張思吉뿐이었다. 다수 공신들이 지지한 방원이 승리할 수밖에 없었다. 방원은 다음 달 세제世弟로 책봉되었고, 같은 해 11월 정종의 양위를 받아 즉위했으니 그가 3대 태종(재위 1400~1418)이다. 이듬해 정월에 '천자 또는 천자가 될 사람을 도왔다'는 뜻의 좌명공신佐命功臣 46명이 다시 책봉되었으니 건국 11년 만에 세 차례의 공신이었다.

태종은 왕권강화를 명분으로 정변을 일으켰지만 집권을 위해 많은 세력을 끌어모으지 않을 수 없었다. 이런 공신집단은 왕권을 제약할 수밖에 없었고, 왕권 절대주의자 태종과 충돌할 수밖에 없었다.

정도전 아들들의 운명

이방원은 왕자의 난 직후 정도전의 아들 정진鄭津을 순군옥에 가두었다. 간관들이 정진의 목을 베자고 청했지만 방원은 거부하고 전라도의 수군으로 충군했다. 수군은 노를 젓는 힘든 군역이었다. 태종은 재위 7년(1407) 정진을 판나주判羅州목사로 삼고, 이듬해에는 판공주判公州목사를 삼았다. 재위 17년(1417)에는 정진을 정3품 관직인 판안동대도호부사判安東大都護府事로 승진시켰다. 상왕으로 있던 세종 1년(1418)에는 그를 종2품 충청도 도관찰사로 승진시켰다. 세종은 태종이 세상을 떠난 이듬해인 재위 5년(1423) 정진을 정2품 공조판서로 승진시켰다가 다시 형조판서로 삼았다. 태종은 정도전을 죽였지만 그가 새 왕조 개창의 일등공신이란 사실을 부인하지 않았다. 또한 그가 왕위를 탐한 것이 아니고 재상 중심의 나라를 만들려고 했다는 사실도 알고 있었다. 비록 이방원이 가는 길과 정도전이 가는 길이 달라서 함께 가지는 못했지만 그 아들의 앞길까지 막지는 않았다. 정도전은 비록 비명에 갔지만 그 집안은 몰락하지 않았다.

피의 숙청으로 반석 위에 선 왕권

1차 왕자의 난으로 실권을 잡은 방원은 사병을 혁파했고, 공신들은 과거 방원처럼 반발했다. 왕세제 방원은 조영무趙英茂·이천우李天祐·조온趙溫 같은 공신들을 파직하고, 사돈인 이거이李居易 부자까지 쫓아냈다. 세제 방원은 "고려 말년에 태상왕(이성계)께서 병권을 잡고 있었기에 화가위국化家爲國(집안을 나라로 만듦)할 수 있었다"면서 "병권은 나눌 수가 없다"고 선언했다.

즉위 후에는 더욱 강하게 왕권강화 작업을 추진했다. 태종은 재위 14년 (1414) 의정부서사제를 육조직계제로 전환했다. 의정부서사제는 정책 행정부서인 이조·호조·예조·병조·형조·공조의 6조가 부서의 정책에 대해 먼저 의정부의 심의를 받는 제도라면 육조직계제는 의정부를 제치고 육조가 직접 국왕에게 보고하는 체제였다. 의정부서사제 때는 의정부의 권한이 왕권에 버금가지만 육조직계제 때는 지위는 높지만 할 일은 없는 명목상의 지위였다.

태종은 또 왕권에 부담이 되는 공신들을 강하게 제어했고, 왕권에 대한 도전은 예외 없이 가혹하게 처벌했다. 원경왕후 민씨가 고려 시조 왕건의 부인 유씨보다 공이 많다고 인정했지만 민씨와 그 동생들이 왕권을 나누려고 하자 용납하지 않았다. 태종 2년(1402) 3월 성균악정成均樂正 권홍權弘의 딸을 후궁으로 맞이하려고 가례색嘉禮色을 설치했는데, 민씨가 "제가 상감과 더불어 어려움을 지키고 같이 화란禍亂을 겪어 국가를 차지하였사온데, 이제 나를 잊음이 어찌 여기에 이르셨습니까?"라고 항의했다. 태종은 이를 왕권에 대한 도전으로 생각해 원경왕후 민씨를 폐위하려고 했으나 상왕 정종이 사람을 보내, "내 비록 아들이 없어도, 어릴 때의 정 때문에 차마 다시 장가들지 못하는데, 하물며 왕은 아들이 많으니 말해 무엇하겠소"라고 반대해 중단했다. 태종은 가례색을 철폐하는 대신 권씨의 후궁 입궁을 강행하고, 후궁을 법제화시켰다.

나아가 두 처남 민무구·무질 형제가 어린 세자를 끼고 정권을 잡으려 한다는 혐의로 제거했다. 태종은 재위 6년(1406) 자신의 덕이 부족해 나라에 재변이 끊이지 않는다면서 양위를 선언했는데, 이때 모든 백관은 철야 정청을 열어 철회를 주청했지만 두 처남은 얼굴에 화색을 띠었다는 것이다. 태종은 두 처남의 공신첩과 직첩을 빼앗고 서인으로 강등시킨 후 유배형에 처했다. 태종은 재위 8년(1408) 10월 민무구·무질 형제를 외방에 내치며 그 죄상을 열거한 교서를 발표했는데, 그중 "민씨 형제가 양인 수백구數百口를 억압해 사천私賤

(개인 소유 노비)을 만들어서 그 사람이 북(鼓)을 쳐서 알렸다"는 대목이 있었다. 양인을 권력으로 눌러서 노비로 만드는 것을 압량위천壓良爲賤이라고 하는데, 토지제도 붕괴와 압량위천 때문에 고려가 망한 것이었다. 급기야 정사·좌명 일등공신이었던 이무李茂가 명나라 사신으로 다녀오던 길에 조카뻘이었던 윤목尹穆·이지성李之誠 등에게 "민씨 형제는 사실 아무 죄도 없는데 억울하게 유배된 것"이라는 불만을 토로했다가 사형당하는 사건이 발생했다. 이 사건은 유배 간 민무구·무질 형제에게 영향을 미쳐 사형시켜야 한다는 주청이 빗발쳤고 태종은 재위 10년(1410) 3월 제주의 형제에게 자진하라는 명령을 내렸다. 태종은 이듬해 외척(국왕의 처가)의 폐단은 "마땅히 싹이 트기 전에 제어하는 것이 가하다"라는 교지를 발표했다. 태종의 처사가 냉혹해 보이지만 조선 후기 외척 때문에 국정이 크게 혼란스러웠던 것을 생각하면 일종의 예언이라 할 수 있었다.

이것이 끝이 아니었다. 외척 숙청의 칼날은 남은 두 처남 민무휼閔無恤·무회悔閔를 겨누었다. 무회가 태종 15년(1415) 전 황주목사 염치용廉致庸의 노비 소유권 분쟁에 대해 충녕대군(세종)에게 청탁했다. 충녕이 이 사건에 대해 부왕에게 말하자 태종은 "임금을 노비 소송에 끌어들이는 법이 어디 있느냐?"면서 민무회를 서인으로 강등시키려 했다. 이때 세자 양녕이 "외삼촌 무휼·무회가 2년 전 두 형이 억울하게 죽었다고 말했다"고 폭로하면서 귀양으로 강화되었다. 여기에 '왕자 비의 참고慘苦' 사건이 상황을 악화시켰다. 민씨 집안의 여종 소素가 잠시 입궐했을 때 태종이 임신시켰는데 왕비 민씨가 여종과 갓난아이를 죽이려다가 실패한 사건이었다. 분노한 태종은 귀양 간 민무회·무휼을 국문장으로 끌어내 과거 사건을 재조사했다. 심한 고문을 받은 민무회가 과거 세자에게 두 형이 "모반하지 않았는데 죄 없이 죽은 것"이라고 말했다고 자백함으로써 두 형제도 태종 16년(1416) 1월 유배지에서 자진해야 했다. 이 사건은 조선 후기 이긍익李肯翊이 《연려실기술燃藜室記述》에서 "(민씨) 집안 전체가 화를 당한 것은 무슨 죄 때문인지 알 수 없다"라고 말했을 정도로 의혹이 많았다. 그러나 태종은 공신들의 과도한 권력과 불법행위를 철저하게 끊지 않으면 조선이 고려처럼 망할 수도 있다고 판단했던 것이다.

태종의 가혹한 공신 숙청은 나라 안의 모든 벼슬아치들에게 불법을 자행할 생각을 하지 못하게 했다. 위로는 영의정부터 아래로는 아전들까지 모든 벼슬 아치들이 국법대로 움직이는 법치국가를 만들었다.

태종은 노비문제의 근본적 해결에도 힘을 쏟았다. 정도전이 주도한 과전법으로 토지문제는 상당 부분 해결되었지만 노비문제는 그렇지 못했다. 노비는 크게 두 가지 문제가 있었다. 하나는 신분의 세습이고, 다른 하나는 부모의 신분이 다를 경우 그 자식의 신분은 어머니의 신분을 따르는 종모법從母法이었다. 조선은 부인 외에 첩을 두는 축첩이 허용된 사회였으므로 부모의 신분이 다를 경우 대부분 아버지의 신분이 높았다. 어머니의 신분을 따르게 하는 종모법은 노비 숫자를 나날이 늘리는 반면 국가에 세금을 내는 양인 숫자를 줄였다. 태종은 남성은 양이니 하늘이고, 여성은 음이니 땅이라고 주장하는 유학자들이 유독 이 문제만 음을 따르자고 주장하는 것은 모순이라고 생각했다. 태종은 종모법을 아버지의 신분을 따르는 종부법으로 바꾸려고 했지만 노비 소유자들인 양반 사대부들이 결사반대했다. 태종은 예조판서 황희黃喜에게 이 문제를 검토하게 했는데, 황희가 태종 14년(1414) 6월 27일 "아버지가 양인이면 자식도 양인이 되어야 하니 종부법이 옳습니다"라고 보고하자 "경의 말이 아주 옳다"라고 찬성했다. 이숙번 같은 측근 공신들이 격렬하게 반대했지만 태종은 종부법으로 개정하는 윤음을 반포했다.

— 노비들이 타작하는 모습을 그린 김홍도金弘道의 타작도. 옆에서 담배를 피며 구경하고 있는 양반의 모습이 보인다. 18세기, 종이에 옅은 채색, 23.8×27.8센티미터, 국립중앙박물관 소장.

하늘이 백성을 낼 때는 본래 천구賤口(천인)가 없었다. 전조前朝(고려)의 노비법은 양인과 천인이 서로 혼인하면 천한 것을 우선해 어미를 따라 천인으로 삼았으므로 천인의 숫자는 날로 증가하고 양민의 숫자는 날로 감소했다. 이날 이후에는 공사公私 여종이 양인에게 시집가서 낳은 소생은 모두 종부법에 의거해 양인을 만들라.

《태종실록》14년 6월 27일

이 윤음은 사실상 노비해방 선언이었다. 이날 이후부터 부친이 양인이면 모친이 사천私賤이어도 그 자식들은 모두 양인이 되었다. 미국의 제16대 대통령 에이브러햄 링컨의 노예해방 선언보다 무려 450년이나 이른 노비해방 선언이었다.

천인들도 출세할 수 있는 사회

태종은 계급제 자체를 부정하지는 않았다. 아무리 왕권이 강력해도 신분제 자체를 없앨 수는 없었다. 그러나 태종은 천인이라도 능력이 있으면 등용하는 방식으로 신분제를 완화시켰다. 태종 때 중용된 대표적인 인물이 박자청朴子靑과 장영실蔣英實이었다. 태종은 황희석黃希碩의 보종步從 출신인 박자청을 재위 8년(1408) 정2품 공조판서로 승진시켰다. 천출 판서의 출현에 사대부들은 경악했지만 태종은 개의치 않았다. 박자청은 건국 직후 입직군사入直軍士로 궁문을 지킬 때 태조 이성계의 이복동생인 의안대군 이화李和가 임금이 부르는 명패 없이 들어가려 하자 가로막았다. 이화가 발로 차서 상처를 입었지만 끝내 들이지 않아 태조로부터 칭찬을 받았다. 태종이 박자청을 중시한 것은 이런 충직함 외에도 건축물 축조에 뛰어난 능력이 있기 때문이었다. 도성을 설계한 이가 정도전이라면, 그 설계도를 가지고 건물을 지은 이가 바로 박자청이었다. 경회루를 비롯한 조선 초기의 명 건축물은 대부분 박자청의 작품이었다. 그래서 태종은 건축물과 공사를 총괄하는 공조판서로 삼았다. 그만큼 실용을 중시했다.

세종 때 종3품 대호군大護軍까지 승진한 장영실은 동래의 관노였는데, 태종이 발탁했다. 세종이 장영실의 재주를 알고 재위 4~5년(1422~1423) 무렵 5품 상의원尙衣院 별좌에 임명하려 하자, 극도의 계급론자인 이조판서 허조許稠 등이 반대했다. 그러나 세종은 나중에 영의정 유정현柳廷顯 등의 찬성을 얻어 임명을 강행했다. 세종은 또한 즉위년(1418) 8월 박자청을 종1품 의정부 참찬 으로 승진시켰는데, 이는 사실상 상왕 태종이 승진시킨 것이었다. 태종 때는 천 민도 능력이 있으면 1품까지 승진할 수 있었고 이런 역동성은 세종 때도 일부 이어졌다.

조선의 국경은 철령에서 공험진

조선의 북방 강역에 대해서 현행 초·중고교 국사교과서는 국정·검인정을 막 론하고 모두 세종의 4군6진 개척으로 압록강에서 두만강까지 확장되었다고 가르치고 있다. 이케우치 히로시가 조작한 내용을 지금껏 추종하는 것이다. 고려는 북방 강역을 '북계'와 '동계'라는 행정구역으로 관할했는데, 동계에 대 해서《고려사》〈지리지〉는 이렇게 말하고 있다.

> 비록 연혁과 명칭은 같지 않지만 고려 초로부터 말년에 이르기까지 공험 이 남에서 삼척 이북을 통틀어 동계라 일컬었다.

고려 동계의 북쪽은 공험진, 남쪽은 삼척이란 뜻이다. 그러나 남한의 국사 교과서들은 공험진을 함경남도에, 삼척을 경북 포항 근처에 그려놓고 있다. 앞서 서술한 것처럼 철령은 지금의 심양 남쪽 진상둔진의 봉집보 자리이고, 공험진은 두만강 북쪽 700리 지점이다. 조휘·탁청 같은 민족 반역자들이 이 땅을 원나라에 바치는 바람에 98년간 빼앗겼다가 공민왕 재위 5년(1356)의 북 강 수복전쟁으로 되찾았는데, 이때 이성계의 부친 이자춘도 고려 측에 가담했 다. 이 국경선은 고려를 계승한 조선에서도 그대로 이어졌다. 태종은 국체 보존을 위해 명나라에 사대했지만 강역을 양보하지는 않았다. 태종은 재위 4년 (1404) 5월 19일 예문관 제학提學 김첨金瞻을 명나라 수도 남경에 보내 철령에서 공험진까지가 조선의 강역이라면서 명나라에 이를 인정해줄 것을 요청했다. 이때 국서와 지형 도본地形圖本을 갖고 가서 국경 협상을 하게 했다. 태종은 고려 우왕이 박의중을 명나라에 보내서 "공험진 이북은 요동으로 환속하고, 공험진 이남에서 철령까지는 본국에 환속시켜달라고 요청"했을 때 명나라에서 받아들였다는 사실을 상기시켰다. 그런데 이 지역을 조선령으로 계속 유지하기 위해서는 이 지역에 사는 여진족(만주족)들이 조선의 신민이란 사실을 밝혀야 했다.

이 지역에는 여진족이 처處 단위로 살고 있었는데, 모두 10처였다. 그 한 우두머리가 이역리불화李亦里不花였는데, 그는 개국 일등공신인 이지란의 아들로 조선 이름이 이화영李和英이었다. 태종은 이들 여진족들이 조선에서 벼슬하고 부역도 바치는 조선 사람이라고 설명했다. 김첨은 태종 4년(1404) 10월, "상주上奏하여 말한 삼산천호 이역리불화 등 10처 인원을 살펴보고 청하는 것을 윤허한다"라는 명 성조 영락제의 국서를 받아왔다. 조선과 명의 국경이 지금의 요녕성 심양 남쪽에서 흑룡강성 영안 부근까지로 획정된 것이다. 크게 기뻐한 태종은 김첨에게 전지 15결을 하사했다. 이는 명나라에서 국서로 인정한 것이기 때문에 큰 의미가 있다. 이후 명나라와 국경협상을 다시 한 적은 없기 때문에 이 국경선은 현재에도 의미가 있다.

태종의 유산

태종은 공신들에 대한 가혹한 숙청으로 조선을 법치국가로 만들고, 종모법을 종부법으로 개정해 노비문제를 대부분 해결했다. 지금의 요녕성 심양 남쪽의 철령부터 흑룡강성 영안 부근의 공험진까지를 조선의 강역으로 확정했다. 또한 세자 양녕이 전 중추中樞 곽선郭璇의 첩 어리於里를 빼앗아 세자궁에 들이는 등 잇단 물의를 일으키자 재위 18년(1418) 6월 세자를 폐출시키고 3남 충녕으로 교체했다. 태종은 두 달 후인 그해 8월 세종에게 양위했다. 군국軍國(군사에 관한 일)에 관한 일을 제외한 모든 국사를 넘겨준 것이다. 신하들이 양위 선언을 거둘 것을 요청하자 "18년 동안 호랑이를 탔으니 또한 이미 족하다"면서 거절했다. 태종은 왕위를 호랑이 등에 탄 것으로 여기면서 국정을 운영했다.

태종은 상왕 때도 외척·권신의 발호를 억제했다. 상왕 태종은 세종비 소헌왕후 심씨의 친정아버지 심온沈溫을 세종 즉위 직후 영의정으로 승진시키면서 명나라에 사위의 즉위를 알리는 사은사謝恩使로 선발했다. 그런데 그를 전별하는 거마車馬가 장안을 뒤덮자 태종은 외척 발호의 조짐으로 여겼다. 태종은 병조참판 강상인姜尚仁과 심온의 동생인 총제摠制 심정沈泟이 임금의 호위를 맡은 금위 소속 군사를 배치하면서 세종에게만 보고하고 자신에게 보고하지 않은 일을 꼬투리 삼아 혹독한 옥사를 일으켰다. 병조좌랑 안헌오安憲五는 심정이 "지금 명령이 상왕과 주상 두 군데서 나오는데 이는 한 군데서 나오는 것만 같지 못하다"라고 말했다고 폭로하면서 사건이 확대되었다. 심정은 "세종에게 군무를 돌려야 한다"고 말했다는 사실이 드러났고 이것이 역모로 인정되어 사형당했고, 귀국길에 체포된 심온도 "군무는 당연히 한 곳(세종)에게 돌려야 한다"는 심정의 말에 동의했다는 이유로 사형당했다. 고문에 못 이긴 심정의 자백 외에 아무런 물증이 없었으나 관련자 대질을 요구하는 심온에게 태종은 "이들은 이미 황천객이 되었으니 어찌 만나겠느냐?"면서 사형시켰다.

심온 일가에 대한 태종의 처사는 개인이나 가족의 견지에서는 가혹한 처사였지만 이런 피도 눈물도 없는 숙청으로 왕권은 반석 위에 올랐고, 국법은 그어느 누구도 어길 수 없는 원칙이 되었다. 대신·공신들은 감히 왕권에 도전할 꿈도 꾸지 못하게 되었다.

상왕 태종은 세자시강원에서 왕도교육을 받지 않은 새 왕 세종에게 임금 수업을 시켰다. 세종 1년(1419)에는 대마도를 정벌함으로써 외적의 침략에 어떻게 대응하는지를 가르쳐주었다. 대마도에 흉년이 들었다는 이유로 왜구들이 창궐하자 태종은 이종무李從茂에게 227척의 병선과 1만 7,000여 군사를 주어 대마도를 정벌시켰는데 이것이 기해동정己亥東征이다. 이후 왜구는 급격하게 감소했다.

　명나라도 마찬가지였다. 명나라 성조 영락제는 안남安南(베트남)을 침략해 갓 건국한 호胡씨 왕조를 무너뜨렸다. 명나라에서 조선에 이를 통보하자 태종은 신하들에게, "지극정성으로 사대함으로써 분쟁을 예방하고 군비를 튼튼하게 해서 만약의 사태에 대비해야 한다"고 말했다. 사대외교로 명나라와 분쟁을 예방하되 여차하면 전쟁을 불사하겠다는 것으로 '소중화小中華' 운운하던 조선 후기의 극단적 사대주의와는 달랐다. 상왕 태종은 명나라의 침략에 대비해 도성을 수축했다. 상왕은 "도성을 수축하지 않을 수 없는데, 큰 역사를 일으키면 사람들이 원망할 것이다. 그러나 잠깐 수고함이 없이 오랫동안 편할 수 없는 것이니, 내가 그 괴로움을 담당하고 편한 것을 주상에게 내려주는 것이 또한 좋은 일이 아니겠는가"(《세종실록》3년 10월 13일)라면서 자신이 도성 수축을 담당했다. 그렇게 태종은 조선을 반석 위에 올려놓았다. 세종은 상왕 태종이 세종 4년(1422) 5월 세상을 떠난 이후에야 친정에 나설 수 있었다.

태종우

태종이 세상을 떠난 음력 5월 10일 내리는 비를 백성들은 '태종우太宗雨'라고 부르며 풍년의 조짐으로 생각했다. 인조 때 영의정을 지낸 오윤겸吳允謙(1559~1636)은 〈태종우〉라는 시에서 그 당시 백성들이 "태종은 죽은 날에 늘 비를 내려 가뭄을 구하겠다"라고 말했다고 썼다. 효령대군의 후손이었던 이구李榘(1613~1654)는 《활재집活齋集》의 '태종우'라는 글에서 이렇게 말했다.

"매년 가뭄이 들었어도 이날(5월 10일) 비가 내려 백성들이 살 길을 얻었으므로 '태종우'라고 불러 성스러운 덕이 쇠퇴하지 않음을 노래했다."

조선 중기 문신 정경세鄭經世(1563~1633)는 《우복집愚伏集》에서, "금년은 봄부터 여름까지 비가 오지 않고 더 심했는데, 5월 10일 감로수 같은 비가 새벽부터 밤까지 내렸다. 이 나라의 민간에서 소위 말하는 태종우이다"라면서 "느낀 바가 있어서 그 기쁜 뜻을 적는다"라고 기록했다.

그런데 《태종실록》에는 정작 태종이 세상을 떠나면서 이런 말을 했다는 기록이 없다. 태종우는 백성들이 스스로 만든 신화였다. 공신들과 사대부들에게는 태종의 정치는 가혹했는지 몰라도 힘없는 백성들에게 태종 치세는 태평성대였다. 모든 벼슬아치들이 법에 복종했고, 종모법 같은 악법을 종부법으로 개정했다. 그래서 백성들은 스스로 '태종우'를 만들어서 성군을 기렸던 것이다.

02 세종 시대의 명암

수령고소금지법

세종은 태종이 남겨준 유산 위에서 즉위했다. 태종의 유산은 명나라에 사대를 하되 주체성을 지키라는 것이었다. 그래서 압록강 북쪽 철령부터 두만강 북쪽 공험진까지를 조선국경으로 확정했다. 외척과 공신들의

— 세종의 어진.

발호를 제어했고, 종모법을 종부법으로 개정해 노비의 숫자를 줄이고, 양인의 숫자를 대폭 확산시켰다. 양반 사대부와 일반 백성들의 이익이 충돌할 때, 태종은 일반 백성들의 편에 섰다.

그러나 부왕 태종이 민간에서 태어나 온갖 신산스런 경험 끝에 왕위에 오른 데 비해서 세종 이도李祹는 태조 6년 (1397) 4월 한양 준수방俊秀坊(현 통의동·옥인동)에서 왕실의 일원으로 태어났다. 이는 세종에게 신분제를 하늘의 법칙으로 여기게 하는 그릇된 시각을 갖게 만들었다. 세종은 나라는 군주와 사대부가 함께 다스리는 것이란 생각을 갖게 되었고, 사대부들은 역모가 아닌 한 죽이지 않는다는

원칙을 갖고 있었다. 사대부들의 이익과 일반 백성들의 이익이 충돌할 때 부왕 태종과 달리 사대부의 손을 들어주었다. 국가의 이익이 일반 백성들의 이익과 일치할 때 태종은 과감하게 백성들의 편에 섰지만 세종은 달랐다.

세종 재위 2년(1420) '금부민고소법禁部民告訴法', 즉 수령고소금지법을 제정한 것은 그릇된 신분관에서 비롯된 것이었다. 부민, 즉 지방 백성들은 역모와 불법살인이 아닌 한 수령을 고소할 수 없다는 악법이었다. '사또' 또는 '원님'이라고 불렸던 지방관은 해당 지역의 행정·사법·군사권을 한 손에 쥔 절대 권력자였다. 중앙에서 먼 지방 수령의 잘잘못은 지방민들이 가장 잘 알 수밖에 없었다. 그러나 세종은 재위 2년(1420) 9월 예조에 명령해 수령고소금지법을 시행하게 했다.

> 지금부터는 만약 부사府史·서리胥吏의 무리가 자기가 소속된 관리인 품관品官을 고소하거나, 아전이나 백성이 그 수령·감사를 고소하는 자는 만약 종묘사직의 안위나 불법 살인에 관계된 일이 아니면 (고소장을) 받지 말고 장 100에, 유 3,000리의 형으로써 논죄하게 하라.
>
> 《세종실록》 10년 5월 26일

백성들이 수령의 불법행위를 고소하면 역모나 불법살인이 아닌 한 백성들을 장 100대, 유배 3,000리에 처하겠다는 것이다. 이런 악법의 사상적 뿌리는 성리학을 집대성한 남송의 주희였다. 주희는 송 효종에게 "아래가 위를 범한 것과 낮은 자가 높은 자를 능멸하고 모욕한 것은 비록 옳더라도 돕지 않을 것이며, 보통 사람보다 그 죄를 더해야 합니다"라고 말했는데, 이 때문에 조선의 사대부들은 자신들의 계급적 이익을 옹호하는 논리를 제공한 주희를 극도로 칭송했다.

수령고소금지법 제정에 전력을 기울였던 인물이 극도의 계급론자였던 예조판서 허조(1369~1439)였다. 허조는 당 태종 때 종이 주인의 모반을 고발하자 종의 목을 베었다면서 조선도 이런 법을 만들어야 한다고 주청했다. 세종은 그의 청을 받아들여 수령고소금지법을 제정했다.

견제받지 않는 권력은 반드시 부패한다는 권력기관 운용의 제1법칙을 망각한 악법이었다. 이 법은 당연히 많은 문제를 일으켰고 사방에서 비난이 들끓어 조정에서 법 개정을 다시 논의할 수밖에 없었다. 그러나 이에 대한 세종의 해결책은 수령에 대한 고소 허용이 아니라 어사 파견이었다. 백성들은 이런 악법을 만든 국왕을 직접 원망했다. 세종 6년(1424) 4월 경기도 강음江陰현의 백성 조원曹元은 수령이 소송 판결을 계속 지연하자 "지금 임금이 착하지 못해서 이런 수령을 임명했다"고 비난했다가 의금부에 갇혔다. 사간원·사헌부에서는 목을 베어야 한다고 주청했지만 세종은 용서해주었다. 그러나 이는 개인 조원의 문제가 아니라 악법이 낳은 구조적 문제였다. 억울한 백성들은 목숨을 걸고 자구책에 나섰다. 수령고소금지법에 "노비가 주인을 고소하면 고소 자체를 받지 말고 교형絞刑(목매달아 죽임)에 처한다"는 규정이 있었다. 그렇잖아도 처지가 열악한 노비들에 대한 학대는 불 보듯 뻔한 것이었다. 허조나 사간원의 김효정 같은 극도의 계급론자들은 백성들을 더욱 강하게 처벌해야 한다고 주청했지만 백성들이 임금을 직접 비난하는 '난언亂言'이 들끓었다. 백성들이 지방관이 아닌 임금을 직접 비난하는 경우는 드문 일이었다. 백성들은 불법한 지방관·노비주인과 임금을 같은 눈으로 보게 되었다. 이는 국체 보존에 심각한 위협요소가 되었다. 세종 13년(1431) 의정부와 6조에서 수령고소금지법의 타당성 여부를 다시 논의하기에 이르렀다. 문제의 심각성을 인식한 세종이 개정 논의를 허락하자 허조 등이 극렬 반대했고, 세종은 13년(1431) 6월 이렇게 말했다.

가령 수령이 백성의 노비를 빼앗아 다른 사람에게 주어도 다시 수리하지 않는 것이 옳겠는가? 민생들이 살려고 하는데 임금이 없으면 어지러우므로 반드시 임금을 세워서 다스리게 한 것인데, 억울함을 호소하는 것을 받지 않고도 어떻게 나라를 다스리는 체통에 해롭지 않겠는가?

《세종실록》13년 6월 20일

세종은 비로소 이 악법 때문에 백성들이 왕조 자체를 부정적으로 보고 있다는 사실을 깨달았다. 허조는 "고려가 500년을 유지한 것은 오로지 윗사람을 능멸하는 풍습을 끊었기 때문"이라면서 악법 개정에 반대했다. 지신사(도승지) 안숭선安崇善이 개정론에 손을 들면서 숨통이 트였다. 세종은 법령 개정을 상정소詳定所로 보내 논의하게 했지만 대부분의 벼슬아치들이 반대했다. 그러나 이제 이 악법을 그대로 둘 수는 없었다. 세종 15년(1433) 개정안이 마련되었는데, 수령에 대한 고소는 허용하되 수령이 비록 잘못했어도 처벌하지 말자는 절충안이었다. 허조는 이런 절충안에도 강하게 반대했지만 안숭선이 개정을 지지했고 세종이 개정론에 손을 들어주었다.

> 지금부터 소송을 받아 처리하게 하되, 그 때문에 관리를 죄주지 않으면 두 가지가 모두 완전할 것이다. 이를 하교하라.
>
> 《세종실록》 15년 10월 23일

이렇게 수령고소금지법은 폐지되었지만 이때도 수령에 대한 고소는 자신과 직접 관계된 경우만 허용했다고 불법을 저지른 지방관도 처벌하지 않았다. 자신의 신분이 드러날 것을 감수하고 수령을 고소하기는 쉽지 않았다. 불법에 대한 고소는 허용했지만 불법행위는 처벌하지 않는 이율배반적인 법안이었다. 그렇게 조선은 신분제의 나라가 되어갔다.

종모법 환원

수령고소금지법보다 더 큰 논란을 부른 것은 종부법 개정이었다. 세종 4년(1422) 5월 상왕 태종이 세상을 떠나자 양반 사대부들은 종부법을 종모법으로 환원할 때가 되었다고 생각했다. 태종과 달리 세종은 사대부 편이라는 확신이 있었다. 수령고소금지법 폐지를 끝까지 반대했던 이조판서 허조는 세종 6년

(1424) 8월 "공사의 여종이 양인 남편에게 시집가서 낳은 자식은 아비를 따라 양인이 되지 못하게 하소서"라고 주청했다. 어머니의 신분을 따라 종으로 삼아야 한다는 것이었다. 성리학자인 허조의 시각에 따르면 양인 남성은 하늘이고, 음인 여성은 땅이므로 남녀 사이에서 낳은 자식은 양인 남성을 따라야 했다. 그러나 이 문제만은 허조를 비롯한 양반 사대부들이 이구동성으로 음인 여성을 따라야 한다고 주장했다. 하늘의 법칙보다 자신들의 재산권이 더 중요했다.

세종은 부왕이 만든 종부법을 쉽게 개정할 수 없다고 생각했다. 세종은 부왕이 한 조치라는 이유로 왕비 심씨의 친정어머니 안씨, 즉 자신의 장모를 천인들의 명부인 천안賤案에서 삭제하지 않았다. 세종은 재위 8년(1426)에야 여러 대신들의 주청을 받는 형식으로 장모 안씨를 천안에서 삭제했을 정도였다. 세종의 친정과 함께 양반 사대부들은 종모법 환원을 위한 다양한 활동을 개시했다. 세종 7년(1425) 여종이 양인에게 시집갈 경우 미리 주인의 허락을 받아야 한다고 주장했다. 주인의 허락 없이 시집가서 낳은 자식들을 모두 노비로 만들어 차지하기 위한 것이었다.

종부법이 만든 사회변화는 컸다. 어머니는 여종이어도 종부법에 따라 양인이 된 자식들은 벼슬길에 나설 수 있었다. 세종은 재위 10년(1428) 10월 병조에 명해서 2~3품 이상 고위 관원의 천첩 소생들은 일정한 한계 내에서 벼슬길을 허용하려고 했다. 그러자 허조와 함께 수령고소금지법을 극력 옹호하던 김효정金孝貞이, "존비의 질서를 잃고, 명분이 어지러워질 것"이며 이들이 결국에는 양반 집과 결혼하게 될 것이라면서 반대했다. 태종은 공신의 자식들은 양반들로 구성된 충의위忠義衛에 소속시켰고, 종부법 제정 이후에는 본처 소생의 자식이 없을 경우 첩 소생의 자식들도 충의위에 근무시켰다. 국왕 호위부대인 충의위는 일정 기간 근무하면 승진하는 경우가 많았다. 사대부들은 충의위가 여종 출신 양인들의 벼슬길 진출의 사다리라고 보고 금지시키려 한 것이다. 세종은 부왕이 만든 법은 손대지 않으려 했지만 사대부들의 반발은 끈질겼고, 드디어 재위 14년(1432) 3월, 종부법 개정의 물꼬를 텄다.

내가 즉위 이래 늘 조종祖宗(조상 임금)께서 만드신 법은 고치지 않으려고 마음먹어서 부득이한 일이 있는 경우에만 몇 번 고쳤다. 그러나 노비에 대한 일은 아직 고치지 않았다. 다만 공사비公私婢로서 양인 남편에게 시집가서 낳은 자식들을 양인으로 삼는다는 법에 대해서 대신들이 옳지 않다고 많이 말했으나 내가 듣지 않았다.

《세종실록》14년 3월 15일

이때 세종이 부왕이 만든 종부법은 고치지 못하겠다고 단정 지었다면 신하들도 더 이상 거론하기 어려웠을 것이다. 그러나 세종이 모호한 태도를 취하자 사대부들은 앞다퉈 개정을 주장했다. 맹사성孟思誠은 "천인들이 어미의 신분을 따르게 하는 법은 또한 한 시대의 좋은 법규"라고 환원을 주장했다. 세종은 종부법 개정 당시 대언代言(승지)으로 이 문제를 관장했던 전 판서 조말생趙末生에게 경위를 물었다. 조말생은 "이숙번이

— 조말생의 초상. 태종의 각별한 총애를 받았으며 세종 때 병조판서를 거쳐 판중추원사에 이르렀다.

옳지 않다고 극력 개진했지만 태종께서는 듣지 않으시고 신에게 집필하라고 명령하시고 친히 하교하여 법을 세우셨습니다"라고 보고했다. 태종이 강력한 뜻으로 종부법을 만들었음이 다시 확인되었다.

그러나 세종은 이 문제를 양반 사대부의 눈으로 바라보았다. 부왕이 "하늘이 사람을 낼 때는 본래 천구賤口가 없었다"면서 종부법으로 개정한 뜻을 버리고 세종 14년(1432) 3월 공사 여종이 양인 남편에게 시집가는 것을 일절 금하고 신분이 다른 남녀 사이에서 난 자식을 주인에게 돌려주라고 결정했다.

종부법이 종모법으로 환원된 것이다. 태종 14년부터 세종 14년까지 18년 동안만 노비해방 기간이었다. 종모법 환원은 이후 조선 사회의 발전을 가로막는 주범이 되었다. 군역과 세금을 부담하는 양인의 숫자가 대폭 감소하면서 국가도 가난해졌고, 노비를 소유한 양반 사대부들만 부유하게 되었다. 군역

자원이 점차 부족해지면서 조선의 국방은 크게 약화되었고 급기야 임진왜란 때 노비들이 일본군에 대거 가담하는 체제이반 현상이 광범위하게 일어났다. 세종은 공비公婢(관청 여종)가 출산했을 경우 100일의 휴가를 더 주고, 재위 16년(1434)에는 남편에게도 30일간의 출산휴가를 주는 방안을 마련했다. 그러나 양인이 되었을 자식들이 노비로 전락했는데, 출산 휴가 100일을 기뻐할 어머니는 없을 것이다. 종모법 환원 역시 세종이 민이 아니라 양반 사대부들의 눈으로 세상을 바라본 결과였다. 시대에 역행했던 조선의 신분제는 사회갈등의 주요 요인이 되었다.

천인 등용과 북방 강역 수호

세종은 부왕의 정책을 계승해 일부 천인들도 능력이 있으면 고위직까지 승진시켰다. 박자청·장영실 외에 윤득홍尹得洪과 송희미宋希美가 그런 인물들인데, 이들 역시 태종 때 발탁된 인물들이었다. 윤득홍은 정2품 중추원사까지 올랐고, 송희미도 2품 동지총제同知摠制까지 올랐다. 윤득홍은 실록에 "해안 출신의 미천하고 낮은 사람"이라고 기록되어 있는데, 왜구 토벌에 큰 공을 세워 고위직까지 올랐다. 송희미도 "낮고 천한 곳에서 일어났다"는 인물인데, 북방의 경원慶源절제사로 나가 국경 수호에 공을 세운 인물이었다. 그러나 송희미는 세종 19년(1437) 함경도 경원 절제사로 있을 때 판관 이백경李伯慶, 도진무 조석강趙石岡과 함께 경원성을 포위한 여진과 싸웠는데, 백성들을 잃었다는 이유로 사형당했고, 윤득홍은 세종 30년(1448) 일흔일곱의 나이로 고종명考終命했다.

세종은 태종이 획정한 북방 강역 유지에 관심이 많았다. 재위 8년(1426) 4월에는 근정전에 직접 나가 회시會試에 합격한 유생들에게 논술 고시인 책문策問을 냈는데, 그중에 "공험진 이남은 나라의 옛 강역이니 마땅히 군민을 두어서 강역을 지켜야 한다"라면서 그 대책을 묻는 문제도 있었다. 세종은 재위 15

년(1433) 1월 최윤덕崔潤德을 평안도절제사로 보냈는데, 두 달 후에 신하들에게 조선의 국경에 대해서 설명했다.

> 고려의 윤관은 17만 군사를 거느리고 여진을 소탕하여 주진州鎭을 개척해 설치했으므로 여진이 지금까지 모두 우리나라의 위령威靈을 말하니 그 공이 진실로 적지 아니하다. 윤관이 주를 설치할 때 길주吉州가 있었는데, 지금 길주가 예전 길주와 같은가. 고황제高皇帝(명 주원장)가 조선 지도를 보고 조서하기를, "공험진 이남은 조선 경계"라고 하였으니, 경들이 참고해서 아뢰라.
>
> 《세종실록》 15년 3월 20일

명 태조가 "공험진 이남은 조선 경계"라고 했다는 말은 철령에서 공험진까지를 조선의 강역으로 공식 인정했다는 뜻이었다. 《세종실록》은 이에 대해 "주상이 이때 파저강(만주 혼강) 정벌에 뜻을 기울였기 때문에 이 전교가 있었다"고 덧붙이고 있다. 고려 우왕은 물론 조선의 태조·정종·태종은 모두 철령(심양 남쪽)에서 공험진(흑룡강성 영안 부근)까지를 조선의 국경이라고 생각했고, 세종도 마찬가지였다. 그러나 이 지역에 사는 여진족들이 때로는 조선의 통제를 벗어나는 경우도 있었으므로 최윤덕과 김종서를 보내 이 지역을 안정시키려 한 것이었다.

세종은 재위 14년(1432) 12월 좌대언左代言(좌승지) 김종서를 함길도 감사로 삼아 이 지역을 실질적으로 지배하게 했다. 무신이 아닌 문신 김종서를 보낸 것은 여진족에 대한 회유책을 겸해야 했기 때문이었다. 문무겸전한 문신이 필요했다.

세종 때 조선의 북방 강역을 놓고 다퉜던 여진족 수장이 이만돌李瞞咄이라고도 불렸던 이만주李滿住였다. 이만주는 석가노釋迦奴(혹 이현충)의 아들이자 어허출於虛出의 손자였는데, 명 성조 영락제는 북경에 있던 연왕燕王 시절 어허출의 딸을 부인 중 한 명으로 맞아들였다. 연왕 주체朱棣는 주원장의 장

— 김종서의 친필. 국립중앙박물관 제공.

— 《북관유적도첩》
중 야연사준도夜宴射
樽圖. 조선 세종 때, 김
종서가 북방 여진족
을 물리치고 6진을 개
척하여 국경을 넓혔을
때를 그린 그림이다.
하루는 장수들과 술과
잔치로 야연을 벌이던
중 갑자기 화살이 날
아와 중앙의 큰 술병
에 꽂혔다. 이에 장수
들은 놀라서 겁을 먹
고 두려워했지만 김종
서는 간사한 사람의
술수라 여기고 침착하
게 연회를 진행하여
마쳤다고 한다.

손이었던 혜제惠帝 주윤문
朱允炆(1377~?)과 싸운 내
전에서 승리해 제위에 오
르자 어허출을 여진족 건
주위참정建州衛參政으로
임명했다. 세종 때 이만주
는 때로는 조선에 토산물
을 바치기도 하고, 때로는
고모가 명 성조 영락제의
후궁이란 사실을 믿고 조
선 북방 강역을 공격하기
도 하면서 조선을 압박했
다. 세종 19년(1437) 5월 여
진족 추장인 범찰凡察이 김종서에게 "이만주가 장차 황제의 성지를 받들고 온
다"라고 알리자 세종은 이것이 압록강에서 두만강 이북 영토에 대한 내용일지
도 모른다는 생각에서 김종서에게 전지를 내려, "회령은 곧 공험진 내에 연계
된 본국의 땅"이라고 답변하라고 지시했다. 공험진 이남은 조선 강역이라는 것
이다.

세종은 이 문제를 해결하는 가장 좋은 방책은 조선 백성들을 이주시키는
것이라고 생각해서 김종서와 논의해 이 지역에 토관직土官職을 대거 신설하
고 남방 백성들의 이주를 권장했다. 세종과 김종서는 벼슬뿐만 아니라 양식까
지 지급하는 적극 정책으로 육진 거주 백성을 늘렸다. 세종은 재위 21년(1439)
3월 공조참판 최치운崔致雲을 명나라에 보내 '철령부터 공험진까지는 조선 경
계'라고 다시 통보했다. 이때 세종은 부왕 태종이 재위 4년(1405) 김첨을 보내
'철령부터 공험진까지는 조선의 영토'라는 국서를 보내자 성조 영락제가 인정
했음을 다시 상기시키면서 이 지역은 조선 강토라고 주장했다. 세종은 재위
21년(1439) 8월 김종서에게 전지를 내려 "동북 강역은 공험진이 경계라는 말

이 전해진 지 오래다. 그러나 정확하게 어느 곳인지는 알지 못한다. 공험진이 장백산長白山(백두산) 북쪽 산기슭에 있다 하나 역시 그 허실을 알지 못한다"고 말하며 이렇게 명령했다.

> 《고려사》에는 "윤관이 공험진에 비를 세워 경계를 삼았다"고 하는데, 지금 들으니 선춘점先春岾에 윤관이 세운 비가 있다 한다. 본진本鎭(공험진)이 선춘점의 어느 쪽에 있는가. 그 비문을 사람을 시켜 찾아볼 수 있겠는가?… 만일 비문이 있다면 또한 사람을 시켜 등서謄書할 수 있는지 없는지 아울러 아뢰라.
>
> 《세종실록》21년 8월 6일

세종은 윤관이 '고려지경高麗之境'이라는 비를 세웠다는 공험진 선춘점을 찾아 비문 내용을 적어 보내라고 명령했다. 이곳까지가 조선 강역이라는 사실은 조선 초기만 해도 임금과 신하 모두 알고 있는 내용이었다. 그래서 《세종실록지리지》 '함길도'조에는 "남쪽은 철령부터 북쪽은 공험진에 이르기까지 1,700여 리이다"라고 써서 이 일대가 조선 강역임을 분명히 하고 있는 것이다. 세조 때 정척·양성지 등이 작성한 동국지도東國地圖 역시 두만강 북쪽 공험진과 선춘령을 조선 강역으로 표기하고 있다. 현행 국사교과서들이 세종의 4군6진 개척으로 조선 국경이 압록강에서 두만강으로 확대되었다고 서술하고 있는 것은 일본인 식민사학자들의 조작을 지금껏 추종하는 것이다. 당대의 많은 기록은 조선의 국경은 압록강에서 두만강 북쪽이라고 말하고 있다. 조선과 명나라의 국경선은 심양 남쪽 철령부터 영안 부근 공험진까지였다.

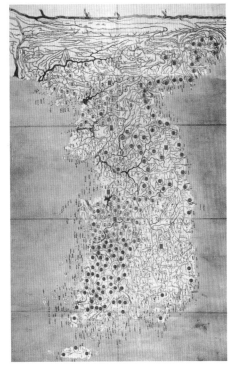

— 동국지도로 추정되는 조선팔도지도. 국사편찬위원회 소장.

세법 개정에 전 농민의 의사를 묻다

세종은 사대부와 농민들의 의사가 충돌할 때는 사대부의 손을 들어주었지만 농민들의 이해가 직결된 문제는 농민들의 의사를 가장 존중했다. 농지세인 공법貢法 제정 경위가 그랬다. 조선은 고려 공양왕 3년(1391) 신흥사대부들이 제정한 과전법을 계승해 사용했는데, 농지세인 전조로 수전水田(논)은 1결당 조미糙米(현미) 30두, 한전旱田(밭)은 잡곡 30두로서 수확량의 10분의 1 정도였다. 이 세액은 고정된 것이 아니라 추수기에 관원이 직접 현장에 나가서 수확량을 보고 납부 액수를 감면해주는 답험손실법踏驗損失法으로 보완했다. 풍흉에 따른 수확량의 증감을 10등급으로 나누어 대풍을 10으로 삼아 기준으로 하고, 그해 수확량이 1분(10퍼센트) 감소했으면 세금도 1분 감소해주고, 2분 감소했으면 2분 감소해주다가 수확량이 8분(80퍼센트) 감소했으면 세금을 전액 면제해주었다. 답험손실법은 세금의 액수가 매년 달라지는 문제가 있었고, 부정이 개재될 요소도 있었다. 그래서 농지 1결당 매년 20두로 고정하자는 공법이 대안으로 등장했다. 그런데 공법은 풍년일 경우 농민들에게 유리했지만 흉년일 경우에는 불리했으므로 논란이 많았다.

세종은 공법 제정에 대해서 벼슬아치는 물론 전체 농민들의 찬부를 물어 보고하게 했는데, 세종 12년(1430) 8월 호조에서 그 결과를 보고했다. 벼슬아치에겐 개인의 의견을 묻고 농민들에겐 호주의 의견을 묻는 방식이었다. 벼슬아치는 현직 259명, 전직 443명이 공법에 찬성한 반면 현직 393명과 전직 117명이 반대해서 전직자의 찬성 비율이 네 배 정도 높았다. 일반 농민들은 평지가 많고 적음에 따라 지역적인 편차가 심했다. 경기도는 1만 7,076명이 찬성인 반면 236명만이 반대였다. 전라도는 2만 9,505명이 찬성이었고 257명이 반대였다. 경상도는 3만 6,262명이 찬성인 반면 377명만이 반대였다. 평지가 많은 지역은 찬성 비율이 높은 편이었다.

하지만 산지가 많은 평안·함경·강원도 등은 반대가 많았다. 평안도는 1,326명만이 찬성한 반면 2만 8,474명이 반대였고, 함길도는 75명만 찬성이었고

7,387명이 반대였다. 강원도는 939명만 찬성하고 6,888명이 반대했으며, 황해도는 4,454명이 찬성이고 1만 5,601명이 반대였다. 충청도는 6,982명이 찬성한 반면 1만 4,013명이 반대였다. 전체를 놓고 보면 공법 시행에 찬성은 9만 8,657명이고 반대는 7만 4,149명으로 찬성 비율이 조금 더 높았다.

이 정도 찬성률로 공법 시행을 밀어붙이기는 쉽지 않다고 생각한 세종은 답험손실법을 계속 시행했다. 그러나 문제가 계속되자 세종은 재위 18년(1436) "1결에 20두는 너무 많으니, 15두로 정하는 것이 어떻겠는가"라고 수정 제안했다. 이 문제를 다루는 공법상정소貢法詳定所가 설치되어 논의에 논의를 거듭한 결과 세종 26년(1444) 11월 전제상정소田制詳定所에서 공법의 내용을 보고했다. 과거 세 등급이던 토지 비옥도를 여섯 등급으로 나누는 전분육등법田分六等法과 한 해의 풍흉을 아홉 등급으로 나누는 연분구등법年分九等法을 실시하자는 것이었다. 그래서 최고 20두, 최하 4두를 받자는 것이었다. 그러나 이를 곧바로 전국적으로 실시하지는 않았다. 공법을 실시하려면 먼저 토지 면적을 다시 조사해서 새로운 양안을 만들어야 했기 때문이다. 세종 32년(1450) 전라도에서 새로운 양안이 만들어지자 맨 먼저 공법을 시범 실시했다. 공법이 완벽한 제도는 아니었지만 답험손실법보다는 진전된 세법이었으므로 점차 확대되어갔다. 세조 7년(1461)에 경기도, 세조 8년(1462)에 충청도, 세조 9년(1463)에 경상도에 확대 실시되었다. 공법 시행을 위해 토지 면적을 재는 양전을 다시 실시한 결과 과세에서 빠졌던 은결隱結이 다수 드러났다. 그래서 백성들에게 걷는 세금을 깎아주고도 나라에서 거두어들이는 곡식은 더 늘어났다.

세종은 심사숙고를 거듭하고, 연구에 연구를 거듭한 끝에 답험손실법보다 공법이 더 낫다는 결론을 얻고도 그 부작용을 최소화하기 위해서 전라도에서 먼저 시범 실시했다. 치밀한 행정가의 면모가 잘 드러나는 대목이었다.

6등전 1결의 환산평수

	주척周尺	무畝	평坪
1등전	4척 7촌 7푼	38.0	2,753
2등전	5척 1촌 8푼	44.7	3,249
3등전	5척 7촌	54.2	3,931
4등전	6척 4촌 3푼	69.0	4,723
5등전	7척 5촌 5푼	95.0	6,897
6등전	9척 5촌 5푼	152.0	11,035

출전. 이재룡, 《조선전기 경제구조연구》, 숭실대학교 출판부.

민족문화의 창달과 훈민정음 창제

세종은 문화 창달에 관심이 많았다. 재위 7년(1425) 관습도감을 설치하고 박연에게 아악을 정리하게 했다. 세종은 '정대업定大業', '보태평保太平'을 직접 작곡할 정도로 국악에도 정통했다. 또한 이천李蕆·장영실 등에게 측우기를 만들게 하고, 궁중에 흠경각欽敬閣을 설치해 천체 관측기구인 혼천의와 해시계인 앙부일구, 물시계인 자격루를 만들게 했으며, 원나라·명나라 및 아라비아의 역서를 참조해 조선 실정에 맞는《칠정산내외편七政算內外篇》을 편찬했다.

세종의 문화관련 업적 중에서 가장 큰 것은 물론 훈민정음 창제다. 훈민정음은 세종이 집현전 학사들과 같이 창작한 것으로 알려져 있지만 세종이 단독으로 창제한 것이고 나중에 아들 문종이 도왔을 뿐이다.《세종실록》25년(1443) 12월 30일자는 "이달에 임금이 직접 언문 28자를 만들었다"라고 세종이 창제한 사실을 말해주고 있다. 신숙주申叔舟 등이 요동에 유배 온 명나라 한림학사 황찬黃瓚을 13차례 만나 자문을 받은 것은 훈민정음 창제가 아니라 새로 만든 정음으로 한자음을 어떻게 적을 것인가 하는 운서韻書에 대한 자문이었다.《세종실록》27년(1445) 1월자에 신숙주, 성삼문成三問, 손수산孫壽山 등을 "요동에 보내 운서에 관해 질문하게 했다"고 전하는 것이 이를 말해준다.

그런데 세종 26년(1444) 2월 집현전 부제학 최만리崔萬理, 정창손鄭昌孫 등 7명의 학사가 기존에 사용하던 이두를 써도 뜻이 통한다면서 훈민정음 창제에 반대하는 상소문을 올렸다. 세종은 "너희들이 설총薛聰은 옳다고 하면서 임금이 하는 일은 그르다고 하는 것은 무슨 까닭이냐? 또한 너희들이 운서를 아느냐? 사성 칠음을 아느냐? 자모가 몇 개인지 아느냐? 만약 내가 운서를 바로잡지 않으면 누가 바로잡을 것이냐?"라고 꾸짖을 정도로 언어에 관한 한 당대 최고전문가였다.

— 신숙주의 초상.

세종은 재위 16년(1434) 역대 충신, 효자, 열녀 등의 행실을

한문과 그림으로 그린《삼강행실도三綱行實道》를
간행했는데, 이를 다시 정음으로 번역해 반포하
려 하자 정창손이 "어찌 반드시 언문으로 번역한
후에야 사람이 모두 본받을 것입니까?"라고 반대
했다. 세종은 최만리 등 다른 학사들은 의금부에
하옥시켰다가 하루 뒤 풀어주었으나 정창손만은
"아무짝에도 쓸모없는 속유俗儒"라면서 파직시켰
는데, 훗날 정창손은 사위 김질金礩과 함께 상왕
단종복위기도 사건을 고변하는 장본인이 된다.

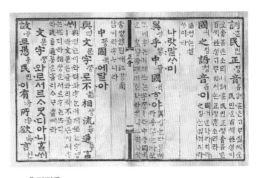

— 《삼강행실도》. 1428년 진주에서 김화金禾가 아버지를 살해한 사건에 대해 강상죄綱常罪로 엄벌하자는 주장이 논의되었을 때, 세종이 엄벌에 앞서 효행의 풍습을 알릴 수 있는 책을 펴내 백성들에게 널리 읽히는 것이 좋겠다고 하여 편찬했다.

세종은 재위 28년(1446) 9월 훈민정음을 반포
했다. 정인지鄭麟趾는 그 서문에서 "계해년(세종
25년) 겨울에 우리 전하께서 정음正音 28자를 처
음으로 창제하셔서 예의例義를 간략하게 들어 보이고 명칭을 '훈민정음訓民正
音'이라 하였다"라고 말해 세종이 직접 만들었음을 분명히 하고 있다.

세종이 훈민정음을 만든 표면적 이유는 크게 두 가지로 분석할 수 있다. 하
나는 왕조 개창의 정당성을 천명하기 위한 것이었다. 훈민정음 반포 1년 전인
세종 27년(1445) 4월《용비어천가》를 먼저 만든 것이 이를 말해준다. 세종은
재위 29년(1447) 10월 완성된《용비어천가》550본을 군신들에게 하사했는데,
제1장이 "해동 육룡이 ᄂᆞᄅᆞ샤 일마다 천복이시니 고성古聖이 동부同符하시니"
이다. 해동 육룡이란 이성계의 4대 조상인 목조·익조·도조·환조와 태조·태종
을 뜻하는 것인데 이들이 건국에 이르는 과정
이 천명을 받은 옛 성인(고성古聖)들과 같다는 의
미다. 2대 정종이 빠진 것은 세종이 '태조→태
종→세종'으로 이어지는 왕통에 대한 역사인
식을 갖고 있었다는 뜻으로서 스스로 왕위에서
물러난 정종을 왕이 아니었던 것처럼 박하게
대우한 것이다. 2장의 "불휘 기픈 남ᄀᆞᆫ ᄇᆞᄅᆞ매

— 훈민정음.

아니 뮐씨 곳 됴코 여름 하느니"라는 내용도 조선의 건국이 오랜 과정을 거친 천명의 결과이므로 장수할 것이라고 노래한 것이다.

세종이 훈민정음을 창제한 또 다른 이유는 자신이 직접 지은 어제御製에서, "어린 百백姓성이 말하고자 하는 바가 있어도 마침내 제 뜻을 펴지 못하는 사람이 많다"면서 "내 이를 불쌍히 여겨 새로 스물여덟 자를 만들어 모든 사람이 쉽게 익혀 날마다 편안하게 하려고 할 따름이다"라고 말한 것처럼 글자를 모르는 백성들에게 문자 생활을 누리게 하기 위한 것이었다. 세종은 백성이 문맹일 경우 가장 큰 장애가 옥사라고 생각했다. 문자를 모르는 백성들이 불이익을 당하는 경우가 많았다. 집현전 부제학 최만리 등 7명이 세종 26년(1444) 2월 언문 제작을 반대한 상소 중에 이를 반박하는 대목이 있었다.

> (언문 제작과 관련해) '형살에 대한 옥사를 이두문으로 쓴다면 문리를 알지 못하는 어리석은 백성이 한 글자 차이로 혹 원통함을 당할 수도 있다. 지금 언문으로 그 말을 직접 쓰고 읽어서 듣게 한다면 비록 지극히 어리석은 사람이라도 다 쉽게 알아들어서 억울함을 품을 자가 없을 것이다'라고 하지만….
>
> 《세종실록》 26년 2월 20일

최만리 등은 이두를 아는 자도 매를 견디지 못해 그릇 항복하는 자가 많으니 피의자가 글자를 안다고 옥사가 공정하게 처리되는 것은 아니라고 주장했다. 그러나 백성들이 소송문서를 읽을 줄 안다면 억울한 일을 당하는 경우가 적어질 것이란 점에서 최만리 등의 이런 문제 제기는 '반대를 위한 반대'에 불과했다. 당시 법률문서는 한문과 이두가 섞여 있었는데 이두 또한 한문 못지 않게 어려웠기 때문이다. 그래서 법률문서를 정음으로 작성해 일반 백성들도 쉽게 읽을 수 있게 하려는 배려였다. 또한 세종 때의 수령고소금지법이나 종모법 등으로 민심 이반이 심각했던 점도 《용비어천가》에서 조선 건국의 정당성을 역설하고, 훈민정음 창제로 조선이 사대부만의 나라가 아님을 역설할 필요도 있었을 것이다.

세종의 훈민정음 창제는 깊은 철학적 바탕 위에서 나왔다. 훈민정음에서 하늘을 'ㆍ'로, 땅을 'ㅡ'로, 사람을 'ㅣ'로 표현한 것은 음양과 태극 이론에 따른 것이었다. 또한 그 형상을 본떠서 목구멍을 'ㅇ'으로, 이齒를 'ㅅ'으로, 입을 'ㅁ'으로 형상화했다. 세종은 인간의 구강에서 나오는 모든 소리를 적을 수 있는 언어를 만들었는데, 이것이 전 세계 어느 언어도 갖지 못한 훈민정음만의 특출한 장점이다. 세종의 훈민정음 창제 정신으로 돌아가면 지구상의 모든 언어를 완벽하게 적을 수 있다.

훈민정음의 이런 장점은 일제강점기를 거치면서 크게 퇴보했는데, 일제는 1912년에 보통학교용 언문철자법을 만들면서 아래아(ㆍ)를 폐지하고 받침에서도 한 글자 받침 'ㄱ, ㄴ, ㄹ, ㅁ, ㅂ, ㅅ, ㅇ' 일곱 개와 두 글자 받침 'ㄺ, ㄻ, ㄼ' 세 개 등 모두 열 가지만 인정했으며, 설음 자모 'ㄷ, ㅌ' 등과 'ㅑ, ㅕ, ㅛ, ㅠ'의 결합을 인정하지 않는 등 훈민정음의 발음체계를 크게 제한했다. 1930년에는 조선총독부에서 직접 언문철자법을 만들면서 표현 가능한 발음을 대폭 제한했고, 여기에 'ㄹ·ㄴ'이 어두에 오면 'ㅇ'으로 발음하게 한 두음법칙 같은 비언어적 규제가 더해지면서 우리 발음체계가 크게 퇴화했다.

그런데 일제가 조선어말살정책의 시동을 걸던 1940년 경북 안동에서 발견된 세종 28년에 발간된 《훈민정음 해례본解例本》은 훈민정음으로 모든 소리를 적을 수 있음을 말해주고 있다. 문제는 현재의 한글맞춤법 통일안이 《훈민정음 해례본》에서 세종이 만든 표기원칙의 상당 부분을 따르지 않고 있다는 점이다. 현행 한글맞춤법 통일안은 영어를 예로 들면 B/V, P/F, R/L 등을 구분할 수 없다. 그러나 《훈민정음 해례본》의 연서와 병서 원칙을 사용하면 이를 쉽게 해결할 수 있다. B/V, P/F는 모두 순음(입술소리)인데, 《훈민정음 해례본》은 "ㅇ를 순음 아래 연서하면 곧 순경음脣輕音(입술 가벼운 소리)이 된다"고 설명하고 있다. 연서의 법칙이란 순음 'ㅁ·ㅂ·ㅍ·ㅃ' 아래에 'ㅇ'을 더하여 순경음 'ㅱ·ㅸ·ㆄ·ㅹ'를 만들라는 것이다. 이에 따르면 B·V 중 하나는 'ㅂ'로, 하나는 'ㅸ'으로 적으면 두 음을 구분할 수 있다는 것이다. P/F는 병서의 원칙을 따르면 해결된다. 병서는 첫소리를 두 자, 혹은 세 자로 자유롭게 사용해 발음

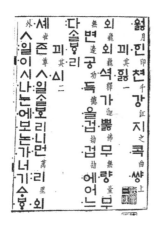

— 《월인천강지곡》.
1447년에 왕명에 따
라 수양대군이 소헌
왕후의 명복을 빌기
위하여 《석보상절釋
譜詳節》을 지어 올리
자 세종이 석가의 공
덕을 찬송하여 지은
노래이다.

하라는 것이다. L은 'ㄹ'로 적고 R은 'ㄹㄹ', 또
는 'ㅇㄹ' 등으로 적으면 두 발음을 구분할 수
있다.

　또한 세종은 한자를 없애고 정음으로 대체
하기 위해 훈민정음을 만든 것도 아니었다. 세
종은 동아시아의 보편 문자인 한자와 훈민정
음의 공존을 추구했다. 《용비어천가》는 물론
세종 자신이 지은 《월인천강지곡月印千江之曲》

등에서 세종은 훈민정음과 한자를 함께 사용했다. 이는 우리 민족이 하나의
문장 안에서 표의문자인 한자와 표음문자인 한글을 상호충돌 없이 사용할 수
있는 유일한 민족이란 사실을 잘 알고 있었기 때문이다. 그러나 현재 역사학
이 그런 것처럼 언어학도 일제 잔재를 청산하지 못한 결과 우리는 아직도 세
종이 만든 훈민정음 창제원칙과 다른 불완전한 언어를 사용하고 있다.

훈민정음 이전에 고유 글자가 있었을까?

훈민정음 이전에도 우리 고유의 문자가 존재했다는 주장이 꾸준히 있었다. 최만리 등의 언문 제작
반대 상소문에도, "'언문은 '모두 고자이지 신자(새 글자)가 아니다'라고 하지만…"이란 구절이 있
다. 훈민정음이 옛 전문을 모방했다는 것인데, 정인지도 《훈민정음》 서문에서 "훈민정음은 물건의
형상을 본떴는데 글자는 고전古篆을 모방"했다고 썼다. 전문篆文은 가장 오래된 한자 서체인 전
자篆字로 쓴 글씨를 뜻하는데, 주나라 때 만들었다는 대전과 진나라 이사李斯가 대전을 간략하게
만들었다는 소전이 있다. 이두는 물론 훈민정음 창제 이전에도 《속육전續六典》 등을 편찬할 때 간
혹 '방언'도 사용했다는 기록이 있듯이 훈민정음이 첫 번째 소리글자는 아니다. 조선시대는 물론
대일항전기 때도 훈민정음 이전에 우리 문자가 있었다는 주장은 계속 있었다. 그중에는 성호 이
익李瀷처럼 몽골자에서 따왔다고 본 경우도 있었고, 원나라 파스파 문자를 참조했다는 설도 있었
다. 대일항전기 조선어학회 사건으로 투옥되었던 국어학자 김윤경은 1931년과 1932년에 《동광》에
실은 〈정음 이전의 조선 글〉과 〈조선 문자의 역사적 고찰〉이란 논문에서 훈민정음 이전의 조선 글
자의 형태가 아홉 가지가 있었다고 서술했다. 그중에는 단군 때 사람 신지가 만든 신지神誌문자가
있었다는 주장도 있다. 조선 선조 때 권문해權文海가 편찬한 《대동운부군옥大東韻府群玉》에는 "신

지는 단군 때 사람인데, 스스로 호를 선인이라고 하였다"라
고 쓰여 있다. 조선 후기 이규경李圭景 같은 학자들은 신지
를 예언가로 보았다. 김윤경은 〈정음 이전의 조선 글〉(《동광》
23호, 1931년 7월 5일)에서 훈민정음 이전에 '신지비사문神誌秘
詞文'이 있었다면서 여러 사료를 든 후 "이 여러 문헌에 의하
여 단조(단군 조정)의 신지비사가 최근 이조 때까지 전하던 것
임을 밝힌다. 그러하면 그 신지비사는 곧 단군 시대에 문자
가 있었던 것을 증명하는 것이외다"라고 쓰고 있다. 또한 부
여도 부여문자가 있었으며, 당나라 시인 이태백이 발해문자
를 알았다는 이야기도 설명하고 있다. 《훈민정음 해례본》 발
견으로 훈민정음의 창제원리가 보다 분명하게 드러났지만 이
런 주장들에 대해서도 계속 연구해 우리글의 계통을 명확히
밝혀야 할 것이다.

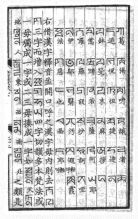

— 원나라의 파스파 문자. 원 세
조 쿠빌라이의 명으로 몽골어 등
을 표기하기 위해 만들어졌다.

03 문종·단종 시대와 헌정질서에 대한 도전

문무겸전의 문종

세종은 재위 32년(1450) 2월 영응대군 집 동편에서 만 53세의 나이로 세상을 떠났다. 사관은 세종에 대해서 '해동 요순堯舜'이라고 평했는데, 사대부들을 극도로 우대했던 군주에 대한 최상의 찬사였다.

세종은 재위 18년(1436) 4월 국왕이 육조의 보고를 직접 받고 지시를 내리는 육조직계제를 의정부에서 먼저 심의해 보고하는 의정부서사제로 환원했다. 의정부서사제는 좌의정·우의정이 육조의 세 부서를 각각 나누어 맡고 영의정은 총괄했는데, 이번에는 영의정도 함께 참여해 가부를 시행하게 했다. 영의정 황희를 신뢰해서 육조의 일을 함께 의논하도록 바꾼 것이다. 권력을 의정부와 나누어도 문제가 없을 만큼 왕권이 안정되어 있었다.

세종의 뒤를 이어 개국 이후 처음으로 맏아들이 즉위했으니 5대 문종 이향李珦이었다. 문종은 태종 14년(1414)에 임금의 손자로 태어나 세종 3년(1421)에 만 일곱 살에 왕세자로 책봉되어 스물아홉 해 동안 왕세자 교육을 받은 만 서른여섯의 준비된 군주였다. 더구나 그는 세종 25년(1443)부터 이미 국정에 참여했다. 세종은 재위 24년(1442)경부터 명나라 태자는 "첨사부詹事府를 세

워서 서무庶務를 처리한다"면서 조선도
세자가 서무를 처리하는 기구를 두어
세자를 정사에 참여시켜야 한다고 말
했다. 그러나 태종이 양위 선언을 했을
때 민무구·무질 형제 등이 얼굴에 화색
을 띄었다는 이유로 사형을 당한 사건
이 있었기 때문에 도승지 조서강趙瑞康
을 비롯해서 모든 신하들이 일제히 반
대했다. 세종은 다시 "나의 안질이 날마

— 황희의 초상.

다 심해져서 직접 기무를 결단할 수 없으므
로, 세자에게 서무를 처결하게 하려 한다"면서 세자 대리청정의 뜻을 거듭 밝
혔고, 황희를 비롯한 대신들도 세자 대리청정이 세종의 본심임을 알게 되었
다. 그래서 세종 25년(1443) 종3품의 첨사 1인과 정4품의 동첨사同詹事 2인을
둔 첨사원을 출범시키고 세자를 대리청정시켰다. 세종의 병도 있었지만 국왕
수업을 시키려는 의도였다.

이때부터 세종이 사망하기까지 7년간은 세종과 세자가 함께 나라를 다스
린 기간이었다. 이 기간은 세종이 훈민정음 창제에 열중한 기간이기도 했다.
성삼문이 《직해동자습直解童子習》 서문에서 "우리 세종과 문종께서 이를 딱하
게 여기시어 훈민정음을 만드시니 천하의 모든 소리가 비로소 다 기록하지 못
할 것이 없게 되었다"라고 쓴 대로 세자와 함께 훈민정음을 창제했다. 세종 26
년의 공법 개정, 27년의 《용비어천가》 완성, 28년의 훈민정음 반포 등은 세자
가 세종을 도와 만든 작품들이었다. 문종은 또한 문무에 모두 능했다. 《문종실
록》은 이렇게 말하고 있다.

활로 과녁을 쏠 때도 지극히 신통해서 반드시 명중시켰다. 또 천문天文을 잘
보아서 천둥이 언제 어느 방향에서 일어날 것이라고 미리 말하면 뒤에 반드시
맞았다. 세종께서 매양 거둥하실 때 반드시 천변天變(하늘의 변화)을 물으셨는데,

말하면 반드시 맞았다.

《문종실록》 2년 5월 14일

문종은 군사력 강화에도 큰 관심이 있어서 화차를 제조했다.

이보다 앞서 주상이 임영대군 이구李璆(세종의 4남)에게 화차 제조를 명했다. 수레 위에 거치대(가자架子)를 설치하고 중신기전中神機箭 100개나 사전총통四箭銃筒 50개를 꽂아두고 심지에 불을 붙이면 연달아 발사되었다.

《문종실록》 1년 2월 13일

문종이 고안한 화차는 다연발 화살인데, 《문종실록》은 "화차의 제도는 모두 임금이 직접 지시하여 가르쳐준 것이다"라고 말하고 있다. 문종은 군사제도에도 능했다. 문종은 조선의 실정에 맞는 진법陣法이 필요하다고 느끼고 김종서 등과 논의해 '신진법新陣法'을 만들었다. '신진법'은 군사의 숫자와 통솔에 관한 내용인 분수分數, 실제 군사를 지휘하는 운용법인 형명形名·결진식結

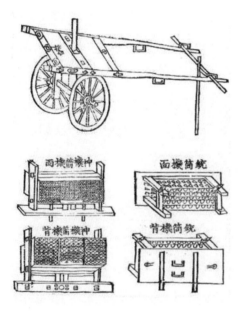

— 16세기 화차의 부분품과 결합체 그림.

陣式·일위독진一衛獨陣·합진合陣·오위연진五衛連陣·군령軍令·장표章標·용겁지세勇怯之勢·승패지형勝敗之形 등의 순서로 되어 있다. '신진법'의 분수는 "대장은 5위衛를 보유한다. 매위는 각각 5부를 보유하고, 매부는 각각 4통을 보유한다"로 시작한다. 이에 따르면 대장은 6만 2,500명을 지휘하고, 그 아래 위장은 1만 2,500명으로 구성되는 위를 거느리는데, 한 위에는 각각 2,500명씩으로 구성된 다섯 부가 있었다. 부장은 각각 500명으로 구성되는 통을 네 개 거느려 모두 2,000명을 지휘했다. 통장은 각각 125명으로 구성되는 여旅를 넷 거느려 모두 500명을 거느리고 여수旅帥는 각각 25명으로 구성되는 대隊를 다섯 거느려 모두 125명을 다스린다. 대정隊正은 각각 5명으로 구성되는 오伍를 다섯 거느리니 25명을 다스리고, 오장伍長은 5명의 졸을 거느리는 체제였다. 지금으로 치면 오장은 분대장, 대정은 소대장, 여수는 중대장, 통장은 연대장, 위장은 사단장, 대장은 군단장 정도 되는 직제로서 현대 군사직제와 유사했다.

형명은 각각 등급에 따라서 군사를 지휘하는 깃발이나 나팔 등을 뜻하고, 결진식은 상황에 따라서 각 군사들이 합쳤다가 흩어지는 군사운용 방식을 뜻했다.

문종이 숭무정책을 시행하자 무풍武風이 일어 사대부가 자제들이 학문보다 무예 습득에 열중하는 풍조가 생겼다. 도승지 이계전李季甸이 성균관 유생들이 공부를 열심히 하지 않으니 지관사知館事를 다시 임명해 학문을 진작시켜야 한다고 건의할 정도였다. 문종도 "내가 활쏘기를 관람하고 진법을 익히게 한 뒤로 사람들이 모두 무사武事를 좋아하고 학문에 뜻을 두지 않는다"면서 학문과 군사에 모두 정통한 김종서를 지관사로 뽑아 학문과 무예를 모두 중시하게 했다.

문종은 나라의 통치이념은 유학이지만 왕가의 종교는 불교라고 생각했다. 그래서 세종의 영혼을 위로하기 위한 수륙재水陸齋(영혼을 달래는 불교의식)를 비롯해서 세종의 명복을 비는 여러 불교의식을 치렀다. 세종도 석가의 공덕을 노래한 찬불가 〈월인천강지곡〉을 직접 지을 정도로 불교 신자였다. 태조 때부터 나라는 유학으로 다스리지만 왕실의 종교는 불교라는 외유내불外儒內佛의 자세를 견지했다. 문종이 불경을 간행하고 세종을 모셨던 후궁들의 출가를 허용하는 친불정책을 쓰자 집현전 부제학 정창손, 사간원 헌납獻納 황효원黃孝源 등이 반대했지만 문종은 뜻을 굽히지 않았다. 또한 세종의 유지에 따라 승려 신미信眉를 선교도총섭禪教都摠攝으로 임명해 불교를 관장하게 했다. 사대부들도 겉으로는 불교를 배척했지만 집안에서는 불교를 믿는 경우가 많았다. 세종이나 문종은 유학과 불교의 공존을 추구했다. 유학은 세상을 다스리는 사상이고, 불교는 인간의 영혼을 구제하는 신앙으로 본 것이다. 유학과 불교의 공존을 추구하는 임금의 치세에는 문약文弱 풍조가 없었다.

문종의 종기와 급서

문종은 재위 기간 내내 종기로 고생했다. 그런데 문종의 종기에 대한 어의들의 처방이 통상적인 처방과 어긋나 문제가 되었다. 세종 때 어의였던 노중례盧重禮와 전순의全循義는 세자의 종기 치료를 잘못했다 하여 고신告身(관직 임명장)을 빼앗겼는데, 문종이 즉위년 4월 돌려주었다. 사헌부 지평 이의문李宜門이, "주상의 옥체가 거의 위태로울 뻔했다"면서 반대하자 문종은 "의술이 정밀하지 못해서 그런 것이지 어찌 다른 마음이야 있었겠는가?"라면서 돌려준 것이다.

이듬해 8월경 문종의 종기가 재발했는데 문종은 와병 중에도 화차를 만들고 신진법을 만들었다. 문종 2년(1452) 5월 3일 의정부와 육조는 문종에게 일체 서무를 정지하고 조섭할 것을 권했다. 이때만 해도 문종이 종기로 세상을 떠날 것으로 보는 대신은 없었다. 어의 전순의가 계속 낙관론을 펼쳤기 때문이다. 전순의는 이렇게 말했다.

> 종기가 난 곳이 매우 아프셨으나, 저녁에는 조금 덜하셨고 농즙이 흘러 나왔으므로, 두탕豆湯(콩죽)을 드렸더니 성상께서 기뻐하시면서, "음식 맛을 조금 알겠다"라고 말씀하셨습니다.
>
> 《문종실록》 2년 5월 5일

전순의의 낙관론에 따라 대신들이 임금의 치료를 관장하고 전담하는 시약청을 꾸리지 않았다. 문종 2년(1452) 5월 8일 전순의는 대신들에게, "주상의 종기에서 농즙이 흘러나와서 지침紙鍼이 저절로 뽑혀졌습니다. 오늘부터 처음으로 찌른 듯이 아프지 아니하니 예전의 평일과 같습니다"라고 말했고, 대신들은 기뻐했다. 전순의의 말과는 달리 문종의 병은 낫지 않았고 14일에는 더 악화되었다. 시약청을 꾸리지 않은 문종의 치료과정에 대해《문종실록》은 이렇게 말하고 있다.

> 무릇 의료에 관한 모든 일과 기도하는 모든 일은 강맹경姜孟卿이 수양대군과 안평대군에게 여쭌 후 두 대군의 말을 받아 의정부에 고한 후에 시행했다.
>
> 《문종실록》2년 5월 14일

도승지 강맹경이 수양·안평대군에게 먼저 보고한 후 이들의 지시를 의정부에 전했다는 설명이다. 도승지 강맹경은 종친의 국정관여 금지 원칙을 어기고 대군들의 지시를 받았다. 그리고 문종은 그날 유시酉時(오후 5~7시경)에 강녕전에서 만 서른여덟 살의 한창 나이로 세상을 떠났는데,《문종실록》은 그 광경을 이렇게 묘사하고 있다.

> 이때 사왕嗣王(단종)이 어려서 사람들이 믿을 곳이 없었으니, 신민의 슬퍼함이 세종 상사 때보다도 더했다.
>
> 《문종실록》2년 5월 14일

문종은 동궁 시절 상호군 김오문金五文의 딸인 휘빈徽嬪과 종부시 소윤 봉려奉礪의 딸 순빈純嬪과 혼인했으나 아이를 얻지 못했고, 판한성 부사 권전權專의 딸에게서 세종 23년(1441) 아들(단종)을 얻었으나 권씨는 출산 사흘 만에 사망하고 말았다. 단종의 모후가 현덕왕후였다. 문종이 귀인 홍씨와 사측 양씨라는 두 후궁만을 두고 세상을 떠났을 때 단종은 만 열한 살이었다. 수렴청정할 대비도 없는 상황에서 어린 단종이 즉위한 것이었다. 이 경우 국왕을 보

— 영모전의 단종 초상화. 영모전은 단종의 사당으로 본래는 목상을 모셨으나 훼손되어 그림으로 봉안되었다. 사진은 1927년 이모본이다.

필하는 제도가 '선왕의 유명遺命'이었다. 《야언별집野言別集》은 "문종이 승하할 때 세자는 어리고 종실은 강성한 것을 염려해서 황보인皇甫仁·김종서에게 특히, "유명을 받아 어린 임금을 보필하라"라고 명했다고 전하고 있다. 왕조국가에서 선왕의 유명은 헌법과 같은 효력이 있었다. 《연려실기술》은 '단종조 고사본말'조에서 영의정 황보인·좌의정 남지·우의정 김종서·좌찬성 정분鄭苯·우찬성 이양李穰 같은 의정부 대신들과 병조·이조·호조·예조판서와 지신사 강맹경·집현전제학 신석조辛碩祖 등이 문종의 고명顧命을 받들어 단종을 보좌했다고 적고 있다.

단종은 어렸지만 세자시강원에서 왕도수업을 받았기 때문에 단순히 어린 아이는 아니었다. 단종의 '즉위교서'는 "모든 사무를 매양 대신에게 물어 한결같이 열성列聖의 헌장憲章(법)에 따라서" 처리하겠다고 선포했다. 단종은 대신들의 뜻을 대부분 따랐지만 자신의 의지로 직접 처리하는 경우도 있었다. 즉위년(1452) 7월 6일 부사직 문득겸文得謙이 불당을 헐어버리자고 상서하자 이 상서를 유중불하留中不下했다. 상소의 내용이 마음에 들지 않을 때 관계기관에 내리지 않는 것이 유중불하다. 불당을 허는 것은 문종의 뜻이 아니라는 적극적 의사표시였다.

단종을 보필하는 의정부 대신들은 장성한 대군들의 준동을 방지할 수 있는 장치를 단종 즉위교서에 집어넣었는데, 분경奔競(인사청탁) 금지조항이 그것이었다.

이조·병조의 집정가執政家에 대한 분경 금지는 이미 분명한 법령이 있지만 의정부 대신과 귀근貴近 각처는 분경을 금하는 일이 없기 때문에, 무뢰배나 한가하고 잡다한 무리들이 사적으로 가서 만나는 폐단이 매우 크니 앞으로는 이조, 병조 집정가의 예에 따라 시행하다.

《단종실록》 즉위년 5월 18일

그간 문무관의 인사권이 있는 이조·병조 벼슬아치에 대한 분경은 법으로 금지되어 있었지만 의정부 대신들과 '귀근 각처(대군들)'는 분경 대상에 들어가 있지 않았는데, 앞으로는 이들도 분경 금지대상으로 삼겠다는 것이다. 조선의 법전인 《속육전》은 종친들의 정사 관여를 엄격하게 금지하고 있었다. 그러나 수양대군 이유李珤는 동생 안평대군 이용李瑢과 함께 도승지 강맹경을 불러, "우리에게 분경을 금하니, 이것은 우리를 의심하는 것이다. 무슨 면목으로 세상에 행세하겠는가?"라고 항의하게 했다. 이에 놀란 영의정 황보인은 책임을 사헌부로 돌리면서 대군들에 대한 분경 금지조치를 해제했다. 대군들은 법의 사각지대에서 활동할 수 있게 되었다.

이런 와중에 치료과정이 정상적이 아니었다며 문종의 급서에 의혹이 일었다. 《문종실록》의 사관들도 문종이 아플 때 "대궐의 안팎이 서로 통하지 않는 가운데, 전순의·변한산·최읍만이 날마다 나아가 진찰했다"라고 의혹을 제기했다. 대신들은 문종에게 절대 안정을 취하라고 권고했지만 어의 전순의 등은 "활 쏘는 것을 구경하게 하고, 사신들에게 연회를 베풀어도 좋다"고 거꾸로 처방했다. 《문종실록》은 어의 전순의가 "사나흘만 기다리면 병환이 완전히 나으실 것입니다"(《문종실록》 2년 5월 14일)라고 말했는데, 갑자기 세상을 떠났다면서 문종 승하 다음 날인 단종 즉위년(1452) 5월 15일, 대간臺諫(사헌부·사간원)에서 의혹을 제기했다.

대행 대왕大行大王(문종)의 병이 심해져서 여러 신하들이 근심하고 염려하지 않는 이가 없었는데, 내의 전순의·변한산邊漢山·최읍崔泣 등이 모두 증세가 순하다고 했으니 국문하여 치죄하기를 청합니다.

국왕이나 왕비가 승하하면 어의들은 형식적인 처벌을 받지만 곧 사면받고 복직하는 것이 관례였다. 그러나 이때는 달랐다. 의금부에서는 "이 의원들은 증세의 경중도 분명하게 말하지 않아서 대신으로 하여금 알지 못하게 했으며, 쓰는 약도 대신에게 물어보지 않았으니 죄가 막중합니다"라면서 처벌을 주청했다. 의금부는 수사 결과를 보고하면서 어의들에 대한 강한 처벌을 주청했다.

> 전순의는 주범이니 중하게 목을 베되 대시待時(춘분과 추분 사이를 피해 목을 베는 것)하고, 변한산·최읍은 종범이니 1등을 감하여 장 100대에 유배 3,000리에 처하소서.
>
> 《단종실록》 즉위년 5월 18일

조선의 형법 체계는 의금부나 사헌부 등의 수사기관에서 수사 결과를 사율원司律院에 보내면 사율원에서 《속육전》이나 《대명률》 등에서 관련 법조항을 찾아서 조율하는 형태인데, 전순의는 사형에 해당한다면서, 다만 만물이 생장하는 춘분과 추분 사이는 피해서 목을 베자는 것이었다. 변한산·최읍은 종범이니 한 등급 감해 목숨은 건져주자는 것이었다. 단종은 전순의의 목을 베는 대신 전의감典醫監 청지기로 떨어뜨리고 변한산·최읍은 전의감 영사令史(아전)로 강등시켰다. 단종은 어의들이 일부러 부왕에 대한 치료를 소홀히 하지는 않았을 것으로 생각했다.

그러나 사헌부는 면밀한 재조사에 들어갔다. 3개월 동안 문종 치료과정의 의혹을 하나하나 조사한 결과 단종 1년(1453) 4월 27일 놀라운 내용의 보고를 올렸다.

> 허리 위에 종기는 비록 보통 사람이라도 삼가고 조심하는 것이 마땅한데, 하물며 임금이지 않습니까? 종기에는 움직이는 것과 꿩고기가 금기입니다… 구운 꿩고기를 기피하지 않고 올렸습니다.

꿩고기와 종기는 상극이었다. 꿩은 반하를 좋아하기 때문에 더욱 위험했다. 꿩고기에는 천남성과의 다년초인 반하半夏 뿌리는 담, 해수, 구토 등의 치료에 쓰이지만 음력 4월경의 반하는 독성이 매우 강해서 보통 사람도 한 숟갈을 먹으면 죽을 정도였다. 게다가 꿩이나 닭·오리 등은 껍질에 기름이 많아서 종기 환자에게 금지 음식인데, 전순의가 올렸다는 것이다. 또한 화농하지 않은 종기를 침으로 찔러서 끝내 대고大故(죽음)에 이르게 했다는 것이었다. 사헌부는 전순의의 치료 행위의 문제점을 네 가지로 정리해서 "비록 백번 사면을 만나더라도 반드시 목을 베어야 할 죄입니다"라고 사형을 주청했다. 그러나 단종은 따르지 않았고 사헌부에서 부당하다고 항의했지만 무산된 채 계유정난癸酉靖難이 다가오고 있었다.

풍수 예언과 계유정난

풍수는 일제강점기를 거치면서 크게 위축되었지만 고려·조선 때는 실무전문가를 뽑는 잡과의 지리학으로 선발했는데, 합격하면 종8품에서 종9품까지 제수했다. 세종 말년부터 풍수에 능한 인사들이 수양대군의 야심을 경계했다. 전농시典農寺의 종 목효지睦孝智는 세종 23년(1441) 사망한 현덕왕후 권씨의 능에 대해, "장자·장손이 일찍 죽는 악지惡地이니 다른 길지로 이장해야 합니다"라고 상소를 올렸다. 이 장지를 선택한 인물은 수양대군(당시 진양대군)이었다. 목효지는 현재 경기도 구리시 동구릉 중 하나인 현릉顯陵(문종릉)을 정할 때도 "정룡正龍·정혈正穴 자리가 아닙니다"라고 상소했다. 정룡·정혈이 아닌 곳에 무덤을 쓰면 장자·장손이 잘못된다는 것이 풍수가의 논리였다. 문종릉을 이장해야 한다는 목효지의 주장에 도승지 강맹경과 수양대군이 강하게 반발했고, 장지는 그대로 결정되었다.

사대부 중에서는 이현로李賢老가 풍수로 수양대군에게 맞섰는데, 그는 경복궁에 대해 이렇게 말했다.

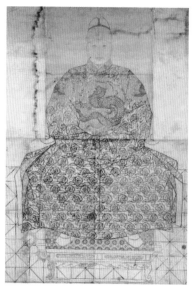

— 훗날의 세조 어진 초본. 1935년 김은호가 그렸다. 문화재청 소장.

백악산白嶽山 뒤에 궁을 짓지 않으면 정룡正龍(종손)이 쇠하고 방룡傍龍(지손)이 일어날 것이다. 태종과 세종은 모두 방룡으로서 임금이 되셨고 문종은 정룡이라서 일찍 세상을 떠나셨다.

《단종실록》즉위년 윤9월 8일

경복궁은 좌청룡인 동쪽 낙산駱山이 서쪽 인왕산에 비해 낮기 때문에 장자·장손이 잘 되지 않는다는 것이었다. 이현로는 백악산 뒤에 궁을 지어야 한다고 주장했는데, 그의 풍수론이 사실이면 새 궁을 지은 후 방룡인 수양은 국왕이 될 수 없었다. 화가 난 수양은 이현로를 구타해 물의를 일으켰다.

풍수에 기대어 수양의 야심을 견제하는 움직임들이 큰 효과를 보지 못한 채 단종 1년(1453) 10월 10일, 수양 측의 거사일이 다가왔다. 수양이 그간 공들여 기른 무사들에게 "김종서 등을 베어서 종사를 편하게 하고자 한다"고 말하자 대부분 반대하거나 북문으로 도망갔다. 한명회韓明澮는 "길가에 집을 지으면 3년이 지나도 완성할 수 없다"면서 거사를 종용했고, 수양의 부인 윤씨도 갑옷을 갖다 입히면서 부추겼다. 수양은 무사 양정楊汀과 가동 임어을운林於乙云 등을 거느리고 김종서의 집으로 가서 "정승의 사모紗帽 뿔을 빌려달라"고 말했다. 김종서가 뿔을 빼어주자 수양은 청이 있다면서 편지를 건넸고, 김종서가 달빛에 편지를 비춰보는 순간 임어을운이 철퇴로 내리쳤다. 아들 김승규金承珪가 몸으로 덮어 보호하자 양정이 칼로 찔렀는데, 이것이 수양 쪽에서는 계유정난이라고 부른 쿠데타로서 조선 전기의 정치질서를 근본적으로 바꾸어놓는 대사건의 시작이었다.

선조 때의 문신 이정형李廷馨은《본조선원보록本朝璿源寶錄》에서 단종이 대궐로 돌아온 수양에게, "숙부는 나를 살려주시오"라고 빌었다고 전하고 있다. 수양은 단종에게 대신들을 부르는 명패命牌를 내리게 했는데, "한명회가《생살부生殺簿》를 들고 문 곁에 앉아 있다가〈사부死簿〉에 오른 대신들을 무사들로 하여금 때려죽이게 했다"고 전하고 있다. 이날 황보인·김종서·정분 등 세 정승이 모두 목숨을 잃었고, 우찬성 이양, 병조판서 조극관趙克寬 등도 명패를 받고 입궐하다가 죽임을 당했다. 윤처공尹處恭·조번趙藩·원구元矩 등은 집으로 쳐들어온 역사力士들에 의해 살해되었다.

다음 날 수양은 영의정부사·영경영서운관사·겸판이병조사領議政府事領經筵書雲觀事兼判吏兵曹事라는 긴 관직을 차지했는데, 혼자서 영의정과 이·병조를 겸했으니 '왕'이란 말만 없을 뿐 사실상의 임금이었다. 쿠데타를 반대한 수양의 친동생 안평대군은 강화도로 유배 갔다. 새 좌의정 정인지, 우의정 한확韓確이 백관을 거느리고 안평대군의 목을 베야 한다고 주청했다. 단종이 윤허하지 않자 수양대군이 신하들의 말이 공론이라고 동조했고 단종은 "그렇다면 억지로라도 청하는 것을 따르겠다"면서 안평대군에게 사약을 내렸다. 선공부정繕工副正 이명민李命敏 같은 여러 왕족들도 죽임을 당했다.

쿠데타 닷새 후인 단종 1년(1453) 10월 15일 정난공신을 책봉했다. 수양대군·정인지·한확·한명회·권남權擥 등 14명이 일등공신, 신숙주 등 11명이 이등공신으로서 모두 43명이었다. 태종 즉위년(1401)의 좌명공신 이후 42년만의 공신 책봉이었다. 수양대군에게 1,000호의 식읍과 500결의 전지와 300구의 노비를 비롯해서 막대한 부상이 내려진 것을 비롯해 다른 공신들에게도 등급에 따라 막대한 부상이 주어졌다. 공신의 자손들은 범죄를 저질러도 영원히 용서하는 특혜가 주어졌다. 태종이 피의 숙청을 통해 제거했던 공신 특권층이 다시 부활한 것이다.

황보인·김종서 등의 토지는 난신전이란 명목으로 공신들이 나누어가졌고, 살아남은 가족들도 노비로 만들어 나누어 가졌다. 10개월 후인 단종 2년(1454) 8월 15일 태조의 건원릉과 문종의 현릉에 추석제를 지낸 후 환궁하는 길에 안평대군의 아들 이우직李友直과 황보인의 아들 황보가마皇甫加麿, 김종서의 아들 김목대金木臺 등 관련자 가족들 39명의 목숨까지 빼앗았다. 국가공 권력이 살육의 도구로 전락한 것이다.

단종, 쫓겨나다

재위 2년(1454) 2월 단종은 수양에게 교지를 내려, "숙부는 과인을 도와 널리 서정庶政을 보필하고… 희공姬公(주공周公)으로 하여금 주나라에서 있었던 아름다운 이름을 독점하지 말게 하라"는 교지를 내렸다. 주나라 무왕의 동생 주공은 조카 성왕의 왕위를 빼앗을 것이라는 소문이 무성했지만 끝까지 조카를 보좌해 공자에게 성인으로 추앙받았던 인물이다. 단종은 수양을 주공에 비유하는 글을 자주 내려 숙부의 야심을 막으려 했지만, 수양은 애당초 주공이 될 생각이 없었다.

수양의 쿠데타 이후 왕실은 둘로 갈라졌다. 수양의 두 백부인 양녕대군과 효령대군, 세종의 4남인 임영대군 이구와 8남 영응대군 이염은 수양 편에 섰다. 세종의 서자들 중에서는 신빈 김씨 소생들이 주로 수양의 편에 섰는데, 세종의 서庶 2남 계양군 이증과 서 3남 의창군 이강, 서 5남 밀성군 이침, 서 7남 익현군 이관 등이다.

단종 편에 선 종친들도 적지 않았다. 세종의 6남 금성대군을 필두로 영빈

정난공신 43명(단종 1년. 1453): 수양대군의 쿠데타에 가담한 공신명단

구분	명단	비고
1등	수양대군·정인지·한확·박종우·김효성·이사철·이계전·박중손·최항·홍달손·권람·한명회	12명
2등	권준·신숙주·윤사균·양정·유수·유하·봉석주·홍윤성·곽연성·엄자치·전윤	11명
3등	이흥상·이예장·성삼문·김처의·권언·설계조·유사·강곤·임자번·유자황·권경·송익손·홍순손·최윤·유서·안경손·한명진·한서구·이몽가·홍순로	20명. 성삼문 등은 지지세력 확대 차원에서 책록

좌익공신(세조1년, 1455): 세조 즉위에 공을 세운 인사

구분	명단	비고
1등	권람·신숙주·윤사로·이관(익현군)·이증(계양군)·한명회·한확 등 7명	익현군·계양군은 신빈 김씨 소생
2등	강맹경·권반·양정·윤암·윤형·이계린·이계전·이사철·전균·정인지·정창손·최항·홍달손 등 13명	
3등	구치관·권개·권공·권자신·김질·박강·박원형·성삼문·원효연·윤사윤·윤자운·이극감·이극배·이예장·이징석·이휘·정수충·조득림·조석문·조효문·최유·한계미·한종손·홍윤성·황수신·황효원 등 26명	

강씨 소생으로 세종의 서장자였던 화의군 이영과 단종의 유모였던 혜빈 양씨 소생의 서4남 한남군 이어, 서6남 수춘군 이현, 서8남 영풍군 이전 등은 모두 단종의 편에 섰다. 수양은 안평대군을 죽인 데 이어 단종 편에 선 친척들을 처벌했다. 단종 3년(1455) 윤6월 11일 금성대군과 혜빈 양씨, 양씨의 두 아들인 한남군과 영풍군은 귀양 갔고, 화의군은 그보다 일찍 귀양에 처해졌다.

왕실 내 우익이 모두 제거되자 단종은 환관 전균田畇에게 양위를 선언했다. 《세조실록》은 "세조가 엎드려 울면서 굳게 사양하였다"고 전하지만 《육신록六臣錄》은, "밤에 수양대군이 철퇴鐵槌(쇠몽치)를 소매에 넣고 들어가자 단종이 용상에서 내려와, '내 실로 왕위를 원함이 아니로소이다'라면서 물러났다"고 전하고 있다. 생육신 남효온南孝溫이 지은 《육신전》은 "승지 성삼문이 국새를 끌어안고 통곡하니 수양이 머리를 들고 그 광경을 자세히 살펴보고 있었다"고 전하고 있다.

세조가 즉위했으니 공신책봉이 없을 수 없었다. 세조가 즉위한 지 석 달 후인 세조 1년(1455) 9월 5일 세조의 즉위를 도왔다는 뜻의 좌익佐翼공신이 책봉되었다. 세종의 둘째 서자 계양군 이증, 일곱째 서자 익현군 이곤이 종친으로 일등에 책봉되었고, 그 외에 한확·윤사로尹師路·권남·신숙주·한명회가 일등공신이었다. 정인지·이계전·강맹경·홍달손洪達孫 등이 이등공신으로서 모두 44명이었다가 나중 단종복위기도 사건(사육신 사건)을 고변한 정창손과 그 사위 김질 등이 추록되어 모두 47명으로 늘어났다.

좌익공신 못지않게 중요한 공신들이 세조 1년(1455) 12월 책봉된 원종原從공신이었다. 원元공신을 도운 사람들에게 주었는데, 문종을 치료했던 어의 전순의가 79명에 달하는 원종 일등공신 중의 한 명으로 책봉되었다. 이는 문종의 급서가 단순한 의혹이 아님을 말해준다. 같은 원종 일등공신으로는 세종의 둘째 딸 정의공주의 남편인 연창위 안맹담과 한명회의 친척 한계희 등이 들어갔다. 원종공신은 그 숫자가 무려 2,300여 명에 달했다. 원종공신에게 줄 벼슬이 부족하자 나이가 많은 자는 녹봉만 타가는 검직檢職을 제수했으니 공신이 아니면 벼슬을 꿈꾸기 어려웠다. 가족까지 합치면 무려 1만여 명이 넘는 특권집단이 생긴 것이다.

반면 단종의 유모였던 혜빈 양씨와 풍수가 목효지는 같은 날(세조 1년 11월 9일) 사형당했다. 사대부 풍수가 이현로는 계유정변 직후 수양에게 죽임을 당했다. 이현로뿐만 아니라 그 부친과 16세 이상의 자식도 모두 죽임을 당했다. 풍수지식으로 수양의 집권을 저지하려 한 것이 대역죄가 된 것이다.

단종의 시대가 저물고 세조의 시대가 열렸다. 수양은 계유정난을 방원이 일으킨 왕자의 난과 비슷하다고 생각했겠지만 큰 착각이었다. 조선 개창 6년째의 왕자의 난 때는 왕조의 기틀이 잡히기 전이었다. 수양의 쿠데타 때는 태종·세종·문종 치세 50여 년을 지나면서 왕조의 기틀이 잡힌 때였다. 문종과 단종은 모두 선왕의 적장자로서 왕위를 계승한 임금들이었다. 수양에게 죽임을 당한 김종서는 세종 10년(1428) 1월 16일 사헌부 집의로서 양녕대군을 비판하면서, "선대를 계승한 임금은 아버지의 형제와 자신의 형제를 신하로 삼는다"라고 말했다. 창업군주는 아버지의 형제와 자신의 형제를 신하로 삼을 수 없어도 선대를 계승한 군주는 아버지의 형제와 자신의 형제를 신하로 삼는 것이 국법이었다. 문종·단종의 신하인 수양이 왕위를 빼앗은 것은 객관적인 반역이었고 많은 유학자들이 분개했다. 수양의 쿠데타는 유학정치의 부정이자 선왕의 유훈을 저버린 반역이었다. 수양의 즉위에 대해 사대부들 사이에서 광범위한 반발이 일었다.

《노산군일기》와 《단종실록》

《단종실록》의 원 이름은 '노산군일기'이다. 노산군은 수양대군 일파가 단종을 내쫓은 후 격하시킨 호칭인데, 단종이 쫓겨나 죽은 250여 년 후인 숙종 24년(1698)에 노산군을 단종으로 올리고 《단종실록》이라고 책명을 바꾸었다. 《단종실록》은 1452년 5월부터 1455년 윤6월까지 단종의 재위 3년 2개월간의 역사를 다루고 있다. 그러나 단종을 죽인 쪽에서 편찬한 것으로서 편찬자의 이름도 남기지 못했고, 편찬과정도 베일에 싸여 있다. 세조 1년(1455) 8월 춘추관의 건의로 노산군 즉위 이후의 시정기時政記를 편찬하기로 했다는 기록이 있을 뿐이다. 《단종실록(노산군일기)》은 수양을 시종 '세조'라는 묘호로 쓰고 있으므로 세조 사후에 편찬한 것으로 생각된다. 수양은 세조 10년(1464) 자신의 쿠데타가 정당했다고 주장하는 《정난일기靖亂日記》의 편찬을 명했는데, 아마도 이 내용이 《노산군일기》의 기본 토대가 되었을 것으로 추측한다. 부록으로 노산군이 단종으로 시호가 올라가는 과정을 적고 있다.

04 공신들의 시대

상왕복위기도 사건

세조 2년(1456) 6월 1일. 상왕 단종과 세조가 창덕궁 광연전廣延殿에서 명나라 사신 윤봉尹鳳에게 연회를 베푸는 날이었다. 단종은 호조참판이자 외삼촌인 권자신權自愼(현덕왕후의 동생)에게 '긴 칼'을 내려주었다. 성삼문·박팽년·유응부 등의 문무신들이 세조를 제거하고 상왕 단종을 복위시키기로 계획한 날이었다. 성삼문 등은 권자신의 모친, 즉 단종의 외조모 최씨를 통해 거사계획을 알렸다. 그러나 이날은 아무 일도 벌어지지 않았고, 다음 날 함께 거사하기로 했던 성균관 사예司藝 김질이 장인인 우찬성 정창손에게 거사계획을 누설하면서 계획이 탄로 났다. 좌부승지 성삼문이 포함된 사실에 충격받은 세조는 즉시 호위군사를 모아 성삼문을 꿇어앉힌 후 "김질과 무슨 일을 의논했느냐?"라고 물었다. 성삼문은 한참 동안 하늘을 우러러보다가 "김질과 면질面質(대질) 후 말하겠다"라고 답했다. 김질이 입을 열자 "다 말할 것 없다"라고 말을 막았다. 세칭 사육신 사건, 곧 상왕복위기도 사건이 세상에 드러나는 순간이었다.

이는 성삼문·박팽년·하위지河緯地·이개·유성원柳誠源 같은 집현전 출신의 유학자들과 유응부兪應孚·성승成勝·박쟁朴靖 같은 무신들이 결합한 사건이었다. 조선 출신 환관 윤봉이 명나라 사신으로 온 것을 접대하는 연회에서 성승·유응부·박쟁이 임금 뒤에 칼을 차고 시위하는 별운검別雲劍으로 뽑히자 세조를 베고 단종을 복위하기로 계획했다. 그러나 광연전이 좁고 덥다는 이유로 별운검을 폐지하자 다음 기회를 노리자는 성삼문·박팽년 등의 문신들과 연기하면 고변자가 나올 것이라면서 결행하자는 유응부 등의 무신들의 견해가 팽팽히 갈렸다. 결국 거사를 연기했다가 고변자가 나오고 말았다. 《육신록六臣錄》은 박팽년이 세조에게 "내 임금(단종) 신하지 어이 나으리(세조) 신하리요"라고 항의했고, 이개는 "충신이 두 임금을 섬기리까"라고 항의했다고 전한다. 이 사건은 사육신뿐만 아니라 수많은 사대부들이 가담한 큰 사건으로서 세조의 즉위명분을 송두리째 무너뜨렸다. 사건 직후 세조는 8도 관찰사에게, "아직도 소민小民들이 두려워할까 염려하니, 소민들을 경동하지 않게 하라"는 전지를 내릴 정도였다.

엄청난 충격에 빠진 세조 일당은 공신집단의 결속을 강화하는 길만이 정권 보존의 길이라고 판단했다. 그래서 공신들을 법 위의 특권층으로 만들었다. 공신들은 어떤 죄를 지어도 처벌받지 않았다. 세조 3년(1457) 4월 사헌부는 "공신의 처첩 중 범죄를 저질렀으나 면죄되기를 바라는 사람이 한둘이 아니다"라고 말할 정도로 불법과 비리가 만연했다. 세조는 "공신은 사형죄를 범해도 마땅히 용서해야 한다"(《세조실록》 8년 2월 30일)라고 말했고, 본인은 물론 그 자손까지 정안政案(인사안)에 "몇 등 공신 아무의 후손"이라고 기록해서 어떤 죄를 지어도 처벌받지 않게 만들었다. 공신집단은 태종이 피의 숙청으로 만든 법치국가 체제를 송두리째 무너뜨렸다.

세조 일당은 상왕복위기도 사건 관련자는 물론 그 부친과 형제, 아들들을 모두 죽여서 대를 끊어 재기를 막으려 했다. 뿐만 아니라 수백 명에 달하는 그 부녀자들을 종친들과 공신들이 나누어 가졌다. 박팽년의 아내 옥금玉今은 정인지가, 김종서의 측근 조완규趙完珪의 아내 소사召史와 딸은 신숙주가, 유성원柳誠源의 아내 미치未致와 딸은 한명회가 차지했다. 조선 중기 윤근수尹根壽는 《월정만필月汀漫筆》에서 "신숙주가 노산군의 왕비 송씨를 받으려 했다"고

— 단종이 유배생활을 하던 청령포의 어소. ©Naturehead.

까지 전한다. 이런 행위는 유학 국가인 조선의 건국정신을 송두리째 부인하는 행위였다.

세조는 재위 3년(1457) 6월 21일 단종을 노산군으로 강봉해 영월로 귀양 보냈는데,《육신록》은 "풀로 엮은 집으로 사면에 가시 울타리를 둘렀다"고 전하고 있다. 세조와 공신들은 단종의 생존 자체를 두려워했다. 같은 해 7월 경상도 순흥으로 유배 간 세조의 친동생 금성대군이 단종 복위를 기도한 사건이 발생했다. 금성대군은 사형당했는데, 신숙주는 "이유李瑜(금성대군)가 또 노산군을 끼고 난역을 일으키려 하였으니, 노산군도 편히 살게 할 수 없습니다"라고 단종의 사형을 선창했고, 정인지가 가세했다. 양녕·효령대군이 종친과 백관을 이끌고 여러 차례 단종을 죽여야 한다고 주청했다. 선조 때 이덕형李德馨이 《죽창한화竹窓閑話》에서 "그 죄를 논한다면, 정인지가 으뜸이 되고 신숙주가 다음이다"라고 전하듯이 단종을 끝내 죽이려 한 행위는 후세까지 분노의 표적이 되었다. 《세조실록》은 금성대군과 장인 송현수宋玹壽가 사형당했다는 소식을 듣고 "노산군이 스스로 목매어서 졸하니 예로써 장사지냈다"라고 적고 있지만 조선 중기 문신 이자李耔는 《음애일기陰崖日記》에서 자살설을 부정하면서 "여우나 쥐새끼 같은 무리들의 간사하고 아첨하는 붓장난이니, 실록을 편수한 자들은 모두 당시에 세조를 따르던 자들이다"라고 비난했다. 《병자록丙子錄》은 사약을 가지고 간 금부도사를 왕방연王邦衍이라고 적고 있고, 훗날 《숙종실록》도 이 사실을 적고 있는 것처럼 사형시킨 것이었다. 임금이었던 단종이 끝내 살해된 것은 유학사회에 엄청난 충격을 던졌다. 가치관은 붕괴되었고, 세조는 충성의 대상에서 극복의 대상으로 전락했다.

공신들의 낙원, 백성들의 지옥

세조는 재위 5년(1459) 2월, 풍양豐壤(현 남양주)에 거동해서 술을 마시며, "여러 종친·재추宰樞(대신)·공신은 나에게 있어서 쇠붙이의 자석과 같아 간격이 없고, 불에 던져진 섶과 같아 기세가 성하여 막을 수 없고, 하늘에 대하여 땅이 생성된 것 같아서 의논할 수 없다"라고 말했다. 공신들은 국왕과 한몸이라는 선언이었다.

왕조 국가에서 국왕과 한몸인 공신집단이 존재한다는 사실 자체가 백성들에게는 공포일 수밖에 없었다. 공신들의 불법행위는 특별한 경우가 아니면 사헌부나 형조에서 고소장 자체를 접수하지 않기 때문에 남은 기록이 드물 정도였다.

예종 때《세조실록》을 편찬하던 원숙강元叔康·강치성康致誠은 참형에 처해지고 민수閔粹는 관노로 떨어졌다. 사초를 고쳤다는 혐의인데 민수는 "사초를 고치고 삭제한 것은 실로 재상을 두렵게 여겼기 때문입니다"라고 자백했다. 대신들의 비위 사실을 사초로 적었다가 후환이 두려워 수정했다는 뜻이다. 공신들의 불법을 기록으로 남기는 것은 목숨을 걸어야 하는 일이었다. 공신들의 탈법이 빈발하자 세조는 재위 3년(1457) "공신들이 잘못된 것을 알면서도 고의로 범죄하니 금후에는 3차까지는 논죄하지 말고, 그 후에도 범법하면 승정원이 보고하라"는 명을 내렸다. 무한정 불법허용에서 3차 불법허용으로 공신 범죄 용서법이 완화된 셈이다. 태종이 국가권력을 천명 실현의 도구로 생각했다면 세조는 공신집단의 사적 이익 실현도구로 악용했다.

공신집단은 힘없는 백성들 위에만 군림하는 것이 아니라 세조와도 대립했다. 이것은 권력의 속성이었다. 세조는 즉위 직후 정난·좌익공신이자 병조판서였던 이계전이, "오늘 성상께서 어온御醞(술)이 과하신 듯하오니 대내大內로 돌아가소서"라고 권하자 대노해서 관을 벗기고 뜰로 끌어내렸다. 세조가 의정부서사제를 육조직계제로 되돌리려고 하는 데 이계전이 반대했기 때문이었다. 세종이 재위 18년(1436) 육조직계제를 의정부서사제로 환원한 것을 세조가 다시 육조직계제로 바꾸려 하자 공신들은 반대했다. 세조는 공신들이 백성들의 재물을 착취하는 것은 용납할 수 있었지만 왕권을 제약하는 것은 참을 수 없었다. 세조는 육조직계제로 바꾸어 왕권강화를 꿈꾸었지만 공신집단 숙청 없는 왕권강화는 불가능한 꿈이었다.

세조는 공신들이 막대한 경제적 이득을 누릴 수 있는 제도적 장치까지 만들어주었다. 그것이 바로 대납권代納權이었다. 백성들에게 부과된 세금을 납부하고 수수료를 더해 백성들에게 징수하는 것이 대납代納이었다. 그런데 수수료가 원 세금 액수의 서너 배에 달했기 때문에 백성들에게 큰 고통이었다.

《예종실록》1년 1월자는 "처음에 세조께서 무릇 민간의 전세와 공물을 타인들이 경중京中(서울)에서 선납하도록 허락하고, 그 값을 민간에서 두 배로 징수하였는데, 이것을 대납이라 한다"라고 전한다. 같은 기록은 "대납하는 무리들이 먼저 권세가에 의탁하여 그 고을 수령에게 청하게 하면서 후한 뇌물을 주면, 수령들은 위세도 두렵고 이익도 생각나 억지로 대납하라는 명을 내리므로 백성들이 감히 어기지 못했다"라고 전한다. 대납제는 공신들에게 고을 전체 세금의 몇 배 이익 착취를 법적으로 허용한 제도였다.《세조실록》에는 대납의 고통에 대한 호소가 끊이지 않고 있지만 세조는 못 본 체 눈감았다. 백성들의 고통을 막는 간단한 방법은 대납 금지였으나 이는 공신들의 반발을 부를 것이었다. 심지어 세조는 재위 7년(1461) 3월 "근자에 효령대군과 충훈부充勳府(공신 관할 부서)에서 공물 대납 전에 그 값을 먼저 거두게 해달라고 청했다"고 말했다. 세금을 먼저 선납하고 후에 거두는 대납도 백성들의 고통이 막심한데, 먼저 서너 배의 세금을 받아서 그중 일부를 떼어 세금으로 내겠다는 후안무치의 청이었다.

세조는 재위 13년(1467) 원상제院相制를 설치해 공신들의 권력을 더욱 강화시켰다. 명나라 사신 백옹白顒·황철黃哲이 오자 신숙주·한명회·구치관具致寬 등의 대신들이 승정원에 나가 집무하게 한 것이 원상제의 시초인데, 사신이 돌아간 후에도 계속 유지되었다. 집현전과 의정부서사제 폐지 후 권한이 대폭 강화된 승정원에 실세 공신들이 출근해서 업무를 보았으니 왕권이 제약될 수밖에 없었다. 명분 없는 쿠데타에서 유일한 명분이 대신들이 왕권을 제약한다는 것이었는데, 그마저도 사라진 채 거대한 공신집단만 부활시켰다. 공신들과 함께하는 왕권강화는 불가능한 꿈일 수밖에 없었다. 세조 일당의 쿠데타는 나라와 백성들에게는 청산하기 힘든 구조적 거악을 뿌리내리게 했다. 세조는 재위 14년(1468) 9월 세상을 떠났지만 그가 남긴 부정적 유산은 조선이 정상적인 사회로 나아가는 데 큰 장애요소가 되었다.

사육신과 삼중신

상왕복위기도 사건은 사육신 사건으로 불린다. 생육신 남효온이 《육신전》에 '성삼문·박팽년·하위지·이개·유성원·유응부'를 수록했기 때문이다. 《육신전》은 금서였지만 영조 40년(1769) 《장릉지莊陵誌》의 서문을 쓴 남학명南鶴鳴이 "조정에서 금지령을 내렸으나 집집마다 《육신전》=을 간수해두고 외우다시피 했다"고 전할 정도로 선비들 사이의 필독서였다. 그런데 1970년대 후반 김재규 중앙정보부장이 사육신 유응부를 자신의 조상인 김문기金文起로 대체하려 했다. 국사학계(?)의 태두 이병도는 권력자의 뜻에 부응해 국사편찬위원회 위원들을 시켜 사육신 유응부를 김문기로 바꾸려고 했다. 부산대 이재호 교수 등이 강하게 반발하자 역사학계는 '사육신은 유응부도 맞고 김문기도 맞다'고 어정쩡하게 봉합해서 현재 사칠신死七臣이 되고 말았다.

사육신 유응부를 삼중신 김문기로 대체하려 한 것은 정조 때 왕명으로 정한 장릉莊陵(강원 영월 단종 릉) 배식단配食壇의 제향 순서를 무시한 독단이었다. 정조 15년(1791) 국가에서 정한 배식단은 가장 위가 왕실인사들인 육종영六宗英으로서 안평대군·금성대군·화의군·한남군·영풍군·하령군이었고, 그다음이 사의척四懿戚으로서 단종의 외척인 송현수·권자신·정종鄭悰·권완權完이었다. 그다음이 삼정승으로서 황보인·김종서·정분이었고, 그다음이 삼중신으로서 민신閔伸·조극관·김문기 같은 판서급 대신들이었다. 그다음이 양운검으로서 성승成勝과 박정朴崝이고, 그다음이 육신부六臣父로서 박팽년의 아버지 박중림朴仲林이고, 그다음에야 사육신이었다. 삼중신이 사육신보다 먼저 제향을 받았다. 이병도가 유응부를 김문기로

— 김문기의 문집인 《백촌선생문집白村先生文集》. 세조가 왕위를 찬탈하자 공조판서 겸 삼군도진무로 있으면서 은밀히 단종 복위운동을 추진하였다. 모진 고문에도 뜻을 굽히지 않다가 군기감 앞에서 능지처참을 당했다.

대체하려고 한 것이 알고 했다면 자신이 결심하면 과거 역사도 바꿀 수 있다는 오만의 소치이고, 모르고 했다면 왕명 어식단이 무엇인지도 모르는 무식의 소치였다. 이병도가 김재규에게 정조가 정한 어정 배식단대로 삼중신을 높이는 것이 김문기를 높이는 좋은 방안이라고 제시했다면 유응부도 살고, 김문기도 살았을 것이다.

정조 15년(1791)에 정한 장릉莊陵(단종릉)어정배식록 명단

(단종의 충신들을 국가에서 제사지내는 순서. 고종 때 추가 배식된 인물 포함)

구분	이름	사유
육종영六宗英	안평 대군·금성 대군·화의군·한남군·영풍군·이양	단종에게 충성한 종친
사의척四懿戚	송현수·권자신·정종·권완	단종에게 충성한 외척
삼상신三相臣	김종서·황보인·정분	정승급 인사들
삼중신三重臣	민신·조극관·김문기	판서급 인사들
양운검兩雲劍	성승·박쟁	운검을 섰던 무장들
육신六臣	성삼문·박팽년·이개·하위지·유응부·유성원	사육신
육신부六臣父	박중림	박팽년 부친
육신자六臣子	하박	하위지 아들
탁절신	허후·허조·박계우·이보흠·정효전·엄흥도·권절·이수형	충성이 탁월한 인물
생육신	김시습·성담수·남효온·원호·이맹전·조여	살아서 절개를 지킨 인물
별단別壇 배식	김승규·이우직·이우량·황보석·궁녀 양씨·무녀 용안·불덕 등 198인	단종을 지키거나 복위시키다 순절한 인사들

세조와 공신들의 후회

세조는 죽기 넉 달 전인 재위 14년(1468) 5월 술자리에서, "내가 잠저로부터 일어나 창업의 임금이 되어 사람을 죽이고 사람을 형벌한 것이 많았으니 어찌한 가지 일이라도 원망을 취함이 없었겠느냐? 《주역》에 '소정小貞은 길하고 대정大貞은 흉하다'고 하였다"라고 말했다. 《주역》〈둔괘屯卦〉 구오九五에 나오는 이 효사爻辭에 대해 왕필王弼은 《주역주周易注》에서 "작은 일에서는 곧으면 길하지만 큰일에는 곧아도 흉하다"라고 설명했다. 세조는 자신이 큰일에 곧았다고 스스로 합리화했지만 그는 큰일을 그르쳤기에 두고두고 비난을 받았다. 한명회도 마찬

— 겸재 정선鄭歚이 그린 압구정도 부분. 압구정은 한명회가 만년을 보내던 정자다.

예종의 개혁과 급서

세조의 후사인 예종 이황李晄은 세조의 둘째아들이었다. 맏아들 의경세자는
세조 3년(1457) 만 열아홉으로 세상을 떠났다. 열여덟 살에 즉위한 예종은 공
신들의 정치에 부정적인 인식을 갖고 있었다. 세조가 병석에 눕자 세자는 공
신들에게, "계유년(계유정난) 난신들의 가족들과 병자년(상왕복위기도 사건) 난신
들의 가족들을 방면하는 문제를 어떻게 생각하시오?"라고 물었다. 세조가 병
에 걸린 것은 이 두 사건으로 죽었거나 노비로 떨어진 사람들의 원한이 하늘
을 움직인 것이라는 의미가 내포되어 있었다. 이는 세조 집권에 대한 정당성
을 부정하는 발언이어서 공신들은 경악했다. 공신들은 굳이 사면해야 한다면
두 사건 관련자들의 숙질(아저씨와 조카)이나 그 자매, 유배된 자들을 용서하자
는 타협안을 제시했다. 세자는 "공신에게 준 자들도 방면한다면 대신들이 싫
어할 것이요"라고 말했다. 가장 많은 노비를 차지한 것은 공신들이었다. 공신
중 정창손은 방면에 찬성했지만 다른 공신들이 아무도 호응하지 않으므로 무
산되었다. 그러나 이는 세자의 정견이 그대로 드러낸 사례였다.

예종은 즉위하자마자 공신집단에 칼을 대었다. 첫 번째는 분경(인사청탁)을

금지시켜 공신들의 뇌물 길을 끊으려 했다. 예종은 "종친·재추·공신이라도 정청政廳(이조·병조)에 마음대로 드나들면 즉시 목에 칼을 씌워 구속하고 나중에 보고하라"고 명했다. 문무관료들에 대한 인사를 단행하는 정청에 마음대로 드나들면 공신이라도 즉각 칼을 씌워 구속하라는 명령이었다.

그러나 이는 세조의 뜻과는 달랐다. 세조는 원상제로 공신들에게 힘을 실어주는 한편 죽기 6개월 전인 재위 14년(1468) 3월에는 "분경을 금한 것은 본시 어두운 밤에 애걸하는 자 때문에 설치한 것"이라며 분경을 허용했다. 이는 공신들에게 관직을 팔아먹으라고 허용한 것인데, 예종이 분경을 금지하자 공신들과 갈등전선이 형성되었다.

이때 조정에는 신공신과 구공신 집단이 있었다. 신공신은 남이南怡와 임영대군의 아들 귀성군 이준李浚 등이었다. 세조는 죽기 직전 스물여덟 살의 남이를 병조판서로 임명했고, 같은 나이의 귀성군 이준을 영의정으로 임명했다. 공신들에게 분경을 허용하는 대신 젊은 귀성군과 남이를 중용해 공신들을 견제하려고 한 것이었다. 세조는 재위 14년 5월 귀성군 이준과 한명회에게 술을 올리게 하면서 기생들에게, "누가 원훈元勳인가? 한명회로다. 누가 구훈舊勳인가? 한명회로다. 누가 신훈新勳인가? 귀성군이로다"라는 노래를 부르게 했다. 구훈이 구공신, 신훈이 신공신이었는데, 신공신을 키운 것은 구공신을 견제하려는 세조 나름의 계산이었다.

그런데 예종은 즉위 당일 병조판서 남이를 종2품 겸사복장兼司僕將으로 좌천시켰다. 신구공신 사이의 역학관계를 무시한 처사였다. 남이에 대한 예종의 마음을 읽은 병조참지 유자광柳子光이 남이가 역모를 꾸민다고 고변했다. 아무런 물증이 없었으나 남이에 대해 예단을 갖고 있던 예종은 사실로 인정했고, 남이는 같은 신공신이던 영의정 강순康純을 끌어들여 함께 형장의 이슬로 사라졌다. 예종은 남이의 옥사를 끝내고 37명의 익대공신을 책봉했는데, 다섯 명의 일등공신 중에 고변자인 유자광과 환관 신운申雲, 우부승지 한계순과 함께 한명회·신숙주도 포함되었다. 이 사건은 세조 말년에 성장한 신공신에 대한 구공신의 역습이었는데 예종은 이런 조정의 역학구도를 이해하지 못하고

구공신을 견제할 수 있는 신공신을 제거한 것이었다.

예종은 구공신에 대한 공세도 계속했다. 즉위년(1468) 10월, "대납은 백성들에게 심하게 해로우니, 이제부터 대납하는 자는 공신·종친·재추를 물론하고 곧 극형에 처하고, 가산은 관에 몰수한다. 공사 모두 대납을 금한다"라고 명령했다. 대납을 금지시켜 공신들의 돈줄을 끊자 구공신들은 큰 충격

을 받았다. 심지어 수령이 계속 대납을 허용한다면 능지처참하겠다고 명령했다. 공신들의 반발이 잇따르자 이듬해 윤2월까지만 대납을 인정하는 것으로 후퇴했지만 공신들의 기득권을 무너뜨리겠다는 예종의 의지는 계속되었다.

그러던 중 예종 1년(1469) 11월 28일. 이날의 실록은, "임금의 병이 위급하므로, 좌부승지 한계순과 우부승지 정효상을 내불당內佛堂에 보내어서 기도하게 하였다"라고 전하고 있다. 그리고 바로 그날 진시(오전 7시~9시)에 예종은 자미당에서 승하했다. 예종이 세상을 떠나기 직전 《예종실록》은 "신숙주·한명회·구치관·최항·조석문과 영의정 홍윤성·좌의정 윤자운·우의정 김국광 등이 승정원에 모였다"고 전하고 있다. 좌의정 윤자운尹子雲을 제외하고 모두 원상院相들이었다.

그 직후 예종 승하 소식이 전해졌다. 젊은 임금의 급서 소식이 전해졌는데 신숙주는 곧바로 "국가의 큰일이 이에 이르렀으니, 주상主喪은 불가불 일찍 결정해야 한다"고 차기 임금 문제를 거론했다. 정희왕후의 사위이자 정인지의 아들인 정현조鄭顯祖가 정희왕후와 원상들 사이에서 의견을 조율했다. 정희왕후는 먼저 세상을 떠난 의경세자의 둘째 아들 자을산군者乙山君(자산군)이 어떠냐고 물었다. 예종의 장자 제안대군이 세 살로 너무 어리다면 의경세자

의 장남이자 세조의 장손인 열다섯 살의 월산군이 되어야 했다. 그러나 열두 살짜리 동생 자산군을 지명했는데, 이 뜻밖의 조치에 대신들은 이구동성으로 "진실로 마땅합니다"라고 찬동했다. 도승지 권감權瑊은 대신들과 의논 후 "당일 즉위하고 교서를 반포하여 백성에게 알리는 것이 좋겠다"라고 계달했다. 국왕이 사망하면 며칠 후에 후사가 즉위하는 것인데, 당일 즉위식까지 거행했다. 며칠 전만 해도 국왕이 될 줄 꿈에도 몰랐던 자산군은 예종 사망 당일 신시(오후 3시~5시)에 면복을 입고 근정문에서 즉위하고 교서를 반포했다.

이렇게 즉위한 성종은 재위 2년(1471) 3월, 75명의 좌리佐理공신을 책봉해 보답했다. 사헌부에서 "금번의 좌리공신은 무슨 공이 있습니까?"라고 반대했지만 성종은 책봉을 강행했다. 좌리 일등공신 9명은 예종 사망 당일 승정원에 모였던 명단에 정희왕후의 사위 정현조와 도승지 권감이 추가된 것이었다. 이렇게 공신집단 해체라는 개혁을 실시하던 예종은 급서하고 성종이 즉위했다.

성종의 친정과 사림의 등장

성종 즉위 이틀 후인 12월 1일에 신숙주·한명회·홍윤성 등의 원상들과 승지 등이 '염습할 때 보니 예종의 옥체가 변색되었다'는 사실을 대왕대비에게 보고 했다. 시신 변색은 약물에 중독사했을 때 생기는 전형적인 현상이었다. 예종의 병은 족질足疾이었으므로 약물에 중독될 병도 아니었다. 의혹의 핵심인물은 어의 권찬權攢이었는데, 그를 국문해 실정을 알아내야 한다는 주청이 잇따랐으나 정희왕후 윤씨는 "내가 이미 상심하고 있고, 또 허물이 없는 사람에게 죄를 받게 한다면 하늘이 나를 어떻게 여기겠는가?"라면서 거부했다. 뿐만 아니라 성종 1년(1470) 2월에는 도리어 권찬을 종2품 가선대부 현복군玄福君으로 승진시켰다. 수렴청정하던 정희왕후가 한명회 같은 원상들과 합의한 결과였다.

이런 상황에서 남이와 함께 신공신의 핵심인물이었던 귀성군을 제거하려던 사건이 발생했다. 성종 1년(1470) 1월 생원 김윤생金允生 등이 귀성군의 친족인 전 직장直長 최세호崔世豪를 역모로 고변하면서 시작된 이 사건은 아무런 물증이 없었다. 그러나 구공신들은 귀성군이 왕위를 노렸다고 공격했다. 이 일로 귀성군은 직첩을 회수당하고 서인으로 강등되어 경상도 영해寧海로 유배 가서 성종 10년(1479) 1월 죽고 말았다. 신공신세력이 모두 거세되면서 다시 구공신세력의 세상이 되었다.

성종 1년(1470) 1월 한명회와 신숙주는 "분경 금령이 너무 엄해서 가까운 친척이나 이웃사람과도 서로 상종할 수 없으니 태평시대의 아름다운 일이 아닙니다"라면서 분경 금지령 철폐를 요구했다. 예종이 실시한 분경 금지 조치를 풀어달라는 것이었다. 성종은 "세조조의 고사에 의거하게 하라"고 받아들였으나 사헌부에서 "원상의 권세가 무거운데, 그 집에 분경을 금지시키지 않는 것은 적당하지 못합니다"라고 반대하자 사헌부의 청에 좇는 형식으로 원상가의 분경을 계속 금지시켰다. 그러나 성종은 재위 2년(1471) 12월 사헌부에 전교를 내려 "이조·병조의 당상관과 여러 장수 외에는 분경을 금하지 말고, 이조·병조 겸판서의 집도 금하지 말라"고 명했다. 이조·병조 겸판서는 원상들이 겸하는 자리이므로 원상들에게 사실상 관직 매매를 허용한 것이었다.

성종 5년(1474) 1월 사헌부에서 "원상의 권력이 막강한데도 분경을 금하지 않는 것은 옳지 않다"면서 "원상의 집에도 분경을 금하여 사알私謁(사적으로 만남)의 길을 막으소서"라고 요청했으나 성종은 "원상은 정사에 관여하지 않으니 말하지 말라"며 거부했다. 성종 5년(1474) 윤6월에는 대사헌 정괄鄭括이 병조판서가 이조판서의 권한인 "여러 도의 연변沿邊 수령직도 제수한다"면서 병조 겸판서 한명회가 이조판서의 업무까지 침해한다고 지적했다. 이때 성종은 만 17세의 성인으로 친정할 때가 지났지만 대비 윤씨와 공신들은 여전히 수렴청정을 했다.

윤씨의 수렴청정은 구공신들이 주축인 원상들이 임금 위에 있음을 뜻하는 것이었다. 공신들은 공신 책봉 대가로 받은 막대한 토지 외에 대납권까지 갖고 있었으므로 나라의 돈을 쓸어 모았는데, 이는 모두 가난한 백성들의 고혈이었다. 성종 6년(1475) 11월 사헌부에서 전세田稅를 함부로 거두는 자가 있으

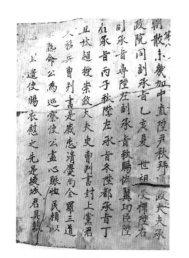
— 한명회의 행장을
분청사기에 새긴 지석.

면 정식 고발이 없어도 사헌부에서 수사할 수 있게 해달라고
요청했다. 가난한 백성들이 공신들을 고발하는 것은 쉬운 일
이 아니었으므로 사헌부가 인지해서 수사할 수 있게 해달라는
요청이었다. 그러나 한명회·정창손 같은 원상들은 "전지에서
수세하는 자들은 대부분 대신들"인데, 이들을 사헌부에서 규
찰할 수는 없다면서 반대했다. 수렴청정 아래 있는 성종은 원
상들의 주장을 따를 수밖에 없었다.

급기야 성종 6년(1475) 11월 승정원에 대비 윤씨와 대비의
동생 부자인 윤사흔尹士昕·윤계겸尹繼謙, 대비 여동생의 아들
인 이철견李鐵堅 등을 비난하는 익명서가 붙었다. 익명서가 자신과 친정일가
를 직접 비난하자 대비 윤씨는 성종 7년(1476) 1월 "지금 주상이 장성하고 학
문도 성취되어 모든 정무를 재결하는 것이 합당하게 되었다"면서 성종에게 정
사를 넘기겠다고 말했다. 원상 한명회와 김국광은 대비가 물러나면 "동방의
종묘사직과 억만 창생蒼生(백성)이 어찌되겠습니까?"라며 반대했는데, 성종은
당일 대비의 몸을 편안하게 모신다는 논리로 "국가의 모든 정사는 내 뜻으로
결단하고 대왕대비에게 아뢰어 처결하지 않을 것이다"(《성종실록》 7년 1월 13일)
라고 선언했다. 대비가 물러나겠다고 한 그날 정권을 받겠다고 선언한 것이다.
비로소 성종 친정 시대가 열렸다.

다음 날부터 성종 친정을 반대한 한명회를 국문하자는 청이 잇따랐지만 성
종은 거부했다. 비록 수렴청정은 폐지되었지만 아직 원상제가 살아 있었다.
드디어 성종 7년(1476) 5월 대사헌 윤계겸 등은 "원상제는 조종조에 없던 제
도"라면서 "빨리 원상을 파하시어 관직을 서로 침노하는 폐단을 제거해야 한
다"는 시무책을 올렸다. 그러면서 의정부서사제 부활도 요구했다. 원상들이
의정부 정승들도 차지하고 있었으므로 의정부서사제를 절충안으로 제시한 셈
이었다. 원상들은 성종이 원상제를 폐지하는 대신 의정부서사제도를 부활시
키는 절충안을 택할 것으로 보았지만 성종의 선택은 달랐다. 원상제는 폐지하
면서 의정부서사제 복설도 거부한 것이다. 성종은 강력한 왕권을 행사할 뜻이

있음을 분명히 했다. 그러나 성종은 아직 왕권이 공신들과 맞설 만큼 충분하지 않다는 사실을 잘 알고 있었다.

그래서 공신세력을 견제할 수 있는 신진 정치세력이 필요했다. 이때 조정에 일부 등장해 있던 세력이 사림이었다. 성종은 재위 9년(1478) 홍문관을 설치했는데, 이는 세조 때 폐지된 집현전의 부활과 마찬가지였다. 사헌부·사간원과 함께 삼사로 불린 홍문관은 탄핵권과 언론권을 갖고 있었는데, 성종은 갓 과거에 급제한 사림 출신들을 삼사에 배치해 공신들을 견제했다. 성리학의 의리를 중시했던 사림은 수양의 즉위를 찬탈簒한 것으로, 단종의 죽음을 시弑(신하가 임금을 죽이는 것)로 보았으므로 공신집단에 부정적 인식을 갖고 있었다.

사림이 공신들과 대립한 것은 순수한 학문적 세계관의 발로만은 아니었다. 사림들은 지방에 상당한 규모의 토지와 노비를 갖고 있는 재지사족在地士族들이었는데 공신들이 지방까지 세력을 확장하면서 자신들의 토지까지 침탈하자 사림이 강력 반발했던 것이다.

신진 사림과 공신집단의 충돌은 단종 모후의 무덤인 소릉昭陵 추복追復에서 시작되었다. 성종 9년(1478) 4월 흙비가 내리자 성종이 타개책을 위한 구언을 했는데, 유학幼學 남효온이 응지應旨 상소를 올려 '소릉 추복'을 주장했다. 단종이 쫓겨나면서 파헤쳐진 소릉을 다시 복원해야 한다는 것이었다. 도승지 임사홍任士洪이 "신자臣子로서 의논할 수 없는 일"이라고 비판하면서 남효온을 국문하자는 주장이 잇따랐다. 그러나 성종은 구언에 응한 응지상소는 처벌하지 않는 것이 관례라며 거부했다. 소릉 복위는 무산되었지만 무소불위의 공신세력에 맞설 수 있는 신진 정치세력이 등장했음을 보여준 사건이었다.

사림에는 효령대군의 증손자인 주계부정朱溪副正 이심원李深源 같은 인물도 있었는데, 그는 성종 9년(1478) 4월 '세조조의 훈신을 쓰지 말라'는 내용의 상소를 올렸다. 세조 때 형성된 공신집단을 벼슬에서 배제해야 한다는 주장에 조야가 다 놀

— 문종과 단종의 모후인 현덕왕후 권씨의 무덤 현릉. 현덕왕후의 무덤은 후일 추복되어 지금의 현릉에 시신이 묻혔다. 경기도 구리시 동구릉 안에 있다.

랐다. 이심원은 또한 임사홍의 조카뻘이었음에도 임사홍을 거세게 공격했다. 논란 와중에 임사홍 부자의 치부가 드러나 임씨 부자는 유배 갔지만 이심원도 불효죄로 고발당해 제사권과 장자권을 동생에게 빼앗기고 강원도로 유배 가야 했다.

성종 12년(1481) 한명회가 명나라 사신을 자신의 정자인 압구정으로 초청해 잔치를 베풀려 했던 사건에서도 사림은 한명회를 공격했다. 한명회를 비롯한 공신들의 시대가 저물고 있음을 뜻했다. 게다가 공신들은 속속 세상을 떠났다. 성종 원년 구치관의 사망을 필두로 성종 5년 최항崔恒, 한백륜韓伯倫, 성봉조成奉祖가, 성종 6년에는 신숙주와 홍윤성洪允成이 죽었고, 친정 이듬해인 재위 8년(1477)에는 조석문曹錫文이, 그 이듬해에는 정인지가 사망했다. 원상으로는 한명회와 정창손만 남아 있었는데, 성종 18년(1487) 둘이 세상을 뜨면서 세조 때의 원상들이 모두 사망했다.

이후 공신집단의 대표는 적개 1등, 좌리 4등인 영의정 윤필상尹弼商이었는데, 성종 23년(1492) 12월 이목李穆 등 성균관 유생들은 "나라 사람들이 윤필상을 '간사한 귀신'이라고 지목한다"면서 공격에 나섰다. 이 무렵 사림은 구체적인 증거보다는 간신이라는 식으로 대신들을 공격했다. 성종은 이목 등 8명을 옥에 가두었다가 이목을 제외한 나머지는 석방했으나 언로가 막힌다는 대간의 간쟁이 잇따르자 이목도 석방시켰다.

성종은 훈구와 사림 중 어느 한쪽을 붕괴시킬 생각은 없었다. 공신세력은 나라 운영의 경험이 축적된 반면 부패했고, 사림은 일체의 부정을 용납 않는 도덕성이 있었지만 나라 운영에 대한 능력은 검증되지 않았다. 성종은 양자를 번갈아 활용하는 식으로 왕권을 강화했다. 성종이 타협을 거부했던 거의 유일한 사건이 세자 이융李㦂(연산군)의 어머니였던 왕비 윤씨의 폐출과 사사賜死였다. 성종이 재위 25년(1494) 12월 세상을 떠나면서 그 아들인 연산군이 조선의 제10대 임금으로 왕위에 올랐다. 그와 동시에 사화시대도 문을 열었다.

사화와 사림의 집권

조의제문과 무오사화

성종 7년(1476) 11월 윤기견尹起畎의 딸 윤씨가 연산군 이융을 낳자, 성종은 대사령을 내려 크게 기뻐했다. 성종 5년(1474) 한명회의 딸이었던 공혜왕후 한씨가 세상을 떠나자 성종 7년 8월 후궁이던 숙의 윤씨를 왕비로 책봉했는데, 그해 11월 연산군을 낳은 것이다. 정희왕후가 윤씨를 왕비로 책봉한 것은 원자를 임신했기 때문이었으나 정작 이듬해부터 정희왕후는 왕비 윤씨에 대한 폐비 논의를 시작했다. 윤씨는 결국 성종 10년(1479) 폐서인되어 사가로 쫓겨 갔다. 성종은 재위 13년(1482) 훗날 발생할지도 모를 문제를 방지한다는 미명 아래 윤씨에게 사약을 내려 죽였다.

그 후 성종이 재위 25년 12월 세상을 떠나면서 열여덟 살의 세자가 즉위했으니 그가 연산군이었다. 《연산군일기》는 연산군을 내쫓은 쪽에서 작성했으므로 그에 대한 극도의 부정적 시각으로 기술되었다. 연산군은 조선의 유교 정치 체제에 순응할 생각은 없었다. 성종은 재위 23년(1492) 1월 승정원에 전교를 내려, "세자가 지금 17세이지만 문리를 해득하지 못해서 내가 심히 근심하고 있다"고 말했다. 연산군은 세자시강원에서 가르치는 유교경전에는 별 관심이 없었고, 시를 좋아했다. 유교국가 조선의 국왕으로는 큰 결점이었다.

즉위 직후 연산군은 성종의 영혼을 위한 수륙재水陸齋를 지내려고 했다. 대간에서 "대행 대왕(성종)께서 불도를 본래 믿지 않으셨다"면서 반대하자 후퇴와 강행의사를 반복하는 등 준비된 국왕의 면모를 보여주지 못했다. 성종은 호색의 군주였지만 호문好文의 군주이기도 했는데, 연산군은 재위 6년(1500) 10월 사헌부에서 "왕위에 오르신 이후로는 경연에 나오시는 날이 얼마 되지 않아 6년 동안 《통감강목通鑑綱目》 1부部도 아직 다 진강進講하지 못했습니다"라고 말할 정도로 학문을 등한시했다.

학문 등한시보다 더 문제는 조정의 역학관계를 무시하는 것이었다. 수양의 쿠데타 이후 공신세력은 왕권보다 비대해졌고, 이 때문에 성종은 의식적으로 사림을 중용해 공신세력을 견제했다. 연산군도 부왕처럼 사림을 길러 공신세력을 약화시켜야 했지만 연산군은 이런 역학관계를 무시했다. 예종 때 남이와 귀성군을 제거했던 전력이 있던 공신들이 연산군을 요리하는 것은 그리 어려운 일이 아니었다.

연산군 4년(1498), 무오사화가 발생했다. 연산군 4년(1498) 7월 1일, 윤필상·노사신盧思愼·한치형韓致亨·유자광 등의 훈구대신들이 국왕이 거처하는 편전의 정문인 차비문差備門으로 와서 '비사秘事'를 아뢰겠다고 청한 것이 시작이었다. 연산군의 처남이자 도승지였던 신수근愼守勤이 안내했는데, 사관인 이사공李思恭이 참석하려 하자 신수근이 막았다. 조선은 2대 정종 이래 국왕과 신하의 독대를 엄격하게 금지했고, 반드시 사관과 승지가 배석해 모든 대화내용을 기록하게 되어 있었다. 임금의 정사는 하늘을 대신하는 떳떳한 것으로 모두 공개해야 한다는 유교정치 이념을 무시하고 독대한 것이다.

연산군이 훈구대신들을 남몰래 만난 직후 "의금부 경력經歷 홍사호洪士灝와 의금부 도사 신극성愼克成이 명령을 받고 경상도로 달려갔으나 외인外人들은 무슨 일인지 알지 못했다"《연산군일기》는 기록처럼 비밀 명령을 내렸다. 홍사호 등이 달려간 곳은 사관 김일손金馹孫이 풍질을 치료하고 있던 경상도 청도군이었다. 김일손은 "지금 내가 잡혀가는 것이 과연 사초에서 일어났다면 반드시 큰 옥獄이 일어날 것이오"라고 예견했다. 사초는 대부분 세조와 관련된 일이었다.

처음 문제가 된 사초는 "세조가 의경세자(덕종)의 후궁인 귀인
권씨 등을 불렀으나 가지 않았다"는 내용들로 세조가 며느리들
을 탐했다고 의심할 만한 대목이었다. 김일손은 국문에서 "청컨
대 혼자 죽겠습니다"라고 말했지만 훈구공신들의 과녁은 김일
손 혼자가 아니라 사림 전체였다. 조선 중기 허봉許篈은 〈유자
광전柳子光傳〉에서 "유자광은 옥사가 제 뜻대로 되지 않을까 염
려해서 밤낮으로 단련하는 방법을 모색했다"고 전하고 있다. 같

— 김종직의 초상.

은 기록은 소매 속에서 김종직金宗直의 문집을 꺼내 〈조의제문
弔義帝文〉과 〈술주시述酒詩〉를 추관秋官들에게 두루 보이면서,
"이것은 모두 세조를 지칭해 지은 것인데 김일손의 악한 것은 모두 김종직이
가르친 것이다"라고 말했다고 전한다.

김종직이 쓴 〈조의제문〉은 정축년(세조 3년) 10월 답계역踏溪驛에서 잘 때
꿈에 초나라 의제義帝가 나타나 "서초패왕西楚覇王(항우)에게 살해되어 빈강彬
(중국 남방의 강)에 잠겼다"라고 하소연해서 꿈에서 깨어나 의제에게 조문했다
는 내용의 글이다. 정축년 10월은 단종이 세조에게 살해당한 달이므로 의제는
단종을 뜻하는 것이었다.

〈술주시〉는 중국 남북조 때 송의 유유劉裕(362~422)가 동진
공제恭帝의 왕위를 빼앗고 죽인 것을 비난한 시로서 이
역시 세조가 단종을 찬시했다고 은유한 시였다. 〈유자광
전〉은 "유자광이 주석하면서 글귀를 해석해 왕이 알기 쉽
게 했다"고 적고 있고, 《연산군일기》도 "유자광이 김종직
의 〈조의제문〉을 구절마다 풀이해 아뢰었다"고 말하는 것
처럼 연산군은 유자광의 시각으로 이 사건을 바라보았다.
사림의 영수였던 김종직은 세조 5년(1459) 식년문과에 급
제해 세조 때 벼슬했다는 이유로 훗날 세조를 비판할 자
격이 있느냐는 비난을 받기도 했지만, 그의 〈조의제문〉과

— 김종직이 쓴 〈조의제문〉.

— 유자광 묘 내부와 유자광의 시신.

〈술주시〉가 충분忠憤에 가득 찬 것 또한 사실이었다.

연산군은 김일손·권오복·권경유·허반 등을 대역죄로 능지처사했고, 정여창·강겸·이수공·정승조·홍한·정희량 등은 이를 고하지 않았다는 이유로, 김굉필·이종준·이주·박한주·임희재·강백진 등 김종직의 제자들은 붕당을 만들었다는 이유로 귀양 보냈다. 성종 때 성장한 사림세력은 쑥대밭이 되었다.

연산군은 이 사태가 유자광 등의 훈구세력이 자신을 이용해 정적인 사림세력을 제거한 것이라는 사실을 알지 못했다. 그는 사림이 왕권강화와 훈구세력 약화에 도움이 되는 세력이라는 사실을 파악하지 못한 채 훈구세력의 꼭두각시가 되어 왕권강화에 도움이 될 사림세력을 제거했다. 무오사화로 사림을 대거 제거한 임금의 왕권은 크게 강해졌지만 이는 훈구라는 바다에 떠 있는 조각배에 불과하다는 사실을 알지 못했다.

무오사화 피화자 명단(연산군 4년, 1498)

구분	명단	비고
부관참시	김종직	관을 부수고 시신을 벰
능지처참	김일손 · 권오복 · 권경유 · 이목 · 허반	사지를 찢어 죽임
귀양	강겸·표연말·홍한·정여창·강경서·이수공·정희량·정승조·이종준·최보·이원·이주·김굉필·박한주·임희재·강백진·이계맹·강혼 등	관노로 떨어지거나 곤장 맞은 후 유배
파면 및 좌천	어세겸·이극돈·유순·윤효손·김전·홍귀달·조익정·허침·안침	

갑자사화와 중종반정

무오사화가 주로 사림계열이 화를 당했다면 갑자사화는 사림은 물론 훈구계

열도 화를 입었다는 차이가 있다. 그간 갑자사화는 임사홍이 연산군에게 모친 윤씨의 비극적 죽음을 알리면서 비롯된 사건으로 묘사되어 왔다. 그러나 갑자 사화는 연산군이 모친의 죽음을 방치했다는 명목으로 수양의 쿠데타 이후 공 신집단 중심으로 형성된 군약신강君弱臣强 정치구조를 바꾸려는 목적으로 시 작한 사건이었다.

갑자사화는 연산군이 재위 10년(1504) 3월 엄씨와 정씨를 타살한 것이 시 발로 알려졌지만, 그보다 앞선 재위 9년(1503) 9월 인정전에서 베푼 양로연 때 예조판서 이세좌李世佐가 연산군이 내린 회배주回盃酒를 엎질러 연산군의 옷 을 적신 사건이 시작이었다. 이세좌는 술이 약하기 때문이라고 변명했으나 국 문 끝에 유배형에 처해졌다. 연산군은 재위 10년(1504) 3월 30일, "위를 업신 여기는 풍조를 개혁하여 없애는 일이 끝나지 않았다"고 하면서 "이세좌는 선 왕조 때 큰일을 당했을 때 극력 간쟁하지 않았다"는 이유로 사약을 내리고 손 녀의 세자빈 간택을 거부했던 전 경기관찰사 홍귀달洪貴達도 교수형에 처했 다. '선왕조 때 큰일'이란 모후 윤씨에게 사약을 들고 간 것을 뜻했다. 이세좌 는 부친은 물론 백·숙부들이 모두 공신으로 책봉된 거대 공신가문이었다. 연 산군은 공신들이 노비를 마음대로 차지한다고 비판한 것을 비롯해서 "공신 중 에는 다른 사람의 공으로 된 자도 있다"면서 "개국 이후 여러 공신들의 공적을 경중으로 나누어 아뢰라"고 명했다. 연산군은 공신들의 물적기반을 해체시켜 왕권 우위의 국가를 만들려고 한 것이었다.

연산군이 재위 10년 5월 여러《공신초록功臣抄錄》을 내리면서 "연대가 오래 된 공신들은 그 노비와 전토를 회수하는 것이 옳다"고 말하자 "지당하옵니다" 를 반복했던 지당정승 유순柳洵까지 "인심이 소란하고 우려할 것"이라면서 반 대했다. 공신집단의 물적 기반에 손을 대서는 안 된다는 것이었다. 유순까지 반대하자 한 발 물러난 연산군은 공신들에 대한 개별적인 재산몰수 정책으로 전환했다. 연산군은 폐비 윤씨 사건의 책임을 물어 윤필상·이극균·성준·권주 등 생존 대신들을 사형시키고, 한치형·한명회·정창손·어세겸·심회 등 사망한 대신들은 부관참시하면서 거의 예외 없이 재산몰수 조치를 내렸다. 적개·좌리

갑자사화 피화자 명단(연산군 10년. 1504)

구분	명단	비고
부관참시	한명회·정창손·한치형·어세겸·심회·이파·정여창·남효온	훈구세력(한명회 등)과 사림세력(정여창 등) 함께 피화
능지처참 및 사형	이심원·홍귀달·이세좌·윤필상·이극균·권주·성준·이유녕·변형량·이수공·곽종번·박한주·강백진·최부·성중엄·이원·신징·심순문·강형·김천령·정인인·조지서·정성근·성경온·박은·조위·강겸·홍식·홍상·남충세·김처선 등	남충세는 남효온의 아들
연좌	능지처사 및 사형당한 인사들 가족들을 대부분 연좌시켜 죽이거나 귀양 보내고 재산 몰수	

공신이었던 윤필상의 재산에 대해 호조에서, "집이 다섯 채인데, 재물이 매우 많으니 한성부와 의논하여 몰수하고 역군 20명을 정하여 옮기게 하소서"라고 청할 정도였다. 연산군의 재산몰수는 내관들도 비껴갈 수 없었다. 술에 취해 자신을 꾸짖은 김처선金處善을 죽이고 재산을 빼앗았다. 이보다 앞선 재위 9년 6월에는 환관 전균田畇이 죽자 그의 노비 109명을 내수사에 속하게 하고 20명은 본 주인에게 돌려주게 했다. 계유정난에 참여한 공으로 세조에게 받은 것이었으나 사패賜牌에 '영원히 상속한다'는 말이 없었다면서 관청에 귀속시켰다. 연산군은 이렇게 몰수한 재산 처리에 대한 확고한 방침을 갖고 있었다. 재위 10년 5월 9일, "전일 적몰한 노비를 3등분으로 나누어 2분은 내수사에서 가려 차지하고, 1분은 각 관사에 나누어주라"고 하교했다. 공신들의 재산을 왕실이나 관청 재산으로 삼겠다는 것이었다. 공신집단들은 연산군의 의도에 큰 의구심을 가졌다. 한명회나 정창손처럼 죽은 지 수십 년이 지났는데 느닷없이 부관참시당하고 전 재산을 몰수당한 가족들은 반발했다. 세조나 예종은 정적들에게 빼앗은 재산을 공신들에게 나누어주었으나 연산군은 자신이 차지하거나 국가기관에 주었다.

연산군은 공신세력을 공격하면서 사림도 같이 공격했다. 재위 10년 9월에는, 무오사화 때 귀양 간 사림들에 대해 "이 무리들을 어디 쓰겠는가? 모두 잡아오도록 하라"고 명했다. 정희량鄭希良은 미리 몸을 피해 무사했지만 종친 이심원이 능지처참당하고 귀양 갔던 김굉필·박한주·이수공·강백진·최부·이원·

이주·강겸·이총 등이 사형당했다. 공신들은 물론 사림까지 적으로 돌렸으니 지지세력이 없었다. 사림마저 적으로 삼은 그가 역사상 최고의 폭군으로 기록될 것은 사림이 사필史筆을 쥔 이상 필연적인 결과였다.

갑자사화 2년 후인 연산군 12년 (1506) 9월 이조참판을 지낸 성희안成希顔과 중추부지사 박원종朴元宗, 이조판서 유순정柳順汀 등 이른바 '반정 3대장'은 연산군의 총애를 받고 있던 군자부정軍資副正 신윤무辛允武까지 끌어들여 정변을 준비했다. 이들은 진성대군 이역

— 유순정의 초상.

李懌을 추대하면서 성종의 계비이자 진성대군의 친어머니인 대비 윤씨의 사전 재가를 받았다. 공신들과 사림을 모두 적으로 돌린 연산군에게는 정변을 막을 세력이 없었다.《연려실기술》은 연산군이 쫓겨나던 날 우의정 김수동金壽童이 "전하께서는 너무 인심을 잃었으니 어찌하겠습니까?"라고 말했다고 전한다. 연산군은 개국 이후 최초로 쫓겨나는 국왕이 되었고, 국왕까지 쫓아낸 공신세력은 과거보다 더 큰 권력을 갖게 되었다.

연산군은 백모를 성폭행했나?

사대부들이 요순임금으로 묘사한 연산군의 부친 성종은 3명의 왕비와 9명의 후궁에게서 16남 21녀를 낳았다. 1,000명의 후궁이 있었던 것처럼 묘사된 연산군의 소생은 4남 3녀에 불과하다. 왕비 소생의 2남 1녀를 빼면 후궁 조씨 소생의 서자 2명과 장녹수張綠水와 정금鄭今 소생의 두 서녀庶女가 있었을 뿐이다.《연산군일기》의 사관들은 연산군이 백모인 월산대군의 부인 박씨를 강간해, 박씨가 자결했다고 서술했다. 연산군 12년(1506) 7월 박씨가 죽자 사관은 "사람들이 왕에게 총애를 받아 잉태하자 약을 먹고 죽었다고 말했다"고 적고 있다. 이때 연산군은 서른한 살이었다. 사대

부들의 부인이 남편과 동갑이거나 한두 살 많은 풍습으로 계산하면 세조 12년(1466) 열세 살의 나이로 월산대군과 혼인한 박씨는 53~55세 정도였다. 당시 이 나이의 여성이 임신할 수는 없었다. 《연산군일기》는 사실을 기록한 부분과 악의적으로 기록한 사관의 평을 나누어 읽어야 한다. 사관의 평은 대부분 자신들이 내쫓은 연산군을 희대의 악인으로 만들기 위한 곡필이다. 공신세력이 칼로 연산군을 쫓아냈다면 사림들은 붓으로 역사의 평가까지 확인 사살했다.

기묘사화

연산군이 쫓겨난 중종반정 당일에 중종은 자신의 사저를 둘러싼 쿠데타군을 연산군이 자신을 죽이기 위해 보낸 군사로 알고 자결하려 했을 만큼 정변에 아무런 공이 없었다. 부인 신씨가 연산군의 처남 신수근의 딸이란 이유로 아무 잘못도 없이 쫓겨나는 것을 방관해야 했을 정도였다. 중종 초의 정국은 연산군을 쫓아낸 공을 세운 정국공신들이 주도했다. 정국공신 숫자는 101명에서 104명으로, 다시 117명으로 계속 늘어났다. 중종반정과 무관했던 유자광이 일등공신 8명 중에 들어간 것이 대표적이다. 유례없이 사등공신을 신설한 이유도 반정 주도세력들의 측근들을 공신으로 책봉하기 위함이었다.

중종 초반 사실상의 임금은 반정 3대장이라 불린 박원종·유순정·성희안이었다. 그러나 이들은 수명이 짧아서 박원종이 중종 5년(1510) 44세의 나이로 사망하고, 2년 후에는 54세의 유순정이, 그 다음해에는 53세의 성희안이 세상을 떠났다. 중종은 공신들의 사망으로 생긴 권력 공백을 왕권강화로 채우려고 했다. 성희안이 세상을 떠난 직후인 재위 8년(1513) 10월 중종은 의정부 관노 정막개鄭莫介의 고변을 빌미로 정국 일등공신 박영문朴永文과 신윤무를 참형에 처했다. 관노의 고변 외에 아무런 물증도 없이 일등공신 둘을 사형시킨 '박영문·신윤무의 옥사'는 정국공신들에게 큰 충격을 주었다. 중종은 공신들을 달래기 위해 상호군으로 봉했던 정막개의 벼슬을 빼앗았다.

정국공신靖國功臣(중종 1년. 1506)

구분	명단	비고
1등	박원종·성희안·유순정·유자광·신윤무·박영문·장정·홍경주 등 8명	박원종·성희안·유순정은 나중 추가
2등	심순경·윤형로·유순·이계남·최한홍·변수·조계상·김수동·김감·구수영·이계·이효성·이활 등 13명	
3등	고수겸·심형·유계종·신준·심정 등 31명	
4등	변준·변사겸·한숙창·윤여팔 등 65명	모두 101명에서 104명으로 다시 117명으로 확대

조광조 등의 위훈삭제로 3등 공신 심정 등과 4등 공신 대부분 등 76명의 훈호삭제.

박영문·신윤무를 제거한 중종은 훈구파를 견제하기 위해 사림파를 의도적으로 끌어들였다. 조광조趙光祖를 필두로 하는 사림파가 다시 조정에 등장했다. 그러나 중종이 원한 것이 강력한 왕권이었다면 조광조가 원한 것은 성리학적 지치정치至治政治, 즉 도학정치道學政治로 서로 동상이몽이었다. 양자는 훈구파 제거에는 뜻을 같이했지만 목표가 달랐다.

중종 10년(1515) 이조판서 안당安王唐의 추천으로 조지서造紙署 사지司紙가 된 신진 사림의 대표 조광조는 그해 가을의 증광문과에 급제해 성균관 전적典籍에 임명되었다. 그러고는 11월에 사간원 정언正言으로 자리를 옮겼다. 정언은 정6품에 불과하지만 임금에 대한 간쟁권과 관료들에 대한 탄핵권이 있는 자리였다. 사림은 중종 8년(1513) 문종비이자 단종의 모후인 현덕왕후의 소릉 복위를 주장해 성사시켰는데, 이는 세조의 쿠데타를 정권의 뿌리로 삼는 공신집단의 의구심을 샀다. 중종 10년 장경왕후 윤씨가 세자(인종)를 낳다가 세상을 떠났다. 새 왕비 간택 문제가 대두되자 사림은 반정세력들이 쫓아낸 폐비 신씨의 복위를 주장했다. 중종의 구언에 응하는 형식으로 순창군수 김정金淨과 담양부사 박상朴祥이 신씨 복위를 주장하고 나서자 조야가 크게 놀랐다. 공신들이 중종의 부인을 쫓아낸 것이 그릇되었다고 비판한 것이나 마찬가지였기 때문이다. 김

— 조광조의 초상.

정과 박상은 귀양에 처해졌으나 사림의 선명성을 과시하는 계기가 되었다.

사림은 점차 조정에 세력을 늘렸고 조선을 성리학적 질서가 지배하는 사회로 개편하려 했다. 대궐부터 성리학 이념이 지배해야 한다는 생각에서 여악女樂이 연주하던 아악을 남악男樂으로 바꾸자고 주장하고, 불교적 성격의 기신재忌晨齋와 도교적 성격의 소격서 혁파를 주장했다.

사림은 나아가 자파 유학자를 문묘에 종사해 자신들의 이념을 국가이념으로 승격시키려 했다. 중종 12년(1517) 8월 성균관 유생 권전權專이 성균관의 공자를 받드는 묘우廟宇에 정몽주와 김굉필金宏弼을 종사하자고 주장했다. 이에 대해 사관이 "그 뜻은 김굉필을 종사하게 하고 그것을 빙자하여 당을 세우자는 데에 있었지 처음부터 정몽주를 위하여 계책을 세운 것은 아니다"(《중종실록》12년 8월)라고 말한 것처럼 목적은 자파 김굉필의 종사에 있었다. 공신들은 정몽주는 문묘에 종사할 자격이 있으나 김굉필은 자신의 학문이론이나 저술이 없다는 이유로 반대해 정몽주만 문묘에 종사하는 것으로 정리했다.

조정세력의 열세를 절감한 사림은 추천에 의한 관료선발제인 현량과賢良科 실시를 주장했다. 홍문관 부제학 조광조가 중종 13년(1518) 2월 '초야에 묻힌 유일지사遺逸之士'를 발굴하자면서 현량과 실시를 주장하자 중종이 수락했다. 서울에서는 홍문관·대간·판서가, 지방에서는 감사가 '학식과 덕행을 겸비한 자'를 천거하면 그들만 전정殿庭에 모아 시험을 치르는 방식이었다. 성품·

──공자의 위패를 모신 성균관 대성전.
ⓒChristian Bolz.

그릇·재능·학식·행실·지조·현실 대응 의식 등 7개 항목으로 나누어 추천하게 했는데, 전정의 시험은 시국 현안에 대한 해결책을 제시하는 대책對策 한 가지로 사실상 면접시험이었다. 중종 14년(1519) 4월 사상 처음 현량과가 실시되어, 천거된 120명 중에서 28명이 급제하였다. 7개 항목에 모두 추천되어 장원한 인사는 전 장령掌令 김식金湜이었다. 중종은 김식을 종3품 성균관 사성司成에 임명했다가 곧 정3품 홍문관 직제학으로 승진시켰다. 그런데 사림은 김식을 성균관 대사성에 임명해야 한다고 주장했다. 미래의 관료들인 성균관 유생들을 자파로 끌어들이려는 계책이었다. 사림은 김식의 대사성 임명에 성공했지만 임금을 압박하는 듯한 태도는 중종의 호의를 흔들리게 하는 계기가 되었다.

사림은 중종의 태도가 변한 것을 눈치채지 못한 채 토지개혁에 나섰다. 사림은 중종 10년 모든 농민에게 균등한 토지를 나누어주는 정전법에 대해 논의했다. 그러나 정전법 실시가 불가능하자 대안으로 중종 12년(1517) 개인 소유 토지를 제한하는 한전법限田法을 주장했다. 50결 이상의 토지 소유를 제한하는 한전제가 채택되었지만 50결 초과 소유 토지에 대한 강제 규정이 없는 법은 효과를 거둘 수 없었다. 토지개혁 논의에서 중종은 부정 내지는 방관 자세를 취했는데, 연산군이 공신전에 손을 댔다가 비극적인 최후를 맞은 것을 알고 있기 때문이었다.

사림은 중종 13년(1517) 2월에는 한 발 더 나아가 장령 유옥柳沃이 "노비가 많은 자는 5,000~6,000명까지 되는데 이것은 마땅히 구수口數로 제한해 양민 수를 늘려야 한다"며 노비 숫자 제한을 주장했다.

사림의 이런 주장들은 극히 올바르지만 조정을 장악하고 있는 것은 사림이 아니라 공신집단이라는 사실이 문제였다. 공신집단의 해체 내지 약화 없이 개혁은 무망하다고 판단한 사림은 성역이었던 정국공신들에게 직접 칼을 들이댔다. 아무런 공이 없이 공신이 된 자들의 훈작을 박탈하자는 '위훈삭제僞勳削除' 주장이었다. 반정 3공신 중 박원종家는 6명, 유순정가는 7명, 성희안가도 6명이 공신에 책봉되었을 정도로 공신책봉이 남발되었다. 중종 14년(1518) 10월 대사헌 조광조와 대사간 이성동李成童 등은 합사하여 '일등공신 유자광과 이

삼등 공신 상당수, 사등 50여 인'이 공이 없이 공신이 되었다며 위훈삭제를 주장했다. 정국공신들의 세력기반을 무너뜨리자는 것이어서 중종도 크게 놀랐다. 자신을 임금으로 만든 세력은 정국공신이지 조광조 등의 사림이 아니었다.

중종이 주저했지만 조광조와 대간들은 물러서지 않았고, 중종은 할 수 없이 사등공신 전원과 이삼등 공신 일부를 포함해 총 76명에 이르는 공신들의 녹훈을 삭제했다. 전체 117명 중 무려 66퍼센트에 달하는 숫자였다. 공신 책봉 대가로 받았던 전답과 노비 등도 모두 국가에 반납해야 했다. 이는 사림이 거둔 가장 큰 정치적 승리였다. 그러나 나흘간의 승리에 지나지 않았다.

사림의 개혁은 훈구의 전횡에 시달리던 백성들에게는 구세주였지만 중종은 위기감을 느꼈다. 중종은 공신들의 권력 견제를 위해서 사림을 중용한 것이지 공신세력 자체를 무너뜨리려는 의도는 아니었다. 중종의 마음이 흔들리는 것을 확인한 공신집단은 다양한 방법으로 사림을 모해했다. 그중 하나가 "꿀로 나뭇잎에다 '주초위왕走肖爲王' 네 글자를 많이 쓰고서 벌레를 놓아 갉아먹게"(《선조실록》1년 9월 21일) 한 일이었다. 사림 제거를 결심한 중종은 위훈삭제 나흘 후 후궁 희빈 홍씨의 아버지인 홍경주洪景舟에게 밀지를 주었다.

> (밀지에) 대략 "정국공신은 다 나를 도와서 추대한 공이 있는데, 지금 사등을 공이 없다 하여 삭제하기를 청하니, 이는 반드시 그 사람을 구별하려는 것이다. 그런 뒤에 공이 있는 사람을 뽑아내서 연산을 마음대로 폐출한 죄로 논한다면, 경 등이 어육魚肉이 되고 다음에 나에게 미칠 것이다."
>
> 《중종실록》15년 4월 13일

중종은 위훈삭제를 자신을 쫓아내려는 것으로 과도해석했다. 특명으로 남곤南袞을 이조판서, 김근사金謹思를 가승지假承旨, 심사순을 가주서假注書로 삼아 친정체제를 구축한 후, 대사헌 조광조, 우참찬 이자, 형조판서 김정, 도승지 유인숙, 좌부승지 박세희, 우부승지 홍언필, 동부승지 박훈, 대사성 김식, 부제학 김구 등의 사림세력을 전격적으로 체포했다. 성균관과 사학의 유생들이 대궐

로 몰려와 조광조 등의 석방을 요구했으나 아무 소용없
었다.

— 조광조의 문집인 《정암선생문집靜菴先生文集》.
국립중앙박물관 소장.

국문에서 조광조는 "신의 나이는 38세입니다. 선비가
세상에 태어나서 믿는 것은 임금의 마음뿐입니다. 국가
의 병통이 이利의 근원에 있는 줄로 망령되게 생각하여
국맥國脈을 무궁한 터전에 새롭게 하고자 하였을 뿐, 다
른 뜻은 전혀 없었습니다"(《중종실록》14년 11월 16일)라고
진술했고, 김구·김정·김식·윤자임 등도 자신들의 결백함을 주장했다.

중종과 훈구는 이들을 죽일 죄목을 찾을 수 없자 《대명률》 '간당奸黨' 조의
"붕비朋比(붕당)를 맺어, 자신들에게 붙는 자는 천거하고 뜻이 다른 자는 배척
했다"는 조항으로 죄를 삼았다. 조광조는 전라도 능주로 귀양 갔다가 한 달 후
사형당했고, 김정·김식·기준·한충 등도 목숨을 잃었다. 김구·박세희·박훈·홍
언필·이자·유인숙 등은 유배형에 처해졌다. 사림의 몰락과 동시에 현량과는
폐지되었고 소격서는 부활되었으며, 위훈 삭제된 공신들은 다시 복훈되어 빼
앗겼던 공신첩과 전답, 노비 등을 되찾았다. 사림의 기세를 단번에 꺾은 중종
24년(1529) 기묘년의 기묘사화였다.

을사사화와 사림의 재기

중종은 재위 39년(1544)에 사망하고 장경왕후 윤씨의 아들 인종이 즉위하자

— 《대명률》. 조선의 현
행법, 보통법으로 적용된
중국 명나라의 형률서다.
주원장이 1373년 형부상
서 유유겸劉惟謙에게 명해
편찬하게 하여 이듬해 완
성되었다.

기묘사화 피화자

구분	명단	비고
사형 및 자살	조광조·김정·기준·한충·김식	김식은 자살
귀양 및 부처	김구·박세희·박훈·홍언필·이자·유인숙·이경·안찬·유용근·최산두·정응·정완 등	
파직, 삭탈 등	이청·이정숙·이기·이총·이엄·안당·김안국·김정국·김세필·이장곤·권벌·윤구·이구·최숙생·이자·양팽손·이약수·이희민·이연경·윤광령·이충건·조광좌·송호지·송호례 등	
속장贖杖	정의손·박자일·안숭복·이성·정철현·이세손·송기·최인석·이중진·학년	학년은 군君의 종

조정은 둘로 갈라졌다. 제1계비 장경왕후 윤씨의 친정이 중심인 대윤과 제2계비 문정왕후의 친정이 중심인 소윤으로 나뉜 것이다. 장경왕후는 인종을 낳고 산후통으로 일주일 만에 사망했지만 인종 즉위 후 오빠 윤임尹任이 실권을 장악했다. 윤임은 무과로 진출했으나 평소 사림을 동정해 유관柳灌·이언적李彦迪 등의 사림을 많이 등용시켰다. 이조판서 유인숙柳仁淑도 기묘사화 이후 은퇴한 사림들을 등용시켜 사림은 대윤의 지지로 다시 재기의 길에 들어섰다.

사림의 재기에 보다 결정적이었던 요소는 인종의 호의였다. 인종은 사림을 다시 조정에 대거 진출시키려 했으나 즉위 직후 병에 걸렸다. 인종은 와병 중에도 조광조·김정金淨·기준奇遵 등을 복직시키고 현량과를 다시 설치했다. 그러나 재위 9개월 만인 1545년 7월 31세의 젊은 나이로 세상을 떠남에 따라 사림의 재기는 물거품이 되었다.

인종이 아들이 없었으므로 문정왕후 윤씨의 아들 명종(경원대군)이 열두 살의 어린 나이로 즉위하고 문정왕후가 수렴청정으로 권력을 장악했다. 문정왕후의 형제들인 윤원로尹元老·윤원형尹元衡 등의 소윤이 전면에 나서면서 대윤과 소윤이 격렬하게 대립했다. 소윤은 중종 34년(1539) 세자궁(인종)에 불을 질러 세자를 살해하려 했다는 의심을 받았다. 그러나 소윤의 윤원로는 명종이 즉위하자 대윤(윤임)이 과거 경원대군을 해치려 했다고 공격했다. 영의정 윤인경尹仁鏡, 좌의정 유관柳灌이 골육을 이간하는 망언이라고 탄핵해 해남으로 유배 보냈지만, 문정왕후가 섭정하는 상황에서 대윤의 승리는 오래갈 수 없었다.

윤원형은 이기李芑·임백령林百齡·정순붕鄭順朋 등을 끌어들여 윤임이 유인숙·유관 등과 함께 중종의 8남 봉성군 이완李岏을 임금으로 추대하려 했다고 무고했다. 또한 윤임은 성종이 숙의 하씨에게서 난 계성군의 양자 계림군 이유李瑠를 추대하려 했다고도 주장했는데, 계림군은 윤임의 3촌조카였다. 이 때문에 윤임·유관·유인숙 등은 명종 즉위년(1545)인 을사년 8월 사사당했다. 사건은 확대되어 계림군과 김명윤·이덕응·이휘·나숙·나식·정희등·박광우 등이 처형당해 대윤과 사림이 조정에서 축출되었는데 이것이 을사사화다. 그 직후 위사공신衛社功臣 28인과 1,400인의 원종공신이 녹훈되었다. 기묘사화의 여파를 극복하고 겨우 조정 한 귀퉁이에 둥지를 틀었던 사림은 다시 결정적 타격을 입었다. 하지만 이것이 끝은 아니었다.

을사사화 2년 후인 명종 2년(1547)인 정미년 '양재역벽서 사건'이 일어났다. 양재역에 "여자 임금이 위에서 정권을 잡고 간신 이기 등이 아래에서 권력을 농단하고 있으니 나라가 망할 것을 기다리는 격이다. 어찌 한심하지 않으리오"라는 내용의 벽서가 붙은 데서 비롯된 양재역벽서 사건은 을사사화에서

을사사화(명종 즉위년, 1545) **피화자**(양재역벽서 사건과 합계)

구분	명단	비고
사형	이류(계림군)·이완(봉성군)윤임·유관·유인숙·이휘·나숙·나식·정희등·박광우·관순·이중열·이문건·이덕응 등	계림군은 월산대군의 손자, 봉성군은 중종의 서자
유배	권벌·이언적·정자·노수신·유희춘·백인걸 등	

겨우 살아남은 나머지 사림을 궁지로 몰았다. 을사사화 당시 어리다는 이유로 귀양에 처해졌던 봉성군과 송인수·이약빙이 사형당하고 이언적 등 3명은 극변안치極邊安置, 임형수·노수신 등 4명은 절도안치絶島安置, 권응정·권응창 등 8명은 먼 지방 부처付處, 권벌·송희규·백인걸 등 14명은 중도부처中途付處의 형을 받았다. 이것이 정미사화인데, 보통 을사사화에 포함시킨다.

명종 3년(1548년)에는 전 사관 안명세安名世가 "중종의 소상小祥(죽은 지 1년 만에 지내는 제사)도 지나지 않았고, 인종의 발인發靷(상여가 떠남)도 하지 않았는데 임금이 빈전 옆에서 대신들을 죽였다"는 사초를 남겼다가 사형당하고, 이듬해에는 이홍윤李洪胤의 고변에 의한 옥사가 일어났다. 이홍윤은 윤임의 사위이자 이홍남李洪男의 동생인데, 양재역벽서 사건에 연루되어 영월에 귀양 간 이홍남이, "연산군이 사람을 많이 죽여 중종반정을 당했는데, 지금 임금도 사람을 많이 죽이니 어찌 오래 그 자리를 지키겠느냐?"라고 말했다. 이 때문에 이홍남과 그 문인들이 대거 죽고 말았다.

명종의 즉위와 함께 소윤이 주도한 잇따른 옥사로 사림은 다시 큰 타격을 입었다. 을사사화를 비롯한 명종 시대의 옥사는 좁게는 대윤과 소윤이란 외척 간의 대결이었지만, 넓게는 사림에 대한 공신집단의 정치보복이었다. 외척이란 혈연관계를 매개로 정권을 장악하려는 세력에게 공도公道와 공론公論에 입각한 도의 정치를 주장하는 사림은 속수무책으로 당했다.

그러나 훈구의 정치공작은 한계를 맞이하고 있었다. 명종이 재위 8년(1553) 20세로 성인이 되자 문정왕후는 수렴청정을 거둘 수밖에 없었다. 그 후에도 문정왕후는 국정에 관여했으나 한계가 있었다. 문정왕후는 조선을 불교국가로 만들기 위해 보우普雨를 중용하는 등 불교우대 정책을 펼쳤지만 수많은 사대부를 죽임으로써 불교중흥 정책은 반감만 더했다. 문정왕후는 명종 20년 (1565) 세상을 떠났는데, 그 직후 소윤의 핵심 윤원형은 교하交河로, 강음江陰 으로 도망 다니다가 애첩 난정蘭貞과 함께 자결하고 말았다.

명종 시대는 사림과 훈구 사이의 마지막 대결 시대였다. 사림은 거듭해서 큰 화를 입었으나 대신 명분을 장악했고 시대의 흐름을 형성했다. 성종 때로 부터는 약 100여 년 만에, 그리고 여말선초의 온건개혁파 신흥사대부로부터 는 약 170여 년 만에 사림은 정계의 주도세력이 되었다. 그렇게 선조 시대가 열리고 있었다.

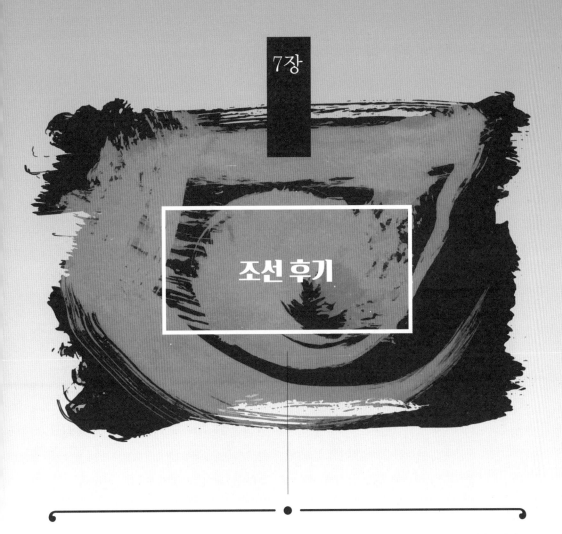

7장

조선 후기

사림은 지난한 도전 끝에 정권을 장악했다. 사림 앞에는 과거 자신들이 주장했던 이상을 실천할 과제가 주어졌다. 소수에게 집중된 토지를 개혁하고, 노비제를 비롯한 신분제를 개혁해야 하는 과제였다. 그러나 집권 사림은 권력을 둘러싸고 서인과 동인으로 갈라졌다. 사화의 시대에서 당쟁의 시대로 접어든 것이다. 이 무렵 동아시아 전체가 크게 변하고 있었다. 중원에서는 만주족의 금나라가 흥기하기 시작했고, 일본에서는 전국시대의 혼란이 도요토미 히데요시豊臣秀吉의 통일로 정리되기 시작했다. 사림은 이런 내외의 정세의 변화에 맞춰 새로운 집권세력으로 거듭나야 했다. 새로운 사회에 대한 지향점을 제시하고 그를 실천하는 것으로 집권의 정당성을 입증해야 했다. 그러나 사림은 시대에 뒤떨어진 성리학 지배체제를 고수했고, 신분제와 토지제도를 고수했다. 또한 명나라를 무조건 추종하는 극도의 친명 사대주의 경향도 나타났다. 인조반정으로 서인들이 집권하면서 이런 기류는 더욱 강화되어갔다. 남인들은 이에 맞서 보다 자주적인 역사의식과 신분제 및 토지제도에 대해서 전향적인 자세를 취하기 시작했다. 거대정당인 서인들은 둘로 나뉘었는데, 수구적인 정책으로 양반 사대부들의 이익을 극대화하려는 노론과 보다 자주적인 역사의식으로 각종 사회문제를 해결하려는 소론으로 나뉘었다. 소론은 때로는 남인들과 한편이 되어 조선 사회를 변화시키려고 시도했지만 노론의 벽은 높았다.

이황의 이기이원론과 이이의 이기일원론

사림의 집권에 결정적 역할을 한 인물은 퇴계 이황李滉이었다. 이황은 명종 3년(1548) 경상도 풍기군수가 되었는데, 전임 군수 주세붕周世鵬이 세운 백운동 서원에 편액扁額, 서적書籍, 학전學田을 하사할 것을 감사를 통해 조정에 청원해 성사시켰다. 이것이 조선 최초의 사액서원賜額書院(국왕에게 편액·노비 등을 하사받은 서원)인 소수서원이다. 이황은 선조 즉위 후 성리학 이념을 그림과 함께 설명한 성학십도聖學十圖를 지어 바쳐 성리학을 바탕으로 나라를 다스려야 한다고 역설했다. 그렇게 성리학은 조선에서 국왕도 거부할 수 없는 흐름이 되었다.

이황의 사상은 이기이원론理氣二元論인데, 그 이론적 구조는 남송 주희의 이기론과 같았다. 이황보다 35세 아래인 율곡 이이는 주기론主氣論을 펼쳤다. 이황이 주희와 같은 주리론적 이기이원론

— 소수서원 내부 모습.

을 주창했다면, 이이는 이를 조선 실정에 맞춰 주기론적 이기일원론을 주창한 것이다.

이이와 이황은 둘 다 조선을 대표하는 성리학자이고 정치가였지만 그들이 처한 사회적 환경이 같지 않았다. 이황이 공신집단과 사림이 정쟁을 벌이던 사화기의 정치가였다면 이이는 사림파가 사화를 딛고 정권을 장악한 시기의 정치가였다. 이전의 사림이 재야나 야당이었다면 이이가 활동하던 시기의 사림은 집권당이었다.

— 퇴계 이황의 초상.

주희나 이황에게 이와 기, 사단四端과 칠정七情은 각각 이상과 현실의 반영이었다. 주희에게 이상을 뜻하는 이와 사단은 양자강 이남으로 쫓겨 내려 간 남송이었고, 이황에게 이와 사단은 사림이었다. 주희에게 기와 칠정은 중원을 장악한 금나라였고, 이황에게 기와 칠정은 공신집단이었다. 주희와 이황에게 현실인 기는 이상인 이에 의해 극복되어야 할 대상이었다. 만주족(여진족)이 세운 금나라를 섬겨야 했던 남송의 정치 현실에서 나온 중세철학이 주희의 성리학이었다면 공신집단이 장악한 조선의 정치 현실에서 나온 사림의 세계관이 이황의 이기이원론이었다. 이민족의 억압과 공신집단의 억압이라는 서로 유사한 정치상황이 공간과 시대를 뛰어넘어 주희와 이황을 같은 이기이원론으로 이끈 것이다.

그러나 사림이 집권세력이 된 현실에서 산 이이는 달랐다. 집권한 이상 이상과 현실을 분리해서 사고하기보다는 현실 긍정의 토대 위에서 개혁의 길을 걸어야 했다. 이이에게 현실과 이상은 별개가 아니라 서로 분리될 수 없는 일체였다. 이이의 이기일원론과 사단칠정론, 인심도심설人心道心說이 이황의 사상과 달랐던 이유가 여기에 있었다.

사림파가 재야나 야당이었을 때는 훈구에 대한 부정의 논리만으로 충분했지만 집권한 이상, 부정의 논리만으로 나라를 이끌어갈 수는 없었다. 집권한 사림에게 요구되는 것은 재야·야당 시절 가졌던 이상을 현실화할 수 있는 실천 방안이었다. 사림이 집권한 선조 때는 국내외적으로 난제가 중첩된 시기였다. 사림의 영수 이이는 창업, 수성, 경장更張으로 시기를 구분하는 역사관을

가지고 있었는데, 그는 당시를 대대적 개혁이 필요한 경장기로 보았다. 그러나 사림은 지난한 사화 끝에 막상 집권하자 공신집단을 비판할 때 제기했던 개혁 주장을 망각했다. 노비문제, 토지문제 등의 해결 방안을 제시하기는커녕 장악한 권력만 향유했다. 그리고 그 권력을 두고 사림이 분열했다. 이렇게 당쟁의 시대가 열렸다.

동서분당과 이이의 조제론

선조 4년(1571) 영의정을 역임한 이준경李浚慶은 사망 직전 선조에게 유차遺箚(유서로 올린 차자)를 올려 벼슬아치들이 여러 명분으로 붕당을 만들고 있다면서 "나중에 나라의 고치기 어려운 환란이 될 것"이라고 경계했다. 이 유차가 사림의 영수 이이를 겨냥한 것으로 해석되자 이이는 "조정이 맑고 밝은데 어찌 붕당이 있겠느냐"면서 "이는 임금과 신하를 갈라놓으려는 것"이라고 반발했고, 다른 사림들도 비판에 가세했다. 이준경은 삭탈관작 위기에 몰렸으나 류성룡柳成龍 등이 나서서 겨우 무사했다.

4년 후인 선조 8년(1575) 이조전랑吏曹銓郎(정5품 정랑과 정6품 좌랑) 문제로 사림은 둘로 갈렸다. 문관의 인사권은 이조판서가, 무관의 인사권은 병조판서가 갖고 있었지만, 이들의 전횡을 방지하기 위하여 삼사의 인사권은 이조판서가 아니라 이조전랑에게 주었다. 청요직淸要職(맑고도 중요한 직책)이라 불린 삼사는 임금에게 간쟁하는 간쟁권과 모든 관료들의 비위를 감찰하고 탄핵하는 탄핵권, 언론권이 있는 중요한 부서였다. 이런 삼사의 인사권이 이조판서에게 있을 경우 판서의 눈치를 볼 수밖에 없기에 이조전랑에게 인사권을 주어 독립성을 보장한 것이었다. 이런 제도적 장치 덕분에 삼사는 정승이나 판서의 눈치를 보지 않고 능력껏 간쟁하고 탄핵할 수 있었다. 게다가 이조전랑은 다른 자리로 갈 때 후임자를 추천하는 '전랑자천제'가 있었다. 이조전랑을 거치면 대부분 판서와 재상까지 승진할 수 있었기 때문에 사대부 누구나 탐내는 자리였다.

선조 7년(1574) 이조전랑 오건吳健이 다른 자리로 가면서 김효원金孝元을 후임으로 추천했다. 이황의 문인 김효원은 신진 사림의 선두였으므로 사림은 그의 추천을 당연하게 여겼다. 그런데 인순왕후(명종의 비)의 동생 심의겸沈義謙이 "김효원이 한때 윤원형의 식객이었다"며 반대하고 나서 논란이 일었지만 부임을 막지는 못했다. 그후 뒤를 이어 심의겸의 아우 심충겸이 이조전랑의 물망에 오르자 김효원이 "이조의 벼슬이 어찌 외척집 물건이냐"라고 반대했다. 김효원과 심의겸이 다투자 사림이 갈라졌는데, 젊은 사대부들은 대체로 김효원을 지지했고, 노장들은 심의겸을 지지했다. 이렇게 사림이 둘로 갈린 때가 선조 8년(1575) 을해년이라서 을해당론乙亥黨論이라고 부른다.

김우옹·류성룡·허엽·이산해·정유길·정지연·우성전·이발 등은 김효원을 지지했는데, 김효원의 집이 서울 동쪽 건천동에 있어서 동인으로 불렸다.

박순·김계휘·정철·윤두수·구사맹·홍성민·신응시 등은 심의겸을 지지했는데, 심의겸의 집이 서울 서쪽의 정릉방에 있어서 서인으로 불렸다. 이것이 300년 이상 가는 당쟁의 시작이었다.

붕당이 현실로 드러나자 이이는 자신의 통찰력 부족을 자인하면서 당론 조제調劑를 자신의 책무로 삼았다. 이이는 사림이 동인과 서인으로 나뉘어 싸울 이유가 없다면서 양측이 모두 그르다는 양비론兩非論이 아니라 양측 모두 옳다는 양시론兩是論을 제시했다. 이이는 동인 이발李潑과 서인 정철鄭澈에게 화합을 권유했지만 젊은 동인들은 이이의 중재를 서인 편을 드는 것이라며 비판했다. 동인들은 이이의 양시론에 대해 "천하에 어찌 두 가지 모두 옳고, 모두 그른 일이 있을 수 있느냐?"고 따졌고, 이이는 "무왕과 백이·숙제는 둘 다 옳지만 춘추시대의 전쟁은 둘 다 그르다"라는 논리로 설득했으나 받아들여지지 않았다.

이이는 분란의 두 당사자인 김효원을 함경도 경흥부사慶興府使로, 심의겸을 경기도 개성유수開城留守로 보내 정쟁을 완화시키려 했다. 그러나 동인들은

"경흥은 오랑캐 땅과 가까워서 선비가 기거할 곳이 아니다"라면서 반발해 부령富寧부사로 바꿔주었다. 집권 사림들이 변방을 조상 전래의 지켜야 할 강역이 아니라 오랑캐가 거주하는 땅으로 인식하는 데서 임진·병자 양란의 비극은 이미 시작된 것이었다.

선조 16년(1583) 계미년에 경원부慶源府의 번호藩胡(여진족) 이탕개尼湯介가 국경을 침범했다. 이이는 입궐하다가 어지럼증을 느껴 임금을 만나기 전 잠시 쉬었는데 동인들은 병조판서인 이이가 방자하다며 탄핵했다. 허봉許篈이 이이의 탄핵에 앞장서다 귀양 갔고, 송응개宋應漑와 박근원朴謹元도 계속 탄핵을 주장하다가 모두 귀양 갔다. 이들의 귀양을 '계미삼찬癸未三竄(계미년에 세 신하가 귀양 가다)'이라고 부른다.

이이는 대개혁이 필요한 경장의 시기라고 보고 여러 개혁안을 제시했다. 국경을 지킬 군사들이 부족하자 서자들이 육진六鎭에 3년간 자원근무하면 과거 응시 자격을 주고, 노비들은 양인으로 신분을 상승시켜주자고 제안했다. 양반 사대부들은 적자가 없는 이이가 "자신의 서자를 벼슬 시키려는 것"이란 논

당쟁 전체계보도

시기	사건	분당				비고
선조	동서 분당	동인(김효원)		서인(심의겸)		이조전랑 문제
선조	남북 분당	남인 (류성룡)	북인 (이산해)			세자 건저 문제
선조	대북 · 소북 분당	대북 (정인홍)	소북 (유영경)			영창대군 지지 여부
광해	대북 집권					
인조	서인 집권					인조반정
현종~숙종	예송논쟁	청남 (윤휴)	탁남 (허적)			서인 처벌 문제 및 북벌 문제
숙종	노론 집권			소론 (윤증)	노론 (송시열)	남인 처벌 문제
경종	노론 집권					경종 독살 문제
영조	사도세자					경종 독살 문제
정조	시파 및 남인 집권			시파	벽파	
순조~고종	노론 벽파 집권					노론 매국

리로 반대해 무산시켰다. 이이는 도탄에 빠진 농민경제를 살리기 위해 '경제사經濟司' 설치를 주장하고 공납의 폐단을 해결하기 위해 잡다한 공납 대신 쌀로 통일해 받는 '대공수미법代貢收米法'을 주장했다. 이이는 신분제와 경제 불평등을 해결하지 않으면 큰 위기에 빠질 것이라는 위기감에서 각종 개혁론을 주창했지만 집권 사림들에게 개혁은 이미 자신들의 기득권을 위협하는 요소일 뿐이었다.

이이가 선조 17년(1584) 49세로 사망하면서 조정은 동인들이 정권을 장악했다. 선조는 이이 사후 그간의 태도를 바꿔 서인들을 멀리했다. 그러자 서인 가운데 당적을 바꾸는 사람들이 나타났다.

정여립鄭汝立이 그런 인물이었는데 선조 3년(1570년) 문과에 급제한 그는 당초 이이와 성혼成渾의 제자였다가 이이 사후 동인으로 당적을 옮겼다. 선조는 동인들을 중용했지만 정여립만은 가까이하지 않았다. 실망한 정여립은 낙향해 진안 죽도에 서실을 짓고 대동계大同契를 조직하고 향사례鄕射禮를 열었다. 선조 20년(1587) 왜구들이 전라도 손죽도를 침범하자 전주부윤 남언경南彦經은 대동계 동원을 요청했고 정여립은 왜구 격퇴를 도왔다.

선조 22년(1589) 서인의 모사 송익필宋翼弼은 황해도 향인들을 시켜 전라도의 정여립을 모반혐의로 고변하게 했다. 송익필의 아버지 송사련宋祀連은 천인이었는데, 주인 집안인 안처겸安處謙의 역모를 고변해 공신에 책봉되면서 양반이 되었다. 그러나 선조 19년(1586) 안씨 집안의 재조사 요구로 고변이 조작임이 밝혀져 천인 신분으로 떨어지자 도주했다. 송익필은 동인들이 안씨들을 사주해 사건이 뒤집혔다는 생각에 동인에게 악감정을 갖고 있었다.

송익필의 고변 당시 정승이었던 동인 이산해李山海·정언신鄭彦信은 "정여립이 어찌 역적일 수 있겠는가?"라면서 고변자를 처벌하려 했으나, 서인 대사헌 홍성민洪聖民이 저지해 실패했다.

중종의 후궁 창빈 안씨의 둘째아들 덕흥군의 셋째아들로서 왕위를 이어받은 선조는 이 사건을 방계승통傍系承統(세자가 아닌데 왕이 됨)의 열등감을 상쇄하는 기회로 악용했다. 선조는 처음부터 정여립의 역모를 사실로 단정하고 철

— 정철의 초상.

저한 진상조사를 명령했다. '천하가 공물'이라는 정여립의 말이 그를 역적으로 모는 단초가 되었다. 의금부는 정여립이 아들과 함께 죽도로 도망갔다가 자살했다고 보고했지만 그 진상은 정확하지 않았으며, 아들 정옥남鄭玉男만 체포되었다.

서인 정철은 대궐에 들어와 선조에게 계엄령을 선포해야 한다고 주청했고, 이를 흡족하게 여긴 선조는 정철을 정승으로 임명하고 수사책임자인 위관委官으로 임명했다. 정철은 이를 동인들에 대한 정치보복의 호기로 삼아 이발·최영경·정개청·백유양 등 수많은 동인들을 고문 끝에 죽였고, 심지어 이발의 팔순 노모와 열 살이 채 안 된 어린 아들까지 고문해 죽인 것을 비롯해 호남 일대 사대부 1,000여 명이 희생되었다.

이 사건으로 서인들은 정권을 되찾았지만 그리 오래가지 못했다. 세자건저世子建儲(세자를 세움) 문제 때문이었다. 왕비 의인왕후 박씨가 아들을 낳지 못했으므로 후궁 소생 중에서 세자를 세워야 했다. 선조는 한창 총애하던 인빈 김씨의 둘째아들 신성군을 마음에 두었는데, 정철은 이를 모르고 공빈 김씨의 둘째아들 광해군을 세자로 추천했다가 미움을 샀다. 이 사건으로 선조의 마음이 서인에게서 멀어지자 동인들은 연일 정철과 서인의 영수 성혼을 공격했다. 정여립 사건 때 이발·최영경崔永慶 등의 동인을 죽인 장본인이 위관 정철이고 배후에서 이를 조종한 인물이 성혼이라고 생각했기 때문이었다. 정철은 강계에 위리안치圍籬安置(유배지에 가시 울타리를 쳐서 가둠)되었고 정권은 다시 동인에게 돌아갔다.

정권을 잡은 동인은 서인에 대한 처벌 수위 문제로 둘로 갈라졌다. 엄중한 처벌을 주장한 이산해 등 강경파가 북인이 되었고, 관대한 처벌을 주장한 류성룡 등 온건파가 남인이 되었다. 이산해의 집이 서울 강북이어서 북인이라고 불렀고, 류성룡이 영남 출신인데다 우성전禹性傳이 남산 밑에 살았기 때문에 남인이라고 불렀다. 그러나 이때는 사림이 여러 당파로 나뉘어 권력투쟁에 몰두할 때가 아니었다. 이듬해 임진왜란이란 거대한 해일이 밀려오고 있었기 때문이다.

임진왜란과 무너지는 지배체제

사림이 동인·서인으로 갈려 싸우는 동안 동북아 정세는 근본적으로 변화하고 있었다. 포의布衣에서 일어난 도요토미 히데요시는 율곡이 사망한 해인 1584년 도쿠가와 이에야스德川家康를 부하로 삼는 형식으로 일본열도 통일의 길에 성큼 다가갔다. 이어 시코쿠를 정벌하고 1587년에는 사쓰마를 굴복시켜 규슈 전체를 정복했다. 1590년에는 오다하라를 정복하고 아울러 오우의 다테 마사무네伊達政宗를 무릎 꿇게 함으로써 전국 통일을 완수했다. 도요토미는 귀순한 다이묘大名(큰 영주)들에게는 옛 영토를 그대로 주고 끝까지 저항한 다이묘들은 영토를 빼앗거나 삭감했는데, 자신은 직할지 200만 석과 주요 금·은 광산을 독점했다. 천황은 명목뿐이고 간바쿠關白 도요토미가 일본의 실제 국왕이었다. 도요토미는 여세를 몰아 조선은 물론 명과 인도까지 지배하는 대제국을 건설하려는 야망을 품었다. 전쟁 기간 중에 늘어난 무사들에게 봉토를 지급하기 위해 해외 전쟁이 필요하기도 했다. 도요토미는 안으로는 무사들의 불만을 무마하고 겉으로는 세계제패라는 야망을 실현시키는 첫 단계로 조선침략을 준비했다. 이는 동북아 국제정세와는 따로 존재하던 일본이 이런 정세의 한복판에 뛰어든다는 사실을 의미했다. 그간 왜구들이 조선이나 명을 침범한 적은 있어도 정권 차원에서 침략한 적은 없었는데, 이런 상황이 근본적으로 변한 것이다.

중국 정세도 심상찮았다. 명나라는 만주의 여진족을 건주여진, 해서여진, 야인여진의 셋으로 나누어 다스리는 기미羈縻정책을 썼는데 건주여진의 누르하치努爾哈赤가 부족통일에 박차를 가하고 있었다. 북방 기마민족의 통일은 요·금·원의 사례에서 보듯이 만리장성 너머 중원의 정복전쟁으로 이어지게 되어 있었다. 동북아 전체가 전운에 휩싸일 조짐이었다.

일본이 명나라를 정벌할 길을 빌려달라는 정명가도征明假道를 조선에 요구하자 조선은 통신사를 보내 일본의 진의를 파악하게 했다. 선조 24년(1591) 일본에 다녀온 정사 황윤길黃允吉(서인)은 "앞으로 반드시 병화가 있을 것"이라고 보고했으나 부사 김성일金誠一(동인)은 "그러한 조짐이 없다"고 상반된 보고를 했다. 김성일은 류성룡에게 "온 나라가 놀라고 의혹할까 두려워서" 그렇게 보고했다고 한다.

같은 해 도요토미는 승려 겐소玄蘇를 사신으로 보냈다. 조정은 오억령吳億齡을 선위사宣慰使로 삼아 접대하게 했는데, 겐소는 "내년에 조선의 길을 빌려 명나라를 칠 것"이라고 공언했다. 서인 강경파 조헌趙憲은 옥천에서 도끼를 들고 상경해 일본사신을 참수하고 전쟁에 대비하자고 주장했는데, 조정은 조헌의 상소도 거부하고 선위사 오억령도 파직시켜 입을 막았다. 곧 닥칠 현실을 무시하고 일본이 쳐들어오지 않을 것이라는 근거 없는 낙관으로 국정을 운영했다.

도요토미는 나고야에서 원정군을 조직했는데, 고니시 유키나가小西行長가 이끄는 제1번대 1만 8,700명, 가토 기요마사加藤淸正가 이끄는 제2번대 2만 2,800명, 구로다 나가마사黑田長政가 이끄는 제3번대 1만 1,000명 등 모두 9번대 15만 8,700명이었고, 그 외에 구키 요시타카九鬼嘉隆·도도 다카토라藤堂高虎 등이 인솔하는 수군 9,000명 등을 포함하면 20여만 명에 달하는 대군이었다.

— 임진왜란 초기 부산진 전투를 그린 부산진순절도釜山鎭殉節圖.

정확히 조선 개창 200년 후인 선조 25년(1592) 4월 13일, 일본은 명나라를 칠 거라고 공언한 해에 대규모 침략을 단행했다. 고니시가 이끄는 제1번대는 오우라항을 떠나 부산항에 상륙했다. 원정군을 조공하러 오는 왜라고 여겼던 부산진 첨사 정발鄭撥과 동래부사 송상현宋象賢은 침략군으로 밝혀지자 급히 맞서 싸웠지만 전사하고 부산이 함락되었다. 고니시의 제1번대는 이후 조선군의 저항을 거의 받지 않고 경상도 일대를 유린했다. 제1번대의 부산 상륙 소식을 들은 가토의 제2번대는 경상좌도로 북상했고, 구로다가 인솔하는 제3번대는 동래에서 김해를 거쳐 경상우도를 따라 올라가다가 추풍령을 넘어 충청도 청주 방면으로 들어갔다.

조정은 크게 놀라 이일李鎰을 순변사로 삼아 상주로 보냈으나 목사는 이미 숨어버렸고, 농민들로 급조한 군사들은 일본군의 상대가 되지 않았다. 조선은 군역체계의 모순으로 군사제도가 이미 무너진 나라였다. 조선은 건국 후 왕자부터 양민들까지 모두 각자 신분에 맞는 군역을 부과했다. 그러나 전쟁 없는 평화상태가 오래되자 실제 군역에 종사하는 대신 포를 받고 군역을 면제시켜주는 편법이 널리 사용되었다. 중종 36년(1541)에는 병역의무를 수행하는 대신 1년에 두 필씩의 베를 납부하는 것으로 병역의무를 수행하는 군적수포제軍籍收布制를 실시해 이를 합법화했다. 문제는 양반 사대부들은 수포 대상에서 면제되었다는 점이다. 가난한 백성들만 군포 납부의 의무를 지자 견딜 수 없어 도망가는 백성들이 속출했고 조정은 도망간 수포 대상자의 가족에게 대신 씌우는 족징族徵으로 대응했다. 한 가족이 모두 도망가면 이웃에게 씌우는 인징隣徵으로 대응하자 한 가족이 도망가면 이웃도 함께 도망가는 경우가 속출했다. 조정은 이를 마을에 대신 씌우는 동징洞徵으로 부족한 군포를 걷으려고 했다. 선조 16년(1583) 황해도 순무어사로 나갔던 학봉 김성일은 선조에게 올린 장계에서 "일족이 모두 도망쳐 전지田地에는 쑥대만이 남아 있는데도 세금은 그대로 남아 있다"고 보고했다. 군적軍籍(군사명부)은 남아 있지만 군사는 없는 상황이었다. 그러나 선조는 김성일의 이런 직언 상소를 묵살하고 그를 되레 외직으로 돌려 상소에 대한 불쾌감을 표시했다. 이런 상황에서 일본군이 대거 침략했으니 막을 군사가 없었다. 왜군은 파죽지세로 조령으로 북상했다.

도순변사 신립申砬은 지세가 험한 조령을 포기하고 8,000여 병력으로 충주 탄금대에 배수진을 쳤다. 조선군이 왜군보다 우위에 있는 것이 기병이라 판단하고 기병전에 유리한 평지를 고른 것이다. 그러나 신립의 조선군은 고니시 유키나가의 군사에게 패전하고 신립은 달천강에 투신 자결했다. 선조는 신립의 패전 소식을 듣자마자 도성을 버리고 도주하기로 마음먹었다. 종묘사직이 있는 도성 방위보다 제 한 몸 건사가 더 중요했다. 게다가 선조가 도망가려던 종착지는 의주가 아니라 압록강 건너 요동이었다. 이를 '요동내부책遼東內

附策'이라고 하는데, 비빈·환관들을 거느리고 명나라 땅에 들어가 제후로 살려는 계획이었다. 영의정 이산해가 요동내부책에 동조해 비난이 들끓던 중 좌의정 류성룡이 "대가大駕(임금이 탄 가마)가 우리 국토 밖으로 한 걸음만 떠나면 조선은 우리 땅이 되지 않습니다"(《선조수정실록》, 25년 5월 1일)라고 막았다. 임란 극복의 가장 큰 장애요소가 선조였다. 도주할 생각밖에 없으면서도 세자를 미리 세워 만약의 사태에 대비하자는 신하들의 건의는 반대했다. 승지 신잡申礛 등이 목숨을 걸고 세자를 세우자고 주청하자 마지못해 광해군을 세자로 결정하고 4월 30일 새벽, 비가 오는 도성을 버리고 도주했다.

일본의 침략에 속수무책이었던 무능한 양반 사대부들과 선조의 도주는 조선이 건국 200여 년 만에 스스로 무너져내렸음을 뜻했다. 선조의 도주 소식을 들은 백성들은 노비문서를 관장하는 장례원掌隸院과 형조에 난입해 불을 질렀다. 세종이 개악한 종모법은 조선의 신분제를 악화시켰고, 여기에 양반 사대부는 면제하고 상민들에게만 군포를 받는 군적수포제 등의 악법이 더해지면서 백성들은 나라를 부정했다. 노비로 전락한 백성들은 대거 일본군에게 가담했다. 개성에서 평양으로 도주하던 선조는 도중에 윤두수尹斗壽에게 물었다.

> 선조가 묻기를, "적병의 숫자가 얼마인가? 절반은 우리나라 사람이라고 하는데 그러한가?"라고 하자 윤두수가, "이 말은 그 허실을 알지 못하겠습니다"라고 답했다.
>
> 《선조실록》 25년 5월 4일

일본군의 절반이 조선 사람이라는 말이 있을 정도로 신분제에 신음하던 노비들과 과중한 세금에 신음하던 백성들은 일본군에 가담했다. 이런 상황을 전해들은 선조는 조선이 끝났다는 판단에 요동으로 도주하려 한 것이다. 조선은 총체적으로 무너졌다. 정여립 사건을 이용해 물증도 없이 신하들을 죽이는 데는 추상같았던 선조나 군역의 의무는 거부하고 권력만 누리던 사대부들은 왜군이 쳐들어오자 도망가기 바빴다. 선조는 요동으로 도주하면 명나라가 제후

대접을 해줄 것으로 기대했으나, 정작 명나라는 선조의 국서를 조선이 일본과 결탁해 명나라를 침략하려는 계책으로 의심했다.

> 명나라에서 우리나라가 내부內附를 청한 자문咨文(외교문서)을 보고, 장차 우리나라를 관전보寬奠堡의 빈 관아에 거처시키려고 한다는 소식을 듣고 상이 드디어 의주에 오래 머물 계획을 하였다.
>
> 《선조실록》 25년 6월 26일

제후 대접을 받겠다는 선조의 생각과 달리 명나라는 관전보의 빈 관아에 유폐시킬 계획이었다. 선조는 요동으로 도주할 계획을 당분간 유보하고 의주에 머물며 사태를 관망했다. 선조는 맏아들 임해군을 함경도로, 셋째아들 순화군을 강원도로 보내 군사를 모으게 했으나 백성들은 도리어 두 왕자를 체포해 왜군에게 인도했다. 백성들의 마음속에 조선은 이미 무너졌다.

류성룡의 개혁정책과 의병들의 분전

선조가 도주를 거듭하는 동안 도체찰사 류성룡은 혁명에 가까운 개혁을 수행하지 않으면 나라가 망할 것이라고 생각했다. 류성룡이 마련한 개혁안은 크게 세 가지 방향으로 진행되었다.

하나는 신분제 완화 내지는 해체로서 이를 위해 면천법免賤法을 제정했다. 면천법은 서자들과 천인들의 신분상승을 가능케 하는 법이었다. 공사 천인이 왜적의 머리를 1급級 베어 바치면 양인으로 면천시켜주고, 2급 참수하면 국왕 호위군대인 우림위羽林衛에 배속시켰다. 3급을 참수할 경우에는 벼슬길에 허통시켰고, 4급을 참수하면 서반 4품인 수문장에 제수했다. 이는 서인 영수 이이가 육진에 3년간 자원근무하면 서자에게는 과거응시 자격을 주고, 천인들은 면

— 류성룡의 초상.

천시키자고 주장했던 것과 같은 맥락의 개혁 법안이었다. 또한 중앙에는 훈련도감을 설치하고 지방에는 속오군束伍軍을 설치했는데, 훈련도감과 속오군은 양반에서 노비까지 모든 계급으로 구성된 군대였다. 중종 36년(1541)의 군적수포제 이래 면제되었던 양반들의 군역 면제를 철폐한 셈이었다.

류성룡 개혁정책의 두 번째는 경제적 불평등을 완화하는 것으로 이를 위해 작미법作米法을 제정했다. 조선의 3대 세제 중의 하나인 공납은 각 지방의 특산물을 납부하는 것이었지만 그 부과기준에 형평성이 결여된 것이 문제였다. 먼저 마을 단위로 부과되니, 호수가 많은 마을과 적은 마을 사이에 형평성 문제가 발생했다. 이 세금을 다시 가호에게 부과하는데 농토가 많은 양반 전주나 송곳 꽂을 땅 한 평 없는 가난한 전호佃戶(소작인)가 같은 액수를 부과받거나, 관과 통하는 전주가 더 적은 세금을 부과받았다. 이런 공납의 폐단에 대한 해결책은 부과 단위를 가호에서 농지면적으로 바꾸고 쌀로 통일해내는 것인데, 이것이 작미법이었다. 훗날 이는 대동법으로 불리는데 조광조·이이 같은 개혁정치가들이 이미 주장했던 법이다. 그러나 농지를 많이 소유한 양반 사대부들의 반대로 실시하지 못했는데, 류성룡이 작미법이란 이름으로 강행했다.

류성룡 개혁정책의 세 번째는 폐쇄적인 정책을 개방적인 정책으로 바꾸는 것이었다. 조선은 허가받은 역관 이외의 상인들이 국제무역에 나서면 심지어 사형까지 시켰다. 왜란으로 농사를 짓지 못해 굶어죽는 백성들이 속출했는데, 조정은 손놓고 있었다. 류성룡은 압록강 중강진에 중강개시中江開市라는 국제무역시장을 개설해 조선의 물품과 요동의 곡식을 교환하는 방안을 고안했다. 명과 협의를 거쳐 임란 이듬해인 선조 26년(1592) 중강개시를 열었다.

이 당시 조선에서는 면포(무명) 1필 값이 겉곡식 한 말도 되지 않았으나 중강진에서 팔면 쌀 20여 말이 넘었다. 은·구리·무쇠도 10배의 이익이었다. 요동의 미곡이 들어와 산 자가 많았다.

《만기요람》 '중강개시'

그간 금지했던 국제무역을 개방한 것만으로도 큰 정책 효과가 발생했다. 염호鹽戶 대책도 마찬가지였다. 전쟁이 일어나면서 소금을 만드는 염호들이 대부분 도주했다. 생산물을 모두 국가에서 가져가는 데 불만을 갖고 있던 염호들이 전쟁이 나자 도주한 것이었다. 류성룡은 염호에게 이익이 돌아가는 방향으로 정책을 수정했다.

무릇 소금의 이익을 일으키는 데에는 특별히 다른 방법이 없고, 다만 해변의 염호들을 먼저 불러모아 그들을 편안하게 하는 방안이 있을 뿐입니다.

《서애집》 '계사啓辭'

류성룡의 대책은 생산량의 일부를 염호에게 주자는 방안이었는데, 실제로 그렇게 하자 도망갔던 염호가 다시 모여 소금 생산이 활발해졌다.

류성룡의 혁명적 개혁정책에 힘입어 각지에서 의병들이 일어났고 조선이 다시 살아나기 시작했다. 고니시 유키나가가 임진년 6월 평양성을 점령하고, 가토 기요마사가 함경감사 유영립柳永立을 체포하자 조선은 멸망 위기까지 몰렸지만 류성룡이 주도한 각종 개혁법안 덕분에 각지에서 의병이 일어났다. 사대부들에게 천대받던 승려들은 의승군義僧軍으로 가세했다.

문반 출신의 전직 관원이나 유생들이 일으킨 의병에 천민들이 대거 가세한 것은 면천법 덕분이었다. 또한 양반 사대부들이 의병을 일으키면서 창고를 열어 군량을 마련한 것도 의병들을 불러 모으는 큰 힘이 되었다.

북인의 종주였던 남명 조식曺植(1501~1572)의 제자였던 홍의장군 곽재우郭再祐는 현풍 유생 출신으로서 사재를 털어 경상도 의령에서 의병을 일으킨 다음 의령·합천·창녕 등의 경상우도를 거의 수복했다. 합천에서 의병을 일으킨 정인홍鄭仁

— 《징비록懲毖錄》. 류성룡이 뒷날을 경계하고자 하는 뜻에서 1592년(선조 25)에서 1598년(선조 31)까지의 일을 직접 기록한 것이다. 책에는 전쟁 전 일본과의 관계, 전쟁 발발과 진행 상황, 정유재란 등 다양한 내용이 담겨 있다.

弘도 조식의 제자였는데, 성주·합천·함안 등지를 되찾았고, 역시 조식의 제자였던 김면金沔과 조종도趙宗道 등도 거창·고령 등지에서 의병을 규합해 왜적을 물리쳤다. 경상좌도의 권응수權應銖는 무과 출신으로서 영천과 예천·문경 등지에서 왜적과 싸워 승리했다.

호남의 고경명高敬命은 여러 의병들의 추대로 담양에서 의병대장이 되었는데 선조가 있는 행재소行在所로 향하다가 금산에서 왜적과 맞붙어 아들 고인후高因厚 등과 전사했다. 김천일金千鎰도 나주에서 의병을 일으켜 행재소가 있는 평안도로 향하다가 강화에서 왜군에게 큰 타격을 입혔다.

충청도에서는 조헌趙憲이 의병을 일으켜 의승장 영규靈圭가 이끄는 의승군과 합세해 청주성을 회복하고 금산에 주둔한 적군과 싸우다가 칠백의사七百義士의 의병과 의승군이 장렬하게 최후를 마쳤다.

황해도에서는 전 이조참의 이정암李廷馣이 연안에서 의병을 일으켜 성을 빼앗으려는 구로다의 왜군을 물리쳐서 인근의 여러 읍을 회복시켰고, 양호兩湖의 해상 교통을 의주의 행재소와 연결시켰다. 함경도에서는 정문부鄭文孚가 경성에서 의병을 일으켜 가토의 왜군을 격파하고 함경도 수복에 큰 공을 세웠다.

의승군도 크게 활약했다. 묘향산의 노승 휴정休靜(서산대사)과 금강산의 유정惟政(사명대사), 호남의 처영處英, 해서의 의엄義嚴 같은 휴정의 문도들이 의승군을 일으켜 호응했다. 의병들이 항상 승리한 것은 아니지만 관군이 궤멸된 상황에서 정규군의 역할을 대신해 파죽지세였던 왜군들의 기세를 꺾고 큰 타격을 입혔다.

임란 발발 당시 수군은 경상좌수사 박홍朴泓, 경상우수사 원균元均, 전라좌수사 이순신李舜臣, 전라우수사 이억기李億祺였는데, 왜군의 초기 상륙 지역이었던 경상좌우수사 소속 전선은 거의

—— 평양성 전투를 그린 병풍 임란전승평양입승도병壬亂戰勝平壤入城圖屛.

궤멸된 상태였다. 전라좌수사 이순신은 경상우수사 원균의 지원요청으로 출전해 옥포와 당포 등지에서 승전을 거둠으로써 수군을 통해 군수물자를 조달하려던 왜군에게 큰 타격을 입혔다. 이순신은 1592년 7월 이억기·원균과 함께 견내량見乃梁에 정박 중이던 일본의 대선단을 한산도 앞바다로 유인하여 학익진으로 대파했는데, 이것이 임란 3대첩 중의 하나인 한산도대첩이다. 이로써 수군이 제해권을 장악하면서 곡창지대인 호남을 보호할 수 있었고 왜군은 군수물자 보급에 막대한 지장을 초래했다. 이는 의병의 활약과 함께 불리했던 전쟁 초반의 전세를 역전시키는 데 결정적인 역할을 했다.

여기에 선조 25년(1592) 12월 명나라의 동정제독東征提督 이여송李如松이 4만 3,000여 대군을 거느리고 압록강을 건너 조선으로 왔다. 이여송은 조선 출신 이영李英의 후손이자 요동총병 이성량李成梁의 아들이었는데 이듬해 정월 순변사 이일, 별장 김응서金應瑞가 이끄는 조선군과 휴정이 이끄는 의승군과 함께 평양성을 수복함으로써 조명朝明연합군의 위력을 보여주었다. 평양성 탈환에 힘입은 이여송은 서울 수복을 위해 남하하다가 도성 북쪽 40리 벽제관碧蹄館에서 왜군의 기습에 대패한 후 기세가 꺾여 남하를 중지했다. 그러나 권율權慄이 이끄는 조선군은 그해 2월 행주산성에서 일본군을 무찔렀다. 권율의 행주대첩, 이순신의 한산도대첩, 김시민金時敏의 진주성대첩을 3대 대첩이라고 한다.

그 후 일본은 명나라의 심유경沈惟敬과 강화회담을 진행하다가 결렬되자 1597년(선조 30)에 다시 재침(정유재란)했으나 별다른 성과를 얻지 못하던 상황에서 이듬해 7월 도요토미가 사망하자 비밀리에 철군령을 내렸다. 일본군의 철군 조짐이 보이자 선조와 사대부들은 각종 개혁정책을 이끌었던 류성룡을 끌어내고 과거체제로 복귀하려고 했다. 남이공南以恭, 김신국金藎國 등이 류성룡 탄핵을 주도했는데, 북인 남이공이 "(류성룡은) 속오군과 작미법을 만들었고 서예庶隷의 천한 신분을 발탁했다"면서 탄핵한 것은 양반 사대부들의 인식을 대변하는 것이었다. 전란이 끝날 때가 되니 류성룡이 전시에 실시했던 여러 개혁 입

— 이여송의 초상.

선무공신宣武功臣(선조 37. 1604): 임진왜란 때 무공 표창

구분	명단	비고
1등	이순신李舜臣·권율·원균 등 3명	원균은 선조가 직접 추가
2등	신점·권응수·김시민·이정암·이억기 등 5명	
3등	정기원·권협·유사원·고언백·이광악·조경·권준·이순신李純信·기효근·이운룡 등 10명	

호성공신扈聖功臣(선조 37. 1604): 임란 때 선조를 모시고 의주까지 간 인사들

구분	명단	비고
1등	이항복·정곤수	
2등	이후(신성군)·이원익·윤두수·심우승·이호민·윤근수·류성룡·김응남 등 31명	
3등	정탁·이헌국·유희림·이유중·임발영·기효복·김기문·오련 등 33명	김기문 등 내시 24명, 오련 등 선조의 말을 끈 마부 6명 포함.

법들을 폐기하고 과거로 돌아가기 위한 공세였다. 면천법, 작미법 등의 개혁 입법을 폐지하고 다시 특권만 있고 의무는 없는 사대부 천국, 백성 지옥으로 되돌아가려 한 것이었다.

류성룡은 선조 31년(1598)년 11월 파직당했는데 그가 천거했던 이순신이 같은 날 노량해전에서 전사하자 자살설이 유포되었다. 선조는 전쟁영웅인 이순신을 제거하기 위해 직접 비망기備忘記까지 작성해 승정원에 내렸던 인물이었다. 류성룡이 조정에서 공격당한다는 말을 들은 이순신은 "시국 일이 한결같이 이 모양으로 흐르는가"라고 한탄하다가 전사하자 자살설이 유포된 것이다. 파직 후 고향 안동으로 낙향한 류성룡은《시경》'소비편小毖篇'의 "미리 징계하여 후환을 경계한다〔予其懲而毖後患〕"는 구절에서 딴《징비록懲毖錄》을 저술했다. 7년 전란의 원인과 전황 등을 상세히 기록해 다시는 전란을 맞아서는 안 된다고 역설했지만 7년 전란에서 아무 교훈도 얻지 못한 양반 사대부들은 계급 이익을 지키는 데만 관심이 있었다. 그렇게 조선은 다시 과거로 돌아갔다.

이이는 십만양병설을 주장했는가?

조선총독부 조선사편수회 출신이자 노론 집안 출신인 국사학계의 태두 이병도는 《조선사대관》(1948)과 수정판 《국사대관》(1955), 《한국사대관》(1983) 등에서 율곡 이이가 임란 전 십만양병설을 주장했지만 서애 류성룡이 반대해서 무산되었다고 서술했다. 그러나 이이의 십만양병은 《선조실록》에는 나오지 않고, 인조반정 이후 서인들이 효종 8년(1657) 편찬한 《선조수정실록》에만 사관의 평으로 나온다. 십만양병설은 이이의 제자 김장생金長生(1548~1631)이 쓴 《율곡행장》에 처음 나온다.

> 일찍이 경연에서 (이이가) 청하기를 "10만의 군병을 미리 길러 위급한 사태에 대비해야 할 것입니다. 그렇지 않으면 10년이 지나지 않아서 장차 토붕와해土崩瓦解의 화가 있을 것입니다"라고 하자 정승 류성룡이 "사변이 없는데도 군병을 기르는 것은 화근을 기르는 것입니다"라고 말했다.
>
> 《율곡행장》

김장생의 제자인 송시열宋時烈이 쓴 《율곡연보》에는 이이가 "10만의 군병을 미리 길러서 도성에 2만 명을 두고, 각도에는 1만 명을 두자"고 주장했다고 더욱 구체적으로 나온다. 송시열이 쓴 《율곡연보》, 《선조수정실록》, 이정구의 '시장諡狀', 이항복의 '신도비문' 등은 모두 김장생의 《율곡행장》을 보고 가감한 것이다. 김장생은 이이가 "일찍이 경연에서" 10만 양병을 주장했다고 썼지만 정작 율곡 이이는 경연일기인 《석담일기》에 10만은커녕 1만 양병도 주장한 적이 없다. 이이는 오히려 선조에게 올린 〈군정책軍政策〉 등에서 "양민을 하지 않고서 양병을 했다는 것은 예부터 지금까지 들어본 적이 없습니다"라면서 양병에 반대했다. 백성들의 삶이 먼저 살아나야 군사도 기를 수 있다는 현실적인 방안이었다. 십만양병설은 김장생이 스승 이이를 임란을 예견한 충신으로 떠받들고, 남인 영수 류성룡을 격하시키려는 악의에서 나온 거짓말이다. 해방 후 노론 출신의 이병도가 자신의 저서에 거듭 이를 실으면서 한때 여러 교과서에도 실렸다.

선조의 이순신 제거 비망기

선조는 재위 30년(1597) 3월 13일 이순신을 제거하기 위해 우부승지 김홍미金弘微에게 비망기를 내렸다.

> 이순신이 조정을 속인 것은 임금을 없는 것으로 여긴 죄(무군지죄無君之罪)이고, 멋대로 적을 치지 않은 것은 나라를 배신한 죄(부국지죄負國之罪)이고, 심지어 남의 공을 빼앗은 것은 남을 함정에 빠뜨린 죄(함인어죄陷人於罪)이고, 멋대로 하지 않는 것이 없는 것은 아무 거리끼는 것

이 없는 죄(무기탄지죄無忌憚之罪)이다. 이렇게 허다한 죄상이 있는데도 법망에 방치되었으니 마땅히 법에 비추어 죽여야 한다. 인신으로서 속이는 자는 반드시 죽여서 용서하지 않는 것이다.

선조가 직접 이순신을 죽이겠다는 비망기를 내린 것은 이순신에게 큰 공포로 다가올 수밖에 없었다. 그 직전 선조는 김홍미에게 선전관을 보내 표신標信과 밀부密符를 주어 잡아오게 하면서, "만약 이순신이 군사를 거느리고 적과 대치하고 있다면 체포하기가 쉽지 않을 것이니 전투가 끝난 틈을 타서 잡아오라"(《선조실록》 30년 2월 6일)고 구체적으로 지시했다. 마치 이순신이 자신을 신임하는 군사를 배경으로 저항할 것을 우려하는 것이었다. 임금이 자신을 반드시 죽이려는 상황에서 자신을 천거했으며, 공격을 당할 때마다 자신을 보호해주었던 류성룡까지 공격받아 쫓겨나는 상황이 되자 노량해전에서 스스로 전사한 것이라는 설이 유포되었다.

천민 수문장 신충원의 몰락

류성룡은 충주의 노비 출신 신충원辛忠元을 발탁해 수문장으로 삼았다. 신충원을 만나보니 충청도 괴산과 경상도 문경의 경계에 위치한 요새지 조령을 지키는 데 탁월한 재능을 지녔음을 알고 노비 출신인 그를 서반 4품 이상이 맡는 장군으로 발탁한 것이다. 현재 남아 있는 조령 제2관문이 신충원이 쌓은 것인데, 선조는 재위 27년(1594) 10월 류성룡이 조령 관문을 완성한 신충원의 포상을 청하자 그대로 따랐다가 종전 후 남이공 등이 신충원을 공격하자 혹독하게 심문하게 했다. 《선조실록》 34년 9월 10일조는 "신충원의 죄가 교형(교수형)에 해당되었다"라고 전하고 있다. 범장죄犯贓罪라는 것인데, 심한 고문 끝에 자신 같은 노비들을 면천시키면서 "한 사람당 단지 무명베 반 필씩을 받았다"는 자백을 근거로 죽이려 한 것이다. 그러나 지돈녕부사 유자신柳自新(광해군의 장인)이, "이것만 가지고 형을 가한다면 옳지 못할 듯도 하니 다시 의논해야 하겠습니다"라는 신중론을 제시함으로써 목숨은 건졌다. 양반 사대부들은 전쟁이 끝나자 노비 출신으로 장군까지 올라간 신충원을 죽여서 강상을 바로잡아야 한다고 생각했다. 이런 사건들은 정묘·병자호란 때 의병들이 움직이지 않는 역사의 반작용으로 돌아왔다.

인조반정과 정묘·병자호란 02

광해군의 즉위와 대북·소북 분당

임진·정유재란은 동북아 정세에 큰 영향을 끼쳤다. 일본은 임진·정유재란을 '분로쿠文祿·게이초慶長의 역役'이라고 부르는데 두 차례 대규모 침략에서 패전함으로써 도요토미 막부는 도쿠가와 이에야쓰 막부로 교체되었다. 당초 도요토미는 도쿠가와를 포함한 5인의 다이로大老에게 어린 아들 히데요리秀賴를 섬긴다는 서약까지 받았으나 도요토미가 죽자 도쿠가와는 1600년 10월의 세키가하라 전투에서 도요토미 부대를 대파하고 실권을 장악했다. 1603년에는 일왕으로부터 정이征夷대장군의 칭호를 받아 도쿠가와 막부 시대를 열었다.

　명나라는 신종의 연호를 따서 임진왜란을 '만력萬曆의 역役'이라고 부른다. 임란 때 군사를 파견한 것은 조선이 무너지면 정명가도에 따라 명나라가 전쟁터가 될 것이기 때문이었다. 그러나 임란 때 대군을 파견한 것이 국가 재정에 부담을 주었고, 이 틈에 만주의 여진족은 크게 세력을 확대하였다. 여진족을 통합한 누루하치는 임란 때 이미 조선에 대규모 구원군을 보내주겠다고 자청할 정도로 성장했다.

　직접적인 전쟁터였던 조선은 임란 전 170만 결이던 전국의 경지면적이 54

만 결로 감소될 정도로 전야가 황폐화되었다. 경복궁·창덕궁·창경궁을 위시한 많은 건축물과 서적·미술품 등이 소실되고 약탈되었으며 전주사고全州史庫를 제외한 모든 사고가 불에 탔다.

임진왜란은 조선의 사회구조를 근본적으로 흔들었다. 일부 부유한 백성들은 군공軍功·납속納贖 등의 방법으로 양반 지위를 획득해 군포 납부 의무에서 면제된 반면 가난한 백성들은 더욱 몰락했다. 선조 27년(1594) 송유진宋儒眞의 봉기와 선조 29년(1596) 이몽학李夢鶴의 봉기는 주모자들이 조선왕조 타도와 새로운 국가 건설을 내걸었다는 점에서 이전의 반란과 달랐다. 의병대장을 자칭하며 천안·직산 등지를 근거지로 봉기한 송유진은 계룡산·지리산 일대까지 세력을 확장한 후 선조 27년(1594) 정월 보름 서울을 점령하기로 계획을 세웠다. 그는 아산·평택의 병기를 약탈해 북상의 의지를 드높였으나 직산에서 충청병사 변양준邊良俊에게 체포되어 사형당한다.

본관이 전주로서 왕족의 서얼이었던 이몽학은 임란 중에 장교가 되었으나 모속관募粟官 한현韓絢 등과 함께 백성들을 모아 홍산鴻山(충청도 부여)을 점령하고 이어 임천군·정산·청양·대흥을 함락시켰다. 이몽학은 충청도의 요충지인 홍주洪州(홍성)를 점령하려 했으나, 홍주목사 홍가신洪可臣의 방어로 실패한 후 그의 부하 김경창金慶昌 등 3인에게 피살되었다. 그러나 이 과정에서 지방관들이 도주하거나 항복하고, 수많은 이민吏民들이 반군에 호응해 그 무리가 수만 명에 달할 정도였다. 이는 조선왕조에 큰 충격을 주었다. 서울로 압송되어 처형된 사람만 33명이며 지방에서 처형된 사람이 100명이나 되었는데 연좌율을 적용하면 관련자가 너무 많아져서 특별한 경우에만 적용했을 정도였다.

국문에서 이몽학의 잔당들은 김덕령·최담령·홍계남·곽재우·고언백 등의 의병장들을 동조자라면서 끌어들였다. 선조는 정여립 사건을 이용해 많은 명가들을 주륙한 것처럼 이 사건을 백성들의 신망이 높은 전쟁영웅들을 제거하는 기회로 삼았다. 의병장 김덕령金德齡은 정강이뼈가 모두 부서지는 혹독한 심문 끝에 장살되고, 이산겸李山謙도 이 사건과 연루되어 죽고 말았다.

송유진·이몽학의 봉기에 백성들이 대거 가담한 것은 백성들 사이에 조선 왕조는 더 이상 가망이 없다고 판단했음을 말해준다. 양반 사대부들은 더 이상 사회를 이끌어갈 능력이 없었다. 이런 상황에서 사대부들은 전시 개혁입법을 주도했던 류성룡을 쫓아내며 과거체제로 회귀했다.

게다가 전란 와중에도 권력다툼을 그치지 않았다. 전란의 와중인 선조 27년(1594) 북인 이산해의 아들 이경전李慶全이 이조전랑 물망에 올랐는데, 이조전랑이던 남인 정경세鄭經世가 불가하다고 고집해 남인과 북인 사이가 크게 벌어졌다.

북인들은 의병장을 대거 배출한데다 일본에 대한 강경론을 주도해 선명성에서 앞서갔다. 서인들도 조헌·고경명 같은 의병장이 나오지 않은 것은 아니지만 곽재우·정인홍·조종도·김덕령 등의 북인들이 의병전쟁을 주도했다. 남명 조식의 제자들인 북인들은 의병전쟁은 주도했지만 선조 31년(1598) 개혁을 주도하던 남인 영수 류성룡의 실각에 앞장서는 등 사회가 요구하는 새로운 사회를 만들 세계관을 갖고 있지는 못했다.

북인들은 임란 와중에 정권을 잡았지만 선조의 후사를 두고 대북과 소북으로 갈라졌다. 세자 광해군을 지지하는 정인홍 중심의 대북과 선조의 계비 인목왕후 소생의 영창대군을 지지하는 유영경柳永慶 중심의 소북으로 갈라졌다. 세자 광해군은 전란 기간 분조分朝(조정을 둘로 나누어 위기에 대처하는 것)를 맡아 군사를 모집하고 왜적을 물리치는 데 탁월한 능력을 발휘했다. 광해군의 친형인 임해군과 이복동생 순화군 등이 근왕병을 모집하고 함경·강원도에 갔다가 되레 백성들에게 포박되어 가토 기요마사 진영에 넘겨진 것과 대비되는 업적이었다.

선조는 재위 27년(1594) 윤근수를 명나라에 파견해 세자책봉을 주청했지만 명나라는 장자인 임해군이 있다는 이유로 거절했다. 그간 세자책봉은 요식행사에 불과했는데 군사파견으로 영향력이 커지자 왕위계승 문제까지 간섭하려 한 것이다. 선조는 재위 33년(1600) 의인왕후 박씨가 세상을 떠나자 재위 35년(1602) 김제남金悌男의 딸을 계비로 삼았으니 곧 인목왕후 김씨였다. 방계 승통의 열등감을 갖고 있던 선조는 적자가 태어나자 마음이 흔들렸고, 영의정

유영경 등은 영창대군을 후사로 세우려고 기도했다.

영창대군이 태어났을 때 광해군은 이미 14년 동안 세자였다. 그럼에도 선조와 소북이 갓난아이인 영창대군에게 뜻을 두면서 왕위계승 문제가 정쟁의 소재가 되었다. 조선의 지배층에게 필요한 것은 왕위계승 분쟁이 아니라 백성들이 왕조를 거부하는 현실에 대한 뼈아픈 자기반성이었다. 이미 파탄 난 사대부 중심의 정치체제에 대한 심각한 고민과 대안 모색이 필요한 시기였다.

선조는 영창대군 탄생 이듬해(선조 40) 병석에 누웠는데, 만 두 살의 갓난아이에게 왕위를 물려줄 수 없다고 판단하고 광해군에게 양위했다. 그러나 영의정 유영경은 양위 전교를 자신의 집에 감추는 등 영창대군에 대한 뜻을 거두지 않았다. 선조가 사망하자 유영경은 인목왕후를 찾아가 영창대군을 즉위시키고 수렴청정할 것을 종용했으나 16년 동안 세자였던 33세의 광해군 대신 두 살짜리 아기를 임금으로 삼는 것은 현실성이 없다고 판단한 인목왕후는 선조의 유조에 따라 광해군의 즉위를 결정했다. 선조 사망 당일인《선조실록》41년 2월 1일자는 인목왕후가 빈청에 내린 내봉內封한 선조의 유서를 기록하고 있다.

형제 사랑하기를 내가 있을 때처럼 하고 참소하는 자가 있어도 삼가 듣지 마라. 이로써 너에게 부탁하니 모름지기 내 뜻을 몸 받아라.

그러나 광해군의 지위를 흔듦으로써 영창대군의 미래를 위험하게 한 인물은 다름 아닌 선조였다. 영창대군이 훗날 맞이한 비극은 선조가 만든 것이라고 해도 과언이 아니었다.

명나라의 장기주둔 시도와 둔전

명나라는 임란 때 조선의 일정 지역을 차지하고 군대를 장기간 주둔시키려 했다. 식량을 제공하는 농토인 둔전屯田을 마련하고, 조선주둔군인 둔병屯兵을 두려고 했다. 임란 이듬해인 선조 26년(1593) 12월 이 문제가 논의되었을 때 비변사는 "중국인들이 둔전을 운영한다면 그 해가 만 배나 될 것"이라면서 반대했다. 명나라 군사들이 조선에 들어오자 백성들 사이에서 "왜적은 얼레빗

(梳子:소자) 같고 명나라 군사는 참빗(篦子:비자) 같다"는 말이 널리 퍼져 명나라 장수 형개邢玠가 류성룡에게 물을 정도(《징비록》)로 폐해가 극심했다. 선조는 재위 27년(1594) 6월 이 문제가 논의되었을 때 "우리나라 형세로는 절대로 이 적을 당할 수 없으니 중국 사람들이 와서 둔병하고 둔전하는 것도 안 될 것이 없다"라고 말해서 명나라 군사의 장기주둔을 허락하려고 했고, 일부 신하들도 동조했다. 이때 영의정 류성룡은 "중국 장수들은 군사를 다스리면서 대부분 (부하들을) 단속하지 않습니다. 만약 우리나라에 포진해서 만 가지 폐단을 일으킨다면 그 피해는 말로 할 수 없을 것입니다"라고 반대했다. 선조 30년(1597) 4월에도 명나라의 둔전과 둔병에 대해 조정에서 의논했는데 류성룡은 "원나라가 창원에 정동행성征東行省을 설치하였는데, 오래 머무르며 폐를 끼쳐서 마침내 지탱할 수 없었습니다"라면서 명나라에 시행하기 어렵다고 회보하자고 제의했다. 이후에도 류성룡은 정동행성 문제가 나올 때마다 '천천히 시세를 보아가면서 처리하자'는 것으로 설치를 유보해 끝내 설치되지 않게 했다. 만약 명나라 군사들이 농토까지 확보해 장기주둔했다면 어떠한 폐단이 발생했을지 알 수 없다는 점에서 류성룡의 자주정신은 되새겨볼 가치가 있다.

광해군의 혁신정치와 그 한계

광해군은 즉위 후 전란 극복을 국정의 우선원칙으로 삼아 혁신정치를 펼쳤다. 자신을 지지한 대북을 중용했지만 즉위 초 남인 이원익李元翼을 영의정에 제수하고 서인 이항복李恒福을 좌의정으로 삼는 연립내각을 구성했다. 즉위 원년 이원익의 건의로 경기도에 대동법을 실시했는데, 이는 류성룡이 실각하면서 폐기되었던 작미법의 재탄생이었다. 광해군은 또한 전란 때 소실된 서적 간행에도 힘을 기울여 《신증동국여지승람新增東國輿地勝覽》,《국조보감國朝寶鑑》 등을 다시 편찬했으며, 춘추관·충주·청주 사고에 보관했던 실록들이 불탄 것을 안타깝게 여겨 적상산赤裳山에 사고를 설치해 중요한 전적典籍들을 보관했다. 허준許浚에게 《동의보감東醫寶鑑》을 편찬시켜 전란 때 창궐했던 질병을 다스리는 한편 민족의학을 집대성하게 했다.

재위 3년(1611)에는 양전사업을 실시하여 전란으로 황폐해진 농지를 다시 측량하여 경작지를 확대하고 국가재원을 확보하였다. 전란 때 소실된 창덕궁·

경희궁·인경궁을 증축 또는 개축하는 과정에서 백성들을 부역에 동원해 원성을 사기도 했으나 월산대군의 사저에서 업무를 보는 상황에서 궁궐신축은 불가피한 것이었다.

광해군은 실리외교를 택했다. 도쿠가와 막부가 임진왜란은 도요토미가 저지른 것이지 자신은 한 명의 군사도 보내지 않았다고 설득하자 수교를 결심했다. 대신 임란 때 성종과 계비 정현왕후의 무덤인 선릉과 중종의 무덤인 정릉을 훼손한 범인 인도를 조건으로 내걸었다. 대마도의 죄인 두 명을 인도하자 이들을 효수하고 수교에 응했다. 광해군은 재위 1년(1609) 일본송사약조日本送使約條(기유조약)을 체결해 임란 이후 중단되었던 외교를 재개하고, 재위 9년(1617) 오윤겸吳允謙 등을 회답사回答使로 파견해 양국관계를 정상화시켰다. 일본과의 수교가 조선의 평화를 구조적으로 보장하는 한 방편이라는 생각에서 과거의 은원을 묻어둔 채 수교에 응한 것이다.

여진과의 관계도 마찬가지였다. 여진족의 후금과 명이 중원의 패권을 놓고 싸우는 와중에 조선이 군이 한쪽 편만 들 필요는 없다고 보았다. 여진족은 흑룡강과 연해주 유역의 야인여진, 송화강 유역의 해서여진, 목단강 유역에서 백두산 일대의 건주여진의 셋으로 나뉘어 있었다. 건주여진의 누루하치가 부

동서분당 때의 당인(선조~광해군)

구분	동인				서인
선조	김효원·허엽·류성룡·김성일·우성전·정구·정유길·정지연·정탁·남이공·김우옹·최영경·최인홍·곽재우·정온·정여립·이산해·이발·윤승훈·송응개·박근원·허봉 등				심의겸·박순·윤두수·윤근수·정엽·남언경·송익필·조헌·이귀·황신·송방준·정철·김천일·박응남·조흡·구잠·김계휘·신응시·홍성민·구사맹·황정욱
광해군	남인	북인			
	우성전·류성룡·정탁·이원익·김성일·정경세·정술·이경중·이덕형 등	이발·정인홍·최영경·정여립·이산해·이이첨·박여랑·홍여순·남이공			
		대북		소북	
		이산해·홍여순·이이첨·정인홍 기자		남이공·김신국·유영경·유희분·박승정	
		육북 肉北	골북 骨北	중북 中北	청소북	탁소북
		이산해	홍여순	정온·정창연·유몽인	남이공	유영경

족 통합에 나서 선조 21년(1588)경에는 건주여진 대부분을 통합했다. 4년 후인 선조 25년(1592) 4월 임진왜란이 발생하자 누루하치는 조선에 군사를 보내주겠다고 자청할 정도로 세력이 커졌다. 누루하치는 선조 31년(1598) 1월에도 구원군을 보내주겠다고 자청했는데, 조선의 거절로 성사되지는 않았지만 그간 조선의 벼슬을 받기 위해 다투던 여진족이 북방의 강자로 등장했음을 말해주는 사례였다. 누루하치는 광해군 8년(1616) 제위에 올라서 국호를 금, 연호를 천명이라고 선포했는데, 패륵貝勒과 대신들은 영명英明황제라는 존호를 올렸다. 2년 후인 광해군 10년(1618) 4월에는 "명나라가 내 조부와 부친을 죽였다" "명나라가 우리 민족을 탄압한다"는 등의 내용을 담은 '7대한七大恨'을 발표하면서 요녕성 무순撫順을 함락시켰다.

북방 유목민족의 통합은 곧 중원의 한족 왕조에 대한 공격으로 이어져 명나라는 충격에 휩싸였다. 명나라 경략經略 왕가수汪可受는 그해 윤4월 27일 광해군에게 수만 군사를 보내 여진족을 협공하는 것이 명나라에 보답하는 길이자 조선에도 복이 될 것이라며 군사파견을 요청했다. 그러나 조명군助明軍을 보내고 싶지 않았던 광해군은 그해 5월 1일 전교를 내려 국경 넘어 군사를 보내는 대신 "급히 수천 군병을 뽑아 의주 등지에 대기시켜 놓고 기각掎角(앞뒤로 응해서 적을 견제함)처럼 성원하는 것이 지금의 상황에 적합할 듯하다"라고 말했다. 그러나 대북정권의 실세였던 이이첨까지 "중국에 난리가 났을 때 제후가 들어가 구원하는 것이 바로《춘추》의 대의요, 변방을 지키는 직분"이라면서 파병을 주창했다. 대북까지도 파병을 주장하자 광해군은 재위 11년 도원수 강홍립姜弘立을 필두로 1만 3,000명의 조선군을 도강시킬 수밖에 없었다.

명나라 군사는 총사령관 요동경략 양호楊鎬와 도독 유정劉綎 사이의 지도부 분열이 심각한 상황이었다. 조선군도 군량 공급을 책임진 평안감사 박엽朴燁이 임무를 태만히 하는 바람에 굶주린 채 싸워야 했다. 조선군은 3월 2일 첫 전투에서 후금의 군사 600여 명을 격퇴했지만, 3월 4일 두 번째의 심하전역深河戰役에서 패배하고 말았다. 전군이 결사항전하며 전원 전사할 것인지 항복해서 전력을 보존할 것인지 기로에 서 있는 조선군에게 후금은 강화를 요청했

—— 후금과 명의 살이호 대전을 담은 그림. 시작부터 종결까지 닷새밖에 걸리지 않았지만 명나라 10만 대군은 거의 절반이 없어지고 문무 관리와 장수 300여 명이 죽었다.

고 강홍립은 이에 응해 남은 3,000여 명을 이끌고 항복했다. 강홍립은 후금과 조선 사이를 중재하면서 조선에 밀서를 보내 후금 상황을 알림으로써 더 이상 사태가 악화되는 것을 막았다. 그러나 광해군의 이런 실리외교는 서인들에게 쿠데타의 명분이 되었다.

광해군은 준비된 국왕이었지만 내우외환에 시달렸다. 안으로는 영창대군과 임해군의 존재가 광해군을 흔들었다. 명나라는 광해군 즉위 후에도 요동도사遼東都司 엄일괴嚴一魁를 보내 강화 교동에 유배되어 있는 광해군의 형 임해군을 만나는 것으로 광해군의 왕권을 흔들었다. 광해군 3년(1611)에는 문묘종사文廟從祀(공자를 모신 묘우에 함께 제사 지내는 것) 문제로 분쟁이 일어났다. 대북 실세 정인홍은 스승 조식이 문묘종사 대상에서 제외되자 종사 대상인 이언적李彦迪과 이황의 종사를 반대해 남인들의 반발을 불렀다. 이황을 종주로 삼는 영남 남인 중심의 성균관 태학생들은 청금록靑衿錄(유생 명부)에서 정인홍의 이름을 지웠고, 광해군은 태학생들을 성균관에서 축출하는 것으로 강경하게 대응했다.

광해군 재위 4년(1612)의 김직재金直哉의 옥사도 불필요하게 확대시켰다. 김경립金景立이란 인물이 군역을 회피하기 위해 어보와 관인을 위조했는데 문초과정에서 역모사건으로 확대되면서 대북이 소북을 공격하는 소재로 변질되어 100여 명이 화를 입었다. 이듬해 발생한 '칠서七庶의 옥獄'은 마침내 영창대군을 정쟁에 끌어들였다. 조령 고개에서 살인강도사건이 일어났는데 대갓집의 서자 일곱 명이 범인으로 드러났다. 고故 정승 박순朴淳의 서자 박응서朴應犀가 위관 이이첨李爾瞻에게, "국구國舅(임금의 장인) 김제남(인목대비의 부친)과 짜고 영창대군을 추대하려고 하였다"고 자백한 것이 김제남과 영창대군을 끌고 들어갔다. 사건의 진상은 불분명했지만 김제남은 결국 사사당했고, 영창대군도 서인으로 강등되었다가 광해군 6년(1614) 2월 강화부사 정항鄭沆에 의해 살해당하고 말았다.

대북은 나아가 인목대비를 폐비시키는 폐서인을 추진했다. 폐모론廢母論은 대북의 정인홍·이이첨·허균·백대연·정호·한계남·채겸길 등이 주창했지만, 이항복·정홍익·김덕성·오윤겸 등 서인들은 물론 남인 이원익·이덕형·정술 등도 반대했고, 소북의 남이공도 반대했으며 심지어 대북 영의정 기자헌奇自獻까지도 반대했다. 정온鄭蘊은 정인홍의 제자였지만 사제관계를 끊고 정인홍을 비난하는 상소를 올렸다. 북인 중에서 정온의 상소에 찬성하는 정창연·이명·유몽인 등은 중북中北이 되었다. 인목대비 폐모에는 대북을 제외한 모든 당파가 반대했음에도 광해군과 대북은 광해군 10년(1618) 인목대비의 호를 삭거削去하고 서궁에 유폐시켰다.

광해군은 실리추구 정책으로 많은 업적을 남겼으나 과거사와 연관된 정쟁에 얽매여 많은 반대파를 양산했다. 특히 정권에서 소외된 서인들은 인목대비 폐모를 자식이 어머니를 버린 패륜으로 규정짓고, 광해군의 명청 사이의 등거리 외교를 임금의 나라인 명나라에 대한 불충으로 규정지으며 쿠데타를 준비했다. 인조반정의 싹이 튼 것이다.

광해군의 밀서는 존재했는가?

조선군을 이끌고 후금군과 싸우던 강홍립이 광해군의 밀지에 따라 일부러 항복했다는 설이 '밀지설'이다. 인목대비는 "기미년 오랑캐(후금)를 정벌할 때 비밀리에 수신帥臣(강홍립)에게 '그 형편을 보아 향배向背를 정하라'고 하교하여, 마침내 전 군사가 오랑캐에게 투항해 추함이 사방에 퍼지게 하였다"(《계해정사록癸亥靖社錄》)라여 강홍립이 광해군의 밀지에 의해 항복했다고 주장했다. 밀지의 또 다른 출처는 《광해군일기》를 편찬한 사관들이었다. 《광해군일기(중초본)》11년 4월 2일자 사관의 평은 이렇게 말하고 있다.

이에 앞서 왕이 비밀리에 회령부의 시장 상인 호족(여진족)에게 이 일을 통보하게 하였는데, 그 상인이 미처 돌아가기도 전에 하서국河瑞國(조선 역관)이 먼저 오랑캐의 소굴로 들어갔으므로 노추奴酋(후금 군주)가 의심하여 감금하였다. 얼마 후 회령의 통보가 이르자 마침내 하서국을 석방하고 강홍립을 불러들이게 하였다. 강홍립의 투항은 대개 미리 예정된 계획이었다.

광해군이 일개 여진족 상인에게 조선군의 항복이라는 국가대사를 비밀리에 통보했다는 주장으로 신빙성이 없다. 강화를 먼저 요청한 것은 후금이었다. 광해군의 밀지설이 《광해군일기》 본문이 아니라 사관의 평으로만 존재하는 이유도 여기에 있다. 식량보급도 끊긴 상황에서 패전한 강홍립은 후금이 강화를 요청하자 남은 군사를 살리기 위한 궁여지책으로 항복한 것이다. 이후 강홍립은 후금 진영에 머무르면서 후금의 정보를 조선에 몰래 제공했는데, 이는 인조 집권 이후에도 계속되었다. 또한 정묘호란(1627. 인조 5) 때 후금군을 설득해 황해도 평산에서 더 이상 남하하지 않게 만든 것도 강홍립의 공이었다. 그러나 조선의 사대부들은 정묘호란에도 아무런 교훈을 얻지 못했고, 급기야 병자호란(1636. 인조 14)의 치욕을 겪게 되었다. 이런 국토유린을 초래한 책임을 강홍립에게 돌리고, 인조반정을 정당화하기 위해 '밀지설' 운운하는 내용들을 퍼뜨린 것이었다.

서인들의 쿠데타, 인조반정

	서인들의 인조반정 논리	비고
군주론 1	조선 사대부(서인)들의 임금은 명나라 황제다.	조선 전기의 주체적 사대주의와 다른 객체적 사대주의
군주론 2	조선 임금은 명나라 황제의 신하다.	자국의 정체성 부인
신하론	조선 임금은 조선 사대부와 같은 계급이다.	
충성론 1	광해군은 임금을 배신했다.	
충성론 2	조선 사대부가 광해군을 축출한 것은 명나라 황제에 대한 충성이다.	반역을 합리화하는 논리
사례 1	1차 예송 송시열 등의 기년복(1년) 2차 예송 송시열 등의 대공복(9개월)	효종은 둘째아들이고, 인선왕후 장씨는 둘째며느리라는 속내
사례 2	노론 당수 이완용이 데라우치寺內에게 고종·순종의 지위를 국왕이 아닌 대공으로 하자고 주장한 것	고종·순종은 임금이 아니라는 논리

대북정권은 폐모론에 반대하는 서인과 남인들을 조정에서 축출했다. 이는 그렇지 않아도 소수파였던 대북의 정치적 기반을 크게 축소시켰다. 드디어 광해군 15년(1623) 3월 김류·이귀·김자점·최명길·이괄·이서 등은 선조의 서손 능양군(인조) 이종李倧을 추대해 쿠데타를 일으켰으니 이것이 인조반정이다.

능양군은 선조가 인빈 김씨에게서 낳은 셋째아들 정원군의 아들이자 선조가 총애했던 정원군의 형 신성군의 양자였다. 능양군은 광해군 때 동생 능창군이 '신경희申景禧의 옥사'에 연루되어 처형당한 것에 원한을 갖고 있었다.

그러나 인조반정은 백성들에게는 물론 사대부들에게도 환영받지 못했다. 정권에서 소외된 서인들이나 서궁에 유폐된 인목대비에게는 광해군의 정치행위가 패륜이자 명나라 황제에 대한 불충이었지만 일반 사대부나 백성들의 눈에는 아니었다. 인조반정은 국가재건에 힘쓸 시기에 발생한 과거지향적 정변에 지나지 않았다. 반정 일등공신 이서李曙가 반정 직후의 혼란한 상황을 설명하면서 "성패가 확실히 정해지지 않은 터에 위세로써 진압할 수도 없었다"라고 말한 것은 백성들과 사대부들이 반정에 반발해 봉기할 움직임까지 있었음을 시사한다. 다급해진 서인들은 남인 이원익을 영의정으로 삼는 연정으로 민심 안정을 꾀했다.

> 이때에 와서 (이원익이) 다시 수규首揆(영의정)에 제수되니 조야가 모두 서로 경하하였다. 상이 승지를 보내 재촉해 불러왔는데, 그가 도성으로 들어오는 날 도성 백성들은 모두 머리를 조아리며 맞이하였다.
>
> 《인조실록》1년 3월 16일

서인들이 주도한 반정에 남인을 영상으로 영입할 수밖에 없었을 정도로 정변은 명분이 없었다. 《당의통략黨議通略》은 "이로써 남인들은 버림받지 않았다"라고 적어 서인과 남인의 연합정권이 수립되었다고 말했다. 남인들을 제도권 야당으로 끌어들인 것이다. 서인들은 대북이 일당독재를 추구하다가 축출된 전례를 거울삼아 이원익 외에도 이수광·정경세·이성구·김세렴·김식 같은 남인들을 등용해 서인과 남인의 연정임을 표방했다. 그러나 영의정 자리를 남인에게 내어준 것은 명목뿐이었고, 실권은 병조판서 김류金瑬, 이조참판 이귀李貴, 호조판서 이서李曙 등 요직을 차지한 서인 공신들이 장악하고 있었다. 《당의통략》은 반정 직후 상황을 이렇게 설명했다.

세상에 전해오기를 반정 초에 공신들이 모여 맹세할 때 두 가지 비밀스런 약속을 했는데 그것은, "국혼을 잃지 말 것과 산림山林을 높여 임용하자"는 것으로 이는 자신들의 형세를 굳게 해서 명예와 실익을 거두려는 것이었다.

'국혼을 잃지 말 것〔國婚勿失〕'은 왕비나 세자빈을 서인가家에서 내겠다는 뜻이었다. 소현세자는 남인 윤국형尹國馨의 손녀이자 윤의립尹毅立의 딸과 혼인하기로 되어 있었으나 파혼시키고 강석기姜碩期의 딸과 혼인한 것도 반정 주도세력의 결정이었다. 인조반정은 특정당파가 특정인의 왕위계승을 지지하는 선을 넘어 국왕을 갈아치울 수 있음을 말해준 것으로서 사실상 왕조정치의 붕괴였다.

쿠데타 이듬해인 인조 2년(1624) 정변세력의 내부 분열인 '이괄李适의 난'으로 취약성을 드러냈다. 김류는 당초 거사계획이 누설되었다는 말을 듣고 현장에 나타나지 않고 근신하는 동안 이괄이 군사를 이끌고 정변을 주도했다. 그럼에도 이괄은 논공행상에서 이등공신으로 밀린 후 외직으로 축출되고, 역모 혐의까지 받게 되자 군사를 일으켜 서울까지 점령했다. 반정세력 사이의 내분이 나라를 다시 혼란의 도가니로 몰아넣은 것이다. 인조와 서인정권은 서울을 버리고 도망가기 직전 감옥에 갇혀 있던 전 영의정 기자헌 등 49명의 정치범을 이괄과 내통할 '우려'가 있다는 이유로 처형시켰다.

— 이원익의 초상.

> 다음 날 아침 이원익이 이 소식을 듣고 놀라면서 "하룻밤 사이에 이렇게 많은 사람을 죽였는데 수상의 자리에 있으면서 참여치 못했으니, 이제 나는 늙어 폐물이 되었구나" 하고 항상 혀를 찼다.
>
> 《연려실기술》'인조조 고사본말'

이 기록은 서인정권 내 남인 영의정의 위상을 잘 보여준다. 선조의 열째아들 흥안군 이제李瑅를 임금으로 추대한 이괄은 인조가 공주로 도주하는 바람에 서울에 무혈입성했지만 장만張晚이 이끄는

관군과 길마재에서 패전해 이천으로 도주했다. 이괄의 부하 장수 기익헌奇益
獻 등이 이괄의 목을 베어 조정에 바치는 것으로 내분은 끝났지만 인조반정과
이괄의 난은 임란 극복에 쏟아야 할 국력을 극심한 내부 분쟁에 낭비한 것이
었다. 그러나 문제는 내정만이 아니었다.

인조반정 이후 당인

구분	남인	북인	서인			
인조	이원익·정경세·정온·장현광·이성구·이광정·이준	남이웅	**청서淸西**	**윤서尹西**	**신서申西**	**훈서勳西**
			김상헌	윤방 자제	신흠 자제	김류·심기원·신경진·이귀·김자점
			소서少西		**노서老西**	
			이귀·박정·나만갑·이기조·정홍명·장유·강석기		김류·김경징·심상용·오윤겸	
			원당原黨	**낙당洛黨**	**산당山黨**	**한당漢黨**
			원두표	김자점	김집·송준길·송시열	김육·신면·김우명

친명 사대주의가 부른 정묘·병자호란

인조반정 당일 인목대비는 광해군 폐위 교서에서 광해군의 외교정책을 격렬
하게 비난했다.

> 우리나라가 중국 조정을 섬겨온 것이 200여 년이라. 의리로는 곧 군신이며
> 은혜로는 부자와 같다. 그리고 임진년에 재조再造해준 그 은혜는 만세토록 잊을
> 수 없다. 선왕께서 40년 동안 재위하시면서 지성으로 섬기어 평생에 서쪽을 등
> 지고 앉지도 않았다.
>
> 《인조실록》1년 3월 14일

'위화도회군' 이래 유학자들의 고질병인 극도의 사대주의 논리가 자국 임

금을 내쫓는 명분으로 악용되었다. 명청 교체기에 국가의 안전을 보전하기 위한 실리외교가 쿠데타 명분이 되었다. 그러나 광해군 때 북인 이이첨이 조명군 파병을 적극 주장했던 데서 알 수 있는 것처럼 이 또한 서인들이 조작한 명분에 불과했다. 신자臣子가 군부를 쫓아내는 패륜과 대역大役을 합리화하기 위해서 광해군을 명나라에 대한 군신의 의리를 저버린 불충으로 몰고 간 것이다. 쿠데타 세력은 시대착오적인 친명반청 정책으로 선회했고, 후금(청나라)과의 충돌은 불가피했다.

드디어 인조 5년(1627) 정묘년 1월 후금이 조선을 침략했으니 이것이 정묘호란이다. 후금은 자국 영토로 도망쳐 온 이괄의 잔당들이 광해군이 부당하게 폐위되었다고 호소한 것을 명분 삼았으나 실제 목적은 명나라와 조선의 관계를 단절시키는 데 있었다. 광해군은 재위 14년(1622) 후금에 쫓긴 명나라 장수 모문룡毛文龍이 조선 영내로 들어오자 해도로 숨게 하는 정도로 등거리 외교를 전개했다. 인조는 즉위 직후 모문룡의 차관 응시태應時泰를 명정전明政殿에서 접견하고 군마와 식량을 대주었다. 인조 3년 5월 지사 이정구李廷龜가 인조에게 "도독(모문룡)은… 6명의 오랑캐를 포획하고서 6만 급을 포획하였다고 하였다…"고 말한 대로 큰소리뿐이었다. 후금의 아민阿敏이 이끄는 3만 군사는 압록강을 건너자마자 의주를 공략하고 이어 용천·선천을 거쳐 청천강을 건넜다. '전왕 광해군을 위하여 원수를 갚는다'는 명분을 내세운 후금은 안주·평산·평양·황주를 점령했다. 조선은 장만張晩을 도원수로 삼아 맞섰으나 기병 위주인 후금의 상대가 되지 못했다. "오랑캐를 멸망시키는 것은 어려운 일이 아니다"라고 큰소리치던 모문룡은 후금군이 철산을 공격하자 신미도身彌島로 재빨리 도주했다. 인조가 병조판서 이정구에게 "군병의 숫자를 아는가?"라고 묻자 "모른다"고 답변했고, 인조가 "판서가 군병의 숫자를 몰라서야 되겠는가?" 하고 힐난했으나 이것이 인조정권의 현실이었다.

조선군이 개성까지 후퇴하자 인조를 비롯한 신하들은 강화도로 도피하고 소현세자는 전주로 피난했다. 그나마 심하전역 이래 후금에 포로로 잡혀 있던 강홍립이 중재에 나서 후금군은 황해도 평산에서 더 이상 남하하지 않았다.

그해 3월 강화조약을 체결했는데 조선은 후금에 세폐를 보내고, 형제국의 관계를 맺되 명나라와도 적대적인 관계를 맺지 않으며, 왕자를 인질로 보낸다는 정묘조약丁卯條約이었다. 조선은 왕자 대신 종실 원창군 이구李玖를 인질로 보내고 후금군도 철수했다.

정묘조약은 서인정권의 쿠데타 명분에 대한 자기부정이었다. 서인정권은 명나라가 부활하기를 바랐으나 이는 무망한 일이었고, 대륙의 정세는 후금에게 유리하게 흘러갔다. 후금은 인조 14년(1636) 국호를 대청大淸으로 바꾸고 형제관계를 군신관계로 변경하자고 요구했다. 인조 정권은 청에 맞서 싸우자는 주전론과 강화하자는 주화론으로 갈라졌다. 숭명대의를 내세우며 광해군을 쫓아낸 반정정권은 주전론을 주장하지 않을 수 없었다. 주화론을 주창하면 광해군의 실리외교 정책이 옳은 것이었음을 스스로 인정하는 자기부정일 수밖에 없었다.

인조는 14년(1636) 병자년 3월 8도에 교서를 내려 향명대의向明大義를 위해 후금과 화和를 끊는다고 선언하는 선전宣戰의 교서를 내렸다. 같은 해 12월 청 태종은 여진족군 7만, 몽고군 3만 등 도합 12만의 군사를 이끌고 압록강을 건넜다. 청군은 임경업林慶業 장군이 지키고 있는 의주의 백마산성을 우회해 남하했다. 청군이 서울을 유린하는 동안 임경업은 인조에게 역으로 청의 수도 심양을 점령하겠다는 전략을 제시하지만 이 또한 무위로 끝나고 말았다.

청군은 파죽지세로 밀고 내려왔고 보름이 안 돼 개성을 점령하였다. 인조는 윤방尹昉과 김상용金尙容에게 종묘사직의 신주를 받들게 하고 세자빈 강씨와 원손 이석철李石鐵, 둘째 봉림대군, 셋째 인평대군을 강화도로 피난케 하는 동시에 판윤 김경징金慶徵을 검찰사, 부제학 이민구李敏求를 부사로 명하고 강화유수 장신張紳에게 주사대장을 겸직시켜 강화도를 수비할 것을 명령했다. 인조도 강화도에 피신해 장기전을 펼치려는 계획이었으나 청군이 이미 강화로 가는 길을 끊는 바람에 소현세자 및 백관과 함께 남한산성에 들어가 농성하는 수밖에 없었다. 남한산성은 한겨울인 12월에 농성할 곳이 아니었다. 1만 3,000여 병력과 1만 4,000여 석의 양곡이 있었으나, 12월 말에서 1월 사이에 인조마저도 제대로 된 침구 없이 지내야 했던 혹한은 청나라 군사보다 무서운 적이었다. 청군은 조선군보다 추위에 강했을 뿐더러 물자보급이 원활했으므로 남한산성을 포위한 채 성안의 물자가 떨어지기만을 기다리고 있었다.

농성하는 인조에게는 명의 원군이 오는 것과 의병이 구원하러 오는 것이 유일한 희망이었지만 명은 원군을 보낼 형편이 못 되었고, 임란이 끝나자마자 면천법을 폐기시킨 지배층을 위해 목숨 걸고 싸울 농민도 없었다. 농성 40여 일이 지나자 성안의 양식이 떨어져갔으며 군사들의 사기도 땅에 떨어졌다.

인조 15년(1637) 강화도 함락 소식이 들리자 인조는 최명길崔鳴吉 등에게 강화조건을 교섭하게 했다. 청나라는 군신관계를 맺을 것, 명나라의 연호를 폐하고 관계를 끊을 것, 세자·왕자 및 여러 대신의 자제를 인질로 보낼 것, 명나라를 공격할 때 군사를 보낼 것, 성을 신축하거나 성벽을 수축하지 말 것, 매년 세폐를 보낼 것 등 정묘조약과는 비교가 되지 않는 가혹한 조건을 내걸었다. 그러나 이때는 청과 중재에 나섰던 강홍립도 이미 사망한 후였다.

인조는 "소방小邦이 대국에 죄를 얻어 스스로 병화를 불러 외로운 성에 몸을 의탁한 채 위태로움이 조석에 닥쳤습니다"《인조실록》15년 1월 3일)라는 내용의 국서를 보낼 수밖에 없었다. 인조 15년(1637) 1월 30일 인조는 신하를 뜻하는 푸른 남염의藍染衣 차림으로 소현세자를 비롯한 백관을 거느리고 삼전도(지금의 송파구)로 나가 황옥黃屋을 펼치고 앉아 있는 청 태종에게 삼배구고두례三拜九叩頭禮를 행하면서 항복했다. '삼전도의 치욕'이었다.

이날부터 소현세자와 봉림대군·인평대군 등은 부인들과 함께 청나라 막사에 억류되어 있다가 2월 8일 인질의 길을 떠났다. 대신의 자식들과 척화론의 주모자 오달제吳達濟·윤집尹集·홍익한洪翼漢 등이 그 뒤를 따랐다. 나라로서는 역사에 씻을 수 없는 치욕이었고, 백성들로서는 쿠데

— 1916년 쓰러져 있는 삼전도비.

타 정권의 허황한 외교정책 때문에 또다시 외적의 말발굽 아래 큰 고통을 겪은 것이었다.

소현세자의 꿈과 좌절

병자호란 강화조약의 큰 쟁점은 소현세자의 인질 여부였다. 세자는 스스로 봉서封書를 비국에 내려 "내가 적에게 죽는다 하더라도 무슨 유감이 있겠는가. 내가 성에서 나가겠다는 뜻을 말하라"라면서 문제를 풀었다. 청이 육경六卿(판서)의 아들까지 인질로 요구하자 호조판서 김신국金藎國이 병을 핑계로 사직을 청하면서 인질을 피하려 했다. 이런 상황에서 나온 소현세자의 결정은 조선 지배층에게서 보기 드문 자기희생이었다. 청나라로 끌려간 소현세자는 세자빈 강빈과 봉림대군 부부를 비롯한 300여 명의 수행원과 심양관瀋陽館에 거주하면서 두 나라 사이의 현안 조절에 전력을 기울였다. 청의 파병요구에 따라 조선군으로 구성된 조정군을 조직하고, 반청행위로 끌려온 척화파 인사들을 보호하기 위해서 노력했다. 이를 위해 소현세자는 청나라의 실력자인 용골대龍骨大 등과 좋은 관계를 맺어야 했지만 소현세자의 이런 처신은 인조와 반정세력의 불만을 샀다.

소현세자는 중원의 대세가 청으로 기울었음을 알 수 있었다. 명나라는 청나라가 아니더라도 각지에서 일어난 봉기 때문에 이미 무너지고 있었다. 세자의 인질 생활 7년째인 1644년(인조 22) 3월 명의 의종 주유검朱由檢은 역졸 출신의 이자성李自成이 북경을 점령하자 스스로 목숨을 끊고 말았다. 명의 마지막 보루인 산해관을 지키던 오삼계吳三桂는 이 소식을 듣고 청나라에 인의仁義의 군대를 조직해 역적을 타도하자고 요청했는데, 사실상 항복선언이었다. 청의 섭정왕인 구왕九王 다이곤多爾袞은, "인의의 군대를 동원해 유적 이자성을 멸하고 중국 백성을 구원한다"는 명분으로 이에 응했다. 형식은 오삼계의 명군과 청군의 연합이었지만 내용은 청군이 명군을 흡수한 것이었다. 다이곤은 북

— 아담 샬의 초상.

경으로 남하하면서 소현세자를 데려갔다. 1644년 4월 산해관을 떠난 청군은 5월 북경에 입성했는데, 이자성은 북경을 버리고 남쪽으로 도망갔다. 소현세자는 북경에 머물면서 예수회 선교사 아담 샬Adam Schall(중국명 탕약망湯若望)과 교류하면서 서양문물을 체험했다. 이보다 앞선 인조 9년(1631)에 세자는 이미 견명사遣明使 정두원鄭斗源이 가져온 서양의 화포와 천리경(망원경), 자명종 등을 보고 깊은 인상을 가졌다.

1628년 중국에 온 아담 샬은 천문학자로서 명나라 신종의 신임을 받았고, 청나라 세조도 그의 천문학을 우대해 흠천감정欽天監正(천문대장)으로 삼고 대청시헌력大淸時憲曆을 제작하게 했다. 아담 샬은 북경 동안문 안에서 거주하며 선무문宣武門(북경 남문) 안에 있는 선교사 마테오 리치Matteo Ricci(중국명 이마두利瑪竇)가 세운 남천주당에 자주 머물렀다. 소현세자는 동안문 내의 그의 숙소와 남천주당을 자주 찾아 아담 샬과 교분을 나누었다. 당시 남천주당의 신부였던 황비묵黃斐黙은 그의 《정교봉포正敎奉褒》에서 이렇게 기술했다.

순치원년順治元年(순치는 청 세조의 연호, 1644)에 조선국왕의 세자는 북경에 볼모로 와서 아담 샬 신부의 명성을 듣고, 때때로 남천주당을 찾아와 천문학 등을 묻고 배워 갔다. 샬 신부도 자주 세자관사를 찾아가 오래 이야기를 나누어 두 사람은 깊이 뜻을 같이했다. 샬 신부는 거듭 천주교가 정도正道임을 말하고, 세자도 자못 듣기를 좋아하여 자세히 물었다. 세자가 귀국하자 샬 신부는 선물로 그가 지은 천문·산학散學·성교정도聖敎正道의 여러 서적과 여지구(지구의)와 천주상을 보냈다. 세자는 이를 받고 손수 글을 써 감사하고 칭찬하였다.

《정교봉포》제1책 25장

소현세자는 천주교 서적 및 여지구와 천문 서적들에 대해서 감사하면서, 아담 샬에게, "귀국하면 단지 궁중보물로 간직할 뿐만 아니라 다시 인쇄해 뜻있는 사자士子들에게 반포하겠다"는 답장을 보냈다. 청의 순치제가 1645년(인조 23) 2월 세자의 귀국을 허락하자 아담 샬은 조선에 천주교 포교 허용을 요청했다. 세자는 신부를 대동하고 귀국하겠다고 답했으나 청나라에도 신부가 부족했기 때문에 아담 샬 대신 청의 이방송李邦訟, 장삼외張三畏, 유중림劉中林, 곡풍등谷豊登 등 천주교 신자인 중국인 환관과 궁녀들을 동반하고 귀국했다.

그러나 소현세자의 개방된 현실인식은 인조와 반정정권에게 위협으로 다가왔다. 인조는 한 해 전(1644) 정월 강빈의 부친 강석기(1580~1643)가 사망해 세자가 강빈과 일시 귀국했을 때, 강빈의 빈소 왕곡往哭조차도 허락하지 않을 정도였다. 인조는 세자가 청나라의 힘을 빌려 자신을 폐하고 즉위하지 않을까 하는 의심으로 환관을 보내 세자의 동태를 감시했다. 인조 15년(1637) 2월 심양으로 끌려갔던 소현세자 부부는 만 8년에 걸친 볼모생활을 끝마치고 인조 23년(1645) 2월 34세의 나이로 한양에 도착했다. 세자는 조선을 폐쇄의 나라에서 개방의 나라로, 성리학 유일사상의 나라에서 천주학 등 다른 사상이 함께 존재하는 공존의 나라로 만들려는 꿈을 갖고 귀국했다. 인조에게 세자는 자신을 대신해 타국에서 고생하다 돌아온 아들이 아니었다. 인조는 환국한 세자에 대한 신하들의 진하進賀조차 막았다. 부왕의 냉대에 상심한 세자는 귀국 두 달 만에 학질에 걸려 병석에 누웠다가 발병 사흘 만에 급서하고 말았다. 독살설이 유포되었는데, 인조의 후궁 조씨가 배후에 있다는 설이 퍼졌다. 세자의 치료를 맡았던 의관 이형익李馨益이 원래 조씨의 사갓집에 출입하던 의사로서 불과 3개월 전에 의관으로 특채된 인물이었다. 세자의 독살설은《인조실록》에도 기재되었다.

세자는 본국에 돌아온 지 얼마 안 되어 병을 얻었고 병이 난 지 수일 만에 죽었는데, 온몸이 전부 검은빛이었고 이목구비의 일곱 구멍에서는 모두 선혈이 흘러나오므로, 검은 천으로 그 얼굴 반쪽만 덮어놓았으나, 곁에 있는 사람도 그 얼굴빛을 분변할 수 없어서 마치 약물에 중독되어 죽은 사람과 같았다.

《인조실록》23년 6월 27일

인조는 시종일관 의관 이형익을 비호했고, 장례도 예법에 어긋나게 축소했다.《의례》'상복편喪服篇'에, "임금은 장자를 위해 참최斬衰로 3년을 입는다"라고 기록한 대로 세자는 적장자였으므로 3년복을 입어야 했다. 그러나 인조는 이를 기년복朞年服(1년복)으로 축소하고 하루를 한 달로 치는 역월제易月制까지 사용했다. 그래서《인조실록》의 사관이 "막대한 상을 예에 어긋나게 치르게 되었으니 매우 한탄스럽다"라고 탄식했다. 뿐만 아니라 세자의 장자인 원손 석철이 후사가 되었어야 함에도 종통을 무시하고 동생 봉림대군(효종)을 세자로 책봉했다. 인조는 이에 그치지 않고 저주사건을 조작해 강빈을 죽이고, 그 어머니를 처형하고 형제들인 강문성姜文星과 강문명姜文明도 장살했다. 인조는 세자의 세 아들을 귀양 보냈는데 장남 석철과 석린石磷은 이듬해 제주도에서 죽고 말았다. 소현세자 일가의 비극적 최후는 그들 일가만의 것이 아니었다. 세자 일가의 비참한 죽음은 조선이 여전히 시대착오적인 친명 사대주의가 지배적일 것이며, 일체의 변화를 거부할 것임을 말해주었다.

북벌과 예송의 시대 03

북벌, 말인가 실천인가?

소현세자가 독살설 끝에 급서한 후 조카 석철을 제치고 세자가 된 봉림대군
(효종)은 인조가 재위 27년(1649) 5월 사망하자 31세의 나이로 조선의 17대 왕
으로 즉위했다. 그도 일곱 살 위의 소현세자와 함께 만 8년간 인질생활을 했
는데, 세 차례에 걸쳐 청나라 군사들과 명나라 정벌길에 동반했다. 청 태종은
1641년 8월의 송산松山 전역戰役 때 직접 봉림대군을 데려갔다. 훗날 송시열
과 기해독대 때 효종이, "오랑캐의 일은 누구보다 내가 잘 알고 있소"라고 말
한 것은 이런 경험의 소산이었다.

　효종은 즉위의 정당성을 북벌에서 찾았다. 북벌을 위해서는 군비확장을 해
야 했다. 효종은 "옛 사람이 이르기를 '밭갈이는 남자종에게 묻고 길쌈일은 여
자종에게 물어야 한다'고 했다"면서 "무인을 등용하는 도는 차라리 거칠고 사
나운데 지나칠지언정 나약하고 옹졸해서는 안 된다"고 말했다. 효종은 비변사
의 관료들이 모두 무인이 아니라 서생들이라고 비판하면서 이는 "우리나라 풍
습의 큰 병폐이다"(《효종실록》 3년 5월 15일)라고 말했다. 효종은 북벌을 단행하
기 위해서는 숭문주의에서 숭무주의로 나가야 한다고 생각했다.

효종은 군비확장을 위해 박무朴茂를 병조판서에 임명했다. 효종의 군비확장 계획에 다수의 문신들이 반대했지만 박무는 홀로 〈수륙군환정사목水陸軍換定事目〉이란 군정 개혁 5개조를 내놓아 군비확장을 찬성했다. 그러나 박무는 병판을 맡은 지 얼마 후 사망하고 말았다. 효종은 또 다른 군비증강 지지자인 원두표元斗杓를 후임으로 삼아 북벌의 대임을 맡기고 무신 이완李浣을 어영대장으로 삼아 문신 원두표와 조화를 이루게 했다. 원두표에게는 국방정책을, 이완에게는 그 실행을 맡긴 역할분담 인사였다. 실로 원두표와 이완 이 두 사람이 효종의 북벌계획과 실행을 뒷받침한 문무신하였다.

효종은 무신들을 우대하는 영장營將(정3품 당상관)제도를 부활했으며, 무신은 승지가 될 수 없다는 문신들의 반대를 무릅쓰고 무관 출신 유혁연柳赫然을 승지로 임명했다. 이런 과정을 거쳐 효종 재위 6년(1655) 가을 1만 3,000여의 정예군사들이 노량진 백사장에서 열병식을 거행할 수 있었다. 일부 문신들은 "청과 분쟁거리가 된다"며 열병식을 반대했다. 효종 4년(1653) 제주도에 표류된 네덜란드 사람 하멜Hendrik Hamel을 훈련도감에 배속시켜 조총을 제작하게 한 것도 북벌을 위해서였다.

그러나 북벌에는 큰 애로사항이 있었다. 농민들의 경제적 어려움과 문신들의 반대였다. 효종과 그의 아들 현종 때는 동북아가 소빙하기여서 자연재해가 잇따랐다. 문신들은 백성들의 생활이 피폐하다는 논리로 군비증강을 반대했다. 재위 8년(1657) 효종의 강력한 숭무정책에 대한 반발이 집중적으로 터져 나왔다. 이조판서 홍명하와 영중추부사 이경여, 전 영의정 이경석, 대사헌 민응형, 응교應敎 이경억 등이 줄줄이 나서 효종의 군비확장을 비판하며 백성들의 생활을 안정시키는 '안민책安民策'을 촉구했다.

여기에 산림영수 송시열이 효종 8년 〈정유봉사丁酉封事〉를 올려 "전하께서 재위에 계신 8년 동안은 그럭저럭 지나갔을 뿐 한 자 한 치의 실효도 없었습니다"라고 효종의 치세 전반을 부정했다. 송시열은 모두 19개 항목에 걸쳐 비판했는데, 그 요체는 북벌보다는 양민에 힘쓰라는 것과 사대부를 우대하는 왕도를 기르라는 것이었다. 송시열은 말로는 북벌을 주창하는 것으로 명나라에 대한 충성을 과시했지만 실제로는 북벌을 가장 조직적으로 반대했다. 송시열이 8년 치세를 모두 부인하고 나섰어도 효종은 송시열을 처벌하지 못했다. 오히려 송시열과 함께 양송兩宋으로 불리던 송준길에게 이조참의를 제수했다. 정3품이었지만 인사권이 있었고, 경연과 입시석상에서 다른 신하들보다 앞줄에 앉는 특전도 주었다. 송준길도 송시열을 따라 군비확장에 반대했다.

— 송시열의 초상.

공신집단과 함께 서인의 중심축인 산당山黨은 말로는 북벌대의를 부르짖었지만 행동으로는 일사분란하게 북벌의 발목을 잡았다. 이들에게 북벌은 말로만 주창해 명나라에 대한 충성심을 과시하는 도구였지 실제로 실행할 수 있는 것은 아니었다. 그럼에도 불구하고 효종은 재위 9년(1658) 송시열에게 이조판서를 제수하고 송준길에게 대사헌을 주었다. 이후 조정은 사실상 양송의 것이었다. 양송은 이를 이용해 산당 인사들을 대거 출사시켰다. 이미 인종이 있으므로 이종李倧(인조)의 시호에 인仁 자를 쓰면 안 된다고 주장하다가 쫓겨난 유계俞棨를 효종 10년(1659) 1월에는 병조참의로 임명하고 3월에는 송준길을 병조판서로 임명했다. 효종 초 북벌을 추진했던 원두표, 이완 등은 정권에서 소외되었다.

그러나 효종이 산림에게 정권을 준 데는 북벌추진이라는 조건이 붙어 있었다. 효종이 비밀서신을 보내 북벌을 독려하자 송시열은 〈상영릉문上寧陵文〉을 올려 유일한 군비강화책은 17만여 명에 이르는 승려들을 군사로 차출하는 것이라고 했다. 하지만 이는 효종이 이미 납공하지 않는 노비를 차출하기 위해 추쇄어사까지 파견했으나 실패한 데서 알 수 있듯이 현실적으로 실현 불가능한 방안이었다. 그래서 효종은 재위 10년(1659) 기해년 3월 11일 송시열과 기해독대 자리를 가졌다.

승지와 사관을 배제한 독대에서 효종은, "오늘 이 자리를 마련한 이유는 현재의 대사(북벌)를 논의하기 위함"이라고 천명했다. 효종은 또 "정예화된 포병 10만을 길러 자식처럼 사랑하고 위무하여 모두 결사적으로 싸우는 용감한 병사로 만든 다음, 기회를 봐서 오랑캐들이 예기치 못했을 때 곧장 관關으로 쳐들어갈 계획"이라면서, 그러면 "중원의 의사義士와 호걸들이 호응"할 것이라고 예견했다. 조선의 포병 10만이 북진하면 만주족에 억눌려 있는 한족들이 호응할 것이니 성공할 것이라는 논리였다. 조선군이 북상하고 중원 내부에서 한족들이 봉기하면 청나라는 무너질 것이라는 전략이었다.

실제로 기해독대 15년 후인 현종 15년(1674) 오삼계를 중심으로 중국 남방의 광동·광서·귀주·운남·복건 등지의 한족들이 봉기하는 삼번三藩의 난이 발생해 효종의 북벌계획이 실현 가능한 방안임을 입증했다. 효종은 또 "우리나라에서 붙잡혀 간 수만 명의 포로도 내응內應할 것"이라고 내다봤다. 효종은 송시열에게 북벌의 자신감을 말했다.

하늘이 내게 부여해준 자질이 그리 용렬하지 않은데다가, 나로 하여금 일찍이 환란을 당하게 하여 나의 부족한 면을 채워주었고, 나로 하여금 일찍이 궁마弓馬와 진법을 익히게 하였으며, 나로 하여금 저들 속에 들어가 저들의 형세와 산천지리를 익히 알게 하였고, 나로 하여금 적지에 오랫동안 있게 하여 두려워하는 마음이 없게 하였소. 나의 어리석은 생각으로는 하늘이 나에게 이러한 시련을 겪게 한 뜻이 우연이 아니라고 스스로 생각하고 있다.

《송자대전宋子大全》

심지어 효종은 몸의 기력을 빼앗기지 않기 위해 내전內殿에도 잘 들어가지 않는다면서 북벌의지를 표현했다. 그러나 효종의 강력한 북벌의지에 대한 송시열의 대답은 치자의 근본도리는 '몸을 닦고 집안을 다스린다'는 뜻의 '수기형가修己刑家'라는 것이었다. 훗날 송시열이 반대당파로부터 '수기형가' 네 자로 북벌의 책임을 때우려 했다는 비난을 받은 이유도 여기 있었다.

송시열은 독대에서 북벌보다 소현세자의 부인 강빈의 신원문제를 더 중시했다. 강빈이 억울하게 죽은 것은 사실이지만 북벌과 같은 국사로 취급될 사안은 아니었다. 효종은 강빈의 죽음에 의혹이 있다는 송시열의 말을 수긍하면서도 "강씨가 역모를 꾀한 일은 의심할 것이 없다"라고 봉합했다. 이로써 강빈의 신원은 다시 묻혔다. 이를 부인하면 효종의 종통을 부인하는 것이 되기 때문에 송시열도 더 밀어붙일 수 없었다. 효종은 송시열에게, "조만간 경에게 큰 임무를 맡기고 양전(이조판서와 병조판서)을 겸직하게 하려 한다"고 말했다. 이 모든 파격에는 북벌추진이란 조건이 붙어 있었다.

송시열이 북벌을 명시적으로 반대한다면 효종은 산림을 버리고 북벌지지자들을 끌어모아 다시 북벌을 추진할 것이었다. 산당으로서는 북벌을 추진할 수도 안할 수도 없는 진퇴양난이었다. 북벌에 대해 말과 행동이 달랐던 이중행보가 외통수를 만났다. 이런 진퇴양난에서 송시열과 산당을 구해준 것은 효종의 급서였다. 송시열과 독대한 지 두 달 후인 효종 10년(1659) 5월 4일, 귀밑에 난 종기 때문에 어의 신가귀申可貴에게 침을 맞았는데, 고름과 피를 두서너 말 쏟은 끝에 사망하고 말았다. 효종의 급서는 수많은 의문을 낳았다.

정묘·병자호란 이후 조선이 걸어야 했던 첫 번째 길은 개방이었지만 소현세자의 급서로 무산되었다. 두 번째 길 북벌은 사대부들에게는 말로만 주창할 것이지 행동으로 옮길 일은 아니었다. 개방도 북벌도 모두 좌절된 조선 사대부들은 제3의 길을 걸었다. 속으로는 청나라를 부인하면서 겉으로는 청나라에 사대하는 모순의 길이자 자신들이 망한 명나라를 대신한다는 소중화의 길이었다. 소중화는 자신의 마지막 정체성마저 부인하는 극단적 사대주의의 길이었다. 이는 좁은 나라 안에 갇혀 사대부들끼리 싸워야 하는 당쟁의 길이기도 했다. 공교롭게도 당쟁의 원인을 제공한 것은 효종의 급서였다. 효종의 국상 때 계모 자의대비慈懿大妃의 복상문제를 두고 예송논쟁이 벌어졌던 것이다.

효종의 정통성을 둘러싼 기해예송

예송논쟁은 모두 두 차례 벌어졌는데, 1차 예송논쟁은 기해년인 1659년에 벌어졌기에 기해예송己亥禮訟, 또는 상복문제로 논쟁했기에 기해복제己亥服制라고도 한다. 율곡 이이의 학통은 크게 둘로 나뉜다. 하나는 박세채朴世采가 이이의 개혁사상을 계승한 것이고, 다른 하나는 이이의 학문을 김장생이 예학禮學으로 계승한 것이다. 김장생의 예학에 큰 영향을 준 다른 인물은 송익필인데, 양반에서 천인으로 몰락한 송익필에 대해 동인들은 정여립 사건을 배후에서 기획한 인물이라고 의심했다. 김장생의 예학은 아들 김집金集과 그 제자 송시열이 계승했는데, 양란(임진·병자호란) 이후 백성들이 신분제 철폐 등의 지배 체제 개편을 요구하자 예학을 강조하는 것으로 이런 요구를 억눌렀다. 사대부의 기득권을 지키기 위해 조선 유학의 흐름을 예학으로 끌고 간 것이었다. 현실과 동떨어진 예학이 성리학의 주요 흐름이 되면서 예송논쟁이 발생했다.

조선의 성리학자들은 중국 고대의 《주례周禮》와 《주자가례朱子家禮》 등 중국의 예론을 예송의 근거로 삼았다. 이에 따르면 상복에는 다섯 종류가 있는데 3년복인 참최斬衰, 1년복인 재최齊衰, 9개월복인 대공大功, 5개월복인 소공小功, 3개월복인 시마緦麻였다.

부모상에는 자녀들이 3년복을 입고, 맏아들이 먼저 세상을 떠나면 부모도 3년복을 입었으나 둘째아들 이하는 1년복을 입었다. 그러나 이는 사대부가의 예법이었고, 왕가의 경우는 달랐다. 왕조국가의 임금은 천명을 받아 세상을 대신 다스리는 군주가 되었으니 장자, 차자 따질 것이 없었다. 송시열이 명나라 황제를 임금으로 보고 조선국왕은 제후로 낮춰본 것이 예송의 단초였다. 효종이 승하했을 때 인조의 계비인 자의대비 조씨가 생존해 있었는데, 송시열은 왕가의 예법인 3년 참최복이 아니라 사대부가의 예법에 따라서 소현세자 다음의 차자이므로 1년복을 입어야 한다고 주장했다.

송시열은 국왕의 장례에 1년복을 주장하는 것에 신경이 쓰여 예론에 밝은 남인 윤휴尹鑴에게 편지를 보내 의견을 물었다. 윤휴와 함께 있던 취규就規 이류李櫐는 송시열의 편지를 보고, "이 사람(송시열)은 《상례비요喪禮備要》를 배워야 할 사람"이라고 말했다. 박세채가 까닭을 묻자 "사종지설四種之說은 원래 사서가士庶家의 예법이니 어찌 오늘의 일(왕가)에 대해서 말할 수 있겠소?"라고 답했다.

송시열은 자식이 가통을 제시했어도 부모가 3년복을 입지 않는 논리로 든 것이 《의례儀禮》 '3년'조의 소疏에 나오는 사종지설이었다. 송시열은 영의정 정태화鄭太和에게 사종지설에 대해 첫째 정이불체正而不體로서 맏손자가 승중承重한 것이고, 둘째 체이부정體而不正으로 서자가 후사가 된 것이고, 셋째 정체부득전중正體不得傳重으로 맏아들이 폐질廢疾(불치병)에 걸려 제사를 받들지 못한 것이고, 넷째 전중비정체傳重非正體로 서손이 후계자가 된 것이라고 말했다. 송시열은 효종이 몸은 아버지를 계승했으나 가통을 이은 적장자가 아닌 서자라는 뜻의

— 윤휴의 초상.

체이부정을 근거로 1년복설을 주장한 것이다. 영의정 정태화는 소현세자의 아들이 살아 있는데 이 논리를 가지고 1년복설의 근거로 삼을 수는 없다면서 "왕가의 일은 비록 처음에는 심히 작은 일이라도 훗날 큰 화를 입는 수가 있다"면서 만류했다. 효종의 정통성을 부인하는 것으로 해석될 수 있다는 뜻이다.

송시열과 서인들도 이런 위험을 알았기 때문에 겉으로는 중국의 고례古禮가 아니라 조선의 국제國制(《경국대전》)에 따라서 1년복을 입는 것이라는 논리를 세웠다. 《경국대전》은 아들이 먼저 세상을 떠났을 경우 장자, 차자의 구분 없이 모두 기년복으로 규정하고 있었다. 송시열과 서인들은 속으로는 효종을 제후이자 차자로 대접하면서도 겉으로는 《경국대전》에 따라 1년복을 주장하는 것처럼 편법을 사용했다.

기년복설에 대해서 남인들은 반박했다. 남인 윤휴는 "임금의 상에는 모두가 참최복(3년복)을 입는 것이 신하의 의리"라면서 1년복설에 반대했다. 송시열은 "대비는 선왕(효종)께서 신하로 섬겼던 분이며 아들이 어머니를 신하로 삼는 의리는 없다"고 반박했다. 윤휴가 다시 주나라 무왕이 문왕의 비인 문모文母를 신하로 삼은 고사를 들자 송시열은 이때 신하로 삼은 인물은 문모가 아니라 무왕의 부인 읍강邑姜이라고 해석한 주자의 말을 인용하며 반박했다.

이처럼 논란이 계속되고 논쟁이 효종의 정통성 여부

— 《경국대전》. 세조의 명으로 편찬을 시작하여 1485년(성종16) 성종 대에 완성되었다. 조선의 통치 체제는 《경국대전》을 바탕으로 정비되었다.

에까지 확대될 조짐을 보이자 현종은 우선 국제에 의거해 1년복으로 결정했다. 집권당인 서인들의 당론대로 1년복을 따랐다.

그러나 다음해에 남인인 장령 허목許穆이,《의례주소儀禮註疏》를 근거로 "본처 소생의 제2장자도 역시 장자요 정당하게 적통을 이은 정체正體라 할 수 있으니 3년복이 정당하다"면서 다시 3년복설을 제기해 논쟁이 재연되었다. 영의정 정태화와 영돈녕 이경석李景奭, 영중추 심지원沈之源 등은 송시열의 주장을 지지했으나 서인 원두표는 3년복설을 주장해서 서인 내부가 갈라졌다. 국론 분열을 우려한 현종이 송시열을 지지하는 하교를 내려 이때의 예송 역시 송시열의 승리로 종결되었다.

그러나 남인 윤선도尹善道가 "송시열이 종통은 종묘와 사직을 관장하는 임금(효종)에게 돌려보내고 적통은 기왕에 죽은 장자(소현세자)에게 돌려보내 종통과 적통을 둘로 나누었다"고 비판하는 상소를 올려 정국에 파란을 일으켰다.

차장자次長子(효종)로서 아버지를 계승하고 천명을 받아서 할아버지의 체體로서 임금의 후사(主器)가 된 후에도 적통이 되지 못하고 오히려 적통이 타인에게 있다고 한다면, 이는 곧 가세자假世子란 말입니까? 섭황제攝皇帝란 말입니까?

《현종실록》1년 4월 18일자

윤선도는 "아버지가 참최 3년을 입는 것은 자식을 위해서가 아니라 조종의 적통을 이어받았기 때문"이라면서 "사가에서도 이와 같은데 하물며 국가(왕가)이겠습니까"라는 논리로 송시열을 강하게 비판했다. '적통이 타인에게 있다'는 말은 소현세자의 자손에게 있다는 말로서 그의 셋째아들 석견石堅(1644~1665)이 살아 있었기에 심각한 문제였다.

효종~현종 때의 당인

구분	남인	서인
효종~현종	허적·허목·윤선도·홍우원·권시·윤휴·조사기 등	송시열·송준길·이유태·민정중·정유성·김수홍·김수항·박세채·유계·이숙·이익 등

위기를 느낀 서인들은 일제히 공격에 나섰고 윤선도는 자칫 무고로 몰릴 위기에 처했다. 무고로 인정되면 반좌율反坐律(남을 모함할 경우 그 죄를 대신 받는 법)에 의해 사형당할 수도 있었다. 우윤右尹 권시權諰가 "선왕의 사부이니 경솔하게 죽일 수 없다"고 주장했다가 오히려 대간의 공격을 받아 벼슬을 내놓고 낙향해야 할 정도로 서인들의 기세는 등등했다. 현종도 '가세자', '섭황제' 운운하는 윤선도의 상소가 왕실의 권위를 떨어뜨렸다는 생각에 그를 삭탈관작해 전리田里로 돌아가게 했다가 서인들이 계속 공격하자 삼수三水로 귀양 보냈다. 이로써 1차 예송은 송시열과 서인들의 승리로 끝났다. 현종은 "만일 다시 복제를 가지고 서로 모함하는 자가 있으면 중형을 쓰겠다"며 예송 거론 자체를 금지시켰다. 그러나 이는 효종의 정통성을 둘러싼 문제이기 때문에 언제든지 다시 표면으로 나올 수 있는 문제였다. 실제로 15년 후 이 문제는 다시 표면화될 수밖에 없었다.

제2차 갑인예송

현종 15년(1674) 2월 효종의 비이자 현종의 어머니인 인선왕후仁宣王后 장씨가 세상을 떠나면서 제2차 예송논쟁이 일어났다. 이해가 갑인년이기 때문에 갑인예송이라고도 한다. 1차 예송의 당사자였던 인조의 계비 자의대비가 그때까지 살아 있어서 다시 복제문제가 대두된 것이다. 2차 예송은 며느리 사망 때 시어머니의 복제에 관한 문제였다.

고례에 따르면 장자부(맏며느리)상에는 시어머니가 1년복을 입게 되어 있었고, 차자부(둘째 며느리) 이하의 상에는 대공복(9개월복)을 입게 되어 있었다. 인선왕후가 사망하자 예조판서 조연趙衍은 기년복(1년복)으로 의정해 올렸다가 효종 때와 같은 복제는 문제라고 생각해서 현종에게 그 가부를 물었다. 이때 송시열이 충청도로 낙향해 있어서 서인 정승 김수항金壽恒 형제에게 묻자 효종비와 효종이 같은 기년복일 수 없다면서 대공복을 입어야 한다고 의정하였다. 당초 1년복으로 정해졌다가 대공복으로 낮춘 것이나 왕비의 복제를 대공복으로 한 것은 누가 봐도 문제가 있었다. 그러나 1차예송 때 윤선도가 삼수로 귀양 간 전례가 있어 아무도 입을 열지 못했다. 그때 대구에 사는 유생 도신징都愼徵이 칠순의 노구로 서울로 올라와 상소를 올렸다. 승정원은 "예송은 금지되어 있다"면서 반 달 이상 상소문 봉입을 막았으나 우여곡절 끝에 현종 15년(1674) 7월 6일 임금에게 전달되었다.

대왕대비의 복제를 처음에는 기년복으로 정했다가 대공복으로 고친 것은 어떤 전례를 따른 것입니까?… 기해년 국상 때 대왕대비는 "국전에 따라 기년복으로 거행하는 것"이라고 했는데 지금의 대공복은 국제 밖에서 나온 것이니 왜 이렇게 전후가 다르단 말입니까.

《현종실록》15년 7월 6일

15년 전 기해예송 때는 장·차자 구별 없이 모두 1년복으로 규정한 국제(《경국대전》)에 따라 1년복으로 의정했다. 그런데 《경국대전》은 맏며느리는 기년복(1년복), 둘째며느리 이하는 대공복(9개월복)을 입게 달리 규정하고 있었던 것이 문제였다. 장씨를 국모로 대접했으면 기년복이 맞았다. 대공복은 둘째며느리의 복이었다. 상소를 본 현종은 대신들을 불러 문제를 제기했다. 영의정 김수흥金壽興의 대답이 궁색해지자 현종이 물었다.
"이번 국상에 고례를 쓰면 대왕대비의 복제는 무엇이 되겠는가?"
김수흥은 "대공복"이라고 대답할 수밖에 없었고, 현종이 다시 물었다.
"기해년에는 시왕의 제도時王之制(조선의 제도)를 사용하고 지금은 고례를 사용하니 어찌 앞뒤가 서로 다른가?… 이번 복제를 국제대로 하면 어떻게 되는가?"
김수흥이 "기년복"이라고 대답하자 현종은 15년 전의 복제 문제까지 물었다.
"고례대로 한다면 장자의 복은 어떠한가?"
"참최 3년복입니다."

현종이 신하들에게 "다시 의정해서 보고하라"고 말했고, 서인들은 모순에 빠졌다. 효종을 둘째아들로 보고 인선왕후 장씨도 둘째며느리로 보는, 겉과 속이 다른 당론이 문제였다. 다시 정리할 기회를 주었음에도 서인들은 계속 대공복을 고집했고, 현종의 분노가 폭발했다.

"이 계사를 보고 나도 모르게 무상한 점에 대해 매우 놀랐다… 경들은 모두 선왕의 은혜를 입은 자들인데… 임금에게 이렇게 박하게 하면서 어느 곳에 후하게 하려는 것인가."

'어느 곳'은 송시열을 뜻했다. 현종은 이것이 왕실과 서인 사대부 사이의 싸움이란 사실을 알고 있었다. 현종은 "자의대비 복제를 기년복으로 하라"고 결단을 내렸다. 나아가 예조판서 조형을 비롯한 예조 관료들을 투옥하고 영의정 김수흥도 처벌했다.

"선왕의 은혜를 잊고 다른 의논에 빌붙은 죄를 결코 다스리지 아니할 수 없다."

현종이 김수흥을 춘천에 부처하자 서인들로 포진된 승정원과 홍문관이 일제히 김수흥 구하기에 나섰다.

"내 심기가 매우 불편한데 대면을 청한 것은 무슨 일 때문인가. 대신을 위해서가 아닌가. 군신의 의리가 매우 엄한 것인데 너희는 전혀 생각도 안 한다는 말이냐?"

이번에는 사헌부가 나서자 현종은 더욱 분개했다.

"직책을 제대로 수행하지 못하는 자를 살펴 탄핵하는 것이 대간의 직책인데 오히려 남을 두둔하며 구하기에 급급하다."

현종은 사헌부 관료들을 삭탈관작하고 도성에서 내쫓았다. 심지어 남이성 南二星 등은 영상 정태화가 금기로 삼은 체이부정을 규정한 사종지설에 의거해 대공복을 주장하다가 진도로 유배되기도 하였다.

현종은 더 이상 서인들과 함께 나라를 이끌고 갈 수는 없다고 판단했다. 왕실 위에 당파가 있는 비정상적인 구조를 바꾸기 위해 서인정권을 갈아치우기로 결심했다. 남인 허적許積을 영의정으로 삼고, 예조판서도 남인 장선징張善

濈으로 바꾸는 등 남인들을 대거 등용했다.

그런데 정권을 남인으로 갈아치우기 시작한 직후부터 현종은 뚜렷한 병명을 알 수 없는 병에 걸렸고, 상태가 급격하게 악화되었다. 허적이 입궐했다고 하자 현종은 와병 중임에도 불구하고 의관을 갖추어 입고 그를 인견했다. 그러나 그것이 마지막이었다.

현종은 그 다음 날 세상을 떠나고 말았다. 재위 15년 만에 불과 34세의 젊은 나이로 갑자기 세상을 떠난 것이다. 조선에서 유일하게 후궁을 두지 않았던 임금이자 경신대기근으로 숱한 마음의 고생을 한 임금, 그 임금이 마지막으로 서인을 남인으로 갈아치우는 와중에 의문사한 것이다. 그의 유일한 후사는 14세 숙종이었는데, 이 난관을 헤쳐 나가기에는 너무 어린 나이로 보였다.

그러나 숙종은 부왕의 뜻을 이어 송시열을 덕원부德源府로 유배하는 등 서인에 대한 공세를 계속했다. 마침내 정권을 잡은 남인들은 송시열을 비롯한 서인들에 대한 처벌 여부를 둘러싸고 둘로 갈렸다. 서인들에 대한 강경 처벌을 주장하는 청남淸南과 온건 처벌을 주장하는 탁남濁南으로 나뉘었다. 그러나 사실 청남, 탁남은 1차 예송논쟁 때 이미 갈렸다. 1차 예송이 기년복으로 정리되자 조정의 출사를 거부한 남인들이 청남, 출사한 남인들이 탁남이었다. 송시열은 효종과 현종 두 조정의 스승이란 점과 허적 등 탁남의 온건 처벌론 덕에 목숨을 구하고 유배형으로 낙착이 되어 거제도로 유배지가 옮겨졌다.

두 차례에 걸친 예송논쟁으로 서인들이 인조반정 때 관제야당으로 끌어들였던 남인들이 비로소 정권을 잡았다. 효종의 정통성 시비가 걸려 있었던 예송논쟁은 성리학사회 조선에서는 큰 충격이었다. 이미 즉위한 임금에게까지 박하게 대우하는 서인들의 행위는 큰 충격일 수밖에 없었다. 임진·병자의 양란을 겪은 조선에 필요한 것은 임금에 대한 정통성 시비가 아니었다. 백성들은 농업생산력의 발전 등으로 변화된 사회에 맞는 신분제 철폐 등을 요구했다. 외세에 무능했던 정치체제를 근본적으로 바꿀 것을 요구했다. 그러나 서인들은 되레 백성들의 요구를 억압하고 예론을 성리학의 주요 이론으로 몰고 갔다. 이런 상황에서 남인 윤휴 등 청남이 신분제 완화를 비롯한 새로운 사회

체제에 대한 전망을 제시하고 나섰다.

현종 11~12년의 경신대기근

현종 11년(1670) 경술년부터 12년의 신해년까지 발생한 대기근을 경신대기근이라고 한다. 한해(가뭄)·수해(홍수)·냉해·풍해(태풍)·충해·혹한에 인간 전염병과 가축 전염병이 더해져 팔재八災가 덮쳤다.(김덕진, 《대기근, 조선을 뒤덮다》) 현종은 재위 기간 내내 각종 재해와 전염병 등으로 마음고생이 심했다. 현종 12년 전라감사는 "집에 양식이 있는 자는 곧 빼앗기고, 심지어 무덤을 파내 염의를 훔치기도 한다"고 보고했고, 경상감사는 "금산군의 굶주린 백성은 죽소粥所(죽을 제공하는 곳)에서 갑자기 죽었는데 그 아내는 곁에서 죽을 다 먹고 난 다음에야 곡했습니다"라고 말했다. 굶주린 백성들은 관아의 창고를 털기도 했다. 《현종실록》 '12년 6월'조를 보면 한 달 동안에만 전국에서 1만 7,000여 명이, 8월에는 서울에서 250여 명, 각 도에서 1만 5,830여 명이 죽었을 정도로 피해가 극심했다. 이때 조정은 남인 허적과 서인 정치화鄭致和와 송시열 등이 각각 정승으로 함께 집권하고 있었는데, 당파를 떠나서 구황정책에 초점을 맞췄다. 진휼청을 상시 가동하고 전쟁 때에 사용할 어영청의 곡식까지 진휼에 사용했다. 그러나 대기근을 정쟁에 이용하는 경우도 있었다. 현종 12년 12월 서인이었던 헌납 윤경교尹敬敎는 "기근과 전염병으로 죽은 토착농민의 수를 온 나라를 합해 계산하면 거의 100만 명에 이릅니다"라고 하면서 현종이 남인 영의정 허적의 말만 듣고 송시열의 말은 듣지 않는다고 비판했다.

나중에 알려졌지만 16~19세기는 전 세계적으로 소빙기여서 자연재해가 잇따랐다. 대기근을 극복할 방법으로 청나라의 곡식 수입방안이 제시되었지만 많은 신하들이 반대해 성사되지 못했다. 반면 광해군 즉위년(1608) 경기도에서부터 시작되어 숙종 34년(1708) 전국적으로 확대 실시된 대동법이 재난 극복에 큰 역할을 했다. 현종 14년 11월 전 사간 이무李堥가 현종에게, "대소사민이 서로 우리가 비록 신해년(현종 12년)의 변을 겪었지만 지금까지 보존할 수 있었던 것은 대동법의 은혜입니다"라고 말한 것이 이를 말해준다. 농지면적에 따라 세금을 부과했던 대동법이 대기근을 극복할 수 있는 효과를 나타냈던 것이다.

04 당쟁과 탕평의 시대

서인의 재집권과 노·소 분당

현종 말에서 숙종 초 처음으로 정권을 장악한 남인들은 청남과 탁남으로 갈렸다. 청남의 시초는 기해예송 때 1년복설이 채택되자 조정 출사를 거부한 사대부들로서 윤휴·허목·권대운·오정창·조사기·권대재·이봉징 등이 중심이었고, 서인들에 대한 강경처벌을 주장했다. 대서인 온건파인 탁남은 허적·민희·목래선·유명천 등이 중심이었다. 숙종 초의 정권은 탁남이 주도했는데, 특히 영의정 허적은 숙종 원년(1675) 신설된 도체찰사부都體察使府의 오도도체찰사五道都體察使를 겸임해 외형상 당(남인)·정(내각)·군(도체찰사부)을 한 손에 쥐었

— 김우명의 초상.

다. 이에 위기를 느낀 숙종의 모후 명성왕후의 부친 김우명金佑明이 인조의 손자들인 복평군福平君 형제와 궁녀들이 불륜관계라는 '홍수紅袖의 변'을 제기했다. 복평군 형제들이 남인과 친했기 때문에 제기한 의혹인데, 정작 물증이 없어서 김우명이 무고로 몰렸다. 그러자 명성왕후가 부친을 구하기 위해 개입했는데, 이때 윤휴는 숙종에게 "대비를 조관照管하라"고 권고했다. 이 말은 나중 윤휴를 죽음으로 몰고 가는 단서가 된다.

숙종이 남인들에게 정권을 준 데는 청나라의 정세도 중요한 역할을 했다. 오삼계 등이 주도한 '삼번의 난'으로 청나라 전체가 내전 상태에 빠졌다. 서인들은 말로는 북벌을 주창했지만 실제로는 북벌 반대가 당론이었고, 청남은 북벌이 당론이었다. 윤휴는 삼번의 난이 일어나자 북벌을 하자고 거듭 주장했는데, 숙종은 북벌에 뜻이 없었다. 삼번의 난은 6~7년이 흐르면서 점차 청나라의 우세로 돌아섰다.

숙종 6년(1680) 경신년 3월 영의정 허적은 부친이 나라로부터 시호를 받고 임금으로부터 궤장几杖을 받은 것을 기념하는 연시연延諡宴을 베풀었다. 이날 비가 오자 궁중의 기름천막을 허락 없이 가져가 사용했는데 숙종은 이것이 허적의 전횡이라면서 정권교체의 계기로 사용했다. 숙종은 전격적으로 남인 훈련대장 유혁연을 해임하고 장인 김만기金萬基로 대신했으며, 서인 신여철申汝哲을 총융사로 임명해 군권을 외척과 서인에게 돌린 후 남인정권을 무너뜨렸다. 영의정 허적을 철원에 유배되어 있던 서인 김수항으로 대신하고 정지화를 좌의정으로 삼았다. 이조판서 이원정李元禎을 삭탈관직하고 서인 정재숭鄭載嵩을 임명했으며, 여성제呂聖齊를 예조판서, 남구만南九萬을 도승지, 이익상李翊相을 대사헌, 조사석趙師錫을 이조참판, 이상진李尙眞을 판의금, 유상운柳尙運을 대사간으로 임명했다. 이것이 2차 예송으로 집권했던 남인들이 축출되고 서인들이 재집권하는 경신환국이다.

재집권한 서인들은 모사 김석주金錫胄의 주도로 각종 옥사를 일으켜 남인들을 제거했다. 환국 직후 허적의 서자 '허견許堅의 옥사'는 김석주가 심은 간자 정원로鄭元老의 고변으로 시작되었는데, 사건의 진상이 모호했지만 복선군·복창군 형제가 사형당하고, 허견은 능지처사당했으며 허적도 끝내 사사당했다. 적극적인 북벌론자였던 윤휴는 '홍수의 변' 때 숙종에게 "대비를 조관하라"고 권했던 것과 도체찰사부 복설을 주장한 것이 군권을 장악하려 했다는 무고로 사형당했다. 허견의 옥사는 남인에 대한 숙종과 서인의 증오가 더해져 무려 100여 명 이상의 피화자를 냈다.

김석주는 심복인 어영대장 김익훈金益勳을 시켜 남은 남인들을 제거할 계책을 꾸몄다. 숙종 8년(1682) 김환金煥과 김중하金重夏는 남인 허새許璽·허영許瑛 등이 역모를 꾸몄다고 고변했는데, 나중 전익대全翊戴가 가세했다. 이를 임술고변이라고 부른다. 이 사건 역시 조작의 혐의가 짙었으나 허새·허영 등은 심한 고문 끝에 사형당했다. 그러나 두 허씨는 심한 고문에도 누구를 추대하려 했는지를 묻는 질문에는 죽는 순간까지 함구했다. 이 와중에 정치공작 정황이 드러나면서 김환은 되레 귀양 갔고 전익대는 사형당했다. 이 사건은 비로소 김석주, 김익훈 등이 사주한 정치공작으로 드러났는데, 이에 젊은 서인들이 강하게 반발했다. 승지 조지겸趙持謙, 지평 박태유朴泰維, 오도일吳道一 등의 젊은 서인들은 귀양 간 김환을 처형하고, 그를 사주한 김익훈의 처벌을 주장했다. 파문이 확산되자 숙종은 정국 수습을 위해 산림의 세 유현儒賢인 송시열, 윤증尹拯, 박세채를 조정으로 불렀다.

당초 젊은 서인들은 대로大老로 존숭받던 송시열에게 큰 기대를 걸었다. 송시열이 김익훈 같은 무고자들을 법대로 처리해서 정의를 세울 것으로 믿었기 때문이다. 송시열도 귀경길에 여주에서 승지 조지겸에게 사건의 진상을 듣고 김익훈의 처벌에 동의했다. 그러나 서울에 올라와 김수항·민정중閔鼎重·김만기 같은 서인 중진들이 '서인을 위해서 한 일'이라고 설명하자 태도가 바뀌었다. 송시열은 김익훈의 처벌 여부를 묻는 숙종의 질문에 "김익훈은 스승 김장생의 손자인데 자신이 잘못 인도했다"면서 김익훈을 옹호했다. 그러자 젊은 서인들은 크게 반발했다.

윤증이 과천의 나량좌羅良佐의 집에 머물며 정국을 관망하자 먼저 조정에 나왔던 박세채가 찾아가 출사를 종용했다. 윤증은 박세채에게 출사를 위한 세 가지 조건을 내걸었다.

— 윤증의 초상.

지금 나갈 수 없는 이유가 셋이 있다. 남인의 원한을 화평하게 할 수 없는 것이 그 하나이고, 삼척三戚(김석주·김만기·민정중의 세 외척)의 위병威柄을 제지할 수 없는 것이 하나이며, 우옹尤翁(송시열)의 세도를 변화시킬 수 없는 것이 하나이다.

《숙종실록》9년 5월 5일

　윤증이 정치참여 조건으로 내건 3대 명분론은 남인과 서인의 화해에 의한 당쟁종식, 척신 정치구조의 타파로 요약될 수 있는 것으로서, 닫힌 정치에서 열린 정치로, 투쟁의 정치에서 화해의 정치로, 배제의 정치에서 포용의 정치로 나가자는 시대정신의 표현이었다. 박세채는 윤증의 세 가지 문제제기가 모두 타당하다고 수긍했지만 자신이 해결할 수 없는 문제라고 자인하고 사직한 채 고향 파산坡山으로 돌아갔다. 그러자 송시열도 사직하고 낙향했다.

　임술고변은 서인들을 분당시켰다. 공작정치 처벌과 남인에 대한 화해를 주장하는 윤증 중심의 소론과 공작정치를 옹호하는 송시열 중심의 노론으로 나뉜 것이다. 노론의 중심인물은 송시열과 척신 김석주, 민정중, 김익훈, 이이명 등이었으며, 소론의 중심인물은 윤증과 박세채를 비롯해서 조지겸, 오도일, 한태동, 박태보, 남구만 등 비교적 젊은 서인들이었다. 선조 8년(1575)의 을해당론으로 동서가 분당된 지 115년 이상 단일당이었던 서인이 노론과 소론으로 나뉘었다.

청나라 삼번의 난과 북벌

현종 14년(1673) 청나라에서 '삼번의 난'이 발생했다. 청나라로부터 남방 지역의 왕으로 봉해졌던 오삼계, 경정충耿精忠, 상가희尙可喜 등 세 번왕藩王들이 일으킨 난이었다. 산해관을 지키던 명나라의 오삼계는 청나라에 항복한 후 명나라 부흥군주였던 영력제 주유랑朱由榔을 미얀마까지 쫓아가서 죽였다. 청나라는 오삼계를 평서왕平西王으로 봉해 운남과 귀주성을 다스리게 하고, 상가희를 평남왕으로 봉해 광동성을 다스리게 하고, 경중명耿仲明을 정남왕으로 봉해 복건성을 다스리게 한 것이 삼번이다. 삼번은 사실상 세습왕조였는데, 강희제(1654~1722)가 열여섯 살 때인 재위 9년(1670) 친정에 나서면서 상황이 달라졌다. 강희제는 친정 이후 "삼번, 하무河務(황하를 다스리는 것), 조운漕運을 삼대사三大事로 삼아 기둥에 써놨다"고 전할 정도로 철번撤藩(번을 폐지하는 것)의

— 강희제의 초상.

지가 강했다. 강희제 12년(1673. 현종 14) 3월 평남왕 상가희가 요동으로 귀향을 요청하면서 아들 상지신尚之信에게 평남왕의 자리를 세습시켜달라고 요청하자 강희제는 귀향은 허락했지만 세습은 거부했다. 나머지 두 번도 형식상 철번을 요청했지만 강희제가 실제로 철번을 받아들이면 내전을 일으킬 분위기였다. 청 조정도 '철번 반대론'이 우세했지만 스무 살의 젊은 강희제는 철번을 명했다. 드디어 강희제 12년(1673. 현종 14) 오삼계는 강희제가 보낸 사신의 목을 베고 '천하도초토병마대원수天下都招討兵馬大元帥'를 자칭하면서 군사를 일으켰고 나머지 두 번왕도 가세하면서 남부 전체가 전쟁터로 돌변했다. 초기 전황은 삼번이 우세했으나 오삼계가 숙종 4년(1661) 사망한 것을 계기로 숙종 6년(1663) 무렵에는 청나라가 우세해졌다. 숙종이 정권을 남인에서 서인으로 바꾸는 경신환국을 단행한 데는 북벌 당인 남인정권을 북벌 반대당인 서인으로 갈아치워 청나라의 의구심을 없애려는 것도 한몫했다고 해석된다.

남인의 재집권과 실각

서인들의 정치공작으로 숱한 피해를 입은 남인들도 정권 탈환을 위해 비상수단을 강구했다. 숙종의 총애를 받는 후궁 장옥정張玉貞에 주목했다. 숙종이 궁녀 장씨를 가까이 하자 모후 명성왕후 김씨는 장씨를 강제로 출궁시켰다. 모후 김씨가 숙종 9년(1683) 사망하자 장례를 끝낸 숙종은 후궁 장씨를 다시 입궁시켰다. 외아들인 숙종의 고민은 뒤를 이을 왕자가 없는 것이었다. 김만기의 딸인 인경왕후 김씨는 두 딸만 낳았으나 모두 일찍 죽었고, 뒤를 이은 인현왕후 민씨는 딸도 없었다. 숙종 14년(1688) 10월 장옥정은 드디어 왕자를 낳았으나, 갓 태어난 왕자를 남인으로 본 서인들은 아무도 축하하지 않았다. 서인들은 장옥정의 산후조리를 돕기 위해 옥교屋轎로 입궁하던 장씨의 모친이 천인이라면서 끌어내리고 노비들을 치죄治罪했다. 숙종은 이를 갓 태어난 왕자에 대한 서인들의 당론이라고 판단했다. 숙종은 재위 15년(1689년) 기사년

1월 서인들의 맹렬한 반대를 뚫고 어린 왕자를 원자로 정호定號하고 선왕들의 위패를 모신 종묘에 고묘告廟했다. 왕조 국가에서 종묘에 고묘하면 더 이상 바꿀 수 없는 일이었다. 그런데 다음달 송시열이 이를 정면에서 비판하는 상소를 올려 파문이 일었다.

> 오늘날 듣건대, 제신 중에서 위호位號(왕자 정호)가 너무 이르다는 말이 있다고 합니다. 대개 철종(송나라 임금)은 열 살인데도, 번왕의 지위에 있다가 신종이 병이 들자 비로소 책봉하여 태자로 삼았습니다. 당시에는 가왕嘉王(신종의 동생)과 기왕岐王 두 왕의 혐핍嫌逼이 있었는데도 이와 같이 천천히 한 것은 제왕의 큰 거조擧措는 항상 여유 있게 천천히 하는 것을 귀하게 여기기 때문입니다. 하물며 지금은 혐핍의 염려가 있지도 않음이겠습니까? 제신들이 "정후正后(인현왕후)께 경사(왕자를 낳는 것)가 있을 때"라고 하는 말이 있는 것은 대개 사전에 주밀周密하여야 한다는 생각이 있기 때문입니다.
>
> 《숙종실록》15년 2월 1일

종묘 고묘까지 마친 사안에 이의를 제기하자 숙종은 격분했다. 송시열은 중국의 예를 들었지만 숙종이 "명나라 황제도 탄생 넉 달 만에 봉호한 일이 있다"고 반박한 것처럼 그 반대 경우도 얼마든지 있었다. 숙종은 서인정권 아래서는 왕자의 미래를 담보할 수 없다고 생각해서 송시열을 삭탈관작하고, 영의정 김수흥을 파직하고 남인 권대운權大運으로 바꾸었다. 나아가 남인 목내선睦來善을 좌의정, 김덕원金德遠을 우의정에 임명해 삼정승을 모두 남인으로 갈아치웠는데 이것이 기사환국己巳換局이다.

재집권한 남인들은 서인들에 대한 정치보복에 나섰다. 여든셋의 송시열을 정읍에서 사사하고 김수항도 진도 귀양지에서 사사했다. 효종의 외손자 홍치상洪致祥을 포함해 18명이 사사, 교형, 참형 등으로 죽임을 당하고, 100여 명이 유배, 삭탈관작을 당했다. 김익훈, 김환, 김중하 등 과거 서인 측에서 정치공작을 실행했던 인물들은 모두 사형에 처해졌다.

증오가 증오를 낳고, 보복이 보복을 낳는 악순환의 반복이었다. 남인들의 증오는 이미 죽은 서인 종주宗主 이이와 성혼을 문묘에서 출향시켰다. 서인들의 사상적 기반 자체를 인정하지 않으려는 처사였다.

숙종은 나아가 인현왕후 민씨를 투기한다는 명목으로 폐출하고 후궁 장씨를 왕비로 올렸다. 노론가 출신인 민씨 폐출에 가장 강력하게 반대한 당파는 노론이 아니라 소론이었다. 소론 박태보朴泰輔는 왕비폐출을 반대하는 86명의 연명상소를 주도했다가 고문 후유증으로 사망했다. 새 왕비 장씨의 부친 장형張炯에게는 영의정, 조부 장수張壽에게는 좌의정, 증조부 장응인張應仁에게는 우의정을 증직했다.

쫓겨난 서인들은 절치부심 복수의 칼을 갈았다. 서인들 역시 미인계로 맞서 새로 숙종의 총애를 받는 후궁 최씨를 끌어들였다. 이를 눈치챈 남인들은 숙종 20년(1694) 갑술년 함이완咸以完을 시켜 서인들이 역모를 꾸미고 있다고 고변케 했다. 이에 맞서 서인들은 유학幼學 김인金寅 등을 시켜 왕비 장씨의 오라비 장희재張希載가 후궁 최씨를 독살하고, 우의정 민암閔黯, 병조판서 목창명睦昌明, 호조판서 오시복吳始復, 신천군수 윤희尹熺 등이 역모를 꾀하고 있다고 고변케 했다.

두 고변 중 함이완의 고변은 사실로 인정되고, 김인의 무고로 정리되어가던 4월 1일 밤 숙종은 갑자기 비망기備忘記를 내렸다. 국청에 참여한 대신 이하는 모두 관작을 삭탈해서 문외출송하고 민암과 금부당상은 절도에 안치하라는 내용이었다.

남인이 다시 몰락하고 서인이 재집권하는 숙종 20년(1694)의 갑술환국이었다. 영의정 권대운, 좌의정 목내선 등은 문외출송되고, 우의정 민암, 판의금 유명현柳命賢, 지의금知義禁 이의징李義徵 등 남인들은 절도에 안치되었고, 그 자리는 다시 서인들로 채워졌다. 숙종은 병조판서에 서문중徐文重, 훈련대장에 신여철을 임명해 병권을 서인으로 옮기고, 영의정에 남구만, 이조판서에 유상운, 승지에 김두명金斗明과 이동욱李東郁 등 서인들로 채웠다.

또한 송시열, 김수항, 민정중 등 유배지에서 죽었거나 사사당한 인사들의 복권과 치제致祭를 명령했다. 나아가 문묘에서 출향당한 이이와 성혼을 다시 제향시켜 서인들의 사상도 복귀시켰다. 남인들은 숙종의 전광석화 같은 조치에 속수무책이었다. 기사환국의 배경에 장옥정이 있었다면 갑술환국의 배경에는 최숙원이 있었다. 인현왕후의 동생 민진원閔鎭遠은 그 배경을 이렇게 말했다.

숙빈(최씨)은 기사년 후 임금의 굄을 받자 장씨에게 시새움과 고통을 크게 당해 거의 목숨을 보존할 수 없었다. 숙종의 유모 봉보부인奉保夫人이 인경왕후의 본가와 친밀했는데, 갑술환국 때에도 세상에서는 "김진귀金鎭龜의 아들 김춘택金春澤이 봉보부인을 통해 숙빈에게 계책을 주어 남인의 정상을 주상에게 자세히 들려주어 대처분大處分(정권교체)이 있었다"고 하였다.

《단암만록丹巖漫錄》

서인들의 모사는 김만기의 손자 김춘택이었다. 서인정권은 기사환국 때 당했던 일을 잊지 않았다. 서인들을 역모로 고변했던 함이완은 물론 우의정 민암과 민종도閔宗道 부자, 이의징, 조사기趙嗣基, 노이익盧以益 등과 왕비 장씨의 친신궁녀親信宮女 정숙 등이 사형당했다. 갑술환국 후 1년 동안 남인들은 사형 14명, 유배 67명 등의 피해를 입었고, 왕비 장씨가 희빈으로 강등되고 폐비 민씨가 다시 복위했다.

숙종 때의 잦은 환국과 왕비교체는 각각 장단점이 있었다. 상대 당에 대한 감시와 견제가 강화되면서 각 당의 부정, 부패가 줄어든 것은 장점이었다. 그러나 정당 간 공존의 틀이 붕괴된 것은 물론이고, 국왕과 왕비까지 당색을 지니면서 국왕과 왕비까지 파당적 지위로 격하된 것은 왕조의 말기적 증상이었다.

숙종 27년(1701) 인현왕후가 세상을 떠난 것을 계기로 희빈 장씨와 남인들은 다시 환국을 꿈꿨지만 서인들이 숙빈 최씨를 시켜 "민비의 죽음은 장희빈의 저주 때문"이라고 밀고해서 상황은 악화되었다. 숙종은 장씨가 중전을 한 번도 문병하지 않았고, 중궁전이라 부르지도 않았으며, 취선당 서쪽에 신당을 설치해 저주했다면서 장씨를 사사하고 장희재도 사형시켰다. 노론은 장씨 사사

숙종 때의 당인

구분	남인		서인	
숙종	윤휴·허목·이하진·이관징·권대재·조사기·이우징·이옥·남천한·권대운·오정창·유명천·육창명·이원정 등		송시열·송준길·이유태·민정중·민유중·오도일·이상민·이민서·윤지선·김수흥·김수항·남구만·이상진·이숙·이익·이선 등	
	청남	탁남	노론	소론
	윤휴·허목·이하진·권대재·오정위·이봉징·이옥·홍우원·권해	허적·민암·민희·육창명·유명천·오정창·오시수·오시복·민종도	송시열·김석주·김수흥·김석주·김수항·민정중·김만기·김만중·이단하·이민서·이유태·이상·김춘택 등	윤증·남구만·박세채·조지겸·윤지완·최석정·박태보·박태유·이세화·신완·신익상·윤지선 등

를 지지하고, 소론은 반대했다. 소론 영의정 최석정崔錫鼎은 모친을 구해달라는 세자 이윤李昀(경종)의 간청에, "신이 감히 죽기로써 저하의 은혜를 갚지 않으리까"라고 답했으나 노론 좌의정 이세백李世白은 옷자락을 붙잡고 매달리는 세자를 외면했다. 세자도 이미 저군儲君(임금의 후사)이 아니라 특정 당인의 낙인이 찍힌 것이었다.

— 영조가 21세 연잉군이던 시절의 모습.

노론의 쿠데타와 경종 독살설

장희빈이 사사된 후 세자가 정쟁의 대상이 되었다. 노론은 세자 축출과 숙빈 최씨의 아들 연잉군 추대를 당론으로 삼았다. 남인들이 제거된 조정에서 소론은 세자를 지지하고, 노론은 연잉군을 지지했다. 숙종은 남인과 서인을 취사선택하며 왕권을 강화시킨 것처럼 남인 축출 뒤에는 소론과 노론의 분열을 이용해 왕권을 강화했다. 그 결과 숙종 39년(1713)에는 신하들이 숙종에게 존호를 바칠 것을 제의할 정도로 왕권이 강력해졌다. 그러나 숙종의 왕권강화는 국력의 신장과 백성들의 생활 향상으로 이어지지 못한 자기만의 것이었다. 재위 후반 숙종은 노골적으로 노론 당색을 띠었는데 이는 모든 당파의 상위에서 각 당파를 조절해야 하는 국왕의 역할을 팽개친 것으로 왕조정치의 부정이자 세자의 큰 위기였다.

숙종 43년(1717)의 '정유독대丁酉獨對'로 세자의 위기가 박두했다. 숙종과 노론 영수 이이명李頤命이 사관과 승지를 배제하고 독대한 이유는 세자 축출을 모의하기 위한 것이었다. 독대 직후 숙종이 세자의 대리청정을 명령하자 그간 세자를 반대하던 노론은 환영한 반면 소론이 이를 세자 축출 음모라고 강력하게 반발한 것은 이 때문이었다. 《당의통략》은 "(노론이) 세자의 대리청정을 찬성한 것은 장차 이를 구실로 넘어뜨리려고 하는 것"이라고 말한 것이 이를 말해준다. 와병 중이던 소론의 영중추부사 윤지완尹趾完은 82세의 노구에 관을 들고 상경해 이를 격렬하게 비난하며, "독대는 상하가 서로 잘못한 일입니다. 전하께서는 어찌 상국相國(정승)을 사인私人으로 삼을 수 있으며 대신 또한 어떻게 여러 사람들이 우러러보는 지위로서 임금의 사신私臣(개인의 신하)이 될 수 있습니까?"라고 말했다.

윤지완의 말처럼 정상적인 왕조국가에서 정승은 임금의 사인이나 사신이 아니었지만 정권이 바뀔 때마다 정치보복이 난무하는 자체가 이미 정상적인 왕조가 아니었다. 그럼에도 숙종과 노론은 끝내 세자를 폐출하지 못했다. 소론이 격렬하게 반발하는데다 대리청정 과정에서 세자의 흠도 드러나지 않았고, 이를 주도해야 할 숙종의 건강도 좋지 않았기 때문이다.

불안한 대리청정이 유지되던 재위 46년(1720) 숙종이 병석에 누웠다. "복부의 팽창이 심했다"는 기록으로 봐서 간 계통 질병이었을 것이다. 숙종이 회생할 가망이 안 보이자 독대의 당사자 이이명은 숙종에게, "정신이 조금 나으실 때 대신들을 불러 보시고 국사를 생각하고 헤아리신 것이 있으시면 하교하소서"라고 말했다. 소론에서 편찬한 《숙종실록 보궐정오》의 사관은 "이이명이 급급하게 이런 말로 위태롭게 동요시킨 것은 독대를 한 후 스스로 (죄를) 면하지 못할 줄 알았기 때문이다"라고 비판하고 있다. 세자를 연잉군으

— 이이명의 초상.

로 교체하라는 유언을 바랐다는 뜻이다. 그러나 저승길로 가는 숙종이 아들까지 데려가고 싶지는 않았는지 그런 유언을 남기지는 않고 세상을 떠났다.

이렇게 장옥정의 아들이 즉위했으니 그가 경종이다. 노론은 경종을 나라의 임금이 아니라 소론의 임금으로 바라보았다. 경종 즉위 직후 노론 태학생 윤지술尹志述은 숙종의 행장에 숙종이 장희빈을 사사시킨 신사년의 처분을 자세하게 실어야 한다고 주장했다. 분개한 경종이 처벌하려 했으나 영의정 김창집金昌集과 삼사의 대간들이 "선비들의 사기를 꺾을 것이 아니다"라며 말려 처벌도 하지 못했다. 반면 유학 조중우趙重遇는 "희빈 장씨의 은덕을 갚으라"고 상소했다가 장살당했다.

경종 즉위 후 노론은 경종 무력화를 위한 2단계 정변을 마련했다. 경종 1년(1721) 신축년 8월 20일 사간원의 정6품 정언 이정소李廷熽가, "전하의 춘추가 한창이신데도 후사가 없어 나라의 형세가 위태롭고 인심이 흩어져 있다"면서 후사를 빨리 결정해야 한다고 상소했다. 아들이 없는 임금에게 후사 결정을 재촉한 것은 태종 때 같으면 삼족이 멸함을 받을 대죄였다. 노론이 이런 주장을 한 이유는 선의왕후 어씨가 종친을 양자로 들이려고 했기 때문이었다. 노론은 경종을 몰아내고 그 이복동생 연잉군(영조)을 후사로 삼으려 했다. 그날 밤 영의정 김창집, 좌의정 이건명, 판부사 조태채, 호조판서 민진원, 병조판서 이만성, 형조판서 이의현, 공조판서 이관명, 대사헌 홍계적, 대사간 홍석보, 승지 조영복 등 노론 당인들이 대궐문이 닫힐 때까지 기다렸다가 소론이 퇴궐한 후 일제히 경종을 찾아가 이날 중으로 후사를 결정하라고 다그쳤다. 이는 노론의 쿠데타였으나 정승과 판서, 대간과 승지까지 가담한 쿠데타를 막을 힘이 없는 경종은 수락하고 말았다. 노론은 이에 만족하지 않고 대비 인원왕후 김씨의 수결까지 요구했다. 수렴청정하지 않는 대비의 수결까지 요구한 것은 자신들의 행위가 객관적 반역임을 안다는 뜻이었다. 훗날 역모로 몰릴 때를 대비한

경종 때의 노론 4대신, 소론 4대신

구분	노론 4대신	소론 4대신
경종	김창집·이이명·이건명·조태채	이광좌·조태구·유봉휘·최석항

안전장치였다. 경종은 노론 대신들에 떠밀려 대비를 만났다.

> 김창집이 (대비가 내린 봉서를) 받아서 뜯었다. 피봉 안에는 종이 두 장이 들었
> 는데, 한 장에는 해서楷書로 '연잉군'이란 세 글자가 씌어 있었고 한 장은 언문
> 교서로서, "효종대왕의 혈맥과 선대왕(숙종)의 골육으로는 다만 주상과 연잉군뿐
> 이니, 어찌 딴 뜻이 있겠소? 나의 뜻은 이러하니 대신들에게 하교하심이 옳을 것
> 이오"라고 일렀다. 여러 신하들이 모두 읽어 보고는 울었다.
>
> 《경종실록》1년 8월 20일

노론은 연잉군을 왕세제로 삼는 데 성공했다. 이날 밤 신하들이 흘린 눈물
은 차기 왕위 경쟁에서 승리한 당인들의 기쁨의 눈물이었다. 하룻밤 사이에
전격적으로 왕세제가 책봉된 사실을 안 소론은 크게 반발했다. 사직 유봉휘柳
鳳輝는 "비록 그 성명이 이미 내려졌으므로 다시 논의할 수는 없을지라도 대
신이나 여러 신하들이 (군부를) 우롱하고 협박한 죄는 밝히지 않을 수가 없습
니다"라며 노론 대신들의 처벌을 주장했으나 무산되고 말았다.

연잉군의 세제책봉에 성공한 노론은 2단계 정변을 진행했다. 세제 대리청
정을 통한 경종 무력화 계획이었다. 경종 1년 10월 사헌부 종3품 집의執義 조
성복趙聖復은 세제 대리청정을 주장하고 나섰다. 왕조국가에서 신하가 대리청
정을 거론하는 것은 그 자체가 반역이었다. 그러나 경종은 즉각 "진달한 바가
좋으니 유의하지 않을 수 있겠는가?"라면서 비망기를 내려 "대소의 국사를 모
두 세제로 하여금 재단하게 하라"고 수락했다. 조성복의 상소는 "이때 김창집
과 이건명李健命 등이 주상으로 하여금 정무를 놓게 만들려고 조성복을 사주
하여 상소를 올리고 상시嘗試(속마음을 떠봄)하였다"(《경종실록》1년 10월 10일)는
사관의 비평처럼 노론의 노골적인 쿠데타였다. 그러나 노론의 1차 정변 때 속
수무책으로 당했던 소론은 조정에 정보망을 만들어두었고, 소론 좌참찬 최석
항이 유문留門(궁문 개폐를 막는 것)하며 입대를 요청해 눈물로 환수를 호소했다.
이에 힘입은 경종은 대리청정의 명을 거두었고, 소론은 연일 조성복을 공격해

진도로 귀양 보냈다. 그러나 경종은 대리청정의 명을 환수한 지 사흘 뒤에 시·원임대신과 2품 이상 고위 신료, 그리고 삼사를 소집하여 다시 세제의 대리청정을 명했다.

느닷없는 이 명령에 소론뿐만 아니라 노론도 경종의 속마음을 알 수 없어 대리청정 명령의 철회를 요청하는 정청을 열었다. 사흘간의 정청에도 경종이 명을 거두지 않자 경종의 진심이라고 판단한 영의정 김창집과 이이명·조태채趙泰采·이건명 등 노론 4대신은 차자를 올려 숙종 때의 고사에 따라 세제에게 대리청정하자고 받아들였다. 조성복의 대리청정 상소가 자신들의 사주에 의한 것임을 고백한 셈이었다. 그러나 이때의 대리청정 명령도 소론 우의정 조태구 등이 눈물로 간하자 다시 환수되고 말았다. 대리청정 소동은 노론이 경종을 임금으로 여기지 않고 있으며 그 속마음은 연잉군에게 있다는 사실만 각인시킨 채 끝나고 말았다. 노론의 역심이 만천하에 드러나자 행사과行司果 한세량韓世良이 "남의 신하가 되어서 감히 몰래 천위天位(임금 자리)를 옮길 계책을 품었다"라고 비판하는 상소를 올리고 행사직行司直 박태항朴泰恒 등 28명은 "(노론의) 그 마음 둔 바는 길 가는 사람도 아는 바"라고 공격했다. 그러나 노골적인 역심을 드러낸 노론 대신들에 대한 처벌은 없었다.

이런 와중인 경종 1년 12월 노론 사대신을 사흉四凶으로 모는 상소문이 올라왔다. 사직 김일경金一鏡이 소두疏頭(상소의 우두머리), 박필몽·이명의·이진유·윤성시·정해·서종하 등 6명이 소하疏下(연명자)로 연명해 올린 신축소였다.

강綱에는 군위신강君爲臣綱이 세 가지 중에서 으뜸이 되고, 륜倫에는 군신유의君臣有義가 다섯 가지에서 첫머리가 되는데… 삼강과 오륜이 무너짐이 오늘날과 같은 적은 없었습니다. 조성복이 앞에서 불쑥 나왔는데도 현륙顯戮(죽어서 전시함)하는 법을 아직 더하지 아니하였고, 사흉이 뒤에 방자하였는데도… 적신賊臣 조성복과 사흉 등 수악首惡을 일체 삼척三尺으로 처단하여 조금도 용서하지 마소서.

《경종실록》1년 12월 6일

노론 4대신을 사흉, 노론을 역당으로 모는 대담한 상소였다. 이에 놀란 노론 승지 신사철申思喆과 이교악李喬岳 등은 "(김일경 등을) 엄하게 통척하여 간사한 싹을 끊어 없애고 형벌을 쾌히 베풀어 나라 일을 다행하게 하소서"라고 요청했다. 대부분 김일경 등이 죽을 것이라고 짐작했지만 경종은 "나의 천심을 엿본다"고 꾸짖으며 승지를 파직하고 삼사 전원을 삭출시켰다. 김일경의 신축소에 동조한다는 뜻이었다.

그간 은인자중하며 의중을 드러내지 않던 경종은 태도를 돌변해 노론을 치죄했다. 경종은 노론을 대거 축출하고 김일경을 비롯한 신축소 주역들을 대거 등용했다. 김일경에게 이조참판을 제수하고 박필몽朴弼夢 등을 삼사에 기용했다. 이외에도 병조판서 최석항崔錫恒, 훈련대장에 윤취상尹就尙이 임명되어 병권을 소론에게 맡긴 후 이조판서 심단沈檀, 예조판서 이광좌李光佐, 형조판서 이조李肇, 호조판서 김연金演, 대사간 양성규梁聖揆, 도승지 이정신李正臣 등 소론들을 대거 등용했다. 이 모든 것이 경종 1년 12월 6일 하루 동안에 벌어졌다. 이것이 소론이 집권한 신축환국인데, 당일 사관은 이렇게 평했다.

사신은 말한다. "주상께서 즉위하신 이래 공묵恭默하여 말이 없고 조용히 고공高拱하여서 신료를 인접하여 더불어 수작하지 아니하고 군하群下의 진품을 문득 모두 허락하니, 흉당이 업신여겨 두려워하고 꺼리는 바가 전혀 없었으므로 중외에서 근심하고 한탄하며 질병이 있는가 염려하였다. 그런데 이에 이르러 하룻밤 사이에 건단乾斷을 크게 휘둘러 군흉을 물리쳐 내치고 사류를 올려 쓰니, 천둥이 울리고 바람이 휘몰아치며 하늘과 땅이 뒤집히는 듯하였으므로, 군하가 비로소 주상이 숨은 덕을 도회韜晦(재덕을 숨기어 감춤)함을 알았다.

《경종실록》1년 12월 6일

정권을 장악한 소론은 숙종의 행장에 장희빈 사사를 기록하자고 주장한 태학생 윤지술을 사형시키고 노론 4대신을 위리안치 등으로 처벌했다.

정권이 소론으로 바뀌자 경종 2년(1772) 임인년 '목호룡睦虎龍 고변 사건'이 발생했다. 노론에서 삼급수를 사용해 경종을 살해하려 했다는 고변인데, 목호룡이 직접 음모에 가담했던 인물이므로 파급효과는 컸다. 삼급수란 자객으로 살해하는 대급수, 독약으로 살해하는 소급수, 숙종의 유조를 위조해 경종을 폐출하는 평지수를 뜻한다. 수사 과정에서 소급수가 실제로 시행되었다는 자백이 나왔다. 김창집의 친족 김성절金盛節 등이 형문 끝에, "이기지李器之(이이명 아들) 부자가 장씨 역관에게 (청나라에서) 독약을 사 가지고 왔는데, 김씨 성의 궁인이 성궁聖躬(임금)에게 시험해 썼다"고 자백했다. 경종에게 실제로 독이 든 음식을 올렸다는 자백인데, 국청에서 당일의 《약방일기藥房日記》에서 찾아보니 경종 즉위년(1720) 12월 15일에 "어제 거의 한 되나 되는 황수黃水를 토했다"는 구절이 있었다. 이날 구토하지 않았으면 경종은 죽었다는 뜻이었다. 독살실패 소식을 들은 김성절은, "이기지의 무리가 '약이 맹독이 아니니, 마땅히 다시 은화를 모아 다른 약을 사 와야 한다'고 말했다"고 자백했다. 뿐만 아니라 목호룡은 이들이 만든 숙종의 가짜 유조도 봤다고 말했는데, "세자 모某(경종)를 폐위시켜 덕양군으로 삼는다〔廢世子某爲德讓君〕"는 내용이라는 것이었다. 노론이 소급수, 평지수를 실제로 사용해 경종을 끌어내리려 시도했던 것이다. 김창집의 손자 김성행은 우홍채禹洪采에게, "노론은 천지와 더불어 무궁한 길이 있다〔老論有與天地無窮之道〕"라고까지 말했다. 국왕은 유한하지만 노론은 무한하다는 뜻이었다.

목호룡 고변 사건으로 세제책봉과 대리청정 주청을 주도한 김창집·이이명·이건명·조태채 등 노론 4대신이 사형당한 것을 비롯해 김용택金龍澤·이천기李天紀·이기지·이희지李喜之·백망白望 등의 노론 명가 자제들이 국문받다 죽은 것을 비롯해서 모두 50여 명이 사형당하고 100여 명이 유배 갔으며, 9명의 부녀자가 자결했다.

이것이 임인옥사壬寅獄事인데 역모사건에서 가장 중요한 것은 누구를 국왕으로 추대하려 했는가 하는 점이었다. 연잉군의 처조카 서덕수徐德修가 연잉군을 추대하려고 했으며 연잉군도 이를 알고 있었다고 자백하고 사형당했다. 그래서 연잉군이 수사기록인 《임인옥안壬寅獄案》에 수괴로 등재되었다. 역모

사건에 수괴로 등재되고도, 그것도 그런 사실을 알았으면서도 살아남는 것은 불가능했다. 그러나 경종은 하나뿐인 선왕의 핏줄을 죽이고 싶지 않아서 연잉군을 보호했다.

이 사건에 대한 논란이 계속되던 경종 4년(1724) 8월부터 경종은 한열寒熱과 설사가 동반되는 병에 걸렸다. 8월 20일 밤 경종이 가슴과 배가 조이는 듯 아파서 의관을 불러 입진했는데, 낮에 먹은 음식 때문임이 드러났다.

여러 의원들이 어제 게장을 진어하고 곧이어 생감을 진어한 것은 의가에서 매우 꺼리는 것이라 하여 두시탕豆豉湯 및 곽향정기산藿香正氣散을 진어하도록 청했다.

《경종실록》

의가에서 금기로 치는 게장과 생감을 와병 중인 경종에게 진어했다는 것인데, 이는 조선 후기 내내 숱한 논란을 낳았다. 훗날 영조 31년(1755)의 나주벽서 사건 때 신치운申致雲이 영조에게 "신은 갑진년(경종 4년)부터 게장을 먹지 않았소"라고 따지자 영조가 분통하여 눈물을 흘렸다고 전한다. 게장과 생감을 보낸 인물이 대비 인원왕후이고 이를 진어한 인물이 자신이라는 비난이기 때문이다. 병세가 악화되는 와중인 24일 세제 연잉군은 처방을 두고 어의 이공윤李公胤과 다투었다. "준리峻利(강한 처방)를 위주"로 삼는 어의 이공윤이 약을 처방했는데, 세제가 '인삼과 부자附子'를 올리려 하자 이공윤이 "제가 진어한 약을 복용하신 후 삼다를 진어하면 기를 운행하는 것이 불가능할 것입니다"라고 반대했다. 그러나 세제 연잉군은 이공윤을 꾸짖으며 인삼과 부자를 올렸고 경종은 그날 새벽 3시쯤 창경궁 환취정에서 승하했다. 재위 4년 2개월, 만 36세의 한창 나이였다. 대비가 옹호한 김성 궁인의 독약 사건, 대비전에서 올렸다는 게장과 생감, 어의와 다투어가며 올린 인삼과 부자, 이 세 사건은 모두 경종의 죽음과 일련의 관계를 갖고 있었다. 경종 독살설이 크게 확산되었고, 소론과 남인들은 경종이 독살되었다고 믿었다. 이런 혼란 속에서 영조가 즉위했으니 경종 시대의 유산에서 자유로울 수 없었다.

영조의 즉위와 이인좌의 봉기

— 영조의 초상.

경종 때 소론은 강경파인 준소峻少와 온건파인 완소緩少로 나뉘었다. 준소는 경종의 독살을 확신했다. 경종의 첫 왕비 단의왕후 심씨의 동생 심유현沈維賢이 경종이 독살당한 것 같다는 시신 목격담을 전하면서 독살설은 급속하게 퍼져나갔다. 영조는 즉위하자마자 김일경과 목호룡을 친국했는데, 둘은 영조를 임금으로 여기지 않았다. 영조가 김일경을 죽여서 빈전殯殿(임금의 시신)에 고하겠다고 위협하자 김일경은, "선대왕(경종)의 빈전이 여기에 있으니, 여기서 죽는다면 마음에 달갑게 여기겠다"라고 답했다. 김일경은 영조에게 "시원하게 나를 죽이라"고 말하고, "공초를 바칠 때 말마다 반드시 선왕(경종)의 충신이라 하고 반드시 '나'라고 했으며 '저(矣身)'라고 하지 않았다"(《영조실록》 즉위년 12월 8일)고 기록될 정도였다. 목호룡도 "나는 다만 종사를 위했던 죄가 있을 뿐이고 다른 죄는 없다"라고 항변했다. 경종에 대한 노론과 연잉군(영조)의 행태는 객관적인 반역이었고, 김일경과 목호룡의 행위는 경종에 대한 객관적인 충성이었다. 경종의 충신인 김일경과 목호룡은 영조의 역적이 되어 부대시처참不待時處斬당했다. 노론에게 정권을 준 영조는 재위 1년(1725) 을사년 목호룡의 고변에 의한 임인옥사를 무고라고 판정한 을사처분을 단행했다.

을사처분으로 정권을 잡은 노론은 김일경과 목호룡의 사형에 만족하지 않고 경종 때 세제책봉을 반대한 유봉휘柳鳳輝, 이광좌, 조태구趙泰耉, 조태억趙泰億, 최석항을 소론 '오적'으로 규정해 공격했다. 어제의 충신이 오늘의 역적이 되고, 어제의 역적이 오늘의 충신이 되는 세태였다. 사형당한 노론 4대신을 억울하다고 생각하는 노론은 소론에 대한 처벌 확대를 요구했다. 노론의 정치 보복 요구가 계속되자 영조는 재위 3년(1727) 정미년 민진원·홍치중洪致中·이의현李宜顯·정호鄭澔·김흥경金興慶 등 노론관료 140여 명을 일거에 축출하고 소론 영수 이광좌를 영의정, 조태억을 좌의정에 임명해서 소론에게 정권을 주는 정미환국을 단행했다. 비록 노론의 지지로 왕위에 올랐지만 소론과 남인들이 임금으로 인정하지 않는 상태가 지속되는 것은 바람직하지 않다고 본 것이다. 소론에 대한 치죄를 계속하면 어떤 일이 발생할지 모른다는 우려도 있었다. 정미환국으로 소론이 다시 정권을 잡자 목호룡의 고변에 따른 임인옥사는 다시 역옥逆獄으로 환원되었고, 노론 4대신도 다시 역적명부인 역안逆案에 기재되었다.

그러나 소론은 영조가 노론을 지지한다는 사실을 알고 있었기에 노론과 공생의 길을 도모했다. 노론 임금과 소론 집권당이라는 정치지형이 노론과 소론의 공존의 틀을 마련하는 계기가 된 것이다. 이는 상대당에 대한 양보를 통해 공존을 모색하는 정당정치 회복의 청신호였다.

그러나 이는 소론 온건파인 완소만의 생각이었고, 강경파인 준소와 남인들은 영조를 임금으로 인정할 생각이 없었다. 영조 4년(1728) 무신년 남인 명가 출신의 이인좌李麟佐는 준소와 남인들을 모아 봉기를 일으켰다. '이인좌의 난' 또는 '무신란'으로 불리는 이인좌의 봉기는 조야에 큰 충격을 주었다. 이인좌는 세종의 넷째아들 임영대군 이구李璆의 후손이었고, 조부는 숙종 때 감사를 역임한 이운징李雲徵이었으며 조모는 남인 영의정 권대운의 딸이고 부인은 윤휴의 손녀였다. 이인좌는 청주성을 함락하고 절도사 이봉상李鳳祥과 토포사 남연년南延年을 죽였다. 각지에서 동조 거사가 잇달았는데, 남인의 근거지인 경상도에서 이인좌의 동생 이웅보李熊輔와 정희량鄭希亮 등이 동조 거병하여 안음과 거창을 함락시켰고, 전라도에서는 태인현감 박필현朴弼顯이 중심이 되어 거병하려 했다. 소현세자의 3세손 밀풍군을 추대한 이들은 경종의 위패를 진중陣中에 모셔놓고 아침저녁으로 곡을 하면서 선왕의 복수를 다짐했다.

영조는 총융사 김중기金重器에게 출전을 명하였으나 두려워 나타나지 않을 정도로 노론은 급속히 위축되었다. 이때 진압을 자처하고 나선 인물이 완소 병조판서 오명항吳命恒이었다. 영조는 소론인 이광좌에게 병조를 맡기고 오명항을 도순무사都巡撫使로 삼아 진압에 나서게 했다. 소론 강경파인 준소가 일으킨 이인좌의 봉기는 소론 온건파인 완소에 의해 진압되었다. 정미환국이 단행되지 않고 노론이 소론에 대한 공격을 확대하는 과정에서 봉기가 일어났으면 전국적인 내란으로 확대되었을 개연성이 짙었다. 이인좌의 봉기는 왕조정치의 파탄을 극명하게 보여준 사건이었다. 숙종 때의 여러 환국에 중인 출신들이 많은 자금을 제공한 데서 알 수 있는 것처럼 양반 사대부들의 정치독점은 이미 시대에 뒤떨어진 행태였다. 그러나 양반 사대부들은 중인을 포함한 백성들의 정치참여를 일체 배제시킨 채 국왕의 정통성을 두고 다투었다.

게다가 이인좌의 봉기는 영남 지역의 사대부들을 정치에서 소외시키는 결과를 낳았다. 이인좌의 최초 거병지는 청주였지만 남인들의 고장이었던 영남에서 동조자가 가장 많았다.

거사 진압 후 노론은 이를 소론과 남인 탄압의 계기로 사용하려 했으나 영조는, "지금 역변이 당론에서 일어났으니 이때에 당론을 하는 자는 역률로 다스리겠다"면서 이인좌의 봉기를 탕평책 추진의 계기로 삼았다. 영조는 노론만의 임금에서 벗어나지 않으면 다시 이인좌의 봉기 같은 사건이 발생할지 모른다고 우려했다. 그러나 노론이 장악한 언관들은 준소는 물론 완소까지 계속 공격했다. 심지어 분무奮武 일등공신 오명항이 과거 김일경과 신축소를 올렸던 이진유李眞儒의 유배지를 내륙으로 옮기자고 주장했다는 이유로 공격당했다. 《당의통략》은 "노론 언관들이 심하게 탄핵하자 오명항이 근심과 걱정으로 죽었다"고 전하고 있는데, 이때가 영조 4년 9월이었으니 불과 6개월 전의 대사에서도 아무런 교훈을 얻지 못했다. 게다가 이인좌의 봉기를 평정한 후 경상도 감영 소재지인 대구부 남문 밖에 '영남 반란 평정 기념비'인 평영남비平嶺南碑를 세워 영남을 반역향으로 못 박았다.

영조 탕평책의 한계와 사도세자의 죽음

조선의 당쟁이 격화된 것은 여러 요인이 중첩된 것이다. 구조적인 원인은 인조반정 이후 '임금은 약하고 신하는 강한' 군약신강의 정치구조가 형성된 것이었다. 서인들은 자신들이 국왕과 같은 계급이고, 권력은 서인이 국왕보다 더 강하다고 생각했는데, 이는 국왕들의 생각과 달랐다. 서인들은 소모적인 예송논쟁 따위를 유발해서 왕실을 자극했는데, 이는 조선을 독자적 왕조로 여기는 남인들의 반발도 초래했다. 결국 두 차례에 걸친 예송논쟁 끝에 정권을 남인에게 빼앗긴 서인들은 정권탈환과 정권유지를 위해 정치공작을 서슴지 않았고, 이는 다당제를 전제로 하는 정당정치의 붕괴로 이어졌다. 숙종이 왕권강화를 위한 편의적 정권교체를 자주 단행하면서 '집권은 선'이라는 그릇된 의식이 만들어졌다. 게다가 숙종이 말년에 노론으로 자청해서 국왕 자체가 특정 당파에 소속되면서 만백성, 모든 당파의 임금에서 특정 당파의 임금으로 격하되었다. 경종 독살설 끝에 즉위했다가 준소와 남인의 격렬한 반발을 경험한 영조는 더 이상 특정 당파의 임금이어서는 안 되겠다는 판단에서 탕평책을 추진했다.

탕평이란 《서경》'황극皇極'조에 "편이 없고 당이 없이 왕도는 탕탕하며, 당이 없고 편이 없이 왕도는 평평하다[無偏無黨 王道蕩蕩 無黨無偏 王道平平]"란 구절에서 따온 말로서 왕도는 공평무사함을 나타내는 말이다. 탕평책을 가장 먼저 제기한 인물은 숙종 20년경 소론 박세채였으나 당시는 별 호응을 받지 못했다. 윤증이 박세채에게 말한 출사를 위한 3대 명분론도 외척배제와 탕평에 맞춰져 있었지만 실현되지 못했다.

영조는 이인좌의 난을 소론 탄압에 이용하지 않고 탕평을 정국운영의 명분이자 원칙으로 삼았다. 영조의 탕평책은 노론과 소론을 모두 기용해 탕평파를 중심으로 정국을 안정시키려는 것이었다. 그러나 남인을 대부분 배제한 것은 둘째치고라도 소론은 온건파만 기용한 반면 노론은 강경파도 모두 기용해서 한계를 드러냈다. 영조는 쌍거호대雙擧互對를 정국운영의 원칙으로 삼았는데, 판서에 노론을 등용하면 참판에는 소론을 기용하는 식의 인사운영이었다.

영조의 탕평책이 효과를 거두려면 조선이 당면한 문제해결에 나서야 했다. 신분제 철폐나 완화, 상민들만 부담을 지고 있는 군역의 폐단 해소 같은 현실문제 해결이 시급했다. 이를 통해 그릇된 과거와 단절하고 보다 자유롭고 평등한 미래로 나가야 했다.

　그러나 노론은 경종 시절의 과거사에 집착했다. 왕세제 책봉과 대리청정 주장이 역모가 아니라는 것이었다. 영조도 겉으로는 탕평을 주창했지만 속으로는 과거사에서 벗어나지 못했다. 영조는 재위 5년(1729) 기유년 8월에 발생한 이석효李錫孝 사건을 이용했다. 제천의 소론이었던 이석효는 노론인 전 제천 현감 정석鄭錫의 아들이 임금이 될 기상이 있다고 무고했다가 처형당했다. 영조는 이 사건을 계기로 사형당한 노론 4대신 중 이건명과 조태채를 신원시키는 기유처분을 단행했다. 두 대신은 무고당했다는 뜻이었다. 기유처분에 대해 소론은 노론 두 대신을 신원했다는 이유로, 노론은 두 대신만을 신원했다는 이유로 모두 불만을 토로했다.

　이후로도 영조는 경종 때 발생했던 사건들에 집착했다. 재위 9년(1733) 1월 19일에는 노론 영수 민진원과 소론 영수 이광좌를 불러 이른바 '1·19하교'를 내렸다. '1·19하교'는 그날의 사관이 "주서注書에게 붓을 멈추게 하고 여러 신하들에게 발설하지 못하게 했으니, 무릇 밖에 있는 사람이야 그 누가 다시 이 일을 알겠는가?"라고 기록한 것처럼 무슨 내용인지는 정확하지 않다. 그러나 이날 영조가 내린 하교의 핵심은 경종 때 노론의 행위는 문제가 있다는 것과 소론이 경종 때 왕세제였던 자신을 핍박한 것도 문제가 있다는 것이었다. 경종에 대한 충성은 영조에 대한 반역이 되고, 영조에 대한 충성은 경종에 대한 반역이 되는 모순된 과거사를 절충하는 하교였다. 노론, 소론 모두 일정한 잘못이 있으니 싸우지 말고 국정에 협력하라는 하교였다.

　그럼에도 당쟁이 그치지 않자 영조는 재위 13년(1737) 8월 28일 '혼돈개벽' 유시를 내렸다. 과거 노소론의 당쟁을 '혼돈'으로 규정하면서 지금부터는 '개벽'이니 당습을 버리라는 유시였다.

　그러나 문제는 노·소론뿐만 아니라 영조도 과거사에 매달려 있다는 점이었다. 재위 14년(1738) 말 목호룡의 옥사 때 사형당한 처조카 서덕수를 신원한 것이 이를 말해준다. 영조는 왕비 정성왕후 서씨의 어머니이자 서덕수의 할머니인 잠성부부인岑城府夫人이 세상을 떠나자 중전을 위로한다는 명목으로 서덕수를 신원했다. 이는 한 개인의 신원문제에 국한된 것이 아니라 임인옥사에 대한 영조의 속마음을 내비친 것이었다. 영조는 기회 있을 때마다 임인옥사를 무효로 만들기 위해 노력했다. 드디어 재위 16년(1740) 경신년 영조는 노론 4 대신 모두를 신원하고, 목호룡의 고변에 의한 임인옥사를 무고로 처분하는 경신처분을 단행했다. 그리고 이듬해(영조 17년) 신유년 '신유대훈辛酉大訓'을 발표해《임인옥안》을 소각하고 경종 때의 세제책봉과 대리청정 주장은 역모가 아니라 자성慈聖(숙종의 계비인 인원왕후 김대비)과 경종의 하교에 의한 정당한 조치라고 선포했다.

영조는 신유대훈을 선포하기 위해 실로 오랫동안 많은 노력을 기울였으나 이는 재위 1년(1725)의 을사처분으로 회귀한 것에 지나지 않았다. 을사처분이 정미환국으로 무효가 된 지 14년 만에 다시 원점으로 돌아온 것이었다. 을사처분이 소론의 동의 없는 일방적 조치였던 데 비해 신유대훈은 소론의 반발을 무마하며 소극적 동의를 받아낸 점이 달랐지만 영조의 집착이자 과거사 뒤집기에 다름 아니라는 점은 마찬가지였다.

신유대훈 이후 조정은 점차 노론이 우위를 차지하게 되었다. 소론은 형식적으로 참여하는 노론 중심의 변질된 탕평책이 뚜렷해졌다. 이런 상황에서 영조 31년(1755) 나주벽서 사건이 발생하자 형식적인 탕평책마저 무너졌다. 그해 2월 나주 객사에 '간신이 조정에 가득해 백성들의 삶이 도탄에 빠졌다'는 내용의 벽서가 붙은 것이 시작이었다. 범인 윤지尹志는 윤취상尹就商의 아들이었는데, 윤취상은 영조 1년 국문받다 죽은 준소였다. 영조 즉위 직후 제주도로 유배되었다가 나주로 옮겨져 30년째 귀양살이를 하던 소론 강경파에게 탕평책은 남의 일이었다.

영조는 나주벽서 사건을 계기로 형식적이고 불완전했던 탕평책마저 무너뜨렸다. 영조는 윤지와 그 아들 윤광철尹光哲과 박찬신朴纘新 등을 사형시킨 것은 물론 이미 사망한 소론 인사들도 공격했다. 이미 사망한 조태구·유봉휘·이사상李師尙 등에게 역률을 추가했는데, 이들은 경종 시절 노론의 왕세제 책봉과 대리청정을 비판했던 소론 인사들이었다. 준소인 이사상은 물론 완소인

조태구에게도 역률을 추가한 것은 소론을 조정에서 모두 몰아내는 행위이자 형식적 탕평책마저 폐기시킨 처사였다.

나아가 영조는 왕세자 시절 목호룡의 고변으로 위기에 몰린 자신을 도운 이광좌와 조태억 등의 관작도 삭탈했다. 이광좌와 조태억은 시종 탕평을 주장한 완소의 영수였다. 나주벽서 사건은 영조가 준소는 물론 완소도 적당으로 보고 있음을 드러낸 것이었다. 이로써 영조는 형식적이고 불완전한 탕평책마저 완전히 폐기시켰다. 영조가 노론 당색임을 선포한 것이자 정국이 노론 일당독재로 흘러갈 것임을 나타낸 것이었다.

소론은 강하게 반발했다. 그해 5월 영조는 나주벽서 사건으로 역적들이 토벌된 것을 축하한다며 '토역경과討逆慶科'를 열었는데, 영조를 비난하는 답안지가 제출되어 다시 파란이 일었다. 작성자 심정연沈鼎衍은 이인좌의 난에 관련되어 사형당한 심성연沈成衍의 아우였는데, 국문 결과 윤취상의 아우 윤혜尹惠와 김일경의 종손 김도성金道成이 연루되었음이 드러났다.

또다시 대대적인 정치보복이 자행되었다. 나주벽서 사건과 토역경과 투서 사건으로 소론은 완전히 몰락하고 노론이 독주했다. 나주벽서 사건이 일어난 해 11월 영조는 《천의소감闡義昭鑑》을 발간했다. 노론 4대신은 물론 목호룡 고변 사건으로 사형당한 김용택 등도 모두 충성이라고 결론 내렸다. 노론판 '과거사 다시쓰기'였지만 경종 때 노론의 행위는 객관적 반역이란 점에서 과거사에 얽매인 영조와 노론의 자기변명에 불과했다.

— 19세기 초에 그려진 사도세자의 초상.

나주벽서 사건으로 일당 독재를 강화한 노론의 칼날은 대리청정하던 사도세자로 향했다. 나주벽서 처리 과정에서 사도세자가 반 노론의 정치견해를 갖고 있다는 사실이 드러났기 때문이다. 사도세자는 나주벽서 사건 때 "유봉휘·조태구·윤취상·이진유·이사상·이명의·정해·윤성시·서종하 등에게 노륙孥戮(가족도 모두 죽이고 재산을 몰수하는 것)하자"는 사간원 정언 송문재宋文載의 요청을 거절했다.(《영조실록》31년 3월 4일조) 사도

세자는 영조와 노론의 광기에 맞서 피화자를 줄이려고 노력했는데, 이것이 영조와 노론에게 세자가 친 소론의 정견을 갖고 있는 것으로 의심하게 했다. 노론은 사도세자 제거를 당론으로 결정했는데 세자의 장인이자 정승이었던 홍봉한洪鳳漢과 홍인한洪麟漢 형제가 사위 제거에 앞장섰고, 혜경궁 홍씨도 내부에서 정보를 제공하는 방식으로 도왔다. 고립무원의 위기에 빠진 세자는 세자시강원의 조유진趙維鎭을 통해 소론 영수이자 전 우의정 조재호趙載浩의 도움을 청했으나 이 사실은 혜경궁 홍씨의 정보망에 포착되었다.

— 홍봉한의 초상.

　　노론과 영조의 합작으로 영조 38년(1762) 임오년 사도세자는 뒤주 속에 갇혀 살해되고 말았다. 이것이 임오화변壬午禍變인데, 그 직후 영의정 홍봉한은 조재호를 공격해 사형시켰다. 조재호가 "한쪽 사람들(노론)은 모두 소조小朝(사도세자)에 불충했지만 나는 동궁(세자)을 보호하고 있다"라고 말했다는 죄목이었다. 노론 영수 홍봉한은 조재호에 관한 내용을《천의소감》처럼 한 권의 책으로 만들어 반포해야 한다고 영조에게 주청해 허락을 받았다.

　　겉으로 보기에 영조는 조선의 그 어느 임금보다 검소했고, 백성들의 질고를 덜어주려고 노력했다. 영조가 재위 27년(1751) 종래 두 필씩 징수하던 군포를 1필씩으로 감해주는 균역법을 제정했던 것도 과중한 군역에 시달리던 백성들의 부담을 경감하려던 애민정치의 일환이었다. 그러나 군역의 가장 큰 문제는 양반 사대부들이 군역징수 대상에서 면제된 형평성의 문제였다. 균역법의 근본 문제는 그대로 둔 채 피상적으로 접근한 영조의 정치행위는 다른 대부분의 부분에서도 마찬가지였다. 자신과 노론의 경종 때 객관적인 반역행위를 뒤집는 부분만 근본적으로 접근했다. 그렇게 영조는 노론과 동지가 되었고, 그 결과 노론은 무소불위의 정당이 되었고, 끝내 사도세자를 뒤주에 가두어 죽이는 증오의 정치로 나타난 것이다.

05 개혁군주 정조의 꿈과 좌절

개혁군주 정조의 험난한 즉위

사도세자를 죽인 노론은 그 아들인 세손 이산李祘(정조)의 제거를 당론으로 삼았다. "죄인의 아들은 임금이 될 수 없다(罪人之子 不爲君王)"는 8자 흉언을 조직적으로 퍼뜨렸다. 그러나 사도세자에 이어 그 아들까지 죽이려는 노론의 행태는 영조와 혜경궁 홍씨의 반발을 샀다. 세손 또한 부친을 죽이는 데 앞장섰던 외조부 홍봉한에게 무조건 복종하는 태도를 취해 홍봉한과 혜경궁의 호감을 샀다. 홍봉한은 세손이 즉위하더라도 제어할 수 있다는 자신감에서 세손 교육을 위한 《정사휘감正史彙鑑》이란 책자를 만들어 가르쳤다. 사도세자 사후 조정의 노론은 둘로 갈렸다. 사도세자의 제거에는 뜻이 같았지만 세손도 제거해야 한다는 노론 벽파와 세손을 동정하는 시파로 갈린 것이다.

아들은 죽었지만 손자는 보호하고 싶었던 영조는 세손을 이미 죽은 효장세자의 후사로 입적시켜 그 지위를 보존하게 했다. 영조는 재위 51년(1775)에는 세손에게 세 가지 사실을 가르쳐주고 싶다고 말했는데, 홍인한은 세손은 '세 가지 일을 알 필요가 없다'는 '삼불가지론'으로 반박했다.

임금이 이르기를 "어린 세손이 노론을 알겠는가? 소론을 알겠는가? 남인을 알겠는가? 소북을 알겠는가? 국사를 알겠는가? 조사를 알겠는가? 병조판서를 누가 할 만한가를 알겠으며, 이조판서를 누가 할 만한가를 알겠는가?… 하니, 홍인한이 말하기를, "동궁은 노론이나 소론을 알 필요가 없고, 이조판서나 병조판서를 알 필요도 없습니다. 더욱이 조사까지도 알 필요 없습니다."

《영조실록》51년 11월 20일

영조는 왕위를 수행하려면 당파와 국사·조사를 알아야 하고, 이조·병조판서를 누가 할 만한지 알아야 한다고 생각했다. 혜경궁 홍씨의 숙부 홍인한은 세손은 이 세 가지를 알 필요가 없다고 반박했다. 홍인한뿐만 아니라 영돈녕 김양택金陽澤, 영의정 한익모韓翼謨, 판부사 이은李溵 등 모든 대신들이 세손 대리청정을 반대했다. 세손은 결코 임금이 될 수 없다는 것이 노론의 당론이었다.

영조가 세손 대리청정을 명하는 전교를 쓰라고 하자 홍인한은 "차라리 도끼에 베어져 죽는 한이 있더라도 결코 받들어 행할 수 없습니다"라고 반대했다. 54년 전인 경종 1년(1721) 아들 없는 서른넷의 경종에게 세제 대리청정을 주장했던 노론이 여든둘 노인의 대리청정은 결사반대했다. 영조는 대신들을 물리치고 세손에게 순감군巡監軍 수점受點을 명하는 것으로 군사권을 주고, 이비吏批(이조가 관장하는 인사 명령을 맡아보는 판서·참판·참의 등이나 그 명령)와 병비

정조~순조 때의 시파와 벽파

구분	남인 시파	노론 벽파	노론 시파	소론 시파	비고
정조	채제공·이가환·정약용·정약전 (남인은 모두 시파)	심환지·김구주· 김한록·김종수	홍봉한·홍국영·윤행임· 김조순·서유방·김노경	소론은 모두 시파	남인과 소론은 대부분 시파
순조	순조 때 노론 벽파에서 천주교 빌미로 남인 제거	심환지·서용보· 서능보·김관주· 김달순·이만수· 서영수·이안묵	김조순·심상규·서유린· 윤행임·김이교·홍낙림· 정민시·박치원·조득영	벽파에 의해 제거	

시파는 사도세자 죽음 동정하는 당파. 벽파는 사도세자 살해 옹호하는 당파

兵批(병조가 관장하는 명령을 맡아보는 판서·참판·참의 등이나 그 명령)도 세손이 수점하라고 명함으로써 세손이 즉위할 수 있는 기반을 마련해주었다.

영조는 재위 51년(1775) 12월 8일 세손의 대리청정 절목節目을 마련해 정식으로 대리청정을 시행함으로써 세손을 자신의 후사로 선포했다. 그러나 그해 12월 22일 세손이, "양사의 여러 신하들 중 대리청정 조참朝參에 참여한 자가 한 사람도 없다"라고 말한 것처럼 노론은 세손을 영조의 후사로 인정하지 않았다. 영조는 재위 52년(1776) 3월 3일 위독해졌고, "전교한다. 대보大寶(옥쇄)를 왕세손에게 전하라"는 마지막 유조를 남기고 세상을 떠났다. 경종 독살설 속에 즉위해 아들까지 죽이고 여든둘의 노구로 세상을 떠난 것이다. 만 열 살 때 아버지의 비참한 죽음을 목도한 소년이 스물네 살의 나이로 새 시대를 향해 첫발을 내디뎠다.

정조의 개혁정치와 노론의 저항

영조 사후 닷새 만에 즉위한 정조 이산은 즉위 일성으로, "오호라! 과인은 사도세자의 아들이다. 선대왕께서 종통의 중요함을 위하여 나에게 효장세자를 이어받도록 명하신 것이다"라고 선언했다. 영조가 입적시킨 효장세자가 아니라 사도세자의 아들이라는 즉위일성에 노론은 경악했지만 정조는 영조처럼

—《선원보감璿源寶鑑》
에 실린 정조의 초상.

과거로 돌아가지는 않았다. 또한 사도세자 문제는 '보지도, 듣지도, 말하지도 말라'는 것이 영조의 유훈이었다. 이를 어길 경우 노론은 선왕의 유훈을 빌미로 쿠데타를 일으킬 수도 있었다. 정조는 대리청정하던 세자를 뒤주에 가둬 죽이는 비정상적인 정치체제를 개혁하기 위해 과거가 아닌 미래의 길을 걷기로 했다. 그러나 사도세자를 죽인 자들을 전혀 치

죄하지 않을 수는 없었다. 정조는 사도세자를 죽인 세력이 곧 자신의 즉위를 반대한 세력이라는 점에 착안해 그들을 영조의 뜻을 거스른 것이라며 처벌하려 했다. 그러나 탄핵권을 가진 삼사는 화완옹주의 양자 정후겸鄭厚謙만 탄핵해 유배 보냈을 뿐 '삼불가지론'으로 세손의 즉위를 방해한 홍인한에 대해서는 침묵했다. 그래서 정조는 대사헌을 포함한 삼사 전원을 문외출송門外出送했다. 그러자 비로소 홍인한에 대한 비판에 나서 그를 여산부礪山府로 귀양 보냈다가 사사시켰다.

홍인한보다 문제의 인물은 홍봉한이었는데, 드디어 동부승지 정이환鄭履煥이 홍봉한을 직접 비판했다.

전하께서 반드시 보복해야 할 원수이면서 동시에 온 나라가 반드시 주토誅討(베어 죽임)해야 할 역적이 있습니다. 오직 홍봉한은 천만 가지 죄악을 다 갖추지 않은 것이 없습니다. 그중에 가장 크고 극악한 것을 말한다면 곧 임오년에 범한 죄(사도세자를 죽인 죄)인데… 일물一物(뒤주)에 이르러서는 이전의 역사서에서도 들어 보지 못하던 것인데 홍봉한이 창졸간에 멋대로 올렸습니다.

《정조실록》 즉위년 3월 27일

홍봉한이 사도세자를 뒤주에 넣어 죽이라고 사주했다는 비판이었다. 이는 새삼스런 주장이 아니라 영조 47년(1771) 청주 사람 한유韓鍮가 홍봉한이 뒤주를 올렸다고 목숨을 걸고 비판한 것처럼 사대부들은 대부분 알고 있던 사항이기도 했다. 그래서 정조의 즉위와 동시에 혜경궁의 친정이 몰락했다. 홍봉한은 사형 위기에 몰렸다가 혜경궁 홍씨가 저항하는 바람에 목숨을 건졌지만 정조 2년(1778) 12월 죽고 말았고, 혜경궁은 친정이 사도세자 살해와 관련 없다고 변명하기 위해 뒤늦게 《한중록閑中錄》을 썼다.

정조는 자신을 제거하려던 화완옹주를 서녀로 강

— 혜경궁 홍씨의 《한중록》. 국립중앙박물관 소장

등하고 그 양아들 정후겸과 혜경궁의 숙부 홍인한을 사사하고 정순왕후 김씨의 오라비 김귀주金龜柱를 귀양 보내는 등 자신의 즉위를 방해한 인물들을 치죄하는 것으로 사도세자를 죽인 자들을 처벌했다.

재위 1년(1777) 7월 사사死士 전흥문田興文이 정조가 묵는 존현각尊賢閣 지붕까지 올라와 정조를 살해하려던 사건이 발생했다. 이 때문에 비상계엄이 내려진 상황에서 전흥문은 다시 궁궐에 잠입했다가 소년군사 김춘득金春得에게 체포되었다. 정조의 친국 결과 배후가 드러났는데, 사도세자를 죽음으로 모는 데 가담했다가 영조 47년(1771) 사망한 홍계희洪啓禧의 아들인 홍술해洪述海와 홍상범洪相範 부자였다.

사도세자 사건의 전말을 담은 조선 후기의 야사 《현고기玄皐記》는 영조의 계비 정순왕후 김씨와 친정아버지 김한구金漢耇, 숙의 문씨, 그리고 홍계희 등이 윤급尹汲의 종 나경언羅景彦을 시켜 사도세자를 대역大逆으로 고변하게 했다고 전하고 있다. 이는 《영조실록》의 기록으로도 확인되는데, 나경언이 사도세자를 대역으로 고변하던 영조 38년 5월 22일 《영조실록》은 "경기감사 홍계희가 때마침 입시하고 있다가 임금에게 호위하게 할 것을 권하니, 임금이 이에 성문 및 하궐下闕의 여러 문을 닫으라고 명했다"고 전하고 있다. 홍계희는 '때마침 입시'한 것이 아니라 사전에 계획한 대로 입시했다. 노론이 총출동해 사도세자를 살해한 것이었다.

임금의 경호를 담당하는 호위청의 호위군관 강용휘姜龍輝가 전흥문을 호위군사처럼 변장시킨 후 입궐시키고, 내시 안국래安國來와 궁녀들까지 동조하는 상황에서 암살을 모면한 것 자체가 천운이었다.

정조는 이 사건으로 노론 전체를 적으로 돌리는 대신 정치제도 개혁의 계기로 삼았다. 정조는 노론 일당독재 정치체제를 개편하지 않으면 나라의 미래가 없다는 생각에 다당제를 실시했다. 사도세자의 죽음을 동정하는 시파를 중용하면서 노론 벽파도 배제하지 않았다는 점에서 완소만 등용했던 영조의 형식적 탕평책과는 달랐다.

정조는 조선의 정치를 바꾸려면 새로운 정치세력을 길러야 한다는 생각에서 재위 1년(1776) 규장각을 설립했다. 규장각은 세조 때의 시설과 숙종 때의 법제를 이용한 왕실도서관 어제존각지소御製尊閣之所을 표방했지만 실제는 개혁문신 양성기관이었다. 규장각의 각신閣臣은 제학 2명, 직제학 2명, 직각直閣 1명, 대교待敎 1명의 4개 직위 6명의 정원으로 구성되었으나 이들 외에 각신을 보좌하는 잡직으로 각감

— 규장각의 모습.

閣監과 검서관檢書官이 있었다. 정원이 4명이었던 초대 검서관에 정조는 서얼인 이덕무李德懋, 박제가朴齊家, 유득공柳得恭, 서이수徐理修를 임명했는데 그 의미는 남달랐다. 정조는 사회 밑바닥에서 강하게 흐르고 있는 신분제 철폐 움직임에 호응하기 위해 서얼들을 등용한 것이었다.

정조는 친위군대를 길러서 왕실의 안녕을 꾀해야 한다는 생각에서 재위 8년(1784) 사도세자의 존호를 장헌세자로 바꾼 것을 기념하는 경과慶科를 실시해 무과에서 2,000여 명을 급제시켰다. 이듬해 이 무사들을 중심으로 장용위壯勇衛를 설치했다가 재위 12년(1788) 장용영壯勇營으로 개칭하고, 군세를 확

— 박제가의 초상.

— 유득공의 초상.

— 채제공의 초상.

장시켰다. 규장각이 개혁문신 양성기관이라면 장용영은 개혁무신 양성기관이라고 볼 수 있다.

정조는 노론 이외의 당파, 특히 남인을 육성해 노론 우위의 정치구조를 개편시켜야 한다고 판단했다. 정조 12년(1788) 남인 영수 채제공蔡濟恭을 우의정에 임명한 것은 이런 생각을 구체화한 것이었다. 숙종 20년(1694) 갑술환국으로 남인들이 정계에서 축출된 이래 100여 년 만에 처음 등장하는 남인 정승이었다. 노론에서 명령받기를 거부하는 등 격렬하게 반발했지만 정조는 뜻을 꺾지 않았다. 남인 정승의 등장은 이인좌의 봉기 이후 정계에서 소외되었던 영남 남인들이 중요한 한 축이 될 가능성을 말해주는 것이었다.

실제로 채제공의 우의정 임명 반 년 후 영남 유생 이진동李鎭東 등은 자신들이 이인좌의 봉기군에 맞서 싸웠다는 내용을 기록한《무신창의록戊申倡義錄》과 상소문을 작성해 상경했고, 노론의 방해를 뚫고 정조에게 전달하는데 성공했다. 정조는《무신창의록》의 간행을 지시했는데,《무신창의록》별록에는 노론 영수 김창집을 논박하다 영조 13년 강진으로 귀양 가서 죽은 조덕린趙德隣 등의 신원문제가 들어 있었으므로 민감한 문제일 수밖에 없었다. 영남 남인들을 정국의 한 축으로 삼기로 결심한 정조는 재위 16년(1792) 퇴계 이황을 모시는 도산서원에서 영남 유생들을 위한 별시를 베풀었다. 이날 과장에 7,000여 명의 유생이 입시했고, 3,600여 장의 시권試券이 제출되었는데 정조는 직접 시권을 전형해 강세백姜世白과 김희락金熙洛을 합격시켰다.

정조 16년(1792) 4월 노론 벽파 유성한柳星漢이 정조를 격렬하게 비난하는 상소를 올리자 영남 남인들은 유학 이우李瑀를 소두로 1만 57명이 서명한 영남만인소를 작성했다. 승정원에서 정조에게 전달하기를 거부했는데, 전 옥당玉堂 김한동金翰東에게 상소케 해 겨우 전달할 수 있었다. '영남만인소'는 사도세자의 신

— 《무신창의록》. 1728년(영조 4) 무신란 때 안동과 상주 등 영남 지역에서 일어난 의병의 명단과 활동 상황을 기록했다. 당대에 바로 간행되지 못하다가 1874년(고종 11) 간행되었다. 국립중앙박물관 소장.

원과 그 죽음의 책임자에 대한 논죄를 담고 있는 민감한 내용이었다. 정조는 이들을 직접 만나 눈물을 흘리는 것으로 동감을 표시했으나 유생들은 아무리 수가 많다 해도 노론과 싸워 이길 수 없다는 사실을 잘 알고 있었다. 영남 남인들은 1차 만인소보다 더 많은 1만 368명이 연명한 2차 만인소를 올렸고, 3차로 1만 1,055명의 연명상소를 준비했으나 정조는 이들을 위로하면서도 귀향을 종용할 수밖에 없었다.

이런 상황들은 조선이 변화하고 있음을 말해주는 것이었다. 실제로 정조는 재위 19년(1795) 봄 채제공을 좌의정, 이가환李家煥을 공조판서, 정약용丁若鏞을 우부승지로 삼는 인사로 남인들을 대거 요직에 임명했다. 정약용이 '정헌 이가환 묘지명'에서 "이에 안팎의 분위기가 흡족하여 훌륭한 인재들이 모두 진출하는 것으로 생각할 정도였다"라고 서술한 것처럼 노론 일색의 조정 역학 구도에 변화 조짐이 일었다. 노론 일당체제에서 다당제로 나아가는 것이었다.

미래를 향한 개혁

정조는 조선이 변화하기 위해서는 성리학 유일사상 체제를 바꾸지 않으면 안 된다고 생각했다. 그래서 금기였던 양명학은 물론 서학西學(천주학)까지도 사실상 허용하는 사상개방 정책을 사용했다. 조선은 선교사가 입국하기 전 스스로 천주교를 신봉하는 신자들의 조직이 존재했던 세계 최초의 나라였다. 여기에는 배경이 있었다. 조선의 자발적 천주교의 지도자가 이벽李蘗이었는데, 정약용의 맏형 정약현丁若鉉의 처남이기도 한 이벽의 고조부 이경상李慶相이 심양에서 소현세자를 모셨다. 소현세자가 아담 샬에게 받아온 천주교 서적 일부가 이들 집안에 전해져왔고, 이를 통해 천주교가 남인들에게 전파되었다. 노론은 성리학(주자학)을 유일사상으로 떠받들었지만 현실 정치에서 소외된 남인들은 성리학의 절대성을 부인했다. 천주교를 받아들인 남인들을 신서파信西派라고 하는데, 정약용의 중형 정약종丁若鍾이 정음(한글)으로 천주교의 교리를 담은 《주교요지主教要旨》 두 권을 쓴 것처럼 중인이나 평민들에게도 전파했다. 천주교라는 새로운 사상으로 신분제가 무너지고 있었다.

노론은 천주교 신자들이 남인이란 사실에 주목해서 천주교를 국법으로 금하고 국가기관이 나서 천주교도들을 색출해 처벌해야 한다고 주장했다. 정조는 재위 9년(1785) 명례방明禮坊(서울 명동)의 중인 김범우金範禹의 집에서 천주교도들이 예배를 보다 적발되는 사건이 발생하자 일부 관련자들을 유배 보내는 선에서 유연하게 대응했다. 재위 15년(1791) 전라도 진산珍山(현 논산)의 진사 윤지충尹持忠과 그의 내외종 사촌 권상연權尚然이 조상의 제사를 폐지하고 부모의 위패를 불태운 '진산 사건'은 경우가 달랐다. 정조는 두 양반 사대부의 혐의가 사실로 밝혀지자 '위정학衛正學(정학을 보위하라)'을 주창하면서 윤지충과 권상연을 사형시켰다. 이 사건을 이용해 노론에서 이가환·이승훈李承薰 등의 남인들을 제거하는 대옥사를 일으키려 하자 정조는 '문체반정文體反正'을 들고 나왔다. 정조는 "내가 일찍이 연신筵臣에게 '서양학을 금지하려면 먼저 패관잡기稗官雜記부터 금지시켜야 하고, 패관잡기를 금지하려면 먼저 명말청초의 문집들부터 금지시켜야 한다'고 말했다"면서 문체를 바로잡아야 천주교 문제가 해결될 수 있다는 논리를 펼쳤다. 정조의 문체반정은 떠들썩했지만 이상황李相璜과 김조순金祖淳이 예문관에서 숙직하면서 청나라 천화장주인天花藏主人이 쓴 《평산냉연平山冷燕》이란 소설을 읽는 것을 발견한 후 책을 불태우고 일종의 반성문인 함답緘答을 받은 정도가 처벌의 전부였다. 문체반정 때 반성문을 제출했던 이상황, 김조순, 남공철南公轍 등은 모두 노론 인사였다. 반성문 쓰기를 거부한 박지원朴趾源은 처벌을 받지 않았다. 과거 때 패관문체로 답안지를 제출하고 급제했던 이옥李鈺의 합격을 취소시키고 잠시 동안 경상도 삼가현三嘉縣(합천군)의 군사로 충군充軍시킨 것이 유일한 실형이었다. 노론 가문 출신들이 문체반정의 대상으로 계속 적발되자 노론은 더 이상 천주교 문제로 공세에 나서기 어려웠다. 정조가 문체반정이란 새로운 정국 현안을 만들어내면서 천주교 문제는 자연히 정치현안에서 사라져갔다. 이것이 정조가 문체반정을 제기한 정치적 의도였고 성공을 거두었다.

정조는 실용혁명에도 나섰다. 산업과 상업과 농업 진흥책이었다. 정조는 재위 13년(1789) 양주 배봉산에 있던 사도세자의 묘소를 수원 화산으로 옮긴 후 배후 도시로 화성 신도시를 건설했다. 재위 18년(1794) 사도세자가 환갑이 되는 해에 수원 화성 축조를 시작하기로 하고, 정약용에게 그 설계도인 성설城說을 작성하게 했다. 또한 정약용에게 궁중에 비장한 청나라 강희제 때 만든 백과사전인 《도서집성圖書集成》과 스위스 출신의 선교사이자 과학자인 요하네스 테렌츠J. Terrenz(중국명 등옥함鄧玉函)가 지은 《기기도설奇器圖說》을 내려주면서 기중기를 만들라고 지시했다. 《기기도설》은 물리학의 원리와 도르래를 이용해 무거운 것을 들어 올리는 각종 기계 장치에 관한 책이었다.

— 정약용의 초상.

무엇보다 획기적인 것은 '화성 건설과 관련해 단 한 명의 억울한 백성도 없게 하겠다'는 뜻에서 백성들의 강제 부역 대신 전면적인 임금 노동을 실시한 점이다. 정조 18년(1794) 정월부터 시작된 화성 축성은 당초 10년 계획이었지만 34개월 만인 정조 20년(1796) 10월 낙성식을 할 수 있었다. 시공년도에 가뭄 때문에 6개월간 공사를 중지했으니 불과 28개월 만에 준공한 셈이었다. 강제 부역이 아닌 임금 노동의 효과였다.

여기에서 그치지 않고 정조는 이를 농업혁명의 계기로 삼았다. 화성 주위의 자주 범람하던 진목천眞木川을 막아 저수지 만석거萬石渠를 만들고 화성 북쪽의 황무지를 개간해 대유둔大有屯이란 큰 농장을 만들었다. 만석거에는 측우기와 수문, 갑문, 수차 등을 설치해 농한기에 물을 가두었다가 농번기에 사용하게 했다. 이렇게 조성한 대유둔 농토는 장용외영의 장교 서리와 군졸, 관예 등에게 3분의 2를 나누어주고 3분의 1은 농토가 없는 수원 백성들에게 나누어주었다. 둔소에서는 농지와 모든 농사자재를 제공하는 대신 그 생산물을 5 대 5로 나누어 화성의 보수와 관리 비용으로 사용했다. 대유둔은 첫해인 정조 19년(1795) 단위면적당 최

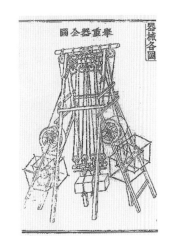
— 거중기.

고의 생산성을 올렸다. 장용영 병사들은 병농일치의 이상을 실천할 수 있었고, 수원의 가난한 백성들은 일터를 얻었다. 장용영이 최고의 군영이 될 수 있었던 것은 고역뿐이던 군역이 가족의 생계까지 책임질 수 있는 생산적인 일터로 바뀌었기 때문이다.

만석거와 대유둔의 성공에 힘입어 재위 22년(1798)에는 새로운 저수지 축만제祝萬堤를 쌓고 그 물을 사용하는 농장 축만제둔祝萬堤屯을 만들었으며, 황해도 봉산에도 장용영 둔전을 설치했다. 이렇게 정조는 화성에서 농업혁명의 전범을 보여주었고, 장용영 병사들과 백성들은 이에 환호했다.

정조는 화성을 농업뿐만 아니라 상업 선도 도시로 만들려고 했다. 그때나 지금이나 신도시의 성패는 인구 유입에 달려 있으므로 정조는 재위 14년(1790) 채제공에게 화성 인구 증가 방안을 마련하라고 명령했다. 채제공은 "길거리에 집들이 가득 들어차게 하는 방법은 전방廛房(상가)을 따로 짓는 것보다 더 나은 수가 없다"면서 상업도시 조성이 인구 증가책이라고 보고했다. 조선의 상업 발전을 가로막은 요인 중 하나는 관상인 서울 시전 상인들이 사상私商들의 상행위를 금지하는 금난전권禁亂廛權이었다. 정조는 재위 15년(1791) 초

채제공의 건의를 받아들여 금난전권을 철폐하고 사상들의 자유로운 상행위를 허용함으로써 상업을 획기적으로 발전시켰다.

정조는 화성을 상업도시로 육성하기로 하고 균역청 산하 진휼청의 자금 6만 5,000냥을 투입했다. 조선 대부분의 성읍은 북쪽 관청을 중심으로 그 아래 정丁자형 도로를 조성했지만 화성은 '십자로'를 만들고 도로 양편에 상가를 조성했다.《수원부읍지水原府邑誌》에 따르면 이때 1만

5,000냥을 수원 상인들에게 대여해 미곡전(곡식), 어물전, 목포전(옷감), 유철전(놋과 철), 관곽전(관과 곽 등 장의), 지혜전(종이·신발) 등의 시전을 개설했는데, 종로의 육의전처럼 수많은 사람이 흥성거리는 상업도시가 되었다.

정조는 삼남으로 통하는 화성에서 시작된 농업혁명과 상업혁명을 전국으로 확대할 생각이었다. 화성은 대유둔으로 조선의 농업혁명을 선도하고, 십자형 상가로 상업혁명을 선도하는 도시가 되었다.

이렇게 정조는 사도세자의 시신을 수원 화산으로 옮기고 그 배후도시로 수원 화성을 축조하면서 조선의 산업이 나아갈 방향을 제시했다. 인조반정 이후 250여 년 만에 조선은 개혁군주 정조를 만나 비로소 미래로 나갈 수 있었다.

정조의 의문사와 과거 회귀

노론은 계속 정조가 실행하려는 개혁정치의 발목을 잡았다. 정조는 재위 19년(1795) 이가환, 이승훈, 정약용 등 천주교 관계로 노론의 공격을 받던 남인들을 지방으로 좌천시키거나 유배 보낼 수밖에 없었다. 그러나 재위 21년(1797) 4월 이가환을 도총부 도총관으로 특배特配(임금이 직접 임명함)하고, 6월에는 정약용을 승정원 부승지로 등용함으로써 남인들을 다시 조정에 포진시켰다. 노론의 집요한 공세에 지쳤던 이가환과 정약용 등은 벼슬을 사양했다. 그러나 남인들을 개혁의 축으로 삼으려는 정조의 의지는 꺾이지 않았다. 재위 23년(1799) 1월 남인 영수 채제공이 만 79세의 나이로 세상을 떠나자 정조는 그해 12월 이가환을 한성부 판윤(서울시장)으로 삼았다. 정조는 이가환과 정약용 등을 후계자로 삼아 개혁을 계속 추진하려 했다.

정조는 재위 24년(1800) 5월 30일 오회연교五晦筵教(오월 그믐날 경연의 교시)라 불리는 중대 발언을 통해 정국을 긴장시켰다. 사도세자 사건을 거론하며 노론을 질책한 것이다. 오회연교에서 정조는 사도세자 사건과 세손의 대리청정 방해 사건, 그리고 자신의 즉위 방해 사건을 언급하면서 관련자들이 반성하지 않으면 특단의 조치를 취하겠다고 경고했다.

　6월 중순부터 정조에게 종기가 났는데, 노론 벽파에서 작성한《정조실록》은 치료의 진상이 모호하게 기록되어 있다. 이런 와중에 6월 24일에는 노론 영수 심환지沈煥之의 친척이기도 한 어의 심인沈鏔이 수은 성분인 경면주사鏡面朱砂와 연훈방烟熏方을 사용해 큰 논란을 불러일으켰다. 정조는 두 차례나 연훈방을 사용하는데, 수은을 불태워 연기를 쬐는 것은 현대의학에서 절대 금하는 대단히 위험한 처방이었다. 정조는 6월 28일 세상을 떠나는데《순조실록》은 정조가 사망하기 전에 정순왕후가 "전 승지 윤행임尹行恁을 승정원 도승지로 발탁했다"고 전해주고 있다. 정조가 세상을 떠나기도 전에 인사권부터 행사한 것이다. 정조의 승하는 정조의 최대 정적인 정순왕후와 노론 벽파의 전면 부활을 의미했다. 정순왕후는 만 10세의 순조를 대신해 수렴청정했고, 개혁군주 정조의 빈자리를 노론 벽파가 채우면서 조선은 다시 24년 전으로 돌아갔다.

세도정치와 대원군의 개혁 06

세도정치와 민중들의 봉기

정조 사후 열 살의 어린 순조 이공李玜이 즉위하면서 영조의 계비 정순왕후 김씨가 수렴청정했다. 정조는 각종 개혁정치로 미래를 지향했지만 그의 사망 과 동시에 과거회귀세력이 다시 정권을 장악했다. 정순왕후는 아버지 김한구 의 사주를 받아 사도세자 제거에 앞장섰으며, 그 동생 김귀주는 정조의 즉위 를 방해한 혐의로 정조 즉위 후 귀양 가서 죽었다. 정조에게 원한을 갖고 있던 정순왕후는 순조 1년(1801) 신유년 정월 10일 천주교를 역률로 다스리는 사학 邪學 엄금 교서를 내렸다. 정조 때 성장한 남인들을 겨냥한 것이었다. 천주교 도 황사영黃嗣永이 〈백서〉에서 정순왕후를 노론 벽파라면서 "그 본가는 일찍 이 선왕이 없애버린 바 되었으므로 여러 해 동안 한을 품고 있었"다고 말하고, "(조선은) 당파 싸움이 매우 성하기 때문에 천주교를 빌려서 남을 몰아치는 재 료로 삼는 까닭"이라고 말한 대로 천주교를 빌려서 노론 벽파의 정적인 남인 시파를 제거하기 위한 것이었다. 정약종, 이승훈, 황사영 등 배교를 거부한 이 들뿐만 아니라 이미 배교하고 천주교 신자들을 체포하기도 했던 이가환까지 장사杖死하고 이미 천주교를 버린 정약전과 정약용 형제를 유배에 처했던 것은 신유박해가 사교탄압을 빙자한 정적숙청이었음을 말해준다.

백성들은 한 집에서 천주교도가 나오면 네 집도 화를 입는 오가작통법으로 가혹한 탄압을 받았다. 이 신유박해 때 중국인 주문모周文謨 신부와 이승훈, 정약종, 최창현, 강완숙 같은 양반들과 정조의 이복동생 은언군(사도세자 소생)의 부인 송씨와 그 며느리 신씨 같은 왕족들을 포함해 약 300여 명이 처형당했다.

순조 4년(1804) 정순왕후가 수렴청정을 거뒀으나 이는 왕비 순원왕후 김씨의 아버지 김조순이 주도하는 세도정치로 이어졌다. 김조순은 경종 때 사형당한 노론 김창집의 후손이었지만 사도세자의 죽음을 동정하는 노론 시파였기에 정조가 세자빈으로 간택했던 터였다. 정조는 세자빈의 삼간택을 앞두고 사망했는데, 김조순은 정순왕후의 수렴청정에 협조하는 정치력을 발휘해 순조 2년(1802) 10월 딸의 왕비 책봉에 성공했다. 순조 5년(1805) 정순왕후가 세상을 떠나자 김조순은 노론 벽파에 대한 공세를 시작했다. 정순왕후의 육촌인 김관주金觀柱를 왕비의 삼간택을 방해한 죄와 정조를 배신한 죄로 귀양 보내 죽이고 왕후의 오라비 김귀주도 정조를 해치려 한 역률로 다스렸다. 또한 정조독살설을 제기해 정순왕후 때 영의정으로 정권을 잡았던 심환지를 공격했다. 순조 6년(1806) 병인년 3월 사간원 정언 박영재朴英載는 심환지를 탄핵했다.

경신년(정조 사망 해) 이후의 일을 가지고 논하면, 역적 심인을 천거해 어의로 진출시킨 것이 첫 번째 죄입니다… 장용영을 창설한 것은 선대왕의 심원하고 성스런 계책에서 나온 것인데 감히 3년이면 고쳐도 된다는 이야기를 방자하게 진달하고….

《순조실록》6년 3월 3일

정조에게 연훈방을 처방해 죽게 만들었던 역적 심인을 어의로 천거한 것이 심환지라는 비판이니 정조 독살설의 배후라는 뜻이었다. 심환지는 또한 순조 2년(1802) 장용영을 폐지시켜 조선의 군사력을

— 김조순의 초상.

결정적으로 약화시켰다. 장용영이 국왕 친위부대로서 노론에 맞서는 군사력이 될 수 있기 때문이었다. 심환지는 순조 2년(1802) 10월 이미 사망했는데, 삼사는 순조 6년 4월, "(심환지는) 선조의 망극한 은혜를 받은 사람으로 선왕(정조)께서 선향仙鄕(저승)으로 멀리 떠나가시던 날에 우리 선왕의 은혜를 저버렸다"고 탄핵했다. 심환지는 관작추탈을 당하고 그 일당은 몰락했는데, 이를 병인경화丙寅更化라고 한다.

— 심환지의 초상.

　정순왕후가 죽으면서 그 일가와 심환지의 일당 등이 몰락하고 안동김씨가 득세하는 이른바 안김安金(안동 김씨) 세도정치가 시작되었다. 천주교 정책은 유연했지만 권력은 더욱 집중화된 세도정치였다. 세도정치란 노론 일당독재에서 노론 몇 개 가문이 국정을 좌지우지하는 것으로 퇴화한 것인데, 가장 큰 특징은 국왕의 완전 무력화였다. 세도정치 아래서 민란, 즉 민중들의 봉기가 발생하는 것은 이 때문이었다.

　순조 11년(1811) 발생한 홍경래洪景來의 난은 조선 후기 사회의 여러 모순이 집약된 것이었다. 홍경래는 과거에 수차례 낙방하자 서북민에 대한 차별로 받아들였다. 역노 출신으로서 대청무역을 통해 부호가 된 가산의 이희저李禧著가 거사자금을 댔는데, 이는 신분제에 대한 저항이었다. 게다가 봉기의 주력군은 광산노동자와 빈민, 유민들이었다. 평서대원수平西大元帥 홍경래는 《정감록鄭鑑錄》의 도참에 따라 정씨 진인眞人 추대와 안김 세도정치 타도를 주창하고 삽시간에 가산, 곽산, 정주, 선천, 철산 등 청천강 이북 10여 개 지역을 점령했다. 홍경래의 봉기는 비록 실패했지만 백성들이 조선왕조 타도를 내걸고 봉기했다는 점에서 조야에 엄청난 충격을 주었다.

　안김 세도정치에 대한 비난이 높아가자 김조순은 다른 시파 가문들을 끌어들여 정권의 외연을 넓히려 하였다. 순조 19년(1819) 순조의 장남 효명세자(훗날 익종으로 추존)의 부인으로 풍양 조씨 조만영趙萬永의 딸을 간택했는데, 이후 풍양 조씨는 안동 김씨와 권력을 다투며 세도정치의 한 축이 된다. 순조 27년(1827) 효명세자는 대리청정을 하면서 안김 외에 풍양 조씨를 대거 발탁해 안김을 견제했다. 그러나 효명세자가 순조 30년(1830) 의문사하면서 그의 개혁정치도 끝나고 풍양 조씨 세력도 약화되었다. 순조가 재위 34년(1834) 만에 사망하고 그 뒤를 효명세자의 아들인 7세의 헌종이 이으면서 순조비인 순원왕후 김씨가 대왕대비로서 섭정하며 안김이 다시 권력을 장악했다. 게다가 헌종의 왕비로 김조근金祖根의 딸이 간택됨으로써 안김은 중첩된 외척관계를 기반으로 장기 집권의 기틀을 쌓았다. 안김과 권력을 다투던 풍양 조씨는 안김이 천주교에 유화적인 점을 이용해 권력장악에 나섰다.

이 무렵 천주교는 잇단 박해에도 교세가 크게 성장했다. 프랑스 외방전교회는 순조 31년(1831) 조선교구를 북경교구에서 분립시키고 브뤼기에르arthèlemy Bruguiére를 초대 조선교구 주교로 임명했다. 헌종 2년(1836)에는 모방P. P. Maubant과 샤스탕J. H. Chastan, 앵베르L. M. J. Imbert 등의 프랑스인 신부 등을 밀입국시켜 교세를 확장했다. 순원왕후의 오빠 김유근金逌根은 병에 걸리자 헌종 5년(1839) 기해년 천주교도 유진길劉進吉의 권유로 세례까지 받았는데, 안김과 권력을 다투던 풍양 조씨는 이를 권력 장악에 이용했다. 김유근이 물러나고 우의정 이지연李止淵이 정권을 잡으면서 조만영과 그의 동생 조인영趙寅永, 조용현趙溶鉉 등 풍양 조씨와 손잡고 천주교도 박해에 나섰다. 이것이 기해박해로서 프랑스 신부 앙베르와 모방, 사스탕 그리고 신유박해 때 순교한 정약종의 아들 정하상李止淵 등 70여 명의 천주교도가 처형당했다.

헌종 7년(1841) 순원왕후의 수렴청정이 끝나고 헌종의 친정이 시작되면서 풍양 조씨 세력은 더욱 강화되었다. 그러나 헌종 12년(1846) 조만영이 죽으면서 안동 김씨가 다시 세력을 얻었다. 왕실은 이미 무력화되었으며 오직 외척들이 정권의 정당성을 포장하는 도구로 전락했다. 외척들의 이전투구가 계속되면서 정상적인 국가체제는 붕괴했고, 전정·군정·환정을 일컫는 삼정의 문란이 극심했다.

헌종 10년(1844)에는 중인 출신 의원 민진용閔晉鏞의 역모사건이 발생했다. 무사이기도 했던 민진용은 은언군의 손자 회평군 이원경李元慶을 추대하려다가 실패해 사형당하고 원경도 사사당했다. 중인들이 권력 장악에 나설 만큼 성장한 것이기도 하지만 그만큼 왕실의 권위가 떨어진 것이기도 했다.

헌종이 재위 15년(1849)만에 사망하자 안동 김씨가 국왕으로 추대한 인물은 자신들이 사사시킨 이원경의 동생 원범元範이었다. 그가 강화도령이라 불렸던 철종인데, 그만큼 국왕은 명목상의 존재로 전락했다. 철종 즉위 후 순원왕후 김씨가 섭정했는데, 철종 2년(1851) 대왕대비의 근친 김문근의 딸이 왕비로 책봉되어 안김의 세도정치는 절정에 달하게 되었다.

세도정치 아래에서 국가권력은 벼슬아치들의 사익 추구 수단으로 전락했고 백성들은 각지에서 봉기했다. 철종 13년(1862) 임술년에는 충청, 전라, 경상도의 대부분 지역에서 백성들이 봉기하는 임술봉기가 발생했다. 같은 해 경상우병사 백낙신白樂莘의 불법탐학에 항거한 진주민란이 일어나자 같은 문제를 갖고 있던 여러 지역의 민중들이 일제히 일어섰다. 진주의 수만 농민들

— 군복 차림의 철종.

은 백낙신을 감금하고 권준범權準範과 김희순金希淳 같은 관리들과 향리 4명을 타살하고 부호들을 습격했다. 진압 후 농민 측도 효수 10명, 귀양 20명 등의 형을 받았으나 관리 측도 귀양 8명, 곤장 5명, 파직 4명 등의 처벌을 하지 않을 수 없을 정도로 부정부패와 민심이반은 심각했다. 철종은 같은 해 삼정이정청三政釐整廳을 설치해 삼정의 문란을 바로잡으려 했으나 세도정치 아래의 국왕에게 삼정을 바로잡을 권력이 없었다. 임술봉기 이듬해인 철종 14년(1863) 12월 철종이 사망하면서 뜻밖의 인물이 왕위에 올랐다. 대왕대비 조씨의 전교로 흥선군 이하응李昰應의 둘째아들 명복命福이 왕위에 올랐으니 그가 바로 고종이었다.

흥선대원군의 집권과 개혁정치

흥선대원군 이하응은 인조의 셋째아들 인평대군의 6대손인 남연군의 넷째아들이지만 남연군이 어릴 때 사도세자의 둘째아들 은신군의 양자로 입적됨으

— 흥선대원군.

로써 사도세자의 가계가 되었다. 헌종 9년(1843) 흥선군에 봉해진 그는 종친들이 맡는 한직을 지내면서 안김에 원한을 품고 있던 조대비(신정왕후)에게 접근했다. 그래서 철종이 후사 없이 죽었을 때 우왕좌왕하던 안김과 달리 둘째아들 이명복을 왕으로 만들 수 있었다. 명복은 12세의 미성년이었으므로 대비 조씨가 섭정해야 했지만 조씨는 흥선대원군에게 섭정의 권력을 이양했다. 임금에게 신하의 예를 취하지 않아도 되는 '비신지례非臣之禮'의 특별대우를 받은 대원군은 대대적인 개혁에 나섰다. 외척에 농락당하는 왕실을 바로 세우고 민심을 수습하는 일이었다.

조선은 대내는 물론 대외적으로도 큰 위기에 직면해 있었다. 조선의 상국이었던 청은 1841년(철종 7) 아편전쟁에 패배해 막대한 배상금과 함께 홍콩 할양, 광동과 상해 등 5개 항을 개방하는 남경조약을 체결해야 했다. 철종 11년(1860)에는 영불연합군이 천진을 함락시키고 북경까지 진격하자 북경조약을 체결하고 일부 영토를 다시 내주어야 했다. 이 조약에서 청나라는 원래 조선 영토였던 우수리강 동쪽을 러시아에 불법적으로 할양해주었다.

일본 역시 미국 동인도함대 제독 페리M. C. Perry의 무력시위 끝에 1856년(헌종 7년) 도쿄 부근의 가나가와 등 5개 항을 개항하고 치외법권을 인정하는 등의 불평등 조약인 미일통상조약을 체결했다. 이는 오래지 않아 조선에도 닥칠 상황이었다.

이런 상황에서 정권을 잡은 대원군은 "서대문을 낮추고 남대문을 높이겠다"는 말로 서인(노론)을 약화시키고 남인을 중용하겠다고 선언했다. 그는 노론 일당전제와 세도정치 아래서 소외되어 왔던 남인·북인·소론계 인물들을 등용했으며 또 지역차별에 시달리던 서북인과 구舊고려왕조의 후손들에게도 관직의 길을 열어주었다. 이는 노론 이외 사대부와 백성들의 적극적 지지를 받았다.

대원군은 '전정·군정·환정'의 '삼정'을 바로잡아 민심을 수습하려 했다. 전정의 폐단은 지방관과 양반토호들이 토지대장에 누락시켜 착복하던 땅을 찾아내 과세하는 것으로 해결했다. 군정의 폐단은 영조 때의 균역법으로 일부 개선되었으나 양반 사대부들이 군포징수 대상에서 면제되어 있는 것이 가장 큰 문제였다. 대원군은 고종 8년(1871) 호포법戶布法을 실시해 사대부들에게 도 군포를 거두었다. 이로써 일반 양인들만 지고 있던 군역의 의무를 양반 사 대부들도 지게 되었고, 양반 사대부와 일반 양인 사이의 군역차별이 해소되었 다. 환곡은 춘궁기에 백성들에게 곡식을 빌려주고 추수기에 되돌려받는 빈민 구제책이었지만 고리대로 악용되면서 지방관과 아전들의 수탈대상으로 전락 했다. 대원군은 고종 3년(1866) 환곡제를 '사창제社倉制'로 바꾸었다. 사창제란 인구가 많은 면에 '사창'을 설치하고 부유한 자를 사수社首로 삼아 면민들이 자치적으로 운영하게 한 제도였다. 주민자치제로 지방관이나 아전의 농간이 개재할 가능성을 제도적으로 봉쇄했다. 이는 갑오경장 이후 근대적 금융조합 을 출현시키는 밑바탕이 될 정도로 많은 성과를 거두었다.

양반들은 호포제에 불만을 가졌지만 대원군은 여기에서 그치지 않고 서원 의 폐단에 손을 댔다. 서원은 선현을 제사지내고 학문을 강의하는 교육 및 인 격수양의 장이었지만 점차 당쟁과 백성수탈의 온상으로 변질되었다. 당쟁의 지방 근거지로서 조정에 저항하고 지방관을 무력화시키고 일반 백성들을 수 탈했다. 그중 가장 심한 곳이 송시열을 제향하던 충청도의 화양동 서원이었 다. 화양동 서원은 송시열이 세운 만동묘萬東廟를 관할했는데, 만동묘는 임란 때 군사를 보내준 명나라 신종을 제사지내는 사당이었다. 송시열이 일개 사대 부의 신분으로 명 황제의 사당을 세운 것은 자신이 조선 임금의 아래가 아님 을 과시한 것이었다.

화양동 서원 같은 곳은 그 권위가 더구나 강대하여 그곳에서 보내는 편지를 화 양동 묵패지墨牌旨라 하였다. 백성들은 앞서부터 탐학한 아전들로부터 시달렸는 데 여기에 또 서원 유생으로부터 침탈을 당하게 되니 모두 살아갈 수가 없었다.

박재형,《근세조선정감》, 1886

대원군은 고종 8년(1871) 전국 47개소의 서원을 제외하고 화양동 서원을 비롯한 나머지 서원을 철폐했다. 이에 충격을 받은 전국 각지의 유생들이 상경하여 철폐중지를 탄원했으나, 대원군은 "백성들에게 해를 끼치는 자라면 비록 공자가 살아오더라도 용서하지 않겠으며 주자가 살아오더라도 용서하지 않겠다"는 결연한 의지로 물러서지 않았다.

대원군은 비변사에도 손을 댔다. 중종 5년(1510) 삼포왜란 때 처음 설치된 비변사는 임시기구였으나 명종 10년(1555)의 을묘왜란 때 정식관청으로 변모해 양란을 거치면서 국왕을 능가하는 거대기관이 되었다. 대원군은 고종 1년 (1864) 비변사에서 정치의 기능은 의정부로 돌리고, 삼군부를 부활시켜 군무를 처리하게 함으로써 政政·군軍을 분리시키고 비변사는 폐지시켰다.

대원군의 과감한 개혁조치로 조선은 오랜만에 정상적인 국가로 탈바꿈해 갔다. 그러나 대원군은 외형적인 왕권강화를 위해 경복궁 중건에 나서면서 무리수를 두었다. 고종 2년(1865) 임진왜란 때 불탄 경복궁을 중건하기 위해 왕실과 중앙대신부터 지방관리에 이르기까지 원납전願納錢(원해서 납부하는 돈)을 납부하게 했다. 원납전 액수에 따라 벼슬을 주면서 착수 10개월 만에 468만여 냥을 거두었다. 그러나 고종 3년(1866) 대화재로 경복궁이 불타면서 다시 자금을 걷자 '원납전怨納錢(원망하며 납부하는 돈)'이라고 불리며 불만을 샀다. 대원군은 부족한 재원마련을 위해 문세門稅와 결두전結頭錢을 걷고 당백전當百錢을 발행했다. 당백전은 상평통보의 100배 가치를 표방했지만 실제 가치는 5~6배에 지나지 않는 악화惡貨였다. 대원군은 양반의 묘지림까지 벌목하고, 백성들을 '서민자래庶民自來'라는 명목으로 재건공사에 징발해 양반과 일반 백성들 모두의 원성을 샀다. 호포제와 서원철폐로 양반 사대부들의 지지를 상실한 데 이어 경제정책의 실패로 일반 양민들의 지지까지 상실했다. 신분제 철폐나 생산력 발전 등을 통한 국력강화가 아니라 외형에 의한 왕권강화라는 현상에 집착한 결과 양반과 상민 모두의 지지를 상실해 사면초가에 빠지게 되었다.

여기에 외세문제까지 닥쳐왔다. 정조는 주자학 이외의 다른 사상도 받아들이는 사상개방 정책을 썼지만 대원군은 주자학 이론에 따라 성리학을 정학正學, 다른 모든 사상은 사학邪學으로 보았다. 서구 열강은 나라의 문을 닫고(쇄국鎖國), 몰아내야 할 서양 오랑캐(양이攘夷)로 규정하고 적대했다. 그러나 조선이 문을 닫는다고 받아들여지는 세상이 아니었다. 서양은 물론 러시아까지 아이훈조약과 북경조약으로 조선 강역인 연해주까지 차지한 상황이었다. 숙종 때의 백두산정계비에 의해 송화강 지류인 오도백하(토문강) 동쪽은 조선의 강역이었으므로 연해주도 조선 강역이었는데 청나라가 불법적으로 러시아에 할양한 것이었다.

— 아이훈조약 기념비.

　러시아는 자주 두만강을 건너와 통상을 요구해 조선 조정을 긴장시켰다. 이런 상황에서 다블뤼M. N. A. Daveluy 주교가 한·불·영 3국동맹을 체결하면 러시아의 남하를 저지할 수 있다고 제안하자 대원군은 천주교를 이용할 생각도 했었다. 그러나 이 계획이 수포로 돌아가자 고종 3년(1866) 병인년 천주교에 대한 대박해의 문을 열었다. 대원군은 국내에 있던 프랑스 신부 베르뇌Berneux 등 9명의 신부를 사형시키고 홍봉주, 남종삼 등 무려 8,000여 명을 학살하는 병인박해를 단행했다.

— 베르뇌 신부의 초상.

　이때 나라 안을 크게 수색하니 포승에 결박된 죄인이 길에서 서로 바라보일 정도였다. 포청옥이 가득차서 이루 재결할 수 없었다… 죽일 때마다 "배교하겠는가?"라고 신문하면 비록 어린아이들이라도 그들 부모를 따라 천당에 오르기를 원했다. 대원군이 듣고서 다 죽이도록 명하고 어린아이들만 살려주었다. 시체를 수구문 밖에다 버려서 산같이 쌓이니 백성들이 벌벌 떨며 위명威命을 더욱 두려워했다.

박재형,《근세조선정감》

　이때 체포를 모면했던 리델F. C. Ridel 신부는 조선을 탈출해 천진으로 가서 프랑스 동양함대 사령관 로즈P. G. Roze 제독에게 구원을 요청했고, 그해 8월

로즈 제독은 7척의 함대를 이끌고 강화읍을 점령하고 서울로 진격하다가 그해 10월 양헌수梁憲洙가 이끄는 조선군에게 정족산성에서 패해 물러났다. 이것이 병인양요다.

— 병인양요 당시 강화도를 침공하는 프랑스 군대를 그린 삽화.

2년 후인 고종 5년(1868)에는 충청도 덕산에 있는 대원군의 부친 남연군의 묘가 독일 상인 오페르트E. J. Oppert에 의해 도굴되는 사건이 일어나 풍수지리에 관심이 많았던 대원군을 격분시켰고, 대원군뿐 아니라 전국적으로 '양이'에 대한 경계심이 극도로 고조되었다.

고종 8년(1871) 신미년 4월에는 대동강에서 미국 상선 제너럴셔먼호가 평양 관민들에게 소각된 것을 구실로 주청 미국공사 로우F. F. Low와 미국의 아시아함대사령관 로저스John Rodgers가 이끄는 미국 군함 5척이 강화도를 공격했다. 중군中軍 어재연魚在淵이 이끄는 강화수비대 600여 명이 맞서 싸웠는데, 미군은 불과 3명이 전사했지만 조선군은 350여 명이 전사했다. 그러나 미국이 전투를 중지하고 돌아가면서 외형상 조선의 승리로 끝났는데, 이것이 신미양요다.

— 신미양요 당시 숨진 강화도 광성보의 조선군.

대원군은 그해 8월 전국 각지에 "서양 오랑캐가 침범하는데 싸우지 않으면 곧 화친하는 것이요, 화친을 주장하는 것은 나라를 팔아먹는 것이다. 우리 자손 만년에 경계하노라. 병인년에 짓고 신미년에 세우노라[洋夷侵犯 非戰則和 主和賣國 戒我萬年子孫 丙寅作 辛未立]"는 내용의 '척화비'를 세워 쇄국양이가 조선의 확고한 외교정책임을 만방에 선포했다.

병인·신미양요는 프랑스와 미국이 목적 달성에 실패하고 퇴각했지만 내용은 조선의 승리라고 볼 수 없었다. 이때 대원군이 서구열강과 평등조약을 맺고 문호를 개방했다면 조선의 운명은 달라질 수 있었다. 그러나 대원군은 쇄국을 더욱 강화해 조선을 더욱 고립시켰다.

— 경북 경주에 세워진 척화비. 국립중앙박물관 제공.

　호포제와 서원철폐로 양반 사대부들의 지지를 잃고, 경복궁 중건을 비롯한 각종 경제정책의 실패로 상민들의 지지를 잃었다. 개방을 요구하는 개화론자들까지 등장해 대원군은 더욱 고립되었다. 드디어 대원군 집권 10년 만인 고종 10년(1873) 최익현崔益鉉이 대원군의 실정을 극력 비판하는 상소를 올렸는데, 대원군의 예상과 달리 고종이 이 상소에 동조하고 나섬으로써 대원군은 몰락했다. 성리학을 신봉했던 쇄국론자 대원군이 또 다른 쇄국론자 최익현의 상소로 무너진 것은 그의 개혁의 목표와 쇄국정책의 한계와 모순을 잘 보여준다. 그는 호포제, 서원 철폐 등 신분제 완화의 여세를 개국으로 연결해 보다 평등하고 개방적인 사회를 지향해야 했지만 성리학과 왕권강화라는 시대역행적 과제에 매달렸다. 대원군은 뚜렷한 개혁의지를 지녔지만 그 개혁의 방향성을 잘못 설정함으로서 실패하고 말았다. 개혁의 방향성 설정과 그 실천이 얼마나 중요한지를 보여주는 사례이다.

황사영 백서

— 황사영의 초상.

천주교도 황사영이 1801년(순조 1)의 신유박해의 실상과 그 대응책을 흰 비단(백서帛書)에 써서 북경의 구베아A. Gouvea 주교에게 보내려던 편지이다. 정약용의 이복형 정약현의 사위였던 황사영은 정약종의 권유로 천주교에 입교해 알렉산드르라는 세례명을 받았다. 그는 충청도 제천의 배론으로 피신해 박해사실을 기록한 후 황심黃沁에게 전달해 10월에 중국으로 떠나는 동지사 일행인 옥천희玉千禧로 하여금 북경의 주교에게 전달하려고 계획했다. 그러나 9월 옥천희가 체포되고, 이어 황심까지 체포되면서 백서는 압수되었으며, 황사영도 체포되었다.

백서는 모두 1만 3,311자인데 크게 세 가지 내용이다. 첫째, 정조 9년(1785) 이후의 조선 천주교 상황과 주문모周文謨 신부를 비롯해 신유박해 때 희생된 신도들에 대해 기록했다. 둘째, 조선 교회의 재건을 위한 서양의 재정지원을 요청했다. 셋째, 선교의 자유를 얻는 방법으로 청나라 황제를 움직이는 방법, 조선을 청나라의 한 성쑵으로 편입시키는 방법, 서양의 무력 사용으로 천주교를 공인시키는 방법 등을 제시했다. 세 번째 부분이 노론 정권에 의해 악용되었는데, 조정은 서양의 군대파견을 요청한 내용만 적은 축소본과 토사주문討邪奏文을 동지사를 통해 청나라 정부에 전달했다. 백서의 원본은 압수 이후 의금부에 보관되어오다가 1894년 갑오경장 이후 옛 문서를 파기할 때 당시의 교구장이던 뮈텔 G. C. M. Mutel 주교가 입수해 1925년 로마교황에게 전달되었으며 현재 로마교황청 민속박물관에 보관되어 있다.

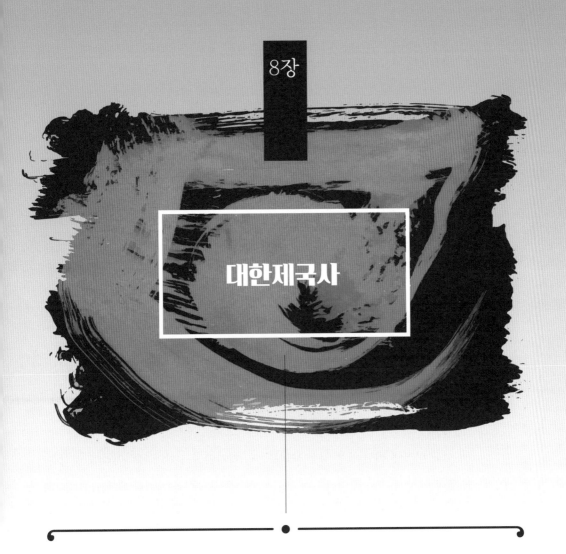

8장

대한제국사

개국은 이미 선택사항이 아니었다. 이런 점에서 고종이 개국을 선택한 것은 올발랐다. 그러나 불평등조약까지 받아들여야 하는 것은 아니었다. 전략적 사고 없이 대원군의 정책을 무조건 반대하는 개국의 후과는 컸다. 조선이 대내외 위기에 몰리면서 사대부 내부의 자기반성 철학으로 실학이 등장했고, 개화파가 등장했다. 고종이 대내외적인 위기를 극복하려면 이들을 대거 중용해 개화정책을 대세로 만들어야 했다. 고종과 개화세력의 최대 접점은 입헌군주제였다. 이 길만이 고종도 살고 개화세력도 살고 나라도 살 수 있는 길이었다. 고종은 시대착오적인 전제권 강화에 매달렸다. 개화를 표방하면서 급진개화파를 제거하고, 온건개화파도 제거했다. 외국군을 끌어들여 동학농민들도 제거했다. 이런 상황에서 황제에 등극했지만 이름과 실질은 크게 달랐다. 결국 대한제국은 망국의 길로 접어들었다. 그런 폐허의 제국에서 민국의 꽃이 피어오르고 있었다.

01 실학과 개화사상의 등장

개화사상의 뿌리, 실학

정치는 세도정치로 퇴화했지만 사회에서는 농업생산력이 발달하고, 이에 따라 상업과 수공업이 함께 발전하면서 경제적으로 성장한 상민들이 나타났다. 정치가 사회발전의 발목을 잡는 사회의 고질적 병폐가 드러난 것이다. 이런 사회 현실에 대한 일부 양반 사대부들의 자기반성 철학이 실학이었다. 실학은 유학의 범주에서 벗어나지는 못했지만 개혁유학이라는 차이점이 있었다. 성리학이 관념론의 요소가 강한 데 비해 실학은 학문의 목적과 연구 분야 및 방법론에 있어서 현실론 성격이 강했다. 유학은 경학經學과 경세학經世學으로 나눌 수도 있는데 경학이란 사서삼경 같은 경전 자체를 연구하는 학문이고, 경세학은 경전에서 세상을 다스릴 수 있는 경세의 원리를 도출하는 학문을 뜻한다.

이익李瀷·유형원柳馨遠·정약용 등으로 대표되는 실학의 경세치용經世致用 학파는 중농학파라고도 불리는데 농촌문제를 깊게 천착하고 그 해결책을 제시했다. 유수원柳壽垣·홍대용洪大容·박지원·이덕무·박제가 등으로 대표되는 이용후생利用厚生학파는 중상학파, 또는 청나라를 배우자고 주장했다고 해서

북학파北學派라고도 불리는데, 상공업과 기술혁신, 해외통상 증진 등을 통해 국민경제를 향상시킬 것을 주장했다.

경세치용학파는 정권에서 소외된 남인들이 중심이었다. 농촌에 살면서 농민들의 실상을 직접 목도했거나 농민들과 처지가 비슷했으므로 토지문제 해결에 큰 관심을 가졌다. 이용후생학파 역시 현실에서 소외된 소론이나 신분 차별에 시달리던 서자들이 중심이었다. 이들은 노론의 대명존주론大明尊周論을 벗어나 청나라의 발전된 문물을 배워야 한다고 주장했다.

노론 일당독재가 지속되면서 정권에서 소외된 남인들은 이익이 "우리의 가난이 날로 심하여 송곳을 꽂을 땅도 없는 지경에 이르렀다"《성호문집》권 20)고 말한 것처럼 상민들과 별다른 차이가 없었다. 그래서 경세치용학파는 토지문제 해결을 가장 중시했고, 노비문제 해결도 주장했다. 반계磻溪 유형원(1622~1673)은《반계수록磻溪隨錄》에서 일체의 토지를 공전으로 삼아 사적인 토지지배를 타파해야 한다는 토지국유화론을 주장하고, 노비제도도 철폐해야 한다고 주장했다.

> 소위 혁파한다는 것도 갑자기 현재의 노비를 모두 혁파한다는 것이 아니고, 단지 현재의 노비에게 그치게 하여 노비세습법을 혁파함을 의미한다… 노비의 세습법을 혁파하고 그 대신 고용제도를 채택함이 어찌 지극히 공평하고 지극히 당연한 길이 아니겠는가?
>
> 《반계수록》〈속편 하〉 '노예'

토지는 공전으로 삼아 균등하게 경작해야 하고, 노비제도도 철폐해야 한다. 다만 현재 노비를 소유하고 있는 양반 사대부들의 반발을 우려해 그 소유는 당대에 한하고 세습법을 혁파하자는 주장이었다. 대신 임금노동제인 고용제도를 채택하자는 것이었다. 유형원의 학풍을 이은 성호 이익(1681~1763)은 고대 중국 주나라의 정전제를 이상으로 생각했으나 실현 불가능하다고 판단하여 토지 소유의 제한을 두는 한전제限田制를 주장했다. 한 가구의 생활 유지

— 이익의 초상.

에 필요한 일정 정도의 토지는 매매할 수 없는 영업전으로 만들고 나머지 토지의 매매만 허락해야 한다는 주장이었다. 이익은 사회 발전을 위해서 여섯 가지 좀을 없애야 한다고 주장했는데, 첫째 노비제도, 둘째 과거제도, 셋째 문벌제도, 넷째 수공업, 다섯째 승려, 여섯째 놀고먹는 것이었다. 그는 노비들도 능력이 있는 자는 과거응시를 허용하고 속량贖良 시켜 등용해야 한다고 주장했다. 이익은 관직은 적은데 너무 과거를 자주 보아 많은 사람을 급제시켰기 때문에 당쟁이 시작되었다면서 과거제를 비판했다.

그러면 당파는 왜 생겼는가? 그것은 과거를 너무 자주 보아 많은 사람을 급제시켰기 때문이고, 관도에 오른 다음에는 정실로 인사가 처리되었기 때문이다… 벼슬할 사람은 무한히 많은데 벼슬자리는 적고 보니 여기에 당파가 갈리는 최대의 계기가 있는 것이다… 중국에서도 당쟁은 있었다. 그러나 우리나라와 같이 300여 년에 걸쳐서 갈수록 격화된 나라는 없다. 선조 때부터 당파가 둘로 갈리더니 둘이 넷이 되고 넷이 다시 여덟이 되어 서로 역적으로 모함하는 혈투를 벌인 끝에 원한은 누적되고 세습되어 한 조정에서 벼슬하고 한 동리에서 살아도 서로 왕래도 통혼도 안하게 되었다. 마침내는 복식에 있어서도 당파에 따라 서로 모양이 달라져서 길에서 만나도 곧 알아볼 수 있게까지 되었다… 일단 당파가 갈리면 당인의 눈에는 자파의 이해가 있을 뿐, 국민복리에 눈 돌릴 여유는 없는 것이다. 그러므로 당쟁을 없애려면 과거의 횟수를 줄이고, 벼슬길을 엄격히 제한하며, 성적을 보아 무능한 자는 도태시킬 것이며, 적재를 적소에 배치하여 구임시키고 공정한 인사로 각자가 자기의 본분에 충실하도록 하게 하여야 한다.

이익,《곽우록藿憂錄》'붕당론'

이익은 청남이었던 아버지 이하진李夏鎭이 숙종 6년의 경신환국(1680) 이후 평안도로 귀양 갔다 사망하고, 그에게 학문을 가르쳐주었던 둘째 형 이잠李潛이 집권 노론이 세자(경종)을 제거하려 한다고 상소했다가 장살당하는 불행을 겪은 후 과거를 포기하고 스스로 농사를 지으며 폭넓은 독서를 했다. 그는 서양 과학기술의 우수성은 인정했지만 천주교의 천당지옥설과 천주강생설에 대해서는 비판적 자세를 가졌다.

유형원과 이익의 개혁사상은 정약용으로 이어졌다. 정약용은 개혁군주 정조의 신임을 받았으나 정조 사후 노론 벽파가 천주교를 이용해 남인들을 제거하면서 중형인 정약종은 사형당하고 정약전과 자신은 유배에 처해지는데 이 기간 동안《경세유표經世遺表》,《흠흠신서欽欽新書》,《목민심서牧民心書》등을 저술해 사회개혁론을 쏟아냈다.

> 백성을 위해서 목牧(관리)이 존재하는가, 백성이 목을 위해서 태어나는가… 목이 백성을 위해서 존재하는 것이다. 옛적에는 백성만이 있었을 뿐이니, 어찌 목이 존재했을 것인가. 몇 사람들이 현명한 노인을 추대하여 이정里正으로 삼았고… 사방의 방백方伯들이 한 사람을 추대하여 최고의 장으로 삼아 황왕皇王(황제)이라 불렀으니 황제의 근본은 이정에서 나온 것이니 따라서 목은 백성을 위해서 존재하는 것이다.
>
> 정약용,《여유당전서與猶堂全書》'원목原牧'

임금의 권력은 하늘이 아니라 백성들이 부여해준 것이라는 민본·민주사상이다. 정약용은 당시의 심각한 토지문제를 해결하기 위해서 여전제閭田制를 주장했다. 여전제란 정약용이 곡산부사 시절 구상한 것인데, 자연촌락 30가를 1여閭로 삼고 민주적으로 선출된 여장閭長의 지휘 아래 토지를 공동으로 소유하고 공동으로 경작해서 노동한 날짜에 따라서 차등 있게 분배하는 공동체사회였다.

실학파들의 이런 주장은 붕괴로 치닫는 조선 사회를 구하기 위한 방책이었지만 지배층의 대폭적 양보를 전제로 한 것이기 때문에 실현하기는 어려웠다.

숙종 4년(1678) 전 참봉 배상유裵尙瑜가《반계수록》의 전제 등을 시행하기를 청했는데, 조정에서 그 말이 우활迂闊(현실과 거리가 멈)하다는 이유로 내버려두었다는 사례가 이를 말해준다. 양반 사대부들은 자신들이 독점한 토지를 나눌 생각이 전혀 없었다. 나라가 망하는 한이 있어도 내 가문과 나의 이익을 우선했다.

이용후생학파는 상공업 분야에 깊은 관심을 가졌다. 소론 계열의 유수원(1694~1755)은 경종 때 과거에 급제한 이후 사헌부 장령 등의 요직을 거쳤으나 소론 강경파였기에 영조 중반 이후 관직에서 멀어졌다가 영조 31년(1755)의 나주벽서 사건에 연루되어 사형당했다. 유수원은《우서迂書》에서 "허다한 고질적인 폐단이 모두 양반을 우대하는 헛된 명분에서 나오고 있다"《우서》〈총론總論〉'사민四民')면서 양반제도의 폐지를 주장했다. 그는 상업적 농업의 장려, 상공업의 진흥, 농기구의 개량 등으로 국부를 이룩해야 한다고 주장했다. 그러나 유수원의 이런 개혁사상은 현실에서 실현되기는커녕, 영조 때 나주벽서 사건의 연루자로 몰려 사형당하고 가족들도 모두 노비로 전락했다.

박지원은《열하일기熱河日記》등에서 청나라를 현실적으로 바라보자고 주장했고, 이덕무와 박제가는 더욱 적극적으로 청나라를 배우자고 주장했다. 정조 2년(1778) 사신 일행을 따라서 청나라를 방문하기도 했던 박제가는《북학의北學議》등에서 적극적인 중상론을 개진했다. 그는 전 인구의 반이나 되는 비생산적인 양반들을 상업에 종사시켜야 한다고 주장하고, 청나라에 와 있는 외국인들과 통상해야 한다고 주장했다. 이들은 서울의 권세가와 결탁되어 있는 육의전 등의 특권상인과 대상인들의 도고都賈(매점매석) 행위를 비판하고 소상인, 소생산자들을 육성할 것을 주장했다.

경세치용학파와 이용후생학파의 이런 주장들은 조선의 총체적 위기를 극복하기 위한 지식인들의 자기반성에서 나온 개혁사상이었지만 노론 일당독재 체제는 이런 개혁정책들을 받아들일 자세가 되어 있지 않았다. 개혁은 곧 자신들의 기득

— 박지원의 초상.

권 양보를 전제로 하는 것이었기 때문이다. 그러나 실학파들의 이런 개혁 주장들은 개화사상 형성의 바탕이 되었다.

개화사상의 형성

서구열강이 밀려들면서 조선 지배층은 둘로 갈렸다. 하나는 이를 배척하고 성리학적 사회를 고수하자는 위정척사론이고, 다른 하나는 이를 적극적으로 수용하자는 개화론이었다. 개화사상은 그 논리나 인적 계보에서 실학과 밀접한 관련을 맺고 있다. 개화파의 신분제 타파 등의 민권사상과 통상개국론은 실학파의 주장과 같은 것이었고, 개화파의 중요인물인 박규수朴珪壽는 연암 박지원의 손자였다.

개화파의 3비조鼻祖는 박규수·오경석吳慶錫·유홍기劉鴻基(유대치)인데 박규수만 양반 출신이고 나머지는 중인 출신이었다. 이중 가장 먼저 개화사상을 받아들인 인물은 중인 역관 오경석이었다. 23세 때인 철종 4년(1853) 10월 사행使行의 통역으로 처음 북경에 간 오경석은 11개월 동안 북경에 체류하면서 서양열강의 침략으로 붕괴되어가는 중국의 실상을 목도하고, 같은 위기가 곧 조선에도 밀어닥칠 것이라고 예견하였다. 김옥균金玉均은 "오경석은… 세계 각국의 역사와 각국 흥망사를 연구하고 우리나라 정치가 부패하고 세계 대세에 뒤떨어져 있음을 깨닫고 어느 때나 앞으로 반드시 비극이 일어날 것이라는 것을 생각하여 크게 개탄하는 바 있었다"《김옥균전 상》)라고 회고했다. 오경석은 특히 철종 11년(1860) 8월 영불연합군이 북경을 점령하고 원명원圓明園을 불태운 사건 직후 역관으로 북경에 갔다가 큰 충격을 받고 개화에 대한 확신을 굳혔다. 오경석은 귀국 후 친구인 의관 유홍기에게 자신의 견문과 청나라 지식인들이 쓴《해국도지海國圖志》와《영환지략瀛環志略》같은 '신서'들을 전하면서 개화를 역설했다. 유홍기도 부패한 봉건체제를 그대로 유지하다가는 서구열강에 멸망할 것이라고 확신하고 일대 혁신을 단행해 조선을 세계추세에 맞게 변화시켜야 한다고 생각했다.

— 박규수의 초상.

박규수도 철종 12년(1861) 부사로 청나라에 갔다가 서구 열강에 무기력한 청나라의 모습을 보고 큰 충격을 받았다. 박규수는 평안도관찰사였던 고종 3년(1866) 8월 대동강에서 미국의 제너럴셔먼호를 화공으로 불태워 대원군의 신임을 받았고, 고종 6년(1869) 한성판윤으로 서울로 돌아와 형조판서까지 겸직하게 되었다. 오경석과 유홍기가 박규수에게 양반가 자제들을 교육시켜 개화세력을 형성하는 것이 필요하다고 설득하자 박규수는 선뜻 받아들였다. 박규수의 사랑방에 양반가 자제들을 교육시키는 일종의 개화파 정치학교가 문을 열었다.

갑신정변과 갑오개혁 02

갑신정변

1870년대 초부터 박규수의 사랑방에 개화파 정치학교가 문을 열었다. 박규수는 양반가 자제들을 모았을 뿐만 아니라 조부 박지원의 《연암집燕巖集》을 비롯한 실학사상을 강의해 실학과 개화사상을 연결시켜주는 교량 역할도 하였다. 김옥균·박영효·박영교·홍영식·유길준·서광범 등이 일차로 개화파 정치학교에서 개화사상을 교육받았고, 박규수의 이웃에 살던 김홍집·어윤중 등도 사랑방에 출입하며 개화사상을 접했다. 박규수는 또한 사신과 역관들의 중국 견문과 이들이 중국에서 구입해온 '신서'들을 가르쳤는데, 개화사상에 동조한 김옥균 등의 양반 자제들이 직접 오경석·유홍기 같은 중인들의 강의를 듣기도 했다. 개화사상을 매개로 신분제를 뛰어넘은 것이었다.

박규수는 고종 12년(1875) 일본과 맺은 조일수호조규(강화도조약)에도 일정한 역할을 수행했다. 그해 일본의 운양호雲揚號가 강화도에 나타나 초지진에서 포격전을 벌였고, 이듬해 1월 일본은 이를 구실로 군함 7척을 이끌고 침략해 회담을 요구했다. 조정 내에는 척왜파斥倭派가 다수였으나 우의정 박규수는 개항을 주장했고, 그해 2월 일본의 치외법권을 포함하는 불평등조약인 조일수호조약을 맺었다.

고종 14년(1877) 박규수는 세상을 떠났지만 개화사상은 계속 발전해나갔다. 유홍기는 김옥균에게 봉원사奉元寺의 개화승 이동인李東仁을 소개했다. 김옥균은 문과에 장원급제한 후 홍문관 교리, 사간원 정언, 승정원 우부승지 등의 청요직淸要職을 역임한 핵심관료였으나 중인 출신 유홍기의 소개로 중인 출신 이동인과 동지가 되었다. 개화사상의 신봉자가 된 김옥균은 "우리나라의 독립을 지키고 구습을 변혁코자 하는 것"《갑신일록甲申日錄》을 목표로 삼아 정치적으로는 자주독립에 기초한 입헌군주제를 수립하고, 경제적으로는 자본주의 경제체제를 추진하려 했다.

대원군 실각 후 문호개방은 대세가 되어 고종 19년(1882) 임오년 4월에는 서구열강 가운데 최초로 미국과 한미수호통상조약을 맺었다. 미국과 싸운 신미양요(1871) 11년 후였다. 같은 해 영국과는 한영수호조약을, 청국과는 한중상민 수륙무역장정을 맺었다. 조선의 문호가 열리면서 개화라는 말이 유행할 정도가 되었다.

— 김옥균.

개화파들은 서구와 일본 사회의 발전을 가능케 한 요인을 찾는 데 많은 관심을 기울였으며, 조선도 이런 방식을 선택해야 한다고 확신했다. 개화파는 1880년대에 들어서 조정의 중요한 정치세력으로 등장할 정도로 그 세력이 급신장하면서 청나라에 대한 자세와 개화정책 추진의 강도를 둘러싸고 온건개화파와 급진개화파로 나뉘게 되었다.

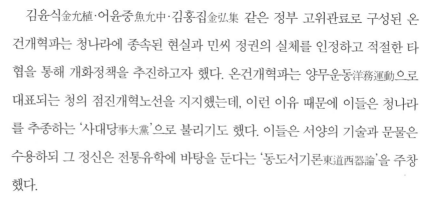

김윤식金允植·어윤중魚允中·김홍집金弘集 같은 정부 고위관료로 구성된 온건개혁파는 청나라에 종속된 현실과 민씨 정권의 실체를 인정하고 적절한 타협을 통해 개화정책을 추진하고자 했다. 온건개혁파는 양무운동洋務運動으로 대표되는 청의 점진개혁노선을 지지했는데, 이런 이유 때문에 이들은 청나라를 추종하는 '사대당事大黨'으로 불리기도 했다. 이들은 서양의 기술과 문물은 수용하되 그 정신은 전통유학에 바탕을 둔다는 '동도서기론東道西器論'을 주창했다.

— 김윤식.

반면 김옥균·박영효朴泳孝·서광범徐光範·홍영식洪英植 등 소장관료로 구성

— 박영효.

된 급진개화파는 일본식의 급진개혁을 추진하면서 청나라에는 독립적인 자세를 가져야 한다고 주장했다. 일본의 메이지유신明治維新을 조선의 바람직한 개화 전범으로 삼은 급진개화파는 서양의 기술과 문물뿐만 아니라 그 사상과 제도까지 수용하자는 '변법자강론變法自疆論'을 주창했다. 1882년의 임오군란 때 군사 개입한 청국이 '조선은 중국의 속방屬邦이다'라는 큰 깃발을 광화문에 걸어놓은 것에 분개한 급진개화파는 청국으로부터 독립이 무엇보다 시급함을 느꼈다.

임오군란 때 청의 군사개입으로 대원군이 압송되면서 정권을 겨우 되찾은 민씨 정권은 내적으로 가문과 개인의 이득을 극대화하면서 외적으로 정권을 되찾게 해준 청나라에 사대주의 자세를 취하자 급진개화파는 일본을 연합대상으로 삼았다. 국가재정 위기가 발생했을 때 민씨 정권의 재정고문 밀렌도르프P. G. Möllendorff는 화폐 발행으로 해결할 것을 주장했고, 김옥균 등 개화당은 일본의 차관도입으로 해결할 것을 주장했는데, 김옥균의 차관 교섭 노력이 무위로 돌아가면서 급진개화파의 정치적 입지가 좁아졌다.

급진개화파는 무력을 사용해 이런 정치적 난관은 일거에 뒤엎으려 했는데, 이것이 바로 갑신정변이다. 1884년 베트남 영유권을 두고 청국이 프랑스와 전쟁을 벌이면서 그해 8월 조선 주둔 청군 3,000명 중 절반을 철수시킨 것을 청과의 관계를 끊고 개화정책을 적극 추진할 수 있는 호기로 여긴 것이다. 갑신정변 한 달 전에 김옥균은 이렇게 말했다.

> 우리들은 수년간 평화적 수단으로 고생을 이겨내면서 모든 힘을 다했으나 그 성과는 없을 뿐만 아니라 오늘은 이미 죽을 지경에까지 빠지게 되었다. 앉아서 죽음을 기다릴 것이 아니라 먼저 적수를 눌러버리지 않을 수 없는 형편에 이르렀다. 따라서 우리의 결심에는 오직 한 길이 있을 뿐이다.
>
> 김옥균, 《갑신일록》

급진개화파는 1884년 12월 4일(음력 10월 17일) 개화당의 홍영식이 총판으

— 홍영식.

로 있는 우정국 개설 피로연을 이용해 민씨 정권을 제거하는 일대 정변을 일으켰다. 민씨 정권의 소장파 핵심인 민영익閔泳翊에게 자상을 입히는 것으로 시작된 갑신정변은 민씨 정권의 대표라 할 민태호閔台鎬·민영목閔泳穆·조영하趙寧夏 등 6명을 처단하고 고종에게 청나라 군사가 습격했다면서 일본군 동원을 요구했다. 고종이 김옥균의 강권에 따라 일본공사관에 병력을 요청하면서 조선군과 일본군의 호위 속에 경우궁으로 옮기면서 정변은 일단 성공하였다. 급진개화파는 고종을 창덕궁으로 이어시킨 12월 5일 김옥균 주도로, 좌의정 이재원李載元, 우의정 홍영식, 서리독판교섭통상사무 서광범, 병조판서 이재완李載完, 좌우영사 박영효, 호조참판 김옥균, 도승지 박영교朴泳敎 등 개화파가 대거 포진한 개각을 단행하고 고종의 조서형식으로 혁신정강을 발표했다.

혁신정강은 80여 개 조항에 달했다고 전해지지만 김옥균의 《갑신일록》에는 14개 조항이 수록되어 있다. 그중 ② 문벌을 폐지하여 인민평등의 권리를 제정하고, 능력으로 관직을 발탁할 것 ③ 전국의 지조법地租法을 개혁할 것 ④ 내시부를 폐지하고 재능 있는 자는 등용할 것 ⑤ 탐관오리 중에서 심한 자는 처벌할 것 ⑩ 그동안 유배, 금고된 사람들을 다시 조사하여 석방할 것 ⑪ 4영營을 합하여 1영을 만들고, 영 중에서 장정을 선발하여 근위대를 시급히 설치할 것 ⑫ 모든 국가 재정은 호조에서 관할할 것 ⑭ 정부는 육조 외에 무릇 불필요한 관청은 모두 폐지할 것 등이 주요 내용이다. 급진개화파는 청에 대한 사대외교의 폐지와 입헌군주제 정치체제의 수립, 지조법 개혁과 재정의 일원화를 통한 국가재정의 충실화, 문벌폐지와 인민평등권의 확립 등을 통한 근대적 국민국가의 수립을 지향했다.

그러나 급진개화파의 개혁정치는 '3일천하'로 끝나고 말았다. 19일 오후 청국군이 공격하자 일본군은 철수해버렸고, 서울의 상인들과 빈민들까지 급진개화파를 친일파로 규정하고 공격하는 바람에 홍영식·박영교 등은 청군에게 죽임을 당하고, 김옥균·박영효·서재필徐載弼 등 9명은 일본으로 망명하고 말았다. 이들에게는 대역부도죄가 적용되었는데 그해 12월에는 갑신정변에 참여했다 피신한 이희정·김봉균·신중모·이창규 등 11명의 개화파 인사들이 사형당했다.

갑신정변은 외세에 의존했다는 한계를 갖고 있지만 수구파를 제거하지 못하면 서구열강의 식민지가 되고 말 것이라는 자각 속에서 급진적 방법으로 근대적 국민국가 수립을 지향한 정치개혁운동이었다. 갑신정변 실패 후 개화정책은 다소 위축되었으나 개화 자체를 폐기할 수는 없었다. 갑신정변 이후 온건개화파는 다시 개화정책을 추진했으나 수구파의 반대로 큰 성과를 거두지는 못했다. 개화파가 다시 전면에 등장하는 것은 동학농민혁명 와중인 1894년 출병한 일본이 내정개혁을 강요한 것이 계기였다. 일본의 강요로 갑오개혁이 시작되었다.

갑오개혁과 그 한계

동학농민군이 봉기하자 민씨 척족戚族 정권은 청나라에 파병을 요청했다. 청나라 이홍장李鴻章은 망설였지만 일본은 "청군이 조선에 진주해도 일본군은 진주하지 않을 것"이라면서 파병을 종용했다. 청군이 파병하자 일본군은 청군보다 더 빨리 인천으로 들어왔다. 1884년의 갑신정변에 대한 사후처리를 위해 이듬해 청일 양국이 체결한 천진조약에서 한 나라가 파병할 경우 다른 나라도 파병하게 되어 있었다. 조선에 진주한 일본은 1894년 6월 경복궁을 점령해 민씨 정권을 축출하고 대원군을 입궐시켜 섭정으로 삼았다. 이때 성립된 내각이 제1차 김홍집 내각으로서 개혁추진기구인 군국기무처軍國機務處를 설치하고 김홍집이 회의총재會議總裁, 박정양朴定陽·김윤식·김가진金嘉鎭 등 17명이 의원이 되어 내정개혁을 단행하였다. 제1차 김홍집 내각은 반청·친일적 인사로 구성되었는데, 일본의 내정개

— 김홍집.

혁 요구를 받아들여 갑오개혁이라 불리는 대대적 개혁을 실시했다. 대원군이 실각하기 전까지를 제1차 갑오개혁, 대원군이 실각한 1894년 12월 이후를 제 2차 갑오개혁이라고 분류한다. 갑오개혁은 일본의 간섭에 의해 이루어졌다는 한계는 있으나 백성들의 오랜 요구사항이었던 반봉건적 요구들을 대폭 수용했다는 이중성을 갖고 있었다.

제1차 개혁은 정치제도 개편이 중심이었는데, 조선건국을 기준으로 개국기원을 채택해 조선이 청의 속국이 아님을 내외에 표명했다. 조선과 청의 종속관계를 끊으려는 조치였다. 중앙관제를 의정부와 궁내부로 나누고 종래의 육조를 내무·외무·탁지·군무·법무·학무·공무·농상의 8아문八衙門으로 개편하고 의정부 직속으로 삼아 의정부를 명실상부한 중앙통치기구로 만들었다. 관료제도는 종래 18단계의 품계를 칙임관勅任官(정종正從 1~2품)·주임관奏任官(정종 3~6품)·판임관判任官(정종 7~9품)의 3단계로 축소했으며, 과거제를 폐지하고 주임관과 판임관의 임용권을 의정부의 총리대신 및 각 아문의 대신들에게 부여하였다. 군국기무처는 문벌과 반상제도·문무차별·공사노비제·연좌제·조혼 등을 폐지하고 과부의 재가를 허용했다. 국가의 모든 재정을 탁지아문으로 일원화시켰으며 '신식화폐장정'을 의결하여 은본위제銀本位制를 채택했고, 세제를 금납제金納制로 대체했다.

안으로는 이런 반봉건적 개혁을 단행하면서 일본인 고문관 및 군사교관을 초빙하고 일본화폐를 조선 내에 유통시키고, 일본으로 곡식반출을 막던 방곡령防穀令 반포를 금지함으로써 조야의 많은 우려를 자아냈다.

제1차 갑오개혁 와중에 10년 전 발생했던 갑신정변의 주모자 박영효와 서광범이 귀국해서 박영효가 내부대신, 서광범이 법부대신이 되었는데, 이들은 1894년 12월 대원군을 실각시키고 김홍집과 박영효 연립내각을 조직했다. 이들은 제2차 갑오개혁이라 불리는 개혁정책을 추진했는데, 이들의 개혁정책은 '홍범洪範14조'에 잘 나타나 있다.

홍범 14조

1. 청국에 의탁하는 생각을 끊어버리고 확실히 자주독립하는 기초를 확고히 세울 것

2. 왕실 전범典範을 작정하여 대통의 계승과 종실과 척신의 분의分義를 밝힐 것

3. 대군주가 정전正殿에 거하고 일을 보되, 정사를 친히 각 대신에게 물어 재결하며 왕후와 비빈과 종실과 척신의 간여를 용납하지 않을 것

4. 왕실 사무와 국정 사무를 모름지기 나누어 서로 혼합하지 아니할 것.

5. 의정부와 각 아문의 직무 권한의 제정을 밝혀 행할 것

6. 인민이 내는 부세를 다 법령으로 작정하고 망녕되이 명목을 가하여 범람히 거두지 아니할 것

7. 조세과징과 경비지출은 모두 탁지아문이 관할할 것

8. 왕실 비용을 솔선 절감하여 각 아문 및 지방관의 모범이 되게 할 것

9. 왕실비 및 각 관부 비용은 1년 회계를 예정하여 재정의 기초를 세울 것

10. 지방관제를 속히 개정하여 지방관리의 직권을 제한할 것

11. 국중國中의 총명한 자제를 널리 파견하여 외국의 학술과 기예를 견습할 것

12. 장병을 교육하고 징병하는 법을 사용하여 군제의 기초를 확정할 것

13. 민법과 형법을 엄격하고 명확하게 작정하고 범람히 사람을 가두거나 징벌하지 말게 하여 인민의 생명과 재산을 보전할 것

14. 사람을 쓰는 데 문벌에 구애받지 아니하고 선비를 구함에 두루 조야에 미쳐 인재의 등용을 넓힐 것

《관보官報》1894년 12월

일본은 청일전쟁의 승리를 발판으로 다수의 일본인 고문관들을 기용하여 조선을 확실히 장악하려 했다. 그러나 일본차관 도입이 지연된데다, 일본이 청일전쟁 승리의 대가로 대만과 요동반도를 할양받은 데 대해 러시아, 독일, 프랑스가 제동을 거는 삼국간섭으로 그 세력이 약화되었다. 박영효는 일본공사 이노우에 가오루井上馨의 권고를 무시하고 김홍집 일파를 내각에서 퇴진시

— 1884년의 고종.

킨 후 독자적으로 개혁을 추진하였다.

의정부와 각 아문의 명칭을 '내각'과 '부'로 바꾸었으며, 농상아문과 공무아문을 농상공부農商工部로 통합시켜 7부로 만들었고, 내각과 분리된 궁내부는 대폭 축소시켰다. 지방제도를 23부 337군으로 개편하고 내부대신의 관할 아래 각 부에는 관찰사·경무관을 두고 군에는 군수를 파견해 일원적인 행정체계를 수립했다. 그 밖에 행정과 사법을 분리시키기 위해 '재판소 구성법'과 '법관양성소 규정'을 공표했으며, 교육입국조칙에 따라 '한성사범학교관제漢城師範學校 官制' 및 '외국어학교관제'를 제정 실시했다.

박영효가 주도한 이러한 개혁조치는 조선을 근대국민국가로 만들기 위한 것이었으나 박영효의 독주에 고종은 물론 일본도 반발했다. 결국 1895년 윤5월 박영효는 역모사건 연루 혐의를 받아 일본에 재차 망명함으로써 실각하고 그해 7월 제3차 김홍집 내각이 수립되었다.

이 무렵 고종과 민비는 삼국간섭을 주도한 러시아에 기울면서 러시아의 힘을 빌려 제2차 갑오개혁을 중지시키려고 하였다. 청일전쟁의 승전에도 불구하고 조선에서 영향력이 축소된 데 불만을 품은 일본은 그해(1895) 8월 대궐에 난입해 반일정책을 주도한 명성황후를 시해하는 을미사변을 일으켰다. 그

— 황현. 개항기의 문인으로 1910년 8월 일제에 의해 강제로 나라를 빼앗기자 통분해 절명시 4수를 남기고 다량의 아편을 먹어 자결하였다.

러나 이는 조선의 강력한 반발을 불러일으켜서 각지에서 명성황후 시해와 단발령에 저항하는 의병이 일어났다. 이런 와중인 1896년 2월 고종이 러시아 공사관으로 도피하는 '아관파천'을 일으켜 개혁내각을 붕괴시켰다. 고종은 러시아공사관으로 경무관들을 불러 갑오개혁을 주도하는 김홍집·어윤중 등을 역적으로 규정하고 죽이라고 지시했고, 둘은 군중들에게 타살당했다. 황현은 《매천야록》에서 고종

이 아관파천을 단행한 이유에 대해서 "헌정에 속박되는 것을 싫어했기 때문"
이라고 분석했는데, 고종은 급진개화파고 온건개화파고 입헌군주제 운동으로
왕권을 제약하는 모든 움직임은 역적으로 바라보았다. 급진개화파가 주도했
던 갑신정변이 이미 실패한 데 이어 온건개화파가 주도했던 갑오개혁도 수포
로 돌아갔다.

갑오개혁은 내부적으로는 근대국민국가 건설을 지향하는 이념의 실천이자
동학농민혁명에서 제기된 반봉건이념이 구체화된 개혁이었으나 그 당위성에
도 불구하고 일본의 강요에 의해 수행되었다는 타율적 측면과 고종의 기회주
의적인 처신 때문에 실패하고 말았다. 그러나 이때 제시된 근대국민국가의 이
념은 이후 애국계몽운동으로 이어졌다. 그리고 일제의 강점 후에는 해외 독립
군기지 건설운동으로 연결되어 민국건립운동으로 이어졌다.

개화에 대한 반발, 위정척사운동

고종 13년(1876) 조일수호조약 체결 이래 개항과 개화는 많은 반발에도 불구
하고 하나의 사회 흐름이 되었다. 미국, 영국, 청과 잇따라 각종 조약을 맺은
조정은 개화정책의 추진을 위해 고종 18년(1881)에는 청의 제도
를 본떠 통리기무아문統理機務衙門을 설치하고 적극적인 개화정
책 추진에 나섰다. 신식군대인 별기군을 창설하고, 일본에 신사
유람단(1881)과 청국에 영선사(1882)를 파견해 개화정책을 연구
하게 했다.《한성순보漢城旬報》같은 신문을 발간했으며 근대적
공장이나 상회, 학교, 병원 등을 설립했다.

대원군 실각 10년이 채 안 되어 개화는 조선의 대세가 되었다.
최익현을 내세워 대원군을 공격해 그를 실각시켰던 양반 사대부
들은 예상치 못한 사태 전개에 크게 당황했다. 양반 사대부들이
위정척사운동을 전개한 것은 이 때문이었다. '바른 것을 지키고

— 우리나라 최초의 신문 《한성순보》.

〔衛正〕 옳지 못한 것을 물리친다〔斥邪〕'는 뜻의 위정척사론에서 지켜야 할 바른 것〔正〕은 성리학 사상과 그 사회질서였으며, 물리쳐야 할 그릇된 것〔邪〕은 성리학 이외의 모든 사상과 그 사회질서였다. 이들에게는 성리학만이 올바른 정학이었고, 다른 모든 사상과 질서는 그릇된 사학이었다.

위정척사론의 뿌리는 공자에게 있다. 공자는 전쟁이 일상화된 춘추시대의 혼란을 극복하는 길은 주나라의 질서로 돌아가는 길밖에 없다고 생각해서 모든 제후국들이 패권추구를 중지하고 주나라를 섬기는 것으로 천하 질서를 바로잡아야 한다고 주장했다. 이것이 공자의 '존주론尊周論'으로서 남송의 주희에 의해 남송을 섬기고 만주족의 금나라를 물리쳐야 한다는 '존왕양이론尊王攘夷論'으로 이어졌다. 비록 중원을 빼앗기고 강남으로 이주했지만 천하의 정통은 중원을 차지한 금나라가 아니라 남송에 있다는 극단적 명분론이 존왕양이론이었다.

중국에서 발달한 이런 명분론은 고려 말 조선의 유학자들에게 그대로 받아들여져 고려 말에는 불교가 사邪로 지목되어 배척되었고 성리학이 정正으로 숭상되었다. 그 후 사는 만주족의 청나라가 되었다가 조선 후기에는 서학(천주학)이 되었다가 개항 이후에는 일본과 서구열강이 되었다.

— 최익현의 초상.

위정척사운동은 이항로李恒老·기정진奇正鎭·김평묵金平黙·최익현 등이 주도했는데, 여러 차례 변화를 겪게 된다. 1860년대에는 이항로·기정진 등이 상소를 통해 서구 열강과의 교역을 반대하는 통상반대운동으로 나타났는데, 이때는 대원군 집권기였기 때문에 '척화주전斥和主戰'을 주장하던 정부와 별다른 갈등을 겪지 않았을 뿐만 아니라 오히려 대원군 대외정책의 정당성을 뒷받침하는 논리가 되었다.

이항로의 제자 최익현의 대원군 실정 공격 상소로 대원군은 실각했으나 막상 조일수호조약이 체결되자 최익현은 '왜양일체론倭洋一體論'을 내세워 개항에 격렬히 반대하면서 위정척사론을 강하게 주장했다.

위정척사론은 여러 가지 이론으로 나눌 수 있다. 서구열강과 맞서 싸우자는 '척화주전론'과 내정개혁을 통한 국력 배양을 통해 서구열강을 물리치자는 '내수외양론內修外攘論'이 있으며, '인수론人獸論'도 있는데 이는 조선을 하늘의 도를 실천하는 인간의 나라(소중화小中華)로, 서구열강을 임금도 부모도 모르는 금수의 나라, 임금도 없고 부모도 없는(무군무부無君無父) 짐승의 나라로 인식하는 것이었다. '왜양일체론'은 일본이 서양과 같은 오랑캐라는 논리였는데, 일본인이 양복을 입고 서양대포를 사용하며 서양선박을 타고 있다는 점 등을 근거로 제시했다.

이들은 성리학 원리주의의 자리에서 위정척사론을 전개한 것이지만 과거 집권 노론이 남인들이 주축이었던 신서파를 공격하기 위해 천주교를 이용했던 것처럼 정권유지를 위한 측면도 있었다. 이항로의 제자이자 노론이었던 김평묵·유중교柳重敎 등이 개화정책이 정치적으로 소외되었던 남인·소론세력의 집권으로 이어질지 모른다는 생각에서 유생들을 동원해 위정척사운동을 전개하기도 했다. 즉 위정척사운동에는 일본과 서구열강에 대한 배척을 통해 남인·소론 등의 집권 가능성을 배제하려는 정치적 의도도 포함된 것이었다.

대원군을 실각시켰던 최익현의 상소가 이번에는 큰 효과를 보지 못하는 가운데 1880년대에는 청나라 외교관 황준헌黃遵憲이 쓴 《조선책략》이 유포된 것을 계기로 위정척사운동이 확대되었다. 1880년 8월 수신사로 일본을 다녀온 김홍집이 고종에게 올린 《조선책략》은 러시아의 남하를 막기 위해 조선이 '중국과 친하게 지내면서 일본과 결합하고 미국과 연합해야 한다'는 내용을 담고 있었다. 일본, 미국과 결합해야 한다는 이 주장은 위정척사론과 정면으로 배치되는 것으로서 당시 조정과 양반 사대부 사이에 큰 파문을 일으켰으나 조정은 이듬해 1월 신사유람단을 일본에 파견하는 것으로 이를 무시했다.

영남 지역 유생들은 '만인소'를 올려, 《조선책략》을 반입한 김홍집의 처벌과 개화정책을 추진하는 민씨 정권의 퇴진을 요구했는데, 이들은 '일본이나 미국이나 러시아나 다 같은 오랑캐인데

— 《조선책략》.

러시아를 막기 위해 일본, 미국과 결합한다는 것은 논리적 모순'이라고 지적했다. 영남만인소를 시작으로 1881년에는 경기·충청·호남·강원 지역에서 유생들이 전국적으로 연대하는 상소운동이 일어났다. 그러나 이 운동은 1881년 8월 말 안기영安驥泳 등이 고종을 폐위시키고 대원군의 서자 이재선李載先을 추대해 대원군을 재집권시키려던 사건과 맞물리면서 고종과 민씨 정권의 탄압을 받아 약화되어갔다.

위정척사운동은 서구열강에 맞서 조선의 전통적인 성리학 질서를 지키려는 움직임이었으나 세계적인 흐름에 맞서 양반 사대부들의 기득권을 지키려던 성격도 강했다. 그러나 위정척사운동은 1890년대에 들어 의병운동의 사상적인 기반이 되었으며, 특히 이 운동에 참여했던 일부 인사들이 의병으로 변신하는 등 '저항적' 민족운동의 한 출발점이 되었다는 데 의의가 있다.

동학농민혁명과 의병전쟁 03

동학의 창건과 중심사상

갑신정변의 실패는 위로부터 시작된 자주적 근대화의 좌절을 의미했다. 백성들은 밖으로는 외세의 침탈에 대응하면서도 안으로는 신분제 철폐 등의 사회개혁을 수행할 수 있는 새로운 사회세력의 등장을 희구하게 되었다. 이럴 때 등장한 것이 동학이었다. 동학의 교조 최제우崔濟愚는 1860년 4월 5일 자신의 고향인 경주 구미산의 용담정에서 새로운 경지를 체험했다.

> 뜻밖에도 이해 4월 나는 마음이 떨리고 몸이 전율했다. 병이라 해도 증세를 잡을 수 없고 말로도 설명할 수 없었다. 이때 어떤 선어仙語가 내 귀에 들려와서 나는 문득 소스라쳐 일어나 캐어묻자, "무서워 말고 두려워 말라. 세상 사람들이 나를 상제上帝라고 부르는데 너는 상제도 알지 못하느냐?"라고 말씀하셨다… 내가 "그러면 서교西教로써 사람들을 가르치려 하십니까?"라고 묻자, "그렇지 않다. 내게는 영부靈符가 있는데 그 이름을 선약仙藥이라 하고 그 형상은 태극이며, 또 궁궁弓弓과 같다. 내게서 이 영부를 받아 사람들의 질병을 구해주고 나에게 이 주문을 받아 사람들을 가르쳐서 나를 위하게 하라. 그러면 너도 장생할 것

이며 천하에 포덕布德할 것이다"라고 말씀하셨다.

최제우,《동경대전東經大全》'포덕문布德文'

이때의 체험을 최제우는 새로운 민족종교 동학의 창건으로 연결시켰다. 최제우는 천주교의 한울님(하느님)의 개념에서 중요한 시사를 받았으나 "나는 동쪽에서 나서 동쪽에서 도를 받았으므로, 도는 비록 천도天道이지만 학學은 동학이다… 내 도는 이 땅에서 받았으며 또 이 땅에서 펼 것이니, 어찌 서학이라고 부를 수 있겠는가"(《동경대전》'논학문論學文')라고 말한 것처럼 외세의 침략에 대한 우리 민족의 주체적 대항논리였다. 최제우가 서학에 대해 '우리의 도와 비슷하지만 서로 다르다(양학여사이유이洋學與斯而有異)'라고 말한 것은 하느님이라는 개념은 비슷하지만 풍수사상과 유·불·선 등 우리의 전통사상을 주축으로 삼은 것이 다르다는 뜻이었다.

소위 서학하는 사람 암만 봐도 명인 없네/ 서학이라 이름하고 내 몸 발천拔薦(끌어올림)하였던가?… 내가 또한 신선 되어 하늘 위를 날아서 개같은 왜적 놈을 한울님의 조화 받아 하룻밤 사이에 멸하고저.

최제우,〈안심가安心歌〉

최제우는 서양세력뿐만 아니라 일본의 침략에 대해서도 강한 거부감을 갖고 있었다. 최제우는 시천주侍天主 신앙을 내세웠는데, 모든 사람은 내 몸에 한울님을 모시는 입신에 의해 군자가 된다는 개인구원사상이자 나아가 보국안민의 주체가 될 수 있다는 사회구원 사상이었다.

반외세에 보다 방점이 찍혀 있던 동학사상은 2대 교주 최시형崔時亨에 이르러 반봉건 사상이 강화되었다. 최시형은 '사람 섬기기를 한울님같이 한다'는 사인여천事人如天 사상을 내세웠는데, 이는 '인내천'과 '천심즉인심'으로 집약된다. 사람이 곧 하늘이라는 인내천 사상은 만민평등의 이상을 나타내는 것으로 양반 신분제에 대한 부정을 담고 있는 혁명 이론으로 전환될 수 있었다. 인간에 대한 동학의 존엄 사상은 '사람이 본래 한울이니 사람을 섬기기를 한울님을 섬기듯이 하라(人是天 事人如天)'(《해월설법海月說法》)는 데 근거한 교리였다.

> 누가 나에게 어른이 아니며 누가 나에게 스승이 아니겠는가? 나는 비록 부인이나 어린아이의 말이라도 배울 만하면 배우고 스승으로 모실 만하면 스승으로 모신다.
>
> 〈해월설법海月說法〉

동학은 외부적으로 반외세, 내부적으로 남녀·계급 차이를 부정하는 평등사상을 갖고 있었기 때문에 외세의 침략과 봉건체제의 질곡에서 신음하던 많은 민중들의 호응을 받을 수 있었다. 서세동점과 일본세력이 물밀듯이 들어오는 내외 정세 속에서 밖으로는 외세를 물리치고 안으로는 신분제 개혁을 수행한다는 동학의 사회구원 메시지는 민중들에게 미래에 대한 희망과 피안의 세계를 동시에 제공했다.

동학이 백성들에게 호응받은 것은 개인 구원의 강한 메시지도 담고 있었기 때문이다. 최제우는 개인 구원의 방도로 성誠·경敬·신信 세 가지를 꼽았다. 최시형은 "우리 도는 성·경·신 세 가지에 있다. 만약 큰 덕이 아니면 실로 행하기 어려운 것이고 성·경·신에 능하면 성인이 되는 것은 손바닥 뒤집듯이 쉬운 것이다"(《해월설법》)라고 말했다. 최시형의 성·경·신은 모두 한울님이 중심이 되는데 한울님을 진심으로 믿는 것이 신이며, 한울님에 대한 지극한 정성이 성이고, 한울님에 대한 진정한 공경이 경이라고 설명했다.

한울님에 대한 신은 단지 마음으로만 믿는 것이 아니라 몸으로 체험해야 하는데 이것이 동학의 중요한 개념인 '시천주', 곧 '한울님을 모신다'는 개념이었다. 동학은 이 외에도 한울님을 모시면 바라는 것을 이룰 수 있고, 질병을 퇴치할

— 처형 직전의 최시형.

수 있다는 희원希願 사상도 갖고 있었다. 동학에서 부적과 주문을 중요시한 것은 이런 신앙 때문이었다. 동학 수행에서 주문을 외우는 것은 중요한 의식이었는데, 본주本呪는 "한울님을 위하면 한울님이 내 사정을 돌봐 주시고, 한울님을 길이 잊지 않으면 만사가 잘될 것이다(위천주고아정 영세불망만사의爲天主顧我情 永世不忘萬事宜)"라는 것과 "한울님을 모시면 조화를 체득할 수 있고 한울님을 길이 잊지 않으면 만사가 저절로 깨달아진다(시천주조화정 영세불망사지侍天主造化定 永世不忘事知)"는 것이다. 강령주降靈呪는 "한울님의 영기가 지금 저에게 크게 내리기를 바랍니다(지기금지원위대강至氣今至願爲大降)"였다.

최제우가 한울님으로부터 받았다는 영부와 주문은 동학 포교의 중요한 방편이었는데, 동학교도들은 주문을 외면서 영부를 불에 태워 그 재를 물에 타서 마시면 바라는 모든 바가 이루어지면 영세무궁永世無窮한다는 믿음을 가졌다.

동학은 사회구원과 개인구원을 함께 담은 교리로 백성들의 호응을 받았다. 적극적인 포교활동에 나섰던 최제우는 1860년 9월 경주에서 체포되었으나, 수백 명의 제자와 신도들의 청원에 의해 석방되었다. 이는 동학의 교세를 크게 떨치는 계기가 되어 사회적 불안과 질병 등이 유행하던 삼남지방에 급속히 전파되었다. 불과 몇 년 사이에 교세가 크게 확장되자 정부에서는 동학도 서학과 마찬가지로 불온한 사상이자 민심을 현혹시키는 사교라고 규정짓고 탄압에 나섰다.

최제우는 각지에 접소接所와 그 책임자인 접주接主를 두어 신도들을 조직화했는데, 철종 14년(1863) 8월에는 위험을 감지하고 최시형에게 도통을 전수해 대비책을 마련해놓은 다음 포교에 전념하다가 그해 12월 20여 명의 동학교도들과 혹세무민의 죄로 다시 체포되었다. 그러나 동학의 위법성에 대한 증거를 찾지 못하다가 최제우가 지은 〈검결劍訣〉을 유죄의 근거로 삼았다.

때로구나, 때가 왔구나! 다시는 오지 못할 그 좋은 때가 왔구나. 만세에 한 번 태어나는 대장부로서 오만 년 만에 만나게 되는 때로구나. 용천검龍泉劍 잘 드는 이때를 맞아 아니 쓰고 무엇하리… 만고의 명장 어디에 있나, 이 대장부 앞에서는 당해낼 장사가 없네. 좋을시고 좋을시고, 이 내 신명 좋을시고.

〈검결劍訣〉

조정은 이 〈검결〉의 의미를 집중적으로 캐물었고, 이듬해 고종 1년(1864) 최제우를 대구에서 사형시켰다.

제2대 교주 최시형은 관헌의 추격을 피해 소백산으로 이주하면서 영월·인제·단양 등지로 동학을 확장시키고 1878년에는 개접제開接制, 1884년에는 육임제六任制를 마련해 신도들을 조직화했다. 1880년에는 인제군에 경전간행소를 세워《동경대전》을 간행하고, 이듬해에는 단양에도 경전간행소를 두어《용담유사龍潭遺詞》를 간행했다.

확장된 교세에 따라 고종 22년(1885) 충청도 보은군 장내리로 본거지를 옮긴 최시형과 동학교도들은 고종 29년(1892)부터 교조신원伸寃운동을 전개해 나갔다. 1892년 12월 신도들을 전주 삼례역에 집결시켜, 교조의 신원과 탄압 중지를 청원했는데 이것이 제1차 교조신원운동이었다. 1893년 3월에는 40여 명의 대표가 광화문에서 교조신원을 요구하는 제2차 신원운동을 전개했다. 정부 측의 회유로 해산했는데도 정부가 계속 탄압하자 그해 4월 말에는 수만 명의 신도를 집결시킨 보은집회를 개최했다. 보은집회는 조정의 강력한 해산 종용을 받아들여 자진 해산했지만 수만 명의 동학교도가 모인 집회의 여파는 확산될 수밖에 없었다. 동학농민혁명은 교조신원운동으로 시작되었으나 그 전개 과정에서 조선 내부의 사회 모순과 일본과 청나라의 개입이 맞물리면서 반봉건·반외세의 동학농민혁명운동으로 발전하게 된다. 동학이 반외세·반봉건이라는 사상과 그를 실천할 수 있는 조직까지 갖추게 되면서 기존 사회체제와 대결이 불가피했다.

동학농민혁명의 전개와 전주화약

동학이 교세를 확장하게 된 배경에는 사회를 이끌어갈 능력을 상실한 무능한 양반 사대부들이 여전히 모든 정치·사회 권력을 독차지하고 있는 근본적 문제가 있었다. 세도정치는 대원군의 10년 집권을 거쳐 민씨 척족정권으로 이어졌다. 이들은 나라보다는 집안의 영달을 추구하면서 모든 사회변화를 거부했다. 백성들은 동학으로 결집해 국가권력 자체를 부정하기 시작했다.

이미 이 무렵, 그 무리 4,000여 인은 전라도 전주 근방에 모여 감사에게 3개 조의 요구를 제기하였다. 첫째, 국인 중 우리 당을 지목해서 사도를 주창하는 것이라면서 경멸하는 자가 있으니, 명령을 발하여 그 어리석음을 바로잡을 것. 둘째, 외국의 선교사·상인은 모두 나라에 해를 끼치는 것이니 속히 이를 쫓아낼 것. 셋째, 근래 지방의 관리들이 포악하게 거두고 억지로 빼앗아 생민이 도탄에서 고통을 당하니, 마땅히 이들 지방 관리를 쫓을 것이었다. 그리고 이들 3개조를 들어주지 않으면 우리 4,000여 인은 한 걸음도 이곳에서 물러날 수가 없다고 강력하게 요구했다.

《동경일일신문東京日日申聞》1893년 4월 18일

전봉준全琫準·황하일黃河一 등 동학 강경파들은 보은집회와 별도로 금구 원평리에서 농민대회를 연 후 서울로 북상하려 했으나 보은집회가 해산된 후 동학간부들의 반대로 중단했다. 동학의 교조신원운동은 정치운동으로 발전할 수밖에 없었는데, 여기에 수탈이 일상화된 농촌의 피폐한 상황이 맞물리면서 큰 폭발력을 지니게 되었다. 특히 곡창지대였던 전라도 서북 지역은 조선 후기의 사회적 모순이 중첩된 지역이었다. 이 지역에는 왕실소유 토지인 궁방전이 집중되어 있었는데 이를 관리하는 감관監官의 농간이 끊이지 않았으며, 조세운반을 맡은 전운사轉運使와 균전관均田官(왕실토지관리) 등이 농민들을 착취하며 수탈에 열중하는데다가 개항 이후 쌀이 일본으로 유출되면서 농민생활은 더욱 궁핍해졌다.

이런 와중에 1892년 말 고부군수로 부임
해온 조병갑趙秉甲은 농민들의 분노를 촉발
시켰다. 그는 면세를 조건으로 황무지개간을
허가하고는 정작 추수기에는 세금을 거두었
으며, 부자들에게는 불효·불목不睦 등의 죄
목으로 재물을 빼앗았다. 특히 만석보萬石洑
는 농민들의 원성의 표적이었다. 만석보는

— 1894년 12월 한성부로 압송되는 전봉준.

동진강東津江에 농민들의 노동력으로 건설한 수리시설이었는데, 농민들은 수
차례에 걸쳐 과중한 수세의 경감을 청원했지만 조병갑은 경감은커녕 강의 하
류에 필요하지도 않은 새로운 보를 쌓고는 고율의 수세를 징수했다.

전봉준은 1893년 12월 농민 대표인 장두狀頭로 군수 조병갑에게 두 차례에
걸쳐 수세 경감을 호소했으나 거부당하자 동지 20명과 함께 각 마을 집강執
綱에게 보내는 사발통문沙鉢通文을 작성하여 봉기를 준비하였다. 그런데 이때
이미 전주 점령과 서울 진격 계획을 갖고 있었던 점이 주목된다.

이때에 도인道人들은 선후책을 토의 결정하기 위하여 고부 서부면 죽산리 송
두호의 집에 도소를 정하고 매일 운집하여 순서를 결정하니 그 결의된 내용은
아래와 같다.

　1. 고부성을 격파하고 군수 조병갑을 효수할 것

　1. 군기창과 화약고를 점령할 것

　1. 군수에게 아첨하여 인민의 것을 빼앗은 탐리貪吏를 공격하여 징계할 것

　1. 전주영을 함락하고 경사京師(서울)로 바로 향할 것

　위와 같이 결의가 되고 따라서 전략에 능하고 만사에 민활한 영도자가 될…

(이하 판독 불능)

〈사발통문〉

처음부터 '고부성→전주성 함락→경사 진격'이란 구체적 목표가 제시되고 있었다. 과거처럼 참다 못해 관아를 습격하고 처벌받는 수준의 조직이 아니었다. 조선왕조체제의 부패와 무능을 여실히 알고 있었다는 뜻이다. 고종 31년 (1894) 2월 전봉준은 김도삼金道三·정익서鄭益西·최경선崔景善 등의 농민들과 고부관아를 습격해 수세미水稅米를 농민에게 돌려주고 아전들을 처벌했다. 조정에서는 조병갑의 행위를 두둔해서는 사태가 악화될 것으로 판단하고 그를 파면한 다음 박원명朴源明을 고부군수로 임명했는데, 신임군수의 무마책으로 농민들의 항쟁은 강도가 떨어졌다. 그러나 사태수습을 위해 파견된 안핵사 이용태李容泰가 봉기 가담자들을 가혹하게 탄압하면서 재차 항쟁의 불길이 붙었다.

1894년 4월 전봉준은 김개남金開南·손화중孫華中 등의 동학접주들과 함께 무장현茂長縣에 모여 창의문倡義文을 발표했는데, 창의문이 전달되자 근방의 10여 개 읍에서 즉각 호응하여 10여 일 만에 1만여 명이 모였다. 전봉준은 김개남과 함께 4월 말 각처에서 봉기한 동학농민군을 고부 백산白山에 모았는데, 전봉준은 동도대장東徒大將, 손화중·김개남은 총관령總管領에 추대되었다. 농민혁명군은 이 자리에서 4개 행동강령을 결정했다.

1. 사람을 죽이지 말고 물건을 해하지 말라.
2. 충효를 다하며, 세상을 구하고 백성을 편안케 하라.
3. 일본 오랑캐를 쫓아버리고 왕의 정치를 깨끗이 하라.
4. 군대를 몰고 서울로 들어가 권세가와 귀족을 없애라.

정교鄭喬,《대한계년사大韓季年史》'갑오甲午'

이 자리에서 동학농민군은 창의문을 반포했다.

우리가 의를 들어 이에 이름은 그 본의가 다른 데 있지 아니하고 창생을 도탄에서 건지고 국가를 반석 위에 두자 함이다. 안으로는 탐학한 관리의 머리를 베고 밖으로는 횡포한 강적強敵의 무리를 구축하고자 함이다. 양반과 호강豪强의 앞에서 고통을 받는 민중들과 방백方伯(감사)과 수령의 밑에서 굴욕을 받는 소리 小吏(아전)들은 우리와 같이 원한이 깊은 자다. 조금도 주저치 말고 이 시각으로 일어서라. 만일 기회를 잃으면 후회해도 미치지 못하리라.

《동학사東學史》

농민군은 손쉽게 부안 관아를 점령했고, 그해 5월 전라감사 김문현金文鉉이 이끄는 관군을 황토현黃土峴 전투에서 대파하고, 그 여세를 몰아 정읍을 점령했다.

놀란 조정에서는 양호초토사 홍계훈洪啓薰에게 약 800명의 군대를 주어 보냈으나 중도에 도망자가 속출해서 사기가 극도로 떨어졌다. 홍계훈의 증원 요청에 따라 조정에서는 총제영중군總制營中軍 황헌주黃憲周에게 증원군을 주어 영광 법성포에 상륙시켰으나 홍계훈은 동학농민군과 접전에서 패배했고, 5월 31일 동학농민군은 드디어 전주성을 점령했다.

전주성을 점령한 동학농민군은 홍계훈의 관군과 대치하면서 두 차례에 걸쳐 원정서原情書를 관군에게 제시했다. 제1차원정서는 14개 조목, 제2차원정서는 24개 조목으로 되어 있는데, 탐관오리의 숙청과 외국상인과 국내 특권상인의 배격과 쌀의 국외 유출방지 등의 요구가 담겨 있었다. 정부가 이를 받아들이면서 6월 11일 전주화약이 성립되고, 동학농민군은 전주성 점거 10여 일 만에 철수하고 각자 고향으로 돌아가 집강소를 설치했다. 민씨 척족정권이 전주화약을 맺고 집강소 설치를 허용한 데는 청나라 군사가 진주할 때까지 시간을 벌자는 의도가 있었으나 동학농민군은 이러한 사실을 모르고 있었다.

전라도 53개소 관아 안에 설치된 일종의 민정기관인 집강소는 동학교도가 각 읍의 집강이 되어 지방의 치안과 행정을 담당했는데, 전주에 집강소의 총본부인 대도소大都所를 두고, 각 지역 집강소에는 집강 밑에 서기·성찰省察·집사執事·동몽童蒙 등의 임원을 두어 행정사무를 분담하게 하였다. 집강소에서는 폐정개혁弊政改正 12개조를 실천에 옮겼다.

폐정개혁안 12개조

1. 도인과 정부 사이에 오래 끌어온 혐오감을 씻어버리고 모든 행정을 협력할 것

2. 탐관오리는 그 죄목을 조사해내어 일일이 엄벌에 처할 것

3. 횡포한 부호들을 엄징할 것

4. 불량한 유림과 양반은 징습할 것

5. 노비문서는 불태워버릴 것

6. 칠반천인七般賤人(백정, 장인, 기생, 노비, 승려, 무당, 판수, 광대 등 일곱 가지 천한 신분)의 대우는 개선하고 백정 머리에 쓰는 평양립을 벗겨버릴 것

7. 청춘과부는 재가를 허락할 것

8. 무명잡세는 모두 거둬들이지 말 것

9. 관리의 채용은 지벌地閥을 타파하고 인재를 등용할 것

10. 외적外敵과 내통하는 자는 엄징할 것

11. 토지는 평균하게 나누어 경작케 할 것

《동학사》

동학농민혁명을 몸소 겪은 전라도 유생 정석모鄭錫謨가 쓴 《갑오약력甲午略歷》은 집강소가 설치된 후 "이른바 고을 군수는 다만 이름이 있을 뿐 행정을 맡아 할 수 없었다. 심지어는 고을 원들을 추방하니 이서배吏胥輩들은 모두 동학당에 들어 성명成命을 보존하였다"고 적고 있다. 이 기록은 "전봉준은 수천 명의 군중을 끼고 금구 원평에 틀고 앉아 (전라)우도에 호령하였으며 김개남은 수만 명의 군중을 거느리고 남원성을 타고 앉아 (전라)좌도를 통솔하였고 그 밖의 김덕명金德明, 손화중, 최경선 등은 각기 한 지방씩 할거하여 탐학불법을 일삼으니 개남이 가장 심하였다"고 적고 있다. '개남이 가장 심하였다'는 표현은 김개남이 가장 급진적이었음을 시사하는 말이다. 전봉준이 조선의 국체는 보존한 채 고종 주위의 탐관오리들만 처

— 김개남.

벌할 것을 주장한 데 비해 김개남은 원 이름 영주永疇를 남조선을 개창한다는 뜻에서 개남開南으로 개칭한데서 알 수 있는 것처럼 새 나라 창건을 기도했다. 집강소는 조선 역사상 최초로 민중들이 스스로 주인이 되어 사회개혁에 나섰는데, 〈집강소 정강〉에 그 목표가 잘 드러나 있다.

집강소 정강政綱

1. 인명을 함부로 죽인 자는 벨 것

1. 탐관오리는 뿌리 뽑을 것

1. 횡포한 부호배富豪輩를 엄징할 것

1. 유림과 양반배의 소굴을 토멸할 것

1. 잔민殘民 등의 군안軍案을 불지를 것

1. 종 문서는 불지를 것

1. 백정의 머리에서 패랭이를 벗기고 갓을 씌울 것

1. 무명잡세 등은 혁파할 것

1. 공사채公私債는 물론하고 과거의 것은 모두 따지지 않을 것

1. 외적과 연락하는 자는 벨 것

1. 토지는 평균분작으로 할 것

1. 농군의 두레법(농민들의 공동작업 규약)은 장려할 것

《동학사》

동학농민군의 제2차 봉기

동학농민혁명군이 봉기하자 고종은 1894년 5월 직접 윤음綸音을 내려 불법 지방관의 징계를 약속하는 등 봉기 무마에 주력했다. 전주화약을 체결해 농민들의 북상을 막는 한편 청나라에 군사파병을 요청했다. 자국민의 봉기를 진압하기 위해 외국의 군대를 끌어들인 망국적 처사는 조선을 외국군대의 각축

장으로 만드는 초청장이 되었다. 청일 사이의 천진조약에 따라 청군의 진주는 일본군의 진주로 이어졌다. 직례제독 섭지초葉志超가 이끄는 청나라 군사가 아산만에 상륙하기도 전에 일본군은 인천에 상륙해서 서울로 진군했다. 일본 공사 오토리 게이스케大鳥圭介는 일본군을 이끌고 경복궁을 점령한 다음 대원 군을 입궐시켜 중대 정무와 군무를 재결하게 했다. 쇄국주의자 대원군이 일본 의 꼭두각시로 변한 것이다.

청일군이 진주함으로써 동학농민혁명군은 반봉건의 과제 외에 반외세의 과제를 실현해야 하는 지경에 이르렀다. 전봉준은 전주에서, 손화중은 광주에 서 재차 거병해 반봉건, 반외세의 깃발을 든 것이 동학의 제2차 봉기였다.

1차 봉기 때 전봉준 중심의 지휘부와 2대 교주 최시형 중심의 지휘부 사이 에 일부 이견이 있었다. 최시형은 전면적인 정치투쟁에는 찬성하지 않던 태도 를 바꿔 제2차 봉기에서는 반봉건반외세투쟁에 함께 나섰다. 3대 교주가 되는 손병희孫秉熙의 지휘 아래 동학교단의 지도부가 이끄는 동학농민군도 청산青 山에 집결했는데, 곧 모든 동학군이 논산에서 합세해 공주로 북상하기로 결정 했다.

11월 하순 동학농민혁명군은 목천 세성산에서 일본군과 접전을 벌였으나 패배했다. 서전에서 승리한 일본군은 조선군과 함께 공주로 진격해 일본군은 우금치에, 정부군은 이인利仁과 효포孝浦에 진을 쳤다. 12월 초 전봉준이 이끄 는 동학농민혁명군은 웅치熊峙 방면으로 총공격을 가했으나 일본군의 반격 에 밀려 공주 남쪽 30리 지점의 경천까지 밀려나고 말았다. 김개남의 지원군 5,000여 명의 합류로 사기가 오른 동학농민혁명군은 다시 공주로 진격하여 우금치 가까이 진을 치고 치열한 공방전을 전개했다.

6~7일간 계속된 40~50회의 격전에서 동학농민혁명군은 월등한 무기로 무장한 일본군에게 많은 사상자를 내면서 패배해 노성·논산 방면으로 후퇴하 고 말았다. 김개남의 동학농민군도 북상하다 청주에서 일본·조선군의 연합 공 격을 받아 다시 전주로, 태인으로 쫓겨 내려가다가 김개남은 체포되고 말았 다. 손병희의 주력부대도 충청도로 북상했다가 일본·조선군의 습격을 받고 충

— 손병희.

주에서 해산되었다. 금구·원평 방면으로 후퇴했던 전봉준은 정읍을 거쳐 순창에 은신해 재기를 모색하던 그해 12월 말경 부하였던 김경천金敬天의 밀고로 관군에게 체포되어 일본군에게 넘겨져 서울로 압송되었다. 전봉준은 이듬해 4월 손화중·김덕명 등의 동지들과 함께 사형당해 혁명가로서의 삶을 마쳤다. 김개남은 이미 1월에 전주에서 참수당한 뒤였다.

　동학농민혁명의 실패는 아래로부터 반외세·반봉건 운동이 좌절되었음을 의미했다. 나아가 조선이 자력으로 자주독립국의 지위를 유지할 수 없게 되었음을 의미하는 것이기도 했다. 비록 실패로 끝났지만 동학농민혁명은 대내외적으로 많은 영향을 끼쳤다. 대내적으로는 일본의 강요에 의한 것이지만 정부도 갑오개혁을 단행하지 않을 수 없게 만들었다. 또 청군과 일본군이 진주함으로써 청일전쟁의 계기가 되었다. 무엇보다 동학농민혁명에서 보여준 반외세·반봉건 무장항쟁 정신은 항일의병전쟁과 이후 대일항전으로 이어졌다.

의병전쟁

의병이란 나라가 위기에 빠졌을 때 지도층과 민중이 나라를 구하기 위해 스스로 무기를 잡고 일어나 싸우는 군대를 뜻한다. 조선 말 일제에 맞선 의병전쟁이 동학농민혁명 실패 직후에 발생한 것은 이유가 있다.

　서울과 지방 각 도에 명령을 내려 동학 여당餘黨들을 잡으라고 명했다. 수령들은 이들을 회유해 귀화시켰는데 다 죄를 묻지 않았다. 오직 호남의 장흥·강진의 이교吏校(아전과 장교)들은 많은 비匪(동학농민군)들을 죽여 비난이 높았다. 이 때문에 그 가족들이 떼를 지어 들고 일어나니 모두 체포해 전후로 수백 명을 죽였다.

　　　　　　　　　　　　　　　　　　　　　　　　　황현,《매천야록》

봉기 참가 농민들을 다시 억압하자 집으로 귀가할 수 없었던 이들은 다시 싸우는 수밖에 없었다. 1895년 3월의 상황에 대해 "화적들이 크게 성해 도로들이 막혔는데 이것은 모두 동학도의 나머지 무리 때문이다"(《속음청사續陰晴史》권7)라는 기록과 "농민봉기는 아직도 그치지 않고 계속 퍼져가고 있으니 온 나라의 근심걱정이다"(《고종실록》 재위 32년(1895) 3월)라는 기록들은 동학군의 주력부대는 패배했지만 그 잔존세력들은 계속 활약하고 있는 상황을 말해준다. 이들은 전투경험을 갖고 있을 뿐만 아니라 일정한 무장력도 갖추고 있었기 때문에 계기만 있으면 다시 무장투쟁에 나설 수 있었다.

1894년 조선에 진주한 일본군은 동학농민혁명군을 진압하고 청일전쟁을 일으키는 한편 김홍집을 총리대신으로 삼는 제1차 김홍집 내각을 수립했는데, 이듬해 단발령을 내리고 명성왕후를 살해하는 을미사변을 일으키자 일부 유생들이 봉기했다. 여기에 무장농민들이 대거 가담함으로써 의병전쟁으로 확대되었다.

춘천의 이소응, 강릉의 민용호, 제천의 유인석·이춘영, 홍주의 김복한, 안성의 김하락, 문경의 이강년, 안동의 권세연, 영양의 김도현, 진주의 노응규, 금산의 허위, 장성의 기우만, 평안도 상원의 김원교 등 전국 각지의 유생들이 봉기에 나섰다.

의병전쟁은 1895·1896년의 제1차 의병전쟁과 1905~1910년의 제2차 의병전쟁으로 나눌 수 있는데 1차 의병전쟁은 을미의병, 2차 의병전쟁은 정미의병이라고도 부른다. 1차 의병은 1896년 고종의 러시아 공사관 이주(아관파천)로 김홍집 친일내각이 붕괴되고 일본의 침략도 일시 중단됨으로써 당면 목표를 달성했다고 판단하고 종결되었다.

제2차 의병전쟁은 1905년 9월 러일전쟁에서 승리한 일본이 대한

— 1907년 일본 제국주의에 맞서 무장한 의병들.

제국에 대한 야욕을 노골화하자 발발했다. 2차 의병전쟁은 원주의 원용팔, 죽산·안성의 박석여, 양근·여주의 이범주, 경상도의 이유인·이하현·정환직 등과 전라도의 기우만·고광순·김동신 등과 충북의 노병대, 홍주의 민종식, 태인의 최익현, 영해의 신돌석 등 전국 각지에서 일어났는데 양반 출신들뿐만 아니라 신돌석처럼 평민 출신들도 의병장으로 등장했다는 특징을 지닌다.

전국 각지에서 발생한 의병전쟁은 1907년 8월 일제에게 강제 해산당한 대한제국 군인들이 가담하면서 그 전력과 질이 크게 향상되었다. 먼저 서울시위대에서 시작된 한국군의 항전은 원주·강화 등 지방 진위대로 확대되었는데, 특히 민긍호閔肯鎬가 지휘하는 원주진위대는 강원도와 충청북도 일대를 넘나들면서 서울 진격작전의 중추를 이루기도 했다.

1908년 의병들은 13도 창의군을 결성했는데 그해 음력 정월 양주에 집결한 의병군은 모두 1만 명에 달했다. 창의대장 이인영, 군사장軍師將 허위를 비롯해 전라창의대장 문태수, 호서 이강년, 관동 민긍호, 교남嶠南(영남) 신돌석, 관서 방인관, 관북 정봉준, 관동 허위 등이 지휘관이었는데, 총대장 이인영李麟榮은 서울주재 각국 공사관에 격문을 보내 의병이 국제법상 교전단체임을 선언하고 일본군의 철수를 요구했다. 13도 창의군은 서울진공작전을 결의했는데 허위가 선발대를 거느리고 동대문 밖 30리 지점까지 진격했으나, 창의대장 이인영이 부친상을 맞아 귀향함으로써 서울진공작전은 무산되고 말았다.

이후 의병들은 각기 분산해 독자적인 항일전쟁을 수행했는데, 이 중 러시아 연해주로 이주한 노령露領 의병은 1908년 두 차례 두만강을 건너 공격하기도 했다. 제2차 의병전쟁이 전국적으로 확대되자 일제는 이른바 '남한대토벌작전'을 전개해 특히 전라도 각지의 수많은 마을들을 소각하고 주민들을 대량 살육했다. 제2차 의병전쟁은 '남한대토벌작전'에 결정적인 타격을 받아 1909년 말부터 쇠퇴하기 시작해 1915년경에 소멸되었으나 그중 일부는 만주나 연해주(블라디보스토크)로 이주해 독립군이 되었다.

그런 대표적 인물이 홍범도洪範圖로서 함경도를 중심으로 의병전쟁을 일으켰던 그는 1910년 간도로 망명해 독립군을 양성했다. 그는 1920년 일본 정규군을 대거 섬멸하는 봉오동전투와 청산리전투의 주역이 되었다. 양반 출신으로는 유인석柳麟錫이 이런 인물인데, 1907년 정미의병에 가담했던 그는 연해주로 망명해 1910년 13도 의군을 조직해 이상설李相卨·이범윤李範允 같은 망명세력들의 추대로 도총재가 되었다. 이후 서간도로 망명해 1915년 사망할 때까지 항일무장투쟁에 전념했던 유학자였다.

일제의 남한대토벌과 의병의 국외 이주

일제는 1909년 9월부터 10월까지 '남한대토벌 실시계획'이란 침략작전을 수행했다. 명칭은 '남한대토벌'이었지만 그 '작전계획'은 토벌을 실시해야 할 구역은 '전라남북도'라고 명기했으니 사실상 '호남대토벌'이었다. 다른 지역의 의병은 수그러들었지만 전라도 지역은 지리산을 중심으로 항일의병이 건재했기 때문이다. 남한대토벌 작전의 실시요령에 대해서 경비부대는 토벌지역의 포위선을 형성하고, 소요 지점을 수비했으며, 행동부대는 포위선 내에서 토벌, 수색, 검거 등에 종사하게 했다. 그리고 "토벌대는 전 지구 내를 빠짐없이 수색하고 특히 산지와 촌락은 엄밀히 수색을 실행한다"라고 해서 호남 지역 의병과 의병을 지원하는 민간인에 대한 초토화작전을 수행했다. 토벌작전은 모두 3기로 나누어 실시되었는데, 토벌사령부의 위치는 '남원 → 광주 → 영산포 → 목포'로서 모두 전라도 일원이었다. 이 작전 결과 호남지역의 항일의병은 초토화되었으며, 의병전쟁은 쇠퇴기에 접어들면서 만주로 이동해갔다.

대한제국의 멸망과 새로운 시작 04

대한제국의 수립

갑오개혁 와중인 1894년 7월 조선은 고종을 '대군주大君主'로 격상시키고 청나라의 연호를 폐지하고 조선의 개국기년을 사용했다. 조선의 개국기년 사용은 조선이 청나라의 속국이 아님을 내외에 보이기 위함이었다. 그 이듬해인 1895년 8월 27일에는 국호를 대조선국大朝鮮國으로 개칭하고 대군주를 '황제'로 격상시키려고 했다. 그러나 명성황후 시해와 단발령에 대한 각지의 반발이 거세졌고, 고종이 이듬해 2월 러시아공사관으로 망명하는 아관파천으로 일시 중단되었다. 고종의 러시아공사관 거주는 러시아를 중심으로 각 열강들의 이권침탈과 친러수구파의 영향력 확대로 이어졌다. 그러자 1896년 7월 창립된 독립협회와 자주적 보수파를 중심으로 고종환궁운동이 일어나 1897년 2월 고종은 파천 1년 만에 경운궁으로 환궁했다. 고종의 환궁 뒤 독립협회 중심의 개화파와 일부 보수파들은 칭제건원稱帝建元을 추진했는데, 1896년 1월부터 사용하던 건양建陽이란 연호를 1897년 8월 16일부터 광무光武로 고쳐 건양 2년을 광무 원년으로 삼고, 같은 해 10월 12일 원구단圜丘壇에서 황제즉위식을 거행하면서 국호를 조선에서 대한제국으로 변경했다.

독립협회 중심의 개화파와 보수파는 정체政體 문제로 대립했는데 개화파는 입헌군주제를 채택해야 한다고 주장한 반면, 수구파는 전제군주제를 유지해야 한다고 주장했다. 양 세력은 1898년 절영도絶影島(부산 영도)의 러시아 조차租借(나라 땅의 통치권을 외국에 넘겨주는 것) 문제로 격돌했다. 이를 외국의 침략 첫 단계로 규정한 독립협회는 1898년 3월 10일 서울 종로에서 만민공동회를 열어 절영도 조차 반대, 일본의 국내 석탄고 기지 철수, 한로은행 철수 등을 요구했다. 이런 반발 때문에 러시아는 절영도 조차 요구를 철회했고, 일본의 석탄고 기지도 환수했다. 이를 계기로 러시아와 일본은 한국의 내정에 간섭하지 않는다는 니시-로젠 협정을 체결했다. 이는 한반도를 둘러싼 제국들의 세력균형이 이루어졌음을 뜻하는 것이었다. 이에 힘을 얻은 독립협회는 입헌군주제를 계속 추진해 1898년 11월 2일 중추원신관제中樞院新官制 공포를 성공시켰다.

개화파의 이런 성과에 수구파들은 위협을 느끼고 독립협회의 목적이 의회 설립이 아니라 고종을 폐위하고 박정양을 대통령, 윤치호尹致昊를 부통령으로 하는 공화제 수립에 있다는 전단을 뿌렸다. 이에 놀란 고종은 경무청과 친위대를 동원해 독립협회 간부를 체포하고 조병식趙秉式 중심의 수구파 정부를 수립시켰다. 독립협회가 자신들의 대한제국 강점에 방해가 된다고 여긴 일본도 수구파에 가담해 독립협회 운동의 탄압을 권고했는데, 이를 받아들인 고종은 독립협회와 만민공동회를 강제해산했다.

이에 힘입은 수구파 내각은 1899년 8월 17일 대한국국제大韓國國制를 제정·공포했는데, 국호는 여전히 대한제국이었으며 정치체제는 전제군주제라고 규정했다. 이에 따르면 황제에게 행정권은 물론 입법·사법과 육해군 통수권까지 부여하면서도 그를 제한할 수 있는 어떠한 조항도 두지 않았다는 점에서 구시대로의 퇴행에 가까웠다.

대한제국은 황제권 강화에 모든 정력을 기울여 군사정책의 중점을 국가의 국방력 강화보다 황실호위병력의 강화에 두었으며, 경제정책에서도 전국의 광산·철도·홍삼제조·수리관개사업 등의 수입을 정부예산과 분리해 황제의 수

입으로 삼고, 상업과 공장설립에서도 민간산업을 억제하고 황실직영업종에
중점을 두었다.

대한제국은 토지를 측량하는 양전사업量田事業과 토지소유자에게 증서를
발급하는 지계사업地契事業을 중점사업으로 삼았다. 1898년 양지아문量地衙門
을 설치하고 이듬해부터 양전사업을 실시했고, 1901년에는 양지아문 대신 지
계아문地契衙門을 설치해 토지문제를 처리했다. 양전·지계사업은 근대적인 토
지제도 수립에 목적을 두었으나 실제 시행 결과 봉건적인 지주 권한만 강화했
을 뿐 농민들의 요구사항은 전혀 반영되지 않았다. 양전사업 과정에서 실질적
으로 농민 소유였던 토지들이 다수 황실 소유의 궁방전 등으로 강제 편입되면
서 정부와 농민 사이에 크고 작은 분쟁이 발생했다. 이처럼 대한제국이 당면
한 시대적 과제를 방기하고 황실 이익 극대화를 위한 여러 사업을 전개하는
동안 러시아와 일본을 중심으로 하는 한반도의 국제정세는 근본적인 변화의
조짐을 보이고 있었다.

대한제국은 제정러시아에게 과도하게 의지해 많은 이권을 넘겨주었는데,
이에 반발하는 일본을 무마하기 위해서 여러 가지 이권을 일본에 넘겨주어야
했다. 일본은 대한제국을 차지하기 위해
서는 러시아와 전쟁이 불가피하다고 판
단했다. 이런 기미를 감지한 대한제국 정
부는 1904년 1월 국외중립을 선언했으
나 일본은 이를 무시하고 1904년 2월 러
시아에 선전포고했으며 러일전쟁 개전
직후 서울을 점령하고 2월 23일 외부대
신 서리 이지용李址鎔과 일본공사 하야
시 곤스케林權助 명의의 한일의정서를
체결했다.

한일의정서의 내용은 다음과 같다. 첫
째, 한국정부는 일본을 신임하여 '시설개

— 러일전쟁 당시 서울을 점령한 일본군.

선'에 관한 충고를 받아들일 것. 둘째, 일본은 대한제국 황실을 안정·강녕하게 할 것. 셋째, 일본은 한국의 독립과 영토보전을 보장할 것. 넷째, 제3국의 침략으로 한국에 위험사태가 발생할 경우 일본은 이에 신속히 대처하며, 한국정부는 이와 같은 일본의 행동을 용이하게 하기 위하여 충분한 편의를 제공하고 일본정부는 목적을 달성하기 위해 전략상 필요한 지역을 언제나 사용할 수 있도록 할 것. 다섯째, 한국과 일본은 상호간의 승인을 거치지 않고서는 협정의 취지에 위배되는 협약을 제3국과 맺을 수 없을 것. 이로써 대한제국의 주권을 크게 훼손시켰다. 민중들은 이 조약에 서명한 이지용과 참서관參書官 구완희具完喜의 집에 폭탄을 던지는 등 크게 반발했으나 일본은 같은 해 7월에는 군사경찰훈령을 만들어 치안권을 빼앗았으며, 8월에는 한일외국인고문용빙에 관한 협정서로 재정권을 빼앗아가는 등 친일파들의 동조 속에 침략을 더욱 가속화시켰다. 대한제국은 점차 회복할 수 없는 길로 접어들고 있었다.

일제의 국권강탈

러일전쟁에서 승기를 잡은 일본은 1905년 9월 미국대통령 루스벨트Theodore Roosevelt의 주선으로 포츠머스 러일강화조약을 체결했다. 러시아는 한국에서 일본의 우월권을 승인함으로써 대한제국을 사실상 일본에 넘겨주었다. 독립국가의 주권을 무시한 이 조약은 열강이 일본의 한국침략을 공식적으로 승인한 셈이었다.

이로써 한반도에서 우월적 지위를 국제적으로 승인받은 일본은 1905년 11월 특명전권대사 이토 히로부미伊藤博文를 파견해 대한제국을 일본의 이른바 '보호국'화 하려는 침략계획을 노골적으로 드러냈다. 외교권 박탈을 주 내용으로 하는 을사조약은 이토와 하야시 공사, 주한일본군사령관 하세가와 요시미치長谷川好道의 치밀한 계획에 의해 추진되었는데, 여기에는 일본의 무력 외에 정부에 책임을 떠넘

— 이토 히로부미.

을사오적: 1905년 일제에 외교권 넘기는 을사늑약 찬성 대신

명단	직책	당파
박제순	외부대신	노론
이지용	내부대신	노론
이근택	군부대신	노론
이완용	학부대신	노론
권중현	농상부대신	노론

긴 고종의 우유부단함과 친일파들의 동조가 가세했다.

참정대신 한규설과 탁지부대신 민영기, 법부대신 이하영은 반대
했으나 학부대신 이완용·군부대신 이근택·내부대신 이지용·외부대
신 박제순·농상공부대신 권중현 등은 책임을 고종에게 미루며 찬성
했는데, 이들을 을사오적乙巳五賊이라 한다. 이로써 대한제국은 외교
권을 강탈당했으며 통감부가 설치되어 외교권을 대신 행사했다.

《황성신문》 사장 장지연은 1905년 11월 20일자에 '이날을 목 놓
아 통곡한다'는 〈시일야방성대곡是日也放聲大哭〉이라는 논설을 게재
해 조약체결 사실을 알렸는데, 이에 따라 전국 각지에서 조약체결 거부 운동이
일어났다. 의정부참찬議政府參贊 이상설을 비롯해 이유승, 법부주사法部主事 안
병찬, 원임의정대신原任議政大臣 조병세, 시종무관장侍從武官長 민영환, 전 참
찬參贊 최익현 등이 조약 거부를 주장하는 상소를 올렸으며, 민영환과 조병세,
전 참판 홍만식, 학부주사學部主事 이상철, 주영공사駐英公使 이한응, 평양대平

— 이완용.

정미칠적: 1907년 일본인 통감에게 정권 넘기는 조약 찬성 대신

명단	직책	당파	이후 경력
이완용	내각총리대신	노론	후작, 조선총독부 중추원 고문 겸 부의장
송병준	농상공부대신	자칭 노론	백작, 중추원 고문
이병무	군부대신	노론	자작
고영희	탁지부대신	노론	자작, 중추원 고문
조중응	법부대신	소론	자작, 중추원 고문
이재곤	학부대신	노론	자작, 중추원 고문
임선준	내부대신	노론	자작, 중추원 고문

— 민영환.

壞隊의 김봉학 등은 자결로써 항거했고 전국 각지에서 의병운동이 일어났다.

일본은 1906년 2월 통감부를 설치해 조선의 전권을 장악했으며, 조선 정부는 그 감독을 받게 되었다. 일본은 1907년 네덜란드의 헤이그에서 열린 제2회 만국평화회의에 고종이 이상설·이위종·이준 등을 밀사로 파견했다는 이유로 고종을 강제 퇴위시키고 순종을 즉위시킬 정도로 위세가 등등했다. 조선은 통감정치만으로도 일본의 속국과 마찬가지였다.

일본은 이에 만족하지 않고 조선을 완전히 점령하기로 결정했는데, 1910년 7월 조선통감 데라우치 마사타케寺內正毅는 '병합 후의 대한對韓 통치방침'을 휴대하고 부임해 이 임무를 수행했다. 1910년 8월 데라우치는 총리대신 이완용, 농상공대신 조중응과 밀의하고 8월 22일 형식상의 어전회의를 마친 당일 이완용과 데라우치 사이에 조인을 완료했다. 이 사실은 1주일간 비밀에 부쳐졌다가 8월 29일 이완용이 윤덕영에게 황제의 어새御璽를 날인하게 해서 이 병합조약을 반포했는데, 조선왕조는 27대 519년 만에 일제에 점령됨으로써 끝나고 말았다.

— 왼쪽부터 헤이그밀사 이준, 이상설, 이위종.

대한제국의 멸망과 지배층의 동향

조선의 멸망은 비극이었지만 더 큰 비극은 인조반정부터 따지면 약 300여 년, 일당체제를 수립하는 영조 31년(1755)의 나주벽서 사건부터 따져도 약 150여 년을 집권한 노론이 국망에 저항하기는커녕 오히려 가담했다는 데 있다. 일제 는 조선점령 직후인 1910년 10월 7일 76명에 달하는 한인들에게 이른바 '합 방 공로작功勞爵'을 수여하고, 막대한 은사금을 지급했는데 대부분 이씨, 민씨 등의 왕족들과 집권노론이었다. 김석진·민영달·윤용구·조경호·한규설 등 8명 은 남작 작위를 거부했으나 나머지는 귀족의 지위를 누렸다. 또한 일제는 '합 방공로작' 수여 다음 날 이들에게 각각 2만 5,000원~50만4,000원에 이르는 총 1,700여만 원의 거금과 '은사공채恩賜公債'를 주었다. 일제는 나아가 향촌

1910년 나라 팔아먹은 공로로 일제로부터 귀족 작위를 받은 명단

작위	이름	
후 작	이재완李載完(대원군 조카) 이재각李載覺(왕족) 이해창李海昌(왕족) 이해승李海昇(왕족)	윤택영尹澤榮(본관 해평, 순종 장인, 노론) 박영효朴泳孝(본관 반남, 철종 사위, 노론) 이완용李完用(본관 우봉, 노론)
백 작	이지용李址鎔(본관 전주, 노론) 민영린閔泳璘(본관 여흥, 순종비 민씨 오빠, 노론)	송병준宋秉畯(본관 은진, 자칭 노론) 고희경高羲敬(본관 제주, 중인)
자 작	이완용李完鎔(본관 전주, 노론) 이기용李埼鎔(본관 전주, 노론) 박제순朴齊純(본관 반남, 노론) 조중응趙重應(본관 양주, 소론) 민병석閔丙奭(본관 기흥, 노론) 권중현權重顯(본관 안동, 한미한 가문 출신) 이하영李夏榮(본관 경주, 한미한 가문 출신) 이근택李根澤(본관 전주, 노론)	임선준任善準(본관 풍산, 노론) 이재곤李載崑(본관 전주, 노론) 윤덕영尹德榮(본관 해평, 노론, 순종 처숙부) 조민희趙民熙(본관 양주, 노론) 이병무李秉武(본관 전주, 무과 출신) 이근명李根命(본관 전의, 노론) 민영규閔泳奎(본관 여흥, 노론) 민영소閔泳韶(본관 여흥, 노론) 민영휘閔泳徽(본관 여흥, 노론) 김성근金聲根(본관 안동, 노론)
	이용식李容植(본관 한산, 노론) - 훗날 3·1운동 가담 작위 박탈 김윤식金允植(본관 청풍, 노론) - 훗날 3·1운동 가담 작위 박탈	

남작 중 윤용구·홍순형·김석진·유길준·민영달·조정구·조경호 등은 수작을 거부했고 이 중 김석진은 같은 해 자결 순국했다.

을 장악하고 있는 양반 사대부들을 회유하기 위해 양반 사대부들에게도 자금을 주고 일본여행을 보내주기도 했다. 그때의 정황을 양반 출신의 독립운동가 김창숙은 이렇게 회고했다.

그때에 왜정당국이 관직에 있던 자 및 고령자 그리고 효자열녀에게 은사금이라고 돈을 주자 온 나라의 양반들이 많이 뛸 듯이 좋아하며 따랐다. 나는 혹 이런 자들을 만나면 침을 뱉으며 꾸짖었다.

"돈에 팔려서 적에게 아첨하는 자는 개돼지다. 명색 양반이라면서 효자 열녀 표창에 끼어든단 말이냐?"

김창숙,《자서전》

노론은 합방이 황제의 의사라면서 독립전쟁에 나서지 않는 자신들의 행위를 합리화시켰다. 당론에 어긋나면 국왕까지도 선택했던 노론의 친일 논리로서는 궁색한 것이었다. 전제군주제에서 황제가 합방문서에 조인하지 않았으니 합방조약 자체가 무효라는 사실은 논외로 치더라도 노론은 일제 치하에서도 자신들의 기득권을 계속 유지할 수 있으므로 독립전쟁에 나서지 않았다.

집권 노론이 당수 이완용을 필두로 나라를 팔아먹은 상황에서 양반 사대부들 중에서 독립전쟁에 나선 인물들은 주로 소론과 남인들이었다. 가장 먼저 독립전쟁에 나선 양반 출신들은 정원하·홍승헌·이건승 등 강화도의 양명학자들이었다. 노론은 성리학을 유일사상으로 떠받든 반면 소론은 양명학을 받아들였는데, 강화도의 양명학자들은 모두 소론이었다. 양반 출신으로 6형제가 독립전쟁에 나선 이회영 집안과 이상룡·김대락 집안, 이상설·이동녕·김창숙 등은 모두 소론이나 남인계열들이었다. 집권 노론은 독립전쟁에 나

── 이회영. 1910년 국치를 당하자 일곱 형제 중 6명의 형제 50여 가족이 모두 만주로 가 항일투쟁의 기틀을 마련하고 독립운동을 전개했다.

서지 않고 야당인 소론과 재야 남인들, 그리고 중인과 일반 민중들만이 독립전쟁에 나섰다. 이런 상황에서 일제의 폭압정치를 온몸으로 감내해야 했던 존재는 민중들이었다.

독립전쟁에 나섰던 이들은 만주 및 연해주에 해외독립운동 근거지를 만들었다. 이들은 새로 되찾는 나라의 정체는 전제군주국도, 입헌군주국도 아닌 민주공화제라고 생각했다. 왕국이 멸망한 폐허 위에서 민주공화제가 싹텄던 것이다.

이완용의 비서 이인직과 국사교과서

이인직은 국사교과서에서 신소설 《혈의 누》를 쓴 선각자라고 가르쳐왔다. 《혈의 누》의 내용은 청일전쟁 때 청나라 군사에게 겁탈당할 뻔한 조선 처녀를 일본군이 구해준다는 내용이다. 이 소설은 을사늑약으로 일제에 외교권을 빼앗긴 이후인 1906년부터 《만세보》에 연재되었으니 대한제국을 빨리 점령해달라는 정치소설이었다. 일진회에서 합방청원을 제출하던 1910년 일본 육군대장 데라우치 마사다케가 3대 통감으로 부임하자 데라우치가 일진회와 손잡고 대한제국을 병합할까봐 마음이 다급해진 이완용은 비서 이인직을 시켜 나라를 팔아먹는 비밀협상을 하게 했다. 이인직은 도쿄 유학 시절의 스승이었던 통감부 외사국장 고마츠 미도리小松綠를 만나 비밀협상을 수행했다. 고마츠가 나라 팔아먹은 한국인들에게 귀족의 작위를 주고 막대한 은사금도 줄 것이라고 말하자 이인직은 "그런 관대한 조건이라면 이완용도 만족할 것"이라고 말했다. 이완용과 조중응이 망국 협상 조인을 위해 데라우치를 만났을 때 유일한 이견은 데라우치가 고종·순종의 지위를 일본 황실의 일원인 '이왕李王'으로 봉하겠다고 하자 이완용이 왕이 아니라 '대공大公'으로 격하하자고 제안한 것이었다. 황제였던 고종·순종을 신하의 일종인 대공으로 격하시켜서는 한국 민중의 반발이 거셀 것이라고 우려한 일제에 의해 고종·순종은 이왕으로 결정되었다. 이 사실은 고마츠가 1935년 총독부기관지 《경성일보》에 연재하면서 널리 알려졌다. 뿐만 아니라 이인직은 이토 히로부미가 안중근 의사에 의해 총살당했을 때 대한신문사 사장 자격으로 추도식에 가서 추도사를 낭독했던 인물이었다. 이런 매국노를 선각자로 가르친 국사교과서가 그간 우리 민족의 정신을 얼마나 갉아먹었을지는 새삼 설명할 필요도 없을 것이다.

고구려
[ ]는 비妃의 부
〈 〉는 배우자

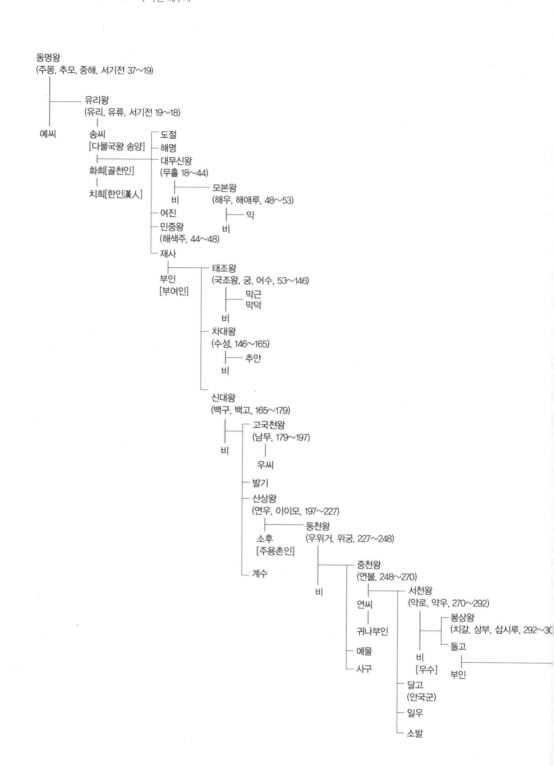

동명왕
(주몽, 추모, 중해, 서기전 37~19)

예씨

유리왕
(유리, 유류, 서기전 19~18)

송씨
[다물국왕 송양]

화희[골천인]

치희[한인漢人]

도절

해명

대무신왕
(무휼 18~44)

비

여진

민중왕
(해색주, 44~48)

재사

부인
[부여인]

모본왕
(해우, 해애루, 48~53)

익

비

태조왕
(국조왕, 궁, 어수, 53~146)

막근
막덕

비

차대왕
(수성, 146~165)

추안

비

신대왕
(백구, 백고, 165~179)

비

고국천왕
(남무, 179~197)

우씨

발기

산상왕
(연우, 이이모, 197~227)

소후
[주용촌인]

계수

동천왕
(우위거, 위궁, 227~248)

비

중천왕
(연불, 248~270)

연씨

귀나부인

예물

사구

서천왕
(약로, 약우, 270~292)

비
[우수]

달고
(안국군)

일우

소발

봉상왕
(치갈, 상부, 삽시루, 292~30

돌고

부인

미천왕
(을불, 을불리, 우불, 300~331)

주씨

┬ 고국원왕
│ (사유, 유, 교, 331~371)
│   ┬ 소수림왕
│   비 │ (구부, 371~384)
무   └ 고국양왕
                  (이연, 이속, 어지지, 384~391)
                        ┬ 광개토왕
                     비 │ (담덕, 안, 391~412)
                        └ 장수왕
                          (고련, 413~491)
                             ┬ 조다 ─── 문자명왕
                          비 │ 부인夫人   (나운, 491~519)
                             └ 승평   ┬ 안장왕
                                              │ (흥안, 안, 519~531)
                                           비 └ 안원왕
                                              (보연, 531~545)
                                                    ┬ 양원왕
                                                 비 │ (평성, 545~559)
                                                    └ 평원왕
                                                      (양성, 탕, 559~590)
                                                        비

┬ 영양왕
│ (평양, 대원, 원, 590~618)
│   ┬ 환치
│   비
├ 영류왕
│ (건무, 성, 618~642)
└ 대양왕
     ┬ 보장왕
  부인 │ (장, 642~668)
        ┬ 복남 ─── 보원
        │
     비 └ 덕무
        ┬ 안승 ─── 안순
     비

백제

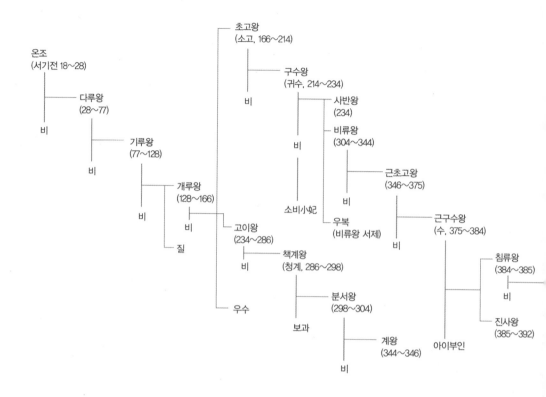

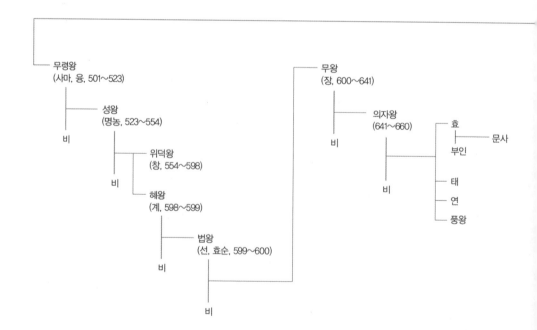

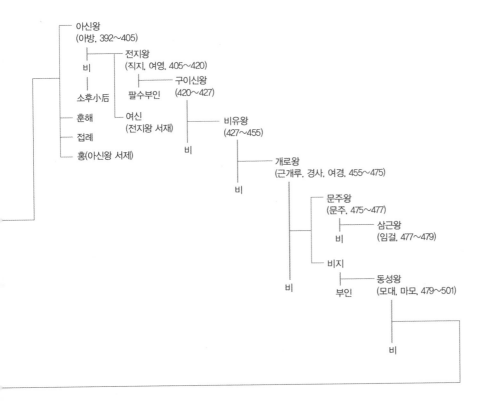

아신왕
(아방, 392~405)

비

소후小后

훈해

접례

홍(아신왕 서제)

전지왕
(직지, 여영, 405~420)

팔수부인

여신
(전지왕 서제)

구이신왕
(420~427)

비

비유왕
(427~455)

비

개로왕
(근개루, 경사, 여경, 455~475)

문주왕
(문주, 475~477)

비

삼근왕
(임걸, 477~479)

비지

부인

동성왕
(모대, 마모, 479~501)

비

신라

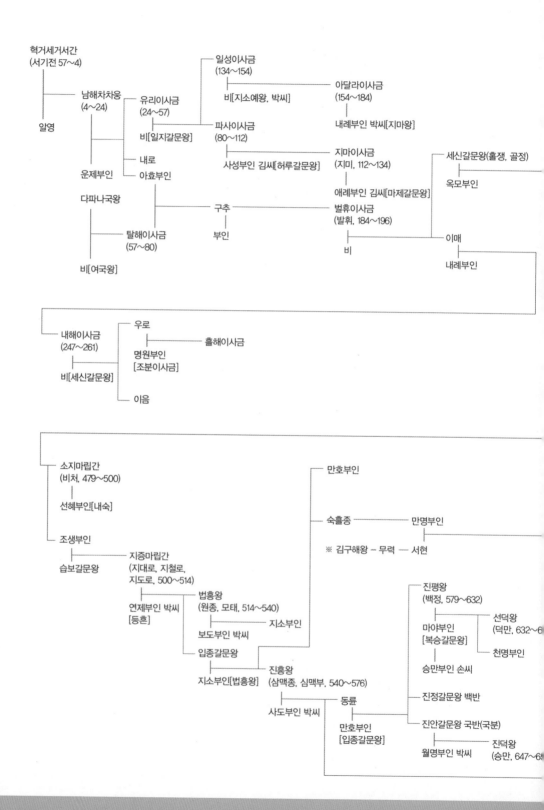

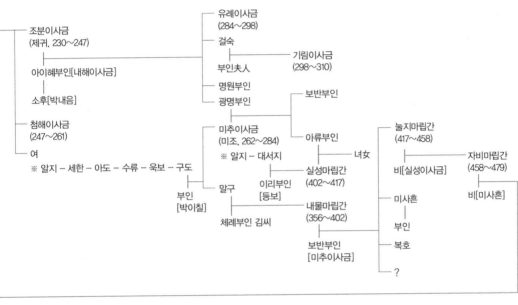

조분이사금
(제귀, 230~247)

아이혜부인[내해이사금]

소후[박내음]

첨해이사금
(247~261)

여
※ 알지 – 세한 – 아도 – 수류 – 욱보 – 구도

유례이사금
(284~298)

걸숙

부인夫人

기림이사금
(298~310)

명원부인

광명부인

미추이사금
(미조, 262~284)
※ 알지 – 대서지

부인
[박이칠]

말구

체례부인 김씨

보반부인

아류부인

녀女

실성마립간
(402~417)

이리부인
[등보]

내물마립간
(356~402)

보반부인
[미추이사금]

눌지마립간
(417~458)

비[실성이사금]

미사흔

부인

복호

?

자비마립간
(458~479)

비[미사흔]

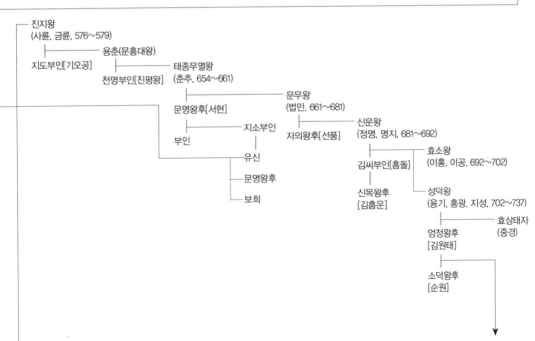

진지왕
(사륜, 금륜, 576~579)

지도부인[기오공]

용춘(문흥대왕)

천명부인[진평왕]

태종무열왕
(춘추, 654~661)

문명왕후[서현]

부인

지소부인

유신

문명왕후

보희

문무왕
(법민, 661~681)

자의왕후[선품]

신문왕
(정명, 명지, 681~692)

김씨부인[흠돌]

신목왕후
[김흠운]

효소왕
(이홍, 이공, 692~702)

성덕왕
(융기, 흥광, 지성, 702~737)

엄정왕후
[김원태]

효상태자
(중경)

소덕왕후
[순원]

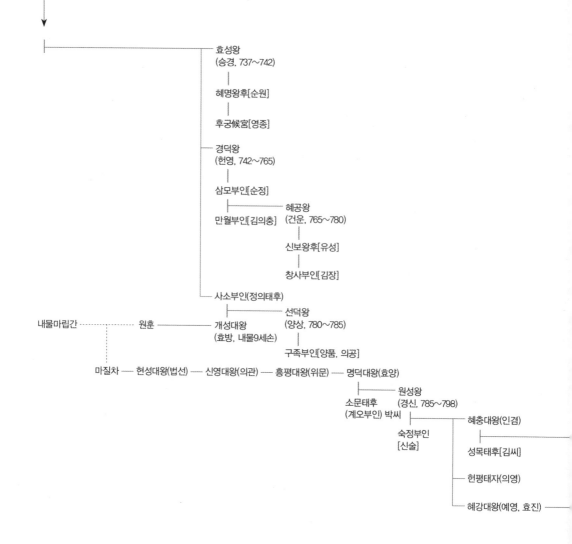

효성왕
(승경, 737~742)

혜명왕후[순원]

후궁候宮[영종]

경덕왕
(헌영, 742~765)

삼모부인[순정]

만월부인[김의충] ─── 혜공왕
(건운, 765~780)

신보왕후[유성]

창사부인[김장]

사소부인(정의태후)

선덕왕
(양상, 780~785)

내물마립간 ········ 원훈 ─── 개성대왕
(효방, 내물9세손)

구족부인[양품, 의공]

마질차 ── 현성대왕(법선) ── 신영대왕(의관) ── 흥평대왕(위문) ── 명덕대왕(효양)

원성왕
(경신, 785~798)

소문태후
(계오부인) 박씨

숙정부인
[신술]

혜충대왕(인겸)

성목태후[김씨]

헌평태자(의영)

혜강대왕(예영, 효진!)

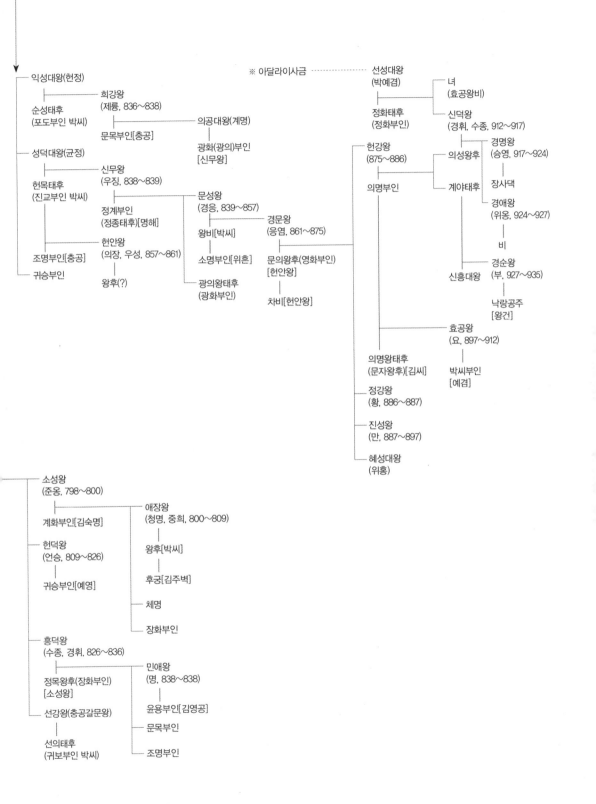

익성대왕(헌정)

순성태후
(포도부인 박씨)

희강왕
(제륭, 836~838)

문목부인[충공]

의공대왕(계명)

광화(광의)부인
[신무왕]

성덕대왕(균정)

헌목태후
(진교부인 박씨)

신무왕
(우징, 838~839)

정계부인
(정종태후)[명해]

조명부인[충공]

귀승부인

헌안왕
(의장, 우성, 857~861)

왕후(?)

문성왕
(경응, 839~857)

왕비[박씨]

소명부인[위흔]

광의왕태후
(광화부인)

경문왕
(응염, 861~875)

문의왕후(영화부인)
[헌안왕]

차비[헌안왕]

※ 아달라이사금

선성대왕
(박예겸)

정화태후
(정화부인)

녀
(효공왕비)

신덕왕
(경휘, 수종, 912~917)

헌강왕
(875~886)

의명부인

의성왕후

계야태후

신흥대왕

경명왕
(승영, 917~924)

장사댁

경애왕
(위응, 924~927)

비

경순왕
(부, 927~935)

낙랑공주
[왕건]

의명왕태후
(문자왕후)[김씨]

정강왕
(황, 886~887)

진성왕
(만, 887~897)

혜성대왕
(위홍)

효공왕
(요, 897~912)

박씨부인
[예겸]

소성왕
(준옹, 798~800)

계화부인[김숙명]

헌덕왕
(언승, 809~826)

귀승부인[예영]

애장왕
(청명, 중희, 800~809)

왕후[박씨]

후궁[김주벽]

체명

장화부인

흥덕왕
(수종, 경휘, 826~836)

정목왕후(장화부인)
[소성왕]

선강왕(충공갈문왕)

선의태후
(귀보부인 박씨)

민애왕
(명, 838~838)

윤용부인[김영공]

문목부인

조명부인

금관가야

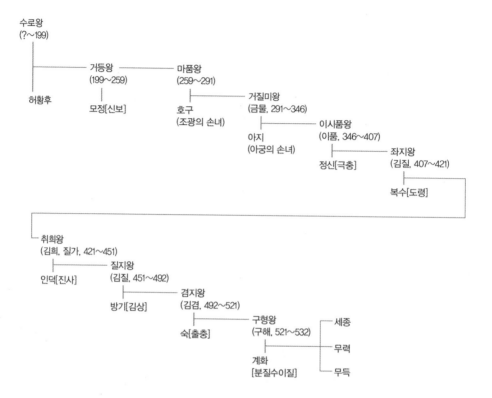

수로왕
(?~199)

거등왕
(199~259)

허황후

모정[신보]

마품왕
(259~291)

호구
(조광의 손녀)

거질미왕
(금물, 291~346)

아지
(아궁의 손녀)

이시품왕
(이품, 346~407)

정신[극충]

좌지왕
(김질, 407~421)

복수[도령]

취희왕
(김희, 질가, 421~451)

인덕[진사]

질지왕
(김질, 451~492)

방기[김상]

겸지왕
(김겸, 492~521)

숙[출충]

구형왕
(구해, 521~532)

계화
[분질수이질]

세종

무력

무득

대가야

이진아시왕 ·············· 이뇌왕 ──────── 월광태자 ·············· 도설지왕

발해

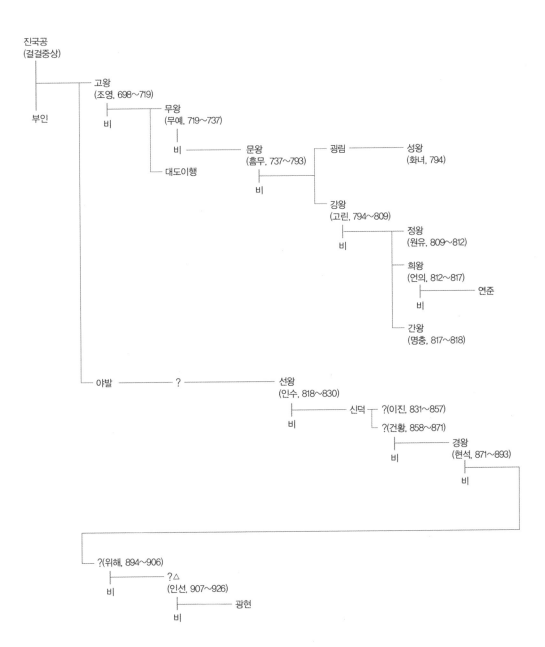

진국공
(걸걸중상)

부인

고왕
(조영, 698~719)

비

무왕
(무예, 719~737)

비 ──── 문왕
(흠무, 737~793)

괭림 ──── 성왕
(화녀, 794)

대도이행

비

강왕
(고린, 794~809)

비

정왕
(원유, 809~812)

희왕
(언의, 812~817) ──── 연준

비

간왕
(명충, 817~818)

야발 ──── ? ──── 선왕
(인수, 818~830)

비 ──── 신덕 ┬ ?(이진, 831~857)
          └ ?(건황, 858~871)

비 ──── 경왕
(현석, 871~893)

비

?(위해, 894~906)

비 ──── ?△
(인선, 907~926)

비 ──── 광현

고려

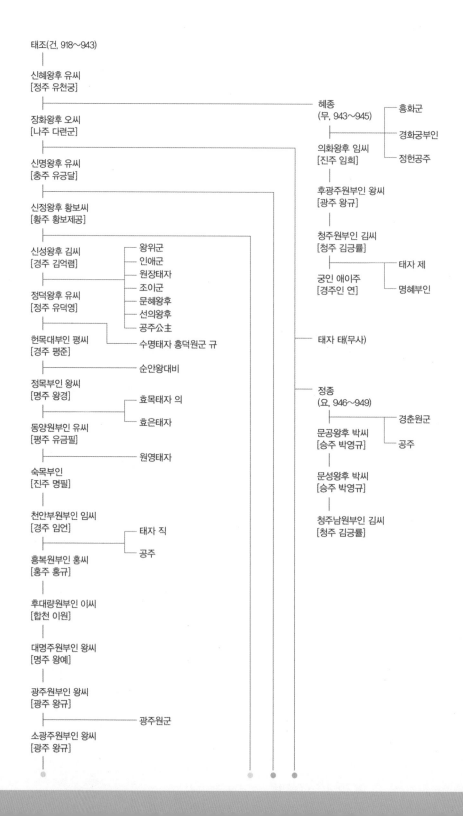

태조(건, 918~943)

신혜왕후 유씨
[정주 유천궁]

혜종
(무, 943~945)

흥화군

경화궁부인

정헌공주

장화왕후 오씨
[나주 다련군]

의화왕후 임씨
[진주 임희]

신명왕후 유씨
[충주 유긍달]

후광주원부인 왕씨
[광주 왕규]

신정왕후 황보씨
[황주 황보제공]

청주원부인 김씨
[청주 김긍률]

신성왕후 김씨
[경주 김억렴]

왕위군
인애군
원장태자
조이군
문혜왕후
선의왕후
공주公主

태자 제

궁인 애이주
[경주인 연]

명혜부인

정덕왕후 유씨
[정주 유덕영]

헌목대부인 평씨
[경주 평준]

수명태자 홍덕원군 규

순안왕대비

태자 태(무사)

정목부인 왕씨
[명주 왕경]

효목태자 의

동양원부인 유씨
[평주 유금필]

효은태자

정종
(요, 946~949)

경춘원군

문공왕후 박씨
[승주 박영규]

공주

원영태자

숙목부인
[진주 명필]

문성왕후 박씨
[승주 박영규]

천안부원부인 임씨
[경주 임언]

태자 직

공주

청주남원부인 김씨
[청주 김긍률]

흥복원부인 홍씨
[홍주 홍규]

후대량원부인 이씨
[합천 이원]

대명주원부인 왕씨
[명주 왕예]

광주원부인 왕씨
[광주 왕규]

광주원군

소광주원부인 왕씨
[광주 왕규]

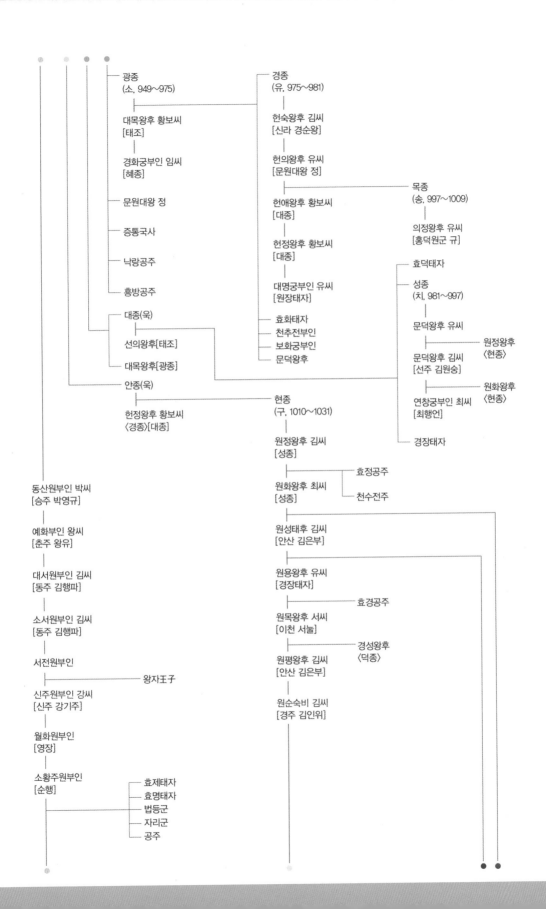

광종
(소, 949~975)

대목왕후 황보씨
[태조]

경화궁부인 임씨
[혜종]

문원대왕 정

증통국사

낙랑공주

흥방공주

대종(욱)

선의왕후[태조]

대목왕후[광종]

안종(욱)

헌정왕후 황보씨
〈경종〉[대종]

경종
(유, 975~981)

헌숙왕후 김씨
[신라 경순왕]

헌의왕후 유씨
[문원대왕 정]

헌애왕후 황보씨
[대종]

헌정왕후 황보씨
[대종]

대명궁부인 유씨
[원장태자]

효화태자
천추전부인
보화궁부인
문덕왕후

목종
(송, 997~1009)

의정왕후 유씨
[홍덕원군 규]

효덕태자

성종
(치, 981~997)

문덕왕후 유씨

문덕왕후 김씨
[선주 김원숭]

연창궁부인 최씨
[최행언]

경장태자

원정왕후
〈현종〉

원화왕후
〈현종〉

현종
(구, 1010~1031)

원정왕후 김씨
[성종]

효정공주
천수전주

원화왕후 최씨
[성종]

원성태후 김씨
[안산 김은부]

원용왕후 유씨
[경장태자]

효경공주

원목왕후 서씨
[이천 서눌]

경성왕후
〈덕종〉

원평왕후 김씨
[안산 김은부]

원순숙비 김씨
[경주 김인위]

동산원부인 박씨
[승주 박영규]

예화부인 왕씨
[춘주 왕유]

대서원부인 김씨
[동주 김행파]

소서원부인 김씨
[동주 김행파]

서전원부인

왕자王子

신주원부인 강씨
[신주 강기주]

월화원부인
[영장]

소황주원부인
[순행]

효제태자
효명태자
법등군
자리군
공주

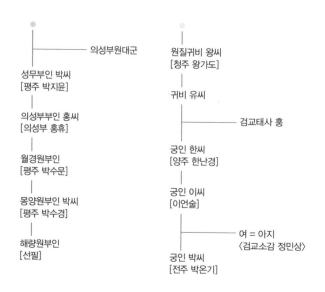

의성부원대군

성무부인 박씨
[평주 박지윤]

의성부원부인 홍씨
[의성부 홍휴]

월경원부인
[평주 박수문]

몽양원부인 박씨
[평주 박수경]

해량원부인
[선필]

원질귀비 왕씨
[청주 왕가도]

귀비 유씨

검교태사 홍

궁인 한씨
[양주 한난경]

궁인 이씨
[이언술]

여 = 아지
〈검교소감 정민상〉

궁인 박씨
[전주 박온기]

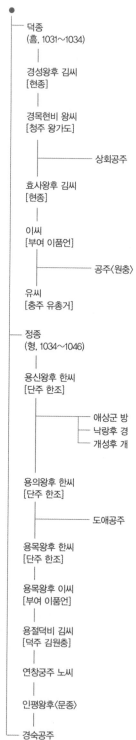

덕종
(흠, 1031~1034)

경성왕후 김씨
[현종]

경목현비 왕씨
[청주 왕가도]

상회공주

효사왕후 김씨
[현종]

이씨
[부여 이품언]

공주〈원충〉

유씨
[충주 유총거]

정종
(형, 1034~1046)

용신왕후 한씨
[단주 한조]

애상군 방
낙랑후 경
개성후 개

용의왕후 한씨
[단주 한조]

도애공주

용목왕후 한씨
[단주 한조]

용목왕후 이씨
[부여 이품언]

용절덕비 김씨
[덕주 김원충]

연창궁주 노씨

인평왕후〈문종〉

경숙공주

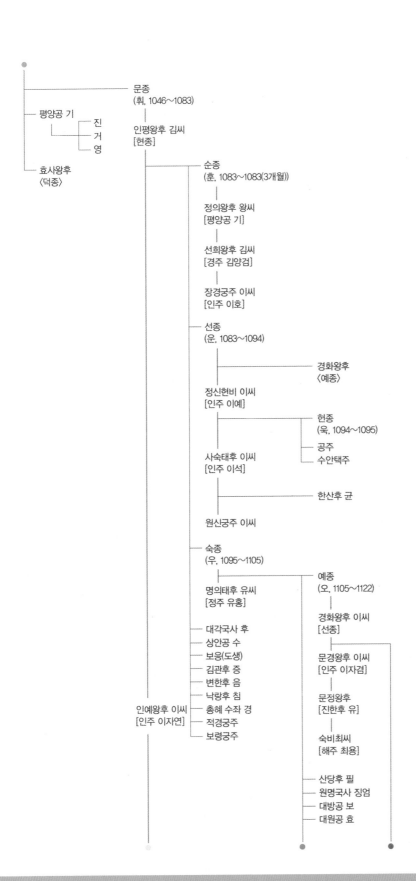

- 문종
(휘, 1046~1083)
- 평양공 기
  - 진
  - 거
  - 영
- 효사왕후
〈덕종〉
- 인평왕후 김씨
[현종]
  - 순종
(훈, 1083~1083(3개월))
  - 정의왕후 왕씨
[평양공 기]
  - 선희왕후 김씨
[경주 김양검]
  - 장경궁주 이씨
[인주 이호]
  - 선종
(운, 1083~1094)
    - 경화왕후
〈예종〉
  - 정신현비 이씨
[인주 이예]
    - 헌종
(욱, 1094~1095)
    - 공주
    - 수안택주
  - 사숙태후 이씨
[인주 이석]
    - 한산후 균
  - 원신궁주 이씨
  - 숙종
(우, 1095~1105)
    - 예종
(오, 1105~1122)
    - 경화왕후 이씨
[선종]
  - 명의태후 유씨
[정주 유홍]
    - 문경왕후 이씨
[인주 이자겸]
  - 대각국사 후
  - 상안공 수
  - 보응(도생)
  - 김관후 증
  - 변한후 음
  - 낙랑후 침
  - 총혜 수좌 경
  - 적경궁주
  - 보령궁주
    - 문정왕후
[진한후 유]
    - 숙비최씨
[해주 최용]
- 인예왕후 이씨
[인주 이자연]
    - 산당후 필
    - 원명국사 징엄
    - 대방공 보
    - 대원공 효

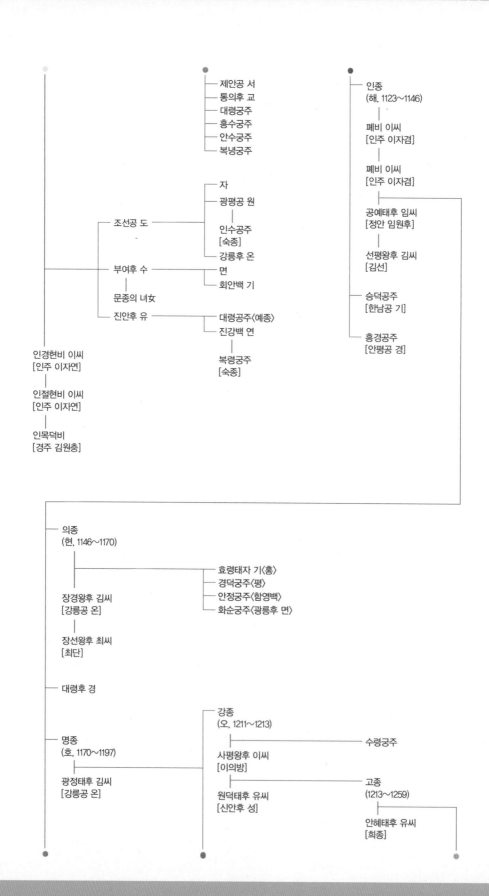

제안공 서
통의후 교
대령궁주
흥수궁주
안수궁주
복녕궁주

자
광평공 원
인수공주
[숙종]
강릉후 온
면
회안백 기

조선공 도

부여후 수

문종의 녀女

진안후 유
대령공주〈예종〉
진강백 연

복령궁주
[숙종]

인종
(해, 1123~1146)

폐비 이씨
[인주 이자겸]

폐비 이씨
[인주 이자겸]

공예태후 임씨
[정안 임원후]

선평왕후 김씨
[김선]

숭덕공주
[한남공 기]

흥경공주
[안평공 경]

인경현비 이씨
[인주 이자연]

인절현비 이씨
[인주 이자연]

인목덕비
[경주 김원충]

의종
(현, 1146~1170)

효령태자 기〈홍〉
경덕궁주〈평〉
안정궁주〈함영백〉
화순궁주〈광릉후 면〉

장경왕후 김씨
[강릉공 온]

장선왕후 최씨
[최단]

대령후 경

강종
(오, 1211~1213)

수령궁주

사평왕후 이씨
[이의방]

명종
(호, 1170~1197)

고종
(1213~1259)

원덕태후 유씨
[신안후 성]

광정태후 김씨
[강릉공 온]

안혜태후 유씨
[희종]

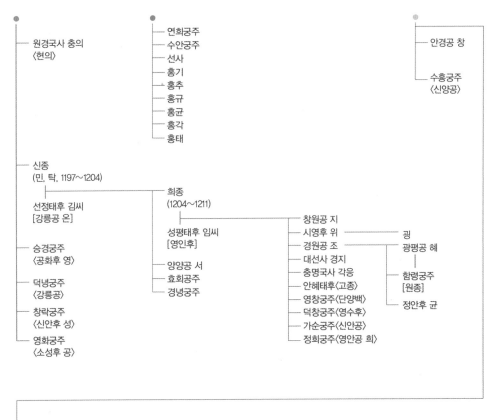

┌ 원경국사 충의
│ 〈현의〉
│
│   ┌ 연희궁주
│   ├ 수안궁주
│   ├ 선사
│   ├ 홍기
│   ├ 홍추
│   ├ 홍규
│   ├ 홍균
│   ├ 홍각
│   └ 홍태
│
│   ┌ 안경공 창
│   │
│   └ 수흥궁주
│   〈신양공〉
│
├ 신종
│ (민, 탁, 1197~1204)
│   ┌ 희종
│   │ (1204~1211)
│ 선정태후 김씨
│ [강릉공 온]   ┌ 창원공 지
│   ├ 시영후 위 ──── 굉
│ 성평태후 임씨   ├ 경원공 조   광평공 혜
│ [영인후]   ├ 대선사 경지
│ 승경궁주   ├ 충명국사 각응
│ 〈공화후 영〉   ├ 안혜태후〈고종〉   ┌ 함령궁주
│ 양양공 서   ├ 영창궁주〈단양백〉   [원종]
│ 덕녕궁주   ├ 덕창궁주〈영수후〉
│ 〈강릉공〉   효회공주 ├ 가순궁주〈신안공〉   └ 정안후 균
│ 창락궁주   경녕궁주 └ 정희궁주〈영안공 희〉
│ 〈신안후 성〉
│ 영화궁주
│ 〈소성후 공〉

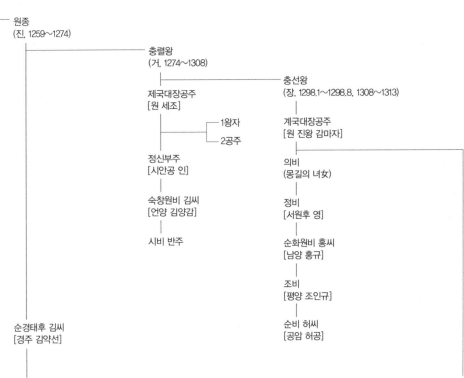

├ 원종
│ (진, 1259~1274)
│
│   ┌ 충렬왕
│   │ (거, 1274~1308)
│   │   ┌ 충선왕
│   │   │ (장, 1298.1~1298.8, 1308~1313)
│ 제국대장공주
│ [원 세조]   계국대장공주
│   ┌ 1왕자   [원 진왕 감마자]
│   └ 2공주
│   의비
│ 정신부주   (몽길의 녀女)
│ [시안공 인]
│   정비
│ 숙창원비 김씨   [서원후 영]
│ [언양 김양감]
│   순화원비 홍씨
│ 시비 반주   [남양 홍규]
│
│   조비
│   [평양 조인규]
│
│   순비 허씨
│ 순경태후 김씨   [공암 허공]
│ [경주 김약선]

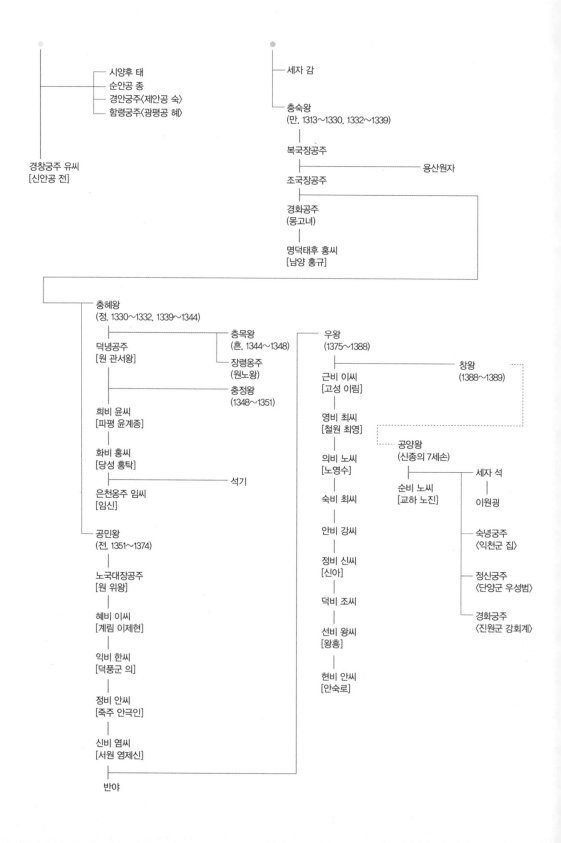

경창궁주 유씨
[신안공 전]

— 시양후 태
— 순안공 종
— 경안궁주〈제안공 숙〉
— 함령궁주〈광평공 혜〉

— 세자 감

충숙왕
(만, 1313~1330, 1332~1339)

복국장공주
— 용산원자

조국장공주

경화공주
(몽고녀)

명덕태후 홍씨
[남양 홍규]

충혜왕
(정, 1330~1332, 1339~1344)

덕녕공주
[원 관서왕]

충목왕
(흔, 1344~1348)

장령옹주
(원노왕)

충정왕
(1348~1351)

희비 윤씨
[파평 윤계종]

화비 홍씨
[당성 홍탁]

석기

은천옹주 임씨
[임신]

공민왕
(전, 1351~1374)

노국대장공주
[원 위왕]

혜비 이씨
[계림 이제현]

익비 한씨
[덕풍군 의]

정비 안씨
[죽주 안극인]

신비 염씨
[서원 염제신]

반야

우왕
(1375~1388)

근비 이씨
[고성 이림]

영비 최씨
[철원 최영]

의비 노씨
[노영수]

숙비 최씨

안비 강씨

정비 신씨
[신아]

덕비 조씨

선비 왕씨
[왕흥]

현비 안씨
[안숙로]

창왕
(1388~1389)

공양왕
(신종의 7세손)

순비 노씨
[교하 노진]

세자 석

이원굉

숙녕궁주
〈익천군 집〉

정신궁주
〈단양군 우성범〉

경화궁주
〈진원군 강회계〉

조선

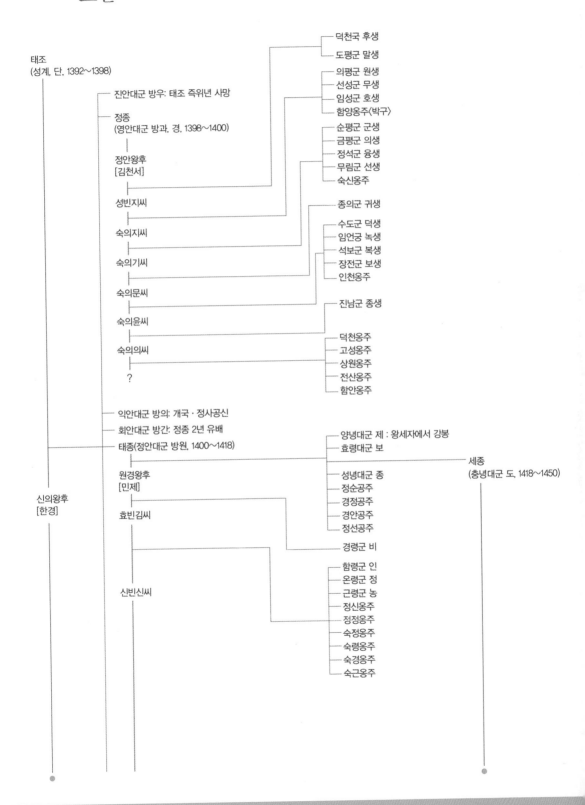

태조
(성계, 단, 1392~1398)

진안대군 방우: 태조 즉위년 사망

정종
(영안대군 방과, 경, 1398~1400)

정안왕후
[김천서]

성빈지씨

숙의지씨

숙의기씨

숙의문씨

숙의윤씨

숙의의씨

?

덕천군 후생
도평군 말생
의평군 원생
선성군 무생
임성군 호생
함양옹주(박구)
순평군 군생
금평군 의생
정석군 융생
무림군 선생
숙신옹주
종의군 귀생
수도군 덕생
임언궁 녹생
석보군 복생
장천군 보생
인천옹주
진남군 종생
덕천옹주
고성옹주
상원옹주
전산옹주
함안옹주

익안대군 방의: 개국 · 정사공신
회안대군 방간: 정종 2년 유배
태종(정안대군 방원, 1400~1418)

원경왕후
[민제]

효빈김씨

신빈신씨

양녕대군 제 : 왕세자에서 강봉
효령대군 보

세종
(충녕대군 도, 1418~1450)

성녕대군 종
정순공주
경정공주
경안공주
정선공주

경령군 비

함령군 인
온령군 정
근령군 농
정신옹주
정정옹주
숙정옹주
숙령옹주
숙경옹주
숙근옹주

신의왕후
[한경]

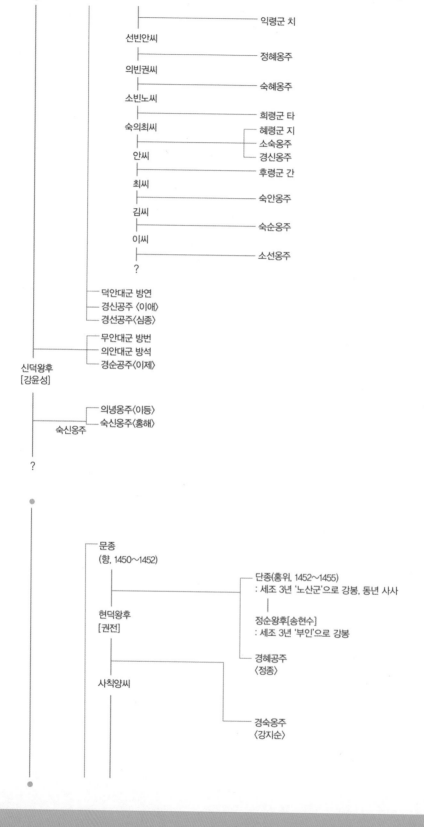

익령군 치

선빈안씨

정혜옹주

의빈권씨

숙혜옹주

소빈노씨

희령군 타

숙의최씨

혜령군 지
소숙옹주
경신옹주

안씨

후령군 간

최씨

숙안옹주

김씨

숙순옹주

이씨

소선옹주

?

덕안대군 방연
경신공주〈이애〉
경선공주〈심종〉

무안대군 방번
의안대군 방석
경순공주〈이제〉

신덕왕후
[강윤성]

의녕옹주〈이등〉
숙신옹주〈홍해〉

숙신옹주

?

문종
(향, 1450~1452)

단종(홍위, 1452~1455)
: 세조 3년 '노산군'으로 강봉, 동년 사사

현덕왕후
[권전]

정순왕후[송현수]
: 세조 3년 '부인'으로 강봉

경혜공주
〈정종〉

사칙양씨

경숙옹주
〈강지순〉

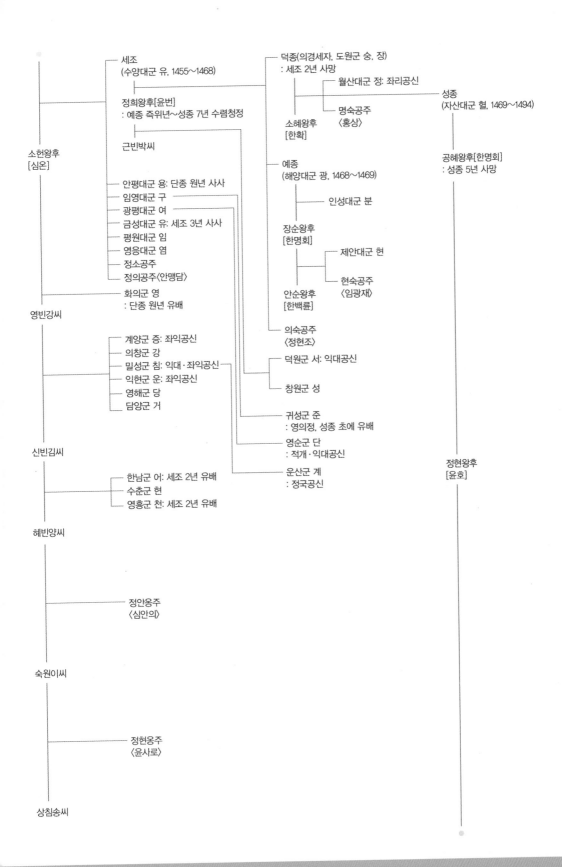

세조
(수양대군 유, 1455~1468)

정희왕후[윤번]
: 예종 즉위년~성종 7년 수렴청정

근빈박씨

소헌왕후
[심온]

안평대군 용: 단종 원년 사사
임영대군 구
광평대군 여
금성대군 유: 세조 3년 사사
평원대군 임
영응대군 염
정소공주
정의공주〈안맹담〉

화의군 영
: 단종 원년 유배

영빈강씨

계양군 증: 좌익공신
의창군 강
밀성군 침: 익대·좌익공신
익현군 운: 좌익공신
영해군 당
담양군 거

신빈김씨

한남군 어: 세조 2년 유배
수춘군 현
영흥군 천: 세조 2년 유배

혜빈양씨

정안옹주
〈심안의〉

숙원이씨

정현옹주
〈윤사로〉

상침송씨

덕종(의경세자, 도원군 숭, 장)
: 세조 2년 사망

소혜왕후
[한확]

월산대군 정: 좌리공신

명숙공주
〈홍상〉

성종
(자산대군 혈, 1469~1494)

예종
(해양대군 광, 1468~1469)

인성대군 분

장순왕후
[한명회]

안순왕후
[한백륜]

제안대군 현

현숙공주
〈임광재〉

의숙공주
〈정현조〉

덕원군 서: 익대공신

창원군 성

귀성군 준
: 영의정, 성종 초에 유배

영순군 단
: 적개·익대공신

운산군 계
: 정국공신

공혜왕후[한명회]
: 성종 5년 사망

정현왕후
[윤호]

중종
(진성대군 역, 1506~1544)

단경왕후[신수근]
: 중종 원년 폐위

장경왕후[윤여필]
: 중종 10년 사망

문정왕후[윤지임]
: 인종 즉위년~명종 8년 수렴청정

경빈박씨

희빈홍씨

창빈안씨

숙의홍씨

숙의이씨

숙원이씨

숙원김씨

신숙공주: 조졸

인종
(고, 1544~1545)

인성왕후[박용]
효혜공주〈김희〉

명종
(환, 1545~1567)

인순왕후[심강]
: 선조 즉위년~원년 수렴청정

순회세자 부
: 명종 19년 사망

의혜공주〈한경록〉
효순공주〈구사안〉
경현공주〈신의〉
인순공주

복성군 미: 중종 28년 사사
혜순옹주〈김인경〉
혜정옹주〈홍려〉

금원군 영
황성군 완: 명종 2년 사사

영양군 거
덕흥대원군 초

하동부대부인
[정세호]

하원군 정
하릉군 련

정신옹주〈한경우〉

해안군 희

덕양군 기

정순옹주〈송인〉
효정옹주〈조의정〉

숙정옹주〈구한〉

연산군(융, 1494~1506)
: 즉위 12년 만에 폐위,
연산군으로 강봉

폐비신씨
[신승선]

?

무산군 종

황(세자)
: 중종 원년 폐위

창녕대군 인
: 중종 원년 삭호

?〈구문경〉

양평군 성: 중종 원년 삭호
돈수
?〈신거홍〉

폐비윤씨
: 성종 11년 사사

명빈김씨

안양군 항
봉안군 봉
정혜옹주〈한기〉

연산군 11년 피살

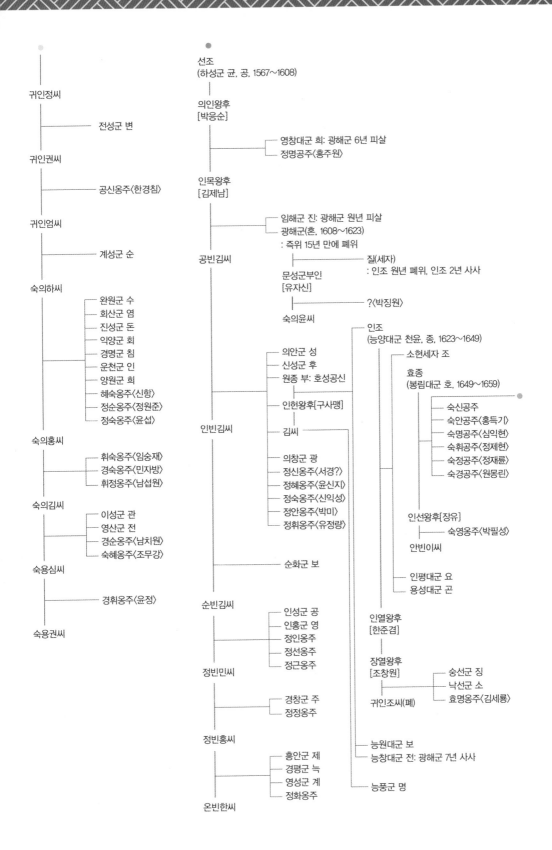

귀인정씨

    └─ 전성군 변

귀인권씨

    └─ 공신옹주〈한경침〉

귀인엄씨

    └─ 계성군 순

숙의하씨

    ├─ 완원군 수
    ├─ 회산군 염
    ├─ 진성군 돈
    ├─ 익양군 회
    ├─ 경명군 침
    ├─ 운천군 인
    ├─ 양원군 희
    ├─ 혜숙옹주〈신항〉
    ├─ 정순옹주〈정원준〉
    └─ 정숙옹주〈윤섭〉

숙의홍씨

    ├─ 휘숙옹주〈임숭재〉
    ├─ 경숙옹주〈민자방〉
    └─ 휘정옹주〈남섭원〉

숙의김씨

    ├─ 이성군 관
    ├─ 영산군 전
    ├─ 경순옹주〈남치원〉
    └─ 숙혜옹주〈조무강〉

숙용심씨

    └─ 경휘옹주〈윤정〉

숙용권씨

선조
(하성군 균, 공, 1567~1608)

의인왕후
[박응순]

    ├─ 영창대군 희: 광해군 6년 피살
    └─ 정명공주〈홍주원〉

인목왕후
[김제남]

    ├─ 임해군 진: 광해군 원년 피살
    ├─ 광해군(혼, 1608~1623)
    │ : 즉위 15년 만에 폐위
공빈김씨
    │   └─ 질(세자)
    문성군부인   : 인조 원년 폐위, 인조 2년 사사
    [유자신]
    │   └─ ?〈박징원〉
    숙의윤씨

    의안군 성
    신성군 후
    원종 부: 호성공신
인빈김씨
    인헌왕후[구사맹]

    김씨

    의창군 광
    정신옹주〈서경?〉
    정혜옹주〈윤신지〉
    정숙옹주〈신익성〉
    정안옹주〈박미〉
    정휘옹주〈유정량〉

    순화군 보

순빈김씨
    ├─ 인성군 공
    ├─ 인흥군 영
    ├─ 정인옹주
    ├─ 정선옹주
    └─ 정근옹주

정빈민씨
    ├─ 경창군 주
    └─ 정정옹주

정빈홍씨
    ├─ 흥안군 제
    ├─ 경평군 늑
    ├─ 영성군 계
    └─ 정화옹주

온빈한씨

인조
(능양대군 천윤, 종, 1623~1649)
    ├─ 소현세자 조
    │ 효종
    │ (봉림대군 호, 1649~1659)
    │   ├─ 숙신공주
    │   ├─ 숙안공주〈홍득기〉
    │   ├─ 숙명공주〈심익현〉
    │   ├─ 숙휘공주〈정제현〉
    │   ├─ 숙정공주〈정재륜〉
    │   └─ 숙경공주〈원몽린〉
    │ 인선왕후[장유]
    │   └─ 숙영옹주〈박필성〉
    │ 안빈이씨
    │
    ├─ 인평대군 요
    └─ 용성대군 곤

인열왕후
[한준겸]

장열왕후
[조창원]
    ├─ 숭선군 징
    ├─ 낙선군 소
    └─ 효명옹주〈김세룡〉
귀인조씨(폐)

    ├─ 능원대군 보
    └─ 능창대군 전: 광해군 7년 사사

    └─ 능풍군 명

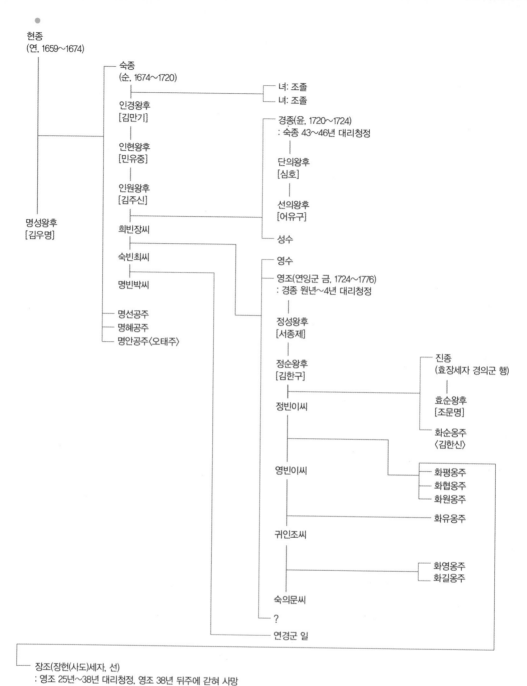

현종
(연, 1659~1674)

숙종
(순, 1674~1720)

인경왕후
[김만기]

인현왕후
[민유중]

인원왕후
[김주신]

희빈장씨

숙빈최씨

명빈박씨

명선공주
명혜공주
명안공주〈오태주〉

명성왕후
[김우명]

녀: 조졸
녀: 조졸

경종(윤, 1720~1724)
: 숙종 43~46년 대리청정

단의왕후
[심호]

선의왕후
[어유구]

성수

영수

영조(연잉군 금, 1724~1776)
: 경종 원년~4년 대리청정

정성왕후
[서종제]

정순왕후
[김한구]

정빈이씨

영빈이씨

귀인조씨

숙의문씨

?

연경군 일

진종
(효장세자 경의군 행)

효순왕후
[조문명]

화순옹주
〈김한신〉

화평옹주
화협옹주
화원옹주

화유옹주

화영옹주
화길옹주

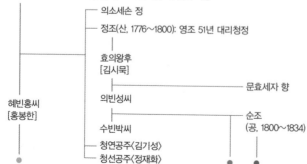

장조(장헌(사도)세자, 선)
: 영조 25년~38년 대리청정, 영조 38년 뒤주에 갇혀 사망

혜빈홍씨
[홍봉한]

의소세손 정

정조(산, 1776~1800): 영조 51년 대리청정

효의왕후
[김시묵]

의빈성씨

수빈박씨

청연공주〈김기성〉
청선공주〈정재화〉

문효세자 향

순조
(공, 1800~1834)

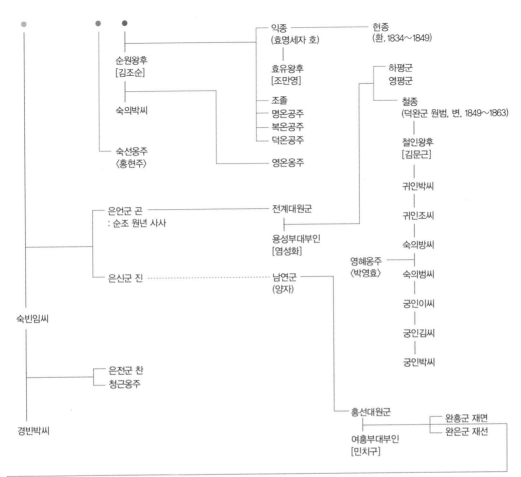

익종
(효명세자 호)

헌종
(환, 1834~1849)

순원왕후
[김조순]

효유왕후
[조만영]

하평군
영평군

숙의박씨

조졸
명온공주
복온공주
덕온공주

철종
(덕완군 원범, 변, 1849~1863)

숙선옹주
〈홍현주〉

영온옹주

철인왕후
[김문근]

귀인박씨

은언군 곤
: 순조 원년 사사

전계대원군

귀인조씨

용성부대부인
[염성화]

영혜옹주
〈박영효〉

숙의방씨

은신군 진

남연군
(양자)

숙의범씨

궁인이씨

숙빈임씨

궁인김씨

궁인박씨

은전군 찬
청근옹주

경빈박씨

흥선대원군

완흥군 재면
완은군 재선

여흥부대부인
[민치구]

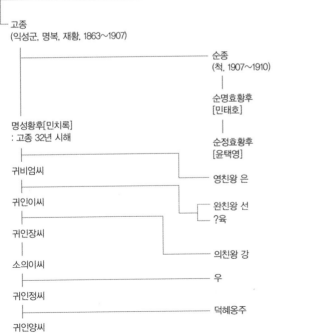

고종
(익성군, 명복, 재황, 1863~1907)

순종
(척, 1907~1910)

순명효황후
[민태호]

순정효황후
[윤택영]

명성황후[민치록]
: 고종 32년 시해

귀비엄씨

영친왕 은

귀인이씨

완친왕 선
?육

귀인장씨

소의이씨

의친왕 강

우

귀인정씨

덕혜옹주

귀인양씨

선사시대에서 대한제국까지

BC	5000	4000	3000	2000
	4500 홍산문화 시작		2333 고조선 건국 2200 하가점 하층문화 시작	청동기 문화 전개

	200	100	AD	50
	194 위만, 고조선의 왕이 되다. 109 조한전쟁 발발 108 고조선 멸망, 한사군 설치	57 신라, 박혁거세 즉위 37 고구려 시조 주몽, 흘승골성 　　에 건국 18 백제 시조 온조왕, 위례성에 　　건국		53 고구려, 태조왕 즉위

	500	600	700	800
	527 신라, 불교 공인 532 금관가야의 구해왕, 신라 　　에 항복 538 백제, 사비 천도 554 관산성 전투에서 백제 성왕 　　전사 562 신라 진흥왕, 대가야 병합 598 고구려, 요서 공격	612 고구려, 살수대첩 642 고구려, 연개소문의 정변 645 고구려, 안시성 싸움 648 나당동맹 성립 660 백제 멸망 668 고구려 멸망 676 신라, 삼국통일 698 발해 건국	732 발해, 당의 상동성 등주 　　공격 735 당, 신라의 대동강 이남 　　영토 공식 승인 755 발해, 상경용천부 천도 768 신라, 대공의 난 780 신라 혜공왕 피살, 선덕왕 　　즉위	822 신라, 김헌창의 난 828 신라, 장보고, 청해진 839 신라, 민애왕 피살, 　　즉위

,000	500	400	300
고조선의 발전		철기 문화 보급	

100	200	300	400
194 고구려, 진대법 실시	209 고구려, 환도성 천도 244 관구검의 위군, 고구려 침입 260 백제, 율령 반포 285 선비족 모용외, 부여 침입 293 모용씨의 고구려 침입	313 낙랑군 소멸 342 전연, 고구려 침입 356 신라, 내물왕 즉위 372 고구려, 태학 설치 381 신라 내물왕, 전진에 사신 파견	400 고구려 광개토대왕, 신라에 침입한 왜군 격퇴 427 고구려, 평양 천도 433 나제동맹 성립 475 백제, 웅진 천도

900	1000	1100	1200
900 견훤, 후백제 선포 901 궁예, 후고구려 건국 918 왕건, 고려 건국 중폐비사 실시 926 발해, 거란에 멸망 935 신라 멸망 936 고려, 후삼국 통일 945 고려, 왕규의 난 956 고려, 노비안검법 실시 958 고려, 과거제 실시	1009 강조의 변 1010 요의 침입 1019 귀주대첩 1033 천리장성 축조 1086 의천의 속장경 조판	1107 윤관의 여진 정벌 1126 이자겸의 난 1135 묘청의 서경 천도 운동 1145 김부식, 《삼국사기》 편찬 1170 무신란 1196 최충헌의 집권 1198 만적의 봉기	1231 몽고의 제1차 침입 1232 고려, 강화 천도 1234 금속활자 상정고금예문 간행 1236–1251 팔만대장경 조판 1270 개경 환도, 삼별초의 항쟁 1274–1294 여원연합군, 일본 원정 시도 1290 동녕부 폐지

선사시대에서 대한제국까지

1300	1400	1500	1600
1314 연경에 만권당 설치 1359–1361 홍건적의 침입 1388 위화도회군 1391 과전법 제정 1392 고려 멸망, 조선 개창 1398 제차 왕자의 난, 정종 즉위	1400 제2차 왕자의 난, 태종 즉위 1420 수령고소금지법 제정 1437 6진 설치 1441 장영실, 측우기 제작 1446 훈민정음 반포 1453 계유정난 1498 무오사화	1504 갑자사화 1506 중종반정 1519 현량과 실시, 기묘사화 1545 을사사화 1550 백운동서원에 소수서원 사액 1575 사림파, 동서분당 1592–1598 임진왜란	1608 경기도에 대동법 1609 일본과 기유약조 1610 《동의보감》 완성 1623 인조반정 1627 정묘호란 1636 병자호란 1645 소현세자, 귀국 후 1659 제1차 예송논쟁 1674 제2차 예송논쟁으 인이 정권 장악 1680 경신환국으로 서인 권 장악 1689 기사환국, 송시열 1694 갑술환국으로 노론 장악, 남인 몰락

1900	1910		
1904 한일의정서 체결 1905 을사조약 1906 통감부설치 1907 헤이그 특사 파견, 고종 퇴위, 군대 해산 1909 안중근, 이토 히로부미 사살	1910 국권 피탈, 조선 귀족령 반포		

700	1750	1800	1800
712 백두산정계비 건립	1750 균역법 실시	1801 신유박해, 황사영 백서 사건	1860 최제우, 동학 창시
725 탕평책 실시	1755 나주벽서 사건	1811 홍경래의 난	1863 흥선대원군 집권
728 이인좌의 난 발생	1762 임오화변	1831 천주교, 조선 교구 설정	1866 병인박해, 병인양요
	1776 규장각 설치	1839 기해박해	1871 신미양요, 서원 철폐
	1786 천주교 금지령 발표		1875 운양호 사건
	1794-1796 수원 화성 축조		1876 강화도조약 체결
			1881 신사유람단, 영선사 파견
			1882 임오군란, 미국과 수교
			1884 갑신정변
			1885 거문도 점령 사건,
			1889 함경도, 방곡령 실시
			1894 동학농민혁명, 갑오개혁, 청일전쟁(~1895)
			1895 을미사변
			1896 아관파천, 독립협회 설립
			1897 대한제국 선포

한국사의 쟁점들에 대한 각국 학계의 시각

	남한 강단사학계	남한 민족사학계	북한학계	중국학계	일본학계
홍산문화와 요하문명 귀속성 여부	중국사로 규정	동이족 문명으로 봄	언급 없음(《조선단대사》)	중화 황제족의 문명으로 봄	중국의 견해와 한국 민족사학계의 견해 소개(《위키백과》 '홍산문화'
황제의 귀속성 여부	황제를 중화민족의 시조로 봄	황제를 동이족으로 봄	언급 없음(《조선단대사》)	황제를 중화민족의 시조로 봄	언급 없음
단군 실존 여부	신화로 봄	실존 인물로 봄	실존 인물로 봄	신화로 봄	신화로 봄(일제강점기)
고조선의 건국 시기	신화로 봄	《동국통감》의 서기전 2333년설 인정	서기전 30세기경으로 봄	신화로 봄	신화로 봄(일제강점기)
고조선의 강역	대동강 유역의 소국으로 주장하다가 요녕성 요하에서 대동강 유역으로 이동했다는 이동설 주장	하북성 난하까지 고조선 강역으로 봄	서기전 5~4세기는 하북성 난하, 서기전 3~2세기는 요녕성 대릉하까지로 봄	대동강 유역으로 봄	대동강 유역으로 봄
기자조선 실재 여부	기자조선에 대한 입장 정리 안 되어 있음	기자를 단군의 후계자로 보지 않음	기자조선 부인	• 기자조선 인정 • 지금의 평양 일대를 중심으로 한 소국이라는 일반적 인식 팽배	일제강점기 초기에 사실로 인정하다가 중국과 한국 단절시키기 위해 부정
위만조선 귀속성 여부	위만조선부터 역사적 사실로 봄	위만을 단군조선의 계승국으로 보는 견해와 부정하는 견해 병존	위만을 연나라 사람으로 봐서 '만조선'이라 지칭	황제를 중화민족의 시조로 봄	황제를 중화민족의 시조로 봄
《규원사화》와 《환단고기》에 대한 시각	위서로 봄	《규원사화》는 진서로 보고 《환단고기》는 진서로 보는 견해와 더 연구가 필요하다는 견해로 나뉨	《규원사화》는 진서로 인정. 《환단고기》는 《환단고기》 대신 《태백일사》·《단군세기》 등 개별사료들을 사실로 인정하고 인용	보편적 견해 없음	보편적 견해 없음
낙랑군의 위치	평양설을 주장하다가 평양에서 요동으로 이동했다는 교치설 주장	• 하북성 노룡현에 낙랑군 조선현이 있었다고 봄 • 낙랑군 교치설 부정	요동반도의 요하 하류 지역으로 봄	평양으로 봄	평양으로 봄(평양에서 요동으로 이동했다는 교치설 처음 주장)
고대부여와 후부여	• 후부여만 인정 • 서기전 2세기경부터 서기 494까지 북만주 지역에 존재했던 예맥족의 국가로 봄	고구려와 백제가 부여에서 나왔다고 봄	고대부여는 서기전 15세기중엽부터 서기전 219년까지, 후부여는 서기전 2세기 초부터 서기 494년까지 존재했던 나라로 봄	부여를 중국사로 봄	예족濊族이 세운 국가로 봄

	남한 강단사학계	남한 민족사학계	북한학계	중국학계	일본학계
고구려의 건국연대	• 《삼국사기》 초기 기록 불신론에 따라 2세기 태조왕 때 건국되었다고 주장 • 2005년부터 활동한 한일역사공동연구위원회 한국 측 보고서는 3세기 서천왕 때 건국되었다고 서술. 또한 4세기 후반에 고대국가 체제를 완성했다고도 주장	서기전 2세기경부터 있었다고 봄(고구려사 900년)	고조선의 후국으로 서기전 15세기경부터 존재(고구려 전사前史)하다가 서기전 277년에 고주몽에 의해 건국되었다고 봄	고구려를 고구려현에서 출발한 중국사로 봄	《삼국사기》 초기기록 불신론에 따라 2세기 태조왕 이후에 건국되었다고 주장
초기 고구려의 도읍지 위치	지금의 요녕성 환인이나 길림성 집안으로 봄	환인이나 집안으로 보는 견해와 하북성 등지로 보는 견해 병존	고구려 건국(서기전 277) 당시는 지금의 길림성과 평안도, 함경도 지역으로 봄	환인과 집안으로 봄	환인과 집안으로 봄
고구려 태조왕이 공격한 한나라 요동군 서안평의 위치	압록강 대안의 단동으로 봄	《요사》 등에 근거해 지금의 내몽골 자치주 파림좌기로 보는 견해 존재	• 요동군 양평(현 조양현 동쪽 60리 지점으로 봄 • 태조왕이 쌓은 요서 10성의 위치에 대해 혼하, 요하, 대릉하로 보는 견해 병존	압록강 대안 단동으로 봄	압록강 대안 단동으로 봄
백제의 건국연대	• 《삼국사기》 초기 기록 불신론에 따라 3세기 고이왕 때 건국되었다고 봄 • 2005년부터 활동한 한일역사공동연구위원회 한국 측 보고서는 4세기 근초고왕 때 건국되었다고 서술	• 서기전 18년경 건국되었다는 《삼국사기》의 기록 신빙 • 대륙백제, 반도백제, 해양백제(일본)가 존재했다고 봄	서기전 3세기 중엽 백제 소국이 성립되었다가 서기전 1세기 말엽 마한에서 벗어나 독립적인 봉건국가로 발전(《조선단대사 8, 백제사 1,2》)	근초고왕 때 건국했다고 봄	남한 강단사학과 유사
신라의 건국연대	• 《삼국사기》 초기 기록 불신론에 따라 4세기 내물왕 때 건국되었다고 봄 • 2005년부터 활동한 한일역사공동연구위원회 한국 측 보고서는 5세기 눌지왕 때 건국되었다고 서술	• 《삼국사기》에 따라 서기전 1세기에 건국했다고 봄 • 대륙에서 시작해 일부는 그대로 대륙에 남고 일부는 이동했던 것으로 보는 견해 존재	서기전 1세기 초중엽에 사로국이 형성되었다가 서기 1세기 초중엽에 봉건국가 성립되었다고 봄		남한 강단사학과 유사

	남한 강단사학계	남한 민족사학계	북한학계	중국학계	일본학계
옥저의 위치	동옥저는 함흥 중심. 북옥저는 두만강 유역에 있었다고 봄	《명사》 지리지에 근거해 지금의 심양 부근으로 보는 견해 존재	옥저는 압록강 북쪽, 북옥저는 지금의 흑룡강성과 연해주 흥개호 중간 남북에 있었다고 봄		남한 강단사학과 유사
읍루의 위치	지금의 연해주 지방에서 흑룡강 하류, 또는 송화강 유역에 걸쳐 있었다고 봄	《일통지》에 근거해 지금의 심양 북쪽 철령부터 백두산 북쪽까지 걸쳐 있었다고 보는 견해 존재	흥개호 북쪽에 있었다고 봄		남한 강단사학과 유사
예의 위치	지금의 강원도 강릉 지방을 중심으로 한 소국이었다고 봄	《삼국지》의 "조선의 동쪽"에 있었다는 기록을 볼 때 강원도로 비정할 수 없다는 견해 존재	예의 소국들이 요동반도 동남쪽에 있었다고 봄		남한 강단사학과 유사
삼한의 위치	한반도 남부 일대로 봄	《삼국지》와 《후한서》의 "사방 4,000리"라는 기록을 볼 때 한반도 남부에 국한시킬 수 없다는 견해 존재	한반도 전체를 삼한으로 보다가(《고조선연구》(리지린, 1961)) 경기도 남쪽 전체로 봄(《조선단대사 2, 진국 가야편(2011)》)		남한 강단사학과 유사
최씨낙랑국의 위치	최씨낙랑국을 한나라에서 설치한 낙랑군으로 봄	평양을 중심으로 평안도 일대에 한나라 낙랑군과 다른 최씨 낙랑국 존재했다고 봄	• 만(위만)조선이 무너진 후 평양을 중심으로 평안도 및 함경도 일부에 고조선 유민들이 세운 나라가 최씨낙랑국이라고 봄 • 평양 일대의 낙랑 유적들을 한사군 낙랑군의 유적이 아니라 고조선 후예 국가인 낙랑국의 유적이라고 봄		남한 강단사학과 유사

	남한 강단사학계	남한 민족사학계	북한학계	중국학계	일본학계
임나일본부설	•총론으로는 임나일본부설을 폐기했다고 말하지만 왜가 가야에 외교기관, 교역기관 등을 설치했다는 '임나 = 가야'설 유지 •북한학계의 일본열도 분국설에 대해 강력하게 비판	•'임나 = 가야'설 부정 •임나의 위치를 대마도, 규슈 등지로 비정하다가 북한학계의 오카야마 기비설 수용하는 추세	·임나를 가야가 일본에 세운 분국으로 봄 ·광개토대왕비에 등장하는 왜는 야마토왜가 아니라 규슈의 가야계 분국으로 봄		야마토왜가 한반도 남부를 지배했다는 임나일본부설과 외가 가야에 외교기관, 교역기관 등을 설치했다고 인식
장수왕이 천도한 평양의 위치	지금의 평양 위치라고 봄	지금의 요녕성 요양으로 비정하는 견해 존재	지금의 평양이라고 봄	지금의 평양이라고 봄	지금의 평양이라고 봄
칠지도에 관련된 백제와 왜의 상하관계	황제국 백제의 왕이 제후국인 왜왕에게 하사한 칼로 봄	황제국 백제의 왕이 제후국인 왜왕에게 하사한 칼로 봄	황제국 백제의 왕이 제후국인 왜왕에게 하사한 칼로 봄		•제후국 백제의 왕이 상국 왜왕에게 진상한 칼로 봄 •교토대학의 우에다 마사아키 교수 등 일부 학자들은 백제왕이 왜왕에게 하사한 칼로 봄
통일신라의 강역	지금의 임진강에서 함경남도 덕원을 잇는 지역으로 봄	심양~요양까지로 보는 견해 대두	지금의 평양 남쪽에서 함경도 원산 부근까지로 봄	남한 강단사학과 유사	남한 강단사학과 유사
고려의 북방 강역	•고려의 건국 초 영역을 청천강과 그 지류인 박천강까지로 봄 •국사 교과서는 압록강 서쪽에서 함경남도까지 사선으로 고려 강역 설명	《고려사》·《명사》에 근거해 요녕성 심양 남쪽 진상둔진(철령)에서 흑룡강성 영안(공험진)까지로 봄	윤관이 두만강 북쪽 공험진 선춘령까지 확장했다고 봄	철령위가 심양 부근에 있었다고 인정하면서도 함경도에도 있었다고 모순된 서술	남한 강단사학과 유사
살수대첩이 벌어진 살수의 위치	지금의 청천강으로 봄	요동반도에 있었던 강으로 비정	요동반도 대양하의 지류 소자하로 봄	지금의 청천강으로 봄	남한 강단사학과 유사
고려의 북방 강역	평안북도 선천 서북으로 비정	중국 흑룡강성 영안시 합이파령에 동주가 있다가 요동반도로 이정했음	중국 흑룡강성 영안시 합이파령에 동주가 있다가 요동반도로 이정했음	평안북도 철산 부근으로 비정	남한 강단사학과 유사
조선의 북방 강역	세종 때 4군 6진 개척으로 압록강~두만강까지 강역 확대했다고 봄	고려의 북방 강역을 이어받아 요녕성 심양 남쪽 진상둔진의 철령에서 흑룡강성 영안 부근의 공험진까지라고 봄	압록강 북쪽의 11처 여진땅을 조선이 차지한 것으로 설명(《조선단대사 19, 리조사 4, 5》)		남한 강단사학과 유사